Frieden für Europa

Frieden für Europa

Die Politik der deutschen Reichstagsmehrheit 1917/18

Von Wilhelm Ribhegge

Reimar Hobbing

CIP-Titelaufnahme der Deutschen Bibliothek

Ribhegge, Wilhelm:
Frieden für Europa : d. Politik d. dt. Reichstagsmehrheit
1917/18 / von Wilhelm Ribhegge. – Berlin : Hobbing, 1988.
ISBN 3-920460-44-8

Alle Fotos Bundesarchiv, Koblenz; mit Ausnahme Seite 146, Archiv für Kunst und Geschichte, Berlin.

Abbildung Schutzumschlag: Gemälde von Annot Jacobi, Reichstagssitzung 1930.

ISBN 3-920460-44-8
Gesamtherstellung: Verlagsdruckerei E. Rieder, Schrobenhausen

Für Ursula, Rebekka und Julia

Vorwort

Wenn ich auf die Frage antworten sollte, wer mich zu diesem Buch angeregt hat, so würde ich eher Namen wie Günter Grass, Siegfried Lenz und vor allem Heinrich Böll nennen, weniger die von Wissenschaftlern. Die Sensibilität, die nötig ist, um die Bedeutung des Banalen in der Alltäglichkeit des Lebens und der Politik zu erkennen, kann man bei ihnen vielleicht besser lernen. Im übrigen hat dieses Buch mit literarischer Fiktion natürlich wenig gemeinsam. Es geht darin um historische politische Leistungen und Fehlleistungen, die in intensiven Forschungen rekonstruiert wurden. Die Politik der deutschen Reichstagsmehrheit von 1917/18 hat mich immer wieder fasziniert. Das ist sicherlich auch noch in dieser Beschreibung zu spüren.

Prof. Joseph Rovan (Paris) und Prof. Wolfgang J. Mommsen (Düsseldorf) danke ich für sachliche Anregungen, Prof. Gerhard Kratzsch, Prof. Dieter Metzler, Prof. Rudolfine von Oer und Dr. Bernd Schönemann (alle Münster) für kollegiale Unterstützung. Die Umwandlung des Rohmanuskripts in ein lesbares Manuskript gelang Annegret Ritter. Heinrich Petzmeyer, Uta und Norbert Koerber, Inge Bornhöft und Michael Bertrams ermutigten mich, das Buch herauszubringen. Antje Ehrhardt und Eva-Maria Lechler halfen bei der Anfertigung des Registers. Meiner Frau und meinen beiden Töchtern danke ich für die jahrelange Geduld, mit der sie die Reichstagsmehrheit, die ja nur aus nicht mehr lebenden Männern bestand, in unsere Wohnung und in unsere Gespräche als Dauergäste aufgenommen haben.

Dem Lektor Dr. Janos Hauszmann und den Mitarbeitern des Reimar Hobbing Verlags danke ich für die gute Zusammenarbeit.

Münster, im Juli 1988 — Wilhelm Ribhegge

Inhalt

Einleitung

Das Buch beschreibt einen Aspekt der deutschen Geschichte des Ersten Weltkriegs, der bisher nicht erforscht wurde und wenig bekannt ist: Die Politik der deutschen Reichstagsmehrheit vom Juli 1917 bis November 1918. Es handelt sich um die Zusammenarbeit der Reichstagsfraktionen der SPD, des katholischen Zentrums und der Fortschrittspartei (Linksliberale), die sich seit dem Juli 1917 zusammenschlossen, um aus dem Reichstag heraus eine Politik zu betreiben, die darauf abzielte, auf der Basis einer Verständigung mit den bisherigen Kriegsgegnern (Rußland, England, Frankreich, Belgien, Italien, Rumänien, Serbien, Griechenland, USA) den Krieg zu beenden und eine politische Neuordnung Europas durch einen dauerhaften Frieden zu schaffen, der künftige Kriege verhindern sollte.

Den entscheidenden Anstoß gab der 42jährige Zentrumsabgeordnete Matthias Erzberger, der am 6. Juli 1917 im Hauptausschuß des Reichstags mit Zahlen, Daten, Fakten die Illusionen, die die Regierung, die Militärs und die deutsche Öffentlichkeit an den laufenden U-Boot-Krieg knüpften, in einer ebenso scharf gehaltenen wie beeindruckenden Rede zerriß. Noch am gleichen Tag fanden sich die führenden Politiker von SPD, Zentrum und der Linksliberalen zusammen, um eine gemeinsame Aktion zu verabreden. Sie führte zur Friedensresolution des Reichstags vom 19. Juli 1917. Die Reichstagsmehrheit erhob darin zu Recht den Anspruch, die große Mehrheit der deutschen Bevölkerung zu vertreten und deren Willen zu artikulieren, umgehend zu einem Friedensschluß zu kommen. Die Resolution verlangte einen »Frieden ohne Annexionen und Kriegsentschädigungen«. Mit dieser Resolution versuchte der Reichstag, die deutsche Politik aus ihrer kriegsbedingten Isolation herauszuführen und das Gespräch mit den anderen Politikern Europas wieder aufzunehmen.

Die Politik der Reichstagsmehrheit stieß aber sofort auf den entschlossenen Widerstand der Obersten Heeresleitung, die in der Friedensresolution ein unnötiges Eingeständnis der Schwäche sah, wie auch der Nationalliberalen und besonders der Konservativen und Alldeutschen, die zwar zahlenmäßig klein waren, aber erheblichen Einfluß auf die Umgebung Kaiser Wilhelms II. ausübten. Dieser war formal sogenannter »Oberster Kriegsherr« und gemäß der bismarckschen Verfassung für die Ernennung des Reichskanzlers und seiner Staatssekretäre allein zuständig. Ein Mitwirkungsrecht des Reichstags bestand nicht.

So setzte im Juli 1917 ein sich über 15 Monate hinziehender zäher Kampf der Reichstagsmehrheit ein, um ihre Vorstellungen durchzusetzen. Man war häufig erfolglos, insbesondere bei dem Abschluß des im Winter 1917/18 ausgehandelten Friedens mit Rußland, der am 3. März 1918 in Brest-Litowsk abgeschlossen wurde. Es war ein von der deutschen Seite diktierter »Gewaltfriede«, dessen Bedingungen der Politik der

Friedensresolution völlig widersprachen. In diesem langen Kampf der Reichstagsmehrheit werden die menschlichen Stärken, aber auch die Schwächen der Politiker der Reichstagsmehrheit sichtbar.

Erst im Oktober 1918 gelang es den Politikern von SPD, dem Zentrum und der Linksliberalen, ihre Ziele bei der Bildung der neuen Regierung Max von Baden durchzusetzen, in die mehrere Abgeordnete der Reichstagsmehrheit eintraten: Das Reich erhielt eine parlamentarische Verfassung, das Waffenstillstandsangebot ging – allerdings bedingt durch den Nervenzusammenbruch Ludendorffs – vorzeitig heraus, und schließlich wurde der eigentliche Leiter der von der Reichstagsmehrheit attackierten »Kriegspartei«, nämlich Ludendorff selbst, seiner Funktion enthoben, als er trotz des herausgegangenen Waffenstillstandsangebots den Krieg wieder fortsetzen wollte. Als die Reichstagsmehrheit nahezu am Ziel ihrer Politik war, nämlich der Demokratisierung im Innern und der Vorbereitung des Friedensschlusses, brach die Novemberrevolution aus, und die Politik der deutschen Reichstagsmehrheit von 1917/18 endete vorerst am 9. November 1918.

Aber sie wirkte weiter. Die Weimarer Koalition von 1919 war eine Wiederaufnahme der Reichstagsmehrheit von 1917/18, teilweise bis in die personelle Zusammensetzung hinein. Die Weimarer Verfassung setzte den im Juli 1917 mit der Friedensresolution erstmals erzielten Grundkonsens der demokratischen Parteien fort, der im Grunde genommen unverändert auch den politischen Grundkonsens des Grundgesetzes von 1949 und den der Politik der Bundesrepublik bestimmt. Die Entstehung dieses Grundkonsenses reicht noch über 1917 hinaus und geht bis in das 19. Jahrhundert, das Jahr 1848, zurück.

Der Hauptteil des Buchs beschreibt jene 15 Monate der Geschichte der Reichstagsmehrheit 1917/18. Die Rekonstruktion des Geschehens wäre nicht möglich gewesen, wenn nicht durch die vorzüglichen Quelleneditionen, die seit 1959 von der »Kommission für Geschichte des Parlamentarismus und der politischen Parteien« (Bonn) herausgebracht wurden, die Voraussetzungen für eine geschichtliche Darstellung geschaffen worden wären.[1] Durch diese Editionen und die stenographischen Berichte über die Verhandlungen des Reichstags lag eine ungewöhnlich breite und gesicherte Quellenbasis vor, wie dies bei historischen Arbeiten selten der Fall ist. Leider haben die Editoren der genannten Quelleneditionen nicht die Geschichte der Reichstagsmehrheit selbst geschrieben, wie es der amerikanische Historiker Klaus Epstein bereits 1960 in seiner Rezension zu der Edition über den »Interfraktionellen Ausschuß« vorschlug.[2] Das »Desiderat der Forschung« ist hier, wenn man so will, erstmals eingelöst worden.

Eine Bemerkung zur Art der Darstellung: Der Krieg wird hier nicht, wie oft üblich, von außen gesehen: als ein »Phänomen«, dessen Dimensionen gelegentlich selbst kritische Historiker zu berauschen scheinen, sondern von innen: aus der Sicht, der Beurteilung und den Reaktionen der betroffenen Politiker, nämlich der Reichstagsabgeordneten. Ihre persönlichen Meinungen und wörtliche Aussagen nehmen in dieser Studie eine zentrale Stelle ein, damit aber auch ihr bis ins Detail nachgewiesener Kampf darum, das »Schicksal« des Krieges nicht einfach hinzunehmen. Von daher gewinnt die

Arbeit eine Anschaulichkeit und Dramatik, die nicht künstlich erfunden werden mußte, sondern von den Quellen selbst unmittelbar geliefert wurde.

Zum besseren Verständnis der wichtigsten Politiker der Reichstagsmehrheit – Ebert, Scheidemann, David (SPD), Erzberger, Hertling (Zentrum), Naumann, Payer (Fortschrittspartei) – wurde ein erster Teil vorgeschoben, der in Form von Biographien die handelnden Personen, ihre Unterschiede, Herkunft, politischen Motive, Leistungen und Probleme vorstellt. Durch diese Biographien konnte zugleich die geschichtliche Kontinuität deutlicher sichtbar gemacht werden als in allgemeingehaltenen, reflektierenden Äußerungen. Denn leider sind die genannten Politiker in ihren historischen Lebensumständen kaum noch bekannt. Die historische Forschung bei uns scheut ja im allgemeinen die Biographie. Sie ist aber unverzichtbar, um wie in diesem Fall geschichtliche Probleme angemessen verstehen und beurteilen zu können. Zudem wird an den Biographien deutlich, daß Politik nicht Schicksal ist, sondern daß Politik gemacht wird und die Fähigkeiten, Veranlagungen, Einstellungen, Temperamente und Lebensverhältnisse der Politiker die Entscheidungen beeinflussen.

1961 erschien das Buch von Fritz Fischer: »Der Griff nach der Weltmacht«, das sich mit dem Kriegsausbruch 1914, den deutschen Kriegszielen und der »Kriegsschuld« befaßte und eine erregte Diskussion auslöste. Es hat seitdem unser Geschichtsbild nachhaltig beeinflußt. Demgegenüber greift diese Studie ein anderes Thema auf: nicht den Kriegsbeginn, sondern das Kriegsende, die Friedensbemühungen der Reichstagsabgeordneten und ihr politischer Kampf gegen jenen Eroberungsgeist, den Fischer seinerzeit so eindringlich und anklagend beschrieben hatte. Auch stehen hier nicht die Regierung und die Reichskanzler, sondern das Parlament im Vordergrund. Der Anspruch der Reichstagsmehrheit, der in den Reichstagsreden beständig erhoben wurde, tatsächlich das »Volk« und dessen Erwartungen zu vertreten, wird ernst genommen. Von daher ist das Bild, das hier von einem Ausschnitt deutscher Geschichte gezeichnet wird, positiver als vielleicht erwartet. Das mag überraschen. Aber es ist nicht alles »schlecht«, was in der deutschen Geschichte des zwanzigsten Jahrhunderts geschah, und nicht alle deutschen Politiker haben den von Historikern viel diskutierten »Sonderweg« beschritten. Es gab auch europäische Bindungen in der deutschen Politik und sogar in einer scheinbar so isolierten und ausweglosen Situation, wie sie sich im Ersten Weltkrieg ergab.

Anmerkungen

1 Es handelt sich dabei insbesondere um die folgenden, meist voluminösen Editionen: E. Matthias u. R. Morsey (Hg.), Der Interfraktionelle Ausschuß 1917/18, 2. Bde. (Quellen zur Geschichte des Parlamentarismus und der politischen Parteien, 1. Reihe, Bd. 1 I u. II), Düsseldorf 1959; E. Matthias u. R. Morsey (Hg.), Die Regierung des Prinzen Max von Baden (Quellen zur Geschichte des Parlamentarismus und der politischen Parteien, 1. Reihe Bd. 2), Düsseldorf 1962; Matthias, E. u. Miller, S. (Hg.), Das Kriegstagebuch des Reichstagsabgeordneten

Eduard David 1914 bis 1919 (Quellen zur Geschichte des Parlamentarismus und der politischen Parteien, 1. Reihe Bd. 4), Düsseldorf 1966; E. Matthias u. E. Pikart (Hg.), Die Reichstagsfraktion der deutschen Sozialdemokratie 1898 bis 1918, Teil II (Quellen zur Geschichte des Parlamentarismus und der politischen Parteien, 1. Reihe Bd. 3), Düsseldorf 1966; W. Hahlweg (Hg.), Der Friede von Brest-Litowsk. Ein unveröffentlichter Band aus dem Werk des Untersuchungsausschusses der Deutschen Nationalversammlung und des Deutschen Reichstags (Quellen zur Geschichte des Parlamentarismus und der politischen Parteien, 1. Reihe Bd. 8), Düsseldorf 1971; R. Schiffers/M. Koch/H. Boldt, Der Hauptausschuß des Deutschen Reichstags 1915–1918 (Quellen zur Geschichte des Parlamentarismus und der politischen Parteien, 1. Reihe Bd. 9 I–IV), 4 Bde., Düsseldorf 1981–1984; E. Matthias/S. Miller/H. Potthoff (Hg), Die Regierung der Volksbeauftragten 1918/19 (Quellen zur Geschichte des Parlamentarismus und der politischen Parteien, 1. Reihe Bd. 6 I u. II), 2 Bde., Düsseldorf 1969.

2 Historische Zeitschrift Bd. 191 (1960) S. 562–584.

Die Parteien der Reichstagsmehrheit

1. Die Sozialdemokraten

Die Entstehung und Geschichte der Sozialdemokratie ist sozialgeschichtlich mit der Entstehung der modernen Industriegesellschaft und politisch mit der Gründung des deutschen Nationalstaats von 1871 verknüpft. Die Sozialdemokratie entstand aus der demokratischen Bewegung der 48er Revolution und organisierte sich in den 60er Jahren des 19. Jahrhunderts als Arbeiterpartei. Als Vorbild dienten die »bürgerlichen« Parteien, deren Stil zunächst nachgeahmt wurde. Zwar national eingestellt, stand die junge Bewegung unter August Bebel und Wilhelm Liebknecht der gewaltsamen »kleindeutschen« Reichsgründung von 1871 zunächst kritisch gegenüber.

Am 12. April 1862 hatte Ferdinand Lassalle vor Maschinenbauarbeitern der Berliner Vorstadt Oranienburg seinen berühmt gewordenen Vortrag gehalten, der später als »Arbeiterprogramm« in die Tradition der deutschen Sozialdemokratie einging. In einer anspruchsvollen Diktion gehalten, lieferte er eine zeitgeschichtliche Analyse der Entwicklung in Deutschland und Europa seit der Französischen Revolution und formulierte jenes ausgeprägt idealistische politische Denken, das für die Tradition der Sozialdemokratie neben der marxistischen Komponente charakteristisch ist und bis in das Godesberger Programm von 1959 fortgeführt wurde. Lassalle brachte sich gleichsam selbst als Intellektueller in dieses Programm ein, wenn er sagte: »Arbeiter sind wir alle, insofern wir nur eben den Willen haben, uns in irgendeiner Weise der menschlichen Gesellschaft nützlich zu machen!« Er fuhr fort:

»Dieser vierte Stand, in dessen Herzfalten kein Keim einer neuen Bevorrechtung mehr enthalten ist, ist eben deshalb gleichbedeutend mit dem ganzen Menschengeschlecht. Seine Sache ist daher in Wahrheit die Sache der gesamten Menschheit, seine Freiheit ist die Freiheit der Menschheit selbst, seine Herrschaft ist die Herrschaft aller.

Wer also die Idee des Arbeiterstandes als das herrschende Prinzip der Gesellschaft anruft, in dem Sinne, wie ich Ihnen dies entwickelt, der stößt nicht einen die Klassen der Gesellschaft spaltenden und trennenden Schrei aus; der stößt vielmehr einen Schrei der Versöhnung aus, einen Schrei, der die ganze Gesellschaft umfaßt, einen Schrei der Ausgleichung für alle Gegensätze in den gesellschaftlichen Kreisen, einen Schrei der Einigung, in den alle einstimmen sollten, welche Bevorrechtung und Unterdrückung des Volkes durch privilegierte Stände nicht wollen, einen Schrei der Liebe, der, seit dem er zum ersten Male aus dem Herzen des Volkes emporgerungen, für immer der wahre Schrei des Volkes bleiben und um seines Inhalts willen selbst dann noch ein Schrei der Liebe sein wird, wenn er als Schlachtruf des Volkes ertönt.«[1]

So das Pathos der ersten Stunde, das durch Jahrzehnte hindurch nie ganz verloren ging und das den französischen Sozialisten und Intellektuellen Jean Jaurès (1859–1914) später motivierte, seine Doktorarbeit über die deutsche Sozialdemokratie – in lateinischer Sprache – zu schreiben.[2]

Mit der Gründung des Allgemeinen Deutschen Arbeitervereins 1863 löste Lassalle die Arbeiterbewegung aus der liberal-fortschrittlichen Bildungsbewegung, aus der sie entstanden war und gab ihr eigene politische Ziele wie die Propagierung von Produktionsgenossenschaften als Einrichtungen der Selbsthilfe mit auf den Weg. Beeindruckt von den Leistungen des preußischen Staates hatte er mit dem Gedanken gespielt, dabei staatliche Hilfen in Anspruch zu nehmen. Dazu nahm er den Kontakt mit dem preußischen Ministerpräsidenten Bismarck sowie mit dem katholischen Mainzer Bischof Ketteler auf, der ähnliche Ideen favorisierte.[3]

Dem deutschen Beispiel folgten bald sozialdemokratische Parteigründungen in benachbarten europäischen Ländern, so in Dänemark (1878), Frankreich (1881), Italien (1882–92), Belgien (1885), Norwegen (1887), Österreich, Schweden (1889), den Niederlanden (1894) und relativ spät in England (1893–1903) die Gründung der Labour-Party, die aus der britischen Gewerkschaftsbewegung hervorging.[4]

Das 1871 eingeführte allgemeine Wahlrecht ließ die Sozialdemokraten bald zu einem nicht mehr zu übersehenden politischen Faktor anwachsen. Der bismarcksche Versuch, mit einer repressiven Gesetzgebung, dem Sozialistengesetz (1878–1890), die Wirksamkeit der neuen Arbeiterbewegung einzuschränken, fruchtete wenig. Obwohl die Sozialdemokraten in Gemeinden, Bundesstaaten und der Reichsregierung jahrzehntelang von politischer Verantwortung ausgeschlossen blieben, wirkte ihre parlamentarische Repräsentanz zugunsten der Sozialpolitik: Die sozialen Mißstände in Deutschland waren vielleicht nie so scharf ausgeprägt wie in dem benachbarten britischen Industriestaat. Auch die Reichstagswahlen dienten als Ventil des politischen Unmuts, der hier in Stimmen und Prozenten ausgedrückt werden konnte. Ähnlich wirkten die intensive Versammlungstätigkeit und der Aufbau eines eigenen Pressenetzes der Sozialdemokraten in Reich, Ländern und Provinzen.

In der Zeit fortschreitender Industrialisierung vertrat die Sozialdemokratie vor allem die großstädtischen Arbeiter, außer in Teilen des rheinisch-westfälischen Industriegebietes, also das »Proletariat«, und politisierte den Gegensatz von Stadt und Land. Später schlossen sich auch die Landarbeiter, vor allem der östlichen Provinzen Preußens, der Sozialdemokratie an.

Anders als die englische Arbeiterbewegung, die von religiösen Bewegungen mitgeprägt wurde,[5] neigten die deutschen Sozialdemokraten ähnlich wie die französischen Sozialisten zu laikalen und antiklerikalen Auffassungen, nicht zuletzt unter dem Einfluß des Marxismus. Der Protestantismus stand der Arbeiterbewegung zunächst ablehnend gegenüber und suchte später in der christlich-sozialen Bewegung ebenso wie die Katholiken in der Gründung von Arbeitervereinen den geistigen Tendenzen der sozialistischen Arbeiterbewegung entgegenzuwirken.

In der Sozialdemokratie selbst rivalisierten »revolutionäre« Marxisten und nichtrevolutionäre »Lassalleaner« miteinander. Diejenigen Arbeiter, denen die Parteidoktrinen emotional zu wenig ansprechend waren, machten sich ihre eigenen Reime, wie die folgende Strophe aus einem Arbeiterlied zeigt:

»Ein Lassalleaner auf der Welt
hat sich ein hohes Ziel gestellt;
er dient der Freiheit, dient dem Geist –
Bedenk, o Menschheit, was das heißt.«[6]

Das klang etwas holprig, war aber gemütvoll und erhaben. Die geistige Welt der neuen Arbeiterbewegung war nicht einheitlich. Wo die überlieferten geistigen und religiösen Bindungen fehlten, wurden neben der marxistischen auch andere der vielen »Weltanschauungen« des 19. Jahrhunderts in die Arbeiterbewegung bereitwillig aufgenommen. Es gab zudem von Bayern bis Hamburg, Ostpreußen bis zum Rheinland erhebliche Unterschiede der Richtungen und Temperamente, die sich auf den jährlichen Parteitagen begegneten.

Leidenschaftliche Debatten über die politische Programmatik, von dem Gothaer Programm von 1875 über das Erfurter Programm von 1891 bis hin zu der von Eduard Bernstein 1899 eingeleiteten Debatte um die »Revision« des marxistisch-revolutionären Programms wurden für das innerparteiliche Leben bestimmend. Der frühere Handwerker, Parteivorsitzende und Reichstagsabgeordnete August Bebel verstand es noch, die Wogen zwischen den Flügeln zu glätten und einen Bruch zu vermeiden. Er wurde bald neben Bismarck die legendärste Figur – und Gegenfigur – des deutschen Kaiserreichs. Unter Bebel stand der Parteilinken, darunter Karl Kautsky und Rosa Luxemburg, ein breites Betätigungsfeld offen, nicht zuletzt in der Berliner »Parteischule«, die die regionalen und lokalen Funktionäre der Partei schulten.[7] Nach dem Tode Bebels 1913 wurde der Kampf zwischen den Parteiflügeln verbissener. Die Gründe lagen nicht nur in entgegengesetzten Ideologien und »Wahrheiten«, sondern auch in unterschiedlichen sozialen Mentalitäten der Beteiligten, ohne daß diese sich dies jedoch eingestanden.

Seit den 90er Jahren gewannen die Gewerkschaften, die mitgliederstarken Verbände der Metallarbeiter, Bauarbeiter, Bergarbeiter, Holzarbeiter unter Gewerkschaftsführern wie Carl Legien, Otto Hué, Theodor Bömelburg schnell an Gewicht und allmählich auch an politischem Einfluß auf die Sozialdemokratie. Dieser gewerkschaftliche Flügel suchte die Parteilinke zurückzudrängen. 1914 bei Kriegsbeginn beschlossen die Gewerkschaften, auf Streiks zu verzichten.[8] Die sozialdemokratische Reichstagsfraktion folgte, wenn auch zögernd, diesem Weg der Kooperation. 1916 wurde der linke Flügel ausgeschlossen, seitdem lag die politische Führung bei den »Gemäßigten«. Im gleichen Jahr wurden die Gewerkschaften von der staatlichen Verwaltung in Deutschland offiziell anerkannt.

Die wirtschaftliche Lage der Arbeiterschaft verbesserte sich insgesamt in den ersten Kriegsjahren. Die Löhne stiegen wie in allen kriegsführenden Ländern. In der »Arbeitergemeinschaft« der Gewerkschaften und Unternehmer vom 15. November 1918 fand die allmähliche Integration der Gewerkschaften ihren vorläufigen Abschluß.

Diese sozialgeschichtliche Veränderung vollzog sich in der deutschen Industriegesellschaft seit den 90er Jahren ohne äußere Dramatik. Die wirtschaftlichen Erfolge wurden auch durch eine langfristige Tarif- und Streikpolitik der erstarkenden Gewerkschaften erzielt. In der sogenannten »Massenstreikdebatte« 1905/06 war es den Gewerkschaften gelungen, ihre Politik der Ablehnung revolutionärer Gewaltaktionen in der Sozialdemokratie durchzusetzen. Der aus Westfalen stammende Vorsitzende des Deutschen Bauarbeiterverbandes Theodor Bömelburg hatte auf dem Gewerkschaftskongreß im Kölner Gürzenich im Mai 1905 erklärt:

»Wir alle wissen, welche Mühe es gekostet hat, daß die Gewerkschaften einen solchen Stand erreicht haben. Das ist nicht die Arbeit eines Jahres, auch nicht die Arbeit eines Jahrzehnts, nein, darin steckt die mühsame Arbeit von drei, vier Jahrzehnten. Ungeheure Opfer hat es gekostet, um den augenblicklichen Stand der Organisation zu erreichen, und ungeheure Opfer wird es noch kosten, um die Organisation auf eine höhere Stufe der Macht zu heben. Um aber unsere Organisation auszubauen, dazu bedürfen wir in der Arbeiterbewegung der Ruhe.«[9]

Mit ihrem Pochen auf die Organisation setzten sich die Gewerkschaftsführer durch. Zwar erteilte der Jenaer Parteitag des gleichen Jahres den aufmüpfigen Gewerkschaftlern in einer Resolution, die mit 287 gegen 14 Stimmen bei zwei Enthaltungen angenommen wurde, eine scharfe Abfuhr. Doch bereits ein Jahr später, auf dem Mannheimer Parteitag 1906, zog die SPD die revolutionären Segel ein: Der Parteitag beschloß, daß sich der Parteivorstand bei jeder politischen Massenaktion zuvor mit der gewerkschaftlichen Führung verständigen sollte.[10]

So hatten sich seit 1905/06 die politischen Machtverhältnisse innerhalb der Sozialdemokratie grundlegend gewandelt. Wie in den meisten sozialistischen Parteien Europas waren auch in Deutschland die Gewerkschaften die stärkste innerparteiliche Kraft geworden.

Vor dem Ersten Weltkrieg hatte die SPD ihre antimilitaristische Grundhaltung in zahlreichen Kundgebungen, Parteitagsbeschlüssen, Resolutionen und auf internationalen Sozialistenkongressen, so 1912 in Stuttgart, und in den Debattenbeiträgen im Reichstag, dort durch ihre Sprecher Bebel und später durch Philipp Scheidemann, kraftvoll zum Ausdruck gebracht. Um so überraschender war das Einschwenken der Gewerkschaften und der SPD-Reichstagsfraktion auf die Regierungslinie der nationalen Verteidigung beim Kriegsausbruch 1914 und die Zustimmung zu den Kriegskrediten am 4. August. Paradoxerweise aber hing diese Entscheidung auch mit der inneren Situation der Partei zwischen »negativer Integration und revolutionärem Attentismus« zusammen, wie es Dieter Groh etwas pointiert formuliert hat. Die SPD-Reichstagsfraktion war auf das praktische politische Handeln zuwenig vorbereitet und wurde, mitbedingt durch ihre eigene zwiespältige Haltung, von den Entscheidungen der Wochen im Juli und August 1914 regelrecht überrollt. Der 4. August 1914 war nicht der Ruhmestag in der Geschichte der deutschen Sozialdemokratie, als der er bald von ihren politischen Gegnern gefeiert wurde und Wilhelm II. zu dem bekannten Ausspruch veranlaßte: »Ich kenne keine Parteien mehr«. Die Sozialdemokratie war »integriert«, aber um welchen Preis?

Während des Ersten Weltkrieges ging der Sozialdemokratie in dem Maß, in dem sie, vor allem seit 1917, politische Verantwortung übernahm,[11] das Heroische und das Pathos früherer Jahrzehnte verloren, wohl endgültig 1918/19. Zudem erforderte die Entwicklung in Rußland, der Sieg der »Bolschewiki« seit 1917, eine neue Orientierung. Die deutsche Sozialdemokratie setzte sich betont von den Taktiken und der Strategie einer gewaltsamen proletarischen Politik in Rußland ab, hielt strikt an der parlamentarischen Demokratie fest und näherte sich in ihren außenpolitischen Vorstellungen den Vorschlägen des amerikanischen Präsidenten Wilson an.[12]

Durch den am 10. November 1918 gebildeten Rat der Volksbeauftragten wurde die erste sozialistische Alleinregierung in einem Industrieland Westeuropas gebildet, wobei die 1917 durch die Parteispaltung entstandene USPD in dieser dreimonatigen Regierung den Part des »schlechten sozialistischen Gewissens« übernahm, aber bereits nach eineinhalb Monaten ein weiteres Mittragen der politischen Verantwortung ablehnte und ausschied. Praktisch wurde Deutschland für einige Wochen von dem Parteivorstand der SPD regiert, denn die beiden Volksbeauftragten Ebert und Scheidemann waren seit einem Jahr Parteivorsitzende. Beide scheuten sich nicht, mit der Generalität und den führenden kaiserlichen Beamten, die in ihren Ämtern belassen wurden, in dieser Übergangszeit zusammenzuarbeiten. Beide, besonders Ebert, sahen die Politik als eine Angelegenheit der Organisation an: Die Rückführung der Truppen nach Deutschland, die Reintegration der Arbeitskräfte, die Ankurbelung des Wirtschaftslebens, der normale Ablauf des Arbeitslebens und der Produktion mußten organisiert werden. Das war ein wichtiger, aber auch etwas einseitiger, gestalterischer Beitrag der Volksbeauftragten zur deutschen Politik 1918/19. Vor tiefergreifenden Experimenten wie der Sozialisierung scheuten sie zurück. Aber man muß einräumen, daß nicht nur ihre politischen Perspektiven, sondern auch ihre praktischen politischen Erfahrungen begrenzt waren: Dies wird von Historikern, die ihre Haltung kritisieren, leicht übersehen.[13] Gibt es nicht Parallelen zu der politischen Haltung des ersten britischen Labour-Premiers MacDonald 1924 und 1929?

Der Rat der Volksbeauftragten verstand sich als eine Übergangsregierung. Tatsächlich leitete er die ersten demokratischen Wahlen und den Zusammentritt der neuen Nationalversammlung in Weimar ein. Man dachte nicht daran, Macht zu usurpieren, und traute es sich auch nicht zu, zumal da wegen ihrer gewaltsamen politischen Störfeuer die radikale Linke, die sich in der Ende 1918 gegründeten Kommunistischen Partei sammelte, vielen SPD-Politikern als unberechenbar erschien. Auch wurden diese Gewaltaktionen häufig von jugendlichen Arbeitern getragen, zu denen die 1918/19 regierende sozialdemokratische Generation kein besonders inniges Verhältnis hatte: Die Arbeiterbewegung war für regierende Sozialdemokraten keine Jugendbewegung. So stellte sich 1918/19 sicherlich nicht nur die Alternative einer revolutionären oder antirevolutionären Politik. Die Dinge lagen komplizierter.

Die Weimarer Sozialdemokraten waren vor allem Demokraten. Aus dieser Überzeugung rafften sie sich schließlich doch zu Eingriffen in den Beamtenapparat durch, nachdem sie durch den Kapp-Putsch und die politischen Morde an demokratischen Politikern wie Rathenau und Erzberger belehrt worden waren, daß sie in den revolutionären Monaten mit der etablierten politischen Rechten samtfühlend umgegangen waren. In Preußen organisierte der sozialdemokratische Innenminister Severing die Demokratisierung der Verwaltung. Dadurch wurde allerdings zugleich der Parteienproporz in die Besetzung leitender Verwaltungsstellen hineingetragen, wodurch die neue Demokratie leicht, wenn auch unvermeidlich, in den Geruch des »juste milieu« geriet.[14] Zweifellos aber haben die demokratischen Parteien SPD, Zentrum und DDP eine große Zahl tüchtiger Leute in die deutschen Verwaltungen gebracht. Die Leistungen der Sozialdemokratie um den Aufbau und die Sicherung der deutschen Demokratie und die ihrer führenden Politiker im Reich, in den Ländern und in den Städten und Gemeinden[15] sind bis heute noch nicht historisch gerecht und fair gewürdigt worden. Viele Sozialdemokraten haben sich in diesen Anstrengungen regelrecht verbraucht, und manche von ihnen mußten 1933 ihr eigenes Land verlassen oder kamen in den Konzentrationslagern um. Bis in die Politik der Weimarer Republik schlug sich der soziale Haß – anders formuliert: der Klassenkampf – nieder, der sich weigerte, den Leistungen politischer Gegner den nötigen Respekt zu zollen. Es gelang den Sozialdemokraten, gemeinsam mit anderen Parteien, die Demokratie erstmals in Deutschland zu etablieren, aber die demokratische Kultur hinkte arg hinterher.[16]

Am erfolgreichsten waren die Sozialdemokraten während der Weimarer Republik in Preußen, in einer »Weimarer Koalition«, in der sie den Ministerpräsidenten Otto Braun und den Innenminister Carl Severing (beide entstammten der Gewerkschaftsbewegung) stellten, zwei ebenso energische wie geschickte und fähige Persönlichkeiten. Hier in Preußen gelang die Einleitung der Reform des Schulwesens und der Lehrerbildung, die Ablösung der alten Gutsherrschaften und die allmähliche Modernisierung in Stadt und Land, soweit dem überkommene politische Widerstände entgegengestanden hatten.[17] Carl Severing gewann in den Jahren nach 1945 als Landtagsabgeordneter, Chefredakteur einer Bielefelder Tageszeitung und Leiter eines SPD-Bezirks noch einmal Einfluß auf die Neugestaltung der politischen Verhältnisse in dem neugeschaffenen Nordrhein-Westfalen, einem der Nachfolgeländer des 1947 von den Alliierten aufgelösten Preußen. Hier zeigte sich sogar eine personelle Kontinuität über die Jahre von 1933 bis 1945 hinweg.

Die seit dem Ende der 20er Jahre einsetzende Wirtschaftskrise gefährdete auch die demokratischen Parteien, weil sie in der Basis ein starkes Sekuritätsstreben auslöste: Beim Zentrum (im Katholizismus) und bei der SPD (innerhalb der Gewerkschaften) zeigte sich eine Tendenz, sich zu »entpolitisieren« und die politische Verantwortung zu scheuen. Die Gewerkschaften und ihre Interessenvertreter ließen die große Koalition unter der sozialdemokratischen Kanzlerschaft Hermann Müllers 1930 an der Frage der Beiträge zur Arbeitslosenversicherung scheitern. So entstand das parlamentarische Vakuum der Präsidialregierung Brünings, die von der SPD-Reichstagsfraktion toleriert wurde. Dabei blieb die SPD sicherlich von allen demokratischen Parteien diejenige, die sich der politischen Gesamtverantwortung auch über die parteilichen Vorstellungen hinaus am meisten bewußt blieb. Diese Haltung zeigte sich gleichsam symbolisch in der

Ablehnung des Ermächtigungsgesetzes am 24. März 1933 und in der bekannten Rede Otto Wels vor dem Reichstag, in der er die Ablehnung für seine Fraktion begründete:

»Kritik ist heilsam und notwendig. Noch niemals, seit es einen Deutschen Reichstag gibt, ist die Kontrolle der öffentlichen Angelegenheiten durch die gewählten Vertreter des Volkes in solchem Maße ausgeschaltet worden, wie es jetzt geschieht (Sehr wahr! bei den Sozialdemokraten) und wie es durch das neue Ermächtigungsgesetz noch mehr geschehen soll. Eine solche Allmacht der Regierung muß sich um so schwerer auswirken, als auch die Presse jeder Bewegungsfreiheit entbehrt.«

Aufschlußreich ist auch die Bekundung über das Verhältnis der SPD zur Weimarer Demokratie: »Die Verfassung von Weimar ist keine sozialistische Verfassung. Aber wir stehen zu den Grundsätzen des Rechtsstaates, der Gleichberechtigung, des sozialen Rechts, die in ihr festgelegt sind.« Wels erntete Hohn. »Die schönen Theorien, die Sie, Herr Abgeordneter, soeben hier verkündeten«, antwortete Hitler als Reichskanzler unmittelbar auf diese Rede, »sind der Weltgeschichte etwas zu spät mitgeteilt worden.« Die SPD verstand sich 1933 in erster Linie als Verfassungspartei, als demokratisch-parlamentarische Partei, nicht als die Partei des Klassenkampfes.[18]

An diese politische Haltung knüpfte sie bei ihrer Neugründung nach 1945 wieder an. Sie ist von allen demokratischen Parteien diejenige geblieben, die am stärksten von einem demokratischen Idealismus geprägt ist und gerade darin ist sie eine ausgesprochen deutsche Partei. Stärker als bei den anderen nach 1945 neugegründeten Parteien war sich die SPD ihrer nationalen Tradition bewußt. Dies zeigte sich in dem betont nationalen Pathos ihres ersten Vorsitzenden der Nachkriegszeit, Kurt Schumacher. Zwar konnte die Sozialdemokratie wesentlich auf die Ausgestaltung der neuen Verfassung der Bundesrepublik einwirken, doch blieb dagegen der außenpolitische Spielraum in diesen ersten Nachkriegsjahren natürlich für alle Parteien gering. Mit der scharfen Absage an die Pläne einer Zusammenarbeit von Sozialdemokraten und Kommunisten in der SED[19] prägte sie entscheidend das innenpolitische Klima der neuen westdeutschen Demokratie, den politischen Konsens der demokratischen Parteien und die Einbindung der deutschen Politik in die westliche parlamentarische Demokratie.

Sie blieb auch in den Jahren ihrer Oppositionsrolle in den 50er Jahren diejenige westdeutsche Partei, die sich am stärksten der Tradition einer nationalen Demokratie verpflichtet fühlte, wenn sich auch die Struktur ihrer Wähler- und Mitgliedschaft allmählich grundlegend wandelte, und die moderne SPD äußerlich mit jener Partei des Proletariats des 19. Jahrhunderts nur noch wenig gemeinsam hatte. Sie übte eine starke Faszination aus, die weit über die nationalen und europäischen Grenzen hinausging und bis in die Entwicklungsländer ausstrahlte. Die Idee, eine demokratische Mission für die Menschheit zu tradieren, hatte ja bereits Lassalle 1863 den Berliner Arbeitern vorgetragen.

Der Godesberger Parteitag 1959 distanzierte sich von der marxistischen Vergangenheit der Partei und beschrieb die SPD als Volkspartei. Herbert Wehner, in dessen Biographie sich die Spannungen der Geschichte der Arbeiterbewegung widerspiegeln, der in den 20er Jahren KPD-Anhänger, in den 30er Jahren Emigrant in Rußland und

Skandinavien war und nach 1945 SPD-Politiker wurde, wurde einer der entschiedensten Befürworter des neuen Godesberger Programms. Er erklärte in dem ihm eigenen abrupten Redestil auf dem Parteitag: »Ich gehöre zu den Gebrannten. Ich weiß um die bittere Erfahrung aus der Zeit der Weimarer Republik – ich habe unter den Schlägen der Diktatur vieles gelernt.« Die »marxistische Methode«, führte er aus, sei nach wie vor unentbehrlich. Aber er lehne ihren Ausschließlichkeitsanspruch ab, »weil ich der Meinung bin, daß der Marxismus als eine Doktrin weder parteibildend noch im Sinne dessen, was wir als soziale Demokratie und als demokratischer Sozialismus wollen müssen, fördernd sein kann, wenn er als eine Doktrin, als Lehrgebäude, einer Partei als allein gültig aufgedrängt werden sollte. Das liegt in der Natur der Sache. Glaubt einem Gebrannten!«[20]

Der Godesberger Parteitag war eines der markantesten Ereignisse in der politischen Entwicklung Westdeutschlands nach dem Krieg. Er liberalisierte nicht nur das innerparteiliche Klima in der SPD, sondern nahm der Auseinandersetzung zwischen den Parteien die Starre verfestigter politischer Dogmatik, die die Debatten der 50er Jahre noch bestimmt hatten. Wechselwählern wurde seitdem die Entscheidung leichter gemacht. Manche vermißten allerdings die traditionellen politischen Orientierungen. Eine jüngere Generation von Mitgliedern und aktiven Politikern trat seitdem in die SPD ein, die ihre Kenntnis von der Tradition der Arbeiterpartei bald nur noch aus Schulbüchern bezog. Dagegen wurde die Geschichte der SPD, bis dahin unter Historikern der deutschen Universitäten weithin verpönt, seit den 60er Jahren zu einem der beliebtesten Betätigungsfelder jüngerer und ehrgeiziger westdeutscher Historiker. Diese historische Nostalgie trug nicht wenig zur politischen Programmierung der von Studenten und Assistenten getragenen Hochschulrevolte von 1968 bei: Zum ersten Mal in der deutschen Geistesgeschichte wurde es unter Akademikern populär, sich auf seiten der Linken zu engagieren. Allerdings ging im Zuge dieser Intellektualisierung manches an innerer Solidarität und emotionalen Bindungen verloren, die die SPD in ihrer Geschichte oft mehr geprägt hatten als ihre Doktrinen. Es dürfte schwerfallen, diesen Verlust zu kompensieren, den auch Carlo Schmid, einer der führenden Politiker und Vordenker der SPD seit 1948, in seinen 1979 erschienenen Erinnerungen beklagte.[21]

Anmerkungen

1 Ferdinand Lassalle, Arbeiterprogramm, hg. v. W. Michalka, Stuttgart 1973 (RUB), S. 35.
2 H. Abosch, Jean Jaurès. Die vergebliche Hoffnung, München 1986.
3 H. Oncken, Ferdinand Lassalle zwischen Marx und Bismarck, Stuttgart [5]1966, S. 308ff. u. S. 361f.
4 Vgl. The New Cambridge Modern History, Bd. 11, S. 270.
5 Vgl. H. Bullock, The Life and Times of Ernest Bevin, Bd. 1: Trade Union Leader 1881–1940, London 1960; E. P. Thomson, Die Entstehung der englischen Arbeiterbewegung, 2 Bde, Frankfurt 1987.
6 Aus: A. Winnig, Der weite Weg, Hamburg 1932, S. 128.

7 P. Nettl, Rosa Luxemburg, Köln-Berlin 1965.
8 Die deutschen Gewerkschaften zählten 1914 rund 2,5 Millionen Mitglieder. Nach der Annahme des »Hilfsdienstgesetzes« trat der Vorsitzende des Metallarbeiterverbandes, der wichtigsten Gewerkschaft, in das Kriegsamt ein, ein gewichtiges Faktum, weit mehr als ein symbolischer Vorgang. (Vgl. G. Hardach, Geschichte der Weltwirtschaft im 20. Jahrhundert, Bd. 2, München 1977, S. 189–198.)
9 Protokoll der Verhandlungen des fünften Kongresses der Gewerkschaften Deutschlands, abgehalten zu Köln vom 22. bis 27. 5. 1905, S. 221.
10 Protokoll über die Verhandlungen des Parteitages der Sozialdemokratischen Partei Deutschlands, abgehalten zu Mannheim vom 23. bis 29. 9. 1906, S. 143.
11 Dazu G. Feldmann, Army, Industry and Labour Germany, 1914–1918, Princeton N.J. 1966.
12 Aufschlußreich für die Umorientierung: P. Lösche, Der Bolschewismus im Urteil der deutschen Sozialdemokratie 1903–1920, Berlin 1967. Zur Geschichte der SPD: H. Wachenheim, Die deutsche Arbeiterbewegung 1844–1914, Köln-Opladen 1967; G. A. Ritter, Die Arbeiterbewegung im wilhelminischen Kaiserreich Berlin-Dahlem 1963; D. Groh, Negative Integration und revolutionärer Attentismus. Die deutsche Sozialdemokratie am Vorabend des Ersten Weltkriegs. Frankfurt a. M.-Berlin-Wien 1973; stärker relativierend und vergleichend und nicht so einseitig auf die innerdeutsche Geschichte bezogen: J. Rovan, Geschichte der deutschen Sozialdemokratie, Frankfurt a. M. 1980 (Histoire de la Social-Démocratie Allemande, Paris 1978); eine ähnlich relativierende Betrachtung auch bei W. Carr, A History of Germany 1815–1945, London [2]1981.
13 Vgl. R. N. Hunt, Friedrich Ebert und die deutsche Revolution von 1918, in: E. Kolb, Vom Kaiserreich zur Weimarer Republik, Köln 1972, S. 120–137; ferner: Ders., German Social Democracy 1918–1933, Chicago [2]1970; D. K. Buse, Ebert and the German Crisis 1917–1920, in: Central European History 5 (1972), S. 234–255.
14 Vgl. Ribhegge, Die Systemfunktion der Gemeinden. Zur deutschen Kommunalgeschichte seit 1918, in: Beilage zur Wochenzeitschrift Das Parlament (24. 11. 1973).
15 Zur Situation der SPD in der Weimarer Republik: H. A. Winkler, Von der Revolution zur Stabilisierung, Arbeiter und Arbeiterbewegung in der Weimarer Republik 1918 bis 1924, Berlin-Bonn 1984 (es fehlt allerdings ein Vergleich der deutschen mit der Situation der britischen und französischen Sozialisten und deren praktischer Politik).
16 W. Ribhegge, Die Anfänge der kommunalen Demokratie in Düsseldorf. Die Stadtverordnetenversammlung im Nachkriegsjahr 1919, in: Düsseldorfer Jahrbuch 1985, S. 133–164.
17 D. Orlow, Weimar Prussia 1918–1925: The Unlikely Rock of Democracy, Pittsburgh 1986; G. A. Craig, Das Ende Preußens. Acht Porträts, München 1985.
18 Die Reichstagsdebatte um das Ermächtigungsgesetzt abgedruckt in: E. Jäckel u.a., Deutsche Parlamentsdebatten, Bd. 2: 1919–1933, Frankfurt a. M. 1971, S. 222–267.
19 H. Schwenger, Ernst Reuter. Ein Zivilist im Kalten Krieg, München 1987.
20 Protokoll der Verhandlungen des Außerordentlichen Parteitages der SPD vom 13.–15. November 1959 in Bad Godesberg, Hannover-Bonn o. J., S. 99f.
21 Carlo Schmid, Erinnerungen, Bern u.a. 1979.

2. Die katholischen Politiker

Mit der Säkularisation der 18 Fürstbistümer 1803 und der Aufhebung von 200 Klöstern, die sich aus dem Mittelalter über die Reformation hinweg erhalten hatten, hatte die katholische Kirche in Deutschland einen wirtschaftlichen und kulturellen Verlust erlitten, der sich lähmend auf das religiöse Leben auswirkte. Zwar zeigte sich in der romantischen Bewegung, auch in der neu entstehenden historischen Forschung ein Versuch, voraufklärerische und vorreformatorische Zeiten und Lebensweisen wiederzuentdecken, doch waren diese intellektuellen Strömungen nicht repräsentativ.

Die meisten deutschen Politiker der ersten Hälfte des 19. Jahrhunderts, in der Regel Fürsten und Beamte, kannten sich kaum noch in der geschichtlichen Vergangenheit des eigenen Landes aus. Das gesellschaftliche und kulturelle Leben war geschichtslos geworden, und wenn man sich noch oder wieder an die Vergangenheit erinnerte, dann geschah es eher in Form von Erzählungen oder in Märchen, wie sie Wilhelm Grimm 1812/14 in zwei Bänden als »Kinder- und Hausmärchen« herausgebracht hatte, oder durch bauliche Überreste mittelalterlicher Städte, Kathedralen und Burgen, die aber eher als lästig denn wertvoll empfunden wurden. Wer etwas auf sich hielt, befaßte sich nicht mit der Vergangenheit, sondern überließ dies lieber Frauen und Kindern, einigen Pfarrern, gelegentlich auch den Schulmeistern, von denen man aber auch nicht allzuviel hielt und sie dementsprechend schlecht bezahlte.

Auch das katholische Leben war in der ersten Hälfte des 19. Jahrhunderts auf Dürftigkeit abgestellt. Das „Heilige Römische Reich Deutscher Nation", zuletzt eher ein fiktiver Zustand, aber noch ein Symbol von Vergangenheit, endete 1806. Das bürgerliche Zeitalter war für die katholische Kirche angebrochen. Bereits im 18. Jahrhundert wurde die geistliche Verwaltung der Bistümer den meist nicht-adeligen Weihbischöfen und Generalvikaren übertragen; seit dem 19. Jahrhundert wurden die bischöflichen Stellen, mit denen jetzt keine politische Funktion und keine großen Einkommen mehr verbunden waren, immer weniger mit Adeligen und zunehmend mit Söhnen bäuerlicher und bürgerlicher Familien besetzt und in der zweiten Hälfte des 20. Jahrhunderts nicht selten mit Professoren.

Der katholische Alltag war im Deutschland der ersten Hälfte des 19. Jahrhunderts unerquicklich geworden. Das zeigte sich in den »Kölner Wirren« (1837), einem Mischehenstreit, der politische Implikationen hatte. Er hing mit dem Zusammenleben der katholischen Bevölkerung in Rheinland und Westfalen, die durch die Säkularisation von 1803 preußisch geworden waren, und den aus dem Osten in den Westen versetzten protestantischen Beamten zusammen. Die preußische Beamtenpolitik griff staatsdirigistisch in das Privatleben der katholischen Familien ein. Man war empört.

Auch dadurch, daß die 1818 in Bonn errichtete neue Universität vom preußischen

Kultusministerium vorwiegend mit Protestanten besetzt wurde, fühlte man sich verletzt.[1] Der Publizist Joseph Görres verstand es, mit seiner Streitschrift »Athanasius« (1837) den rheinischen Unmut in eine gesamtdeutsche katholische Erregung umzulenken. Allmählich entstand in Deutschland ein neuer politischer Konfessionalismus, nicht mehr der der »Stände«, wie er seit dem 16. Jahrhundert bestanden hatte und der allmählich abgeflacht war.

Das Jahr 1848 war ein wichtiger Einschnitt im katholischen Leben des 19. Jahrhunderts. Das Versammlungs- und Vereinsrecht wurde liberalisiert und die beklemmende Enge des kleinstaatlich-bürokratischen Provinzialismus gelockert. Die 48er Bewegung erreichte nicht ihr politisches Ziel einer parlamentarischen Verfassung und politischen Einigung Deutschlands. Doch es gab auch Erfolge. Das politische und kulturelle Leben war freier geworden. Die katholischen Bischöfe Deutschlands und Österreichs konnten sich im Oktober und November 1848 in Würzburg ohne staatliche Genehmigung versammeln. Die Konferenz wurde seitdem in regelmäßigem Turnus fortgesetzt.

Zur gleichen Zeit entstanden überall katholische Vereine, »Piusvereine«, wie sie sich nannten. In der Frankfurter Paulskirchenversammlung bildete sich eine katholische »Fraktion«. 1848 kam die erste »Generalversammlung« der deutschen Katholiken zustande, der Anfang der späteren Katholikentage. Einige Geistliche, wie die Bischöfe Wilhelm von Ketteler (Mainz), der aus dem westfälischen Adel stammte, und Carl Josef Hefele (Tübingen), Sohn eines Hüttenverwalters, Autor einer bekannten Konzilsgeschichte, sympathisierten mit der neuen liberalen Politik und Kultur. Sie hatten sich früher als Abgeordnete in der Politik engagiert und versprachen sich von einer liberalen Kultur größere Freiheiten in dem noch – bis 1871 – »verkleinstaateten« Deutschland.

Der Weg, den die Katholiken in Deutschland seit 1848 einschlugen – und zwar Adelige, Bürger und Bauern, Handwerker, Gesellen und Akademiker zunächst gemeinsam – schien ein politischer Weg zu werden; zumal, nachdem Bismarcks Preußen Österreich 1866 entmachtet hatte und sich eine »preußische« Lösung der deutschen Frage unter der Dominanz des militärisch gefestigten preußischen Verwaltungsstaats abzeichnete. Ketteler warnte 1867 vor einem künftigen »Borussismus«.[2] Der anfangs eher liberale Politiker, 1848/49 Abgeordneter der Paulskirchenversammlung, eine wache, offene und politisch verantwortungsbewußte Persönlichkeit, befürchtete zurecht, wie sich zeigte, daß in dem neuen preußisch geprägten deutschen Nationalstaat der Kult des Militärischen, die Uniform des Offiziers und Unteroffiziers, die Haltung der Unterwürfigkeit im bürgerlichen Leben überhandnehmen würde. Im Bürgertum der Stadt Mainz, in der er von 1850 bis 1877 das Amt des Bischofs ausübte, neigte man seit Jahrzehnten zu demokratischen Auffassungen. Die Theologen des Mainzer Seminars hatten Kontakt zu den liberalen Katholiken Frankreichs, zu Lamennais, Lacordaire, Montalembert gepflegt. Das Mainzer Domkapitel wählte 1850 Ketteler zum Bischof, nachdem es den Abgeordneten der Frankfurter Paulskirche bei Adventspredigten, die er im benachbarten Mainz gehalten hatte, kennengelernt hatte.

Allerdings sahen sich die liberalen Katholiken innerhalb ihrer eigenen Kirche bald mit einem illiberalen Kurs konfrontiert, den Papst Pius IX. (Mastai-Ferreti) seit 1848 verfolgte. Durch die Erfahrung mit den revolutionären Vorgängen in Italien 1848 schockiert, lehnte Pius IX. alle »Neuerungen« ab und erhob in dem berühmten »Syllabus« (1864) Klage gegen die »Irrtümer« der neuen Zeit, insgesamt 80 an der Zahl. Für die Politik der liberalen Katholiken in Deutschland, Frankreich und England bedeutete das Dokument einen Rückschlag. Auch die katholische Geistlichkeit Deutschlands befaßte sich seitdem mehr mit den Nachteilen als mit den Vorteilen der modernen kulturellen Entwicklung und ihrer Möglichkeiten. Das katholische kulturelle Leben blieb weiterhin starr und etwas freudlos. Erst einige Jahrzehnte später, seit der Jahrhundertwende, versuchten intellektuelle katholische Kreise in Deutschland, vor allem um die Zeitschrift »Hochland« (seit 1903), wieder aus dem »katholischen Ghetto«, wie sie es nannten, herauszukommen und Liberalität zurückzugewinnen.

Als schließlich doch die »borussische« Lösung der deutschen Frage 1871 realisiert wurde, kam eine dauerhafte politische Sammlung der Katholiken zustande, zunächst aus einem Zusammenschluß katholischer Abgeordneter in dem neugewählten deutschen Reichstag: Das »Zentrum« wurde gegründet, das sich als eine Partei der »Mitte« verstand. So war als Folge der Reichsgründung – eine Gründung der »protestantischen« Hohenzollern, so schien es, ohne das »katholische« Österreich – eine konfessionelle Partei entstanden. Das führte zu einer Politisierung des religiösen Lebens, die aber nicht notwendig so hätte kommen müssen. Nach einigen Jahren wurde das Zentrum zur stärksten Partei in Deutschland. Es erzielte 1874 27,9 % der Stimmen, ein Anteil, der aber bis 1912 auf 16,4 % sank.[3] Später, in der Weimarer Republik, erzielte das Zentrum fast konstant bei allen Wahlen zwischen 12 und 14 % (3,8 bis 4 Millionen) der Stimmen.

Der Anteil katholischer Adeliger war zunächst in den Zentrumsfraktionen des Reichstags und des preußischen Landtags recht hoch, anfangs über 40 %. Er ging aber bald zurück. Das Zentrum wurde in der neuen deutschen Gesellschaft des Kaiserreichs eine »bürgerliche« Partei, nicht zuletzt eine »Juristen- und Beamtenpartei«. Die bäuerlichen und kleinbürgerlichen Wähler hatten nur einen geringen Einfluß auf die Formulierung der Politik. Nach der Jahrhundertwende öffnete sich die konservativ gewordene Partei dem demokratischen Flügel, der vor allem von Matthias Erzberger vertreten wurde.

Die Liberalität der Anfänge ging nach 1871, im Zuge der sich verhärtenden innenpolitischen und sozialen Konfrontationen in Deutschland verloren. Die Verkündung des Dogmas der Unfehlbarkeit des Papstes durch das 1. Vatikanische Konzil 1870, von den deutschen Konzilteilnehmern für »inopportun gehalten«, wirkte natürlich auf die Parteibildung in der öffentlichen Meinung Europas, zumal in einer Zeit, in der auch in Deutschland die neuen Tageszeitungen Gesprächsstoff brauchten. Die »Infallibilität« war ein willkommenes Thema. In der neuen deutschen Öffentlichkeit entstand sofort eine Konfrontation zwischen »Liberalismus« und »Katholizismus«, die beispielsweise die Aufstiegschancen von Katholiken in den deutschen Universitäten auf Jahrzehnte behinderte.

1869 hatte der Verleger Bachem in Köln die »Kölnische Volkszeitung« als katholische Tageszeitung Preußens herausgebracht. Seit 1871 erschien in Berlin die »Germania«, bis 1933 die Parteizeitung des Zentrums. Die angespannte publizistische Atmosphäre begünstigte die Entfachung des »Kulturkampfs«, einer repressiven Gesetzgebung gegen das katholische kirchliche Leben. Im Zuge dieser Auseinandersetzung – 80 % aller katholischen Wähler wählten während dieser Kampfzeit das Zentrum – konsolidierte sich das Zentrum. Es wurde eine »Bekenntnispartei« gegen staatliche Willkür, ein Vorgang übrigens, der sich bei der Konsolidierung der Sozialdemokratischen Partei wenige Jahre später unter dem »Sozialistengesetz« noch einmal wiederholte. So waren in den beiden ersten Jahrzehnten des neuen Reichs im Zentrum und in der Sozialdemokratie zwei große Parteien entstanden, die, das war noch nicht vorauszusehen, die wichtigsten, »staatstragenden« Parteien der Weimarer Republik werden sollten.[4] Der innere Zusammenhalt und die Vitalität dieser beiden in ihren ideellen Zielen sehr verschiedenen politisch-sozialen Gruppen, beruhte auf dem Lebens- und Aufstiegswillen jener mittleren und unteren Schichten der deutschen Bevölkerung, die sich im Zentrum wie in der Sozialdemokratie zum politischen Handeln zusammengefunden hatten. Das Zentrum wurde sieben Jahre nach seiner Gründung »staatsbejahend«. Katholische Politiker übernahmen in den Landtagen und Städten politische Verantwortung. Unter Ludwig Windthorst (1812–1891) gewann die Reichstagsfraktion des Zentrums bald an Profil und parlamentarischem Einfluß.[5]

Der aus Osnabrück stammende Windthorst hatte sich 1871 dem Zentrum angeschlossen und bald dessen Führung im Reichstag übernommen. Als parlamentarischer Gegner Bismarcks wurde er, ähnlich wie August Bebel bei den Sozialdemokraten, eine bekannte Persönlichkeit in der neuentstandenen politischen Öffentlichkeit Deutschlands. Über die Katholikentage gewannen die katholischen Politiker bald einen festen Rückhalt in der katholischen öffentlichen Meinung. Sie verstanden sich aber als politisch unabhängig von dem Episkopat. Das Zentrum war wohl eine katholische, aber keine klerikale Partei, eher eine »politische Arbeitsgemeinschaft« der Katholiken, die damals etwa nur ein Drittel der deutschen Bevölkerung ausmachten.

Da den Katholiken, wie der Kulturkampf gezeigt hatte, der Zugang zum kulturellen Leben, vor allem zu den Universitäten, erschwert blieb, schickten sie ihre fähigsten Repräsentanten in die Politik. So wurde das Zentrum als »Volkspartei« zu einer Schule der Politik in dem neuen deutschen Nationalstaat. Unter Ludwig Windthorst übernahm die Gruppe der katholischen Politiker im Reichstag schließlich die Aufgabe einer Regierungspartei. Man suchte seit 1879 die Kooperation, nicht die Opposition. Zudem hatten die katholischen Politiker im Reichstag eine Eigenschaft, die anderen manchmal abging: Sie stellten nicht alles in Frage, weder den Staat noch die Gesellschaft, aber auch nicht sich selbst und sahen die Politik eher als einen Beruf und als selbstverständliche Aufgabe an. So wurde das Zentrum bald zu einer Kraft politischer Stabilität und deshalb auch von dem früheren Gegner Bismarck umworben.

Nachdem sich die verwaltungspolitischen Kampfmaßnahmen gegen das katholische Leben als verfehlt erwiesen hatten, in Rom der souveränere und überlegtere Papst Leo

XIII. (Pecci) 1878 die Nachfolge Pius IX. angetreten hatte und zur Mäßigung riet und Bismarck, der als Symbolfigur des Kulturkampfs galt, zur Verwunderung der deutschen Katholiken den »Christusorden« verliehen hatte, renkten sich die Verhältnisse in der deutschen Kulturpolitik ein.

Leo XIII. begann, eine moderne katholische Staatslehre zu konzipieren, die das ausgeprägte Ressentiment vieler Katholiken gegen die Politik sowohl der Regierungen ihrer Länder, aber auch der neuen liberalen und demokratischen Bewegungen und schließlich der ständig anwachsenden Arbeiterschaft zu überwinden suchte. In mehreren Enzykliken entwickelte er seine Gedanken[6] und riet den Katholiken, die neue Welt in Wissenschaft, Kultur und Politik mit freundlicheren Augen als bisher anzusehen. Die Wirkungen, die von den Anregungen dieses päpstlichen Gelehrten und Diplomaten ausgingen, sind schwer abzuschätzen, aber sicherlich bewirkten sie Veränderungen in der katholischen Mentalität, nicht nur in Deutschland.

Von dem Reichstagsabgeordneten und Münchener Philosophieprofessor Georg von Hertling redigiert, erschien 1887/89 das »Staatslexikon« der »Görresgesellschaft«, das erste Unternehmen einer wissenschaftlichen Darstellung der Politik in Deutschland seit 1871. Es wirkte, da es wissenschaftlich und zugleich verständlich geschrieben war, in der noch traditions- und orientierungslosen deutschen Politik in Reich, Ländern und Gemeinden integrierend und konstituierend für ein gemeinsames Politikverständnis, auch noch in den späteren Auflagen von 1901, 1908, 1911, 1926 und 1957, die jeweils die inzwischen eingetretenen politischen Veränderungen verarbeiteten. Eine etwas überzogene Neigung zum prinzipiellen Denken, die der Philosophieprofessor dem politischen Handbuch mit auf den Weg gab, erwies sich noch bis in die bisher letzte Auflage (1957) als beständig.[7]

In kulturellen Fragen neigte der »politische Katholizismus« zu einer etwas unkatholischen, fast puritanischen Strenge, entschied sich in Zweifelsfällen eher für Illiberalität als Liberalität, wehrte sich aber zugleich gegen kulturelle Auswüchse der neuen deutschen Gesellschaft des Kaiserreichs wie den Antisemitismus, das schlagende Korpsstudententum, das Duellwesen, den Chauvinismus der Alldeutschen.

Da die Katholiken durch ihre Missionare eine enge Beziehung zu den Kolonien hatten, billigten sie die deutsche Kolonialpolitik, suchten gleichzeitig auf das Verhalten der Kolonialverwaltungen gegenüber der einheimischen Bevölkerung in Übersee mäßigend, so durch Appellationen im Reichstag, einzuwirken. Von imperialen Hoffnungen waren auch die katholischen Politiker dieser in ihrem öffentlichen Denken unverkennbar »materialistischen« bürgerlich-wilhelmischen Vorkriegsgesellschaft nicht frei. Die Flottenrüstung (seit 1898) wurde vom Zentrum gebilligt. Das Kolonialproblem wurde nach dem Krieg durch den Versailler Vertrag 1919 erledigt und für immer zu den Akten gelegt.

Das Zentrum war nicht von Anfang an demokratisch. So wandte sich eine starke Minderheit, geführt vom Breslauer Fürstbischof Georg Kopp, Sohn eines Webers, von Beruf zunächst Telegraphist, später Geistlicher, der in kirchlichen Ämtern aufstieg und 1906 geadelt wurde, gegen eine überkonfessionelle Öffnung der bis dahin konfessionell-organisierten christlichen Gewerkschaften. Kopp hatte seit der Reichsgründung die Verbindung zu der hohenzollernschen Hofgesellschaft in Berlin gesucht und besaß einigen Rückhalt bei den Berliner Katholiken. Die »liberalere« Richtung fand sich in Köln und in den Industriegebieten des Rheinlands. Es gab im deutschen politischen Katholizismus wie in allen Parteien der deutschen Aufstiegsgesellschaft häufig inneren Streit. Doch allmählich erwuchs aus dem Protest gegen die Verletzung der Rechte der Katholiken, die von ihren publizistischen Gegnern spöttisch »Ultramontane« genannt wurden, eine neue, eher konservative Politik und in den Kreisen der einfachen Bürger, Handwerker und Arbeiter, später Ansätze einer demokratischen Politik.[8]

1878 hatte der Kaplan Franz Hitze[9] gegenüber den Programmen der sozialistischen Arbeiterbewegung das Konzept einer »Entproletarisierung« der Arbeiterschaft formuliert. In den katholischen Gesellen- und Arbeitervereinen und christlichen Gewerkschaften wurde versucht, die desolate Lage der Arbeiterschaft zu verbessern und das Klassenkampfdenken gegenseitiger sozialer Verunglimpfung abzuwehren. Die gemeinsame religiöse Überzeugung ließ eine Anthropologie der Differenzierung nach Besitzenden und Nichtbesitzenden nicht zu. Im Rheinland, in Westfalen und in Schlesien schlossen sich größere Teile der Arbeiterschaft den christlichen Gewerkschaften an, auch die in Deutschland arbeitenden polnischen Arbeiter. Die katholische Presse, etwa in dem Bergarbeiterstreik von 1905, unterstützte häufig die Arbeiterposition gegenüber unternehmerischer Willkür.[10]

Durch die Politik des Reichstagsabgeordneten Matthias Erzberger seit 1917, seinen Bruch mit dem konservativen Flügel des Zentrums, vollzog das Zentrum die Wende zur Demokratie und arbeitete mit den bis dahin befehdeten Sozialdemokraten und Linksliberalen zusammen. Die Zustimmung des Zentrums zur Friedensresolution am 19. Juli 1918 war ein entscheidender Schritt. Dem Zentrum kam jetzt eine Schlüsselrolle zu. Indem es die brüchig gewordenen politischen Kartelle der wilhelminischen Politik verließ, öffnete es den Weg zur Demokratisierung. Es gelang Erzberger, diese Politik auch gegen innere Widerstände konsequent bis zur Verabschiedung der Weimarer Verfassung durchzuhalten. Als Finanzminister verstand er es, dem finanzschwachen Reich 1920 eine solide finanzielle Grundlage zu schaffen und die hohen Einkommen, auch die der »Kriegsgewinnler«, stärker zu besteuern.

Selbstverständlich gab es 1918/19 in dem bis dahin »monarchischen« Zentrum Bedenken gegen Demokratie und Republik. Da es aber gelang, bei den Verfassungsberatungen eine relativ befriedigende Lösung des Verhältnisses von Kirche und Staat zu finden, und auch bekannte Theologen wie der Abgeordnete der Nationalversammlung Josef Mausbach grundsätzliche Bedenken ausräumten, akzeptierten die deutschen Katholiken die Demokratie, wie es bereits seit längerem die belgischen, englischen, nordamerikanischen Katholiken taten.

Politische Ämter waren in der Weimarer Republik nicht immer begehrt. So mußten katholische Politiker, denen meist der persönliche Ehrgeiz und die Freude an der Politik eines Matthias Erzberger abging, der 1921 einem Attentat zum Opfer gefallen war, häufig das Amt des Reichskanzlers übernehmen: Der Gymnasialprofessor Josef Wirth, der Richter am Oberlandesgericht Wilhelm Marx, 1925 auch Kandidat bei den Reichspräsidentenwahlen, schließlich 1930–32 der frühere Sekretär der christlichen Gewerkschaften, Heinrich Brüning.

Ähnlich wie bei den Sozialdemokraten kamen in der Weimarer Republik katholische Politiker auch aus der Gewerkschaftsbewegung, so Adam Stegerwald, der politische Aufgaben in Preußen und im Reich übernahm.[11] In Bayern, einem Land, in dem noch am stärksten der Regionalismus des 19. Jahrhunderts – auch in der USPD Kurt Eisners – nachwirkte, löste sich die neue Bayerische Volkspartei 1918/19 vom Zentrum. Sie unterstützte 1925 die Kandidatur Hindenburgs gegen den Zentrumskandidaten Marx bei den Präsidentschaftswahlen. Mit Heinrich Held, der monarchistische und betont föderalistische Auffassungen vertrat, einem Gegner der Nationalsozialisten, stellte die BVP von 1924–1933 den bayerischen Ministerpräsidenten.

Als das Deutsche Reich 1871 gegründet wurde, lebten 76 % der Bevölkerung, gut drei Viertel, in Dörfern und kleinen Städten auf dem Lande, 19 % in Mittelstädten und nur 5 % in Großstädten. Bis 1925 ging der Anteil der ländlichen Bevölkerung auf 44 % zurück, der Anteil der großstädtischen Bevölkerung stieg auf 27 %, ähnlich der Anteil der Mittelstädte. Die deutsche Gesellschaft zur Zeit der Reichsgründung 1871 hatte sich kaum von jener des frühen 19. Jahrhunderts unterschieden. Ganz anders in der Zeit der Weimarer Republik: die Sozialstruktur war verglichen mit der der Bismarckzeit kaum noch wiederzuerkennen. Dementsprechend hatten sich auch die Probleme, die den Politikern zur Lösung gestellt waren, verändert. Die Weimarer Republik fiel sozial und kulturell in eine Zeit des Umbruchs, es entstanden neue Lebensformen. Die materiellen und psychologischen Belastungen aus dem Krieg kamen hinzu. In dieser Situation mochte der Katholizismus eine gewisse Stabilität und Solidität ausstrahlen, obwohl die Katholiken der Weimarer Republik auch nur eine – wenn auch starke – Minorität der deutschen Gesellschaft ausmachten. Aber im Wirrwarr der Mentalitäten und »Weltanschauungen« waren die Katholiken die einzige große soziale Gruppe, die feste gemeinsame Bindungen mitbrachte, unabhängig von den ideologischen und sozialen Kämpfen. Die katholischen Politiker bekannten sich wohl zu einigen Grundsätzen, vertraten aber keine politische Ideologie und waren von daher zur politischen Kooperation mit anderen politischen Gruppen bereit, eine Haltung, die manchmal als Prinzipienlosigkeit erscheinen mochte. Die zentrale politische Rolle, die das Zentrum in der Weimarer Republik spielte, war eher eine Notlösung und keineswegs ideal.

Aber insgesamt waren die Katholiken der Weimarer Zeit als soziale Gruppe nicht imstande und auch gar nicht dafür geeignet, die politische Mitte der neuen Demokratie zu bilden. Die katholische Kirche war keine politische Einrichtung. Die Entstehung neuer sozialer Lebensformen ergriff zudem auch die katholische Lebenswelt. Äußerlich, wirtschaftlich, wurde die Kirche längst nicht mehr von fürstlichem Wohlwollen, sondern von den Einkommen der Kirchenmitglieder getragen. Freiwilligkeit trat an die Stelle fester traditioneller Bindungen. Damit büßte auch der politische Katholizismus an Rückhalt ein. Er verlor gewissermaßen seine Existenzberechtigung.

Die wichtigsten Veränderungen in den zwanziger Jahren vollzogen sich im katholischen Leben außerhalb des politisch-gesellschaftlichen Bereichs: Das im 19. Jahrhundert, dem »bürgerlichen« Zeitalter, steril gewordene religiöse und geistige Leben erhielt neue innere Impulse. Es entstanden neue philosophische und geistige Strömungen, Ansätze zu einer neuen Spiritualität: die Wiederentdeckung der Vielfalt liturgischer Formen, die Suche nach neuen religiösen Lebensformen, die aus der Jugendbewegung kam, und die Anregungen, die Romano Guardini entwickelte. Diese Strömungen wirkten besonders auf die studierende und akademische Jugend der Weimarer Republik, deren Zahl sich bis zur Jahrhundertwende verdoppelt hatte – sie betrug im Sommersemester 1930: 73000, 50 Jahre vorher, 1880: 25000.[12] Die Welt war in den zwanziger Jahren anders geworden. Von der jüngeren katholischen Akademikerschaft wurde der überkommene politische Katholizismus – etwa in den Windthorstbünden – noch mitgetragen, zum Teil aber schon als fremd empfunden.[13] Auch die Rezeption der neuen Wissenschaften der Tiefenpsychologie und der Existenzphilosophie, Strömungen, die zum Teil begeistert übernommen wurden, lenkten von den politischen Realitäten ab statt politisches Engagement zu fördern. Manches, was in den akademischen katholischen Kreisen besprochen, gedacht und erwartet wurde, zielte eher auf »Ungewißheit und Wagnis«, so der Titel einer Schrift des katholischen Münsteraner Philosophen Peter Wust von 1937.

Die Entwicklung, die sich in der Politik unter dem Eindruck der Wirtschaftskrise seit 1930 abzeichnete, wurde auch von den katholischen Politikern in ihren Konsequenzen nicht übersehen. Das Zentrum hatte 1929 einen Geistlichen, den Prälaten Ludwig Kaas, zum Parteivorsitzenden gewählt: ein Zeichen innerer Unsicherheit. Auch neoromantische Tendenzen im Katholizismus waren wenig geeignet, ein geistiges und politisches Bollwerk gegen den aufkommenden Nationalsozialismus zu errichten. Das Zentrum stimmte ebenso wie die 1919 aus dem bayerischen Zentrum entstandene BVP und die anderen »bürgerlichen« Parteien am 23. März 1933 dem Ermächtigungsgesetz Hitlers zu. Heinrich Brüning hatte noch am gleichen Morgen vor der Fraktion erklärt, »er könne sich kaum für ein Ja entscheiden, selbst wenn man anerkenne, daß man eine moralische Verantwortung für eine Zustimmung trage.«[14]

Wenige Monate später erhob Ludwig Kaas keinen Widerspruch gegen die von der nationalsozialistischen Regierung verfügte Auflösung des Zentrums. Der bisherige Parteivorsitzende lebte seit 1933 in Rom und war an der Vorbereitung des Reichskonkordats mitbeteiligt. Die eindrucksvolle Geschichte des politischen Katholizismus in Deutschland war beendet.[15] Als die Auswirkungen der NS-Herrschaft sichtbar wurden – fast alle katholischen Politiker in Reich, Ländern und Gemeinden wurden ihrer Ämter enthoben –, das religiöse Leben durch äußeren Druck eingeschränkt und offen eine antikirchliche Propaganda betrieben wurde, sammelten sich die Katholiken in informellen Gruppen, gelegentlich auch zu aktivem Widerstand. Es kam zu Verhaftungen und Inhaftierungen. Pius XI. (Ratti) warnte 1937 in seiner Enzyklika »Mit brennender Sorge vor den Entwicklungen in Deutschland«.[16] Der Münsteraner Bischof von Galen predigte während des Krieges gegen die Euthanasiemaßnahmen. Einige katholische Politiker, so der Gewerkschaftsführer Jakob Kaiser, schlossen sich dem politischen Widerstand an. Die Mehrheit der Katholiken verhielt sich seit dem Ende der dreißiger Jahre angesichts des innerpolitischen Terrors passiv.

Bereits in den zwanziger Jahren hatte eine ökumenische Bewegung zwischen den Konfessionen, nicht nur in Deutschland, eingesetzt, die Kontakte zwischen den Konfessionen nahmen zu. Sie verstärkten sich in den dreißiger Jahren und während des Krieges.[17] Nach 1945 zeichnete sich ein Ende nicht der Konfessionen, aber des seit über 400 Jahren bestehenden Konfessionalismus im öffentlichen Leben Deutschlands ab. Die meisten katholischen Politiker, auch der Weimarer Zeit, unterstützten die Bildung einer überkonfessionellen christlichen Partei. Durch eine gewisse Würde des Alters, die Adenauer ausstrahlte, verstand es der Bundeskanzler Vertrauen bei der durch den Krieg und die Nachkriegsjahre arg mitgenommenen deutschen Bevölkerung zu gewinnen. Mit der Einführung der Mitbestimmung 1951 wurde der größte soziale Konfliktstoff beseitigt, der die deutsche Sozialgeschichte des letzten Jahrhunderts belastet hatte.[18]. Seine politische Prägung hatte Adenauer, von 1917 bis 1933 Oberbürgermeister der Stadt Köln und als Zentrumspolitiker der Weimarer Republik erhalten.

Er besaß einen ausgeprägten Sinn für den Parlamentarismus, das parlamentarische Spiel und den parlamentarischen Kampf. Daß er ungewöhnlich lange, bis in das Alter von 87 Jahren im Amt blieb, hing mit den ungewöhnlichen Verhältnissen der Jahre nach 1945 zusammen. Adenauer ließ sich trotz seiner Aversion gegen Programme von festen Überzeugungen leiten, die in Erfahrungen gefestigt waren. Während seiner zwangsweisen Amtsenthebung durch die Nationalsozialisten hatte er Zeit gehabt, sich über die Fehlentwicklungen der deutschen Geschichte Gedanken zu machen und sich auch mit der Frage der Schuld zu befassen. Er schrieb später: »Es ist nicht richtig zu sagen, die hohen Militärs oder die Großindustriellen tragen allein die Schuld. Gewiß, sie tragen ein volles Maß an Schuld, und ihre persönliche Schuld war um so größer, je größer ihre Macht und ihr Einfluß waren. Aber breite Schichten des Volkes, der Bauern, des Mittelstandes, der Arbeiter, der Intellektuellen hatten nicht die richtige Geisteshaltung, sonst wäre der Siegeszug des Nationalsozialismus im deutschen Volk von den Jahren 1930 an nicht möglich gewesen.«[19]

Einige Vorstellungen mochte Adenauer mit einem anderen, jüngeren Kölner Mitbürger gemeinsam haben, dem Schriftsteller Heinrich Böll. Böll und Adenauer standen sich politisch nicht gerade nahe. Aber gemeinsam war ihnen ein Verständnis und ein Wissen um die menschliche Schwäche. Böll und Adenauer wurden diesen konservativen Einsichten allerdings auf sehr unterschiedliche Weise gerecht, literarisch der eine, politisch der andere. Vielleicht beruhte in der jeweiligen Eigenart ihres unideologischen Konservatismus das Geheimnis ihres gleichzeitigen und ungewöhnlichen Erfolgs.

Der politische Katholizismus, den das Zentrum bis 1933 vertrat, wurde nach 1945 nicht wieder erneuert. Er ist inzwischen geschichtlich geworden und keine aktuell wirksame politische Kraft mehr. Die Geschichte des Zentrums war eng mit der Geschichte des Deutschen Reichs von 1871 bis 1933 verknüpft, ähnlich wie die der 1933 gleichfalls aufgelösten Sozialdemokratie, an die nach 1945 die neugegründete SPD anknüpfte, die aber auch die historische »Reichstradition« bald vergaß und sie nur noch gelegentlich in

Form historischer Nostalgie oder im Medium der wissenschaftlich-historischen Forschung in Erinnerung rief.

Anmerkungen

1 W. Ribhegge, Geschichte der Universität Münster. Europa in Westfalen, Münster 1985. Zur Geschichte des deutschen Katholizismus in der ersten Hälfte des 19. Jahrhunderts: F. Schnabel, Deutsche Geschichte im neunzehnten Jahrhundert Bd. 4: Die religiösen Kräfte, Freiburg 1955, S. 3–276. – Zu 1848: F. Schnabel, Der Zusammenschluß des politischen Katholizismus in Deutschland im Jahre 1848, Heidelberg 1910.
2 W. E. v. Ketteler, Deutschland nach dem Kriege von 1866, Mainz 1867.
3 Vgl. R. Morsey, Die deutschen Katholiken und der Nationalstaat zwischen Kulturkampf und dem Ersten Weltkrieg, in: Historisches Jahrbuch (1970), S. 35.
4 Zur Geschichte des Zentrums: K. Bachem, Vorgeschichte, Geschichte und Politik der deutschen Zentrumspartei 1815–1914, 9 Bde., Köln 1927–32 (vermittelt die »Innenansicht« des Zentrums). Ferner: K. Buchheim, Geschichte der christlichen Parteien in Deutschland, München 1966. Einen guten Einblick in die Geschichte des »politischen Katholizismus« gibt: J. Rovan, Le catholicisme politique en Allemagne. Histoire de la Démocratie chrétienne II, Paris 1956. – Die Untersuchung von H. Maier, »Revolution und Kirche. Zur Frühgeschichte der christlichen Demokratie, München^3 1973«, beobachtet die politisch-intellektuellen Strömungen im Frankreich des 19. Jh., geht auf die deutschen Verhältnisse nicht ein.
5 Margaret L. Anderson, Windthorst. A Political Biography, Oxford 1981; Ellen L. Evans, The German Center Party 1870–1933. A Study in Political Catholicisme, Carbondale and Edwardsville 1981.
6 »Quod apostolici muneris« (1878), »Humanum genus« (1884), »Immortale Dei« (1885), »Libertas Praestantissimum« (1888), »Rerum novarum« (1891).
7 C. Bauer, Das Staatslexikon der Görresgesellschaft. Spiegel der Entwicklung des deutschen Katholizismus, in: C. B., Deutscher Katholizismus. Entwicklungen und Profile, Frankfurt a. M. 1964, S. 54–92.
8 K. Buchheim, Ultramontanismus und Demokratie. Der Weg der deutschen Katholiken im 19. Jahrhundert, München 1963. – Stärker auf die politischen Bewegungen in den unteren katholischen Bevölkerungsschichten und der aufkommenden katholischen Arbeiterschaft Westeuropas bezogen, gemeinsame Trends aufweisend die Untersuchung des britischen Labour-Abgeordneten M. Fogarty: Christliche Demokratie in Westeuropa, Freiburg 1959 (Original: Christian Democracy in Western Europe 1820–1953, London 1957).
9 Franz Hitze (1851–1921), geb. in Hanemicke bei Olpe im Sauerland, schrieb 1878 »Kapital und Arbeit und die soziale Frage«; 1882 u. 1898–1912 Mitglied des preußischen Abgeordnetenhauses, 1884–1921 des Reichstags, seit 1893 Prof. für Christliche Gesellschaftslehre in Münster.
10 M. J. Koch, Die Bergarbeiterbewegung im Ruhrgebiet zur Zeit Wilhelms II., Düsseldorf 1954; U. Mittmann, Fraktion und Partei. Ein Vergleich von Zentrum und Sozialdemokratie im Kaiserreich, Düsseldorf 1976.
11 Die Kontinuität in der deutschen Politik zeigte sich in der Biographie des katholischen Politikers und Gewerkschaftlers Jakob Kaiser: W. Conze, E. Kosthorst, E. Nebgen: Jakob Kaiser, 4 Bde., Stuttgart 1967–1972.
12 G. Palmade, Das bürgerliche Zeitalter, Frankfurt 1974, S. 202.
13 Walter Dirks, Erbe und Aufgabe, Frankfurt 1931.
14 R. Morsey, Die Protokolle der Reichstagsfraktion und des Fraktionsvorstandes der deutschen Zentrumspartei 1926–1933, Mainz 1969, S. 513. Vgl. E. Matthias – R. Morsey, Das Ende der Parteien 1933, Düsseldorf 1966.

15 L. Volk, Das Reichskonkordat vom 20. Juli 1933, Mainz 1972.
16 »Wer die Rasse, oder das Volk, oder den Staat, oder die Staatsform, die Träger der Staatsgewalt oder andere Grundwerte menschlicher Gemeinschaftsgestaltung – die innerhalb der irdischen Ordnung einen wesentlichen und ehrengebietenden Platz behaupten – aus ihrer irdischen Wertskala herauslöst, sie zur höchsten Norm aller, auch der religiösen Werte macht und sie mit Götzenkult verspottet, der verkehrt und fälscht die gottbefohlene Ordnung der Dinge.« (14. März 1937)
17 W. A. Visser't Hooft, Memoires. Een leven in de oecumene, Amsterdam-Brüssel 1971, S. 63–69.
18 W. Ribhegge, Schwerindustrie, Gewerkschaften und Politik an der Ruhr im 19 und 20. Jahrhundert, in: Westfälische Zeitschrift Bd. 135 (1985), S. 123–177.
19 K. Adenauer, Erinnerungen Bd. 1: 1945–1953, Stuttgart 1965, S. 44; H. P. Schwarz, Adenauer. Der Aufstieg 1876–1952, Stuttgart 1986; T. Prittie, Konrad Adenauer, Vier Epochen deutscher Geschichte, Frankfurt 1970; K. Schröter, Heinrich Böll, Reinbek 1982.

3. Die Linksliberalen

Die Gruppe der Fortschrittler, im 19. Jahrhundert »Freisinn«, später »Linksliberale« genannt, die sich 1910 zur »Fortschrittlichen Volkspartei« zusammenschloß und deren Tradition in der Weimarer Republik von der »Deutschen Demokratischen Partei« (DDP) fortgesetzt wurde, hatte am konsequentesten von allen deutschen Parteien an der Tradition von 1848 und der 48er Verfassung über die bismarcksche Reichsgründung hinweg festgehalten. 1910 zählte die FVP etwa 130000 Mitglieder. In dem letzten Vorkriegsreichstag von 1912 hatte sie mit 1,5 Millionen Stimmen (12,3 %) 42 Reichstagsmandate erlangt. In der Größenordnung stand damit diese Gruppe an vierter Stelle hinter den Sozialdemokraten (34,8 %), dem Zentrum (16,4 %) und den Nationalliberalen (13,6 %).[1]

Da sich die Mehrheit des deutschen Bürgertums bereits im 19. Jahrhundert den Nationalliberalen zugewandt hatte, übernahmen die Fortschrittler, zu denen nach 1900 auch der frühere lutherische Pfarrer Friedrich Naumann mit einer Gruppe von Pfarrern, Lehrern, Schriftstellern stieß,[2] die Aufgabe, die politische Überlieferung von 1848 weiterzugeben. Die Linksliberalen standen den »Hirsch-Dunckerschen«-Gewerkschaften nahe und suchten auf die schroffen politisch-sozialen Gegensätze des Kaiserreichs mäßigend zu wirken. Der geschichtlichen Beharrlichkeit dieser politischen Minderheit verdankte die Weimarer Demokratie die Verfassung von 1919 und, in gewissem Sinn, auch die Bundesrepublik die Verfassung von 1949, ein bemerkenswerter Vorgang.[3]

Die Fortschrittler, die meist aus Süddeutschland kamen, so Friedrich Payer und Conrad Haußmann, bemühten sich während des Ersten Weltkriegs[4] um eine Vermittlung zwischen den Sozialdemokraten auf der Linken und den Parteien der bürgerlichen Mitte und den aufgeschlosseneren Kreisen in Regierung und Verwaltung. In Hochschullehrern wie Ernst Troeltsch, Gerhart von Schulze-Gävernitz und Max Weber hatte diese politische Gruppe, deren Wähler vor allem aus dem Handwerk und Gewerbe kamen und deren Abgeordnete häufig Rechtsanwälte waren, einen Rückhalt an den Universitäten. Auch diese liberale Gruppe war Partei, befangen, aber sie erhob doch den Anspruch, teilweise durchaus zu Recht, ein höheres Maß an politischer Vernunft zu vertreten und machbare politische Lösungen zu suchen. Die Wählerbasis der Linksliberalen erwies sich nach 1919 als zu schwach. So verlor die DDP bei den Reichstagswahlen nach dem günstigen Abschneiden von 1919 zunehmend an Stimmen. Der Linksliberalismus als Verbindung von bürgerlicher Interessenvertretung, persönlicher Überzeugungskraft und Zivilcourage hatte es schwer sich zu behaupten, zumal in einer Zeit, in der Mehrheitsmeinungen und Interessen ernster genommen wurden als persönliche Überzeugungen. Theodor Heuss, als Student vor 1914 ein Mitarbeiter Friedrich

Naumanns, später Reichstagsabgeordneter der DDP, 1948/49 Mitglied des Parlamentarischen Rats in Bonn und Bundespräsident von 1949 bis 1957, selbst Schriftsteller, Historiker, Politologe und Politiker, wurde in seinem Werdegang und seinem politischen Stil von der politischen Kultur des »Linksliberalismus« geprägt.[5]

In den Zielen und der politischen Kultur dieser »linksliberalen« Gruppe vermischten sich mehrere Momente, die nicht notwendig zusammengehören: Idealismus, etwas Freigeist, gelegentlich protestantisches Denken und Empfinden, bürgerlicher deutscher Nationalstolz, aber auch eine Vorliebe für bürgerliches Wohlbehagen, Wohlstand, Abneigung gegen politische Radikalität, Wertschätzung persönlicher Individualität in der Politik, gelegentlich ein Sinn für das Literarische und – wie in allen deutschen Parteien – innerparteilicher Kleinkrieg.

Der politische Einfluß der Linksliberalen läßt sich nicht allein aus den Wahlstatistiken erschließen. Mit ihrem Sinn für Liberalität suchten sie dogmatische Verfestigungen, wie sie sich in den Programmen der Sozialdemokraten, des Zentrums und der nationalistischen bürgerlichen Rechten zeigten, abzuwehren. Von daher war ihnen die Liberalisierung der politischen Kultur in Deutschland wichtiger als die Demokratisierung. Aber auch die Linksliberalen waren nicht immer davor geschützt, daß ihr »Liberalismus« im Prinzipiellen erstarrte. Ein mehr oder weniger ausgeprägter Hang zum politischen Dogma, zur Verehrung der Parteifahnen, war bei allen aus dem 19. Jahrhundert überkommenen deutschen Parteien vorhanden. Schließlich gab sich auch die Weimarer Republik 1919 eine kampferprobte Flagge: Schwarz-Rot-Gold, die republikanischen Farben, und erneut die Bundesrepublik 1949.[6]

Bei den Wahlen zur Nationalversammlung 1919 und bald auch bei den Wahlen zu den anderen Parlamenten ermöglichte die DDP nach der Einführung des Frauenstimmrechts weiblichen Abgeordneten, darunter Gertrud Bäumer und Marie-Elisabeth Lüders, die der Frauenbewegung nahestanden, den Eintritt in die Politik. Seit 1901 waren weibliche Studierende an deutschen Universitäten zugelassen worden.[7] Die Akademikerinnen suchten, wenn sie sich politisch engagierten, meist die Zusammenarbeit mit den Linksliberalen und dem Zentrum. Die meisten weiblichen Abgeordneten überhaupt stellte 1919 die SPD. Auch in der KPD engagierten sich seit 1920 häufig weibliche Abgeordnete, kaum in der DNVP und DVP, den Parteien der »bürgerlich-nationalen« Rechten.[8]

Anmerkungen

1 M. Schwarz, MdR-Biographisches Handbuch des Reichstags, Hannover 1965, S. 808. Zur Organisation und Geschichte der »bürgerlichen Parteien: D. Fricke, Die bürgerlichen Parteien in Deutschland 1830–1945, Berlin 1968.

2 D. Düding, Der Nationalsoziale Verein 1896–1905, München-Wien 1972; J. J. Sheehan, Der deutsche Liberalismus. Von den Anfängen im 18. Jh. bis zum Ersten Weltkrieg 1770–1914, München 1983.

3 Die Verfassung von 1919 war als Entwurf von dem linksliberalen Politiker und Prof. an der

Berliner Handelsschule Hugo Preuß (1860–1925), der vom Rat der Volksbeauftragten zum Staatssekretär des Innern ernannt wurde, konzipiert worden.

4 Vgl. K. Simon, Die württembergischen Demokraten, 1969. – C. Haußmann leitete 1919 den Verfassungsausschuß der Nationalversammlung. – Zu dem weniger geographisch als politisch zu verstehenden Einfluß süddeutscher Politiker auf die Verfassungsentwicklung: R. Schiffers, Badische Einflüsse auf die Reichsverfassung von 1919, in: Zschr. f. Gesch. d. Oberrheins, Bd. 120 (1972), S. 433 ff.

5 Th. Heuss, Erinnerungen 1905–1933, Tübingen 1963. – Zur Geschichte, Politik und Kultur des »Linksliberalismus«: J. C. Hunt, The People's Party in Württemberg and Southern Germany 1890–1914, Stuttgart 1975; und in der Politik des Reiches: B. Heckart, Von Bassermann bis Bebel, London 1975.

6 Der 1924 gegründete Kampfverband der drei demokratischen Parteien zur Abwehr der Angriffe kommunistischer und nationalsozialistischer Angriffe auf republikanische Politiker nannte sich »Reichsbanner Schwarz-Rot-Gold«. Die Existenz von Kampfverbänden macht deutlich, daß die Politik der Weimarer Zeit bedingt durch die Auswirkungen und Folgen des Krieges auf die Bevölkerung nicht immer mit den heutigen Maßstäben, die innenpolitische Gewalt nur als Ausnahmeerscheinung kennen, gemessen werden kann.

7 1901 in Baden, 1903/4 in Bayern, 1904/5 in Württemberg, 1906/7 in Thüringen und Sachsen, 1908 in Preußen und Hessen.

8 Zum Eintritt der Frauen in die aktive Politik: M. Twellmann, Die deutsche Frauenbewegung 1843–1889, 1972; A. v. Zahn-Harnack, Die Frauenbewegung. Geschichte. Probleme, Ziele, Berlin 1928; Helene Lange, Kampfzeiten, 2 Bde., Berlin 1928; W. Thönessen, Frauenemanzipation, Frankfurt 1969.

Die Politiker der Reichstagsmehrheit

1. Friedrich Ebert (1871–1925)

Wer biographische Studien und Quellen über Friedrich Ebert befragt, findet auffällig wenig Individuelles, Persönliches. Die Person wird immer in anderen Zusammenhängen und Aktivitäten sichtbar: Gewerkschaften, Vertretung in der bürgerschaftlichen Selbstverwaltung, Entwicklungen und Entscheidungen in der Sozialdemokratie, in Ämtern und Aufgaben; als vermittelnde Persönlichkeit zwischen Parteigremien, schließlich als Vermittler zwischen den Gegensätzen einer politisch nur schwer zu überbrückenden Klassengesellschaft: als Volksbeauftragter 1918/19 und als Reichspräsident von 1919 bis 1925.

Es gibt im 20. Jahrhundert wenig unumstrittene Persönlichkeiten in der deutschen Politik. Das gilt auch von Friedrich Ebert. Aber er erwarb sich durch seine politische Tätigkeit eine Sicherheit der Entscheidungen, die zumindest diejenigen überzeugte, mit denen er zusammenarbeitete und deren Vertrauen er gewann. Durch diese Fähigkeit, politisches Vertrauen zu gewinnen und zu behaupten, zeichnete er sich vor anderen aus. 1918/19 erwartete man von ihm, daß er Probleme lösen werde, vor deren Lösung andere zurückscheuten.

Es fällt schwer, in einer biographischen Skizze die Person Eberts aus den Verkrustungen der Parteien- und politischen Geschichte und den Klassengegensätzen, die ihn sein Leben lang begleiteten, zu lösen. Er selbst war, obwohl er jahrelang in der Führung der Arbeiterbewegung stand, eigentlich kein Politiker des »Klassenkampfs«: zumindest nicht aus Prinzip.

Die Ideologisierung und Politisierung des Kampfs um den sozialen Aufstieg begann mit der Entstehung der industriellen Gesellschaft in der zweiten Hälfte des 19. Jahrhunderts. Die in manchem ähnlich gelagerte nordamerikanische Industriegesellschaft kannte diese Art politisch-sozialer Auseinandersetzung nicht, weil dort der einzelne oder einzelne, auch ethnische Gruppen, nicht eine »Klasse«, um den sozialen Aufstieg kämpften. Aber in Europa mit einer geschichtlich verfestigten Gesellschaft lagen die Verhältnisse auch für die Arbeiter anders. Hier wurden die sozialen Unterschiede durch die politischen und kulturellen Institutionen aufrechterhalten und gerechtfertigt: durch kirchliche Lehren, schulischen Unterricht, Privilegien und durch die Begrenzungen des Wahlrechts.

Aus dem Kampf dieser neuen Bevölkerungsschichten um soziale und politische Anerkennung entstand der »Klassenkampf«. Denn persönliche Tüchtigkeit war in der »bürgerlichen Gesellschaft« Deutschlands nicht mehr das allein ausschlaggebende Kriterium sozialer Vorzugsstellungen, des Zugangs zur Bildung und zum kulturellen Leben der Nation. Tatsächlich lebten mehrere Jahrzehnte lang zwei »Klassen«, zwei »Völker« nebeneinander. Die Angehörigen der Arbeiterklasse empfanden diesen Zustand als drückend und bedrückend. Aus diesem Impetus entstand die Arbeiterbewegung: ihr Elan und ihre trotz aller internen Zwistigkeiten erstaunliche Solidarität.

Friedrich Ebert wurde am 4. Februar 1871 in Heidelberg als Sohn eines Schneidermeisters als viertes von sechs Kindern geboren. Der Vater war katholisch, der Sohn hielt später Distanz zur Kirche. Den Vorschlag des Pfarrers, daß Friedrich ein geistliches Studium aufnehmen sollte, lehnte die Familie ab. Er lernte das Sattlerhandwerk. Mit der Lehrzeit verbanden sich für ihn wenig angenehme Erinnerungen. Der junge Handwerker arbeitete in Karlsruhe, München und Mannheim, schloß sich dem Sattlerverband, der Gewerkschaft und der lassalleanischen Sozialdemokratie an, übernahm seit 1889 gewerkschaftliche Aufgaben in Kassel, Braunschweig, Elberfeld-Barmen, Remscheid und Quakenbrück. Es war die Zeit der wachsenden Industrialisierung und des Sozialistengesetzes (1878–1890): Die Industriearbeiter waren sozial wenig angesehen. Diese Tatsache förderte sowohl die Aggressivität wie auch die Solidarität unter den Arbeitern.

Die Gewerkschaften begannen, ihre Organisationen auszubauen und richteten in den größeren Städten sogenannte Arbeitersekretariate ein, um planvoll für die Verbesserung der sozialen Lage ihrer Mitglieder arbeiten zu können. Über die lokalen und regionalen Zusammenschlüsse hinaus schlossen sich die Gewerkschaften schließlich zu zentralen, auf das Reichsgebiet bezogenen Organisationen zusammen. Seit 1890 bestand in Berlin die Generalkommission der Gewerkschaften Deutschlands, die von Carl Legien geleitet wurde. Legien zählte weniger zu den bekannteren sozialdemokratischen Reichstagsabgeordneten, gewann aber politische Autorität. Der gewerkschaftliche Flügel in der deutschen Arbeiterbewegung, dem auch Friedrich Ebert nahe stand, übte seit 1905 einen bestimmenden Einfluß auf die Politik der sozialdemokratischen Reichstagsfraktion aus, verstärkt während und am Ende des Krieges. Die Gewerkschaftler drängten radikale Strömungen innerhalb der Sozialdemokratie entschlossen und unnachgiebig zurück. Sie wollten die sozialen Errungenschaften, die in jahrzehntelanger mühseliger und zäher Kleinarbeit erworben wurden, nicht von einer politischen Minderheit aufs Spiel setzen lassen.

In Bremen übernahm der junge Ebert die Leitung des dortigen Gewerkschaftskartells. Er lebte seitdem materiell von der Arbeiterbewegung, arbeitete in der »Bremer Bürgerzeitung« mit, einem jener Parteiblätter, wie sie bald in allen größeren Industriestädten existierten. Soziale, politische, konfessionelle Unterschiede spiegeln sich in der deutschen Gesellschaft des 19. Jahrhunderts in der Lokalpresse wieder. Diese Vielfalt kennt die deutsche Presse heute nicht mehr. Die Bremer Handwerksgesellen und Arbeiter kämpften um ihre soziale Anerkennung und die Verbesserung ihrer Arbeitsverhältnisse. Bremen war als Freie und Hansestadt innerhalb des Deutschen Reichs ein selbständiger Bundesstaat mit einer selbstverwalteten parlamentarischen Demokratie, die von dem liberalen Bremer Bürgertum beherrscht wurde. Die politische Herrschaft diente durch das zensusgebundene Wahlrecht auch der sozialen Herrschaft der Besitzenden. Aber Bremen war nicht Preußen. Wenn auch das Bremer Bürgertum seine Vorrechte noch unnachgiebiger verteidigte als die bürgerlichen Hamburger Kreise, so war es doch nicht möglich, sich auf Dauer begründeten Argumenten gänzlich zu verschließen. Der 21jährige veröffentlichte 1892 eine empirische Studie über »Die Lage der Arbeiter im Bremer Bäckergewerbe und die notwendigsten Aufgaben der Bäckerbewegung«. Seine soziologische und sozialpolitische Argumentation, wenngleich etwas hausbacken, zeigte Wirkung. Ebert gewann allmählich in der Stadt an Ansehen, zumindest verschaffte sich der junge, energische und selbstbewußte sozialdemokratische Politiker Respekt. Ebert polemisierte nicht nur, sondern er argumentierte mit Fakten und sorgfältig begründeten Erhebungen.

Die persönlichen Lebensverhältnisse Friedrich Eberts waren einfach. 1893 heiratete er die zwanzigjährige Arbeiterin Louise Rump. Seinen Lebensunterhalt bestritt er durch die Eröffnung einer Gastwirtschaft. Das Ehepaar hatte fünf Kinder. Zwei Söhne fielen im Ersten Weltkrieg, der älteste Sohn Friedrich wurde nach 1945 Oberbürgermeister von Ostberlin, ein anderer Sohn sozialdemokratischer Landtagsabgeordneter in Baden-Württemberg. Louise Ebert, die selbst hinter der öffentlichen Tätigkeit ihres Mannes zurücktrat, überlebte ihren Mann um 30 Jahre. Sie starb 1955.

Aus dem täglichen Kontakt mit den Arbeitern wußte Ebert um ihre Stärken und noch besser um ihre Schwächen. Die Wirkung dieser Schwächen hat er noch als Reichspräsident der Weimarer Republik zu spüren bekommen. Er selbst war nicht ganz frei von ihnen. Nach der Aufhebung des Sozialistengesetzes (1890) zeichneten sich die wachsenden Wahlerfolge der gut organisierten Arbeiterbewegung ab. Der Reichstagswahlkreis Bremen, seit 1871 von den Nationalliberalen gewonnen, fiel schon 1887 an die Sozialdemokraten und wechselte seitdem zwischen der SPD und der Deutschen Fortschrittspartei. 1896 wurden die ersten Arbeitervertreter in die Bremer Bürgerschaft gewählt, 1900 auch Ebert.

Die bürgerschaftliche Selbstverwaltung arbeitete nicht nur als beratendes Parlament und als beschließendes Organ. Alle Beteiligten, auch die politischen Gegner, waren gehalten zusammenzuarbeiten. Zwar war das Wahlrecht immer noch nicht demokratisiert – ein demokratisches Wahlrecht gab es im 19. Jahrhundert in keiner deutschen oder europäischen Stadt –, doch zwang die Selbstverwaltung die Bürgerschaft, sich gemeinsam der städtischen Probleme, auch der sozialen, anzunehmen. Die Selbstverwaltung prägte den Arbeitervertreter Ebert im Denken und politischen Umgang. Höfliche Umgangsformen wurden beachtet, hinzu kam die Achtung vor der Leistung des anderen, auch politischer Gegner. Ebert gelang es Ende 1918 relativ schnell, »bürgerliche« Mitarbeiter wie Hugo Preuß für die Ausarbeitung der neuen Verfassung zu gewinnen. Diese frühen Erfahrungen milderten Eberts Reserve gegenüber den »Bürgerlichen«, stärker jedenfalls als bei dem ideologisch geprägten linken Flügel seiner Partei. Er hielt sich eher an Beobachtungen, weniger an die politischen Lehrbücher. Vermutlich hat Ebert in der fünfjährigen Tätigkeit in der Bremer Bürgerschaft auch die Freude an der Politik, an politischer Verantwortung und Leistung kennengelernt und seinen ausgeprägten Sinn für die Ausübung politischer Macht entwickelt.

1902 setzte er sich in der Bremer Bürgerschaft für die Anerkennung des Koalitions- und Streikrechts, Verbesserungen im Armenwesen und der Besteuerung ein, forderte einen Mindestlohn und die Einführung des neunstündigen Arbeitstages. Als Kommunalpolitiker kümmerte er sich in erster Linie um die sozialpolitischen Fragen, in denen er sich auskannte. Bemühungen um eine Aufhebung des bestehenden Klassenwahlrechts, gemeinsam mit den Linksliberalen, schlugen fehl. Auch in kulturellen Fragen arbeitete der Arbeitersekretär mit dem Bürgertum zusammen. Damit stieß er jedoch auf Widerstand aus der eigenen Partei. Bis in die Zeit der Weimarer Republik lebten Bürgertum und Arbeiterschaft weit voneinander getrennt, sie beobachteten und kritisierten sich gegenseitig und kannten, außer in der Verbindung durch die christlichen Kirchen und ein wenig durch die deutsche Literatur, kaum kulturelle Gemeinsamkeiten. Die kulturelle Mißachtung wurde von der Arbeiterschaft als ebenso verletzend empfunden wie die wirtschaftliche. Ein gegenseitiges Mißtrauen zwischen Arbeiterschaft und Bürgertum blieb immer bestehen und erzeugte neues Mißtrauen. Von Versuchen, eine eigenständige »Arbeiterkultur« zu entwickeln, scheint Ebert nicht so begeistert gewesen zu sein wie andere Gruppen in der Arbeiterbewegung. In Bremen suchte er die Verbindung zu dem liberalen »Goethe-Bund«, also zur Zusammenarbeit mit dem Bürgertum, nicht zur Arbeiter-Subkultur. Als Typus zählte Ebert zu den vorsichtigen Politikern.

Es scheint, daß diese Eigenschaften und Fähigkeiten ausschlaggebend waren, den Leiter des Bremer Gewerkschaftskartells 1905 auf dem Jenaer Parteitag der SPD mit 174 von 283 Stimmen zum Sekretär des Parteivorstands zu wählen. Seit den 90er Jahren diskutierten die sozialistischen Parteien in Europa über den sogenannten »Massenstreik«. Er sollte als ein Kampfmittel benutzt werden, um Veränderungen am Wahlsystem, den »Wahlrechtsraub«, zu verhindern. So jedenfalls lautet die Argumentation der Linken innerhalb der deutschen Sozialdemokratie. Die soziale Situation war 1905 angespannt: Im Ruhrgebiet fand ein größerer Bergarbeiterstreik statt, der der Arbeiterschaft erhebliche Sympathien in der deutschen »bürgerlichen« Öffentlichkeit gegenüber dem »Herr-im-Hause«-Standpunkt der Unternehmer einbrachte. Im russischen Petersburg kam es, wenn auch weit entfernt, zu einer revolutionären Bewegung.

Der gewerkschaftliche Flügel der deutschen Arbeiterbewegung stand den Diskussionen über den Massenstreik sehr skeptisch gegenüber. Zugleich sorgte er dafür, daß die Parteiorganisation fester organisiert wurde, die bis dahin eher lockere Verbindung der Wahlkreisorganisationen zentralisiert und (mit Sitz in Berlin) gestrafft wurde. Für diese Aufgabe brauchte man einen zuverlässigen Mann: Friedrich Ebert. Das, was man bisher erreicht hatte, sollte nicht wieder aufs Spiel gesetzt werden. Teilerfolge und partielle Auseinandersetzungen wurden dem Generalangriff gegen die »herrschende Klasse« vorgezogen. Außerdem schätzte der gewerkschaftliche Flügel die eigene Stärke und Schwäche wohl etwas realistischer ein. Doch ging es nicht nur um Fragen der Taktik. Der gewerkschaftliche Flügel zog die Integration dem großen Konflikt und dem »Kladderadatsch« vor. Spätestens seit dem Parteitag der SPD von 1906 stand der Sieg der gewerkschaftlichen, gemäßigten Richtung fest.

In den folgenden Jahrzehnten gelang es, die Parteiorganisation soweit zu festigen, daß sie im November 1918 sogar vorübergehend die einzige intakte politische Autorität im Deutschen Reich darstellte, die das gesamte Reichsgebiet erfaßte. Die Sozialdemokraten waren 1918 auch die stärkste politische Kraft, die an einer Erhaltung des Reichs interessiert war und dementsprechend handelte. Durch seine Organisationstätigkeit in Berlin gewann Ebert allmählich ein sicheres, auf Erfahrung gegründetes Urteil über die Bewegungen in der deutschen Bevölkerung. Er war in der Lage, sie richtig einzuschätzen und zu beurteilen: eine Fähigkeit, die gegen Ende des Krieges in Deutschland wohl nur noch wenige Politiker beherrschten, am wenigsten die dazu vermeintlich von »Gottes Gnaden« berufenen Monarchen. Ebert trat selten freiwillig in das politische Rampenlicht. Er war weitaus vorsichtiger als Philipp Scheidemann, bedachte sorgfältiger die Konsequenzen seines Handelns.

1912 wurde er für Elberfeld-Barmen in den Reichstag gewählt und 1913 gemeinsam mit dem Königsberger Rechtsanwalt Hugo Haase als Nachfolger August Bebels zum Parteivorsitzenden. Haase sollte das »kritische Gewissen« innerhalb der Sozialdemokratie vertreten. Darin war Haase konsequent, so daß er 1917 die Fraktion verließ und der neugegründeten Unabhängigen Sozialdemokratischen Partei beitrat. Es zeichnete sich die Spaltung der deutschen Arbeiterbewegung ab, die durch den Streit ausgelöst wurde, ob man der deutschen Regierung weiterhin die Kriegskredite bewilligen könne oder nicht. 1918 arbeiteten schließlich Ebert und Haase nochmals als Volksbeauftragte zusammen, die Unabhängigen schieden wenige Wochen später jedoch wieder aus, weil sie die machtbetonte Haltung der Mehrheitssozialdemokraten, die Ebert einnahm, nicht mittragen wollten. Erst später, Ende 1918, entstand die Kommunistische Partei, die andere Programme und Haltungen annahm als die eher radikaldemokratische USPD Hugo Haases.

Während des Krieges wuchs Ebert in die politische Verantwortung hinein. Er befand sich in den kritischen Tagen des Juli 1914 in Urlaub. An einen politischen Widerstand gegen die Einleitung der Kriegshandlungen haben die Spitzen in der Partei und den Gewerkschaften nicht ernsthaft gedacht. Die SPD war wohl bei den Wahlen von 1912 die stärkste Partei im Reichstag geworden, aber das Parlament hatte keinen unmittelbaren Einfluß auf die Regierungspolitik, am wenigsten die SPD. Es wären daher nur Demonstrationen möglich gewesen, nicht aber die Ausübung direkten Drucks, um Entscheidungen zu verhindern oder rückgängig zu machen, und dies alles in der Situation eines nationalen Fiebers. Faktisch paßten sich die Sozialdemokraten 1914 der gegebenen politischen Situation an und bewilligten auch die Kriegskredite. Dies war eine schwächliche Notlösung. Für Friedrich Ebert änderten sich allerdings die Dinge in dem Augenblick, als er erkannte, daß die deutsche Kriegspolitik auf falschen Voraussetzungen beruhte. Um etwas abzuwenden war es zu spät. Dazu fehlte auch die Macht.

Die Haltung der deutschen Sozialdemokraten und Gewerkschaften während des Krieges erscheint im nachhinein alles andere als makellos. So wurden die Sozialdemokraten und die Gewerkschaften in die Verantwortung des Krieges hineingezogen. Die zahlenmäßig kleineren, aber nicht unbedeutenden, christlichen Gewerkschaften hatten eine ähnliche Haltung eingenommen.

Als 1916 eine politische Organisation der Wirtschaft immer zwingender wurde, wurden die Gewerkschaftler auf Wunsch der Generäle, die in diesen Fragen pragmatischer dachten als die Politiker, in die jetzt planmäßig betriebene administrative Organisation der wirtschaftlichen Produktion einbezogen. Die Gewerkschaften sahen darin die Chance, endlich ihre Gleichberechtigung als Verhandlungspartner gegenüber der staatlichen Verwaltung und der Unternehmerschaft zu erreichen. Sie nahmen die Möglichkeit wahr und arbeiteten mit. Später, am 15. November 1918, erreichten sie endlich ihre förmliche Anerkennung in der sogenannten »Arbeitsgemeinschaft«. Arbeitsgemeinschaften entstanden bereits während des Krieges in den meisten Wirtschaftszweigen. Die Gewerkschaften verzichteten dabei auf Arbeitskämpfe und sorgten damit für die Aufrechterhaltung der Produktion. Das allmähliche Hineinwachsen der Arbeitervertreter in die deutsche Politik hat Gerald Feldman in seiner Untersuchung »Army, Industry and Labor in Germany 1914–1918« (1966) eingehend beschrieben.

Eine politische Wende trat im Juli 1917 ein. Die Ausführungen Erzbergers im Hauptausschuß des Reichstags, seine Kritik an der militärischen Fehlplanung und Fehlberechnung der Obersten Heeresleitung, überzeugten Ebert sofort. Während andere sozialdemokratische Abgeordnete Bedenken hatten, mit den katholischen Politikern zusammenzuarbeiten, war Ebert erstaunlich schnell dazu bereit. So kam bald darauf die gemeinsame Friedensresolution vom 19. Juli 1917 zustande. Es gelang Ebert und Scheidemann, die eigene Fraktion für ein politisches Bündnis mit den bisherigen Gegnern, dem Zentrum und der kleineren Fortschrittlichen Volkspartei, zu gewinnen. Ideologische Bedenken scheinen bei Ebert überhaupt nicht aufgetaucht zu sein. Er sah in dieser Zusammenarbeit einen Weg, um das Volk wieder aus dem Krieg herauszuführen: Der Krieg mußte beendet und die drohende Gefahr eines weiteren Machtzuwachses des Generalstabs verhindert werden. Die treibende und auch stärkere Persönlichkeit in diesem Ringen war Erzberger, nicht Ebert. Aber bezeichnenderweise arbeiteten beide Politiker auch im November 1918, Erzberger als der bestimmende Politiker in der Außenpolitik, wenn auch nicht formell, weiter zusammen. Gemeinsam führten sie schließlich auch die schweren politischen Entscheidungen bei den Sozialdemokraten und dem Zentrum im Sommer 1919 über die Annahme des Verfassungskompromisses und des Versailler Vertrages herbei.

Ebert lehnte die annexionistischen Kriegsziele ab und empörte sich seit 1917 zunehmend über die intransigente Haltung der Obersten Heeresleitung. Aber er ließ sich nicht aus Prinzip zu Haltungen hinreißen, bei denen nur noch die Politik der Verzweiflung als Alternative offenblieb. Er lehnte vor allem in dem kritischen Jahr 1918 jede Politik dieser Art ab, gleich ob sie von rechts oder links kam. Bezeichnend ist eine Bemerkung aus der Reichstagsrede Eberts vom 22. Oktober 1918, in der er den erstmaligen Eintritt der SPD in eine deutsche Regierung rechtfertigte:

»Geht es nach unserem Willen, dann soll es nicht zum Verzweiflungskampf kommen. Diese Regierung, die erste deutsche Reichsleitung, in der Sozialdemokraten sitzen, soll eine Friedensregierung sein.

Meine Herren, es wäre für uns gewiß bequemer gewesen, draußen zu stehen und unsere Hände in Unschuld zu waschen. In der Schicksalsstunde des deutschen Volkes wäre aber eine solche Politik vor der Geschichte, vor der Nation und vor der deutschen Arbeiterklasse nie und nimmer zu verantworten.«[1]

Nachdem sich im Frühjahr 1917 der linke Flügel der SPD abgespalten hatte (und wohl herausgedrängt worden war), schloß sich die Mehrheit unterstützt von dem Gewerkschaftsflügel einem politischen Bündnis mit dem Zentrum und den Linksliberalen an.

Während der Verhandlungen in Brest-Litowsk brach im Januar 1918 der Streik in der Berliner Rüstungsindustrie aus. Als Abgeordneter und Vorsitzender der sozialdemokratischen Reichstagsfraktion – gemeinsam mit Scheidemann – hätte Ebert darauf drängen müssen, daß die Friedensverhandlungen unter die Kontrolle des Parlaments kamen. Er bemühte sich aber in diesen kritischen Tagen 1918 um eine Beilegung des Streiks, suchte zwischen den Streikenden und der Regierung zu vermitteln, wobei sich die Regierung denkbar ungeschickt und den Streikenden gegenüber abweisend und arrogant verhielt. In dieser Zeit aber betrieben die militärischen Verhandlungsleiter in Brest die Politik des »Gewaltfriedens« entgegen den ursprünglichen Ankündigungen der Regierung Hertling, die einen Verständigungsfrieden versprochen hatte. Ebert hatte versucht, aus Loyalität sein persönliches Prestige in der Arbeiterschaft für eine Beilegung des Konflikts einzusetzen. Damit ging wertvolle Kraft und Zeit verloren, um die Haltung der deutschen Verhandlungsleitung in Brest zu kontrollieren. Das Ergebnis von Brest war schließlich den Zielen der Sozialdemokraten und denen der Parteien der Reichstagsmehrheit völlig entgegengesetzt: keine friedliche, sondern eine gewaltsame Lösung.

Im Januar 1918 hatten die Bolschewiki die freigewählte Konstituante, die Nationalversammlung, mit Gewalt aufgelöst. Das war ein politischer Frevel für demokratische, zumal sozialdemokratische Politiker. Durch dieses Vorgehen hatte sich auch die russische Revolution allmählich die Sympathien in den westlichen sozialistischen Parteien verscherzt. Die sozialdemokratischen, gewerkschaftlichen Parteien, nicht nur in Deutschland, auch in den anderen westeuropäischen Ländern, nahmen eine zunehmend antibolschewistische Haltung ein, die sich auch auf die radikalen Absplitterungen in den eigenen Ländern, die nach wie vor mit dem kommunistischen Experiment sympathisierten, erstreckte.

Auf diesem Hintergrund entstand in dem Januarstreik von 1918 erstmals auch für die SPD die Gefahr eines neuen politischen Gegners, jetzt nicht mehr nur von der Rechten, sondern auch von links. Das war eine unerwartete und gänzlich veränderte Situation, für die es noch keine Beispiele gab. Es bestand die Aussicht, daß sich zwei sozialistische Bewegungen gegenseitig bekämpften und sich den »Verrat an der Arbeiterklasse« vorwerfen würden. Daß diese Möglichkeit nicht nur fiktiver Natur war, erwies die spätere Entwicklung, die Ende 1919 zur Gründung der Kommunistischen Partei führte und die bis zur Spaltung Deutschlands nach 1945 weiterwirkte.

Eberts Erfahrung, von der eigenen Regierung bei den Verhandlungen in Brest betrogen zu sein, mußte nachwirken, sie wurde durch die Niederlage im Sommer 1918 noch praktisch bestätigt. Die Ereignisse bewiesen, daß die Reichstagsmehrheit, als sie im Juli 1917 den Verständigungsfrieden gefordert hatten, in ihrer Beurteilung der Lage recht gehabt hatte, gegen den »Sachverstand« der Militärs und gegen die Einstellung führender Regierungspolitiker. Die Volksvertreter waren vernünftiger und einsichtiger gewesen als die Regierung im Reich und in den Bundesstaaten, die die Vorgänge im eigenen Lande nur ungenügend kannten.

So wuchs Ebert im Laufe des Jahres 1918 allmählich in die politische Verantwortung hinein. Liest man seine Beiträge in den Aussprachen des interfraktionellen Ausschusses nach, so fallen sie durch ihre Wortkargheit auf. Ebert wies immer wieder auf die Ernährungslage der Bevölkerung hin, er sah, daß Unheil drohte, wenn die Dinge weiter so laufen gelassen wurden: nicht zuletzt ein wirtschaftliches Chaos. Alle anderen Fragen, auch die Verfassungsfragen, die Frage der Abdankung des Kaisers, erschienen Ebert eher sekundär. Als erfahrener Sozialpolitiker wußte er um die harten Gesetze der industriellen Wirtschaft. Was er befürchtete, trat schließlich ein: nicht nur die militärische Niederlage, die zu verkraften gewesen wäre, sondern die wirtschaftliche Niederlage, die an die Substanz ging und nicht wiedergutzumachende Schäden verursachte, ein neues Proletariat entstehen und große Teile des Mittelstandes verarmen ließ. Ein erfahrener Sozialpolitiker wie Ebert wußte mit abstrakten statistischen Chiffren, die ihm zugänglich waren, auch menschliche Schicksale zu verbinden.

Manchmal dachte Ebert zu sehr in schicksalhaften Vorstellungen. In seinen Reichstagsreden beim Eintritt der Sozialdemokraten in die Regierung Max von Baden und in seiner Rede bei der Übernahme der Präsidentschaft im Februar 1919 wird das deutlich. Die Leichtigkeit, manchmal wohl auch der Leichtsinn, die Scheidemann bei der Behandlung politischer Fragen zeigte, waren Ebert fremd. Die beiden politischen Freunde suchten bald die Distanz zueinander. Im Oktober 1918 trat Ebert nicht als Staatssekretär in die Regierung Baden ein. Er verzichtete auf die »Exzellenz« und hielt seine Aufgaben in der Partei für wichtiger, um die Fühlung zur Arbeiterschaft in den kritischen Tagen des deutschen Zusammenbruchs nicht zu verlieren.

Die Veränderungen, die seit dem 5. Oktober 1918 in der deutschen Politik eingetreten waren, bewertete Ebert in seiner Reichstagsrede am 22. Oktober als »Geburtsstunde der deutschen Demokratie«.[2] Er sprach sich entschieden, jetzt als Sprecher einer Regierungspartei, für die Aufhebung der Militärherrschaft des Generalstabs aus.[3] In dieser Rede ging Ebert, was selten vorkam, aus sich heraus, und er hielt den »Gewaltpolitikern« – »Katastrophenpolitiker« nannte er sie – in leidenschaftlichen Worten ihr Sündenregister vor:

„Darum hat innenpolitisch und nach außen hin nichts so ungeheuer geschadet, ist uns nichts so verhängnisvoll geworden wie der mit allen Mitteln geführte Machtkampf unserer Gewaltpolitiker. Durch die brutale Art, in der sie ihre wilden Eroberungsziele verfolgten, haben sie unser ganzes innenpolitisches Leben vergiftet, das Volk in seinem guten Glauben schwankend gemacht und die öffentliche Meinung irregeführt.

Schmähungen schlimmster Art haben sie auf jeden gehäuft, der die eigenen Volksgenossen über den Wahnsinn dieser Politik belehrte. Selbst jetzt, wo der Gang der Ereignisse über diese Weltverschlucker zur Tagesordnung übergegangen ist, ist ihr letztes Lebenszeichen noch auf Zerstückelung des Volkes gerichtet.

Der Tag der Abrechnung mit diesen Katastrophenpolitikern wird kommen, und dabei wird ihnen nichts, aber auch gar nichts geschenkt werden.«[4]

Das waren keine leeren Worte. General Ludendorff, der militärische Diktator Deutschlands seit 1916, wurde, weil er den Krieg wieder fortsetzen wollte, vier Tage später, am 26., seines Postens enthoben. Im Oktober und November 1918 begannen sich die innenpolitischen Entwicklungen von Kiel ausgehend in Deutschland zu verselbständigen. Sie glitten auch der Gewerkschaftsführung und den sozialdemokratischen Führern aus den Händen.

In dieser Situation erschien Ebert vielen als der einzige Politiker, der überhaupt noch in der Lage war, politische Autorität auszuüben. So übertrug Max von Baden ihm am 9. November 1918 die Kanzlerschaft, und Ebert nahm sie an. Eine solche Machtübergabe war allerdings in der Verfassung von 1871 nicht vorgesehen. Aber da die Reichsverfassung auch faktisch nur noch begrenzt aufrechterhalten wurde, mochten solche Einwände nur noch bedingt gelten. Rechtliche Erwägungen scheinen weder Max von Baden noch Friedrich Ebert am 9. November angestellt zu haben. Es mußte gehandelt und entschieden werden: Der Thronfolger des badischen Großherzogs, der von dem Hohenzollern Wilhelm II. ernannte deutsche Reichskanzler, übergab die politische Autorität aus freien Stücken und aus persönlicher Überzeugung – darin fürstlich souverän – einem Arbeiter, dem sozialdemokratischen Fraktions- und Parteivorsitzenden. Die Legitimität dieses Vorgangs bestand lediglich darin, daß Max von Baden diese Entscheidung für richtig hielt. Sie wurde auch niemals angefochten, höchstens kritisiert. Der fürstliche Adel, der über tausend Jahre lang in Deutschland geherrscht hatte, übergab durch einen seiner Nachfahren in einer persönlichen Ansprache von Mann zu Mann die Macht an den gewählten Volksvertreter.

Gelegentlich wurde von einigen Historikern beklagt, daß die Revolution von 1918 so recht keine Revolution – verglichen mit der Französischen Revolution – gewesen sei. Das ist vom Erscheinungsbild betrachtet zutreffend: neben den durch die Französische Revolution vorgeprägten »Merkmalen« einer Revolution mußte die deutsche Revolution geradezu blaß und unscheinbar wirken: ohne geschichtliche Größe. Darauf legten allerdings weder Baden noch Ebert größeren Wert, es interessierte sie auch nicht. Sie waren sich in einem einig: Es sollte ein größerer Schaden vermieden werden. Unter diesem Gesichtspunkt und aus diesem Motiv wurde von ihnen die tausend Jahre alte »Feudalherrschaft« in Deutschland beendet, friedlich, nicht wie in Frankreich 1789 mit Gewalt. Was war geschichtlich gesehen dagegen einzuwenden?

Es gab auch unter den Sozialdemokraten 1918 Jakobiner; jakobinische Strömungen hat es in der politischen Bewegung in Deutschland seit dem ausgehenden 18. Jahrhundert immer gegeben. Scheidemann mochte ihnen wohl eher nahestehen. Ebert war sicherlich kein Jakobiner. Die Arbeiterschaft war darüber nicht so enttäuscht wie manche Akademiker, übrigens auch der »bürgerlichen Rechten«, die unter einer Revolution vom Schulbuch aus betrachtet doch etwas anderes verstanden. So ist der 9. November eigentlich kein Dilemma der deutschen Geschichte, sondern eher ein Dilemma für die Historiker, das auf falschen Erwartungen, zum Teil wohl sogar auf dem fehlenden Zugang zur eigenen, deutschen Geschichte beruht. Die bürgerliche Rechte fühlte sich durch das Ergebnis der Revolution so sehr gekränkt, daß sie ihre Energien darauf verwandte, ein »besseres« Ergebnis zu erreichen. Und es gelang ihr auch, dies sollte mit der notwendigen historischen Skepsis hinzugefügt werden, im Januar 1933.

Ebert hatte im November 1918 auch das Vertrauen mancher Beamter gewonnen. Es war schwierig, in den folgenden Wochen die Kontinuität zu behaupten.[5] Dabei sah sich Ebert gezwungen, auch Gewalt anzuwenden. War das notwendig?

Mit der Wahl zum Reichspräsidenten am 11. Februar 1919 trat Ebert aus der engeren – auch materiellen – Bindung an die Arbeiterbewegung heraus, ohne die menschlichen Bindungen abreißen zu lassen: Er beriet weiter und versuchte zu vermitteln. Die Sozialdemokraten hatten wenige überzeugende Politiker, die die Nachfolge Eberts hätten antreten können. Ebert riet ihnen, sich nicht aus der Verantwortung herausdrängen zu lassen. Nach den Kabinetten Scheidemann, Bauer und Müller endete mit den Reichstagswahlen 1920 die sozialdemokratische Mehrheit und Regierungspolitik. 1928–1930 kam es noch einmal in der großen Koalition zu einem Kabinett mit einem sozialdemokratischen Kanzler. Die meisten wechselnden Kabinette wurden von Zentrumspolitikern geleitet. Das Zentrum übernahm die parteipolitisch vermittelnden Positionen, wozu die Sozialdemokraten, jetzt auch von der neuen Partei der Kommunisten attackiert und bei wechselndem Wahlerfolg, nicht in der Lage waren. Nur in Preußen, dem größten Land, konnten sich die Sozialdemokraten in einer Weimarer Koalition, dem Bündnis von SPD, Zentrum und DDP, bis 1932 behaupten.

Ebert versuchte, als Präsident eine politisch vermittelnde Haltung gegenüber den divergierenden politischen Kräften der Weimarer Republik einzunehmen. Der Kompromiß der Weimarer Verfassung entsprach seiner Überzeugung. Aber er gewann nie das volle politische Vertrauen der öffentlichen Meinung: die bürgerliche Rechte wie ein Teil der literarischen Linken verweigerte sich. Das bürgerliche Publikum – die Wählerschaft hatte sich zudem verdoppelt – ließ sich durch eine politische Vaterfigur in der Person Hindenburgs, die schon im Ersten Weltkrieg dazu gedient hatte, selbst Wilhelm II. in den Schatten zu stellen, eher zufriedenstellen. Es war ein Unglück, daß hervorragende Politiker der Republik, darunter Erzberger und Ebert, so früh starben und die Republik ihren Politikern nur ungenügenden Schutz bot oder bieten konnte. Politische Verunglimpfungen wurden in der Nachkriegsgesellschaft als selbstverständlich hingenommen. Das mußte schließlich Wirkungen bei den betroffenen Persönlichkeiten hinterlassen.

Während des Kapp-Putsches im März 1920 zeigte es sich, daß die überwiegende Mehrheit der deutschen Bevölkerung bis in die Beamtenschaft der Städte und Länder hinter der Republik stand, und das Abenteuer einer Minderheit scheiterte. Aber seitdem stellte sich häufiger die Frage, ob es gelingen würde, die divergierenden Interessen und Strömungen zu binden und zu integrieren. Die Republik hatte die meisten politischen und sozialen Gegensätze aus dem Kaiserreich mit übernehmen müssen, sie drohten sich noch weiter zu differenzieren und zu verselbständigen. Ebert kämpfte um den Zusammenhalt, gelegentlich sogar gegen die Resignation seiner eigenen Partei, der SPD.

Eberts Leistungen stießen allerdings nicht nur auf Ablehnung, sondern fanden auch Anerkennung. Der damals in Berlin lebende, eher zum Konservativen neigende Historiker Friedrich Meinecke hatte die Lösungen, die 1917/1919 gefunden wurden, auch die Leistungen Eberts, anerkannt und verteidigt.[6] Doch erhoffte eine Mehrheit unter den deutschen Historikern der Weimarer Republik andere Lösungen. Nach 1945 wurde Ebert von Historikern der Bundesrepublik in die Reihe der »Großen Deutschen« aufgenommen. Das vorherrschende Urteil in der Geschichtsschreibung der DDR dagegen ist noch nicht sehr weit über das zeitgenössischer Gegner Eberts hinausgelangt.[7]

Vor und während der Beratungen der Nationalversammlung unterstützte er entschieden die anfangs umstrittene Aufnahme der Grundrechte in die neue Verfassung. Er wünschte sich eine freiere Entfaltung des individuellen Lebens. Deshalb wollte er die staatlichen Einwirkungsmöglichkeiten auf das Individuum beschränken. Er selbst sah sich bald als Reichspräsident mehrmals gezwungen, staatliche Machtmittel anzuwenden, um die freien Lebensbedingungen der einzelnen überhaupt zu schützen. Darin lag scheinbar ein Widerspruch. Doch die Bedingungen, unter denen er lebte und arbeitete, hatte sich Ebert leider nie selbst aussuchen können.[8] Er war keine faszinierende Persönlichkeit und doch einer der überzeugendsten deutschen Politiker des 19. und 20. Jahrhunderts.

Anmerkungen

1 Reichstag, Bd. 314, S. 6163.
2 Reichstag, Bd. 314, S. 6161.
3 »Verhängnisvoll und völlig unhaltbar, meine Herren, ist die ganz absolutistische Stellung des Großen Generalstabs – (»Sehr richtig!« bei den Sozialdemokraten) –, der verfassungsmäßig weder dem Reichskanzler noch dem Reichstag verantwortlich ist. Meine Herren, täuschen wir uns nicht: für das persönliche Regiment und für die Politik der gepanzerten Faust ist kein Raum mehr in Deutschland.« (Reichstag, Bd. 314, S. 6162.)
4 Reichstag, Bd. 314, S. 6165.
5 »Ebert, der Nußknacker«, nennt ihn Alfred Döblin etwas bissig, aber nicht ohne Sympathie im 2. Band des Romanzyklus »November 1918« (Frankfurt 1978, S. 258), der ursprünglich bei der Bearbeitung 1939/40 unter dem Arbeitstitel »Ebert« geplant war. Die umfangreiche Darstellung, der offensichtlich ein eingehendes historisches Detailstudium vorausging, ist in der literarischen Form überpointiert, aber als situativer Einblick in die Wochen November/Dezember 1918 sehr instruktiv.
6 F. Meinecke, Autobiographien (Werke Bd. 8), Stuttgart 1968, S. 300.
7 J. Streisand, Deutsche Geschichte von den Anfängen bis zur Gegenwart, Köln 1972, S. 275, 291, 301 ff.; vgl. A. Dorpalen, German History in Marxist Perspective. The East German Approach, London 1986, S. 313 ff.

8 Schriften, Aufzeichnungen, Reden, hg. Fr. Ebert jun., Dresden 1926; G. Kotowski, Friedrich Ebert. Eine politische Biographie, Bd. 1: Der Aufstieg des deutschen Arbeiterführers, 1871–1917, Wiesbaden 1963; Waldemar Besson, Friedrich Ebert. Verdienst und Grenze, Göttingen 1963; E. Felden, Eines Menschen Weg. Friedrich Eberts Leben, Bremen 1927 (Roman); Michael Freund, Friedrich Ebert, in: Die großen Deutschen, Bd. 4, Berlin 1957; P. Ch. Witt, Friedrich Ebert 1871–1925, Bonn-Bad Godesberg 1871; P. Ch. Witt, Friedrich Ebert. Parteiführer, Reichskanzler, Volksbeauftragter, Reichspräsident, Bonn 1987; E. W. Böckenförde, Der Zusammenbruch der Monarchie und die Entstehung der Weimarer Republik, in: Deutsche Verwaltungsgeschichte Bd. 4, Stuttgart 1985, S. 1–22; W. Maser, Friedrich Ebert. Der erste deutsche Reichspräsident. Eine politische Biographie, München 1987; ferner: M. v. Baden. Erinnerungen und Dokumente, Stuttgart 1958; Wilhelm Keil, Erlebnisse eines Sozialdemokraten, 2 Bde., Stuttgart 1947/48; Dresden 1928; Carl Severing, Mein Lebensweg, 2 Bde., Köln 1950; August Winnig, Der weite Weg, Hamburg 1932.

2. Philipp Scheidemann (1865–1939)

Philipp Scheidemann ist heute weithin nur noch als der Politiker bekannt, der am 9. November 1918 vom Berliner Reichstagsgebäude die Republik ausrief.[1] Im Kaiserreich und in der Weimarer Republik zählte er zu den bekanntesten sozialdemokratischen wie deutschen Politikern. Der größte Teil seines Nachlasses ist verlorengegangen, seine Tagebücher wurden im Zweiten Weltkrieg vernichtet. Erhalten sind seine »Memoiren eines Sozialdemokraten« (1928), die sicherlich ansprechendste aller Autobiographien Weimarer Politiker, und zahlreiche andere Schriften. Sein politisches Denken schlug sich in den Reichstagsdebatten von 1903 bis 1933 nieder. An eine umfassende biographische Darstellung hat sich allerdings bisher noch kein Zeithistoriker herangewagt.[2]

Kindheit, Schule, Lehre wurden geprägt von dem Milieu seiner hessischen Heimat in Kassel: »Meine Wiege stand in einem schiefen Hause der engen und buckeligen Michaelsgasse im alten Kassel. Wie vom Alter gebeugt neigte das vierstöckige Monumentalgebäude aus Fachwerk sich vornüber.«[3] Ein Jahr nach der Geburt Scheidemanns, 1866, kam Hessen an Preußen, und Kassel wurde Provinzialhauptstadt von Hessen-Nassau. So ist Scheidemann der einzige der führenden Politiker der Reichstagsmehrheit, der in der – hessisch abgemilderten – politischen Kultur Preußens aufwuchs und in dessen Schulen erzogen wurde. Von 1874 bis 1877 besuchte der um sechs Jahre ältere spätere Kaiser Wilhelm II. das Gymnasium in Kassel und bezog dort seine bekannte Abneigung gegen die klassische Philologie. Der junge Philipp wuchs in einer Handwerkerfamilie auf. Der Vater war Tapezierer und Polsterer, tüchtig und in der Stadt anerkannt. Die Eltern stammten aus Handwerker- und Bürgerfamilien. Die Kunden des Vaters kamen aus dem hessischen Adel. Sprachlich prägte den jungen Philipp das Milieu der hessischen Stadt, das er später in einer Sammlung »Casseläner Jungen. Mundartliche Geschichderchen von Henner Pfiffendeckel« (1910) festhielt. Die Eltern schickten ihren Sohn auf die höhere Bürgerschule. Nur wenige Minuten davon entfernt befand sich das Gymnasium, das zur gleichen Zeit die beiden »Königskinder«, die Hohenzollernbrüder Wilhelm und Heinrich, besuchten. Philipp kannte zumindest vom Ansehen Wilhelm II. schon recht früh.

Die Jugend Scheidemanns wurde von der Krankheit und dem frühen Tod des Vaters überschattet. Der Vater hatte an den Kriegen Preußens 1866 und 1870/71 als Infanterist teilgenommen und sich vor Metz eine schwere Lungenentzündung zugezogen, an deren Folgen er später erkrankte und arbeitsunfähig wurde. Er starb im Alter von erst 40 Jahren. Die Familie geriet in Armut. Philipp trug durch morgendliches Brotaustragen vor Schulbeginn zum Unterhalt bei. Nach dem Tod des Vaters versorgte die Mutter ihre beiden Kinder durch Schneiderarbeiten. Scheidemann zeichnet von ihr ein liebevolles Bild.

Der Vater hatte seinem Sohn eine Devise mit auf den Weg gegeben, die sich Philipp zu eigen machte: »Mein Vater lehrte mich frühzeitig, aufrechtzugehen. ›Junge, halte den Kopf hoch!‹ Ich habe in meinen Jugendjahren gehungert, wie nur ein Mensch hungern kann. Oft genug war ich als Demokrat, der sich der Mehrheit fügen muß, zu Handlungen und Duldungen gezwungen, die mir wider den Strich gegangen sind. Vor keinem Menschen, vor keinem König, keinem Präsidenten habe ich jedoch jemals den Nacken gebeugt.«[4]

Mit 14 Jahren mußte Scheidemann den Schulbesuch aufgeben und eine Lehre als Setzer in einer örtlichen Buchdruckerei beginnen, bei 12- bis 13stündigem, gelegentlich sogar 15stündigem Arbeitstag. Der Wochenlohn betrug anfangs 2 Mark, im vierten Lehrjahr 3,50 Mark. Über einen Bekannten der Familie, einen Sozialdemokraten, wurde der Lehrling erstmals mit politischen Gedanken vertraut: »Die Unterhaltung drehte sich fast stets um die schlechten Verhältnisse, um die Not der kleinen Geschäftsleute und zum Schluß immer um die Sozialdemokratie.«[5] Die Mutter stand den sozialdemokratischen Zukunftshoffnungen skeptisch gegenüber. Bereits der preußische Schulunterricht hatte für die Politisierung des jungen Philipp gesorgt. Im Religionsunterricht wurden die Kaiser-Attentäter »in den schauderhaftesten Farben« geschildert und die Schüler »schließlich in einen Zustand überpatriotischer Raserei hineinpädagogelt.«[6] Bei einem Kaiserbesuch, als die Schulklassen auf dem Friedrichs-Platz vor dem Schloß aufgeboten wurden, durfte der junge Philipp bei klingendem Spiel die Fahne der Klasse schwenken. Er fühlte sich angesprochen: »Da stand der alte Kaiser, einen Arm in der Binde. Er grüßte zu uns herunter und es konnte gar keinem Zweifel unterliegen, daß er offensichtlich nach mir gegrüßt hatte.«[7] So stärkten die Hohenzollern schon recht früh das Selbstbewußtsein ihres künftigen Gegners.

Am wirksamsten wurde die Politisierung am Arbeitsplatz, wo die angelernten Schulspruchweisheiten bald einer desillusionierenden Beobachtung der sozialen Umwelt Platz machten. Da weder Zeit noch Geld zur Weiterbildung vorhanden waren und die schulische Bildung vorzeitig beendet war, griff der intelligente Lehrling auf das Nächstliegende zurück: politische Schriften, die ältere Gesellen mit in die Werkstatt brachten. Er dachte kaum marxistisch-revolutionär, eher demokratisch-egalitär.

Mit 18 Jahren schloß sich Scheidemann der Sozialdemokratie an, übernahm kleine Aufgaben wie Geldsammlungen für Genossen, die aufgrund des Sozialistengesetzes im Ausland lebten, und verteilte den verbotenen »Sozialdemokraten«. Nichts trug mehr zur Solidarität bei als diese konspirative Tätigkeit. In allen deutschen Städten und Kleinstädten, wo sich Arbeitergruppen zusammenfanden, dachte und handelte man ähnlich wie hier in Kassel. Die deutsche Arbeiterbewegung wurde in diesen 80er Jahren zu einer verschworenen und zugleich fast familiären Gemeinschaft. In Kassel bildete eine Gruppe von Arbeitern der Lokomotivenfabrik Henschel den Kern der Organisation.

Der junge Geselle Scheidemann wurde unruhig und suchte die Begegnung mit der Außenwelt. 1884 begab er sich mit 19 Jahren »auf die Walz«, nahm Arbeit in Göttingen, Hannover, Magdeburg, Berlin, Stettin, Lübeck, Kiel und Hamburg an und lernte

Menschen und Lebensverhältnisse kennen. 1886 wieder zurück in Kassel beteiligte er sich am Aufbau der lokalen Parteizeitung. 1888 ließ sich der 23jährige Setzer für gut sechs Jahre in Marburg nieder: Es wurden seine »glücklichen Jahre«.[8] »Hier lernte ich hochgebildete Freunde, verehrte Lehrer und brave Genossen kennen.« Er war fleißig, und die Arbeit in der Universitätsstadt machte ihm Freude: Akzidenzarbeiten für farbentragende studentische Korporationen, Druck von Doktordissertationen aus den Bereichen der Chemie, Mathematik, in griechischer und lateinischer Philologie.[9] In Marburg wurde er mit Wilhelm Liebknecht und Kurt Eisner bekannt.[10] Sein nationalliberaler Druckereibesitzer ließ dem Betriebsleiter Scheidemann, der zugleich den Vorsitz in der Druckereigewerkschaft führte, viel Freiheit, so daß er sich nebenbei volkswirtschaftliche und geschichtliche Kenntnisse erwerben konnte. Sein Wochenarbeitslohn betrug damals 30 Mark, das war nicht schlecht. In Marburg heiratete Scheidemann. Die Autobiographie spart die Beschreibung der privaten und familiären Lebensverhältnisse nahezu aus.

Angesprochen von den aktuellen kulturellen und tagespolitischen Diskussionen der 1890er Jahre bildete sich Scheidemann eher an diesen Themen als an sozialistischen Schuldoktrinen. So las er aufmerksam das 1892 erschienene Drama des jungen Gerhart Hauptmann »Die Weber«, das nach der Erstaufführung 1894 und den anschließenden Prozessen vor verschiedenen Verwaltungsgerichten im Gespräch war. Die Zeit der Sozialistengesetze war vorbei, das soziale Gewissen der deutschen Öffentlichkeit war bewußter geworden, und Sozialdemokraten konnten häufiger als bisher mit dem menschlichen Respekt ihrer Gegner rechnen.

Im nahen Gießen hatte Dr. Eduard David 1893 seine »Mitteldeutsche Sonntagszeitung« gegründet, die für die SPD in der Landbevölkerung bei den Kleinbauern warb. Er sprach Scheidemann an und gewann den 29jährigen 1894 als Redakteur dieses Wochenblattes. Der überlegte und einfühlsame journalistische Stil Davids beeindruckte den jungen Drucker, der sich endgültig für die »Politik als Beruf« entschieden hatte. Es begann eine Zeit harter und fleißiger agitatorischer Kleinarbeit unter der hessischen Wählerschaft.[11] Auf Versammlungen lernte Scheidemann erstmals Friedrich Naumann kennen. Als politischer Hauptgegner der Sozialdemokraten erwiesen sich in Hessen die Antisemiten. Unterstützt von Wilhelm Liebknecht fühlte sich Scheidemann in diesen Jahren seines ersten politischen Auftretens in seiner Haut durchaus wohl. Aber allmählich setzte sich diese jüngere Generation sozialdemokratischer Politiker, ganz auf die Aktualität des politischen Tagesgeschehens konzentriert und darin aufgesogen, von den sozialistischen »Altmeistern« ab, wie sie Bebel und Liebknecht verkörperten.[12] Das Jahr der Reichsgründung lag bald eine Generation zurück, und ebenso wie sich in der politischen Spitze der Übergang von Bismarck zu Wilhelm II. vollzogen hatte, vollzog sich in den Gliederungen der Sozialdemokratie ein Generationswechsel.

Wirtschaftliche Gründe – die junge Familie war inzwischen auf fünf Personen angewachsen – veranlaßten Scheidemann, von Gießen nach Nürnberg in eine besser bezahlte Redaktionsstelle zu wechseln. Die dortigen, ihm unerträglichen örtlichen Parteiquerelen ließen ihn nicht lange ausharren, und so nahm er bereitwillig ein Angebot seiner hessischen Genossen an, in Offenbach a. Main die Redaktion des Parteiblatts zu übernehmen.

Schließlich kehrte er 1903 nach Kassel zurück, wo seine Mutter noch lebte. Er wurde mit der Redaktion des »Kasseler Volksblatts« beauftragt. Es gelang ihm, den Absatz erheblich zu vergrößern. Die Berichterstattung über die Tagespolitik wurde von dieser Provinzzeitung in der Regel aus der bürgerlichen »Frankfurter Zeitung« oder dem Wolff'schen Nachrichtenbureau übernommen.

Als Delegierter auf Parteitagen wurde Scheidemann mit dem Leben der SPD auf der Ebene des Reichs und mit ihren jeweiligen Flügeln vertraut. Innerparteiliche Zwistigkeiten der SPD des bergischen Wahlkreises Solingen zwischen »Lokalisten« und »Zentralisten«, die bis in den Hamburger SPD-Parteitag von 1896 hineingetragen wurden, führten zu der eher zufälligen Entscheidung, daß der Berliner SPD-Parteivorstand den Solingern Scheidemann als möglichen Kompromißkandidaten anbot. 1903 holte er ein Mandat in Solingen mit 17255 Stimmen vor dem Zentrum (6457), den Liberalen (5767) und den Christlich-Sozialen (648), und er baute diesen Erfolg bei den nächsten Wahlen 1907 und 1912 weiter aus.[13] Eine innere Beziehung zu der im Bergischen herrschenden Religiosität und Mentalität hatte er nicht.

Als der 38jährige Abgeordnete zum ersten Mal den Reichstag betrat, empfand er eine gewisse Pietät, wie er übrigens die Ehrfurcht vor seinen politischen Ämtern nie ganz verlor. Selbst ein Mandat seiner Partei verstand er als »Amt«, zu dem er sich ausdrücklich bekannte: »Ob er Staatssekretär, Volksbeauftragter oder Ministerpräsident war, jedes Amt übte er aus als beauftragter Vertreter seiner Partei.«[14] Ein völliges Aufgehen der Individualität der Persönlichkeit in die Politik lehnte er ab: Er liebte das Leben neben, aber durchaus auch in der Politik. Scheidemann war kein politischer Puritaner.

Die Ernüchterung kam bald, als der neue Abgeordnete feststellte, daß die Reichstagsarbeit nicht ganz so faszinierend war, wie sie aus den seitenlangen Abdrucken von Abgeordnetenreden in der Provinzzeitung scheinen mochte. Von den 397 Mitgliedern des Reichstags nahmen regelmäßig nur etwa 150 an den Sitzungen teil: Es gab noch keine Diäten. Die SPD-Parteikasse gewährte ihren Abgeordneten Tagegelder zwischen 3 und 7 Mark und einen kleinen Mietzuschuß für eine Zweitwohnung in Berlin. Die Diätenlosigkeit führte, wie Scheidemann berichtet, dazu, daß in allen Fraktionen jeweils eine kleine Gruppe führender Fraktionsmitglieder die gesamte Tagespolitik ihrer Parteien »monopolisierte«.[15] Daran änderte sich bis 1918 wenig.

Scheidemanns erste Reichstagsrede am 8. Februar 1904 zum Etat des Gesundheitsamts griff die Frage der Verunreinigung der Flüsse durch Industrieabfälle am Beispiel von Wupper und Main auf. Scheidemann erzielte seinen ersten rhetorischen Erfolg: »Die Wupper ist unterhalb Solingens tatsächlich so schwarz von Schmutz, daß, wenn sie einen Nationalliberalen darin untertauchen, Sie ihn als Zentrumsmann wieder herausziehen können.«[16] »Große Heiterkeit« heißt es im Protokoll. Am Main sei es umgekehrt wie an der Wupper: »Wenn man hier einen Zentrumsmann hineinsteckt, so wird man ihn so bunt herausziehen, daß er bei den Nationalliberalen Hospitant werden könnte.« Die Rede kam an. Graf Posadowsky-Wehner antwortete als Staatssekretär des Innern und machte sich das Anliegen ohne Abstriche zu eigen. Die SPD-Fraktion war mit der »Jungfernrede« zufrieden.

So arbeitete sich Scheidemann von Randthemen, die er mit der ihm eigenen pragmatischen wie pfiffig-gewitzten Art anging, allmählich in die Mitte der politischen Probleme vor und gewann an Ansehen. Während der alte Bebel noch ganz von dem alten, unüberbrückbaren Gegensatz zwischen Rechts und Links durchdrungen war und dementsprechend im Reichstag argumentierte, entwickelte Scheidemann von Anfang an einen politischen Stil, der zumindest rhetorisch die Schranken zwischen den politischen Lagern relativierte. Verglichen mit dem Ernst Bebels mochte Scheidemann fast oberflächlich erscheinen. Bebel beobachtete damals die politische, besonders die internationale Entwicklung äußerst sorgenvoll.[17]

Innerhalb eines Jahres hatte Scheidemann die Polemik seines Debattenstils verschärft. Als er am 29. November 1904 wiederum zu einem Randthema, diesmal dem Schlachtvieh- und Fleischbeschaugesetz Stellung nahm, enthielt sein Beitrag eine direkte Attacke auf den Bund der Landwirte. In der Sache kritisierte er, daß ein angeblich gesundheitspolitisches Gesetz agrarpolitische Ziele verfolge: die Abschottung des Fleischmarkts von Importen, zumal aus den USA. Überlegt spielte er den Gegensatz von Stadt und Land aus und hielt selbst den Nationalliberalen vor, nicht die Interessen ihrer – bürgerlichen – Wählerschaft zu vertreten. Geschickt mit Sarkasmus gewürzt entlarvte er den Spruch »Für deutsche Art, für deutsche Arbeit« im Kopf des Blatts der Agrarier als Ideologie: »Das sind so Redensarten, die ein ›deutscher Mann‹ nicht gebrauchen sollte, um damit zu verschleiern, was er denkt.«[18] Ironisch kommentierte der nachfolgende Redner der Debatte, Graf von Reventlow (Kassel): »Kleinigkeiten wie die Produktivität der deutschen Landwirtschaft bestehen für die Abgeordneten Scheidemann nicht; denn ›minima non curat praetor‹, um Kleinigkeiten kümmert sich kein großer Geist.«[19]

In den Erinnerungen (1928) gibt Scheidemann rückblickend Einzelheiten aus dem parlamentarischen Leben des Reichstags wieder. »Im allgemeinen sind die Monologe, die im Reichstag gehalten worden sind und noch gehalten werden, entweder so saft- und kraftlos, fast immer aber so witzlos, daß man die Gleichgültigkeit, die den meisten Rednern entgegengebracht wird, wohl verstehen kann.«[20] Die Reden waren meist – auch die Scheidemanns – überlang. Gelegentlich gab es große Debattentage, wenn, beispielsweise bei den Beratungen des Etats, sorgfältig vorbereitete, grundsätzliche Erklärungen abgegeben wurden. Der Umgang unter den Abgeordneten des kaiserlichen Reichstags wie in dem der ersten Jahre der Weimarer Republik war kollegial – bis zu dem Einzug der Kommunisten und Nationalsozialisten.

August Bebel nahm die Parlamentsarbeit sehr ernst, selbst im äußeren Auftreten und in der Kleidung. Abgeordnete aus der Provinz, die sich burschikoser gaben, erhielten von ihrem Fraktionsvorsitzenden einen Verweis.[21] Ein Ulk, den einige Reichstagsabgeordnete anläßlich einer von elsässischen Winzern im Reichstagsgebäude veranstalteten Weinprobe als »Kapuzinerpredigt« aufführten, löste bei Bebel Entsetzen aus: Die

Abgeordneten hatten sich von Kopf bis Fuß in Tischtücher aus dem Restaurant des Reichstags eingehüllt und traten als »rote Apostel« in der Wandelhalle auf, wobei einer von ihnen das folgende Lied sang:

»Paulus, der schrieb den Ephesern:
Trinket nie aus leeren Gläsern!
Sintemal und alldieweil
Dieses ist dem Herrn ein Greul.

Wein, so schrieb er an die Römer,
Wein schmeckt auch viel angenehmer,
Und das Wasser, wie man weiß,
Schmeckt nach nichts. Gott tat's mit Fleiß.

Drum, schrieb er an die Philipper,
Seid nicht nur so bloße Nipper,
In dem Wein liegt Wahrheit, und
Kommt der Wahrheit auf den Grund!«

Im Refrain antwortete der Chor der Apostel und alle Zuschauer der Szene:

»Hört, o hört! Hört, o hört,
Was uns der weise Paulus lehrt.«

Händeringend hatte Bebel seine Freunde gebeten, von der Inszenierung Abstand zu nehmen: »Wer weiß, wie das aufgenommen wird.«[22] Bebel wurde ausgelacht. Proteste von anderer Seite gab es nicht.

Im übrigen lag Scheidemann die ständig zum Grundsätzlichen neigende politische Haltung Bebels nicht, die er mit Vorliebe auf den Parteitagen darstellte. Der alte Bebel, dessen Nachfolger als Fraktionsvorsitzender Scheidemann später wurde, war bereits ein Denkmal seiner selbst: mit zunehmend geringer werdendem Verständnis für die Vorstellungen seiner jüngeren Kollegen. Man mußte mit ihm leben. An der praktischen Arbeit des Parteivorstands hatte Bebel, der sich während der Parlamentsferien in der Schweiz aufhielt, keinen Anteil mehr.[23]

Es war seit Jahren Brauch geworden, daß Bebel als Anwalt des »kleinen Mannes« bei seinen jährlichen Etatreden Soldatenmißhandlungen durch Offiziere und Unteroffiziere des Heeres brandmarkte. Bei der dritten Lesung des Etats am 30. März 1908 übernahm Scheidemann diesen Part. Er antwortete auf einen Beitrag des konservativen ostpreußischen Abgeordneten von Oldenburg-Januschau.[24] An Beispielen aus einer Truppenübung im Herbst 1906 in der Senne bei Bielefeld-Paderborn illustrierte Scheidemann den arroganten Umgangston der Offiziere gegenüber den Mannschaften.

Im November 1908 bestellte die Fraktion einstimmig auf Vorschlag Bebels, der sich den Anstrengungen der Debatten nicht mehr genügend gewachsen fühlte, Scheidemann zum Redner für die Beratungen des Jahresetats am 5. Dezember 1908. Scheidemann war in die Spitze der Fraktion aufgestiegen. Er sprach nach dem Vorsitzenden der Nationalliberalen, dem 54jährigen Bassermann, der ein Plädoyer für die »deutsche Weltpolitik« gehalten hatte.

Diese erste große Reichstagsrede wird erst auf dem politischen Hintergrund verständlich. Bei den sogenannten »Hottentottenwahlen« 1907, die im Zeichen wachsender nationalistischer, militaristischer und imperialistischer Stimmungen geführt worden waren, hatte der siegreiche »Bülow-Block« das Zentrum, das die Kolonialpolitik kritisierte, aus der Regierung gedrängt. Die Abgeordnetenzahl der SPD, die die Flottenrüstung bekämpfte, war von bisher 81 auf 43 reduziert worden. 16 Antisemiten hatten einen Reichstagssitz gewonnen. Die nationalistischen Stimmungen wurden von der zahlenmäßig kleinen, aber publizistisch aktiven Gruppe der Alldeutschen und dem Reichsverband gegen die deutsche Sozialdemokratie täglich neu angefacht. Andererseits hatte die »Daily-Telegraph-Affäre« 1908 die Stellung des Kaisers in Mißkredit gebracht. Die erregte Debatte des Reichstags darüber im November hatte die Position des Parlaments gegenüber der Krone gestärkt. Die Finanzen des Reichs befanden sich angesichts der rapide angestiegenen Ausgaben, in erster Linie jener für den Militäretat, darunter der Flottenbau, seit Jahren in einer Dauerkrise. Das Reich hatte kein Geld.

In dieser Situation hielt Scheidemann keine der üblichen sozialdemokratischen Anklagereden gegen das »System«, sondern legte sachlich begründet und geschickt eine der schwächsten Stellen der Politik der Regierung Bülow bloß: die Außenpolitik. Sein Fazit: »Was war das Ergebnis der deutschen Weltpolitik, was war das Ergebnis der acht Kanzlerjahre des Fürsten Bülow? Aus Ostasien – heraus! Aus dem nahen Orient – heraus! Aus Marokko – heraus! Das Gesamtergebnis der auswärtigen Politik: Null Komma Null! (Lachen rechts) Wir haben Milliarden über Milliarden ausgegeben für unsere Flotte; wir haben ungeheure Summen ausgegeben für unser Heer, das größte Heer der Welt. Und nun das Ergebnis? Ist die Frage nicht berechtigt, ob alle die Blamagen, die wir zu verzeichnen haben, nicht billiger zu haben gewesen wären, als wir sie bezahlt haben?«[25]

Scheidemann plädierte für eine Friedenspolitik. Habe sich nicht gerade in jüngster Zeit bei dem »furchtbaren Unglück auf der Zeche Radbod« die Verbundenheit des deutschen und französischen Volkes gezeigt, als man den deutschen Bergleuten von Frankreich sofort zu Hilfe eilte?[26] »Genau in derselben Weise, wie brave deutsche Bergleute zur Hilfeleistung nach Frankreich eilten, als das große Unglück von Courrié passiert war.«[27]

Im Sommer 1908 hatte der britische Schatzkanzler und liberale Politiker Lloyd George ernsthafte Versuche unternommen, eine diplomatische Absprache zwischen den deutschen und britischen Zielen in der Flottenfrage zur Begrenzung der Rüstung zu erzielen. Man hätte diese Bemühungen ernsthaft unterstützen sollen, argumentierte Scheidemann,[28] statt sie scheitern zu lassen. Stattdessen habe der Kaiser ihnen in Straßburg eine strikte Absage erteilt. Es war eine starke und mutige Rede. Selbstbewußt klang auch die Schlußfolgerung. Scheidemann verlangte für seine Fraktion die Auflösung des Reichstags, die jetzige Regierung des Kanzlers Bülow habe nicht mehr das Vertrauen des Volkes. »Ich kann ihm nur die Versicherung geben, daß wir uns auf den Wahlkampf freuen würden und daß wir gerüstet sind. Mit Sehnsucht erwarten wir sein Erscheinen mit dem bekannten roten Mäppchen, das das Auflösungsdekret birgt.«[29]

In seinen vierziger Jahren, von 1908–1914, wurde Philipp Scheidemann gleichsam der sozialdemokratische Cicero des wilhelminischen Reichstags. Seine rhetorische Brillanz war bei Freund und Feind anerkannt. Sein Erfolg gründete darauf, daß er Dinge beim Namen nannte, die andere verschleierten. Durch alle seine großen Reichstagsreden ziehen sich zwei Kernpunkte der Kritik: das Verfassungsproblem, das sich in der Stellung des Kaisers, des Kanzlers sowie in dem Reichs- und preußischen Wahlrecht kristallisierte, und die Außenpolitik, die kritische Analyse der Gründe für die diplomatische Einkreisung Deutschlands. Mit der Kritik am internationalen Wettrüsten und an der Vorreiterrolle der deutschen Rüstungspolitik verband er die Forderung nach Bündnissen mit den westlichen Nachbarstaaten Frankreich und England. Daß seine Mahnungen letztlich erfolglos blieben, lag nicht an mangelnder Argumentationskraft, sondern an den praktisch unüberwindlichen sozialen Barrieren, an denen Argumente abprallten.[30]

In einer Rede Scheidemanns zur Außenpolitik, die er am 15. März 1910 hielt, wird seine Kritik mit nationalen Argumenten versehen. Die Arbeiterschaft kämpfe nicht nur für sich, sondern »in dem Bewußtsein, damit dem Wohl und der Größe des deutschen Volkes zu dienen, das erst dann imstande sein wird, seine Freiheit nach außen zu wahren, wenn es seinen inneren Befreiungskampf zu Ende geführt hat.«[31] Innen- und Außenpolitik seien interdependent. Wie mit Frankreich, so müsse auch mit England ein positives Verhältnis hergestellt werden.[32] Aber alle Fortschritte werden durch die deutsche Flottenrüstung blockiert. Entgegen den Beteuerungen des Kanzlers werde sie in England als eine Bedrohung der britischen maritimen Stellung aufgefaßt.

In seiner Etatrede vom 9. Dezember 1910 griff Scheidemann nochmals die Forderung nach einem »deutsch-französisch-englischen Völkerbund« auf.[33] Der Reichskanzler von Bethmann Hollweg beteiligte sich nicht an der Sitzung, da er an einer Jagd gemeinsam mit dem österreichisch-ungarischen Thronfolger teilnahm, was Scheidemann zu bissigen Kommentaren veranlaßte.[34] Das Fernbleiben des Kanzlers sei eine Mißachtung des Reichstags. Der Kanzler hätte unter allen Umständen anwesend sein müssen. Scheidemann war sich bewußt, daß er wie immer gegen eine politische Wand redete.[35]

Zur neuen Heeresvorlage – die einen Anstieg auf 104 Millionen Mark vorsah – merkte Scheidemann an, daß seit inzwischen vierzig Jahren kein Schuß mehr in Europa gefallen sei, »und ich meine, wir sind jetzt weiter davon entfernt als je zuvor, daß wir irgendwie in kriegerische Verwicklungen hineingeraten können«. Er fügte, wie nebenbei, hinzu, daß die Sozialdemokraten »im Gegensatz zu den verlogenen Behauptungen gewissenloser und verächtlicher Gegner« durchaus für die Verteidigung des Vaterlandes seien. Aber es bestehe keine Kriegsgefahr, nicht einmal von seiten Rußlands.[36]

Auf keinen Fall gebe es eine Gefahr im Westen: »Ich betone aber mit um so größerer Schärfe, daß wir weder im Westen noch jenseits der Nordsee einen möglichen Feind sehen. Wir in Deutschland sind fest entschlossen, eine Katastrophe, wie sie ein Krieg im Innern Europas für die ganze Kulturwelt bedeuten würde, zu verhindern.« Scheidemann fand einprägsame Worte zur Beschreibung der Situation des Jahres 1910: »Daß

Europa einer Art Räuberhöhle ist, in der man nicht unbewaffnet schlafen kann, in der man jeden Tag auf Treuebrüche und Überfälle gerüstet sein muß, das ist die große Lebenslüge, die Sie nicht lassen können, wenn Sie nicht Ihr ganzes System elendiglich zusammenbrechen sehen wollen.«[37] In der gleichen Rede schnitt er die Frage der Stellung seiner Partei zu Monarchie und Republik an. Der Fraktionskollege Ledebour hatte sich vor einigen Tagen im Reichstag für die Republik ausgesprochen. Scheidemann referierte lediglich diesen Ausspruch und fragte zugleich, ob denn die Rechte des Reichstags tatsächlich königstreu sei? Wie halte es das katholische Zentrum mit dieser Frage, wenn Katholiken in Frankreich, in Spanien und Portugal Republikaner seien? Im übrigen ließ Scheidemann die Frage in der Schwebe.

Am 30. März 1911 nahm sich Scheidemann nochmals der Frage der auswärtigen Politik während der Fortsetzung der Etatdebatten an. Kritik zu üben sei nicht angenehm, sagte er, da man sich ständig der Gefahr aussetze, als Agent des Auslands und als Vaterlandsverräter bezeichnet zu werden. So habe man bereits früher schon mit bürgerlichen Abgeordneten verfahren. Die Folge sei, daß kaum einer von ihnen noch wage, ein Wort der Kritik zur auswärtigen Politik zu sagen, obwohl dies dringend nötig sei. Die Befangenheit der deutschen Politik rühre daher, daß man nie imstande sei, über die eigenen »Nasenspitzen« hinauszusehen und das Ende nicht bedenke. An diesem Ende könne nur Erschöpfung, Verelendung oder aber der Krieg als Folge des Wettrüstens stehen. Nun gebe es in der Gegenwart das englisch-russische Bündnis und damit verbunden die »Einkreisungspolitik«. In Deutschland aber lasse man sich von dieser Diplomatie bluffen. Die »imperialistischen Kriegshetzer« – in England wie in Deutschland – übersähen die »Friedensliebe des Deutschen Volkes« wie auch die »Friedensliebe der englischen und französischen Arbeiter«.[38]

Wie im Zentrum der Übergang von den politischen Honoratioren Spahn und Hertling zu dem Berufspolitiker Erzberger, so spielte sich bei der SPD in den Vorkriegsjahren ein ähnlicher Generationswechsel von den sozialistischen Vätern Bebel und Singer zu den Arbeiterpragmatikern Scheidemann und Ebert ab. Neben ihnen stiegen die beiden Rechtsanwälte Ludwig Frank aus Baden und Hugo Haase aus Ostpreußen in die Führung von Partei und Fraktion auf. 1911 wurde Scheidemann in Jena als Sekretär in den Parteivorstand gewählt und hatte seitdem seinen ständigen Wohnsitz in Berlin, eine unwesentliche, doch, wie sich während der Kriegsjahre zeigte, politisch wirksame Tatsache. Gemeinsam mit Ebert handelte er für die Reichstagswahlen 1912 ein Stichwahlabkommen mit der fortschrittlichen Volkspartei aus: Es führte zu dem bisher größten Wahlerfolg der SPD. Mit 4,25 Millionen Stimmen (34,8 % der gültigen Stimmen) wurde sie mit Abstand stärkste Partei. Die SPD-Fraktion zählte jetzt 110 Abgeordnete. 67 Mandate waren hinzugewonnen worden. Die Fraktion der Konservativen fiel von 60 auf 43, das Zentrum von 105 auf 95 und die Nationalliberalen von 54 auf 45.[39] Man triumphierte. Bald, so schien es, werde jeder zweite deutsche Wähler sozialdemokratisch wählen. Damit wäre die Herrschaft des Systems beendet, Deutschland würde ein demokratisches Land.

Scheidemann galt inzwischen als eine »glänzende Erscheinung«.[40] Seine offene, angriffslustige Sprache, sein Appell an den gesunden Menschenverstand kam an, selbst seinen Gegnern in Regierung und Regierungsparteien gefiel es irgendwie, wenn er sie verspottete. Aber unverkennbar neigte er zu einer gewissen Oberflächlichkeit.[41] Er brauchte, weit mehr als Ebert, mit dem er bald ein wenn auch gelegentlich einander grollendes, so doch festes Gespann bildete, Anerkennung, möglichst von allen Seiten, auch aus der Regierung.

Durch Reisen nach Brüssel, Amsterdam, Wien, Paris, Kopenhagen, Stockholm und Begegnungen und Tagungen mit den dortigen Sozialisten erweiterte Scheidemann seinen politischen Horizont. Er schloß Freundschaften mit Jean Jaurès, Jules Guesde und den Skandinaviern Stauning, Borbjerg, Möller und Engberg, den Holländern Troelstra, van Kol, den Belgiern Vandervelde und Huysman. Von diesen Kontakten rührte seine Kenntnis der inneren Situation dieser europäischen Länder. 1913 lernte er auf einer zweimonatigen Vortragsreise die USA kennen. Er hat darüber anschaulich in seinen Erinnerungen berichtet. Der amerikanische »way of life« und die gänzlich anderen Größenordnungen sagten ihm zu, und er fand sich dort schnell zurecht. Sein Publikum applaudierte. Aufmerksam registrierte er die Situation der Arbeiterschaft in den USA, ihre Multinationalität, die erheblichen Bildungsunterschiede und die Probleme der Einwanderer.[42] So erwarb er sich eine Weltläufigkeit, die den meisten deutschen Politikern vor dem Ersten Weltkrieg fehlte.

Intensiv beteiligte er sich an den internationalen Friedenskongressen der europäischen Sozialdemokraten und den interparlamentarischen Kongressen, an denen auch bürgerliche Abgeordnete teilnahmen. Die meisten europäischen Parlamentarier steuerten vor 1914 auf alles andere als auf einen Krieg zu. Zwei deutsch-französische Konferenzen in Bern (1913) und in Basel (1914), initiiert von den Sozialisten, sollten auf eine Verständigung beider Länder hinwirken. »In Bern war Bebel noch zugegen gewesen. In Basel sah und sprach ich Jaurès zum letzten Male.«[43] In Basel nahmen bereits Abgeordnete des Zentrums und der Fortschrittler teil. Der 1. Mai wurde seit 1889 als ein Kampftag der europäischen Sozialisten gegen die Aufrüstung gefeiert. Tatsächlich dachte man, wie angespannt die internationale Lage gelegentlich auch wurde, nicht wirklich an einen Krieg.

Nach dem Tod Bebels wurde Scheidemann zum Fraktionsvorsitzenden, Ebert neben Haase zum Parteivorsitzenden gewählt. Auf dem Jenaer Parteitag trat Scheidemann als Sprecher des Parteivorstands gegen den radikalen Flügel um Rosa Luxemburg und Karl Liebknecht in der Debatte über den Massenstreik auf. Die Debatte hatte ihr Gewicht, da die Partei inzwischen auf fast 1 Million Mitglieder angewachsen war. Die Abstimmung erbrachte 330 gegen 142 Stimmen für die Resolution der Parteileitung. Ebert und Scheidemann konnten davon ausgehen, daß die Mehrheit hinter ihrem Kurs stand.

Im gleichen Jahr fand im Reichstag die letzte große Rüstungsdebatte vor 1914 statt. Obwohl in einigen Beurteilungen durchaus übereinstimmend, standen sich hier Scheidemann für die Gegner und Erzberger für die Befürworter der Regierungsvorlage persönlich einander gegenüber. Die Vorlage, eine Erhöhung der Friedenspräsenzstärke des Heeres, lief, wie Gordon A. Craig schreibt, »auf die größte Heeresvermehrung in der Geschichte Deutschlands hinaus«.[44] Scheidemann deutete die Vorlage am 8. April 1913 als »den Sieg der militärischen Autorität über die parlamentarische Kontrolle«. Es habe Zeiten gegeben, da habe eine Militärvorlage politische Konflikte ausgelöst, heute diene sie dazu, einen Minister im Amt zu halten. »Meine Herren, Sie alle, mit wenigen Ausnahmen, sind keine Rüstungsfanatiker und Eisenfresser. Ich bin überzeugt, Sie alle würden froh sein, .. wenn es gelänge, in ein gutes Verhältnis mit Frankreich zu kommen.«[45] Bethmann Hollweg habe das Bild einer russisch-panslawistischen Gefahr im Kampf zwischen Germanentum und Slawentum an die Wand gemalt. Wolle man sich dagegen gemeinsam mit Österreich, das selbst überwiegend aus »Slawen« bestehe, wehren?[46]

Noch weniger bestehe eine Drohung aus Frankreich. Er glaube, die Stimmung in Frankreich zu kennen. Dort herrsche keine Angriffsstimmung, wohl aber ein Mißtrauen gegenüber deutschen Plänen. Die neue Militärvorlage müsse direkt als Vorbereitung eines Angriffskrieges in Frankreich gewertet werden.

Das Bedrückende an dieser Debatte des 8. April 1913 war, daß Scheidemann und Erzberger, obwohl sie sich in der grundsätzlichen Beurteilung der außenpolitischen Situation annäherten, doch im entscheidenden Punkt auseinandergingen. Erzberger fühlte sich verpflichtet, die argumentativ schwache Position der Regierung zu stützen, ja, er war in dieser Debatte überhaupt der einzige Redner der Regierungsseite, der imstande war, Begründungen zu liefern. Eine Kooperation mit den Sozialdemokraten aber war für Erzberger ausgeschlossen. In den Vorkriegsjahren war nicht nur das »Parteiensystem in eine Sackgasse« (W. J. Mommsen) geraten, sondern darüber hinaus die Regierung politisch geschwächt und gegenüber den Militärs hilflos geworden.

Ebenso wie zuvor Scheidemann spottete Erzberger über die Ausführungen Bethmann Hollwegs und dessen Berufung auf die Balkankrisen, um damit das gewaltige Rüstungsprogramm zu stützen. »Wenn man aber fragt: warum diese Opfer? – wenn man die Antwort darauf in der Rede des Herrn Reichskanzlers sucht, so wird man eine befriedigende Antwort nicht erhalten.«[47] Doch die eindringlich versöhnlichen Töne des Sozialdemokraten, auf Frankreich hin gesprochen, fehlten in Erzbergers Rede.[48] Sie sah nur das Problem der Defensive und kannte im Grunde nichts anderes als die nationale Identität, die sehr positiv bewertet wurde, aber die Erwartungen und Bedürfnisse anderer Länder irgendwie ausklammerte: »Das deutsche Volk ist friedfertig, von unserem deutschen Vaterlande wird keine Nation einen Angriffskrieg zu erfahren haben.« Seltsam klang sein »Appell an die ganze Welt«, die »Friedfertigkeit des deutschen Volkes nicht zu mißbrauchen«. Erzberger hatte in seiner langen Rede eine argumentative Kehrtwende um nahezu 180 Grad zustandegebracht.

Scheidemanns Rede zur 3. Beratung der Heeresvorlage am 28. Juni 1913 wurde schließlich der eindringlichste Appell gegen die Aufrüstung, der vor 1914 im deutschen Reichstag ausgesprochen wurde.[49] Noch im Januar habe Erzberger in der Zentrumspresse die neuen Forderungen der Militärs entschieden abgelehnt. Das Bild habe sich jedoch geändert, als man erfahren habe, daß die Vorlage »bereits im Rate der Götter« beschlossen war. »Als man dann gar im Foyer draußen die Schleppsäbel der Herren vom Generalstabe hat klirren hören, da sanken Sie von der bürgerlichen Opposition in die Knie.«[50] Die beiden »Militärparteien«, die Nationalliberalen wie die Konservativen, seien von vornherein die »Beherrscher der ganzen Situation« gewesen. Zentrum und Fortschrittler hätten sich lediglich angehängt.[51] Die Folgen der Vorlage seien, daß jetzt in aller Welt im Gegenzug gerüstet werde, in Frankreich, Belgien, in Rußland, »die ganze Welt rüstet seit dem Augenblick, wo wir diese unglückliche Militärvorlage zu beraten gehabt haben«.[52] Das einzig Neue sei die Finanzierung der Vorlage. Zum ersten Male würden auch die besitzenden Schichten durch Abgaben auf Einkommen, Vermögen und Erbschaften zur Finanzierung herangezogen. Hier wären die bürgerlichen Parteien nicht einmal sich selbst treu geblieben. All dies habe die »Dialektik des 12. Januar 1912« – das Wahlergebnis – ihnen »eingepaukt«. Doch mit all diesen Mitteln profiliere sich Deutschland als der »agent provocateur« der Rüstungen in aller Welt.

Bethmann Hollweg nahm in seiner Antwort auf Scheidemann das Stichwort des »agent provocateur des Wettrüstens« auf und wehrte den Vorwurf entrüstet ab. Man komme nicht an der »nicht abgeschafften geschichtlichen Wahrheit« vorbei, »daß die Stärke der beste Schutz vor dem Angriff sei«.[53] Die Antwort zeigte, daß die Rede Scheidemanns nicht wirklich ernst genommen wurde. Man hielt sie für Parteipropaganda: »Sie erkennen in unserem stehenden Heere, in unserer Armee eine Macht, welche Ihren Zwecken nicht freundlich gesinnt ist, gottlob nicht freundlich gesinnt ist. Sie wollen durch Ihre zersetzende Kritik nicht bessern, sondern Sie wollen zerstören.«[54]

Die parlamentarische Isolation der Sozialdemokraten zeigte sich am deutlichsten in der anschließenden kurzen Reaktion Erzbergers auf Scheidemanns Beitrag. Auch er ging nur auf den polemischen Teil dieser Rede ein. Dies sei man ja gewohnt. In der Sache selbst sei nun einmal ein Umschwung in der Beurteilung der Lage eingetreten, den auch die öffentliche Meinung mitgetragen habe. »Wer den politischen Verhältnissen nicht Rechnung trägt, ist ein politischer Petrefakt. Das will ich nicht werden, das überlasse ich anderen.« Dies war der politische Realismus Erzbergers, in diesem Fall mit fatalen Konsequenzen verbunden.[55] Nach der abschließenden Debatte am 28. Juni 1913 über die Heeresvorlage waren die Weichen in eine gefährliche Richtung gestellt.

Dennoch gab es bereits wenige Monate später einen neuen Hoffnungsschimmer durch eine völlig unerwartete antimilitaristische Demonstration des Reichstags, die von der Zabern-Affäre in Elsaß-Lothringen ausgelöst wurde, bei der örtliche Militärs durch Verhaftungen von Zivilisten in die Kompetenz der örtlichen Zivilverwaltung eingegriffen hatten. Die an dem kleinen Ereignis sichtbar gewordene militärische Arroganz löste einen Proteststurm in der deutschen Öffentlichkeit aus und führte zu einer erregten Reichstagsdebatte am 3. und 4. Dezember 1913. Sie wurde zur leidenschaftlichsten Debatte, die der Reichstag vor 1914 erlebte. Sie ist ein wichtiges Dokument des politischen Denkens im Deutschland der Vorkriegszeit.[56]

Die Aussprache wurde durch Anfragen elsässischer, sozialdemokratischer, fortschrittlicher Zentrumsabgeordneter ausgelöst. Die Entstehungsgeschichte dieses »Falles Zabern« wirkt geradezu mittelalterlich. Zabern (Saverne) war ein verträumtes, altes elsässisches Städtchen mit rund 8000 Einwohnern, 40 km von Straßburg entfernt, das nach der Eingliederung Elsaß-Lothringens in das Deutsche Reich 1871 Garnisonsstadt geworden war. Die Offiziere dieser Garnison kamen meist aus Preußen und hatten keine Beziehung zu der Mentalität der Bevölkerung, auf die man wegen ihrer Fremdartigkeit von oben herabblickte. Die Elsässer galten in preußisch-konservativen Kreisen ähnlich wie Sozialdemokraten und Polen – man war nicht sehr wählerisch – als »Reichsfeinde«. Auch politisch war Elsaß-Lothringen nicht wie andere Länder voll in das Reich eingegliedert, sondern hatte einen Sonderstatus unter einem »Statthalter«. Die Situation Elsaß-Lothringens war der wesentliche Grund der deutsch-französischen Spannungen. Dementsprechend wäre eine besonders entgegenkommende Behandlung der – deutschsprechenden – Bevölkerung ratsam gewesen. Tatsächlich litt man unter dem Auftreten der Offiziere, insbesondere der als demütigend empfundenen Behandlung der elsässischen Rekruten: Es ging um das Ehrgefühl.

Die Aufforderung eines zwanzigjährigen Leutnants, von Forstner, in einer Instruktionsstunde gegenüber seinen Soldaten, wenn jemand von ihnen von einem »Wackes« (Schimpfwort für Elsässer) angegriffen würde, solle der Soldat ihn niederschlagen, und er werde dafür eine Belohnung von zehn Mark erhalten, wurde von der Zaberner Lokalpresse erregt aufgegriffen. Es kam zu Pöbeleien und Anrempeleien gegen Offiziere, besonders gegen von Forstner. Die Militärs nahmen das lokale Spiel auf und demonstrierten, gedeckt von der zuständigen Militärverwaltung, die Ehre der deutschen Armee. Demonstrativ ließ man von Forstner – durch Patrouillen mit aufgepflanztem Bajonett geschützt – durch die Stadt gehen, um sich Schokolade zu kaufen. Die Bevölkerung geriet in Rage. Empörte Schreiben gingen an das preußische Kriegsministerium nach Berlin und an den Reichstag. Schließlich ergriff der Ortskommandant von Reuter die Initiative und setzte von sich aus, um den Beleidigungen seiner Offiziere ein Ende zu bereiten, Zivilisten fest, die sich auf dem Schloßplatz versammelt hatten: unter Ausschaltung der örtlichen Verwaltung. Der Aufschrei in der elsässischen Provinzpresse gegen die Militärwillkür wurde von der Reichspresse, insbesondere dem linksliberalen Berliner Tageblatt und der Frankfurter Zeitung, übernommen. So hagelte es in der zweitägigen Reichstagsdebatte am 3. und 4. Dezember 1913 Vorwürfe. Die Abgeordneten des Zentrums, der Sozialdemokraten, der Fortschrittler, Polen und Elsässer, die sich in seltener Einmütigkeit zusammenfanden und durch ständige Zwischenrufe die Debatte anheizten, verbanden ihre Anklagen gegen die »Militärdiktatur« – das Wort fiel häufiger – mit ungemein gewitzten Detailschilderungen, die das groteske Auftreten der jungen Offiziere und die politische Taktlosigkeit der Militärverwaltungen ins Lächerliche zog. Bethmann Hollweg, durch die Abwesenheit des Kaisers zur Untätigkeit verurteilt, nahm Stellung und versuchte, den Vorfall herunterzuspielen: »Unerfreulich, aber doch nicht weltbewegend.«[57] Er zog sich durch seine nichtssagenden Formulierungen den Zorn Ledebours zu, der ihm zurief: »Schämen Sie sich nicht, in so ernster Sache solchen Kohl vorzubringen.«[58] Bethmann stützte sich bei seinen Ausführungen ausschließlich auf den Bericht der kritisierten Militärbehörden. Seine Formulierung: »Der Rock des Königs muß unter allen Umständen respektiert werden« löste andauernde große Unruhe aus. Es gehe, so Bethmann, um die »Autorität der öffentlichen Gewalten und die Autorität der Gesetze«.[59] Falkenhayn, völlig unbelehrbar, der nach dem Kanzler sprach, konnte manchmal kaum noch zu Wort kommen. Er sprach von »hetzerischen Presseorganen«, von dem »Spektakel in Zabern«, von »systematischer Beschimpfung von Militärpersonen«. Die Armee werde »vor jenen Elementen, mögen sie sich noch so wild gebärden«, nicht zurückweichen. Direkt den Reichstag ansprechend sagte er: »Da aber die Armee bekanntlich ein Teil des Volkes ist – und ich darf sagen: nicht der unwichtigste, was die unbestreitbare Tatsache beweist, daß nicht ein Stein dieser stolzen Mauern hier stände ohne die Tüchtigkeit und Zuverlässigkeit der Armee, daß nicht ein Arbeiter im deutschen Lande sein Brot in Frieden verdienen könnte ohne die Armee, und daß die Sicherheit des Bestandes des Volkes, des Reichs ohne die Tüchtigkeit und Zuverlässigkeit der Armee undenkbar ist.«[60] Es schien, als verdanke selbst der Reichstag seine Existenz der Armee. Drei Dinge brauche sie nach den Worten des Kriegsministeriums wie den »Sauerstoff zum Atmen«, nämlich Autorität, Disziplin und Ehrgefühl.

Nach diesen Einleitungen erreichte die Debatte ihren Höhepunkt mit dem Auftritt des 63jährigen Freiburger Rechtsanwalts und Zentrumsabgeordneten Konstantin Fehrenbach. Unbeirrt von den Ausführungen Falkenhayns leitete der katholische Abgeordnete und spätere Reichskanzler der Weimarer Republik seine Rede, die durch den ständigen Beifall von Zentrum, Fortschrittlern und Sozialdemokraten begleitet wurde, mit den Worten ein: »Meine Herren, das Unzulängliche, hier wird es Ereignis. Das Unbeschreibliche, hier ist es getan.« Ein Gefühl der Beschämung überkomme ihn, »daß sich das im Deutschen Reich ereignen konnte«. Schäden seien entstanden, die »nur in schwerer Arbeit und erst nach langer, langer Zeit wiedergutgemacht werden können«. Das Protokoll bemerkte: »große Bewegung«.[61] Der örtliche Vorfall, so Fehrenbach, hätte mit wenigen einfachen, aber angemessenen Maßnahmen beigelegt werden können. Stattdessen habe man die Dinge durch die beiden Erklärungen des Kanzlers und des Kriegsministers auf die Spitze getrieben. »Ein solcher Keil darf nicht in das Deutsche Reich hineingetrieben werden zwischen unsere Militär- und Zivilverwaltung. Wer das an seinem Teile tut, weiß gar nicht, welche Verantwortung er übernimmt« (stürmischer Beifall).[62]

Der Ton der Rede Fehrenbachs war patriotisch, es war die Rede eines Volksvertreters, der sich seiner Rolle bewußt war und sie auskostete. Er hatte unmißverständlich einer Staatsvorstellung, die der Armee einen zentralen Platz beimaß, wie sie Bethmann Hollweg und Falkenhayn vorgetragen hatten, die Idee und Praxis des Rechtsstaats gegenübergestellt und die militärische Gewalt in die Schranken gewiesen. Er hatte damit die innere Einstellung sämtlicher Abgeordneter von der Mitte bis hin zur Linken getroffen, ihnen tatsächlich aus dem Herzen gesprochen und dies in einer ebenso schlichten wie gebildeten Sprache. Die zweitägige Debatte wurde mit einer namentlichen Abstimmung über einen Mißtrauensantrag[63] gegen Bethmann Hollweg am 4. Dezember abgeschlossen. Die Abstimmung erbrachte 293 Stimmen dafür, 54 dagegen und 4 Enthaltungen. Bis auf die Konservativen und die Reichspartei hatten alle

Abgeordneten, einschließlich der Nationalliberalen, dafür gestimmt. Das war kein Reichstag, der sich einen Weltkrieg wünschte.

Scheidemann hatte sich am 3. und 4. Dezember nicht zu Wort gemeldet. Aber die Sozialdemokraten waren sich natürlich der politischen Implikationen des Mißtrauensvotums – es war das zweite innerhalb eines Jahres – gegen Bethmann Hollweg bewußt.[64] Zwar zeigte sich der Kanzler selbst unberührt und nach der Verfassung war er von dem Vertrauen des Reichstags nicht abhängig. Die entscheidende Frage aber war, wie weit der Reichstag als politisches Organ weiter bereit war, sich in derart grundsätzlichen Fragen ausschalten zu lassen. Aber hinter dem parlamentarischen Aufschrei des 3. und 4. Dezember stand mehr die Entrüstung des Augenblicks als ein bewußt vorbereitetes politisches Konzept. Am 9. Dezember ging Scheidemann einen entscheidenden Schritt weiter. Da nach der bestehenden Verfassung der Kanzler nicht gestürzt werden könne, solle der Reichstag das ihm einzig zur Verfügung stehende Mittel ergreifen, um seine Macht durchzusetzen und den vorliegenden Etat ablehnen. Die übrigen Parteien sollten sich darin der bisherigen Übung der sozialdemokratischen Fraktion anschließen: »Das ist eine ganz klare Situation. Der Kaiser kann einen x-beliebigen Mann zum Reichskanzler machen: aber er kann den Reichstag nicht zwingen, mit einem ihm hierher gesetzten Reichskanzler zu arbeiten.«[65] Die Sozialdemokratie war, das belegt die Rede, bereits vor 1914 in der Verfassungsfrage, vor allen anderen politischen Grundsätzen, eine Partei des Parlamentarismus. Scheidemanns entschieden parlamentarische Grundhaltung, die später in den kritischen Monaten von November 1918 bis Februar 1919 die zornige Kritik des äußersten linken Flügels der Sozialdemokratie an seiner politischen Haltung auslösen sollte, stand bereits 1913 fest. Der Brückenschlag, wie vorherzusehen, fand am 9. Dezember 1913 aber nicht statt. Die ideologischen und wohl mehr noch die sozialpsychologischen Gräben erwiesen sich als zu tief. Die Kooperation der Abstimmung vom 4. Dezember war bereits eine Woche später beendet. So schwächte der Zentrumssprecher, der am 9. Dezember nach Scheidemann sprach, gleich ab: man bewillige keinen Etat für den Kanzler, sondern der Reichstag arbeite »im Interesse des Reichs und des Volkes«.

Die Nachwirkungen der Zabern-Affäre klangen noch einmal an, als im Mai 1914 die dritte Beratung des Reichshaushalts 1914 anstand. Scheidemann sprach am 15. Mai. Inzwischen waren die betroffenen örtlichen Offiziere – der Leutnant von Forstner sowie der Ortskommandant von Reuter – von dem Kriegsgericht freigesprochen worden. Scheidemann deutete diesen Vorgang als die Selbstverteidigung einer Militärkaste gegen jegliche Kritik von außen. Drei Monate vor Kriegsbeginn wies er auf die Gefahr einer Verselbständigung des Militärs hin, das sich jeder politischen Kontrolle entzöge.

In dieser seiner letzten Vorkriegsrede führte Scheidemann eine Reihe von Verletzungen geltender Reichsgesetze auf, angefangen von Verstößen gegen das Reichsvereinsgesetz, das die Freiheit öffentlicher Versammlungen garantieren sollte, Verstöße gegen die freie Tätigkeit der Gewerkschaften und Beschränkung von Streikbewegungen durch Verwaltungsmaßnahmen. Es waren zum Teil die üblichen Klagen, aber sie vermitteln doch das Bild eines Landes, in dem große Bevölkerungsteile ständig von Zwangsmaßnahmen bedroht waren.

In den Sommerferien hatten die führenden sozialdemokratischen Funktionäre ihre Berliner Bürostuben verlassen und sich zur Erholung an die See oder in die Berge begeben. Die Welt, in der man lebte, war schlecht, aber sie war auch nicht die schlechteste. Ebert fuhr an die Ostsee, nach Rügen, Scheidemann, als passionierter Bergsteiger, mit seiner Tochter Luise in die damals noch österreichischen Alpen nach Bozen. Die letzte Ferienwoche verbrachte er im bayerischen Mittenwald, um dort, wie schon häufiger, die Spitze des Karwendel zu besteigen. Er genoß das Panorama der Bergwelt.

Nach dem Abstieg vom Berg hörte er unten in Mittenwald die ersten Nachrichten von dem Ultimatum Österreichs an Serbien wegen des Mordes in Sarajewo. Ein Bekannter, Beamter in der Personalabteilung des preußischen Kriegsministeriums, den er auf der Straße traf, rechnete nicht ernsthaft mit kriegerischen Verwicklungen. Scheidemann reiste aber sofort mit dem nächsten Zug über München nach Berlin. Dort erlebte er »Unter den Linden« die ersten begeisterten Demonstrationen für den Krieg. »Schüler und Studenten waren zu Tausenden vertreten, aber auch alte Semester im Germanenbart, mit bronzenen Denkmünzen und eisernen Kreuzen von 1870/71 waren in großen Haufen erschienen... Der patriotische Lärm wirkte betäubend und putschte die kriegerischen Hetzer immer mehr auf. ›Es braust ein Ruf wie Donnerhall!‹ ›Heil!‹ ›Siegreich woll'n wir Frankreich schlagen!‹ ›Hurra!‹ ›Heil dir im Siegerkranz!‹ ›Hoch! Hoch!‹« – Dies waren die ersten Berliner Eindrücke.[66] Bereits in den nächsten Tagen organisierten die Sozialdemokraten disziplinierte Gegendemonstrationen gegen einen Krieg.

Bei den sozialdemokratischen Abgeordneten, die noch vor wenigen Monaten kritisiert hatten, daß der Reichstag nicht bei dem Erlaß von Vorschriften für den Waffengebrauch von Militärs im Inland beteiligt worden war, dachte niemand ernsthaft daran, daß die Parlamentarier zu befragen seien, bevor es zu einer Entscheidung über Krieg und Frieden komme.[67] Es gab weder bei den Sozialdemokraten noch bei den anderen Fraktionen einen Protest gegen ihre Ausschaltung aus dem Entscheidungsprozeß.

Erschreckt von Pressemeldungen über einen bevorstehenden Kriegsausbruch kam der Parteivorstand der SPD am 28. Juli 1914 zusammen, um eine parteioffizielle Erklärung zu beraten. Selbst Scheidemann als Fraktionsvorsitzender kam nicht auf die Idee, zunächst einmal von der Regierung und dem Auswärtigen Amt detaillierte Auskünfte darüber einzuholen, wie es zu der plötzlichen Eskalation bis zur militärischen Krise gekommen war. Die Informationsgrundlage bestand im wesentlichen aus Zeitungsmeldungen. Fast bis zum Kriegsende blieben den SPD-Politikern die Interna der diplomatischen Verhandlungen jener Julitage zwischen Berlin, Wien, Petersburg, Paris und London so gut wie unbekannt.[68] Aber auch die Historiker haben später selten registriert, daß die deutschen Parlamentarier nahezu vollständig aus den Besprechungen, die die Kriegsentscheidung vorbereiteten, herausgehalten worden waren. Erst als die Frage der Kreditbewilligung anstand, die Kampfhandlungen also in Gang gesetzt waren, wurde der Reichstag eingeschaltet. Die Leidenschaften, die die Zabern-Affäre ausgelöst hatten, stehen in einem krassen Gegensatz zu jener Apathie, mit der die deutschen Parlamentarier die politische Vorbereitung des Weltkriegs hinnahmen.

Die erste offizielle Besprechung des Reichskanzlers mit den Fraktionsspitzen des Reichstags fand am 3. August statt, einen Tag vor der Bewilligung der Kriegskredite im Reichstag. Für die SPD erschienen Haase und Scheidemann.[69] »Wir sprachen zunächst in zwangloser Weise, ohne Platz zu nehmen, über die Vorlagen, die in Verbindung mit der Kreditvorlage angenommen werden sollten. Der Reichskanzler hielt uns dann die Rede, die er am nächsten Tage im Reichstag vortrug; hier und da flocht er mehr oder weniger vertrauliche Bemerkungen ein. Je näher er zum Schluß kam, um so bewegter wurde er; er wußte vor Aufregung nicht, wo er mit den langen Armen hin sollte. Zeitweilig schlug er mit beiden Fäusten auf den Tisch. Geradezu tonlos war seine Stimme geworden, als er sagte: ›Mein Gewissen ist rein!‹«[70] – Hatte der Kanzler möglicherweise von dieser Besprechung Rückendeckung von seiten der Parlamentarier gegen die Gruppen, die für die Kriegsvorbereitung verantwortlich waren, erwartet? Aber es gab keinen Widerstand der Abgeordneten.

Reserve kam lediglich von den beiden sozialdemokratischen Gesprächsteilnehmern. Sie machten darauf aufmerksam, »daß unsere Fraktion noch nicht endgültig beschlossen habe.«[71] Am Nachmittag desselben Tages kam die SPD-Reichstagsfraktion unter dem Vorsitz Scheidemanns zusammen. »Die Aussprache war mitunter äußerst heftig.« Hermann Müller, der soeben aus Paris zurückkam und dort Gespräche mit den französischen Sozialisten über eine möglicherweise gemeinsam abgestimmte Erklärung der sozialistischen Fraktionen des deutschen Reichstags und der französischen Deputiertenkammer gegen die Aufnahme deutsch-französischer Kampfhandlungen geführt hatte, berichtete: Eine gemeinsame Abstimmung sei nicht möglich gewesen, da die französischen Sozialisten nicht bereit seien, in diesem Fall gegen ihre Regierung zu stimmen. Die Abstimmung in der Fraktion ergab eine Zustimmung für die Kriegskredite. 14 Abgeordnete sprachen sich dagegen aus.[72]

Die Erklärung der SPD-Fraktion vor dem Reichstag am 4. August, die Haase verlas, nannte als politische Begründung für die Zustimmung zu den Krediten die Gefahr im Osten: »Für unser Volk und seine freiheitliche Zukunft steht bei einem Sieg des russischen Despotismus, der sich mit dem Blute der Besten des eigenen Volkes befleckt hat, viel, wenn nicht alles, auf dem Spiel. Es gilt, diese Gefahr abzuwehren, die Kultur und Unabhängigkeit unseres eigenen Landes sicherzustellen.«[73] Einige Sozialdemokraten hatten bei der vorhergegangenen Regierungserklärung des Kanzlers Beifall geklatscht. Er hatte, zu den Sozialdemokraten gewandt, gesagt: »Das ganze deutsche Volk einig bis auf den letzten Mann.«[74]

Die anfängliche Kriegseuphorie hielt nach Scheidemanns Beobachtungen nicht allzu lange an: »In den ersten Wochen schien militärisch ja auch alles glänzend zu gehen. Mit den Einfällen der Russen in Ostpreußen hatte man ganz allgemein gerechnet. Als jedoch Mitte August gemeldet wurde, daß bei Schirmeck die Franzosen uns Kanonen weggenommen hatten, ließen schon viele die Köpfe hängen.«[75] Scheidemann hatte seit Juli 1914 begonnen, ein Tagebuch zu führen. Auf seine meist am Abend vorgenommenen Aufzeichnungen stützen sich seine späteren Erinnerungen über die Kriegszeit. Teilweise gibt er sie wörtlich wieder.[76] Da der Reichstag nur noch selten tagte, verlagerten sich Scheidemanns Aktivitäten auf die Arbeiten im Büro des Parteivorstandes in Berlin, die Kontakte zu den örtlichen Parteiorganisationen in ganz Deutschland und die Besprechungen mit den Ministerien und zentralen Verwaltungsstellen in Berlin. Bethmann Hollweg suchte häufiger Scheidemann als Fraktionsvorsitzenden der SPD ins Vertrauen zu ziehen. Beide Politiker lernten sich in diesen Jahren näher kennen. Scheidemann wurde eine politische Stütze des Kanzlers innerhalb des Reichstags. In dieser Zeit wurde er mit den Abläufen von Politik und Verwaltung vertraut. Ohne die Zusammenarbeit von Ebert, Scheidemann, David, Heine, Legien und den Gewerkschaftsführungen mit der Regierung hätte sich die Stabilität der innenpolitischen Verhältnisse nicht so erstaunlich lange aufrechterhalten lassen.

Dementsprechend begann sich die Opposition in der Fraktion gegen die Kooperation mit der Regierung bald nach Kriegsausbruch zu regen. Die Fraktionsführung war überwiegend damit beschäftigt, die Kritik der Fraktionslinken, die zunächst einen publizistischen Rückhalt in dem Zentralorgan des »Vorwärts« hatte, abzuwehren. Persönliche Freundschaften zerbrachen. Karl Liebknecht und Georg Ledebour wurden die Sprecher der Rebellion. Hugo Haase als zweiter Fraktionsvorsitzender sympathisierte mit der Minderheit. Die Fraktionssitzungen fanden ständig in einer gereizten Atmosphäre statt. Die Mitglieder des Parteivorstands fuhren von Ortsverein zu Ortsverein, um die Politik zu erläutern, sich mit innerparteilichen Gegnern auseinanderzusetzen und bei Problemen, die irgendwo entstanden waren, Abhilfe zu schaffen. Scheidemann meint, im Verlauf des Krieges rund 6000 Besprechungen abgehalten zu haben.[77] Insbesondere mußte ständig wegen Zensurmaßnahmen der örtlichen Militärs gegen die lokalen und regionalen demokratischen Zeitungen und deren kritische Berichterstattung interveniert werden.[78] Die Gefahr dieser Geschäftigkeit lag darin, daß sie von den wichtigeren Entscheidungsvorgängen ablenkte. Man reagierte, aber agierte nicht. Bereits in der Sitzung des Parteivorstands am 11. September 1914 kam es zu einer heftigen Kontroverse um die Haltung des »Vorwärts«, der bis zur Absetzung der Redaktion eine Politik der Kreditverweigerung propagierte. Bei der Lektüre der Memoiren Scheidemanns kommt gelegentlich der Eindruck auf, als habe er sich, trotz der oft großen Strapazen, denen er sich unterzog, in all seinen Aktivitäten während der Kriegszeit nicht nur unwohl gefühlt: Die neue Situation vermittelte ihm die bis dahin ungewohnte Erfahrung, dabei zu sein, als verantwortlicher Akteur in der Mitte des Geschehens aufzutreten, gebraucht zu werden, ja, unersetzbar zu sein. Scheidemann war eine wichtige und gefragte Persönlichkeit geworden. So hat er sich selbst in seinen Erinnerungen dargestellt – und durchaus zutreffend.

Die SPD-Politiker wurden von der Regierung gelegentlich eingeladen, die Front zu besuchen. Regelmäßig lud Bethmann Hollweg die Fraktionsspitzen gemeinsam, gelegentlich auch nach Parteien getrennt, zu sich ein, um sie »über die Lage« zu unterrichten, jedoch nicht, um ihren Rat bei zu treffenden Entscheidungen einzuholen. Was Bethmann Hollweg lieferte, waren eher passive Kommentare, und die zuhörenden

Abgeordneten ließen sich von dem Reichskanzler bereitwillig und kritiklos ein Kolleg über die aktuelle Situation der Weltgeschichte halten.

Die Situation in der SPD-Fraktion spitzte sich bereits zu, als sich die für den 2. Dezember 1914 einberufene Sitzung des Reichstags näherte. Man war bei den Sozialdemokraten nach der völkerrechtswidrigen Besetzung Belgiens mißtrauischer geworden. Um eine möglichst einstimmige Abstimmung im Reichstag für die zweite Auflage der Kriegskredite zu erreichen, bemühten sich Vertreter der Regierung intensiv um die Sozialdemokraten.[79] Zum ersten Mal deutete der Reichskanzler am 21. November an, daß die militärische Lage für die deutsche Seite nicht so vorteilhaft sei, wie offiziell dargestellt, und die Gegner überlegen seien.[80] Die Fraktion entschied sich am 30. 11. nur noch mit 82 gegen 17 Stimmen bei einer internen Abstimmung für die Bewilligung der Kredite.

In der offiziellen Fraktionserklärung vor dem Reichstag am 2. Dezember wurden alle Punkte angesprochen, die die SPD seitdem bis zum Kriegsende als ihre Politik ausgab: baldiger Frieden, Absage an den Chauvinismus, Kritik an der Ausdehnung des Kriegszustandes und der Einschränkung der bürgerlichen Freiheiten, besonders der Pressefreiheit, durch die Militärzensur, und schließlich, der wichtigste Punkt, der Ausbau der Sozialpolitik, besonders für die vom Krieg betroffenen Hinterbliebenen. Über die sozialen wie wirtschaftlichen Probleme, die der Krieg mit sich brachte, hatte man sich bis dahin in den Regierungsstellen kaum Gedanken gemacht. Auf dieses Gebiet spezialisierten sich fortan die Sozialdemokraten und Gewerkschaften.[81] Die Fraktion hatte beschlossen, nicht nur die neuen Kriegskredite – in Höhe von 10 Milliarden Mark – sondern auch, erstmals, den Etat des Reiches zu bewilligen.[82] Der Fraktionskollege Heine notierte über die Etatrede Scheidemanns vom 18. März 1915: »Sie wirkte ausgezeichnet, namentlich auch durch die Wärme des Vortrags.«[83] Die Eintracht wurde allerdings durch einen Auftritt Ledebours am 20. März gestört, als er im Reichstag mit scharfen Worten Äußerungen aus der OHL – die Androhung, im Gegenschlag gegen russische Verwüstungen von deutscher Seite russische Dörfer »in Flammen aufgehen« zu lassen – geißelte: »Ich war entsetzt, als ich das las.« Es kam zu erregten Zwischenrufen der Konservativen, die ihm Verrat vorwarfen, worauf Ledebour konterte: »Donnerwetter, die Tatsache ist doch da!«[84] Gröber fragte für das Zentrum, ob die Sozialdemokraten noch auf »dem Boden des gemeinsamen Vaterlands« wie im August und Dezember vergangenen Jahres stünden, so daß Scheidemann sich genötigt sah, förmlich zu erklären, Ledebour habe nur seine private Meinung geäußert.[85]

Die politische Linie Scheidemanns in seiner eigenen Partei wurde zudem durch die seit Monaten lautstärker werdenden Schreie auf der Rechten nach Annexionen erschwert. Am 29. Mai – nach dem Eintritt Italiens in die gegnerische Front – warnten Ebert und Scheidemann im Reichstag vor Eroberungsplänen und erinnerten daran, daß die gemeinsame Grundlage aller Fraktionen in der Verteidigung bestehe. Häufiger als bisher verwandten beide das Stichwort »Frieden«.[86]

Mit der ersten Friedensrede Scheidemanns im Reichstag am 9. Dezember 1915, die auch im Ausland aufmerksam registriert wurde, endete die »Burgfriedenpolitik«: Seit

16 Monaten tobe der Kampf. In allen Völkern aber werde die Sehnsucht nach Frieden laut. Scheidemann nannte Reden aus dem britischen Parlament, der italienischen Deputiertenkammer, Äußerungen des französischen Schriftstellers Romain Rolland. »Es besteht für mich kein Zweifel, alle Völker wollen den Frieden!«[86a] Dies gelte auch für das deutsche Volk, quer durch alle sozialen Schichten. Ebert nahm am 21. Dezember 1915 die gleiche Forderung nochmals auf und erinnerte an die jüngsten Mahnungen Papst Benedikts XV. zum Frieden.[87] In dieser Sitzung stimmte die Mehrheit der Fraktion den Kriegskrediten erneut zu, die Minderheit – 19 Abgeordnete – gab ein ablehnendes Sondervotum ab. Zuvor hatte es eine heftige Auseinandersetzung innerhalb der Fraktionen über das Abstimmungsverhalten gegeben. Die Bezeichnung »Scheidemänner« galt bald als Schimpfwort für die »sozialpatriotischen« Politiker der SPD.

Als am 24. März 1916 die Minderheit unter Führung Haases im Plenum entgegen vorheriger Absprachen den sogenannten Notetat ablehnte, brachte der Fraktionsvorstand kurzentschlossen noch am selben Tag einen Ausschlußantrag ein, der mit 58 gegen 33 Stimmen und 4 Enthaltungen angenommen wurde.[88] Haase und seinen Freunden wurde »Disziplin- und Treuebruch« vorgeworfen. Seitdem gingen beide Gruppen getrennte parlamentarische Wege. Die Abspaltung schloß sich in der »Arbeitsgemeinschaft«, dem Vorläufer der USPD, zusammen.

Obwohl Bethmann Hollweg nichts unternahm, um den sozialdemokratischen Vorstellungen zu entsprechen, lehnten es inzwischen die Sozialdemokraten ab, Initiativen der Konservativen und Nationalliberalen zu unterstützen, die auf einen Sturz des Kanzlers abzielten.[89] Gleichzeitig wuchs die Kritik aus einzelnen Parteigliederungen und der neu gegründeten Gruppe »Internationale« an der Linie des Partei- und Fraktionsvorstandes. Umso enger hielten die führenden SPD-Politiker zusammen, um der innerparteilichen Opposition standzuhalten. Die persönlichen Bindungen und das Vertrauen untereinander spielten für die Formulierung und Durchsetzung der sozialdemokratischen Politik dieser Jahre eine ausschlaggebende Rolle.

Das Mißtrauen gegen die SPD-Reichstagsfraktion schlug sich inzwischen in anonymen Flublättern nieder. Dies veranlaßte den Parteivorstand, vom 21. bis 23. September eine Reichskonferenz nach Berlin einzuberufen, um sich Rückendeckung zu verschaffen. Scheidemann und Ebert traten als die Hauptsprecher der Mehrheit, Haase als der der Opposition auf. Geschickt verstand es Scheidemann, die vorhandenen Meinungsverschiedenheiten zu überspielen.[90] Zwei Monate später stimmte die SPD dem Hilfsdienstgesetz zu, das die letzten Arbeitskräfte mobilisierte, aber zugleich die Gewerkschaften fest in den Betrieben verankerte. Die Gewerkschaften waren jetzt als Gesprächspartner der Regierung anerkannt. Die Pragmatiker der Arbeiterbewegung waren erneut einen Schritt weiter gekommen. Der »Bruderkrieg« innerhalb der Sozialdemokratie endete vorerst mit der Gründung der USPD Ostern 1917 in Gotha. Die Führungsgruppe der Mehrheit der SPD hielt in einer ungemein zähen Entschlossenheit zusammen.

Von der Entscheidung für den unbegrenzten U-Boot-Krieg wurde Scheidemann am 17. Januar 1917 von Staatssekretär Zimmermann unterrichtet, aber natürlich nicht zuvor um seine Meinung gefragt. Auch waren die SPD-Politiker nur begrenzt in der Lage, die politischen Folgen solcher strategischen Entscheidungen zu überblicken. Dies wird aus der Rede Scheidemanns vom 27. Februar 1917 deutlich, in der er den Abbruch der diplomatischen Beziehungen mit den USA wohl bedauernd erwähnte, aber offensichtlich nicht an schwerwiegende Folgen wie den amerikanischen Kriegseintritt dachte.[91] Erst nach diesem Ereignis und dem Beginn der russischen Februarrevolution hielt er am 15. Mai seine große Reichstagsrede, die einen Frieden »ohne Annexionen und Kontributionen« forderte. Die Sozialdemokraten brauchten immer Anstöße von außen; Eigeninitiativen – außer bei der Lösung von Ernährungsproblemen – entwickelten sie während des Krieges nicht. Im April war es zu den ersten größeren Streikbewegungen in Deutschland gekommen, vor allem in Berlin und Leipzig. Die Arbeiterschaft war nicht mehr bereit, die Entbehrungen des Krieges einfach hinzunehmen.

Aufmerksam hatte Scheidemann die Diktion der diplomatischen Annäherungen der Entente an Wilson verfolgt, die sich vorteilhaft von den deutschen Sprachregelungen abhob, zumal von der maßlosen Sprache der deutschen Rechten. Er rechnete dem Reichstag drastisch vor, was »100 Tage mehr Krieg« dem deutschen Volk »an Gut und Blut« koste: 100 Milliarden Mark, 300000 neue Verwundete und Verkrüppelte und »120000 tote deutsche Soldaten«. Auf der Grundlage eines Beschlusses des SPD-Parteiausschusses brachte Scheidemann eine Interpellation ein.[92] Erregt attackierte Scheidemann die Rechte als »die geborenen Welteroberer«. Seit drei Jahren litten die Völker. In der Frage »der Kriegsziele« wäre die Kluft zwischen den herrschenden Klassen und der großen Masse der Bevölkerung unüberbrückbar: »Fällt die Klammer und bleibt der Keil, dann klaffen die beiden Teile ohnmächtig auseinander.« Würden beispielsweise die französische und britische Regierung, wie dies jetzt von russischer Seite geschehen, einen Frieden ohne Annexionen anbieten und die deutsche Regierung ihre Eroberungsziele dennoch weiter verfolgen, »dann, meine Herren, verlassen Sie sich darauf, dann haben Sie die Revolution im Lande.« Das Stichwort »Revolution« verwandte Scheidemann in dieser Rede des 15. Mai 1917 zum ersten Mal. Das vorübergehende Zusammenspiel zwischen der Sozialdemokratie und Bethmann Hollweg war beendet.

Den ersten, wenngleich vergeblichen Versuch, aktiv Möglichkeiten für einen Frieden zu eruieren, unternahmen die deutschen SPD-Politiker mit ihrer Fahrt nach Stockholm im Juni 1917. Unter dem Vorsitz Eberts reisten Scheidemann, Bauer, David, Fischer, Legien, Molkenbuhr, Müller und Sassenbach nach Stockholm. Zur Verblüffung ihrer europäischen Genossen verteidigten die Deutschen, besonders Scheidemann und David, die deutsche Position und legten diese in einem schriftlichen Memorandum nieder. Die deutschen Sozialdemokraten dachten ebensowenig wie die übrigen europäischen Sozialisten daran, von dem Kurs ihrer jeweiligen Regierung wesentlich abzuweichen. Man fuhr ohne Ergebnis wieder nach Berlin zurück.[93]

In dieser Situation wurde Scheidemann von dem unerwarteten Vorstoß Erzbergers im Hauptausschuß am 6. Juli 1917 völlig überrascht. Wie Ebert sah er aber sofort die Chance, die sich hier bot. Die Zusammenarbeit mit Erzberger und dem katholischen

Zentrum, die bei der Heeresvorlage 1913 nicht zustandegekommen war, wurde jetzt Wirklichkeit. Bezeichnenderweise trug Fehrenbach, der die bekannte Zabern-Rede gehalten hatte, auch den gemeinsam ausgearbeiteten Text der Friedensresolution am 19. Juli im Reichstag vor. In seinen Erinnerungen betonte Scheidemann 1928, daß ein demokratisch-parlamentarisch regiertes Deutschland den Kriegsausbruch 1914 verhindert hätte. Diese Meinung war begründet. Jetzt, im Juli 1917, ergriffen die Politiker von SPD, Zentrum und der Fortschrittspartei die Chance, wenigstens über eine Demokratisierung und Parlamentarisierung der deutschen Politik das Land aus dem Krieg zu führen. Zum ersten Mal, dessen waren sich alle Beteiligten bewußt, wurde der Reichstag politisch handlungsfähig.

Erzberger hatte gewußt, daß die SPD-Fraktion seit Juni, nach der Rückkehr ihrer Vertreter aus Stockholm, ernsthaft darüber beriet, die nächsten Kriegskredite abzulehnen.[94] In dieser Situation suchte er das politische Bündnis mit den Sozialdemokraten. »So zeichnete sich als Basis einer neuen Ordnung die Koalition SPD, Liberale, Zentrum ab, als Ersatzlösung für das kaiserliche Regime, dessen Zusammenbruch nahe war.«[95] In der Aussprache des Hauptausschusses, die dem Vorstoß Erzbergers folgte, unterstützte Scheidemann am 7. Juli ohne Einschränkungen die Initiative des Zentrumspolitikers mit zum Teil ungewöhnlich scharfen Formulierungen. Die Teilnehmer der Runde konnten den Eindruck gewinnen, als handele es sich um Parteifreunde.[96] Das politische Zweckbündnis mit dem Zentrum, das Ebert und Scheidemann in diesen Tagen durchsetzten, war vermutlich die wichtigste Entscheidung ihres politischen Lebens. Dabei wurde dieses Ereignis von der Öffentlichkeit, die nur die Tagessituation beachtete, in seiner Bedeutung kaum erfaßt.

Scheideman war jetzt 52 Jahre alt. Ohne daß er sich dessen je voll bewußt wurde, endete mit dem Entschluß der Sozialdemokraten, in Kooperation mit anderen Parteien direkte politische Verantwortung im Reich zu übernehmen, seine große Zeit. Er war nach dem Tod Bebels 1913 unangefochten der bedeutendste Parlamentarier der SPD gewesen. Aber er war ein Politiker der Rede, der durch seine verbalen, öffentlichen Aussagen handelte. Die Öffentlichkeit war sein Feld. Das praktische politische Handeln und Entscheiden, vor allem richtige Entscheidungen zu treffen, war nicht seine Stärke. So trat jetzt Ebert neben Scheidemann zunehmend in den Vordergrund. Scheidemann war bereit, auch wenn es ihm schwerfiel, dessen Überlegenheit anzuerkennen: »Alle Mitglieder des Parteivorstandes waren überzeugt, daß Ebert der Gescheiteste unter uns war. In allen partei- und verhandlungstaktischen Fragen war er jedem anderen von uns überlegen.«[97]

Die erste Begegnung mit dem neuen Kanzler Michaelis, dessen Qualitäten von den Abgeordneten nicht besonders hoch eingeschätzt wurden, war für Scheidemann verblüffend.[98] Am 15. Juli erläuterte er Michaelis den Text der geplanten Friedensresolution. Michaelis war überrascht, er habe angenommen, sagte er, daß die OHL den Text gebilligt habe. Wenn er gewußt hätte, daß dies nicht der Fall gewesen sei, hätte er sich nicht bereit gefunden, das Kanzleramt zu übernehmen.

Am 20. Juli lud Wilhelm II. die führenden Parlamentarier zu einer Aussprache ein. Als der Kaiser mit den Sozialdemokraten Ebert, Scheidemann, David, Molkenbuhr und Südekum beisammenstand, sagte er ihnen: »Sie haben mir heiße Tage gemacht. Ich wollte vorgestern schon im Osten bei unserer Offensive sein, daraus ist nichts geworden. Die Geschichte ist gut gegangen. Die Russen laufen jetzt einfach davon. Übrigens geht's in Rußland toll zu. In Rußland scheinen jetzt alle auf alle zu schießen.« Wilhelm II. hatte offensichtlich die Reichstagsreden Scheidemanns verfolgt, und so fügte er direkt ihm zugewandt hinzu: »Revolution und Krieg lassen sich zusammen nicht gut machen.« – »Ich guckte weg, als interessiere mich sein Gerade gar nicht«, schreibt Scheidemann. Lob erfuhren die SPD-Vertreter von Wilhelm II. für ihr jüngstes Auftreten in Stockholm. In kameradschaftlichem Ton, wie dies in Studentenverbindungen üblich war, sagte er ihnen: »Ihr habt Eure Sache famos gemacht; Ihr habt Euch ja glänzend gepaukt.« Da der Kaiser unablässig redete, hatten die Abgeordneten keine Möglichkeit, ihre eigenen Gedanken vorzutragen. »Wir hatten also nicht einmal Gelegenheit, ihm zu Gemüte zu führen, daß er nicht vor Rekruten rede.«[99]

Ende Juli verließ Scheidemann kurz Berlin. Es begann die Zeit der großen Versammlungen und Reden der neuen Reichstagsmehrheit, in denen sie in allen größeren deutschen Städten für die Friedensresolution und die Politik der Verständigung mit den jetzigen Kriegsgegnern warb. Die Versammlungen waren stark besucht. Der Sommer 1917 war trotz der eindrucksvollen Friedensdemonstrationen eine politische Enttäuschung gewesen. Man hatte sachlich nichts erreicht. Im August 1917 wurde auch noch General Groener, der Leiter des Kriegsamts, der einzige höhere Offizier, »der eine Ahnung vom Leben, Leiden, Streben und Arbeiten des Volkes hatte«, zur Enttäuschung der Sozialdemokraten von seinem Amt abgesetzt.

Die Politiker der neuen Reichstagsmehrheit waren sich darüber im klaren, daß sie das bedrückende psychologische Milieu des in der deutschen Politik vorherrschenden Nationalismus nur aufbrechen konnten, wenn es ihnen gelang, wieder den Kontakt zur Außenwelt zu finden. Diesem Ziel hätten die Fahrt nach Stockholm und die Unterredungen mit den europäischen Sozialdemokraten gedient. Ein zweiter Weg bot sich durch die Vermittlung des Zentrums, besonders Erzbergers, über die Diplomatie des Vatikans an. Am 26. Juni hatte der päpstliche Nuntius Eugenio Pacelli mit Bethmann Hollweg gesprochen, um die Möglichkeiten einer päpstlichen Friedensvermittlung zu eruieren. Die Papstnote an die kriegsbeteiligten Regierungen ging am 6. August heraus.[100] Die spätere unbestimmt gehaltene förmliche Antwortnote des Reichskanzlers, die der entscheidenen belgischen Frage auswich, vereitelte den päpstlichen Vermittlungsschritt, soweit es die deutsche Haltung betraf. Gleichfalls im August 1917 suchten die deutschen Sozialdemokraten den Kontakt mit ihren österreichischen Parteifreunden, um ihre Aktivitäten zu koordinieren. Man beschloß in einem Appell an die übrigen Parteien der Sozialistischen Internationale, »alles zu tun, um dem Krieg ein Ende zu machen.«[101]

Scheidemann suchte auch den Kontakt zu dem neuernannten deutschen Staatssekretär des Auswärtigen, von Kühlmann, der sich bereitwillig mit ihm beriet, aber für

Scheidemanns Geschmack zu betont eigenwillig seinen eigenen Kurs steuern wollte. Scheidemann warf ihm übertriebene Geheimniskrämerei vor. Die Zeiten der Geheimdiplomatie aber seien, so Scheidemann, jetzt, da Völker und nicht mehr Kabinette miteinander agierten, vorbei. Wie Erzberger mit seiner Völkerbundschrift von 1917 machte sich jetzt auch Scheidemann Gedanken über neue Formen der internationalen Politik und des diplomatischen Stils. Mit machiavellistischen Grundhaltungen ließen sich keine dauerhaften Befriedungen der internationalen Lage erzielen. Stattdessen müsse eine Haltung gegenseitigen Vertrauens die Grundlage für die Beziehungen der Länder untereinander bilden.[102]

Politisch-moralische Unterstützung erhielten die Sozialdemokraten für das Bündnis mit dem Zentrum und den Fortschrittlern und die Politik eines »Friedens ohne Annexionen und Kontributionen« auf ihrem Würzburger Parteitag, der vom 14. bis 20. Oktober tagte. Mit 265 gegen 14 Stimmen beschloß der Parteitag eine Resolution, die die Politik der Reichstagsfraktion der letzten Monate nachdrücklich billigte, darunter die Stockholmer Konferenz, die Friedensresolution vom 19. Juli und die Bemühungen im Zusammenhang mit der päpstlichen Friedensvermittlung.[103] Eduard David notierte über die Eröffnungsrede Scheidemanns in seinem Tagebuch: »Scheidemanns Referat – ausgezeichnet. Hätte ich ihm nicht zugetraut.«[104] Die Zusammenarbeit innerhalb der Mehrheitssozialdemokratie war nach dem endgültigen Ausscheiden der Unabhängigen vor sechs Monaten erheblich einfacher geworden.

Von der Ernennung Hertlings zum Nachfolger von Michaelis als Reichskanzler war Scheidemann nicht begeistert. Die Welt schien sich aber aufzuklaren, als Hertling in seiner ersten Rede vor dem Reichstag am 29. November Waffenstillstands- und, für später, Friedensverhandlungen mit der neuen bolschewistischen russischen Regierung ankündigte. Wenn ein Frieden im Osten zustande käme, so konnte man hoffen, werde der Westen nicht mehr lange auf sich warten lassen. Es scheint, daß die SPD-Politiker – außer David – die Chance, die die beiden Regierungswechsel von Bethmann Hollweg zu Michaelis im Juli und von Michaelis zu Hertling Ende November enthielten, nicht erkannt hatten. Nur David drängte entschieden auf eine Parlamentarisierung und die Aufnahme von Abgeordneten ins Kabinett. Ebert und Scheidemann dagegen zögerten.[105] So nahmen die Sozialdemokraten in beiden Fällen keinen direkten Einfluß auf die Auswahl der Kanzlerkandidaten.[106] Dadurch versagten sie sich der Chance, die Politik der kommenden Monate mitzugestalten. Sie beharrten wie gewohnt auf ihren Prinzipien. Doch mit Prinzipien allein ließ sich noch kein Frieden schließen: Auch ein Frieden muß gemacht werden. So blieben die Sozialdemokraten weiterhin aus den Entscheidungsvorgängen ausgeschlossen. Die bitteren Folgen dieses Fehlverhaltens sollten sie Monate später zu spüren bekommen, als aus dem erhaltenen Verständigungsfrieden der Eroberungsfrieden von Brest-Litowsk geworden war. Ihr Fehler lag nicht in mangelnder Grundsatztreue, sondern in ihrer mangelnden Bereitschaft, über die neue Reichstagsmehrheit die Regierung mitzubestimmen.

Als Ende Februar der Vertrag von Brest-Litowsk im Reichstag zur Beratung vorlag, konnten die Sozialdemokraten nur noch das Scheitern der Politik der Friedensresolution für eine dauerhafte Lösung der deutsch-russischen Beziehungen konstatieren. Einige wollten nicht einmal dies wahrhaben. So dachte Ebert zunächst daran, dem Vertrag zuzustimmen, weil es ja eben ein »Frieden« sei. Dadurch geriet Scheidemann in Harnisch: Das sei unmöglich.[107] Man einigte sich schließlich auf die verwaschene Lösung einer Stimmenthaltung.[108] Scheidemann trug den Beschluß der Fraktion, der allerdings geschickt formuliert war, gegen seine persönliche Überzeugung als Fraktionsvorsitzender am 22. März 1918 im Reichstag vor.

Eine generelle Interpretation der politischen Situation und der Haltung der Sozialdemokratie hatte Scheidemann in seiner Reichstagsrede vom 26. Februar gegeben. Es war wohl die beste und stärkste Rede, die er je, vorher wie nachher, im Reichstag gehalten hatte. Dabei hatte er eine doppelte politische Niederlage seiner Partei zu verarbeiten: außenpolitisch das Scheitern eines Verständigungsfriedens mit Rußland, innenpolitisch die Niederschlagung der Streikbewegung durch Militärs im Januar und die Repressionen, die die SPD dabei erfahren hatte. Es war eine nüchterne Rede. Die blumige Sprache mancher seiner früheren Reden fehlte. Der Reichstag war wenige Minuten zuvor offiziell von dem deutschen Ultimatum unterrichtet worden, das die russische Regierung aufforderte, den nach dem Scheitern der Verhandlungen »diktierten« Friedensvertrag zu unterzeichnen. Nach dem einseitigen Abbruch der Verhandlungen durch Trotzki am 10. Februar waren die deutschen Truppen, ohne auf Widerstand zu stoßen, im sogenannten »Eisenbahnvorstoß« weit in russisches Territorium bis vor Petersburg vorgedrungen. Unter diesem Druck wurde der »Diktatfrieden« am 3. März unterzeichnet. Rußland verlor die bisher russischen Teile Polens, die Ukraine, Litauen, Estland und Lettland und einen Teil des Kaukasus, etwa ein Viertel seiner europäischen Territorien, zwei Fünftel seiner Bevölkerung und drei Viertel der erschlossenen Eisen- und Kohlevorkommen.[109]

Zu diesem gewaltsamen Vorgehen erklärte Scheidemann: »Was jetzt aus Rußland geworden ist, das zu erreichen, das war – ich sage es ganz offen heraus –, nicht unsere, der deutschen Sozialdemokratie Absicht. Wir kämpften zur Verteidigung unseres Vaterlandes gegen den Zarismus; wir kämpfen noch gegen Eroberungspläne der Entente; wir kämpfen aber so wenig für die Zerstückelung Rußlands wie für die Unterdrückung der belgischen Unabhängigkeit oder für Longwy und Briey.« Und mit Nachdruck: »Wir halten es für notwendig, vor aller Welt zu bekunden, daß die Politik, die gegen Rußland getrieben worden ist, nicht unsere Politik ist.«[110] Die jetzt vorgenommene Abtrennung der westlichen russischen Provinzen von Rußland entspreche nicht dem Selbstbestimmungsrecht, widerspreche auch den früheren Erklärungen des Reichskanzlers Hertling. »Ob damit für die Zukunft des deutschen Volkes etwas Nützliches erreicht ist, bezweifeln wir. Offen gesagt, wir befürchten das Gegenteil.«[111] Im Bewußtsein der eigenen politischen Ohnmacht fügte er hinzu, leere Proteste gegen Dinge zu erheben, »die wir zu hindern bestrebt, aber nicht stark genug waren«, hätten wenig Zweck: »Aber für unsere Pflicht halten wir es, hier auszusprechen, daß man diese Länder in ein Verhältnis zu Deutschland bringt, das sie vielleicht selber nicht wollen. Für unsere Pflicht halten wir es ferner, in letzter Stunde noch einmal zu sagen, daß man nicht Zustände schaffen soll, die nach Ablauf der revolutionären Bewegung das Hervorbringen einer Revanchestimmung in Rußland unvermeidlich machen.«[112]

Zugleich distanzierte sich Scheidemann aber auch von der Verhandlungstaktik der sowjetischen Regierung und der russischen Delegation in Brest-Litowsk unter Führung Trotzkis. Der »russische Bolschewismus« trage eine Mitverantwortung für den unglücklichen Gang der Dinge: »Er hat Rußland, nachdem der Zarismus seine Schlachten verloren hatte, vollständig entwaffnet und er hat, wenigstens in der ersten Zeit, für die Erhaltung des russischen Reichs nicht das geringste Interesse gezeigt. Damit hat er allen Abtrennungsplänen geradezu in die Hände gearbeitet.« Wenn jetzt von den deutschen Sozialdemokraten erwartet werde, den entstandenen Schaden wiedergutzumachen, »so verlangt er zuviel von uns«. Die Weltrevolution sei nicht ihr Weg.

Es ist erstaunlich, wie schnell Scheidemann sich die Ideen des amerikanischen Präsidenten Wilson, die dieser seit Januar 1918 für eine internationale Friedensordnung entwickelte, zu eigen machte. Scheidemann und Erzberger waren diejenigen deutschen Politiker, die Wilson am besten verstanden und in ihm einen politisch-ideologischen Bündnispartner sahen: Erzberger vielleicht noch mehr als Scheidemann.

Bis zum Sommer 1918 hielten die Sozialdemokraten an ihrer politischen Anhänglichkeit an die Regierung fest, die ihnen keine Erfolge brachte und ihnen lediglich nicht die letzte Hoffnung raubte. Sie gaben ständig Interpretationen von Kanzlerreden im Reichstag ab, mit deren Hilfe sie nachwiesen, daß die Regierung auf dem Boden der Friedensresolution stehe, was von den Konservativen regelmäßig bestritten wurde. Als im Juli der Staatssekretär von Kühlmann aufgrund seiner »Friedensrede« im Reichstag vom 24. Juni auf Drängen der OHL entlassen wurde, schied praktisch das letzte Regierungsmitglied aus, auf das die Sozialdemokraten wenigstens noch ein Minimum an Vertrauen setzten. Scheidemann wie Ebert waren ratlos. Es war wieder Erzberger, der sie dazu drängen mußte, den entscheidenden Schritt zu tun, selbst in die Regierung einzutreten und auf die Parlamentarisierung nicht länger zu warten. Erzberger war sich darüber im klaren, daß es ohne die Sozialdemokraten in der deutschen Politik kein Vor und Zurück mehr gab. Aber die sozialdemokratische Reichstagsfraktion mußte lange mit sich selbst ringen, bis sie sich am 23. September nach einer langen Debatte in einer gemeinsamen Sitzung von Fraktion und Parteiausschuß entschloß, ihre sozialistische Jungfräulichkeit aufzugeben und sich grundsätzlich bereit erklärte, in die Regierung einzutreten.[113] Die endgültige Entscheidung fiel erst am 3. Oktober. Die Fraktion schickte Scheidemann als Staatssekretär in das neue Kabinett Max von Baden. Tatsächlich hatte Ebert damit gerechnet, benannt zu werden, sich aber gescheut, sich selbst ins Spiel zu bringen. Seit dieser Zeit bestand eine offene Rivalität zwischen den beiden befreundeten SPD-Politikern, die sich noch über Jahre hinzog.

Exzellenz Scheidemann im letzten kaiserlichen Kabinett, das vom 5. Oktober bis zum 9. November amtierte, fiel seinen Kollegen durch eine gewisse Originalität seiner Vorschläge auf. Nur widerwillig hatte er der Regierungsbeteiligung zugestimmt. Mit inneren Vorbehalten trat er in das Kabinett ein. Bereits nach sieben Tagen, am 12. Oktober, suchte er einen Anlaß, wieder ausscheiden zu können: Presseberichte über die politische Vergangenheit des neuen Kanzlers, Max von Baden, die ihn zum »Imperialisten« stempelten. Er setzte sein Rücktrittsschreiben auf, doch die Fraktion hielt ihn von dem allzu eiligen Entschluß zurück: Er habe auszuharren.[114]

Scheidemann fiel der Wechsel von dem Starredner und Fraktionssprecher zu einem Kollegen in einem Kabinett schwer, das zwar außerordentlich schwierige Entscheidungen zu treffen hatte – den Abschluß des Waffenstillstands, die Parlamentarisierung der Verfassung, die Absetzung Ludendorffs –, aber selbst diese Entscheidungen irgendwie in einen geordneten Geschäftsgang einbringen mußte. Zudem war das persönliche Verhältnis zu dem Chef des Kabinetts, Max von Baden, gespannt. Auch warf Scheidemann ständig einen Blick gleichsam aus dem Fenster nach draußen auf die Bewegungen unter den Massen und war darauf bedacht, sich nicht einer möglichen späteren Kritik von seiten der USPD auszusetzen. Als Max von Baden ihn in der entscheidenden Aussprache mit Ebert am 9. November in seiner Eigenschaft als Kabinettskollege ansprach, erklärte Scheidemann ihm in »durchaus höflichem Ton«, er sei kein Kabinettsmitglied mehr. Tatsächlich war er wenige Stunden zuvor zurückgetreten.[115]

Durch seine plastisch ausgemalten Berichte im Kabinett über die jüngsten Unruhen in Kiel und über die Gründung von Arbeiter- und Soldatenräten in Deutschland – er berief sich dabei meist auf die neuesten telefonischen Durchsagen – verstärkte er die latente Panikstimmung innerhalb des Kabinetts in den ersten Novembertagen. Er genoß unverkennbar die geschichtliche Größe des Augenblicks. Aus dieser Einstellung ist auch seine berühmt gewordene Ausrufung der Republik vom Fenster des Reichstagsgebäudes am Samstag, dem 9. November, um 14 Uhr zu verstehen. Die Schilderung dieser Szene ist das Herzstück seiner Erinnungen. Zweifellos spielte dabei wieder die Rivalität zu Ebert mit, der in den letzten Wochen Scheidemann aus seiner führenden Rolle verdrängt hatte und an dessen Stelle getreten war. Ebert war über die Ausrufung der Republik maßlos verärgert. Nach seiner eigenen Darstellung rief Scheidemann der Menge vor dem Reichstag zu: »Das Alte und Morsche, die Monarchie ist zusammengebrochen. Es lebe das Neue! Es lebe die Deutsche Republik!« Das Wort wurde zur Schlagzeile und damit zu einem politischen Faktum, das sich als irreversibel erwies. Philipp Scheidemann hatte die Herrschaft der Hohenzollern für beendet erklärt.

Über die anschließende Reaktion Eberts berichtet Scheidemann selbst: »Ebert war vor Zorn dunkelrot im Gesicht geworden, als er von meinem Verhalten hörte. Er schlug mit der Faust auf den Tisch und schrie mich an: ›Ist das wahr?‹ Als ich ihm antwortete, daß ›es‹ nicht nur wahr, sondern selbstverständlich gewesen sei, machte er mir eine Szene, bei der ich wie vor einem Rätsel stand. ›Du hast kein Recht, die Republik auszurufen! Was aus Deutschland wird, ob Republik oder was sonst, das entscheidet eine Konstituante!‹«[116] Ebert, so erklärte Scheidemann, habe sich durch vorausgegangene Gespräche gebunden gefühlt. »Für die sozialdemokratische Partei und mich bestand eine solche Bindung nicht.«[117] Der Schritt, den er getan hatte, entsprach seiner innersten Überzeugung. In ihm schlug sich auch ein alter Groll, den er von Jugend auf mit sich getragen hatte, und die Verachtung der Repräsentanten der preußischen Monarchie nieder, deren Schwäche er in den letzten Jahren lebendig erfahren hatte. So gesehen hatte er recht. Ob die Entscheidung opportun war, ist zumindest unter dem Aspekt der darauffolgenden geschichtlichen Entwicklung der nächsten 15 Jahre in Deutschland schwer auszumachen.

Durch den sechsköpfigen Rat der Volksbeauftragten übernahmen praktisch die Parteivorstände von SPD und USPD vorübergehend die Regierung Deutschlands. Scheidemann wurden nominell die Zuständigkeiten für die Finanzen, nach dem Ausscheiden der USPD Ende Dezember die für die Außenpolitik übertragen. Ebert dominierte. Die Zusammenarbeit – zumindest unter den SPD-Volksbeauftragten – wurde dadurch erleichtert, daß man seit Jahren in dem Berliner Büro des Parteivorstands mit dem Arbeitsstil der anderen eng vertraut war, ein psychologisches Faktum, das nicht unwichtig war. Da fast alle Staatssekretäre aus der vorhergegangenen Regierung Max von Baden übernommen wurden – lediglich die Fortschrittler schieden aus, Erzberger dagegen blieb – blieb die äußerliche Routine des Geschäftsgangs erhalten.

Es war wenig angenehm, als Volksbeauftragter zu regieren. Etwas übertreibend schreibt Scheidemann: »Die Volksbeauftragten walteten ihrer Ämter in der Wilhelmstraße überhaupt wie Gefangene«.[118] Die SPD-Politiker verfolgten das Ziel, die dringendsten Reformen auf dem Wege von Erlassen sofort durchzuführen, im übrigen aber die Wahl der Nationalversammlung vorzubereiten und für deren Beratungen einen Verfassungsentwurf ausarbeiten zu lassen. Den von Hugo Preuß erarbeiteten ersten Verfassungsentwurf nannte Scheidemann im Kabinett »eine glänzende Arbeit«, während Ebert wegen der zu weitgehenden Machtbefugnisse des darin vorgesehenen Reichspräsidenten anfangs Bedenken äußerte.[119] Wie Ebert drängte Scheidemann darauf, den Sitz der Nationalversammlung nach Weimar zu verlegen. Die Situation in Berlin sei zu riskant. Er stand der Rätebewegung mißtrauisch gegenüber. Auch sah er den Symbolwert Weimars.[120] Er drängte auf eine durchgreifende Demokratisierung der Verwaltung, also auf personelle Umbesetzungen. Sie müsse mit Preußen beginnen. Preußen zähle, so Scheidemann, zwei Drittel der deutschen Bevölkerung. Deswegen müsse auch die preußische verfassungsgebende Versammlung sofort einberufen werden. »Wenn Preußen nicht in seiner Verwaltung so rückständig gewesen wäre, hätten wir keine Republik.« Auf die Bemerkung: »Hätten wir auch keinen Krieg!« antwortete er: »Vielleicht auch das.«[121] Seit 1917, seit seiner Reise nach Stockholm, kannte Scheidemann den Grafen von Brockdorff-Rantzau, den damaligen deutschen Gesandten in Kopenhagen. Es scheint Scheidemann gewesen zu sein, der die Berufung Rantzaus zum Staatssekretär des Auswärtigen durchsetzte, eine, wie sich später zeigen sollte, politisch fatale Entscheidung, da Rantzau bald mit Erzberger in Konflikt über ihre jeweiligen Kompetenzen geriet. Scheidemann seinerseits war von Rantzau sehr angetan.[122]

Als Ende Januar 1919 die Konstituierung der am 19. Januar gewählten Nationalversammlung, die Wahl eines Reichspräsidenten und die Bildung einer Regierung vorbereitet werden mußten, kam es zu einer längeren persönlichen Aussprache zwischen Ebert und Scheidemann, über die Scheidemann in seinen Erinnerungen berichtet. Ebert teilte Scheidemann seine Absicht mit, das Amt des Reichspräsidenten zu übernehmen. Scheidemann war überrascht. Überschätze Ebert nicht die Macht eines

Reichspräsidenten?[123] Vermutlich hätte Scheidemann lieber dieses Amt selbst übernommen. Ebert setzte sich auch später in der Fraktion durch. Die verborgene Spannung zwischen den beiden Parteifreunden zog mit ihnen in die Ämter des Reichspräsidenten und des Ministerpräsidenten ein. Spürte Scheidemann, daß das Amt des Ministerpräsidenten – so hieß vorübergehend die Bezeichnung für die Funktion des Reichskanzlers – nicht auf seine Person zugeschnitten war und ihn überforderte?

Als Kandidat zu den bevorstehenden Wahlen zur Nationalversammlung und als Volksbeauftragter sollte Scheidemann am Abend des 16. Januar auf einer Großveranstaltung in seiner Heimatstadt Kassel sprechen. Die Kasseler Parteifreunde waren stolz darauf, 22 000 Karten verkauft zu haben. In Kassel angekommen, luden ihn die Generäle Groener und Hindenburg, deren Hauptquartier inzwischen auf der Wilhelmshöhe in Kassel untergebracht war, zu einem Essen ein.[124] Dort erreichte ihn aus dem Büro Eberts in Berlin die telefonische Nachricht, daß in der Nacht zuvor Rosa Luxemburg und Karl Liebknecht ermordet worden seien. Ebert wünschte, daß Scheidemann sofort zurückkehre, denn es sei zu befürchten, daß es zu Unruhen kommen werde. »Ich war auf das tiefste erschüttert.« Eine sofortige Rückkehr lehnte Scheidemann ab. Zudem würde er höchstens spät in der Nacht in Berlin wieder eintreffen. Damit sei niemandem gedient. Er wolle sogleich nach dem Vortrag zurückkehren. »Ebert, der dann selbst an das Telefon kam, war auf das höchste erregt und bat mich zunächst, sofort zu fahren, erklärte sich aber mit meinem Vorschlag schließlich einverstanden, denn ich konnte am nächsten Morgen in aller Frühe in Berlin sein.«[125] Die Volksbeauftragten waren gegenüber möglichen spartakistischen Unruhen inzwischen überempfindlich geworden, weil sie sich selbst unmittelbar bedroht fühlten. In Weimar fühlte sich die Regierung unter dem Schutz der eigenen Truppen sicherer. Aber diese Umstände bedeuteten für diese erste demokratische Regierung unter einem sozialdemokratischen Reichs- und Ministerpräsidenten sicherlich einen traumatischen Anfang.

Mit der Vorstellung seines Regierungsprogramms vor der Nationalversammlung am 13. Februar verband Scheidemann eine – nach den Strapazen der letzten Monate – erstaunlich dynamische und begeisternde Rede, deren Schlüsselwort die »Pflicht« war. Von daher war er bereit, auf die üblichen sozialistischen Sprachformeln zu verzichten und ein demokratisches, von den bürgerlichen Regierungsparteien mitverantwortetes Programm vorzutragen. Dieser Part fiel ihm nicht schwer, denn er entsprach seiner persönlichen Überzeugung. Der Schwerpunkt des Regierungsprogramms lag auf der Innenpolitik. Außenpolitisch wurde unter Berufung auf das weltpolitische Programm Wilsons der sofortige Friedensschluß, die Rückgabe der deutschen Kriegsgefangenen, die gleichberechtigte Beteiligung am Völkerbund, die gegenseitige Abrüstung, obligatorische internationale Schiedsgerichte »zur Vermeidung der Kriege« und die Abschaffung der Geheimdiplomatie verlangt. Auch die neue Regierung dachte übrigens nicht an einen Verzicht auf die bisherigen deutschen Kolonien, sondern forderte ihre »Wiederherstellung«.[126]

Zu den innenpolitischen Forderungen zählten die »demokratische Verwaltung« und die Beseitigung von Privilegien bei der Aufnahme in den öffentlichen Dienst, der auch den Frauen geöffnet werden sollte. Erstmals wurde die Chancengleichheit im Bildungswesen zum schulpolitischen Programm erhoben.[127] Für die Wirtschaft wurde die Schaffung einheitlicher Grundlagen im gesamten Reich, die Übernahme der Bahnen durch das Reich gefordert, und die Sozialisierung monopolistischer Unternehmen durch Staat oder Gemeinden in Aussicht gestellt. Koalitionsfreiheit, Tarifautonomie und betriebliche Vertretungen der Arbeiterschaft sowie ein neues Arbeitsrecht sollten die innerwirtschaftlichen Verhältnisse regeln. Vermögenspolitisch kündigte die Erklärung eine verschärfte Besteuerung der Kriegsgewinne und der Großvermögen (auf dem Wege der Erbschaftssteuer) an. Verfassungspolitisch wurde die Sicherung der neuen bürgerlichen Freiheiten und Rechte angekündigt.[128]

In seiner das Regierungsprogramm erläuternden Rede brachte Scheidemann die Wendung ein, die neue Zeit solle »die Politik menschlicher gestalten«, nicht zuletzt durch die Einführung des Frauenwahlrechts. Einen besonderen Akzent legte er auf die Deutung der politischen Umwälzung der letzten Monate. In dem ihm eigenen Pathos heißt es: »Von stolzer Höhe ist unser Volk in einen Abgrund gestürzt. Als man uns rief, war längst kein Halten mehr.«[129] Er verzichtete nicht auf Schuldzuweisungen: »Als unsere Bundesgenossen alle zusammenbrachen, als wir ein einziges Volk allein standen gegen eine ganze Welt ... unsere starke Front ins Wanken geriet und schließlich der geniale Hasardeur des Weltkriegs, Ludendorff, mit dem Geständnis seines Bankrotts vor uns hintreten mußte... da fiel, sage ich, die Binde von den Augen des Volkes, und es erkannte taumelnd die Wahrheit. Deutschland war reif geworden für den 9. November.«[130] Das Volk habe immerhin noch die Kraft besessen, »die alten Größen zu zertrümmern und seine eigene Herrschaft auszurufen«.

Als Regierungschef entwickelte Scheidemann in seinem Kabinett einen kollegialen Führungsstil. Die Differenzen unter den Kabinettsmitgliedern traten weniger nach den parteipolitischen als nach den Unterscheidungen in den Temperamenten und den individuellen politischen Vorstellungen hervor. Es kam gelegentlich zu heftigen persönlichen Auseinandersetzungen. Dabei hielt sich Scheidemann meist zurück und griff selten direkt in die Debatten ein, um Entscheidungen herbeizuführen, sondern wirkte bewußt beruhigend und ausgleichend, wenn sich die Aussprachen zuspitzten.[131] Die wichtigsten Streitpunkte des Kabinetts bestanden in der Außenpolitik – der Stellungnahme zu den Friedensvorschlägen der Alliierten – und in der Wirtschaftspolitik, nämlich bei der Frage, ob ein marktwirtschaftlicher Kurs, wie ihn Gothein und Robert Schmidt befürworteten, oder ein gemeinwirtschaftlicher Kurs einzuschlagen sei, wie ihn Wissel und sein Unterstaatssekretär Moellendorff im Wirtschaftsministerium planten.

Seit April 1919 drängte die Stellungnahme des Kabinetts zu der Friedensfrage alle übrigen Probleme in den Hintergrund. In diese Kontroverse spielten die ebenso persönlichen wie sachlichen Gegensätze zwischen Erzberger und Rantzau hinein. An dieser Frage zerbrach das Kabinett am 20. Juni. Die inzwischen edierten Protokolle der Kabinettsitzungen sind so knapp gehalten, daß sie kaum die gereizte Atmosphäre dieser Runde wiedergeben. Das Atmosphärische ist den persönlichen Aufzeichnungen, Briefen und Erinnerungen der Beteiligten zu entnehmen. Arnold Brecht, der damals

als junger Regierungsrat in der Reichskanzlei arbeitete, schrieb später in seinen Erinnerungen über die führenden Politiker der Arbeiterbewegung in der Reichs- und preußischen Regierung: »Ich gewann bald große Achtung vor diesen Männern, deren Ernst, Sachlichkeit, Überzeugungstreue und Charakter mich oft geradezu beschämten. Das galt besonders von dem handwerklichen Typus von Sozialdemokraten, wie Ebert selbst ihn vorbildlich repräsentierte oder Severing, Wissel und der ehemalige Buchdrucker Otto Braun.«[132]

Von der SPD gehörten dem Kabinett außer Scheidemann der schlesische Rechtsanwalt Otto Landsberg (Justiz), die Gewerkschaftler Rudolf Wissel (Reichswirtschaftsminister), Gustav Bauer (Reichsarbeitsminister) und Robert Schmidt (Ernährungsminister) an. Eduard David war als Minister ohne Portefeuille eingetreten, und Gustav Noske, von Beruf Korbmacher, der sich durch die Beilegung der Kieler Unruhen im November 1918 profiliert hatte, wurde das umstrittenste und äußerst riskante Reichswehrministerium übertragen. Noske war 1919 für die Niederwerfung von Arbeiterunruhen durch den Einsatz von Freikorps verantwortlich, eine Tätigkeit, die ihm in der spartakistischen Presse den Namen »Bluthund« eintrug. Vom Zentrum gehörte Erzberger, der faktisch die stärkste politische Persönlichkeit war, dem Kabinett an. Zunächst für die laufenden Waffenstillstandsverhandlungen zuständig, erhielt er die Stellung eines Ministers ohne Portefeuille, befaßte sich aber aufgrund seiner Detailkenntnisse und mehrjährigen Erfahrungen mit allen Einzelheiten der Beratungsgegenstände.[133].

Das Kabinett Scheidemann verfolgte keine revolutionären Ziele, sondern knüpfte bewußt an die Kontinuität früherer Regierungen an. In seinem Mißtrauen gegenüber den überall im Reich gelegentlich aufflackernden politisch-sozialen Unruhen trug es einen fast konservativen Charakter, und es stützte sich bewußt auf die politischen Instrumente von Militär und Bürokratie. Während der Regierungszeit Scheidemanns wurde der Abbau der nach wie vor vorhandenen Arbeiter- und Soldatenräte eingeleitet. Allerdings waren für diese Maßnahmen primär die jeweiligen Landesregierungen zuständig, darunter die nach dem gleichen Koalitionsmodell wie die Reichsregierung gebildete preußische Regierung in Berlin unter Paul Hirsch. Reichs- und preußische Regierung arbeiteten eng zusammen.

Die Spannungen innerhalb des Kabinetts spitzten sich zu, nachdem am 7. Mai in Versailles der deutschen, von Brockdorff-Rantzau geleiteten Friedensdelegation die Bedingungen des künftigen Friedens übergeben worden waren. Zuvor schon hatten sich Erzberger und Rantzau wegen der Weiterführung der Waffenstillstandsverhandlungen, für die Erzberger zuständig war, offen befehdet. Doch unabhängig von den persönlichen Abneigungen suchte Erzberger ein längerfristiges Arrangement mit den bisherigen Kriegsgegnern. Er besaß den größeren Überblick und rechnete damit, daß später gangbarere Lösungen erreicht würden. Rantzau war dagegen nur auf die Verteidigung der aktuellen deutschen Position bedacht und unfähig, sich in die Psychologie der bisherigen Gegner hineinzudenken. Es scheint, daß seine starre Haltung nicht nur sachlich begründet war, sondern zudem in seiner menschlich überempfindlichen Natur zu suchen war. Rantzau war kaum der richtige Mann an der richtigen Stelle.[134] Doch hatte er eine persönliche Vertrauensstellung bei Scheidemann.

In Scheidemanns Erinnerungen finden sich starke Worte über das »Versailler Diktat«. Er nennt die Friedensbedingungen vom 7. Mai 1919 »das infamste Machwerk, das blinder Haß und sinnlose Wut jemals produziert haben«. Man habe doch, so seine nachträgliche Reflexion, alles erbracht, was den Wilsonschen Forderungen entsprochen habe. Wie habe man aber dann dem demokratischen Deutschland 1919 Bedingungen anbieten können, darauf abgestellt, als hätten sich die innenpolitischen Verhältnisse seit der Abdankung des Kaisers, der Revolution und den Wahlen zur Nationalversammlung nicht grundlegend geändert. Wo bleibe da die internationale Solidarität der Demokraten?[135] Es fällt auf, wie wenig sich Scheidemann, selbst in diesen späteren Aufzeichnungen, Gedanken über die innenpolitischen Mechanismen und parteipolitischen Konstellationen in den anderen Ländern machte, obwohl er selbst in seinen früheren Reden im kaiserlichen Reichstag auf eine differenziertere Beurteilung der inneren Verhältnisse in England und Frankreich gedrängt hatte.

Die düstere Stunde des Kabinetts kam am 8. Mai. Ebert selbst leitete die Sitzung. Sämtliche Kabinettsmitglieder, so vermerkt das Protokoll, erklärten, daß die Bedingungen ihre »schlimmsten Erwartungen weit übertroffen hätten«. Sie seien psychisch wie wirtschaftlich unerträglich, könnten niemals die Grundlagen für einen dauerhaften Frieden bilden, und die auferlegten Verpflichtungen seien »infolge der territorialen und wirtschaftlichen Knebelung« unerfüllbar.

Für Montag, den 12. Mai 1919, war eine Sondersitzung der Nationalversammlung in die Aula der Berliner Universität einberufen worden, auf der sämtliche Fraktionen – mit Ausnahme der Unabhängigen – ihr »unannehmbar« zu den Friedensbedingungen formulieren wollten. Zuvor fand um 11 Uhr des selben Tages eine erregte Kabinettsitzung statt, auf der die Kabinettsmitglieder der DDP Scheidemann darauf festlegen wollten, das Wort »unannehmbar« in seiner Rede am Nachmittag auszusprechen und damit die künftige deutsche Politik unzweideutig festzulegen. Erzberger wehrte ab. Der Ministerpräsident werde zwar, wenn er das Wort »unannehmbar« ausspreche, »einen gewaltigen Tageserfolg« erzielen. »Die Regierung aber habe daran zu denken, was in drei bis vier Wochen erfolge; darum sei es unmöglich, heute ›unannehmbar‹ zu sagen. Die Worte ›unerträglich‹ und ›undurchführbar‹ seien stark genug.«[136] Schließlich beschloß das Kabinett doch noch einstimmig das »unannehmbar«, weil man sich einig war, daß die Formulierung nur für den jetzigen Vertragstext gelte, die Aussage also bei möglichen Abänderungen hinfällig werde.[137]

Am Nachmittag fand Scheidemann vor der Nationalversammlung – selbst für das Pathos seines üblichen Redestils – ungewöhnlich kräftige Worte: »Wir gehören zusammen! Wir müssen beieinander bleiben. Wir sind ein Fleisch und Blut, und wer uns zu trennen versucht, der schneidet mit mörderischem Messer in den lebendigen Leib des deutschen Volkes. Unser Volk am Leben zu erhalten, das ist unsere höchste Pflicht.« Schließlich fiel die Wendung, mit der er sich seiner eigenen künftigen Entscheidungsfreiheit beraubte, als er sagte: »Welche Hand müßte nicht verdorren, die sich und uns in diese Fesseln legt?« Es war das letzte Mal, daß Scheidemann den ungeteilten begeisterten Beifall der Nationalversammlung erhielt. Bei der nächsten Zusammenkunft der Nationalversammlung war sein Kabinett bereits durch das Kabinett Bauer ersetzt. Scheidemanns spätere Reden in der Nationalversammlung wie im Reichstag konnten kaum noch auf die Zustimmung aller Seiten des Hauses rechnen. Groener, der sich vom 18. bis 20. Juni zu Beratungen mit der Regierung in Weimar aufhielt, fuhr in das Hauptquartier mit der Überzeugung zurück, daß es zu einer Ablehnung der Friedensbedingungen und zu einer Wiederaufnahme der Kampfhandlungen kommen werde.[138]

Nach der Kabinettsitzung vom 3./4. Juni notierte Scheidemann in seinem Tagebuch: »Ich bin wie an allen Gliedern geschlagen. Vermag ich vielleicht die ganze Furchtbarkeit der Situation, in die unser Volk kommen kann, wenn wir Nein sagen, nicht zu überschauen? Sind Erzberger, Noske und David politisch so viel klüger und weitsichtiger als ich?[139] Am 17. Juni kehrte die deutsche Delegation aus Versailles mit den endgültigen Bedingungen zurück. Man hatte lediglich leichte Modifikationen im bisherigen Text erreicht, so daß in Oberschlesien eine Volksabstimmung stattfinden werde und die Provinz nicht von vornherein zu Polen geschlagen würde. Rantzau stand nach wie vor auf dem Standpunkt des ›unannehmbar‹, doch seine Argumentation war so schwach und versponnen, daß selbst Groener über seine Erklärungen notierte: »Die Ausführungen des Grafen Rantzau hinterließen auf die Anwesenden keinen besonderen Eindruck.«[140]

Die Aussprachen im Kabinett fanden am 18. und 19. Juni statt. Die Situation schien unlösbar, und das Kabinett war gespalten. Am entschiedensten sprachen sich die DDP-Mitglieder und Rantzau gegen die Annahme aus. Kabinettsprotokolle über diese Sitzungen existieren nicht. In seinen Erinnerungen berichtet Scheidemann: »Im Kabinett wurde um das Ja oder Nein gekämpft bis nachts um 3 Uhr. Es war wirklich ausgeschlossen, daß einer den anderen hätte überzeugen können. Mit Landsberg, dem Grafen Brockdorff-Rantzau und den demokratischen Kabinettsmitgliedern war ich vollkommen einig. Ich machte dem grausamen Spiel ein Ende, indem ich Ebert aufsuchte und demissionierte.«[141] An der Abstimmung in der Nationalversammlung über den Vertrag am 22. Juni nahm Scheidemann nicht teil.[142]

Jahre später versuchte Scheidemann noch einmal Bilanz über die Entstehung des Krieges und seiner von ihm miterfahrenen Geschehen zu ziehen. Er kam zu dem Ergebnis: »Je mehr man die Erlebnisse jener entsetzlichen Zeit im Gedächtnis wieder lebendig werden läßt, um so klarer erkennbar wird das Kriegsverbrechen, wird die Schuld der Regierungen, deren politische Weisheit in dem Satze gipfelte: wer den Frieden will, rüste zum Krieg! Si vis pacem, para bellum! So rüsteten sie alle zum Krieg. Nicht viel anders, wenn auch mit anderem Akzent, argumentierte Lloyd George, als auch er seine Kriegserinnerungen niederschrieb und 1938 bemerkte: »When all people that on earth do dwell are gladly scraping the butter off their own and their children's bread in order to keep the god of war fit and sleek, it is necessary to show clearly what a fool he really is.«[143]

Scheidemann war jetzt 54 Jahre alt. Er fuhr zur Erholung in die Schweiz. Er war von den Strapazen des letzten Jahres überfordert wie die meisten der führenden deutschen Politiker. Vielleicht hätte man unter günstigeren Umständen überlegter und geschützter vor jener nationalpolitischen Hysterie handeln können, die seit dem Frühjahr 1919 die deutsche Publizistik ergriffen hatte. Er erholte sich und gewann Distanz zu den jüngsten Ereignissen. Mit einem Freund bestieg er am 28. Juni den Rigi. »Im Kamin prasselte das Feuer. Wir rückten ihm immer näher, denn es war dort oben empfindlich kalt. ›Hier hat Lassalle gesessen‹, sagte mein Freund.«[144] Durch seine Korrespondenz mit Berlin stellte sich Scheidemann bald wieder auf die innenpolitische Situation in Deutschland ein. Sein Verhältnis zu Ebert war nach wie vor kritisch und blieb es.[145] In Weimar hatte sich Scheidemann allen Versuchen Eberts, die politische Funktion des Reichspräsidenten auszubauen, bewußt widersetzt. Er gewann den Eindruck, daß Ebert sich isoliere und eine zu große Machtfülle anstrebe. »Was Ebert wollte, war im Grunde genommen ein vollkommen selbständiges Reichsamt mit einem großen Apparat.«[146] Das Kabinett hatte Scheidemann in seiner Absicht, die Kompetenzen des Reichspräsidenten knapp zu bemessen, unterstützt. Doch sah Scheidemann die Dinge zu formal. Es war eben ein Unterschied, ob jetzt Ebert oder später, so seit 1925, Hindenburg Reichspräsident war.

Als alter Parlamentarier hatte sich Scheidemann eine antigouvernementale Grundhaltung selbst in der Zeit bewahrt, als seine eigene Partei in die politische Verantwortung eingetreten war. Daß er mit seiner Politik der institutionellen Begrenzung der Mittel des Reichspräsidenten Ebert möglicherweise dazu beitrug, dessen Machtposition, unter anderem auch gegenüber der Reichswehr, zu schwächen, die sich bald als »Staat im Staate« zu verselbständigen begann, scheint Scheidemann nie bewußt geworden zu sein. Das Problem ist diffizil. Scheidemann sah die Dinge wohl zu simpel.

In seiner Rede vor der Nationalversammlung vom 7. Oktober 1919 fand er zu seinem alten politischen Stil zurück. Auch beobachtete er schärfer die neue innenpolitische Szenerie der Republik. Der markanteste Satz dieser Rede, der später von dem aus dem Zentrum kommenden Kanzler Wirth wieder aufgegriffen wurde, war: »Der Feind steht rechts!«[147] Der Kern der Kritik richtete sich gegen die monarchistischen Umtriebe im Offizierskorps der Reichswehr. Es gehe nicht an, daß Offiziere die Republik sogar vor ihren Mannschaften beschimpften. Zum ersten Mal kritisierte Scheidemann öffentlich die eigene Regierung. Wer sich nicht gegen den Monarchismus wehre, fördere den Spartakismus, denn beide Extreme seien aufeinander angewiesen. In dieser Rede fand Scheidemann eine eindrucksvolle Formulierung für eine künftige europäische Friedensordnung, die er den Skeptikern entgegenhielt: »Wenn man uns Utopisten schilt, weil wir an dem Gedanken einer Versöhnung festhalten, so antworte ich darauf, daß der ewig unzerstörbare Siegfrieden, der Frieden, der einem Volk für alle Zeit die Übermacht über die anderen verleiht, eine viel unwahrscheinlichere Utopie ist als der Gedanke eines friedlich-vernünftigen Zusammenlebens.«[148] Dieses Plädoyer für eine gewaltfreie deutsche Außenpolitik wurde 11 Monate nach Kriegsende gehalten.

Fünf Monate später, im März 1920, zeigte es sich, daß Scheidemann mit seinen Warnungen vor monarchistischen Umtrieben innerhalb der Reichswehr und auf der äußersten politischen Rechten die Lage richtig eingeschätzt hatte. Der Kapp-Lüttwitz-Putsch traf den Reichspräsidenten wie die Reichsregierung völlig unvorbereitet und führte zu der peinlichen Situation, daß Regierung und Nationalversammlung vorübergehend nach Stuttgart flüchten mußten. Der Putsch war durch den sofort ausgerufenen Generalstreik nach wenigen Tagen gescheitert. Aber die Regierungsautorität der Demokratie, und natürlich auch der regierenden Sozialdemokraten, war erschüttert worden.

Scheidemann war maßlos erzürnt und rechnete öffentlich wie intern mit den Verantwortlichen in der eigenen Regierung ab. Das politische Fiasko, das der Kapp-Putsch auslöste,[149] lag nicht nur darin begründet, daß es zu einer, übrigens erstaunlich schnell und entschlossen abgewehrten, Revolte von faktisch kleinen Gruppen der Rechten und jener militärischer Hasardeure gekommen war, die sich durch die Reduzierung des Heeres auf 100000 Mann ihrer Existenzbasis beraubt sahen. Er löste, und dies erschwerte die Lage der Regierung, im Gegenschlag überwiegend kommunistisch inspirierte Gewaltaktionen aus und ließ im Ruhrgebiet eine »Rote Armee« entstehen, die sich in den folgenden Wochen in Westfalen mit den meist aus Studenten besetzten Freikorps herumschlug,[150] bis es dem SPD-Abgeordneten Carl Severing als Reichskommissar gelang, in dem »Bielefelder Abkommen« eine halbwegs friedliche Beilegung des Konflikts herbeizuführen. Dort an der Ruhr wie andernorts hatte es Tote und Verwundete gegeben, für die die Reichsregierung verantwortlich gemacht wurde.[151]

Ein Extrazug – der reguläre Bahnbetrieb war durch den Generalstreik stillgelegt – brachte die Abgeordneten nach Stuttgart. Dort nahm Scheidemann sofort Kontakt mit Ebert und Bauer auf. Er bestand auf der Abberufung Noskes als Reichswehrminister, weil dieser gegenüber den konspirativen Bestrebungen in der Reichswehr versagt habe. Ebert und Bauer wehrten ab. Es kam zu einer erregten Aussprache in der Reichstagsfraktion, bei der Scheidemann das Fehlverhalten des anwesenden Noske erneut angriff. Man diskutierte zwei Tage lang. Noske wurde vorgeworfen, über die Forderungen des General Lüttwitz bereits vor dem Putsch informiert gewesen zu sein. Das Mißtrauen gegenüber dem Offizierskorps saß tief und wurde während der späteren Jahre nie wieder beseitigt. Allerdings machte sich die SPD-Fraktion in der Erregung wenig Gedanken darüber, wer an die Stelle Noskes treten sollte. Wie prekär die innerparteiliche Situation war, zeigte sich auch daran, daß selbst der sozialdemokratische Oberpräsident von Ostpreußen, August Winning, vorübergehend die Kapp-Regierung unterstützte. Er wurde daraufhin seines Amtes enthoben und aus der Partei ausgeschlossen.[152]

Die Enttäuschung der SPD nach gut einem Jahr demokratischer Republik war groß. Man fühlte sich verraten und verletzt. Zugleich aber war an dieser Rede des 18. März 1920 zu spüren, wie schwer es fallen werde, sich auch künftig vor neuen Enttäuschungen zu schützen. Eine gewisse Isolierung der SPD, die an die Vorkriegszeit erinnerte, wurde unterschwellig wieder sichtbar. Würde man sich künftig behaupten können? Die überwiegende Mehrheit der Beamtenschaft und deutschen Bevölkerung hatte allerdings in diesen kritischen Märztagen die verfassungsmäßige Regierung unterstützt.

Die Reichstagswahl vom 6. Juni 1920 erinnerte die Sozialdemokraten an den Wankelmut von Wählern. Der große Schwung der öffentlichen Meinung nach dem Krieg, der im Januar 1919 45 % der Wähler sozialistisch – davon 38 % die SPD – hatte wählen lassen, war verflogen, statt 11,5 wählten jetzt nur noch 6,1 Millionen die SPD. Die Koalitionspartner von Zentrum und DDP verloren gleichfalls, dagegen verzeichneten die zuvor kleinen bürgerlichen Rechtsparteien der DVP (1 Million) und DNVP (3 Millionen) erhebliche Zuwächse. Die wichtigste Bastion der Weimarer Demokratie wurde jetzt Preußen. Hier hielt sich die Weimarer Koalition, eine Tatsache, deren geschichtliche Bedeutung meist unterschätzt wird.

Scheidemann gehörte bis 1933 dem Reichstag an. Von 1920 bis 1925 übernahm er zudem das Amt des Oberbürgermeisters in Kassel. Er hatte den persönlichen Kontakt zu seinen örtlichen Bekannten und Freunden immer gepflegt.[153] Er mochte die Vertrautheit der örtlichen Nähe und fühlte sich darin wohl, engagierte sich im Wohnungsbau, der Errichtung von Jugend- und Kindererholungsheimen und Kinderspielplätzen, Maßnahmen, die in den zwanziger Jahren in den – vom Krieg ja nicht zerstörten – Großstädten zum Ausbau der Infrastruktur unternommen wurden. Unter seiner Regie wurde das erste öffentliche Bad der Stadt gebaut, eine städtische Kunstsammlung und das Deutsche Tapetenmuseum gegründet.

Die Unlust zu regieren, die sehr früh bei Scheidemann spürbar war, übertrug sich jetzt auf die Mehrheit der Reichstagsfraktion. So mußte Ebert am 25. Juni 1920 das erste rein bürgerliche Kabinett unter Fehrenbach berufen, das nicht einmal über eine Mehrheit im Reichstag verfügte. Eine Zusammenarbeit mit der DVP Stresemanns war für die Sozialdemokraten nach den jüngsten Ereignissen im Frühjahr undenkbar. Damit endete aber nach knapp eineinhalb Jahren die sozialdemokratische Regierungsverantwortung, die Ebert und Scheidemann im Februar 1919 als den Beginn einer neuen Epoche der deutschen Geschichte gefeiert hatten. Der politische Stil der Sozialdemokraten erhielt jetzt wieder einen betonten Zug zum Bekenntnishaften. Das war unanfechtbar und wertvoll und verdeckte zugleich die eigene resignative Stimmung.

Mit seiner öffentlichen Kritik zog Scheidemann die Animositäten, ja den Haß der rechten bürgerlichen Presse auf sich. Als er sein Amt als Kasseler Oberbürgermeister antrat, schrieb ein deutschnationales Blatt: »Wir werden diesen Menschen jeden Tag an den Pranger stellen!« Das Haus, das er in Kassel bewohnte, wurde mit Farbspritzern besudelt, und Drohbriefe wurden an seine private Adresse geschickt. Ein naives, aber politisiertes Publikum kannte nicht den Unterschied zwischen öffentlichem Amt und Privatleben eines Politikers, ja hielt Politiker überhaupt für zu verachtende Menschen. Das in den zwanziger Jahren in Deutschland vorherrschende Bild vom Politiker war nicht sehr human. Während eines Kururlaubs in Bad Kissingen 1921 erreichte Scheidemann die Nachricht vom Tod Erzbergers, der von Anhängern der von Scheidemann bekämpften politisch-militärischen Bünde bei einem Spaziergang im Schwarzwald ermordet worden war.

Die Anstrengungen der letzten Jahre hatten Scheidemann vermutlich mehr, als er sich selbst eingestand, mitgenommen. »Das Jahr 1922 wurde ein rechts Leidensjahr für mich. Die jämmerliche Ernährung im Kriege und die unausgesetzten Aufregungen rächten sich mehr und mehr.« Er ließ sich wegen eines Magengeschwürs in einer Berliner Klinik behandeln und nahm die Ruhepause wahr, Bücher zu lesen, zu denen er sonst nicht kam. Er spürte, daß er nach wie vor geschätzt wurde: es kamen zahlreiche Besucher, nicht nur Politiker, ferner sozialistische Freunde aus dem Ausland, Stauning aus Dänemark, Camille Huysmanns aus Brüssel, Ramsay MacDonald, der spätere englische Premier, aus London.[154]

Bei einem Spaziergang Scheidemanns im Habichtswald nahe Kassel führten zwei junge Mitglieder der rechtsradikalen »Organisation Consul« ein Attentat auf ihn aus. Er wurde mit Blausäure bespritzt. Noch während er zu Boden stürzte, konnte er seinen Revolver, den er sicherheitshalber mit sich führte, ziehen und schießen. Die beiden Attentäter ergriffen die Flucht. Sie wurden gefaßt und zu zehn Jahren Zuchthaus verurteilt. Nach fünf Jahren erwirkte Scheidemann eine Begnadigung, da die beiden »Unglücksraben« ja nur »Opfer der nationalistischen Presse« seien.[155] 1926 starb seine Frau. Scheidemann glaubte, daß ihr Tod durch den Schock, den eine über ihren Mann verbreitete politische Hetzschrift ausgelöst hatte, verursacht worden sei.[156] Scheidemanns Erinnerungen enden Anfang der zwanziger Jahre. Der dritte Band ist nicht publiziert worden.

Der politische Alltag der Republik hatte begonnen. Im nachhinein mochte die Verdoppelung der Wählerschaft im Reich und – verglichen mit dem Wahlrecht vor 1918 – die nahezu Verdreifachung der Wählerschaft in den Ländern und Gemeinden innerhalb weniger Monate des Jahres 1919 als reichlich abrupt erscheinen. Ein großer Teil der Wählerschaft war, mitbedingt durch den Ausnahmezustand der Kriegsjahre, politisch ungebildet und umso leichter durch pseudopolitische Parolen manipulierbar.

Wenngleich Scheidemann im Reichstag der Weimarer Republik nicht mehr so häufig wie früher auftrat, so behielt er doch seine Rolle als gleichsam sozialdemokratischer Cicero bei. Er unterstützte die Anträge zu einem Volksbegehren über die Fürstenenteignung, das 1925/26 vorübergehend Kommunisten, Sozialdemokraten und Gewerkschaften in einer gemeinsamen Aktion zusammenbrachte, schließlich nicht erfolgreich war, aber doch in weiten Kreisen populär.[157] Bei dem endgültigen Volksentscheid am 20. Juni 1926 lehnten zwar 20 Millionen Wähler die geforderten Eingriffe in die überkommenen fürstlichen Vermögen ab, aber 15 Millionen unterstützten diese Pläne. Diese Zahl lag um 5 Millionen über dem Stimmenanteil, den SPD und KPD bei den letzten Reichstagswahlen 1924 erzielt hatten. Das Abstimmungsergebnis hat vermutlich auch noch das relativ günstige SPD-Reichstagswahlergebnis von 1928 beeinflußt, das sich dem Wahlergebnis vom 19. Januar 1919 wieder annäherte. Die seit 1922 wieder mit den Resten der nicht zur KPD übergetretenen USPD-Mitglieder vereinigten Sozialdemokraten hatten sich in der Mitte der zwanziger Jahre konsolidiert, betrieben aber weiter eine ambivalente Politik: Als Oppositionspartei »tolerierten« sie die Politik bürgerlicher Kabinette, zumal dann, wenn deren Linie, wie etwa bei dem Abschluß des Locarnovertrags durch Stresemann, der eine Verständigung mit der französischen Politik anbahnte, ihren Vorstellungen entsprach.

Seine letzte große Rede vor dem Reichstag hielt Scheidemann am 16. Dezember 1926. Er war jetzt 61 Jahre alt. Den Anlaß gaben Veröffentlichungen des »Manchester

Guardian« über geheime Rüstungen der Reichswehr, die erhebliche Unruhe in der SPD-Reichstagsfraktion ausgelöst hatten. Scheidemann wurde von ihr zu einer Interpellation beauftragt. Er war sich darüber im klaren, daß er eine empfindliche Stelle der zu dieser Zeit halbwegs konsolidierten politischen Gefühlswelt in Deutschland treffen werde und leitete entsprechend ein. Eine freundliche Wendung galt Gustav Stresemann, dem vor zehn Jahren erbittert bekämpften Nationalisten und jetzigen Außenminister. Scheidemann verstand sich als moralischer Hüter der Demokratie, doch mußte er eingestehen, daß das politische Handeln eher die Sache der anderen war, nicht seine eigene. Mit ernster Sorge betrachte er die Situation der Reichswehr. »Eine bewaffnete Macht, die in ihren wesentlichen Teilen ihre eigene Politik treibt, die der Politik der Demokratie und des Friedens geradezu entgegengesetzt ist, kann nicht in dem Zustande, in dem sie sich befindet, erhalten werden.«[158] Der eigentliche Vorwurf lautete, daß »die Reichswehr sich mehr und mehr zu einem Staat im Staate entwickelt hat, zu einem Staate, der seinen eigenen Gesetzen folgt und seine eigene Politik treibt.«[159] Scheidemann belegte diese Feststellung an den heimlichen, nicht durch den öffentlichen Haushalt gedeckten Finanzierungsmethoden der Reichswehr, den Kontakten der Reichswehr zu paramilitärischen, rechtsradikalen Organisationen und den heimlichen Kontakten der Reichswehr zur russischen Roten Armee, die in dieser Rede erstmals im Reichstag zur Sprache kamen. Man wolle gern »Moskaus Freunde« sein, »aber wir wollen nicht Moskaus Narren sein«: »Darum Schluß mit diesen Unsauberkeiten, keine Sowjet-Munition mehr für deutsche Geschütze.« Scheidemann hatte den Nerv der tatsächlich mehr als eigenartigen deutsch-russischen Beziehungen der zwanziger Jahre bloßgelegt. Seine Rede vom 16. Dezember 1926 endete mit der Ankündigung eines Mißtrauensantrags gegen die bürgerliche Regierung des aus dem Zentrum kommenden Kanzlers Marx. Die Regierung wurde kurz darauf gestürzt. Der für die Reichswehr verantwortliche Minister Geßler (DDP), der 1920 die Nachfolge des Sozialdemokraten Noske angetreten hatte, mußte zwei Jahre später, 1928, sein Amt aufgeben. Die geforderte Reform der Reichswehr selbst aber blieb aus.

Regierungsämter hat Scheidemann nicht mehr übernommen, auch nicht in der von dem SPD-Politiker Hermann Müller geführten großen Koalition von 1928 bis 1930. Ebert war am 28. Februar 1925 gestorben. Scheidemann übte eine politisch-geistige Führungsrolle aus. Aber er hatte keine befähigten und überzeugenden Nachfolger. Die Reichstagsfraktion der SPD entwickelte Ende der zwanziger Jahre den fatalen Hang, sich in der Überbewertung von Randfragen zu verlieren.

In seinen Erinnerungen von 1928 versuchte der 63jährige, seine politischen Motive auf dem Hintergrund der vier Jahrzehnte sein politisches Leben zu erläutern. Dabei äußerte er sich auch zur Nation, die fast ungewollt zum Leitthema seines politischen Lebens geworden war. Wie immer setzte er sich von den Auffassungen der Gegner polemisch ab: »Unsere nationale Gesinnung ist himmelweit entfernt von der nationalistischen Gesinnung vieler unserer Gegner. Bei diesen ist national gleichbedeutend mit der Gier nach der Macht im Reich und der Vormachtstellung des Reichs in der Welt.«[160] Scheidemann war in eine Zeit der Ideologien hineingeboren. Die Gehäuse dieser Ideologien hat er nie wirklich durchbrochen. Was ihn davor schützte, von ihnen aufgesogen zu werden, war sein praktischer Menschenverstand und seine tief verwurzelte Überzeugung von der Notwendigkeit des parlamentarischen Pluralismus und der parlamentarischen Konkurrenz, ohne die die Politik in der modernen Demokratie nicht machbar ist.[161] Aus dieser Einsicht setzte er sich von den Ideologien des Kommunismus und Faschismus der zwanziger Jahre ab, die er aufmerksam beobachtete. »Über die Demokratie höhnen die Bolschewisten ebenso wie die Nationalisten. Sie beten die Gewalt an und weisen auf das Rußland Lenin-Stalins und das Italien Mussolinis hin. Solche Vorbilder wird die Sozialdemokratie allezeit ablehnen.« Seinen eigenen politischen Standort zusammenfassend schrieb Scheidemann: »Ziel meiner politischen Kämpfe war und ist der demokratische Sozialismus.«[162]

Scheidemann stand mit diesen Ideen einer nationalen Politik im Rahmen parlamentarisch-demokratischer Verfahren im Europa der zwanziger Jahre nicht allein. Die meisten seiner Kollegen in den westeuropäischen und skandinavischen Ländern vertraten, mit einigen Schattierungen, ähnliche Auffassungen. Sie boten durchaus eine Alternative, die den Stürmen der nächsten Jahre in Europa hätte standhalten können. Aber moralisch geschwächt hatte die Sozialdemokratie nicht die Kraft besessen, konsequent die Politik der Weimarer Koalition des Zusammengehens mit den bürgerlich-demokratischen Gruppen fortzusetzen, wie sie 1919 begonnen worden war und wie sie Ebert, stärker noch als Scheidemann, durchsetzen wollte. Scheidemann hat sich gleichfalls den Neigungen in seiner eigenen Partei zur innenpolitischen Isolation nicht entschieden entgegengestellt.

In seinen letzten Jahren als Abgeordneter sprach er nur noch selten im Reichstag. Er stellte sich aber bereitwillig dem »Reichsbanner« als Redner zur Verfügung, einer Vereinigung, deren Aufgabe es war, bei Veranstaltungen der demokratischen Parteien den kommunistischen und nationalsozialistischen Störtrupps Widerstand zu leisten, und deren Mitglieder vor allem aus jüngeren SPD-Angehörigen bestanden. Die Demokratie, so der leitende Gedanke des Reichsbanners, dürfe nicht kampflos den Radikalen von links und rechts preisgegeben werden.[163]

Nach der Machtergreifung der Nationalsozialisten verließ Scheidemann Deutschland. Er wurde am 25. 8. 1933 ausgebürgert. Für die NS-Geschichtsideologie galt er als einer der sogenannten »Novemberverbrecher«. Sein Kampf gegen die Bedingungen des Versailler Vertrages war vergessen, und er wurde ihm nicht gedankt. Er hielt sich vorübergehend in Prag, der Schweiz, Frankreich und den USA auf und lebte schließlich in Dänemark, wo er zahlreiche Freunde hatte. Er starb am 29. November 1939 in Kopenhagen an Magenkrebs, an dem er im vorhergegangenen Jahr dreimal operiert worden war. Seine Tochter berichtete später: »Die Emigrantenjahre zehrten stark an ihm, obgleich er nie klagte, sondern noch auf seinem Totenbett einen Artikel für den Frieden schrieb.«[164]

Nach 1945 wurde Scheidemanns Idee einer bewußt abwehrbereiten Demokratie ein Kernstück der politischen Vorstellungswelt der neugegründeten westdeutschen Sozialdemokratie. Zur Eröffnung des Nürnberger Parteitags der SPD am 29. Juni 1947 erklärte Erich Ollenhauer: »Wir müssen das Haus des deutschen Volkes von Grund auf neu gestalten, und wir müssen uns dabei die Erfahrungen und Lehren der Vergangenheit zunutze machen. Hier nur eine Bemerkung: Der deutsche Nationalismus, der damals Männer wie Kurt Eisner, Matthias Erzberger und Walter Rathenau ermordete, ist nicht tot in Deutschland. Er wittert angesichts der Not unseres Volkes eine neue Chance. Wehren wir den Anfängen! Die neue deutsche Demokratie gehört in die Hände von überzeugten und kämpferischen Demokraten. Die Freiheiten und Rechte der Demokratie dürfen nicht wieder von denen gebraucht und mißbraucht werden, die die Demokratie mit den Mitteln der Demokratie vernichten wollen, ganz gleich, unter welcher Flagge sie das Volk irreführen wollen.«[165]

Nicht viel anders hatte Scheidemann in all seinen Reichstagsreden während der zwanziger Jahre gesprochen. Die Vorstellung einer selbstbewußten, sich selbst verteidigenden Demokratie wurde von den anderen demokratischen Parteien, die sich schließlich im Parlamentarischen Rat zur Ausarbeitung einer Verfassung zusammenfanden, mitgetragen. Die Absage der Nachkriegs-SPD an die Kommunisten und die Option für eine Zusammenarbeit mit den demokratischen westdeutschen Parteien der Liberalen und Christdemokraten unterschied sich nicht wesentlich von der entschiedenen Haltung der Volksbeauftragten Ebert und Scheidemann 1918/19: ihrer Absage an eine Rätepolitik und jener Politik, die den Beginn der Weimarer Demokratie und den Grundkonsens der demokratischen Parteien einleitete. Insofern spiegelt sich in der Persönlichkeit Scheidemanns eine deutsche demokratische Tradition. Umso erstaunlicher ist es, daß sein Leben, seine großen Reichstagsreden, seine politischen Leistungen aus dem gegenwärtigen geschichtlichen Bewußtsein weitgehend verdrängt sind, und, das überrascht noch mehr, auch aus dem Bewußtsein seiner eigenen Partei, der SPD.

Anmerkungen

1 H.-U. Wehler, Das Deutsche Kaiserreich 1871–1918, Göttingen [2]1975, S. 218.
2 Vgl. Biographisches Wörterbuch zur Deutschen Geschichte Bd. 3, München 1975, S. 2471; dtv-Lexikon zur Geschichte und Politik im 20. Jahrhundert Bd. 3, München 1974, S. 708f.; Lexikon der deutschen Geschichte, Stuttgart 1977, S. 1071; Das Kabinett Scheidemann (Akten der Reichskanzlei), bearb. H. Schulze, Düsseldorf 1971, Einleitung.
3 Ph. Scheidemann, Memoiren eines Sozialdemokraten Bd. I, Dresden [2]1930 (1928), S. 1. – Die Bde. I. und II. umfassen 866 S.
4 Scheidemann, Memoiren I, S. IXf.
5 Scheidemann, Memoiren I, S. 11.
6 Scheidemann, Memoiren I, S. 14: »...weil auch unser Geschichtslehrer nicht versäumte, den alten Kaiser uns als Halbgott zu schildern, der nicht nur das neue Reich gegründet habe, sondern dem es eigentlich auch zu danken sei, wenn wir Luft schnappen könnten.«
7 Scheidemann, Memoiren I, S. 15.
8 Scheidemann, Memoiren I, S. 55.
9 Zur Entstehung des universitären Milieus seit 1860: K. H. Jarausch, Students, Society and Politics in Imperial Germany: The Rise of Academic Illiberalism, Princeton 1983.
10 Scheidemann zu Eisner (Memoiren I, S. 58): »Daß Eisner, dieser feine Ästhet, im Laufe des

Krieges, besonders aber nach dem Zusammenbruch, politisch vollkommen entgleisen konnte, wie es seine Freunde mit wachsendem Erstaunen erlebten, ist uns allen ein Rätsel geblieben.«

11 »Ich war Redakteur, Expedient, Arbeiter und Parteisekretär, Inseratensammler und Einkassierer.« (Scheidemann, Memoiren I, S. 61f.).

12 »Wilhelm Liebknecht, dessen Vaterstadt Gießen war, besuchte uns jedes Jahr. Das waren immer Feiertage. Er kannte im alten Gießen jedes Haus und in Oberhessen jedes Dorf. Je näher ich Liebknecht kennenlernte, umso mehr lernte ich ihn auch schätzen, allerdings immer mehr als Mensch, Dichter und Stilisten denn als Politiker. Er lebte politisch für uns, die wir ganz in der Agitationsarbeit des Tages aufgingen, teils zu sehr in der Vergangenheit, teils viel zu sehr in weiter Zukunft. Die Gegenwart kam ihm, wie uns scheinen wollte, vor, wie eine leicht zu überwindende Episode.« (Scheidemann, Memoiren I, S. 73f.); Liebknecht, geb. 1826, starb 1900 in Berlin-Charlottenburg.

13 1907: für Solingen: SPD 19589; Lib.: 10833; Zentrum 7992. 1912: für Solingen: SPD 24571; Lib.: 10201; Zentrum 8239 (Scheidemann, Memoiren I, S. 145).

14 Ph. Scheidemann, Der Zusammenbruch, Berlin 1921, Vorwort.

15 »Einige bestimmte Abgeordnete erledigten alles, während der große Haufen im wahrsten Sinne des Wortes ›Stimmvieh‹ war, das im Bedarfsfalle telegraphisch gerufen wurde.« (Scheidemann, Memoiren I, S. 161).

16 Reichstag Bd. 197 (1904), S. 774f.

17 Am 5. Dezember 1904 warnte Bebel im Reichstag vor einem modernen europäischen Krieg (Reichstag Bd. 201 (1905), S. 3364).

18 Reichstag Bd. 201 (1905), S. 3245.

19 Reichstag Bd. 201 (1905), S. 3251.

20 Scheidemann, Memoiren I, 170.

21 Ich kann mich nicht erinnern, Bebel im Reichstag jemals anders als im schwarzen Gehrock gesehen zu haben. Dagegen erinnere ich mich sehr wohl, daß er einmal einen sozialdemokratischen Abgeordneten, der sich in der kleinen Wandelhalle auf der linken Seite des Hauses eine kurze Pfeife angebrannt hatte, in schärfster Weise zur Rede stellte. Der Reichstag sei kein Dorfwirtshaus.« (Scheidemann, Memoiren I, 212).

22 Scheidemann, Memoiren I, 116.

23 Scheidemann charakterisierte Bebel so: »Ich habe keinen Menschen kennengelernt, dessen ganze Charakterveranlagung in gleich deutlicher Weise im Kopf und Gesicht so zum Ausdruck gekommen wäre wie bei Bebel. Halb Löwe, halb Fuchs. Die mächtig hohe und breite Stirn mit der dichten Mähne darüber, und dann, von den klugen Augen aus, das nach dem Kinn zu spitz verlaufende Gesicht: das hieß Tapferkeit, Klugheit und Geschick. So war Bebel. Und so dah er noch aus, als Tausende Männer und Frauen an seinem offenen Sarge in Zürich vorüberzogen, um tränenden Auges Abschied für immer zu nehmen von diesem seltenen Manne, der Millionen Lehrer und Führer gewesen war.« (Scheidemann, Memoiren I, 121).

24 Oldenburg-Januschau galt zeitlebens als Prototyp des konservativen Militaristen. (Ausspruch im Reichstag am 29. 1. 1910: Der Kaiser könne durch einen Leutnant und zehn Mann den Reichstag nach Hause schicken.) Vgl. Lexikon der deutschen Geschichte, Stuttgart 1979, S. 887.

25 Reichstag Bd. 233 (1909), S. 6024.

26 Am 12. Nov. 1908 ereignete sich auf der Zeche Radbod bei Hamm (Westf.) ein Grubenunglück, bei dem durch einen Brand 360 Bergleute ums Leben kamen. (Heimatbuch Kreis und Stadt Hamm, Hamm 1922, S. 135f.).

27 »Das wäre einmal ein Motiv für ein schönes Bild der Versöhnung der Völker, darzustellen, wie die deutschen Arbeiter den französischen und französische Arbeiter den deutschen zu Hilfe geeilt sind!« (Reichstag Bd. 233 (1909), S. 6022).

28 Lloyd George berichtet in seinen Erinnerungen über seine Beurteilung der Situation 1908: »It was of course impossible not to have an uneasy feeling that the German battle fleet was built

with the design of challenging British naval supremacy.« (D. Lloyd George, War memoirs vol. I, London [2]1938, S. 6).

29 A. a. O., S. 6030.

30 Diese Reichstagsreden Scheidemanns aus den Jahren 1908–1914 bleiben auch heute noch in fast allen Monographien zur deutschen Geschichte vor 1914 sowie in Arbeiten zur Geschichte der deutschen Sozialdemokratie seltsamerweise unerwähnt.

31 Reichstag Bd. 260, S. 2150.

32 »Meine Herren, mit derselben Zähigkeit, mit der wir eintreten für ein freundschaftliches Verhältnis zu Frankreich, arbeiten wir auch darauf hin, daß wir zu England in denkbar beste Beziehungen kommen. Wir sind der Meinung, daß das ebenso dringlich ist; solange Deutschland und England nicht in wahrhaft freundschaftlicher Beziehung leben, wird kein Ruhe in Europa sein.« (Reichstag Bd. 260, S. 2148).

33 Reichstag Bd. 262, S. 3531.

34 »Wir sind es gewöhnt, daß wichtige politische Aktionen in irgendwelchen höfischen Jagdgründen entriert werden; wir wissen ja auch, daß manche politische Aktion, auch wenn sie anderswo entriert wurde, doch den Anschein erweckt, als wenn sie auf einer höfischen Saujagd eingeleitet worden wäre.« (Reichstag Bd. 262, S. 3528).

35 »Meine Herren, wir verstehen uns in diesem Hause ja doch nicht. Die Kluft, die uns von Ihnen da drüben trennt, ist so groß, daß gar nicht daran zu denken ist, daß jemals eine Brücke hinüberführen könnte. Die Massen draußen werden also die Richter sein müssen zwischen uns und Ihnen. Deshalb bin ich der Meinung, daß wir nicht wie die Katze um den heißen Brei herumgehen dürfen.« (Reichstag Bd. 262, S. 3528).

36 »Meine Herren, wir wollen uns auch nicht streiten über die Frage, ob Rußland gegenüber unter allen Umständen auf eine Brustwehr verzichtet werden könnte. Aber selbst, wenn zuzugeben wäre, daß wir Rußland, diesem zaristischen, absolutistischen, unberechenbaren Lande gegenüber eine gewisse Brustwehr brauchten, dann können wir doch unter keinen Umständen zugeben, daß irgendwelche ernstliche Gefahr für uns zur Zeit bestände.« (Reichstag Bd. 262, S. 3530).

37 Reichstag Bd. 262, S. 3531.

38 Reichstag Bd. 266, S. 5981.

39 1912 kandidierte Scheidemann erneut in Solingen, Ebert in dem benachbarten Wk Elberfeld-Barmen; irgendwie zufrieden bemerkte Scheidemann, daß seinem Parteifreund dort die »peinliche Überraschung« bereitet wurde, noch in die Stichwahl gehen zu müssen. »Der Wahlkreis Elberfeld-Barmen war räumlich so eingeengt, daß Ebert sich bedrückt fühlte, wenn er Tag für Tag Versammlungen abhielt, in denen begreiflicherweise immer ein kleiner Teil derselben Zuhörer erschien: in Elberfeld Barmer, in Barmen Eberfelder Wähler.« (Scheidemann, Memoiren I, S. 157).

40 H. Wachenheim, Die deutsche Arbeiterbewegung 1844–1914, Köln-Opladen 1967, S. 501.

41 J. Rovan, Geschichte der deutschen Sozaldemokratie, Frankfurt 1980, S. 92.

42 Scheidemann reiste durch mehrere Staaten und besuchte 25 Städte, u. a. New York, New Haven (Sonn.), Newark (N. J.), Cleveland (Ohio), Detroit, Chicago, St. Louis, Pittsburgh, Baltimore und Philadelphia. Die deutschsprachige New Yorker Volkszeitung berichtete: »Scheidemann hat einen tiefen Eindruck hinterlassen. Seine klare Vortragsweise, wie nicht minder die Furchtlosigkeit und Bestimmtheit im Ausdruck seiner Überzeugungen, haben ihm die Herzen der Tausende, die ihn gehört, im Sturm erobert... Es ging gleichsam wie eine frische Brise von Scheidemanns ganzer Persönlichkeit aus.« (Nach: Scheidemann, Memoiren I, S. 144).

43 Scheidemann, Zusammenbruch, S. 2f.

44 G. A. Craig, Deutsche Geschichte 1866–1945. Vom Norddeutschen Bund bis zum Ende des Dritten Reichs, München[3]1980, S. 262. – Initiator der Vorlage war Ludendorff, der Leiter der Mobilmachungsabteilung und Berater Moltkes. »Wir müssen wieder das Volk in Waffen wer-

den«, schrieb er 1912. Weitere Details der Entstehung und Motive der Vorlage, sowie einen Überblick über die Forschung bei Craig, S. 259–267. Zur Situation des Reichstags seit den Januarwahlen 1912: W. J. Mommsen, Domestic Factors in German Foreign Policy before 1914, in: Central European Affairs 6 (1973).

45 Reichstag Bd. 289, S 4565.

46 »Der Zusammenstoß zwischen Germanen und Slawen, den man in Österreich ängstlich zu vermeiden sucht, bedeutet auf jeden Fall – darüber wird sich auch der Herr Reichskanzler nicht im unklaren sein können – das Ende der habsburgischen Monarchie. Die Ausführungen des Herrn Reichskanzlers waren meines Erachtens ein Musterbeispiel dafür, wie durch eine unglückliche Diplomatie viel mehr verdorben werden kann, als durch alle Militärvorlagen wieder gutgemacht wird.« (A.a.O., S. 4566).

47 Reichstag Bd. 289, S. 4570.

48 Erzberger: »Unser deutsches Volk hat keinen anderen Wunsch auf diesem militärpolitischen Gebiet als den einen: die Erhaltung des ehrenhaften Friedens für das deutsche Vaterland, und den zweiten: alle Vorbereitungen für einen raschen siegreichen Krieg der deutschen Armee zu treffen.« (Reichstag Bd. 289, S. 4573).

49 Reichstag Bd. 290, S. 5896.

50 »Sie sind umgefallen in dem Augenblick, als Sie wußten, daß der inoffizielle Wahnsinn von gestern offizielle Wahrheit von heute geworden war.« (A.a.O., S. 5897).

51 »Die Don Quichottes galoppierten auf ihren Rosinanten fröhlich voran, und die Sancho Pansas trabten mißvergnügt hinterher.« (Große Heiterkeit bei den Sozialdemokraten) (Reichstag Bd. 290, S. 5897).

52 A.a.O., S. 5898.

53 Reichstag Bd. 290, S. 5904.

54 A.a.O.

55 A.a.O., S. 5905.

56 Vgl. H. U. Wehler, Der Fall Zabern. Rückblick auf die Verfassungskrise des wilhelminischen Kaiserreiches, in: Welt als Geschichte, Jg. 23 (1963); Ders., Unfähigkeit zur Verfassungsreform: Elsaß-Lothringen von 1870–1918, in: Ders., Krisenherde des Kaiserreichs 1871–1918, Göttingen 1970; Craig, Deutsche Geschichte 1866–1945, S. 263–267.

57 Reichstag Bd. 291, S. 6155.

58 A.a.O., S. 6156.

59 A.a.O., S. 6158.

60 A.a.O., S. 6159.

61 A.a.O., S. 6161.

62 A.a.O., S. 6167.

63 Reichstag Bd. 291, S. 6197.

64 Am 30. Januar hatte der Reichstag Bethmann Hollweg sein Mißtrauen mit 213 gegen 97 Stimmen ausgesprochen.

65 A.a.O., S. 6279.

66 Scheidemann, Erinnerungen I, S. 235.

67 Vgl. Rovan, Geschichte der deutschen Sozialdemokratie, S. 106.

68 75 Jahre später kann sich jeder einen genauen Überblick über jene Vorgänge im Juli/August 1914 durch die Lektüre von Taschenbüchern verschaffen; vgl. I. Geist (Hg.), Juli 1914. Die europäische Krise und der Ausbruch des Ersten Weltkriegs, München [2]1980; B. Tuchmann, August 1914. Der Ausbruch des Ersten Weltkriegs, Bergisch-Gladbach 1981.

69 Weitere Teilnehmer (nach Scheidemann): Bethmann-Hollweg, StS. Delbrück, UStsS. Wahnschaffe (als Chef der Reichskanzlei) und die Abgeordneten v. Westarp, Spahn, Erzberger, Blankenhorn, Prinz Schönaich-Carolath, Kaempf, Wiemer, Fischbeck, Schultz-Bromberg, von Morawski und Scheele. (Scheidemann, I, S. 250).

70 Scheidemann, I, S. 250.

71 Scheidemann, I, S. 250.
72 Scheidemann, Erinnerungen I, S. 253; W. Keil, Erlebnisse eines Sozialdemokraten, Bd. 1, Stuttgart 1947, S. 301. – Das genaue Abstimmungsergebnis lautete 78 gegen 14 Stimmen (E. Matthias u. E. Pikart, Die Reichstagsfraktion der deutschen Sozialdemokratie 1898–1918, 2. Teil, Düsseldorf 1966, S. 3). Für die Annahme sprachen u. a. Scheidemann, Ebert, Frank, David und Südekum.
73 Reichstag Bd. 306, S. 9. – »Am Abend jenes denkwürdigen Tages hatten viele Freunde aus der Fraktion sich im Garten des ›Weihenstephan‹ am Schöneberger Ufer zusammengefunden. Dort erhielten wir die Meldung von der Kriegserklärung Englands, dort sahen wir auch Ludwig Frank zum letzten Mal. Ernster noch als alle anderen, war er, der lebhafte und geistreiche Plauderer, an diesem Abend vollkommen schweigsam. Ich begleitete ihn später nach seinem Hotel in der Nähe des Anhalter Bahnhofs. Stumm schüttelten wir uns zum Abschied die Hände. Am nächsten Tag schon stellte er sich freiwillig zum Heeresdienst.« (Scheidemann I, S. 256).
74 Reichstagsfraktion der dt. Soziald. II, S. 4.
75 Scheidemann I, S. 259.
76 Diese Tagebücher der Kriegsjahre sind im 2. Weltkrieg verlorengegangen.
77 Scheidemann I, S. 261.
78 »Jeder neue Tag brachte neuen Zwist wegen des ›Vorwärts‹. Die Berliner Pressekommission, mit dem Parteivorstand in Angelegenheiten des ›Vorwärts‹ gleichberechtigt, war vollständig in den Händen von Rosa Luxemburg. Die Kontrollkommission, die höhere, in Konfliktfällen entscheidende Instanz anzurufen, fiel dem Parteivorstand nicht ein, weil das nichts anderes gewesen wäre, als denTeufel bei seiner Großmutter, nämlich bei Klara Zetkin, zu verklagen.« (Scheidemann I, S. 268).
79 Gespräch Scheidemanns mit dem StS. d. Innern, Delbrück, am 6. Nov. 1915, persönliche Unterredung Scheidemanns mit dem UStS. Lewald, Gespräch Bethmann-Hollwegs mit den SPD-Politikern Haase, Scheidemann, Molkenbuhr am 21. Nov. 1914. Die letzte dieser Sitzungen fand im kleinen Bundesratssaal des Reichstags statt. Für die SPD nahmen wieder Haase, Scheidemann und Molkenbuhr teil, äußerten aber Vorbehalte. »Delbrück und Kaempf jammerten geradezu über unsere Erklärung.« (Scheidemann I, S. 321).
80 Scheidemann I, S. 318f.
81 Die Fraktionserklärung am 2. Dez. 1914 wurde von Haase vorgetragen. (Reichstag Bd. 306, S. 20f.).
82 Die fraktionelle Abstimmung am 18. 3. 1915 ergab 77 gegen 22 Stimmen für die Kredite und 69 gegen 30 Stimmen für den Etat. (Reichstagsfraktion der dt. Soziald. II, S. 46).
83 Reichstagsfraktion d. dt. Sozialdemokratie II, S. 49.
84 Protokoll: »Wiederholte Zurufe rechts. Wir protestieren gegen diese Ausführungen! – Verrat! – Unverschämtheit!« Ledebour: »Da hört doch alles auf! Habe ich die Tatsachen in die Öffentlichkeit gebracht? Die Heeresleitung hat sie gebracht.« (Reichstag Bd. 306, S. 112).
85 Reichstag Bd. 306, S. 115.
86 Reichstag Bd. 309, S. 171f. u. S. 174–178.
86a Reichstag Bd. 306, S. 430.
87 »Ungeachtet der Verschiedenheit der Weltanschauung sind wir erfreut, wenn von dieser Seite eine so ernste Mahnung an die Völker und ihre Regierungen ergangen ist.« (Reichstag Bd. 306, S. 507).
88 Reichstagsfraktion der dt. Sozialdemokratie II, S. 173–177.
89 Scheidemann vor der Fraktion am 5. 4. 1916 (Reichstagsfraktion der dt. Sozialdemokratie II, S. 282f.).
90 »Während alle anderen Parteien – wenigstens äußerlich – in stumpfer und dumpfer Ruhe dahinleben, wird unsere Partei von einer Krise geschüttelt, wie sie die Parteigeschichte nicht kennt... Es steht uns auch gar nicht an, in ruhiger Gemächlichkeit dahinzuleben, während die

ganze Welt sich in den entsetzlichsten Kämpfen wälzt.« (Protokoll der Reichskonferenz der Sozialdemokratie Deutschlands vom 21., 22. und 23. September 1916 in Berlin, Berlin 1916) (Nachdruck 1974), S. 15.

91 Reichstag Bd. 306, S. 2388.

92 Reichstag Bd. 310, S. 3390. – Im Beschluß des Parteiausschusses hatte es geheißen: »Wir begrüßen mit leidenschaftlicher Anteilnahme den Sieg der russischen Revolution und das durch ihn entfachte Wiederaufleben der internationalen Friedensbestrebungen. Wir erklären unser Einverständnis mit dem Kongreßbeschluß des russischen Arbeiter- und Soldatenrats, einen gemeinsamen Frieden vorzubereiten ohne Annexionen und Kriegsentschädigungen auf der Grundlage einer freien nationalen Entwicklung aller Völker.« (A. a. O.).

93 Vgl. Hildemarie Meynell, The Stockholm Conference of 1917, in: International Review of Social History, 5. Jg. I u. II (1960), S. 1ff. u. S. 202ff.

94 David, Kriegstagebuch, S. 236f. – David war übrigens mit Scheidemann überhaupt nicht zufrieden. Am 27. 6. notierte er: »Scheidemann, Genie der Verschleimung.« – Die SPD-Fraktion diskutierte am 5. 7. ausgiebig darüber, ob die Kriegskredite noch weiter bewilligt werden könnten. (Reichstagsfraktion d. dt. Sozialdemokratie II, S. 269–280).

95 Rovan, Geschichte der deutschen Sozialdemokratie, S. 118.

96 Hauptausschuß III, S. 1548.

97 Scheidemann I, S. 360.

98 »Niemand kannte ihn näher, man wußte nur, daß er preußischer Ernährungskommissar gewesen war. Im übrigen war er lediglich verschrien als evangelischer Mucker. Man sprach von einem Gesundbeter, der das ganze Reich durch eindringliche Zwiesprache mit dem lieben Gott mindestens auf den Weg der Besserung beten sollte.« (Scheidemann II, S. 42).

99 Scheidemann II, S. 55f.

100 Acta Apostolicae Sedis IX (1917), S. 428.

101 Scheidemann II, S. 88f.

102 Scheidemann II, S. 94–96.

103 Protokoll über die Verhandlungen des Parteitages der Sozialdemokratischen Partei Deutschlands, abgehalten in Würzburg vom 14. bis 20. Oktober 1917, Berlin 1917 (Nachdruck 1973), S. 399 u. 488).

104 David, Tagebuch, S. 254.

105 David notierte über die interfraktionelle Besprechung am 12. Juli: »Frage der Parlamentarisierung: Payer und Ebert für den Kronrat. Ich für Staatssekretäre ohne Amt. Langes Hin- und Herreden. Einig im Ziel, aber Auseinanderfallen über die rasche Realisierung.« (David, Tagebuch, S. 244).

106 David hatte allerdings bereits im Juli mit dem Gedanken gespielt, Max von Baden die Kanzlerschaft zu übertragen. (Tagebucheintragung vom 13. 7. 1917, a. a. O., S. 245). – Auch Ende November suchte David von sich aus mögliche Namen in die Diskussion zu bringen, so im IFA am 29. Oktober 1917: er nannte die Namen Fehrenbach, Payer sowie die bisherigen Staatssekretäre Wermuth und Solf. (David, Tagebuch, S. 255, Anm.).

107 Die Aussprache in der Fraktion fand am 27. 2. 1918 statt. (David, Tagebuch, S. 269).

108 Bei der Fraktionsabstimmung am 22. März stimmten zunächst 25 Mitglieder für die Annahme, 12 für die Ablehnung und 29 – entsprechend dem Vorschlag des Fraktionsvorstands – für die Stimmenthaltung. Als darauf die Abstimmung wiederholt wurde, da keine Gruppe die absolute Mehrheit hatte, wurde die Annahme des Vertrages mit 40 gegen 25 Stimmen abgelehnt und die »Stimmenthaltung« mit 48 »gegen etwa 4 Stimmen« beschlossen. (Reichstagsfraktion der dt. Sozialdemokratie II, S. 392). In der gleichen Sitzung stimmte die Fraktion einer erneuten Bewilligung der Kriegskredite zu.

109 Vgl. B. Bond, War and Society in Europe 1870–1970, Bungay (Suffolk) 1984, S. 127f.

110 Reichstag Bd. 311, S. 4162.

111 A. a. O.

112 A. a. O.
113 Die Reichstagsfraktion der dt. Sozialdemokratie II, S. 417–460 u. S. 468f.
114 Scheidemann druckte den Entwurf der Rücktrittserklärung in seinen Erinnerungen ab. (Scheidemann II, S. 209).
115 Aufzeichnung Solfs, in: RdV I, S. 15.
116 Scheidemann II, S. 313.
117 A. a. O.
118 Scheidemann II, S. 335.
119 RdV II, S. 240.
120 Scheidemann am 14. 1. 1919 im Rat der Volksbeauftragten: »Was aber Berlin ganz unmöglich als Tagungsort für die Nationalversammlung macht, ist der Umstand, daß man in Berlin jeden Tag Hunderttausende von Menschen auf die Beine bringen kann, die sich wie Mauern um die Gebäude lagern. Dagegen schützen alle militärischen Machtmittel gar nichts.«
121 RdV II, S. 228.
122 Scheidemann in der Sitzung des Rats d. Volksbeauftragten am 27. 1. 1919: »Seit dem Tage, wo Graf Brockdorff-Rantzau sein Amt angetreten hat, sind wir erfreulicherweise in innigster Fühlung mit dem Auswärtigen Amt.« (RdV II, S. 314). – Zur Mitwirkung Scheidemanns bei der Ernennung Rantzaus vgl. RdV I, S. 371, Anm. 5. (Briefwechsel Rantzau-Scheidemann).
123 »Es trat, je länger die Unterredung dauerte, immer klarer zutage, daß unsere Anschauungen in der Beurteilung der Aufgaben des Reichspräsidenten weit auseinandergingen. Was Ebert unter diesen Aufgaben verstand, war wirklich nur so zu formulieren: der Reichspräsident bestimmt die Politik und der Reichskanzler deckt sie.« (Scheidemann II, S. 355).
124 Scheidemann, mit einem Sinn für praktische Details, berichtet: »Das Menü brachte mir keine Überraschung, es glich unserem Berliner Mittagessen wie eine Kartoffelsuppe der anderen: Messer und Gabel waren nicht erforderlich. Nur General Groener, der kränklich war, hatte eine Scheibe Fleisch bekommen. Ich saß zur Rechten Hindenburgs, gegenüber saß Groener, links und rechts von uns hatten die Offiziere des Hauptquartiers Platz genommen.« (Scheidemann II, S. 347f.).
125 Scheidemann II, S. 347f.
126 Nationalversammlung Bd. 326, S. 44.
127 »Hebung der allgemeinen Volksbildung durch höchste Entwicklung des Schulwesens von unten auf. Jedem Kind ist ohne Rücksicht auf Vermögensverhältnisse der Zugang zu den höchsten Ausbildungsstufen gemäß seiner Begabung zu ermöglichen.« (A. a. O.).
128 »Sicherstellung der persönlichen und staatsbürgerlichen Rechte des einzelnen, Gewissensfreiheit und Freiheit der Religionsübung, Freiheit der Meinungsäußerung in Wort und Schrift, Freiheit der Presse, Wissenschaft und Kunst, der Versammlung und Vereinigung.« (A. a. O., S. 45).
129 Nationalversammlung Bd. 326, S. 46.
130 A. a. O.
131 H. Schulze (Hg.), Das Kabinett Scheidemann. 13. Februar bis 20. Juni 1919, (Akten der Reichskanzlei: Weimarer Republik) Boppard a. Rh. 1971, Einleitung S. XXXV.
132 A. Brecht, Aus nächster Nähe. Lebenserinnerungen 1884–1927, Stuttgart 1966, S. 214.
133 H. Schulze weist auf die personelle Kontinuität des Kabinetts hin: sieben Minister gehörten bereits als Staatssekretäre dem Kabinett Max von Baden an, aus dem Rat der Volksbeauftragten kamen sechs Minister. »Neulinge« waren lediglich Bell und Gothein. (Schulte, Das Kabinett Scheidemann, S. XXXIII).
134 Zur Haltung Brockdorff-Rantzaus und zur Quellenedition der »Akten zur deutschen Auswärtigen Politik 1918–1945. Serie A: (1918–1925), Bd. 1 (vom 9. Nov. 1918 bis 5. Mai 1918) vgl. Th. Schieder, Außenpolitik von Weimar bis Hitler (Rezension), in: HZ 238 (1984), S. 633–643, hier: S. 641 ff. – Zum publizistischen Kampf des Auswärtigen Amtes gegen die sog. »Kriegsschuldlüge«: U. Heinemann, Die verdrängte Niederlage. Politische Öf-

fentlichkeit und Kriegsschuldfrage in der Weimarer Republik (Kritische Studien zur Geschichtswissenschaft Bd. 59), Göttingen 1983.
135 Scheidemann II, S. 363.
136 Erzberger, Erlebnisse im Weltkrieg, S. 363.
137 Protokoll: »Die Frage, ob der Vertrag schließlich unter dem Druck der Gewalt doch unterzeichnet werden müsse, werde dadurch nicht unbedingt entschieden.« (Schulze, Das Kabinett Scheidemann, S. 315).
138 Aufzeichnungen des Ersten Generalquartiermeisters über die Tage in Weimar vom 18. bis zum 20. Juni 1919, in: Schulze, Das Kabinett Scheidemann, S. 476–492.
139 Scheidemann II, S. 371.
140 Schulze, Das Kabinett Scheidemann, S. 485. – Groener fährt in seinen Aufzeichnungen fort: »Was ich insbesondere vermißte, das war eine klare Stellungnahme zu den Absichten und dem Charakter der feindlichen Staatsmänner und eine nüchterne Beurteilung der politischen, militärischen und wirtschaftlichen Folgen im Falle der Ablehnung oder Annahme des Friedensvertrages. Darüber konnte doch kein Zweifel sein, daß die Grundlage für jeden Entschluß die kühle Erwägung der Folgen des Entschlusses bilden mußte.« (A. a. O.).
141 Scheidemann II, S. 373.
142 Scheidemann II, S. 378.
143 D. Lloyd George, War Memoirs Bd. 1, London 1938², S. VI.
144 Scheidemann II, S. 381.
145 »Es braucht nicht verschwiegen zu werden, daß, wie schon in Berlin, so auch in Weimar die Meinungen zwischen Ebert und mir über die Aufgaben eines Reichspräsidenten erheblich auseinandergingen.« (Scheidemann II, S. 381).
146 Scheidemann II, S. 381.
147 Nationalversammlung Bd. 330, S. 2888.
148 Nationalversammlung Bd. 330, S. 2891. – »Wenn wir bereit sind, den Gedanken an die Gewalt für alle Zeit preiszugeben, so erfüllen wir uns zugleich bis ins Innerste mit dem Bewußtsein unseres Rechts, das wir nicht preisgeben dürfen, nicht nur in unserem eigenen Interesse, sondern im Interesse aller Völker! Denn wenn sich das deutsche Volk zur Sklaverei erniedrigte, so zöge es ganz Europa mit sich herab. Erst dann ist allen gedient, wenn alle haben, worauf keiner verzichten kann: gleiches Recht und Freiheit.«
149 Zum Ablauf des Putsches und zum Verhalten der Regierung vgl. die eingehende Studie von J. Erger, Der Kapp-Lüttwitz-Putsch. Ein Beitrag zur Innenpolitik 1919/20, Düsseldorf 1967.
150 An den Kämpfen in Westfalen 1920 beteiligte sich auch der Tübinger Jura-Student Carlo Schmid, der spätere SPD-Abgeordnete der Bundesrepublik. C. Schmid, Erinnerungen, Bern-München-Wien 1979, S. 97f.
151 Vgl. Eliasberg, Der Ruhrkrieg von 1920, Bonn-Bad Godesberg 1973. – Scheidemann berichtet, daß es bei ähnlichen Kämpfen auch in Kassel zu Schießereien gekommen sei: »17 Tote, 43 Schwer- und 21 Leichtverwundete. Das waren ausnahmslos Opfer unsinniger Parolen verantwortungsloser Menschen.« (Scheidemann II, S. 398).
152 W. Ribhegge, August Winnig. Eine historische Persönlichkeitsanalyse, Bonn-Bad Godesberg 1973, S. 218–231.
153 Er legte das Amt des OB 1925 aus Gesundheitsgründen nieder.
154 Scheidemann II, S. 415.
155 Scheidemann II, S. 417.
156 »Als eines Tages auch amerikanische Zeitungen mit giftigen Auszügen aus der erwähnten Schrift in mein Haus gebracht wurden, erlitt sie einen Schlaganfall und schloß die Augen für immer. Das war der größte politische Erfolg, den nationale Verleumdung bisher gegen mich erzielt hat.« (Scheidemann II, S. 418).
157 Reichstag Bd. 388, S. 4727–4735 und Bd. 390, S. 7029ff.
158 Reichstag Bd. 391, S. 8577.

159 A. a. O.
160 Scheidemann II, S. 423 f.
161 Zu diesem Fragenkreis: K. D. Bracher, Zeit der Ideologien. Eine Geschichte des politischen Denkens im 20. Jahrhundert, Stuttgart 1982.
162 Scheidemann II, S. 426.
163 Scheidemann war bis 1933 ein Vertreter der linken Mitte. Die Bemerkung im »Biographischen Wörterbuch zur Deutschen Geschichte«. Bd. 3. München 1975, Sp. 2472, daß Scheidemann »zur Verschärfung der innerpolitischen Fronten in der Weimarer Republik viel beigetragen hat«, ist irreführend.
164 Zit. nach E. Deuerlein, Philipp Scheidemann, in: Ders., Deutsche Kanzler, München 1965, S. 241–257, hier: S. 257.
165 Protokoll der Verhandlungen des Parteitags der Sozialdemokratischen Partei Deutschlands vom 29. Juni bis 2. Juli 1947 in Nürnberg, Hamburg o. J., S. 13.

3. Eduard David (1863–1930)

Eduard David war – jedenfalls den Quellen nach zu urteilen – der freundlichste und höflichste der Politiker der Reichstagsmehrheit von 1917/18. Er wurde am 11. Juni 1863 in Ediger an der Mosel als Sohn eines preußischen Rechnungsrats geboren. Er besuchte das Gymnasium in Gießen und Bielefeld, brach die Schulausbildung vorzeitig ab, absolvierte eine dreijährige kaufmännische Lehre in Berlin, studierte, nachdem er das Abitur nachgeholt hatte, in Gießen Germanistik, Geschichte und Philosophie. Er promovierte 1891 mit einer Arbeit über »Die Wortbildung der Mundart von Krofdorf«.[1] Nach seinem Bildungsgang und seiner persönlichen Haltung zählte er zu der Schicht der »Gebildeten«, so die im Deutschland des 19. Jahrhunderts übliche Bezeichnung. Heute würde man eher sagen, er war ein Intellektueller. Es ist etwas problematisch, Persönlichkeiten typologisch zu beschreiben. Doch um der klärenden Verständigung willen läßt es sich gelegentlich nicht vermeiden. Der moderne »Intellektuelle« tritt eigentlich erst im 20. Jahrhundert auf und findet sich häufig unter Emigranten, Schriftstellern und Wissenschaftlern, die aus einem kritischen politischen und sozialen Engagement die politisch-gesellschaftlichen und ökonomischen Bedingungen der modernen industriellen Umwelt reflektieren. Dem auf das unmittelbare Verständnis ausgerichteten Mitmenschen erschienen die Intellektuellen gelegentlich als »Verräter«,[2] auch als Verräter an der Nation. Das Problem selbst ist komplex, es hängt sicherlich mit den Widersprüchen der Geschichte des 20. Jahrhunderts zusammen, der Differenziertheit der modernen politischen und wirtschaftlichen Strukturen, der Auflösung überkommener politischer Identitäten und gefühlsmäßiger nationaler Bindungen, wie sie noch für breite Kreise der nationalen Gesellschaften Europas im 19. Jahrhundert selbstverständlich waren und erstmals im Ersten und wohl endgültig im Zweiten Weltkrieg erschüttert wurden.

David selbst war in dieser bürgerlich-nationalen Bindung des 19. Jahrhunderts aufgewachsen, doch versuchte er, anders als die meisten deutschen »Gebildeten« seiner Zeit, ihr eine andere, eine demokratische Zielrichtung zu geben. Darin bildete er sicherlich eine Ausnahme unter den damaligen deutschen Akademikern. Eduard David verzichtete auch später als Parlamentarier nicht auf seine Individualität. Dem haben wir es zu verdanken, daß uns von ihm eines der aufschlußreichsten Dokumente über die Geschichte der deutschen Politik des Ersten Weltkriegs vorliegt: Davids Kriegstagebuch von 1914–1918. Dennoch wird man in den meisten Geschichtsbüchern vergeblich nach dem Namen David suchen. Nationales und religiöses Engagement bewogen den Studenten David, in die Burschenschaft »Arminia« in Gießen einzutreten, die sich allerdings von anderen studentischen Vereinigungen dadurch unterschied, daß sie auch Juden aufnahm. Eine Neigung zum »deutschen Idealismus« läßt sich auch später noch bei dem Abgeordneten, Präsidenten der deutschen Nationalversammlung 1919 und Reichsinnenminister im Jahre 1919 feststellen. Die Tradition des deutschen Idealismus wird heute – nicht ganz zu unrecht – meist negativ beurteilt. Aber das ist nicht zwingend. Der philosophische und praktische Idealismus kann natürlich auch fruchtbar sein.

Nur unter dieser Voraussetzung ist der persönliche Werdegang Davids auch heute noch verständlich. Seit 1891 lehrte der 28jährige Dr. David als Assessor am Gymnasium der Stadt Gießen und gewann persönliches Ansehen. Das Großherzogtum Hessen war noch weitgehend agrarisch geprägt. David brachte mit einem sozialdemokratischen Bekannten 1893 eine »Mitteldeutsche Sonntagszeitung« heraus, um die hessische Landbevölkerung politisch aufzuklären. So stieß er zur sozialdemokratischen Arbeiterbewegung, was zunächst mit einiger Verwunderung aufgenommen wurde, da er selbst das Wort »Klassenkampf« nicht verwandte und auch später die damit verbundene Einstellung zu den politischen Gegnern nie akzeptiert hat. David ließ sich 1894 vom Schuldienst beurlauben und übernahm keineswegs gut bezahlte Aufgaben in der Arbeiterpartei, wurde Journalist, seit 1896 für die »Mainzer Volkszeitung«, das örtliche Blatt der Linken. Von 1896 bis 1908 vertrat er den Wahlkreis Friedberg-Büdingen in der Zweiten Hessischen Ständekammer, dem Landtag, für die SPD. Wie viele andere sozialdemokratische Abgeordnete der Landtage – Dr. Frank in Baden, Georg von Vollmar in Bayern – fühlte er sich der eher auf Mäßigung bedachten politischen Kultur Süddeutschlands weit mehr verbunden als der der sozialdemokratischen Linken in einigen »Hochburgen« der SPD in Sachsen und Berlin. In Süddeutschland redeten die Politiker noch miteinander und mieden nicht, wie andernorts, jeden menschlichen und geselligen Kontakt über die Klassen und Parteifronten hinweg. Auch der dramatisierten öffentlichen Mißbilligung der Monarchen wurde in den südlichen deutschen Ländern nicht dieselbe Bedeutung beigemessen wie in Preußen und im Reichstag. Man stimmte gelegentlich sogar ein »Hoch« auf die Majestäten an und schloß sich so nicht gänzlich aus der Gemeinsamkeit des öffentlichen Lebens aus.

David verstand es nicht nur, gut zu schreiben, sondern er entwickelte sich auch zu einem geschickten Parlamentsredner, der die Debatte als eine geistige Auseinandersetzung zu führen verstand. Die Parlamente des 19. Jahrhunderts waren allerdings nicht nur Stätten des »geistigen Ringens«, sondern bereits Einrichtungen zur Umverteilung der öffentlichen Gelder. David scheint beide »Metiers« beherrscht zu haben. Er konzentrierte sich auf die hessische Haushalts- und Schulpolitik. Neben seinem Mandat arbeitete er in der Stadt Mainz als Landessekretär der Sozialdemokraten an der Entwicklung der Spar-, Konsum- und Produktionsgenossenschaften und gewann das Vertrauen der Mainzer Arbeiterbevölkerung: 1903 gelang es ihm, in der Stichwahl einem Zentrumsabgeordneten das Reichstagsmandat für Mainz zu nehmen. Er konnte es auch 1907 und 1912 behaupten. Seit 1905 arbeitete er in der Reichshauptstadt Berlin, dort in einem »Bildungsausschuß« und im Referentendienst der SPD und seit 1914 im sozialdemokratischen Parteiarchiv. Üppig waren seine äußeren Lebensverhältnisse nicht. In einer Tagebuchaufzeichnung beklagte er einmal, daß er mit der Berliner Trambahn habe fahren müssen, weil er sich kein Auto leisten könne. Während des Krieges übernahm David eine Zeitlang eine aus Regierungsmitteln geförderte Aufgabe zur Untersuchung der Bevölkerungsfrage, die mit 400 Mark dotiert war; in der Regierung Baden 1918 erhielt er erstmals das offizielle Amt eines Unterstaatssekretärs. Die Bindung an die hessische Heimat scheint stark gewesen zu sein. Nachdem er 1919 bis 1920 einen Kabinettssitz innegehabt hatte, zog er sich aus der Regierungspolitik zurück, nahm nur noch ein Reichstagsmandat für Darmstadt bis zu seinem Tode wahr und lehrte von 1923 bis 1927 Politik an der TH Darmstadt.

Die moderne Politikwissenschaft wurde in Deutschland in den 20er Jahren entwikkelt. So blieb David auch in seinen späteren Lebensjahren der Intellektuelle, Schriftsteller und Lehrer, als der er begonnen hatte. Für die praktische Politik fehlte ihm etwas an jener physischen Robustheit, die die Weimarer Republik von ihren Politikern verlangte. David klagte in seinem Tagebuch häufig über seinen schwachen Gesundheitszustand, obwohl er gerade während des Ersten Weltkriegs als außenpolitischer Sprecher seiner Partei und als führendes Fraktionsmitglied auch die Anstrengungen der Debatten und stundenlangen Verhandlungen durchstand. Es fällt auf, daß seit dem März 1917 seine Tagebuchaufzeichnungen sehr knapp und sehr sporadisch ausfallen. Seinen stärksten politischen Einfluß übte David zweifellos als Reichstagsabgeordneter von 1903 bis 1918 aus. Er gewann Einfluß sowohl auf die jüngeren Gewerkschaftsführer, als deren Lehrmeister er galt, wie auf die politische Meinungsbildung der Mehrheitssozialdemokratie, nachdem andere Intellektuelle wie Kautsky, Rosa Luxemburg und Liebknecht sich auf dem linken Flügel absonderten und zunehmend den Kontakt zur Mehrheit der Arbeiterschaft und ihrer politischen Repräsentanten verloren. Man war, da die Zahl der befähigten Redner in der Fraktion der Sozialdemokraten nicht sehr groß war, auf David angewiesen. Bezeichnend war, daß Ebert erheblich grollte, als David im Oktober 1918 ein Regierungsamt annehmen sollte, er damit als außenpolitischer Sprecher der Fraktion wegfiel und Ebert die gesamte Last der parlamentarischen Repräsentation neben den Parteiämtern überlassen wurde, da ja auch Scheidemann in das Kabinett eintrat. David selbst fühlte sich damals persönlich sehr verletzt, weil von ihm offensichtlich nur unterstützende Leistungen erwartet wurden. Hier kam die Beziehung des Intellektuellen David zu dem Gewerkschafts- und Parteipraktiker Ebert ins Spiel.

Im Jahre 1915 näherten sich beide Politiker persönlich an. Dies geschah auf dem Hintergrund der beginnenden Spaltung der Partei. David schätzte Ebert weit höher ein als Scheidemann. Bei Philipp Scheidemann befürchtete er, daß er zu sehr nach der »Mehrheit schiele«, auf »große Stimmungen« eingestellt sei und auch einmal eingefahrene politische Linien nicht einhalten wolle. Auch Ebert habe, vermerkte David, »gelegentlich solche Anfälle«. Doch sei er viel »fester und zielklarer« als Scheidemann.[3] Im Oktober 1918 kam es zu den erwähnten Mißstimmungen zwischen David und Ebert. Am 5. Oktober vermerkte David etwas verbittert in seinem Tagebuch: »Ebert bei seinen großen Vorzügen, Klarheit und Festigkeit des Gewollten, doch geistig zu eng und persönlich zu eitel und autokratisch veranlagt... Sein Widerstand gegen meinen Eintritt in die Regierung in hohem Maße bezeichnend. Er gab als einzigen Grund an, die Fraktion könne mich nicht enbehren; er drohte sogar mit der Niederlegung seines Vorsitzes, wenn ich ihm nicht zur Seite bliebe, als einziger Mann, der die auswärtige Politik verstehe und für die großen Reden nicht zu entbehren sei. Das war in der Tat ein Grund für ihn; so sehr er es liebte, mich in die zweite Stelle zu drängen und als allein bestimmender Autokrat aufzutreten, so nutzte er doch bei jeder Gelegenheit meine Kraft aus. Er selbst scheut die große öffentliche Rede und ist sich seiner Enge bewußt. Ich habe ihn fast mit Gewalt zu Haases Zeiten dazu drängen müssen, hervorzutreten und Haase das Monopol der öffentlichen Vertretung der Partei zu nehmen«.[4]

Es ist möglich, daß der ungemein kluge und begabte David sich selbst etwas überschätzte und die Implikationen des Handelns nicht wahrhaben wollte, auch die Notwendigkeit, daß der Handelnde bei aller Willensstärke auch auf intellektuelle Unterstützung und Beratung angewiesen ist. David wollte gerne politisch selbständig werden, aus der Rolle des »ministrablen Beraters« des Politikers heraustreten und sich aus der wirtschaftlichen Abhängigkeit von der Partei lösen. So kam es zu der scharfen Beurteilung Eberts als »Autokrat«. Im übrigen waren Mißstimmungen, wie sie im Oktober 1918 unter den sozialdemokratischen Politikern eintraten, kaum zu vermeiden. Sie ergaben sich aus der Situation, daß erstmals seit Jahrzehnten von der bisherigen Oppositionspartei Regierungsämter besetzt wurden und besetzt werden mußten. Menschliche Schwächen traten dabei bei allen Beteiligten zutage, auch bei Eduard David. Sein Wunsch, eine führende politische Funktion einzunehmen, ist auch in der Weimarer Republik nicht in Erfüllung gegangen. In seinen Ministerämtern 1919 und 1920 gelang es ihm nicht, in die Aufgaben des modernen, eher dynamischen Politikers hineinzuwachsen. Er blieb ein Lehrer, auch als späterer Innenminister, der beispielsweise die Nationalversammlung ausführlich über die Bedeutung der Einführung des 1. Mai als nationaler Feiertag und die Einführung der Reichsfarben schwarz-rot-gold aufklärte und vor der Schlußabstimmung über die Weimarer Verfassung am 31. Juli 1919 den Abgeordneten der Nationalversammlung zurief: »Die deutsche Republik ist fortan die demokratischste Demokratie der Welt«.

David zählte seit seiner Übersiedlung nach Berlin 1905 – zur gleichen Zeit wie Ebert – zu den »Lehrern« der sich seit 1905 neu formierenden Arbeiterbewegung. In diesem Jahr 1905 vollzogen sich bedeutende sozialgeschichtliche Veränderungen in Deutschland. Zunächst ist der Bergarbeiterstreik im Ruhrgebiet von 1905 zu nennen, der allen Grundsätzen des »Klassenkampfs« widersprach, zumindest wie sie die marxistischen Parteitheoretiker um Kautsky sehen wollten. Bei diesem Streik arbeiteten die »freien«, (sozialistischen) und die christlichen Gewerkschaften eng gegen den »Herr-im-Hause-Standpunkt« der sozial ungemein arroganten Unternehmer und Bergassessorengruppe im Ruhrgebiet zusammen. Sie fanden auch die moralische Unterstützung eines großen Teils der Öffentlichkeit, der »bürgerlichen« Presse, der Kirchen und der kirchlichen Verkündigung. Die Vorstellung, daß auch der Arbeiter als Persönlichkeit zu achten sei, begann sich zunehmend in Deutschland durchzusetzen. Geschichtsbücher vermitteln gelegentlich den Eindruck, als habe es vor 1914 nur ein einheitliches Deutschland gegeben. Dieser Eindruck ist aber trügerisch und auch falsch. Es gab in der vielfältigen Presse eine ständige und lebhafte Auseinandersetzung um die Durchsetzung von politischen und sozialen Zielvorstellungen; sie zogen sich bis in die zahlreichen Versammlungen und Vereinstagungen hinein. Man darf sich auch von dem Bild des Obrigkeitsstaates nicht allzusehr ins geschichtliche Bockshorn jagen lassen, ganz so stark war – jedenfalls bis 1915 – der »deutsche Obrigkeitsstaat« nicht, wie es die historische Legendenbildung wahrhaben möchte. Zudem war dieses Deutschland vor 1914 ein ungemein vitales Land, von einer Intensität des Lebens, von der sich die moderne besänftigende Fernsehgesellschaft wohl kaum noch eine Vorstellung machen kann.[5]

Die sozialistische Linke, insbesondere die marxistischen Parteitheoretiker, suchte in dieser Situation die Arbeiterbewegung für die Konzeption eines »Massenstreiks« zu gewinnen, halbrevolutionäre Taktiken, die die bestehenden gesellschaftlichen Verhältnisse verändern sollten. Diese Debatten wurden auch in die Parteitage der Sozialdemokratie hineingetragen. Noch 1903 hatte auf dem Dresdener Parteitag der linke Flügel, die Gruppe der Marxisten, gegenüber den sogenannten Revisionisten, zu denen auch David zählte, einen »glänzenden Sieg« errungen. Doch das äußere Bild täuschte. Die Gewerkschaftsführer und gewerkschaftlich gebundenen sozialdemokratischen Politiker beobachteten die Vorherrschaft dieser revolutionären Gruppe innerhalb der Arbeiterbewegung mit wachsender Ablehnung, nicht ganz zu unrecht, denn die organisatorische und finanzielle Kraft der Arbeiterbewegung wurde in erster Linie von den gewerkschaftlich gebundenen Mitgliedern aufgebracht. Seit fünfzehn Jahren hatten die Gewerkschaften zudem eine Entwicklung ständiger Erfolge zu verzeichnen: Anwachsen der Mitgliedschaft, Festigung der Organisation, Stärkung der Finanzen, des Vermögens, wachsende tarifpolitische Durchschlagskraft, ständige Verbesserung der Löhne. Diese Verbesserungen mußten den Unternehmern im zähen Tageskampf abgerungen werden. Man wollte nicht, daß diese Verbesserungen der Lebensverhältnisse wieder in Frage gestellt würden. So lehnten die Gewerkschaftler das »Massenstreikgepolter« ab. Erstmals begannen sich die jungen Gewerkschaftsführer gegen die etwas hochmütige Art der linken Parteiintellektuellen zu wehren. Der 37jährige Vorsitzende des Bauarbeiterverbandes, Theodor Bömelburg, erklärte 1905 auf eine gegen seine Person gerichtete Attacke Rosa Luxemburgs vor dem Jenaer Parteitag: «Genossin Luxemburg, sehen Sie, ich bin Maurer von Beruf, ich habe keine hohe Schule besucht, kenne mich auch nicht so mit dem feinen Schliff aus, und wir wissen ja alle, daß wir mit unserem Wissen nicht heranreichen können an die Genossin Luxemburg (große Heiterkeit). Ach, wir wissen ja auch alle zusammen, daß wir auch nicht an diejenigen heranreichen, die in ihrer Jugend nicht Hunger gelitten und eine gute Bildung genossen haben, ... aber wenn man im Kampf steht und so eigentümlich überfallen wird, wie es geschehen ist, dann schmerzt das, das tut weh, das ist nicht angenehm, das ist nicht die Art und Weise, wie man die Einheit der Arbeiterbewegung fördert.«[6]

Diese Empfindlichkeit der Arbeiterführer gegenüber den Intellektuellen innerhalb der eigenen Partei darf nicht gering veranschlagt werden. Männer wie Legien, Bömelburg, Hué, Robert Schmidt, die die Gewerkschaftsbewegung in ihrer modernen Form aufgebaut hatten, waren auch nicht länger bereit, sich die politische Marschrichtung von den Theoretikern der Parteilinken aufdrängen zu lassen. Da sie ihnen rhetorisch und argumentativ nicht immer gewachsen waren, suchten sie andere Wege, um die überstarke Einflußnahme der intellektuellen Linken auf die praktische Politik der Arbeiterbewegung abzuwehren. Seit 1905/06 gelang es ihnen durch eine Reorganisation der bis dahin sehr locker gefaßten Parteiorganisation der SPD, die Partei fester an die gewerkschaftliche Organisation anzubinden. Das Bild, das sich aus der offiziellen Parteipresse und den theoretischen Monatsschriften ergab, mochte trügen: die Mehrheit der deutschen Arbeiterschaft war tatsächlich verhältnismäßig konservativ eingestellt, ihr ging es weniger um die Revolution als um die Anerkennung und Achtung ihrer menschlichen Rechte und Freiheiten, für die sie unermüdlich kämpften und arbeiteten. Wenn sich der Rätekongreß, eine Delegation der Arbeiterschaft aus dem gesamten Reichsgebiet, im Dezember 1918 – inmitten der Revolution – in der Mehrheit für die Nationalversammlung und gegen eine Rätedemokratie aussprach, so ist der geschichtliche Grund vor allem darin zu suchen, daß die meisten in der Sozialdemokratie und den Gewerkschaften organisierten Arbeiter nicht revolutionär, sondern demokratisch dachten, für eine Ausweitung der persönlichen und kollektiven Freiheiten und Rechte kämpften und eine gerechtere Sozial- und Wirtschaftsverfassung erstrebten. In dieser Haltung ähnelten die deutschen auch den britischen Gewerkschaften, bei denen der extreme politische Radikalismus nur schwer Eingang fand.

David, eher demokratisch, national, nicht revolutionär eingestellt, wurde in Berlin der »parlamentarische Lehrmeister der neuen aufstrebenden Politikergeneration der Sozialdemokratie«.[7] Er gewann das Vertrauen des gewerkschaftlich gebundenen Parteiflügels, und es gelang ihm, seine Vorstellungen einer nationalen parlamentarischen Demokratie in der Reichstagsfraktion der SPD wie auch auf Redner- und Schulungskursen zu vermitteln. Sein Einfluß darf sicherlich nicht gering eingeschätzt werden. Wirksam waren auch seine »Referentenführer«, von denen der erste 1907 herausgebracht wurde. Man mag die Wirksamkeit daran ablesen, daß eine 8. Auflage von der deutschen Nachkriegssozialdemokratie – vermutlich wegen Mangel an anderem leicht zugänglichem Material – sogar noch 1947 wohl etwas verspätet herausgebracht wurde! Carl Severing, 1903 einer der jüngsten Reichstagsabgeordneten und einer der tüchtigsten Politiker der späteren Weimarer Republik, bezeichnet David in seinen Erinnerungen als seinen Lehrmeister. Auch die autobiographischen Aufzeichnungen August Winnigs, die die Gedanken- und Lebenswelt der deutschen Gewerkschaftsgeneration vor und während des ersten Weltkriegs beschreiben, lassen den Einfluß Davids auf die parlamentarisch-demokratische Einstellung der jüngeren Gewerkschafts- und Parteiführer deutlich werden.

In den »Sozialistischen Monatsheften« fand dieser reformerische, nicht revolutionäre Flügel sein theoretisches Organ. Einige Beiträge, die dort über die Zusammenhänge von Sozialdemokratie, Gewerkschaft und politischer Demokratie entwickelt wurden, sind auch heute noch lesenswert. Journalisten beeindruckte an dem neuen Reichstagsabgeordneten David, »daß in dem kleinen Körper ein starker Geist wohne, eine Intelligenz, die das Temperament davor bewahrt, über die Stränge zu schlagen«.[8] David war Parlamentarier sowohl aus Neigung wie auch aus Überzeugung. Er beherrschte den Stil und den Umgang der parlamentarischen Rede und wahrte auch die Achtung vor dem politischen Gegner. Im übrigen war der »politische Stil« nicht das rühmenswerteste Kapitel der deutschen Geschichte des 20. Jahrhunderts; auf den Mangel an Stil ist sicherlich manches politische Unglück zurückzuführen, bis zu dem Sieg jener Partei, die 1933 die politische Stillosigkeit zum Prinzip des Politischen erklärte. Eduard David blieb als Politiker und Abgeordneter immer auch Person. Er traf seine eigenen Urteile, allerdings aufgrund sorgfältigen Studiums und der Kenntnis der politischen und wirtschaftlichen Zusammenhänge. Das Doktrinäre lehnte er ab, und er bevorzugte die ins Detail gehende empirische Beobachtung und das rational schließende Denken. Allerdings wußte er auch um die Wirksamkeit von Ideen. Anders wäre es ihm sicherlich nicht möglich gewesen, zu der differenzierten Beurteilung der internen Vorgänge in Rußland und Petersburg 1917/18 zu gelangen, die sich weit von dem naiven und unkritischen Urteil der meisten deutschen Regierungspolitiker unterschied. Die Fähigkeit zum rational-kritischen Beobachten der politischen Szene im In- und Ausland, wie sie auch die Schule des britischen Parlamentarismus pflegte, war in Deutschland vor und während des Ersten Weltkrieges keineswegs die Regel, sondern die Ausnahme.

Vor 1914 warnte David im Reichstag vor der deutschen »Flottentreiberei«. Sie begünstige nur die britische Flottenrüstung. Stärker als die Parteilinke der SPD in der geistigen Überlieferung der westeuropäischen parlamentarischen Demokratie verwurzelt, sprach sich David noch in der Etatrede vom 3. Dezember 1912 für »eine Annäherung der Westmächte, eine Verständigung zwischen Deutschland, England und Frankreich« aus, sie würde »eine Konstellation von ungeheurer Bedeutung« darstellen. – Es sollte – eine historische Nachbetrachtung – noch 36 Jahre dauern, bis die europäischen Politiker sich ähnliche Gedanken zu eigen machten. Dieser Ausspruch aus der Parlamentsrede von 1912 verdeutlicht zumindest eine Tatsache, die in der deutschen Geschichtsschreibung häufig vernachlässigt wird, nämlich die, daß in der geschichtlichen Überlieferung des deutschen Parlamentarismus immer auch eine Westorientierung vorhanden war, die mal stärker, mal schwächer zum Zuge kam. Ihre Anhänger kamen aus Teilen der Sozialdemokratie, des Zentrums und der Linksliberalen.

In einer Reichstagsrede vom 18. Mai 1912 wies David darauf hin, daß der eigentliche Nutznießer der deutsch-englischen Spannungen Rußland sei. Im Dezember 1912 erklärte er vor dem Reichstag, daß die deutsche Seite aufgrund der bestehenden Bündnisverpflichtungen nicht gebunden sei, bei einem Eingreifen Österreichs in Serbien »die Waffen zu ergreifen.« Zutreffend sprach David bereits in den Jahren vor 1914 von der »Kriegspartei« – eine Formulierung, die er 1918 bei der Beratung des Vertrages von Brest-Litowsk wieder aufnahm. Er meinte jene politischen Gruppen innerhalb der deutschen Politik, im Heer, der Verwaltung, den Universitäten, den Höfen – keineswegs die Deutschen schlechthin –, die den Krieg bereits vor 1914 wollten und ihn 1918, als sich erstmals eine faktische Friedensmöglichkeit abzeichnete, weiter fortsetzen wollten.

David war zunächst kein Außenpolitiker. Seine Arbeiten richteten sich anfangs auf die innenpolitische Reform. Aber es konnte ihm nicht verborgen bleiben, daß die Linien der deutschen Militär- und Außenpolitik die innere politische Reform in Frage stellten. So wandte er sich seit 1910 zunehmend auch diesen Fragen zu und versuchte, reale gedankliche Alternativen anzubieten. Er formulierte nicht die pauschale Verurteilung der imperialistischen Kräfte, die die Parteilinke aussprach (und darin immer wieder in dem faktischen Verhalten der deutschen Politik die Bestätigung ihrer eigenen Theorien fand), sondern die politische Einstellung derjenigen Gruppen, die wohl national eingestellt waren, aber sich nicht in außenpolitische Abenteuer hineinlavieren lassen wollten. Doch die Verfassung des Deutschen Reichs und die mangelnde parlamentarische Anbindung der Regierungspolitik ließen diese Haltung nur ungenügend wirksam werden. Man war im Reichstag nicht bereit, sich auf diese Argumentationen ernsthaft einzulassen. So blieben bis 1917 die kritischen Stimmen die Stimmen einer Minderheit; dazu die einer mit sozialem und politischem Mißkredit bedachten. Hier taucht in der Biographie Davids ein schwieriges Problem auf: Was geschieht, wenn sich die »Formulierung der Politik« auf das Formulieren von Texten beschränkt, nicht auf die Formulierung von Handlungsanweisungen, die durchzuführen sind? Unter diesem Gesichtspunkt muß sicher auch das Dilemma der Sozialdemokraten in den Tagen des August 1914 gesehen werden.

Die Entscheidungen, die den Eintritt Deutschlands in den Krieg veranlaßten, waren ohne jede Beteiligung der parlamentarischen Opposition getroffen worden. Deutschland wurde 1914 nicht parlamentarisch regiert, die Entscheidung über »Krieg und Frieden« blieb dem Monarchen nach der Verfassung vorbehalten und damit denjenigen politische Gruppen und Persönlichkeiten, die den Einfluß auf den Monarchen gewannen. Für die sozialdemokratische Reichstagsfraktion und die Gewerkschaftsführer stellte sich nur noch die Frage, ob sie die Kriegskredite annehmen oder ablehnen wolle, man war bereits in einen Zugzwang geraten. Hierbei muß doch die unmittelbare Tagessituation verdeutlicht werden. Kurz zuvor, am 31. Juli, war der französische Sozialist Jean Jaurès, der sich gegen die von der französischen Regierung betriebene Verschärfung der Spannungen gewandt hatte, von einem Nationalisten ermordet worden. David und Jaurès hatten als Politiker und Schriftsteller der europäischen Linken, in ihrem idealistischen Zugang zur Politik, ihrem Bemühen um Rationalität, ihrer menschlichen Überzeugungskraft und ihrer Distanz zur revolutionären Linken, vieles gemeinsam. Auch Jaurès hatte sich seit 1911 gegen die Politik der herrschenden Regierungen für eine Verständigung zwischen Deutschland und Frankreich eingesetzt. Doch hatte er, anders als der eher zurückhaltende David, die Neigung und Befähigung zum Volkstribun.

Die führenden europäischen Sozialisten, in der Internationalen verbunden, kannten sich natürlich untereinander und hatten jahrzehntelang miteinander darüber diskutiert, ob es »zulässig« sei, in eine nationale Regierung – gemeinsam mit dem »Klassengegner« – einzutreten. Anläßlich des Begräbnisses von Jaurès kamen einige deutsche, belgische und französische Sozialisten in Paris zusammen. Die belgischen und französischen Sozialisten hofften, daß die deutschen Sozialdemokraten, die bis dahin die politische Führung in der Internationalen gehabt hatten, durch die Ablehnungen der Kriegskredite eine Entscheidung treffen würden, die mit den Prinzipien der Internationale übereinstimmte. Denn Deutschland galt für die belgischen und französischen Sozialisten als das Aggressorland.

Eine Vorentscheidung über die innenpolitische Haltung der deutschen Sozialdemokratie fiel am 2. August auf einer Konferenz der deutschen Gewerkschaftsverbände. Das zuständige Reichsamt des Innern hatte den Gewerkschaftsführern am 1. August versichert, ihre Organisationen würden unbehelligt bleiben, wenn sie den Maßnahmen der Regierung keinen Widerstand entgegensetzten. Die Gewerkschaftsführer waren von dem Verteidigungscharakter des Krieges überzeugt. Das Nachdenken darüber, ob diese Annahme auch tatsächlich zutreffe, setzte erst im späteren Verlauf des Krieges ein.

Was David in diesen kritischen Tagen bewegte, geht aus einer Tagebuchaufzeichnung vom Donnerstag, dem 30. Juli, hervor: »Packe meine Sachen, um Freitag früh nach Mainz zu fahren, wo ich am Abend in der Stadthalle eine Versammlung für den Frieden halten soll. Will dann dort meine Ferien zubringen.« Doch dann erhielt David einen dringenden Brief zu einer Vorstandssitzung des Parteivorstands durch die Rohrpost. Jetzt mußten die führenden Politiker ihre Entscheidungen treffen. Urlaubspläne wurden zurückgestellt. Am 31. Juli berieten die Mitglieder des Parteivorstands, darunter Haase, Scheidemann, Richard Fischer, Ledebour, Wels, Pfannkuch, Hermann Müller, Molkenbuhr erstmals. Beschlüsse wurden nicht gefaßt. Meinungsverschiedenheiten waren offenkundig. Eine Fühlungnahme mit den »französischen Genossen« wurde erwogen. Am 1. August notierte David: »Der Krieg scheint sicher. Ich spreche am Vormittag mit Scheidemann, der für Enthaltung zu sein scheint, aber bald sich überzeugt, daß die Bewilligung notwendig ist.«[9] Daß auch die Sozialdemokraten in ihren Entscheidungen nicht frei waren, kann man daraus ersehen, daß zwei Mitglieder des Parteivorstands, Ebert und Otto Braun, den Auftrag erhalten hatten, in die Schweiz zu reisen, um die Parteikasse in Sicherheit zu bringen.[10] Während sich die kleinere Gruppe der Linken um Hugo Haase um eine Erklärung zur Ablehnung der Kredite bemühte, bereiteten die sozialdemokratischen Politiker, die bereit waren, den Verteidigungsfall anzuerkennen, darunter außer David auch die Abgeordneten Südekum, Heine, Eduard Bernstein und der Gewerkschaftler Robert Schmidt eine zustimmende Erklärung vor. Mit distanzierender Ironie notiert David am 1. August 1914: »Ich gehe (mit dem Abgeordneten Göhre) durch die Hauptstraßen. Vor dem Schloß hat sich eine große Volksmenge versammelt, Gesang und Ansprachen; der Kaiser erscheint auf dem Balkon und hält eine kurze Rede: keine Parteien mehr; er verzeiht die Angriffe auf ihn; alle nur Deutsche!«[11] Die öffentliche Meinung war in den ersten Augusttagen 1914 in Deutschland keineswegs einhellig. Neben den Kriegsdemonstrationen fanden mit Billigung des Kanzlers von Bethmann Hollwegs auch Friedensdemonstrationen statt.

Am 2. August entschloß sich die Gruppe der sozialdemokratischen Abgeordneten, die den Text der Resolution vorbereitete, den Satz »Unsere heißen Wünsche begleiten unsere zu den Fahnen gerufenen Brüder ohne Unterschied der Partei«, eine Formulierung Davids, in die Fraktionserklärung aufzunehmen. Sogar Haase schloß sich der Resolution an. Die immer kleiner werdende Minderheit um Ledebour versuchte noch, eine ablehnende Erklärung zu erreichen. Die Gesamtsituation war sehr gespannt. Auf der Fraktionssitzung vom 3. August berichtete Haase über Gespräche mit dem Kanzler, sie wurden durch Ausführungen des sozialdemokratischen Abgeordneten Südekum ergänzt, der gleichfalls mit Bethmann Hollweg gesprochen hatte.

David notiert über das Ergebnis dieser Beratungen am 3. August in seinem Tagebuch: »Die Regierung hat versichert, daß sie ernstlich den Frieden gewollt und uns über die von ihr unternommenen Schritte in Wien und Petersburg informiert. Unsere Friedenskundgebungen waren ihr willkommen. Sie hat sich vergewissert, daß wir einer Mobilmachung nichts in den Weg legen werden. Sie versichert, daß sie auch nichts gegen uns unternehmen werde.«[12]

Die Aufzeichnungen machen deutlich, daß die Politiker der deutschen Linken im August 1914 nicht aus einer überlegenen und souveränen Situation handelten. Man befaßte sich auch offensichtlich nur mit Texten und Formulierungen. Überlegungen, direkt Einfluß zu nehmen auf die politischen Entwicklungen, scheinen überhaupt nicht in Betracht gekommen zu sein. Am 3. August entschied sich die sozialdemokratische Reichstagsfraktion mit 78 gegen 14 Stimmen in einer internen Abstimmung für die Bewilligung des folgenden Tages. Über die Formulierungen wurde bis zur Abstimmung im Reichstag heftig gerungen, insbesondere um die Formulierung: »Da machen wir wahr, was wir immer betont haben: in der Stunde der Gefahr lassen wir das Vaterland nicht im Stich«. Es wurde eingewandt, dabei handele es sich um »abgedroschenen Primanerstil«. Aber auch David beharrte auf diesem Wortlaut. An Haase kritisierte er dessen mangelndes nationales Empfinden.

Folgt man den Aufzeichnungen Davids, scheint die Frage der Kreditbewilligung selbst weder von der Sache noch von den politischen Konsequenzen ernsthaft beraten worden zu sein. Die Dinge blieben in der Diskussion über das Deklamatorische stekken. Das Pathos des deutschen Vereinswesens, unkritisch, kam mit ins Spiel. So kam jene politische Erklärung zustande, die später »historische« Bedeutung gewann. Nach der Erklärung und der Abstimmung vom 4. August im Reichstag notierte David: »5 Uhr Schlußsitzung: Der ungeheure Jubel der gegnerischen Parteien, der Regierung, der Tribünen, als wir uns zur Zustimmung erheben, wird mir unvergeßlich sein. Es war ja im Grunde eine *uns* dargebrachte Ovation.«[13] Man hatte sich mitreißen lassen oder überfahren lassen. David notierte am 5. August 1914: »Ich liege erschöpft zu Hause. Die Wirkung unserer Zustimmung nach außen ist sehr stark. Das Gefühl der nationalen Geschlossenheit beherrscht alles und hebt das Vertrauen, so daß man den Beitritt Englands zu der Koalition der Gegner getrosten Mutes hinnimmt.«[14]

Die Dokumente machen deutlich, daß bei den Politikern der Linken 1914 keineswegs nur nationale Momente mit im Spiel waren. Unglücklich wirkte es sich zudem auch aus, daß David eher Beobachter als Handelnder war. Es ist bezeichnend, was ihn in diesen Augusttagen bewegte und wie er zugleich kritisch und wohl auch zutreffend beobachtete: »Die religiöse Welle«, hält er am 11. 8. fest, »geht hoch und treibt seltsame Blüten. Die Wurzel religiöser Anwandlungen ist die Angst. Die Menschen brauchen eine Macht, von der sie Hilfe erhoffen und erbitten können. Dabei ist der ›Liebe Gott‹ der eigentliche Urheber des Krieges, sofern er allwissend und allmächtig ist. In allen Ländern fleht man ihn an um den Sieg mit den eigenen Waffen. Der alte innere Widerspruch mit aller Vernunft und Logik tritt mir im Anblick dieser plötzlich hochgehenden Frömmigkeit in schneidender Schärfe vor die Seele. Eine bessere, höher entwickelte Menschheit der Zukunft muß auch eine höhere Form der Religiosität haben, die diesen Widerspruch auflöst.«[15] Es ist bemerkenswert, wie der kritische zeitgeschichtliche Beobachter, der David war, die Zusammenhänge zu deuten versuchte: In Rußland sei die Fanatisierung der Volksmassen zum »heiligen Krieg« bereits im Gange. Den Hang zum religiös motivierten Chauvinismus, selbst in Kreisen deutscher liberaler Professoren beobachtete David mit Verwunderung. Geben seine Beobachtungen die Ursachen des Kriegsausbruches, die auch in den einzigarten sozialpsychologischen Strömungen des christlichen Europas, zumindest seines rechten Flügels lagen, wieder? Waren die Abgeordneten der Linken ganz frei von diesen Strömungen? Mit ihrer Integration in die nationalistische Bewegung der eigenen Länder 1914 waren die Bemühungen der gesamten europäischen Linken, eine andere als die imperialistische Politik durchzusetzen, zunächst gescheitert.

Es fällt auf, daß bei den Überlegungen der sozialdemokratischen Politiker 1914 wirtschaftliche Überlegungen offensichtlich von untergeordneter Bedeutung waren. Sie tauchen jedenfalls bei Davids Tagebucheintragungen überhaupt nicht auf. Man dachte national und wollte auf die nationale Gemeinsamkeit nicht verzichten und nicht ausgeschlossen bleiben. Sieht man die Augusttage 1914 unter sozialkritischen Erwägungen, so trug in diesen Wochen die europäische Rechte den Sieg über die europäische Linke davon: die europäische Rechte in der eigenartigen Verbindung von nationalen Regierungen, Bürokratien, Adel, nationalem Bürgertum in Wirtschaft und Wissenschaft, Heer und Marine, verbunden weniger durch gemeinsame Ziele – denn sie widersprechen sich – als durch gemeinsame gesamteuropäische, weniger logisch als faktisch amalgamierte Einstellungen: die gemeinsame europäische Auffassung, sich gegenseitig bekriegen zu müssen.[16]

Die Widersprüchlichkeit dieser Situation lag eigentlich klar vor Augen und wurde auch von David sofort erkannt. Das änderte aber wenig daran, daß das Kriegsunternehmen dennoch in Gang gesetzt wurde und die europäischen Politiker des Jahres 1914 sich als unfähig erwiesen, die Probleme ihrer Länder mit anderen Mitteln als denen der Gewalt zu lösen. Aber es gelang, die europäische Linke soweit auseinanderzudividieren, daß sie sich davon nicht wieder erholen sollte. Die Spaltung innerhalb der Linken trat schließlich im Verlauf des Krieges ein und hinterließ bleibende Spuren in der späteren europäischen Geschichte – bis auf den heutigen Tag.

Die Gedanken, die David in den ersten Wochen des Krieges bewegten, gehen aus einer Aufzeichnung vom 10. September 1914 hervor. Er bewunderte die technische Leistungsfähigkeit des eigenen Landes: Die »wirtschaftliche Kraft, sein technisches Können offenbare sich auch in der Leistungsfähigkeit seiner Kriegsmaschine«, die organisatorische Tüchtigkeit habe »jeden Rekord geschlagen.« Die geistigen Veränderungen allerdings, die sich in den deutschen Hochschulen und der Literatur zeigten, beurteilte der Schriftsteller David mit größter Skepsis: »Die Manifestationen der Dichter und Denker von heute offenbaren einen erschreckenden Tiefstand.« Die Ankündigung der deutschen Universitäten 1914, in Zukunft keine Ehrungen der englischen Universitäten mehr anzunehmen, beurteilte er als »unwürdig«.[17]

Der Kriegsalltag setzte ein. Am 23. September notierte David von einer Reise nach Baden, bei der er mit den Politikern des rechten, nationalen Flügels der Sozialdemokraten Kontakt aufgenommen hatte: »In Frankfurt ein düsteres Bild des Krieges: Zahlreiche arg mitgenommene Krieger und Verwundete, der Zug ist angefüllt mit ihnen. Gegensatz dazu die herrliche Herbstlandschaft. Kühe weiden. Kartoffelfeuer. Der ganze Zauber des schönen, friedlichen, fleißigen Landlebens. Ich habe das starke Gefühl, daß ich aus der Großstadt heraus muß, wenn ich nicht vorzeitig zugrunde gehen soll.«[18] Der Zusammenhang verwundert den heutigen Leser ein wenig, auch die Gefühle, die in dem Abgeordneten vorgingen.

Deutlich werden an den Tagebuchaufzeichnungen die Richtungskämpfe unter den Parteiintellektuellen, dem rechten wie dem linken Flügel der Sozialdemokraten. David zählte aus seiner betont nationalen Einstellung zusammen mit den Abgeordneten Südekum und Heine zu dem rechten Flügel, der gegnerische Flügel lief unter der Chiffre: L-L-L (Liebknecht-Luxemburg-Ledebour). Die Auseinandersetzungen wurden in der Parteipresse ausgetragen. Jede Gruppe versuchte, Anhänger bei der Arbeiterschaft und ihren Repräsentanten zu gewinnen. Man kämpfte um die Redaktionen, so um die Leitung des »Vorwärts«, der offiziellen Parteizeitung, die auf die Mitgliedschaft einen erheblichen meinungsbildenden Einfluß ausübte. Im »Vorwärts« hatten die »Linken« bis 1916 die Oberhand. Am 29. September konnte David nach einer Besprechung mit dem Abgeordneten Heine unter den Vertrauten des rechten Flügels vermerken: »Aussprache über die Situation in Berlin und draußen. Die Stimmung im Lande ist fast durchweg in unserem Sinne.«[19] Die Meinungsfronten liefen zwischen »nationalem Ausgleich« und »Klassenkampfdenken«. Der nationale Flügel versuchte, die Partei- und Fraktionsführung für sich zu gewinnen, die sich bis dahin noch nicht eindeutig festgelegt hatte. Die Beratungen fanden in den Wohnungen, den Berliner Cafés, in den Häusern der Gewerkschaften statt. Am 24. Oktober vermerkte David: »Konferenzen im Holzarbeiterhaus.« Es trafen sich die Abgeordneten Südekum, Cohen, Robert Schmidt und Theodor Leipart. Schmidt gehörte der Generalkommission an, Leipart war Vorsitzender des Holzarbeiterverbandes. »Wir beschließen, eine engere und öftere Beziehung zu Scheidemann und Ebert herzustellen, um ihnen Mut zu machen und den Rücken zu steifen. Die Leute lassen sich offenbar durch die Gegenarbeit der Radikalen in dem engeren Kreis einschüchtern.«[20]

Daß bei dem Ringen um die großen Fragen der Nation auch das Persönlich-Menschliche mitspielte, macht eine Eintragung vom 7. November deutlich. David kehrte nach einer Aussprache mit Eduard Bernstein über die »Schuldfrage« (Kriegsausbruch) heim und vermerkte im Tagebuch: »Ich muß den halben Weg zu Fuß zurückgehen, da keine

Elektrische mehr fährt, und zum Auto fehlt mir das Geld. Todmüde. Wieder eine schwere Woche hinter mir und an meiner Broschüre fast nichts gearbeitet.«[21] Mit einigem Geschick versuchte der nationale Flügel der SPD, eine stärkere Verbindung zwischen führenden preußischen Beamten und der Arbeiterbewegung herzustellen. So organisierten sie eine Begegnung mit den Staatssekretären Kühn (Schatzamt), Lisco (Justizamt), Admiral von Capelle (Reichsmarineamt), von Sydow (preußischer Landesminister) und dem Berliner Oberbürgermeister Wermuth sowie den liberalen Abgeordneten Naumann und Schiffer in Berliner Genossenschaftshäusern und den Gewerkschaftshäusern des Metallarbeiter- und Holzarbeiterverbandes. »Die Herren«, notierte David, »sollen einmal einen Begriff von dem positiven Kulturschaffen der modernen Arbeiterbewegung erhalten.«[22]

Aufmerksam studierten die Intellektuellen der Sozialdemokratie die einheimische und die ausländische Presse während des Krieges. David war anfangs fest davon überzeugt, für die gute Sache gegen eine künftige Dominanz des reaktionären Rußland in Europa zu kämpfen. Er kritisierte den »unersättlichen« englischen und französischen Imperialismus, wie er ihn der Presse der französischen Rechten entnahm, die selbst in Rußland einen Bundesgenossen zur Aufrechterhaltung der europäischen Zivilisation vermutete.

Während sich die intellektuellen Flügel der Sozialdemokratie vor der Berliner Arbeiterschaft befehdeten, versuchte Friedrich Ebert, die Einheit gegen die Flügelkämpfe zu wahren: »Ebert«, so hieß es in einer Eintragung Davids vom 6. Dezember 1914, »sucht zu beschwichtigen. Er ist sich absolut klar, daß auf dieser Linie für oder gegen das eigene Land der Riß durch die Partei gehen wird. Seine Politik ist auf den äußeren Zusammenhalt der Partei um jeden Preis gerichtet.«[23] 1915 nahmen die innerparteilichen Flügelkämpfe in Berlin zu. Man resolutionierte gegeneinander. Die führenden Politiker befürchteten, daß die Gewerkschaften angesichts des Streiks die Führung der Partei an sich ziehen würden. Am 14. Februar vermerkte David: »Ebert fürchtete, daß die Gewerkschaften versuchen werden, die Führung der Partei an sich zu reißen... Die Angst vor der Generalkommission der Gewerkschaften ist ihm offensichtlich in die Glieder gefahren.« Dagegen befürwortete David selbst eine verstärkte Anbindung der Partei an die Gewerkschaften.

Schließlich kam es im März 1915 zu der bereits erwähnten persönlichen Annäherung zwischen Ebert und David. So schrieb David am 19. März 1915: »Abends bei Haußmann: Ebert und Frau, Legien, Hermann Müller und Frau, Gustav Bauer und andere nahestehende Kollegen. Sehr fröhlicher Abend. Ebert schließt sich mir langsam auf und scheint auch persönlich das Bedürfnis zu haben, mir näherzukommen. Er erklärt sich für eine klare reformistische Taktik mit Abweisung aller revolutionären Versuche.« Jedoch werde er, fügte David mit der Ironie des Lehrers gegenüber dem lernwilligen Schüler hinzu, fest am »Klassenkampf« festhalten.«[24] Eine eigenartige Vorstellungswelt tritt dem Leser in den persönlichen Aufzeichnungen Davids entgegen. Gedanken über den Gang der Weltgeschichte verbinden sich mit parteipolitischen Erwägungen und Selbstermahnungen, nicht in Depressionen zu verfallen. Etwas Überheblichkeit kommt mit hinzu: »Seltsam,« heißt es am 25. Mai 1915, »daß sich der einzelne kleine Mensch für den Entwicklungsprozeß der ganzen Menschheit verantwortlich fühlt; das ist das Wesen des Pioniers.« Von der Gefahr des Intellektuellen zur Selbstüberschätzung seines eigenen Einflusses scheint auch Eduard David nicht frei gewesen zu sein.

Über Monate zieht sich die Auseinandersetzung der beiden Flügel der Parteiintellektuellen um die Gunst der Mehrheit hin. Am 27. Mai 1915 notiert David: »Fraktionssitzung: Liebknecht und Bernstein eröffnen die Debatte völlig bar jeden nationalen Gefühls auch in der verschärften Situation. Aber Gegenstimmung in der Fraktion gut. Ein gesunder nationaler Egoismus protestiert heftig gegen das systematische Bestreben, Deutschland ins Unrecht zu setzen.«[25] David war 1915 noch von dem Recht der eigenen Seite überzeugt. Gelegentlich aber tauchten doch Bedenken auf, so in einer Eintragung, die eine Reichstagsrede des Kanzlers Bethmann vom 19. August 1915 kommentiert. Sie bringe »kein Wort über die innere Freiheit, eine schwere Enttäuschung.«[26] Es sei an ihn, David, der Wunsch herangetragen worden, in seiner Antwortrede ein freundliches Wort für den Kanzler einzuflechten. »Nein«, schrieb David.

Im Verlauf des Jahres 1915 nahmen die inneren Spannungen in der Fraktion zu. David sah die Schuld in der starken Haltung der Regierung in innenpolitischen Fragen. In der Fraktionssitzung vom 14. Dezember fand sich nur noch eine Mehrheit von 66 gegen 44 Stimmen für die Zustimmung zu den Krediten. Die Minderheit gewann zunehmend Einfluß. In dieser Situation legten die Gewerkschaften ein entschiedenes Veto ein. Im Januar 1915 drohten sie auf einer Vorstandskonferenz mit einer möglichen Trennung von Partei und Gewerkschaften. David sah in dem zögernden Verhalten der politischen Führung um Friedrich Ebert auch eine menschliche Schwäche, sich von der ausschließlichen Bindung an die Partei zu lösen und politische Verantwortung zu übernehmen. »Die Aufgabe des politischen Führers erschöpft sich für sie in der Sorge um ihre Mehrheit in der Partei.« Stattdessen müsse die Arbeiterbewegung aus ihrer bisherigen, geschichtlich bedingten politischen Enge heraustreten und einen breiten Zugang zu größeren Bevölkerungskreise finden. Der Satz, den David am 4. Februar 1916 festhielt, enthielt im Kern das politische Programm, das seiner Arbeit während der Kriegsjahre zugrundelag: »Wenn die Partei jetzt nicht den Weg von der Handarbeiterpartei zur Volkspartei findet, ist ihre große Mission verpaßt.«[27] Inzwischen schlossen sich die 20 Abweichler von der Mehrheitshaltung in einer eigenen politischen Gruppe, der sogenannten »Arbeitsgemeinschaft«, zusammen.

Seit 1915 hatte David auch engen Kontakt zu der etwas legendären und umstrittenen Persönlichkeit des russischen sozialistischen Millionärs Parvus-Helphand, dem es gelungen war, als Außenseiter seine Fäden in Berlin und in Kopenhagen zu den dortigen Regierungen und zu den sozialistischen Parteien zu spinnen und dabei auch noch persönlichen Gewinn zu erzielen. Parvus finanzierte auch die Zeitschrift »Die Glocke«, in der sich der nationale Flügel der sozialdemokratischen Intellektuellen während der Kriegsjahre artikulierte.

David mußte bei seinen politischen Aktivitäten immer auch gegen seinen gefährdeten Gesundheitszustand ankämpfen. »Arbeiten, kämpfen, nicht verzweifeln!« lautete seine Selbstermahnung.

Allmählich erkannte er, daß sich die Politik der deutschen Regierung in eine kritische Richtung entwickelte. Die Frage des Einsatzes der U-Boote tauchte auf. Die Sozialdemokratie lehnte ihn ab. Dadurch gerieten die sozialdemokratischen Politiker in eine zwielichtige Stellung. Während sie die Regierung indirekt unterstützten, lehnten sie die geplanten Maßnahmen ab. Dennoch kämpfte David beharrlich gegen ein Zurückgehen in die Opposition, wie es die Minderheit forderte. Seit 1917 finden sich in Tagebucheintragungen keine Bemerkungen mehr, die noch die nationale Hochstimmung der ersten Kriegsjahre kennzeichneten. Die Ausführungen werden nüchterner, knapper und politischer.

Im Juni 1917 nahm David an der Konferenz der europäischen sozialistischen Politiker in Stockholm teil. Lösungen konnten auf dieser Konferenz nicht gefunden werden, aber es wurde deutlich, daß die europäische Linke sich zu artikulieren begann. Zwar verteidigte sie noch die eigenen Regierungen und versuchte, die Politik ihrer Länder zu rechtfertigen, doch wurden auch Bedenken in der Arbeiterbewegung gegen die Fortsetzung dieses Krieges ausgesprochen. In der kriegsmüden europäischen Bevölkerung wurde die Forderung nach dem Frieden lauter. Über eine Besprechung der Parteiführer bei dem Reichskanzler am 2. Juli 1917, die der späteren Aktion der Friedensresolution und der innenpolitischen Neuorientierung der Parteien vorausging, vermerkte David: »Die Reden sämtlicher Parteien (Scheidemann, Payer, Dove, Müller-Meiningen, Spahn, Erzberger) außer den Konservativen (Westarp und Rösicke) atmen Pessimismus, sie scheinen sich innerlich stark unserer Friedensformel genähert zu haben.«[28]

Es gibt wenige historische Dokumente, an denen so die innere Veränderung in dem Denken der demokratischen Parteien, die sich während des Krieges vollzog, deutlich wird, wie in den Tagebuchaufzeichnungen Davids, der sie ständig reflektierte und kundig kommentierte. Seit 1917 bemühte sich David, der sich neu anbahnenden Zusammenarbeit der gemäßigten Parteien ein geistiges Konzept zu geben. Persönlich fiel es ihm nicht schwer, sich der Aufgabe zu stellen. Seit Jahren hatte er den klassenkämpferischen Stil abgelehnt und auch den persönlichen Kontakt zu Politikern der anderen Parteien, vor allem zu den Linksliberalen, aber auch zu den gemäßigten Kräften in der Beamtenschaft gepflegt. Dort hatte er häufig, wenn auch versteckt, Zuspruch für seine politischen Ziele gefunden hatte, die er ohne Scheu in seinen Reden aussprach. Er suchte die Verbindungen bis zu den gemäßigten Gruppen der leitenden Beamtenschaft. Seit langem hatte er die Enge des reinen Parteipolitikers abgelegt, ohne seine Prinzipien aufzugeben.

Die Aufzeichnungen Davids über die innenpolitische Wende im Juli 1917 in Deutschland, die die künftige Zusammenarbeit der neuen Reichstagsmehrheit einleite-te, sind von einer fast lakonischen Kürze: »Freitag, 6. Juli, Vormittags Hauptausschuß, Erzbergers entscheidende Rede. Große Aufregung.« Und: »Nachmittags Besprechung der vier Parteien (Payer, Gothein, Müller, von Richthofen, Junck, Calker, Erzberger,

Spahn, Ebert, Scheidemann, Südekum, David) Beschluß auf: 1. Gemeinsame Friedenszielresolution; 2. Umgestaltung der Regierung.«[29]

Ob sich eine Änderung der Politik einleiten lasse, bezweifelte David. Er befürchtete, daß die »Männer des alten Systems«, wie er sie nannte, noch einmal »siegen« würden. Allerdings zeigte sich in diesen Überlegungen auch, daß David nicht die politische Entschlossenheit aufzubringen vermochte, Veränderungen durch Leistungen herbeizuführen. Er war zu sehr auf das Nachdenken, Überlegen und Beobachten eingestellt, nicht darauf, durch Handeln Veränderungen herbeizuführen. In der Passivität seiner Haltung unterschied er sich wesentlich von Politikern wie Erzberger und später auch Ebert. So befürchtete David bereits 1917, daß es nicht zu einer einheitlichen Haltung der deutschen Innenpolitik kommen werde, sondern daß sie an der sich abzeichnenden Polarisierung auch innerhalb der deutschen Regierung, mitbedingt durch die Haltung Wilhelm II., scheitern werde.

Zu den bedeutendsten Leistungen Davids während des Krieges zählte seine Darstellung und Analyse der russischen Politik nach der Oktoberrevolution, die er vor dem interfraktionellen Ausschuß von SPD, Fortschrittlern und dem katholischen Zentrum und in seinen Reichstagsreden vortrug. Sie waren ungemein scharfsinnig, klug und, wie man im nachhinein sagen kann, auch in vielem zutreffend. David formulierte als außenpolitischer Sprecher seiner Partei eine politische Alternative zu der tatsächlich von Deutschland verfolgten Politik gegenüber dem revolutionären Rußland. Da Eduard David national dachte, sah er auch hinter der revolutionären Regierung in Rußland immer auch noch das russische Volk, mit dem ein dauernder Frieden zu erzielen sei. So formulierte David am klarsten die Alternativen der deutschen »Friedenspartei« gegenüber der – wie er sie selbst bezeichnete – in Deutschland 1917/18 herrschenden »Kriegspartei« von Alldeutschen, der Mehrheit der Militärs und eines Teils der Industrie, des Adels und des gebildeten Bürgertums. Eine große Gruppe der deutschen Bevölkerung, vermutlich sogar die Mehrheit, deren Wünsche Eduard David in seinen Reden in rationaler Form zum Ausdruck brachte, stand nicht hinter der aggressiven deutschen Ostpolitik gegenüber Rußland im Jahre 1918. Auch wenn sich diese Linie der Verständigung nicht durchzusetzen vermochte, bleibt es doch das Verdienst Davids, diese Alternative in der Öffentlichkeit ausgesprochen zu haben.

Bei den Aufzeichnungen Davids im Jahre 1918 traten die persönlichen Empfindungen immer mehr hinter den häufig nur auf einen einzigen Satz oder wenige Worte zusammengefaßten Eintragungen zu dem tagespolitischen Geschehen zurück, kurze Statements, vor allem über Personen und ihre Haltungen. Am 16. Mai hieß es: »Artikel über Demokratie in Weltpolitik – Da mir die positiv-politische Wirksamkeit verschlossen ist, muß ich mich auf die literarische konzentrieren.« Am Dienstag, dem 11. Juni 1918, enthielt die Eintragung die folgenden Worte: »55 Jahre! – Hauptausschuß: Ebert übernimmt den Vorsitz. – Reichstag.« Mit den politischen Notizen waren jeweils Sitzungen verbunden. Das Persönliche trat weit zurück. Allerdings finden sich immer wieder Notizen über die zahlreichen Reisen, vor allem nach Baden. Als sich die Niederlage im September 1918 abzeichnete, war auch die bisherige Politik der Sozialdemokraten während des Krieges in gewissem Sinne gescheitert. Am 2. Oktober beriet der Fraktionsvorstand das geplante Waffenstillstandsgesuch und den Eintritt in die Regierung. David vermerkte, daß Ebert einen Weinanfall bekommen habe, sich dann aber zu einer glänzenden Schlußrede aufgerafft habe.

Mit Genugtuung notierte David, daß ihm in der Regierung Baden ein Regierungsamt übertragen worden war, er sich darin auch gegen den Parteivorsitzenden durchsetzen konnte. Er glaubte in den Oktobertagen 1918, das Ziel, für das er in den letzten fünf Jahren gearbeitet hatte, erreicht zu haben: »Mein Hauptziel: die der Partei bewußte Reformpolitik auf dem Boden des gegebenen Staates scheint erreicht. Der Weg vom 4. August 1914 bis zum 5. Oktober 1918 war schwer. Die Belastungsprobe war stark. Manchmal war ich selbst irre, ob es der richtige Weg sei.«[30] David stellte sich in dieser Aufzeichnung die Frage, ob der »revolutionäre« Weg erfolgreicher gewesen wäre. Aber ein Verständigungsweg, auf dem Wege des Bürgerkriegs herbeigeführt, so meinte David, hätte möglicherweise mit einem Sieg der »Reaktion« geendet und furchtbare Leiden und Gefahren in sich geborgen. Diese Einschätzung der Lage sei mit Sicherheit solange zutreffend gewesen, wie das zaristische Rußland bestanden habe, also bis 1917. Danach sicherlich auch, meinte David. Er glaube, so fügte er diesen Überlegungen hinzu, daß »wir« – gemeint war seine eigene Partei – »geschichtlich richtig gehandelt haben.«

David war von der Möglichkeit und dem Ziel einer nationalen Demokratie überzeugt und glaubte sie sogar in der ersten parlamentarischen Regierung Deutschlands unter Max von Baden am 5. Oktober 1918 erreicht zu haben. Doch diese Annahme sollte sich als irrig erweisen. Seine Aufzeichnungen vom 6. Oktober 1918, in denen er auch seine persönliche Freude über den Eintritt in ein offizielles politisches Amt zum Ausdruck brachte, lauteten, der Prinz sei ein »guter Mensch«. Wenn er sich bewähre, werde seine Kanzlerschaft zu einer »sozialistischen Demokratie« und »zum inneren und äußeren Frieden führen«. Er freue sich, mit ihm zusammenzuarbeiten. Zugegeben, Max von Baden wolle die Monarchie retten, doch gehe sein persönliches Ziel darüber hinaus auf die »Rettung des Volkes« und Entwicklung zu einer »höheren gesicherten Kultur«. In diesem Ziel stimme man überein.

Die parlamentarische Monarchie, wie sie im Oktober 1918 für wenige Wochen in Deutschland bestand, hatte David in ihren ersten Ansätzen bereits im hessischen Landtag kennengelernt. Welche konkreten Alternativen sollte er anstreben? Er selbst scheint an dieser Lösung, auch durch seine längere persönliche Bekanntschaft mit Max von Baden, mitgearbeitet zu haben. Hätte sie Bestand gehabt, so hätten sich möglicherweise manche späteren Fehlentwicklungen vermeiden lassen. Sie hatte in kurzer Zeit beachtliche außen- und innenpolitische Leistungen zustandegebracht, trotz der äußerst erschwerten Umstände, unter denen sie angetreten war. Wenn sie dennoch nicht Bestand hatte, dann lag der Grund nicht zuletzt darin, daß die herrschenden Politiker bereits zuvor ihr eigenes Land in eine solch auswegslose Situation gesteuert hatten, daß sich in letzter Minute das Steuer nicht mehr so schnell herumreißen ließ. Nicht einmal die »Mannschaften« hatten, um im Bild zu bleiben, in Deutschland wirklich mitbekommen, daß sich in der politischen Führung des Landes ein grundlegender politischer Wandel vollzogen hatte: so meuterten sie gegen eine deutsche Regierung, die erstmals auf ihrer Seite stand. Die Deutschen des Jahres 1918 waren ein recht konservatives Volk und auf politische Veränderungen nicht eingestellt. So scheiterte die parlamentarische Demokratie des Oktober 1918 daran, daß das Volk nicht darum wußte und immer noch glaubte, gegen die alten Machthaber kämpfen zu müssen, um endlich den ersehnten Frieden zu erlangen.

Davids Eintragungen vom 9. November fielen kurz aus: »Abdankung des Kaisers, Revolution, Republik«. In den folgenden Wochen arbeitete er auch weiter als Unterstaatssekretär im Auswärtigen Amt, die Entwicklung scheint aber dann doch etwas an ihm vorbeigegangen zu sein. Der 55jährige lebte sicherlich auch zu sehr aus der Vergangenheit, ohne das Neuartige der inzwischen eingetretenen Situation ganz erfassen zu können. Als Mitglied der Nationalversammlung arbeitete er an der Ausarbeitung der Weimarer Verfassung mit. Als späterer Innenminister war er auch »federführend« zuständig. Wenige Jahre nach dem Ausscheiden aus der Regierungspolitik 1920 wurde ihm die Aufgabe eines »Bevollmächtigten des Reichs in Hessen« übertragen. Daneben lehrte er an der TH Darmstadt Politik, ein neues Fach an den Hochschulen der Weimarer Republik. Als »Senator« wurde er in die »Kaiser-Wilhelm-Gesellschaft zur Förderung der Wissenschaften« aufgenommen. Anders als vielen anderen sozialdemokratischen Politikern wurde David auch öffentliche Anerkennung zuteil. Die Universität München verlieh ihm den Ehrendoktor. Er starb, persönlich geachtet und geehrt, am 12. Dezember 1930 im Alter von 67 Jahren in Berlin. Bis zu seinem Tode gehörte der parlamentarische Lehrer der deutschen Sozialdemokratie des Kaiserreichs dem Reichstag der Weimarer Republik an, der sich in der Schärfe der öffentlichen Auseinandersetzung von dem alten Reichstag unterschied. Davids Bemühen um einen fairen und wissenschaftlichen Stil der politischen Auseinandersetzung, seine bedeutendste Leistung für die politische Kultur in Deutschland, hatte nur begrenzt Schule gemacht. In den zwanziger Jahren warb Eduard David für die europäische Verständigung. Der neuen, offeneren Gesellschaft der Weimarer Republik, der er selbst die Wege geebnet hatte, stand der über Sechzigjährige etwas fremd gegenüber. Die Lektüre seiner mit großer Sorgfalt aufgezeichneten laufenden Berichte an die Reichsregierung über die Ereignisse und Bewegungen in der hessischen Landespolitik der Weimarer Zeit bestätigt diese Annahme.[31]

Anmerkungen

1 In: Germania, Neue Reihe XXV. Jg. Wien 1892.
2 Vgl. Margret Bovery, Der Verrat im 20. Jahrhundert, Hamburg 1956. Vgl. J. Benda, Der Verrat der Intellektuellen, Berlin 1983 (La trahison des clercs. 1927) – Benda meint hier die Anfälligkeit der europäischen Akademiker für die nationalistischen Ideologien.
3 Kriegstagebuch, S. 287 (s. Anm. 31).
4 Kriegstagebuch, S. 288.

5 Vgl. E. Wiskemann, Germany, Italy and Eastern Europe, in: New Cambridge Modern History, Bd. 12², 1968, S. 473.
6 Protokoll über die Verhandlungen des Parteitags der sozialdemokratischen Partei, abgehalten zu Jena vom 17. bis 23. 9. 1905, Berlin 1905, S. 334.
7 G. A. Ritter, E. David, in NDB Bd. 3, S. 535.
8 Heinrich Neumann, in: »Die Woche«, (5. 3. 1904). Nach: S. Miller, Kriegstagebuch, Einleitung, S. XXVII.
9 Kriegstagebuch, S. 4.
10 Vgl. Kriegstagebuch, S. 5.
11 Kriegstagebuch, S. 5.
12 A.a.O., S. 13.
13 A.a.O., S. 13.
14 A.a.O., S. 13.
15 A.a.O., S. 15.
16 Vgl. A. J. Mayer, Adelsmacht und Bürgertum. Die Krise der europäischen Gesellschaft 1848–1914, München 1984 (engl: Princeton 1981).
17 Kriegstagebuch, S. 38.
18 A.a.O., S. 41.
19 Kriegstagebuch, S. 45.
20 A.a.O., S. 54.
21 A.a.O., S. 65.
22 Kriegstagebuch, S. 67.
23 A.a.O., S. 83.
24 Kriegstagebuch, S. 114.
25 A.a.O., S. 129.
26 A.a.O., S. 143.
27 A.a.O., S. 157.
28 A.a.O., S. 239.
29 A.a.O., S. 240.
30 A.a.O., S. 288.
31 E. David, Aus Deutschlands schwerster Zeit. Schriften und Reden aus den Jahren 1914–1919, 1927; F. P. Kahlenberg, Die Berichte Eduard Davids als Reichsvertreter in Hessen 1921–1927, Wiesbaden 1970, S. Miller, Das Kriegstagebuch des Reichstagsabgeordneten David 1914–1918, Düsseldorf 1966; G. A. Ritter, Eduard David, in: NDB Bd. 3, S. 535; G. Schwieger, Zwischen Obstruktion und Kooperation. Eduard David und die SPD im Kriege (phil. Diss.) Kiel 1970.

4. Georg von Hertling (1843–1919)

Eine biographische Skizze über Georg von Hertling könnte es nahelegen, den Reichskanzler Hertling in den Vordergrund zu stellen, der in den Krisenjahren 1917/18 – nach dem Ausbruch der Russischen Revolution und dem Eintritt der Vereinigten Staaten in die europäische Politik – die deutsche Politik gestaltete. Eine weitere Perspektive würde sich anbieten: den deutschen katholischen Philosophieprofessor und Reichskanzler Hertling mit dem amerikanischen presbyterianischen Professor für Geschichte und politische Wissenschaften und Präsidenten Thomas Woodrow Wilson zu vergleichen. Der Vergleich würde naheliegen, da beide Gelehrten zur gleichen Zeit in ihren Ländern politische Verantwortung trugen. Die Gemeinsamkeit zwischen Hertling und Wilson ließe sich darüber hinaus in den ähnlichen geistigen Orientierungen, dem Bezug ihrer Arbeiten auf die europäische geschichtliche Überlieferung aufzeigen, aus dem sie dachten und handelten. Allerdings zogen sie für ihr politisches Handeln jeweils unterschiedliche und voneinander abweichende Konsequenzen. Georg von Hertling suchte aus religiöser und geschichtlicher Überzeugung eine Parlamentarisierung und Demokratisierung in Deutschland 1918 zu vermeiden, Wilson versuchte aus einer anderen geschichtlichen Erkenntnis und religiösen Überzeugung, gleichsam von jenseits des Atlantik, auch unter geschickter Benutzung der modernen Techniken der Massenmedien und Nachrichtenübermittlung, der europäischen Politik den Parlamentarismus geradezu aufzuzwingen. Der erfolgreichere Professor und Politiker wäre aus dieser Perspektive zweifellos Woodrow Wilson. Wußte nicht vielleicht der amerikanische Präsident über die inneren Verhältnisse in Deutschland 1918 sogar besser Bescheid als der deutsche Reichskanzler? Die Situation der Jahre 1917/1918 reizt zu solchen Beobachtungen. Allerdings sollte in einer biographischen Skizze ein anderer Hertling im Vordergrund stehen: jener katholische Gelehrte, der der deutschen Lebenswelt des 19. Jahrhunderts entstammte und ihr zeit seines Lebens verbunden blieb.

Georg Freiherr von Hertling wurde am 31. August 1843 in Darmstadt geboren. Er kam aus einer katholischen Familie des pfälzischen einfachen Adels. Einige Vorfahren hatten im höfischen Beamtendienst gestanden. Andere waren Bürgermeister und Senatoren der Stadt Frankfurt gewesen. Familien- und verwandtschaftliche Bindungen spielten in der Entwicklung des jungen Hertling eine wichtige Rolle. Zu dem Kreis der Verwandten zählte auch die durch die romantischen Schriftsteller und später durch Professoren bekannt gewordene hessische Familie von Brentano. Familie und Verwandtschaft verfolgten den Lebensweg des jungen Hertling mit Wohlwollen: Besuch im Darmstädter Gymnasium, Ferien bei Verwandten im Rheinland, Westfalen, Hannover, frühe Bekanntschaften mit wichtigen Persönlichkeiten des katholischen öffentlichen Lebens, Besuche in Köln und München. Reisen, sich unterhalten, bilden war beliebt. Das sich entfaltende bürgerliche Zeitalter hatte manche angenehme Seiten. Bahn und Post sorgten für bessere Verbindungen. Die deutsche Gesellschaft des 19. Jahrhunderts zeigte seit der Reformation immer noch betont konfessionelle Züge. Die Grenzen wurden dort, wo man »etwas auf sich hielt«, beachtet, im beruflichen wie im privaten Leben.

1861 bestand Georg von Hertling die Reifeprüfung. Die Familie überlegte, ob der Sohn Geistlicher werden sollte. Georg selbst zögerte. Auch der Mainzer Bischof von Ketteler versuchte, den jungen Mann für ein Theologiestudium zu gewinnen. 1869 heiratete Hertling die Darmstädterin Anna von Biegeleben. Er wurde später – dies sei vorausgeschickt – ein pflichtbewußter, wohl etwas zum Paternalistischen neigender, Familie und Verwandtschaft leitender Familienvater, einfach, streng lebend, nicht übermäßig sinnen- und genußfreudig und als sparsamer Gelehrter meist in dunkle Anzüge gekleidet. In dieser Einstellung zählte Hertling weniger zum »Adel« als zu dem zielbewußten, einfachen, leistungswilligen und leistungsstolzen Bürgertum, das sich selbst weniger als Klasse sondern eher als Stand ansah und dem sich auch die Hochschullehrer zurechneten.

Zu Beginn seines Studiums war Georg von Hertling noch unsicher in seinem Berufsziel, erst später entschied er sich für die Hochschule. Er begann sein Studium in Münster. Die Stadt mit ihren vielen Kirchen, den mittelalterlichen Bauten am Prinzipalmarkt, dem gotischen Rathaus, vermerkte er später in seinen Erinnerungen, habe ihm gefallen. 1862 studierte er in München, doch die bayerische Mentalität und Umgangsformen lagen ihm zeitlebens nicht. Er hörte den bekannten katholischen Kirchenhistoriker Döllinger, den Abt von St. Bonifaz, Hahneberg, über das Alte Testament, aber auch einen Vertreter der modernen Naturwissenschaften, den Chemiker Justus von Liebig. Schließlich entschied sich Hertling für das Studium der Philosophie, das er 1864 mit einer in lateinischer Sprache verfaßten Promotionsschrift über »De Aristotelis notione unius« abschloß. Auf Aristoteles, von Thomas von Aquin im 13. Jahrhundert in die Vorläufer der christlichen Philosophie aufgenommen, konnte sich auch ein katholischer Wissenschaftler gegenüber den historisch-kritischen und anderen relativierenden Wissenschaften berufen, um sich im deutschen Gelehrtenstreit des 19. Jahrhunderts zu behaupten. Mit Aristoteles ließ sich die Welt auch in ihrer Eigengesetzlichkeit vernünftig deuten. Die Promotionsunterlagen befinden sich heute im Archiv der Humboldt-Universität in Ost-Berlin. Dort kann auch die Note des Rigorosums eingesehen werden: »cum laude«, eine mittlere Leistung. Es soll in den Nebenfächern nicht ganz geklappt haben.

Nach dem Abschluß der Promotion konnte sich der Einundzwanzigjährige auf einer zweijährigen Bildungsreise in Italien erholen. Rom beeindruckte ihn. Auf Vermittlung eines Kurienkardinals erhielt Hertling eine Audienz bei Papst Pius IX. Die Bindungen und Verbindungen nach Rom hat er auch später als Politiker eifrig gepflegt. Von Pius IX. ging eine stark konservativ geprägte Wende der katholischen Kirche aus, die in seinen Verlautbarungen sichtbar wurde und die zahlreiche europäische Wissenschaftler zu Bekundungen ihrer Entrüstung provozierte. Hertling selber zählte weniger zu den liberalen und eher zu den konservativen Katholiken. Persönliche Erfahrungen im Studium und individuelle psychologische Momente mögen dabei mitgespielt haben. Die literarische Frucht der Italienreise zeigte sich in einer Reisebeschreibung über Sizilien.

Bereits während seines Studiums hatte Hertling gesellige Bindungen gesucht, zunächst in einer älteren studentischen Korporation, später in Berlin in der Gründung eines akademischen Lesekreises. Er suchte auch die Verbindung zu den neuen Organisationen des Katholizismus, die sich seit 1848 in Deutschland gebildet hatten. Auf der Generalversammlung der Katholiken Deutschlands im September 1863 empfahl der Student die Gründung nicht-schlagender katholischer Korporationen. Persönliche Ziele und öffentliches Leben kreuzten sich häufig in der Biographie Hertlings. Die Katholiken stellten in der deutschen Gesellschaft des 19. Jahrhunderts eine, allerdings starke, Minorität dar. Im Zuge der Entwicklung von 1848, später der Gründung des Norddeutschen Bundes, des Deutschen Reichs von 1871 begann sich diese Minorität zu organsieren, brachte Religion und Politik in eine enge Verbindung. Man stand der liberalen und nationalen Bewegung reserviert gegenüber. Hertling unterstützte schon sehr früh diese Tendenzen.

Nach einem weiteren Studium in Würzburg und München habilitierte sich Hertling 1867 an der preußischen Landesuniversität Bonn. Seine Habilitationsschrift befaßte sich mit einem Vergleich von Schopenhauer und Aristoteles, einer »modernen« Fragestellung. Anschließend lehrte er dreizehn Jahre lang in Bonn in der kargen Stellung eines Privatdozenten. 1890 ernannte ihn der preußische Kultusminister Puttkamer auf Vermittlung Windhorsts – der »Kulturkampf« war vor über 10 Jahren, letztlich erfolglos, abgebrochen worden – gegen den Rat der Bonner Fakultät, die Hertling »Begabung, Lehrerfolg und Charakter« absprach, zum außerordentlichen Professor.[1] 1890 erhielt Hertling eine Professur an der Bayerischen Landesuniversität München, die er bis 1912 wahrnahm. Hochschullehrer waren im 19. Jahrhundert in Deutschland Landesbeamte. Ernennungsdaten, Titel spielten eine nicht unwichtige Rolle im Leben des einzelnen. Etwas Dankbarkeit gegenüber den fürstlichen Landesherrn wurde miterwartet. Von Georg von Hertling wurde sie wohl auch aus Überzeugung erbracht.

Die 60er und 70er Jahre des 19. Jahrhunderts waren eine Zeit, in der einige bis dahin ungelöste Fragen des politischen und religiösen Lebens mit »Macht« gelöst wurden. Nach der Niederlage Österreichs von Königgrätz 1866 und dem deutsch-französischen Krieg von 1870/71 kam es zur »preußischen« Lösung der deutschen Frage, der Reichsgründung. Auch die katholische Kirche löste eine bis dahin noch offene Frage mit »Macht«. Am 18. Juli 1870 verkündet das vatikanische Konzil – gegen den anfänglichen Widerstand der meisten deutschen Konzilsväter, darunter des Mainzer Bischofs von Ketteler und der Rottenburger Bischof und Kirchenhistoriker von Hefele – die Unfehlbarkeit und damit die oberste kirchliche Leitungsgewalt des Papstes. Das Konzil löste sich unter dem Druck der beginnenden kriegerischen Entwicklungen in Frankreich und Italien auf. Der Kirchenstaat wurde von Italien aufgehoben. Die Bürger Roms schlossen sich durch eine Volksabstimmung dem italienischen Königreich an. Die verspäteten Nationalstaaten Deutschland und Italien entstanden. Hertling berichtet in seinen Erinnerungen, er habe unter dem Eindruck der Konzilsverkündung und der Emser Depesche, die der militärischen Auseinandersetzung Bismarcks mit Frankreich vorausging, am 19. Juli 1870 seine Vorlesung in Bonn abgebrochen.[2]

Die katholische Kirche zog sich nach den Ereignissen von 1870 stärker auf den religiösen Bereich zurück, gewann dadurch zugleich als »Volkskirche« an Autorität unter den Gläubigen. Das geistliche Wort hatte Gewicht. Für den Gelehrten Hertling stellte sich auch die Loyalitätsfrage. Sollte er die Wende zu einer autoritätsbetonenden Kirche vertreten, oder sollte er sich, nach dem Beispiel anderer liberaler katholischer Wissenschaftler, so Ignaz Döllingers, ablehnend verhalten? Hertling blieb der autoritätsbetonenden Kirche treu. Die liberale Alternative kam für ihn wohl nicht in Betracht. Hertling hat an dieser personengebundenen Loyalität gegenüber Institutionen, kirchlichen wie auch staatlichen, bis in sein hohes Alter entschieden festgehalten. Für ihn war diese Haltung, so scheint es, auch eine Charakterfrage. Neben seinen akademischen Verpflichtungen wandte sich Hertling jetzt der Politik zu. Die Reichsgründung hatte eine neue Situation geschaffen. Die Verfassung war zwar nicht parlamentarisch und band die Regierungsführung nicht an das Vertrauen des Parlaments, aber sie führte erstmals das allgemeine Wahlrecht im Reichsgebiet ein, während in den einzelnen Bundesstaaten, den fürstlich regierten Ländern und den republikanischen Hansestädten, weiterhin die unterschiedlichen Formen eines abgestuften Klassenwahlrechts bestanden.

Die deutschen Katholiken hatten seit 1848 ein umfangreiches Vereinswesen aufgebaut, auf das sie jetzt, seit 1871, unterstützt von der Geistlichkeit zurückgreifen konnten. Das Zentrum wurde die katholische Partei. Über die Wahlen wuchsen die politischen Vertreter in den folgenden Jahrzehnten in die Politik hinein, übernahmen in Gemeinden, Bundesstaaten und schließlich auch im Reich politische Verantwortung. 1875 wurde Hertling auf Vermittlung des Bonner Oberbürgermeisters Kaufmann der »katholische« Wahlkreis in Koblenz-St. Goar angeboten, den er praktisch ohne Wahlkampf mit 12102 gegen 3806 Stimmen gewann. Er gehörte dem Reichstag von 1875–1890 und später wieder von 1896–1912 – von 1909 bis 1912 zugleich als Vorsitzender der Zentrumsfraktion – an. Dem jüngeren Abgeordneten wurde von dem damaligen Führer des Zentrums, Ludwig Windhorst, in den 80er Jahren die Aufgabe der parlamentarischen Vertretung der Sozialpolitik zugewiesen. Der Kulturkampf, der wenige Jahre zuvor noch die Gemüter erhitzt hatte, hatte für die Berliner Politiker an Bedeutung verloren. Die Zentrumspolitiker arbeiteten in der Frage der Sozialpolitik mit der Bismarckschen Regierung zusammen. Sie wurden staatsloyal und suchten die sozialen Auswirkungen der rapiden Industrialisierung in Deutschland mit gesetzlichen Mitteln zu bekämpfen. Der Staat dürfe die Dinge nicht treiben lassen, wie es einer »manchesterlichen« Wirtschaftspolitik entspreche. Vermutlich sind auch die Auswüchse des modernen Industriekapitalismus in Deutschland nicht so krass gewesen, wie sie Friedrich Engels noch für das England Mitte des 19. Jahrhunderts beschrieben hat. Die Bemühungen der Sozialpolitiker des Zentrums stimmten mit der von Leo XIII. in der Enzyklika »Rerum novarum« 1891 formulierten Soziallehre überein, einer Sozialphilosophie, die den Staat nicht nur als Instrument der herrschenden Klassen ansah, sondern seine Tätigkeit an naturrechtliche Verpflichtungen gegenüber dem einzelnen und der Gesamtheit band.

Der Abgeordnete Hertling, 1896 für den Wahlkreis Illertissen (Schwaben) gewählt, befürwortete die seit den 90er Jahren verstärkt einsetzende deutsche Rüstungspolitik. Als einziger »bayerischer« Zentrumsabgeordneter stimmte er 1898 – unter Protest zahlreicher bayerischer publizistischer Stimmen – der ersten Flottenvorlage im Reichstag zu. Das Zentrum hat später die Aufrüstungspolitik unterschätzt und dazu beigetragen, ihr den parlamentarischen Rückhalt zu verschaffen. Es hätte, wie die Sozialdemokraten, die Vorlage weiterhin ablehnen können. Aber man sah in der Zustimmung auch ein Bekenntnis zu dem »nationalen Staat«. Die Katholiken wollten nicht ausgeschlossen sein. Die alldeutsche Propaganda, der ideologische Imperialismus und das chauvinistische Denken wurden von der Mehrheit der Katholiken abgelehnt. Auch Hertling war ein Gegner dieser nationalistischen Einstellungen, dies zeigte sich später in seiner Haltung als Kanzler 1917/18. Hertling war ein konservativer Politiker, aber auch ein Politiker der Mäßigung. Er bemühte sich um ein selbständiges, situationsgerechtes Urteil. Aus dieser konservativen Haltung heraus stand er dem Anwachsen der modernen Verbands- und Parteipolitik, die zu einer immer beherrschenderen Kraft des politischen und wirtschaftlichen Lebens seit der Jahrhundertwende wurde, eher ablehnend gegenüber. Hier liegen auch die Gründe für seine spätere Ablehnung der Parlamentarisierung. Zudem fühlte sich der ältere Hertling zunehmend dem Stil der Honoratiorenpolitik verbunden. 1904 wurde der inzwischen angesehene Gelehrte in den bayerischen Grafenstand erhoben.

Als Reichstagsabgeordneter entsprach Hertling weniger dem Typ des Berufspolitikers. Seine besondere Neigung galt seinem wissenschaftlichen Beruf. Er setzte sich kritisch mit der Darwinschen Abstammungslehre[3] und mit der philosophischen europäischen Überlieferung auseinander, veröffentlichte Arbeiten über den Kirchenlehrer Augustinus,[4] den mittelalterlichen Begründer der naturwissenschaftlichen Forschung Albert Magnus,[5] über Aristoteles,[6] befaßte sich mit der Überlieferung der Philosophie der Aufklärung.[7] In dem 1906 erschienenen Buch »Recht, Staat und Gesellschaft« entwickelte er eine auf die Philosophie Thomas von Aquins aufbauende Staats- und Gesellschaftslehre. Im britischen Unterhaus wurde während des Ersten Weltkriegs mit Genugtuung vermerkt, daß der deutsche Kanzler Hertling ein Kenner der englischen Verfassungsgeschichte sei. Aus den Erinnerungen Hertlings spricht die Sprache eines gebildeten, prinzipienfesten Mannes, der seine Umwelt nüchtern und selbstbewußt beurteilt, ohne sich von dem »Zeitgeist« wegreißen zu lassen.

Eine Verbindung zwischen Beruf und Politik suchte Hertling in der von ihm betriebenen Förderung katholischer Wissenschaftler und »katholischer Wissenschaft«. Von 1867 bis zu seinem Tod 1919 leitete er die von ihm mitbegründete »Görres-Gesellschaft«, eine freie Vereinigung kirchlich gebundener Wissenschaftler, die gegenüber den relativierenden Tendenzen des deutschen universitären Betriebs im 19. Jahrhundert ein überliefertes Wissenschaftsverständnis zu verteidigen suchte und dabei vor allem den Neuthomismus förderte, ohne vermeiden zu können, selbst akademische Partei zu werden. Bestrebungen, wie sie in der deutschen »Görres-Gesellschaft« sichtbar wurden, trafen sich mit den Bemühungen Leos XIII., der sich als christlicher Humanist um ein positiveres Verständnis für die Moderne in der katholischen Kirche bemühte, wenn auch nicht immer mit Erfolg. Die Zeiten, in denen die Kirche selbst die Trägerin der Wissenschaften gewesen war, waren längst vergangen und zum Teil in der katholischen Kirche selbst vergessen. Die Gründung des »Institut Catholique« in Paris 1875 bestätigt diese Aussage eher als daß sie ihr widerspricht.

Die Verbindung von Wissenschaft, Politik, kirchlicher Bindung und der Kontakt zu einem großen Teil der Bevölkerung, der katholischen Wählerschaft, brachte ein stabilisierendes Element in die deutsche Politik seit der Reichsgründung. Das Zentrum gewann an Einfluß und entwickelte erste Ansätze zu einer konservativ-demokratischen Partei. Diese Partei war nicht an dem sogenannten Bülow-Block von 1907/09 – wegen ihrer Kritik an der deutschen Kolonialpolitik – beteiligt. Hertling selbst war sicherlich kein »moderner« Politiker, auch nicht souverän in der Technik und Handhabung politischer Macht. Eine gewisse Modernität kam ihm dennoch zu, da er wohl als erster 1896 Überlegungen über das »Bildungsdefizit« der Katholiken anstellte und sich darum bemühte, Abhilfe zu schaffen.

Hertling präsidierte häufiger auf den Katholikentagen, in denen diese Verbindung von Politik, Kirche, Wissenschaft, katholischem Volk in demonstrativer Absicht sichtbar wurde. In seinen Erinnerungen erwähnt er den Ausspruch eines Kaplans Hülskamp, der ihm die Gründe nannte, warum man ihn, Hertling, zum Präsidenten der Tagung gewählt habe: »Einen Herrn von Adel brauchen wir, erstens weil voriges Jahr in Freiburg ein Bürgerlicher Präsident geworden ist, und zweitens weil unsere Freunde im Industriebezirk etwas stark demokratisch angehaucht sind. Aus letzterem Grunde ist aber nicht jeder Kavalier dort möglich. Sie, Hertling, nimmt man gern, weil man Sie kennt und schätzt und mit vollem Recht für einen Freund des Volkes hält.« Der Ausspruch des Kaplans bezog sich auf das Jahr 1885, ein Jahr starker Arbeiterunruhen im Industriegebiet an Rhein und Ruhr.

Hertlings Konservatismus war christlich-antirevolutionär. Am 26. August 1889 legte er auf dem Bochumer Katholikentag ein politisches Bekenntnis ab: »Ich erinnerte«, schrieb er später, »daß wir uns im Säkularjahr der französichen Revolution befänden, die man an anderer Stelle nicht nur als das größte Ereignis der neueren Geschichte, sondern als Ausgangspunkt einer neuen vollkommenen Gesellschaftsordnung hinzustellen bestrebt sei. Dies aber sei ein verhängnisvoller Irrtum. Wie die Fortschritte der materiellen Kultur, die die gewaltige Entwicklung der modernen Industrie, deren Zeugen den nach Bochum Reisenden überall entgegentreten, auf der Unterwerfung unter die Naturgesetze beruhen, deren Wirksamkeit sich auf bestimmte Ziele richtet, so könne auch ein wirklicher gesellschaftlicher Fortschritt nicht durch eine Auflehnung gegen die Gesetze erfolgen, welche Gott wie in die Natur, so auch in die menschliche Gesellschaft gelegt habe. Als solche Gesetze nannte ich das Gesetz der Autorität und die Unterordnung unter die Wohlfahrt des Ganzen. Sich gegen dieses Gesetz aufgelehnt zu haben, bezeichnete ich als den Frevel und zugleich das Verhängnis der französischen Revolution.«[8]

Seit den 90er Jahren begann sich die Welt in Deutschland grundlegend zu verändern. Die Industriegesellschaft nahm festere Formen, auch Organisationsformen an. Personengebundene Autorität, wie sie Hertling kannte und respektierte, verlor an Überzeugungskraft. Sie mußte demokratisch legitimiert werden, oder sie ging verloren. Zu diesen Einsichten mochte sich der inzwischen über sechzigjährige Hertling nicht mehr durchringen. Kannte er sich, als er 1909 den Vorsitz in der Reichstagsfraktion des Zentrums übernahm, in den immer komplizierter werdenden Verhältnissen der deutschen Innen- und Außenpolitik, die es zu regeln galt, noch genügend aus? Die Führung des Zentrums wurde in den Jahren vor dem Ersten Weltkrieg von einer Generation älterer Politiker, Hertling, Gröber und Peter Spahn geleitet. Der modernere Politiker in der Fraktion war zweifellos der in den eigenen Reihen nicht unumstrittene Matthias Erzberger, kenntnisreich, gewandt, fleißig, reisefreudig, offen die sich schnell verändernde Welt beobachtend, kontaktfreudig und ehrgeizig. Der jüngere Abgeordnete fand – auch in seinen Irrtümern – allmählich die Unterstützung der Älteren. Schließlich kam es 1917/18 zum Bruch zwischen Hertling und Erzberger, ein innerkatholischer Familienzwist, aber nicht nur, denn hinter den unterschiedlichen Haltungen der Persönlichkeiten standen kaum noch miteinander zu vereinbarende Unterschiede der politischen Loyalität: Erzberger wurde ein christlicher Demokrat und fühlte sich immer stärker der eigenen Bevölkerung und Wählerschaft verpflichtet.

Hertling dagegen dachte als Kanzler eher in den Vorstellungen des Amtes. Er fühlte sich den Monarchen, die ihn beauftragten, verbunden. Von 1912 bis 1917 war ihm das Amt des bayerischen Ministerpräsidenten übertragen worden. Dadurch wurde der Eindruck einer »Parlamentarisierung« erweckt, denn das Zentrum verfügte in der bayerischen Abgeordnetenkammer über die Mehrheit. Um jedes Mißverständnis zu vermeiden, legte Hertling, der selbst von dem Angebot überrascht war, das Amt aber annahm, seine Parteimitgliedschaft nieder. Er vertrat die konstitutionelle, nicht die parlamentarische Monarchie. Von einem leitenden Minister wurden offensichtlich auch keine größeren politischen Initiativen erwartet. Dazu war Hertling zu kontemplativ veranlagt. So pflegte er im bayerischen Ministeramt vornehmlich seine kirchenpolitischen Interessen, seinen Kontakt zu dem damaligen Reichskanzler Bethmann Hollweg und führte eine intensive Korrespondenz mit dem bayerischen Gesandten in Berlin über die dortigen internen Vorgänge.

Die Tatsache, daß sich Hertling noch im Alter von fast siebzig Jahren zu dieser politischen Tätigkeit bereitfand, wirkt nicht sehr überzeugend. Sie wirft auch ein bezeichnendes Licht auf die Schwäche der konstitutionellen Monarchien in den Bundesstaaten des Deutschen Reiches. Wurde nicht sein persönliches Ansehen für falsche Zwecke eingesetzt? Solche Überlegungen spielten mit, als Hertling schließlich das Amt des Reichskanzlers im Herbst 1917 angeboten wurde. Er nahm es widerstrebend an. Später erwähnte er, daß er die Aufgabe nicht hätte übernehmen dürfen. Er litt bereits unter Sehschwäche, und die Akten mußten ihm von seinem Sohn vorgelesen werden. Den

Regierungsapparat beherrschte er nicht. Hertling war sich wohl bewußt, daß er vor der Aufgabe stand, die Priorität der politischen Entscheidungen gegenüber der wachsenden Einflußnahme der Generäle auf die Innen- und Außenpolitik durchzusetzen. Darin stimmte er auch mit dem Staatssekretär des Auswärtigen, von Kühlmann, überein. Aber gerade diese Leistung konnte er nicht erbringen. Es fehlten ihm inzwischen die Bindungen, auch die menschlichen Bindungen zu den Parlamentariern im Reichstag, und er geriet, wohl gegen seinen eigenen Willen, in den Sog der Entscheidungen des politisch unzuständigen Militärs, der Obersten Heeresleitung, des Generals Ludendorff. Sein Regierungsantritt und die erste Regierungserklärung wurden mit großen Hoffnungen begrüßt: Hertling konnte das Friedensgesuch der russischen Revolutionsregierung vor dem Reichstag bekanntgeben. Er kündigte einen Verständigungsfrieden mit Rußland an. Diese Politik, die sich auf die Mehrheit im Reichstag stützte, wurde aber von der militärischen Seite durchkreuzt. Die Verhandlungen in Brest-Litowsk verliefen anders als beabsichtigt. Den geweckten Hoffnungen auf ein Ende des Krieges folgten die Enttäuschungen.[9] Da sich ein Scheitern der Friedensverhandlungen von Brest abzeichnete, kam es im Januar 1918 zu den Streiks in der deutschen Rüstungsindustrie. Die deutsche Regierung verhielt sich dabei außerordentlich ungeschickt und begünstigte so die wachsende politische Unruhe unter der Arbeiterschaft.

Als im Januar 1918 angesichts der vermuteten Wende Lloyd George für die britische und Wilson für die amerikanische Politik ihre Friedensziele formulierten und der Öffentlichkeit bekanntgaben, hätte Hertling die deutschen Friedensziele vorlegen und wirksam zum Tragen bringen müssen. Er scheint dies wohl erkannt zu haben. Er sprach vor dem Hauptausschuß des Reichstags. Aber er hatte nicht die Kraft, ein solches Programm wirksam vorzubringen. Es hätte sich auch nur gegen die deutsche Oberste Heeresleitung durchsetzen lassen. So kam es unter der Kanzlerschaft Hertlings zu einer Politik, die von vielen Reichstagsabgeordneten als »unredlich« bezeichnet wurde: Die Taten widersprachen den Worten und offiziellen Erklärungen, bei dem versäumten Verständigungsfrieden mit Rußland wie bei dem nicht eingelösten Versprechen der preußischen Wahlrechtsreform. Im Sommer 1918 hielt sich Hertling öfter und häufiger, zu häufig und zu lange, mit Wilhelm II. im Großen Hauptquartier in dem belgischen Kurort Spa auf. Als Belastung erwies sich seine gesundheitliche Schwäche. Die Regierungsgeschäfte zogen sich im Sommer 1918 schleppend dahin. Die deutsche Regierung verlor an Autorität nach außen und innen und im eigenen Land nicht nur bei der Linken. Beharrlich lehnte Hertling einen Rücktritt wie auch ein Entgegenkommen in der Frage der Parlamentarisierung ab. Schließlich reichte er seinen Rücktritt erst ein, als die Oberste Heeresleitung selbst am 29. September 1918 die sofortige Parlamentarisierung forderte. Hatte er die Absichten der Generäle durchschaut?

Zurückgezogen in seinem Haus im oberbayerischen Ruhpolding schrieb Hertling in den folgenden Wochen an seinen Erinnerungen. Er starb wenige Wochen nach seinem Rücktritt am 4. Januar 1919, innerlich getroffen von den jüngsten Erlebnissen. Die unglückliche einjährige Kanzlerschaft überschattete den Lebensweg des Gelehrten und christlichen Politikers.[10]

Anmerkungen

1 E. Deuerlein, Deutsche Kanzler, München 1968, S. 199.
2 G. v. Hertling, Erinnerungen aus meinem Leben, Bd. 1, München 1919, S. 215. Zum kirchlichen Streithintergrund: C. Butler, Das Vatikanische Konzil, München 1933 (engl. London 1930).
3 Die Hypothese Darwins, 1876.
4 Augustinus: Der Untergang der antiken Kultur, 1902.
5 Albert Magnus. Beiträge zu seiner Würdigung, 1880.
6 Materie und Form und die Definition der Seele bei Aristoteles, 1871.
7 John Locke und die Schule von Cambridge, 1892; Descartes Beziehungen zur Scholastik, 1897/8.
8 Hertling, Erinnerungen Bd. 2, München 1920, S. 112. – Zur Sozialpolitik: G. v. Hertling, Aufsätze und Reden sozialpolitischen Inhalts, 1884. Ders.: Naturrecht und Sozialpolitik, 1893.
9 Vgl. die Bemerkungen bei E. Deuerlein, Kanzler, S. 214. Januar 1918 (S. 12).
10 Briefwechsel Hertling-Lerchenfeld 1912–1917, Teil I. hrsg. u. eingel. E. Deuerlein, Boppardt a. Rh. 1973; E. Deuerlein, Georg Friedrich von Hertling, in: NDB Bd. 8, Berlin 1969, S. 702–704. Dort auch weitere Literaturangaben; R. Morsey, Georg von Hertling, in: Zeitgeschichte in Lebensbildern Mainz 1973, S. 43–52; G. v. Hertling, Politische Parteibildung und soziale Schichtung, in: Hochland Bd. 2 (1905), S. 55ff.; W. Becker, Georg von Hertling 1843–1919, Bd. 1, Mainz 1981; H. Gies, Die Regierung Hertling und die Parlamentarisierung in Deutschland, in: Der Staat 13 (1974), S. 474ff.; K. Eitel, Georg von Hertling (1843–1919), in: W. von Sternburg, Die deutschen Kanzler, Königstein/Ts. [2]1985, S. 123–136.

5. Matthias Erzberger (1875–1921)

Am 20. September 1875 wurde Matthias Erzberger in dem kleinen württembergischen Dorf Buttenhausen geboren. Er war fast gleichaltrig mit dem im Januar 1876 in Köln geborenen Konrad Adenauer, mit dem ihn nicht nur die gemeinsame religiöse Überzeugung, sondern auch später die gleiche politische Partei, das Zentrum, verband. Es gibt weitere Gemeinsamkeiten: Grundsatzfestigkeit gepaart mit Pragmatismus, ein sicheres politisches Gespür für Realitäten, eine ungewöhnliche Arbeitskraft, die Einbindung ihres politischen Handelns in die soziale Gemeinschaft, in der sie lebten, ohne dabei – beide Politiker waren keine Philosophen – ihre persönlichen Vorteile außer Acht zu lassen. Geprägt durch Herkunft und Überzeugung neigten sie dazu, die Vielfalt geistiger Bewegungen in ihrem eigenen Denken zu verkürzen. Doch kann eine solche Abschirmung gelegentlich auch einen Schutz des Handelns bedeuten. Erzberger besaß von beiden den größeren intellektuellen Zugang zur Politik.

Matthias Erzberger erhielt in der Untersuchung von Klaus Epstein »Erzberger and the Dilemma of German Democracy« (1959)[1] eine ausgezeichnete Biographie. Epstein arbeitete den sozialgeschichtlichen Hintergrund auf und zeigte die Geschichte des »einfachen Mannes aus dem Volk«, der durch harte Arbeit zu einem der führenden deutschen Politiker aufstieg, aber anders als in der amerikanischen »Lincoln-story« nicht die Gunst der Nation gewinnen konnte. Die Arbeit Epsteins deckte die sozialen Verkrustungen des deutschen Kaiserreichs auf, dessen führende Schicht es nicht hinnehmen konnte, daß ein ehemaliger katholischer Volksschullehrer aus dem 2000-Seelen-Dorf Buttenhausen ihr an Kompetenz, parlamentarischem Geschick und politischer Erfahrung überlegen sein sollte. Diese sozialgeschichtlichen Bedingungen müssen zur Erklärung hinzugezogen werden, um die zunächst unverständliche Wende Erzbergers 1917 und seine spätere Zusammenarbeit mit den Sozialdemokraten Ebert, Scheidemann und Bauer zu erklären. Er war wie sie ein »Mann des Volkes« oder, rationaler formuliert, ein Demokrat, ein christlicher Demokrat, der aus Erfahrung um die starren sozialen Barrieren und die daraus resultierenden politischen Verblendungen in Deutschland wußte.

Der junge Matthias war der älteste Sohn einer achtköpfigen Familie eines Schneidermeisters. Das schwäbische Buttenhausen, in dem er aufwuchs, hatte zur Hälfte eine evangelische und zur Hälfte eine jüdische Bevölkerung. Der junge Katholik lebte also in der »Diaspora«. Er absolvierte das Lehrerstudium an der Präparandie in Gmünd und im Lehrerseminar in Saulgau von 1889–1894, also in der »Provinz«. Als einziger seiner Mitschüler abonnierte er eine Stuttgarter Zeitung und eröffnete sich dadurch den Zugang zur »größeren Welt«. Unterrichtet wurden Religion, Pädagogik, Deutsch, Mathematik, Geschichte, Erdkunde, Naturwissenschaft und Französisch: Eine starke Betonung der »Realien«, wie es im 19. Jahrhundert in Deutschland üblich war. Hinzu kamen Musik, Zeichnen, Turnen und Schönschreiben. Zur Musik zählten Gesang, Klavier, Geige und Orgel sowie Musiktheorie. Dies war die Welt nicht nur des Volksschullehrers, sondern deutscher »Volksbildung« im vergangenen Jahrhundert. Sie galt als die beste im damaligen Europa. Der Lehrerberuf war der einzige Beruf, der begabten Jungen aus den »einfachen Kreisen« die Chance zum Studium bot, neben dem des katholischen Geistlichen. 1894 trat Erzberger in den Schuldienst ein und nahm zugleich regen Anteil an dem politischen Leben in Württemberg. Da man abends noch nicht am Fernsehen saß, waren politische Versammlungen in der sich gerade in den 90er Jahren dynamisch entwickelnden Gesellschaft des Kaiserreichs eine willkommene Abwechslung nach Feierabend. Man war interessiert und hatte Überzeugungen, katholische, liberale und in der Arbeiterschaft sozialdemokratische. Bei einem Rededuell mit dem Führer der schwäbischen demokratischen Liberalen, Payer, soll der junge Lehrer Erzberger glänzend abgeschnitten haben. Beide Politiker arbeiteten seit 1917 im interfraktionellen Ausschuß des Reichstags und 1918 im Kabinett Baden als Staatssekretäre zusammen.

Erzberger wurde von seinen Bekannten als gläubiger Mensch beschrieben: eine Gläubigkeit, die wenig zu geistigen Skrupeln neigte, denn er war eine ausgesprochen lebensbezogene, gesellige, kontaktfreudige Persönlichkeit, ein praktischer Mensch. Auch die Verbindung von religiöser Bindung und Politik, wie sie das Zentrum vertrat, war ihm selbstverständlich. »Während seines ganzen politischen Lebens wurzelte Erzbergers Politik in den unerschütterlichen Grundlagen des katholischen Denkens. Auch seine Parteizugehörigkeit war eine selbstverständliche Folge seines Katholizismus«, schreibt Epstein. Die Überzeugungen wurden durch personengebundene Loyalität verstärkt: Auf seinem Schreibtisch soll während des Krieges ein Bild Papst Benedikts XV. gestanden haben.

Das Zentrum war unter den Parteien des Kaiserreichs als einzige keine »Klassenpartei«. Die Sozialdemokraten vertraten die Arbeiterschaft, und die sozialdemokratischen Parteiintellektuellen verfestigten diese Tatsache zu einer Ideologie. Die Liberalen vertraten die bürgerlichen Interessen und taten dies, vor allem bei den Nationalliberalen, mit der Selbstverständlichkeit des bürgerlichen Utilitarismus des 19. Jahrhunderts. Bei den Liberalen und den Sozialdemokraten fanden sich antiklerikale Tendenzen. Die protestantischen Konservativen traten wohl für die Stütze von Thron und Altar ein, beschränkten sich aber vor allem auf Preußen und gingen dort eine Klassenbindung mit den wirtschaftlichen und beruflichen Interessen des ländlichen Adels ein, der »Junker«, die wohl tüchtiger waren als ihr schlechter Ruf, aber deren politisches Weltbild doch eng an ihre Scholle gebunden war und denen die Bildung der politischen Führungsschichten Englands und Frankreichs abging. Die preußischen Konservativen waren eine der tragenden Säulen des deutschen Militarismus. Zwischen ihnen und den deutschen Katholiken bestand eine geistige Trennungslinie. Das Duellwesen, das von konservativen, zumal studentischen Kreisen gepflegt wurde, lehnten die Katholiken ab. Erzberger bekämpfte es im Parlament wie in seinen publizistischen Schriften ebenso wie den häufig platten Materialismus der damaligen sozialdemokratischen Propaganda als »unchristlich«. Klaus Epstein zeichnet Erzberger als einen Intellektuellen. Seinen Intellekt nutzte er gern als Instrument zu praktischen Zwecken. »Er hat niemals daran gedacht, es zu benutzen, um die Gültigkeit seiner religiösen Anschauungen in Zweifel zu ziehen. Das ist bemerkenswert bei einem Intellektuellen des späten 19. Jahrhunderts, als die Wissenschaft auf dem Höhepunkt ihres Ansehens stand und behauptete, Maßstäbe für die Beurteilung letzter Fragen aufgestellt zu haben.« Sein »lebensnaher intuitiver, nicht rationaler Katholizismus« sei die »Quelle der tiefen inneren Selbstsicherheit gewesen«, auch in seinem politischen Verhalten.

Nach zweijähriger Lehrtätigkeit trat Erzberger in die Redaktion des »Deutschen Volksblatts«, einer Stuttgarter Zentrumszeitung, ein. Gleichzeitig arbeitete er an dem Aufbau des Württemberger »Volksvereins«, einer katholischen Vereinigung, die dem »Schutz« der Arbeiterschaft vor den Einflüssen der sozialdemokratischen Ideologie und des Antiklerikalismus dienen sollte. Er arbeitete bei dem Aufbau des »Schwäbischen Bauern- und Handwerkerbunds« mit. 1899 war er an der Gründung der christlichen Gewerkschaften in Mainz mitbeteiligt. Von dieser Zeit rührt seine Verbindung zu dem gewerkschaftlichen Flügel des Zentrums, zugleich aber auch eine wachsende Abneigung der standesbewußten bürgerlichen und adeligen Zentrumspolitiker gegen den jungen Mann und seine unkonventionellen, zupackenden Arbeitsmethoden. Dazu zählte auch sein geringer Respekt vor den Ritualen der Bürokratie. Erzberger war schwäbisch, nicht preußisch. Was gelöst werden mußte, sollte schnell und wirksam gelöst werden. Bei seiner Tätigkeit für die Arbeitervereine zeichnete er sich durch ungewöhnlichen Fleiß aus. Man schätzte an ihm sein enzyklopädisches Wissen und sein sicheres Urteil.

1903 wurde er für den Wahlkreis Biberach in den Reichstag gewählt. Mit 28 Jahren war er der jüngste Abgeordnete. Er kam zur gleichen Zeit wie auch Ebert aus Bremen und David aus Mainz nach Berlin. Eine neue demokratische politische Führungsschicht bildete sich in Deutschland heran, die später am Ausgang des Ersten Weltkriegs die Verantwortung übernehmen sollte. Vorläufig aber bekämpfte man sich noch gegenseitig: Erzberger hatte sich 1899 in seiner Schrift »Sozialdemokratie und Religion« kritisch mit dem politischen Gegner auseinandergesetzt. Durch seine Berichterstattung über den Stuttgarter Landtag hatte sich Erzberger erste Kenntnisse des parlamentarischen Lebens erworben. Nach seiner Übersiedlung nach Berlin wurde er einer der gewandtesten Parlamentarier des Reichstags. Da die meisten Führer der Zentrumsfraktion keinen dauernden Wohnsitz in Berlin hatten und von daher auch die Zügel nicht fest im Griff hatten, konnte sich Erzberger eine politische Schlüsselstellung erobern, obwohl er sozial wie politisch ein Außenseiter war. Er zählte zu dem »neuen Typus« des Parlamentariers, des Berufspolitikers, der auch mit der Psychologie des »kleinen Mannes« vertraut war, ein unschätzbarer Vorteil, selbst Regierungspolitikern gegenüber, zumal seit 1917 die Demokratisierung unabweisbar schien.

Daß er nicht nur zum Parlamentarier und Publizisten befähigt, sondern auch mit wissenschaftlich empirischen Arbeitsmethoden vertraut war, zeigte sich an einer 1902 herausgebrachten historischen Untersuchungen über »Die Säkularisation in Württemberg von 1802–1810«. Diese Untersuchung belegt, daß Erzberger weit mehr als andere Politiker mit den geschichtlichen Bedingungen des Landes, aus dem er kam, vertraut war. Vielleicht erklärt dies konservative Züge seiner politischen Haltung: nämlich das Wissen darum, daß die Politik auch etwas zu erhalten habe. Auch bei Friedrich Ebert wurden später ähnliche konservative Züge sichtbar. Doch waren sie bei Erzberger reflektierter und bewußter.

Am 13. Februar 1900 hatte Matthias Erzberger Paula Eberhard, die Tochter eines Rothenburger Kaufmanns, geheiratet. Frau Erzberger sollte ihren Mann um über drei Jahrzehnte überleben. Die Ehe wird als glücklich beschrieben. Paula Erzberger habe es verstanden, ihrem Mann »eine Zuflucht im harten Kampf des politischen Lebens zu bereiten, die er alsbald bitter nötig haben sollte.«[2] Viel Zeit konnte Erzberger bei einem häufig 16stündigen Arbeitstag für seine Familie nicht aufbringen. Selbst in den Ferien mußte die Familie oft auf den Vater verzichten. Sein politisches Engagement verlangte die ständige Präsenz im politischen Geschäft. In späteren Jahren brachte Erzberger gelegentlich politische Karikaturen aus der Presse mit nach Hause, und man amüsierte sich gemeinsam.

Erzberger wurde vorgeworfen, neben der Politik durch die Übernahme von Aufsichtsratfunktionen auch für sich selbst gesorgt zu haben. Solche Vorwürfe ließen sich in angespannten politischen Situationen wohl begründen, da Erzberger in seiner unkomplizierten Art persönliche Interessen und sachliche Aufgaben nicht sorgfältig genug auseinanderhielt. Aber reich wurde er in der Politik nicht. Die Reichstagsabgeordneten erhielten seit 1902 Diäten. Für seine umfangreiche Reisetätigkeit während des Ersten Weltkriegs mußte er sich zusätzliche Gelder besorgen. In seiner vorparlamentarischen Zeit hatte er zahlreiche Tätigkeiten ohne Entgelt ausgeübt. Aber er gewann zunehmend Gegner, ja Feinde. Politische Intoleranz, wie sie für das Kaiserreich und später auch noch für die Weimarer Republik in der Beurteilung der Person des politischen Gegners charakteristisch war, spielte mit. »Fort mit Erzberger« lautete 1919 der Titel einer Schrift des ehemaligen Direktoriumsmitglieds der »Deutschen Bank« und früheren Vizekanzlers Karl Helfferich, eines der begabtesten Führer der deutschen Rechten, dessen persönliche politische Karriere durch Erzberger im Ersten Weltkrieg behindert worden war. Die deutsche Gesellschaft der damaligen Zeit war sozial ungemein hart, manchmal auch brutal, mit einer klaren Klassenhierarchie. Die sozial Privilegierten waren sicherlich tüchtig, aber sie konnten schlecht verlieren.

Neben den großen politischen Auseinandersetzungen hatte sich Erzberger gelegentlich auch den Kleinigkeiten des politischen Alltags freundlich angenommen, so 1910 eine »Blütenlese« »Humor im Reichstag« herausgebracht. Es war eine Zeit, als man allgemein die Zukunftsentwicklung ungemein optimistisch betrachtete. Aus dieser »optimistischen« Grundhaltung hatte Erzberger die deutsche Rüstungspolitik unterstützt, die ablehnende Haltung der Sozialdemokraten in dieser Frage kritisiert und seinen Standpunkt in Reichstagsreden und Broschüren vertreten. Er sprach von der Notwendigkeit der Verteidigung der neugewonnenen deutschen Stellung, zumal gegenüber

England. Der Schwabe Erzberger scheint die inneren und äußeren Bedingungen der britischen Politik, auch der Marinepolitik, kaum in ihren Zusammenhängen und ihrer Komplexität erfaßt zu haben. Zudem fehlten ihm Auslandserfahrungen. Der »Realist« Erzberger sah die Dinge doch stark vom »Prinzipiellen«. Seine »nationale« Einstellung ähnelte der Stresemanns zu Beginn des Krieges. Beide vertraten sehr entschieden annexionistische Ziele.

Als Zentrumspolitiker mit demokratischen Neigungen gehörte Erzberger anders als die Sozialdemokraten Ebert und Scheidemann während des Kriegs einer Regierungspartei an. Er hatte Zugang zu den Behörden und nutzte ihn intensiv. Der Zugang zu Wilhelm II. blieb ihm aber als schwäbischem, katholischem Demokraten nach dem Kodex der Berliner Hofgesellschaft verwehrt. Mit Beginn des Krieges erfand er neue Betätigungsfelder. So organisierte er die deutsche Auslandspropaganda, da er sich der Wirkung dieses modernen politischen Instruments bewußt war und es zu handhaben verstand. Die Briten aber waren in der Handhabung dieses Instruments den Deutschen überlegen. Er erwarb sich durch diese Tätigkeit und durch seine langjährige Arbeit im Haushaltsausschuß des Reichstags, schließlich durch seine Reisen in die Schweiz, nach Österreich, Italien und Schweden und in die besetzten Gebiete eine genauere Kenntnis der inneren und äußeren Zusammenhänge der gesamtpolitischen Situation, wie sie wohl nur wenigen anderen Politikern zur Verfügung stand.

Der auch unter den deutschen Regierungspolitikern anfänglich umstrittene Einsatz der U-Boot-Waffe war zunächst von Erzberger wie auch vom Zentrum in einer Reichstagsresolution, die im nachhinein recht eigenartig wirkt, gebilligt worden. Seit 1917 kamen ihm Bedenken gegenüber dieser Taktik, wie auch gegenüber der gesamten deutschen Strategie. Anfänglich hatte Erzberger sogar die Annexion des »katholischen« Belgien befürwortet. Zu dieser Zeit hatte er sich noch auf gouvernementalen Pfaden bewegt. Er stand im unmittelbaren Kontakt zu dem deutschen Kanzler von Bethmann Hollweg, der sich von dem Einfallsreichtum des Abgeordneten beeindruckt zeigte.[3] Der Kölner Oberbürgermeister Max Wallraf vermerkte in seinen Erinnerungen den verärgerten Ausspruch eines Fraktionskollegen Erzbergers: »Wenn ich in der Fraktion mitteilte, der Kanzler hat mir gestern das und das anvertraut, dann schneite Erzberger plötzlich in die Fraktion herein und sagte: »Die Sache liegt ganz anders, das hat mir eben vor einer Viertelstunde der Kanzler mitgeteilt.« Erzberger habe, bemerkte Epstein, »auf diese Weise eine Stellung erlangt, die in der parlamentarischen Geschichte Deutschlands einzigartig war.«[4]

Dennoch kam es 1917 zum Bruch zwischen Bethmann und Erzberger. Zuvor hatte Erzberger versucht, da er außer seiner Tätigkeit in den halboffiziellen Einrichtungen der Auslandspropaganda keinen direkten Einfluß auf die deutsche Diplomatie hatte, gewissermaßen auf eigene Faust, diplomatisch aktiv zu werden. So hatte er versucht, auf die italienische Innenpolitik 1914/15 einzuwirken, als dort die Frage des Kriegseintritts anstand und diese noch unter den »Neutralisten« und »Interventionisten« umstritten war. Er führte eine regelmäßige Korrespondenz mit dem Sekretär Papst Benedikts XV., Gerlach, später mit dem päpstlichen Nuntius in Deutschland (München),

Eugenio Pacelli. Erzberger fühlte sich als Katholik verpflichtet, den Papst zu unterrichten.

Den jüngeren demokratischen Politikern in Deutschland wie Ebert und Erzberger muß die Schwierigkeit ihrer Situation zugute gehalten werden. Sie suchten Lösungen, hatten aber zunächst wenig Mittel, um sie zu finden und durchzusetzen. Hinzu kam die innere Schwäche und Verworrenheit in der deutschen Regierung. Von daher erklärte sich wohl auch Erzbergers Amateurdiplomatie. Seine Bemühungen, fast im Alleingang den Kriegseintritt Italiens zu verhindern, lagen noch ganz auf der national-gouvermentalen Linie. Sein Versuch, gleichsam über inoffizielle Kanäle 1917 einen Sonderfrieden zwischen Deutschland und Rußland herbeizuführen, waren schon weitreichender, aber auch vergeblich.[5]

Die Änderung seiner Auffassungen muß Erzberger bei einem Besuch bei dem damaligen Generalstabchef der Ostfront, Hoffmann, im März 1917, kurz nach dem Ausbruch der russischen Februarrevolution gekommen sein: »Der General zerstörte die wenigen Siegesillusionen, die Erzberger nach der Aufnahme des U-Boot-Krieges noch hegte, und stärkte seine Überzeugung von der absoluten Notwendigkeit, einen Verständigungsfrieden in naher Zukunft herbeizuführen.«[6] Seit diesem Frühjahr 1917 begann Erzberger, sich politisch zu emanzipieren, auch von der Befangenheit im nationalgouvernementalen »Lager«. Das war zunächst ein persönlicher Vorgang. Da aber Erzberger zugleich einen starken Anhang unter den katholischen Politikern und Wählern in Deutschland hatte, ging die Wende über das Persönliche hinaus.

So kam es zu dem aufsehenerregenden Vorstoß Erzbergers am 6. Juli 1917 im Hauptausschuß des Reichstags: der Angriff gegen die Annexionisten. Erzberger wies nach, daß die politischen und strategischen Planungen in Deutschland auf falschen Voraussetzungen beruhten. In einem 10seitigen Memorandum vom 15. Juli 1917 hatte Erzberger die Gründe zusammengefaßt, die seinen neuen Erkenntnissen zugrunde lagen: »Nach der Reise nach Schweden (20. Mai 1917), nach der Rücksprache mit Nuntius Pacelli (6. Juni 1917), nach bestimmten Mitteilungen der Herren 99, 33, 32 [Nachrichtendienst], nach den Berichten aller Agenten und Legationen stand für mich fest, daß die Berechnungen des Generalstabs und anderer Regierungsstellen, daß der uneingeschränkte U-Boot-Krieg zum Friedensschluß Ende Juli oder Anfang August führen müsse, falsch sei. Eine Aussprache mit dem Herrn Reichskanzler, mit Staatssekretär Helfferich, Staatssekretär Zimmermann ergab vollkommene Übereinstimmung über diese Auffassung.«[7]

So die nüchterne Feststellung. Damit setzte aber ein Vorgang mit weitreichenden Folgen ein. Er beruhte auf einem sich verstärkenden Mißtrauen gegenüber den Absichten und auch Fähigkeiten der deutschen Leitung in Heer, Marine und in der Regierung. Auch die Denkschrift des österreichischen Außenministers Graf Czernin vom 12. April 1917, die den Austritt Österreichs aus dem Krieg forderte, hatte auf Erzberger einen starken Eindruck gemacht. Hinzu kam die Einleitung der päpstlichen Friedensvermittlungen, die ihren Niederschlag in dem vergeblichen Schreiben Benedikts XV. an die kriegsführenden Länder von Juni bis August 1917 fanden. Am 17. Mai hatte Erzberger

Gespräche mit dem Nuntius Pacelli in Luzern, am 6. Juni in München und am 16. Juni in Berlin geführt. Allerdings waren die Katholiken in der deutschen Politik eine Minderheit. So war es zweifelhaft, ob die päpstliche Friedensinitiative Erfolg haben würde.

Der Schlüssel zur Erklärung der Wende vom Juli 1917 ist weniger in den außenpolitischen Bewegungen als in den inneren Veränderungen in Deutschland zu suchen. Erzberger berichtete 1920 in seinen »Erlebnissen«: »Bereits in den letzten Junitagen 1917 hatte die sozialdemokratische Reichstagsfraktion sehr ernste Vorstellungen beim Reichskanzler erhoben; sozialdemokratische Reichstagskollegen teilten mir mit, es könne gar nicht damit gerechnet werden, daß die neue Kreditvorlage, die bei dem am 3. Juli stattfindenden Zusammentritt des Reichstags zur Erledigung stand, ohne weiteres genehmigt würde; ich müßte vielmehr damit rechnen, daß die Mehrheit der Fraktion entsprechend einem Beschluß des Parteivorstands die Kredite ablehnen würde«. Aufschlußreich ist die Reaktion Erzbergers auf diese Einsicht in der wachsenden Kritik der Arbeiterschaft an der Regierungspolitik: »Diese für die innere und äußere Situation Deutschlands gleich gefährliche Situation mußte unter allen Umständen verhindert werden.[8]

Daraufhin suchte Erzberger zunächst die Aussprache mit seiner eigenen Reichstagsfraktion am 3. Juli 1917. Am 4. Juli erklärte er seinen Reichstagskollegen im Hauptausschuß, daß die deutsche Regierung in der Bevölkerung einen »unbegründeten Optimismus« hervorgerufen habe, den es abzuwehren gelte. Der Reichstag dürfe diesen nicht mehr teilen, er sei »vor die tiefernste Frage gestellt, wie man aus dem Krieg herauskomme«. »Es sei ein Irrtum zu sagen, wir könnten den Frieden mit dem Schwert diktieren. Es habe sich niemand gefunden, der das Diktat unterschreibe. Man müsse vielmehr versuchen, auf politisch-diplomatischem Wege den Krieg zu beendigen. Aber auch die beste Diplomatie der Welt könne nicht wieder gutmachen, was durch den uneingeschränkten U-Boot-Krieg an politischem Schaden angerichtet werde.«[9]

In der entscheidenden Sitzung des Hauptausschusses vom 6. Juli 1917 ging Erzberger noch einen Schritt weiter. Er wies nüchtern auf die unterschiedlichen Lebensverhältnisse in den kriegsbeteiligten Ländern hin. Er setzte sich von der nationalen Rechten ab und suchte eine neue Mehrheitsbildung. Mit der Verabschiedung der Friedensresolution durch die neue Mehrheit im Reichstag aus Sozialdemokraten, Zentrum und Fortschrittlern mit 212 gegen 126 Stimmen bei 17 Enthaltungen hatte die neue demokratische Bewegung in Deutschland zum ersten Mal ihre eigenständigen außenpolitischen Ziele formuliert. Die Verwirklichung dieses Programmes sollte sich über Jahrzehnte hinziehen. Sie ist eigentlich nie ganz eingelöst worden. Die Parteien, die die Friedensresolution entworfen und beschlossen hatten, erzielten bei den Wahlen zur Nationalversammlung am 19. Januar 1919 – der ersten allgemeinen Wahl seit 1912 – eine Dreiviertelmehrheit der Wählerstimmen.

Erzbergers Vorstoß stieß auf den Widerstand des rechten Flügels seiner eigenen Partei. Eine vier Tage nach der Verabschiedung der Friedensresolution in Frankfurt am Main einberufene Sondersitzung des Reichsausschusses der Zentrumspartei und des (die Journalisten der katholischen Zeitungen in Deutschland erfassenden) »Augustinus-Vereins zur Pflege der katholischen Presse« sollte Erzberger bei der katholischen Bevölkerung Rückendeckung verschaffen und zugleich seinen Schritt verständlich machen. 64 Teilnehmer stellte die Konferenz. Der 65jährige Fraktionskollege und Freiburger Rechtsanwalt Konstantin Fehrenbach unterstützte Erzberger durch ein einleitendes Referat. Erzberger kam mit einer zweistündigen Rede zu Wort. »Der Eindruck für seine Zuhörer war... niederschmetternd. Um die wenigen Teilnehmer, die immer noch nicht von der verzweifelten Lage der Mittelmächte überzeugt waren, zu bekehren, las Erzberger die Czernin-Denkschrift vor, die Kaiser Karl ihm im April zur Verwendung nach eigenem Ermessen gegeben hatte.«[10] Erzberger hatte strenge Vertraulichkeit verlangt. Dennoch war es unvermeidbar, daß die Nachricht nicht nur durch die katholischen Zeitungsredaktionen in Deutschland, sondern auch durch die bischöflichen Ordinariate, die katholischen Pfarrämter, die örtlichen Vorstände der Zentrumspartei in ganz Deutschland – von Ostpreußen bis ins rheinische Köln lief, wo drei Monate später der 41jährige Konrad Adenauer das Amt des Oberbürgermeisters antrat. Das katholische Deutschland begann in diesen Monaten umzudenken.

Mit der Rückversicherung in der katholischen Bevölkerung durchbrach Erzberger den geheimen Zauber der nationalgouvernementalen Politik der deutschen Rechten, die bisher die deutsche Bevölkerung von allen kritischen Nachrichten über die militärische Lage abgeschirmt hatte und diese Politik auch durch die Pressezensur der örtlichen Oberkommandos in den Städten mit Erfolg hatte handhaben können. Innenpolitisch hatte sich Deutschland seit 1916 dem Zustand einer Militärdiktatur angenähert. In der Gegnerschaft gegen diese »Entwicklung« gab es eine breite Übereinstimmung zwischen den sozialdemokratischen, katholischen und linksliberalen Politikern und die gemeinsame innere Entrüstung. Das band zusammen, wirksamer jedenfalls als die tatsächliche und vermeintliche »Religionsfeindlichkeit«, wie sie Erzberger vor dem Krieg bei den Linken und Liberalen publizistisch kritisiert hatte, trennend gewirkt hatte. Andere Dinge spielten mit. Persönlichkeiten wie Erzberger, Ebert, Scheidemann und David, die aus einfachen Verhältnissen aufgestiegen waren, sich des sozialen Außenseitertums, dem sie entstammten, bewußt waren und es auch nicht leugneten, verstanden sicherlich viele Dinge ähnlich, ohne lange darüber nachdenken zu müssen. Andererseits wurde durch die neue Bindung auch die Gegnerschaft der sozialen »Insider« wie Helfferich, ja die persönliche Feindschaft dieser Kreise hervorgerufen. Seit 1917 begann die Kampagne gegen die Person des Zentrumspolitikers, die sich nach Kriegsende noch verstärken sollte.

Die Friedensresolution erzielte keinen unmittelbaren Erfolg. Doch hatten die »Politiker des Volkes« erstmals ihre alternativen Zielvorstellungen gegenüber den herrschenden Führern in Deutschland formuliert. Der politische Dunstkreis des Wilhelminismus und seiner sozialen Verflechtungen war durchbrochen. Angesichts der auftauchenden Krisen suchte man in der deutschen Innenpolitik die Probleme durch einen Personenwechsel der Kanzler zu lösen. Bethmann wurde »gestürzt«, – nicht ohne Beteiligung Erzbergers. Sein Nachfolger Michaelis, der durch eine unüberlegte Bemerkung vor dem Reichstag die Friedensresolution entwertete und sich damit die Gegnerschaft der sozialdemokratischen und katholischen Presse zuzog, mußte im Oktober 1917 dem 74jährigen Georg von Hertling weichen. Der im Juni 1917 gebildete interfraktionelle Ausschuß – in der Geschäftsordnung des Reichstags nicht vorgesehen –, zu deren führenden Persönlichkeiten Erzberger, Ebert und Haußmann zählten, begann als politische Vertretung der neuen Reichstagsmehrheit Einfluß auf die politischen, auch personalpolitischen Entscheidungen zu nehmen. Die Gefahr, Politik durch Personalpolitik zu ersetzen, war allerdings bei Erzberger immer gegeben.

Äußerlich gesehen mußte die Ernennung Hertlings, des früheren Fraktionsvorsitzenden des Zentrums zum Kanzler als Gewinn erscheinen, doch hatte Erzberger die Ernennung zu vermeiden gesucht, wohl auch zu Recht. Denn Hertling war für sein Amt zu alt und hatte kein Verständnis für die sich abzeichnenden demokratischen Bewegungen. Gegen den Willen Hertlings setzte Erzberger die Ernennung Friedrich Payers zum Vizekanzler durch. Dadurch gewann die Reichstagsmehrheit einen Zugang zum Regierungszentrum. Die Freunde um Graf Hertling begannen seitdem in dem Chor der Erzberger-Gegner einzustimmen, so auch der westfälische Reichstagsabgeordnete Graf von Galen. Denn praktisch hatte Erzberger nicht nur die Linksliberalen, sondern auch die Sozialdemokraten in die Nähe des Regierungslagers geholt. So äußerte Hertling im Februar 1918 im engeren Freundeskreis, Erzberger sei ein »Verderben« für das Zentrum, das Vaterland und vor allem für die katholische Kirche. Man werde ihnen die Folgen der Aktivitäten Erzbergers noch fünfzig Jahre lang vorhalten. Das bedeutete, wie Epstein vermerkt: bis 1968![11]

Da Hertling sich eher den Gruppen des Hofes und der OHL aus menschlicher Schwäche wie aus fast doktrinärer Überzeugung verbunden fühlte, kam es zwischen den beiden katholischen Parteifreunden im Frühjahr 1918 zum Familienkrach und zum Bruch. Die Gegensätze waren – auch nach der Entwicklung der Verhandlungen mit Rußland in Brest-Litowsk – zu groß. Sie lagen nicht nur im Naturell oder im persönlich-Menschlichen begründet und ließen sich kaum noch verdecken. Faktisch wirkte sich die Kanzlerschaft Hertlings auf die politischen Möglichkeiten Erzbergers eher lähmend als fördernd aus. Dieser Effekt war mit der Ernennung Hertlings wohl auch beabsichtigt gewesen. Dem Vertrag von Brest-Litowsk stimmte das Zentrum zu. Erzberger erklärte sogar, daß dieser Vertrag mit der Friedensresolution zu vereinbaren sei! Als aber seit dem Frühjahr 1918 das traurige Schauspiel um die Politik der verschleierten Annexion Litauens und der baltischen Länder im Zusammenspiel mit deutschen Fürstenhäusern einsetzte, woran Hertling nicht unbeteiligt war, setzte sich Erzberger erneut zur Wehr. Er sah den wachsenden Einfluß des Militärs um Ludendorff auf die Ostpolitik und die zunehmende Untergrabung der Regierungsautorität durch die Generäle. Er sprach im Frühjahr vor dem Hauptausschuß des Reichstags gegen diese Art der Ostpolitik und begünstigte die Unabhängigkeit der katholischen Länder Polen und Litauen.

Erzberger, erfinderisch, aufmerksam die politischen Veränderungen außerhalb Deutschlands beobachtend, schrieb in den Sommermonaten des Jahres 1918, da er selbst wenig Einfluß auf die politische Entwicklung nehmen konnte – die Politik schien im Sommer 1918 in Deutschland überhaupt in einer schier unglaublichen Trägheit dahinzufließen – eine Schrift, die sich mit dem von Woodrow Wilson favorisierten Gedanken des Völkerbunds befaßte: Sie erschien im Oktober 1918 unter dem Titel »Der Völkerbund. Der Weg zum Frieden.« Offensichtlich machte sich Erzberger, auch angesichts des Internationalismus der russischen Bolschewiki um Lenin und Trotzki, die alternativen Konzeptionen des amerikanischen Demokraten zu eigen und suchte sie als christlicher Demokrat aus der deutschen und europäischen Geschichte zu begründen. Er suchte eine »westliche Lösung« und entdeckte die Gemeinsamkeiten der westlichen Demokratie. Ein ähnlich günstiges Echo fand der Völkerbundgedanke bei den deutschen Sozialdemokraten, obwohl der Vorwärts-Redakteur Friedrich Stampfer in Leitartikeln erwog, ob es auch einen möglichen »dritten Weg« für Deutschland zwischen Ost und West gäbe. Diese Alternative sah Erzberger nicht, und seine Haltung wurde für seine spätere Zustimmung zu dem Waffenstillstandsvertrag und dem Versailler Vertrag bestimmend. Er hatte mit seiner Völkerbundschrift den Nationalismus der Vorkriegszeit überwunden und sich von dem Sog der Ideologien des 19. Jahrhunderts emanzipiert. Die Schrift zog eine Verbindung von dem päpstlichen Vorschlag (Rüstungsminderung, internationale Schiedsgerichtsbarkeit, Freiheit und Gemeinsamkeit der Meere) zur Friedensresolution des Reichstags vom 19. Juli 1917. In der künftigen internationalen Neuordnung sollte die Idee des Völkerbundes an die Stelle der Weltreichskonzepte treten.

Mit der ihm eigenen Gewandtheit hatte Erzberger einige historische Belege zusammengestellt: Augustinus habe in seiner »Civitas Dei« erstmals den Gedanken eines friedlichen Weltreichs entworfen, das an die Stelle des auf Eroberungen gegründeten römischen Reichs habe treten sollen. Der Friede, so habe Augustinus ausgeführt, sei das höchste Gut der Menschheit. Es folgten Thomas von Aquin, der Spätscholastiker Suarez, die Erinnerungen an den Gedanken der »omnium christianorum una res publica« der kirchlichen Überlieferung, Hugo Grotius, der Begründer des modernen Völkerrechts, ein Hinweis auf die Verkündigung der »Treuga Dei« Papst Urbans II in Clermont 1095 (!), weitere öffentliche Erklärungen Papst Leos XIII. an die Politiker des 19. Jahrhunderts über ein friedliches Zusammenleben der Völker und Staaten. Nachdrücklich habe dieser Papst in seiner Weihnachtsbotschaft vom 25. Dezember 1900 vor den Ursachen gewarnt, die später zur »Weltkatastrophe« geführt hätten, der »maßlosen Vermehrung der Kriegsrüstungen« der verderblichen Wirkung des »bewaffneten Friedens«.

Als Dokument deutscher Friedenstradition konnte Erzberger auf die Schrift Kants »Zum Ewigen Frieden« von 1795 verweisen. Damit hatte Erzberger einen eindrucksvollen Kronzeugen der deutschen Philosophie gewonnen. Der Krieg sei, habe Kant 1797 im »Streit der Fakultäten« geschrieben, »das größte Hindernis des Moralischen«. Die Schrift zeigte an, in welche Richtung Erwartungen demokratischer Politiker in Deutschland 1918 kurz vor Ende des Krieges gingen. »Der christlichen Demokratie gehört die Zukunft«, hieß es, »sie bringt die Ordnung in das Leben der Völker. Demokratie heißt *Ordnung* und *Recht*, aber nicht Gewalt und Ungebundenheit, Anarchie und Selbstmord der Völker.« Erzberger bezog auch die Frauen in die Neugestaltung der politischen Zukunft mit ein. Sie seien »die großen Verbündeten« des Völkerbundgedankens. Dies bedeutete die Ausdehnung des aktiven und passiven Wahlrechts, wie es drei Monate später in Deutschland durchgeführt wurde. Erzberger war ein Demokrat geworden, ein christlicher Demokrat. Er hatte ein Konzept gewonnen. Wie es sich bewähren würde und wie der Autor sich selbst bewähren sollte, mußte sich zeigen.

Erzberger blieb nicht mehr allzuviel Zeit zum Nachdenken. Was in ihm innerlich in den nächsten Monaten vorging, läßt sich kaum ermitteln. Denn er hatte zu handeln, Lösungen zu finden und konnte sich wenig mit seiner eigenen Psychologie befassen, was ihm auch nicht besonders lag. In den Oktobertagen 1918 traf Erzberger ein persönliches Unglück. Sein einziger Sohn Oskar starb am 16. Oktober in Karlsruhe in Anwesenheit seines Vaters an der Grippe, die damals in Europa grassierte und zahlreiche Todesopfer forderte.

Bereits im Januar 1918 war eine innere Krise in dem Bündnis der Reichstagsmehrheit eingetreten. Der Streik in der Rüstungsindustrie, ausgelöst durch die offenkundige annexionistische Verhandlungsführung der deutschen Delegation in Brest-Litowsk gegenüber Rußland, und das Eintreten führender Sozialdemokraten, darunter Ebert und Scheidemann, in die Streikkommission hatte in allen bürgerlichen und konservativen Kreisen größte Entrüstung hervorgerufen. Auch Erzberger hatte sich zunächst diese Haltung zu eigen gemacht, dann aber schnell die tatsächlichen Zusammenhänge erkannt: nämlich, daß die sozialdemokratischen Politiker die einzigen waren, die den inneren Zusammenhalt in Deutschland überhaupt gewährleisten konnten, um größere soziale Unruhen, möglicherweise ein Ausgreifen der revolutionären Bewegungen von Rußland auf Deutschland zu verhindern. Seitdem festigte sich seine Bereitschaft, mit den Sozialdemokraten zusammenzuarbeiten, ja seit September 1918 sah er diese Zusammenarbeit als unabdingbar an. Er war sich darüber im klaren – darin dachte er ebenso konservativ wie national – daß sich anders die politische Autorität in Deutschland nicht behaupten lasse. Die Mehrheit der Zentrumspartei und der Reichstagsfraktion, an ihrer Spitze Konstantin Fehrenbach, unterstützte die Haltung.

Erzberger drängte seit September 1918 auf den Eintritt der Sozialdemokraten in die Regierung, während die Sozialdemokraten selbst zunächst wenig Neigung zeigten. Es war der Monat, in dem sich durch das österreichische Friedensangebot und dem Nervenzusammenbruch Ludendorffs am 29. September der verlorene Krieg für Deutschland abzeichnete, ein Faktum, das Erzberger seit dem Juli 1917 abzuwenden versucht hatte. Erzberger sah im September 1918 die Folgen im Innern voraus, wohl deutlicher als manch anderer. Er wollte als konservativer Politiker weniger dem Namen als der Sache nach die politische Krise verhindern. Wohl nur aus dieser Einstellung sind seine ungewöhnlich entschlossenen politischen Entscheidungen in den folgenden Monaten zu erklären: die Annahme des Waffenstillstands, der bei vielen Deutschen Entsetzen hervorrief, und seine Bemühungen um die Ratifizierung des Versailler Vertrages.

Aus solchen Einsichten lehnte er Überlegungen ab, daß das Zentrum nach den Wahlen zur Nationalversammlung im Januar 1919 in die Opposition gehen solle.[12] Die Weimarer Verfassung kam in ihrem sozialen und politischen Kompromißcharakter –

Sicherung des Eigentums und individueller und sozialer Grundrechte, Gewährung des Rechtsstaats, Vermeidung einer staatlichen Reglementierung der Wirtschaft und der Gewährleistung kirchlicher Unabhängigkeit – den Vorstellungen Erzbergers ziemlich nahe. Wie Ebert bei den Sozialdemokraten gelang es Erzberger im Zentrum, die jeweilige Mehrheit in den Parteien zum Kompromiß zu bewegen. Am 18. Februar 1919 kam es zu dem Zusammenstoß zwischen Matthias Erzberger und dem zweiundvierzigjährigen, also fast gleichaltrigen Albert Vögler (DVP), dem kommenden Mann der deutschen Industrie, in der Nationalversammlung. Die Konfrontation hing mit dem Waffenstillstand zusammen. Auf Vorwürfe Vöglers gegen die Politik Erzbergers ging Erzberger sofort zum Gegenangriff über und wies dem »Generaldirektor« die Unhaltbarkeit der von ihm erhobenen Vorwürfe nach. Mit scharfen Worten verwies er auf die Untragbarkeit der Person von Stinnes als Mitglied einer Verhandlungskommission, wie es Vögler gefordert hatte: »Dem Herrn Abgeordneten Vögler genügt das nicht, wenn nicht auch noch Herr Hugo Stinnes zugezogen wird,« erklärte er unter dem Beifall[13] von Abgeordneten der Linken und des Zentrums: »Ich kenne die Pappenheimer, die alten und die jungen.« Und schließlich schleuderte der katholische Demokrat in Erinnerung an die Haltung der deutschen Industrie während der letzten Kriegsjahre den Abgeordneten der Rechten unter »stürmischem Beifall«, wie das Protokoll vermerkte, die Worte entgegen: »Ihre Herrschaft ist vorüber, glauben Sie mir das. Restlos.«[14]

In der Replik Erzbergers fiel ein Satz, der den Kern der politischen Kontroverse offen aussprach: »Durch die Rede des Herrn Abgeordneten Vögler zog sich eines hindurch: Er hatte immer die eine nicht ganz kleine Tatsache vergessen, daß wir leider den Krieg verloren haben.«[15] Der Kampf um die Verbesserung des Waffenstillstands – später der Friedensbedingungen – bestimmte die Arbeit Erzbergers in der ersten Hälfte des Jahres 1919. Um angesichts der Entwicklung in Deutschland und der Situation in Europa einen gangbaren Weg zu finden, sah er keine andere Lösung, als die harten Bedingungen des Versailler Vertrages zu akzeptieren. Darin war er sich mit führenden Sozialdemokraten, nicht allen, vor allem aber mit Ebert, einig. Er vertraute auf eine für Deutschland günstigere innenpolitische Entwicklung in den westlichen Ländern, ganz anders als die deutsche nationale Rechte, die in ihrer begrenzten nationalen Perspektive verharrte, beharrlich die Verluste zählte und nicht die neuen Möglichkeiten sehen wollte. Sie konnte sich nicht vorstellen, daß die Bevölkerung der »Siegerstaaten« in absehbarer Zeit kooperationsbereitere Regierungen ans Ruder bringen konnten: von daher ihr nationaler Fatalismus, der dem christlichen Demokraten Erzberger fremd war.

Zu allem Unglück deckte sich dieser Termin der Abstimmung über den Versailler Vertrag mit der Schlußphase der Verfassungsberatungen, so daß in der deutschen Öffentlichkeit ein assoziativer Konnex hergestellt werden konnte. Die Verführung zu solch einem kurzschließenden Denken lag nahe, und große Teile der politischen Öffentlichkeit, selbst die Linksliberalen, die die Annahme des Vertrags – auch aus Verantwortungsscheu – ablehnten, erlagen ihr. Bei der endgültigen Verabschiedung des Vertragswerks stimmte Erzbergers Partei, das Zentrum, mit 78 Stimmen dafür, mit 9

Stimmen dagegen. Nach einigem Zögern gingen die katholischen Politiker in dieser Frage wie 1917 bei der Friedensresolution und auch bei der späteren Abstimmung über die Weimarer Verfassung mit den Sozialdemokraten zusammen, weniger aus Neigung als aus Pflicht und aus politischem Kalkül. Man sah keine Alternative um weiterzukommen. Erzberger hatte in einer Denkschrift im Juni darauf verwiesen, daß die Ablehnung des Vertragswerks den Einmarsch der Alliierten in Deutschland zur Folge haben werde, möglicherweise sogar Bürgerkrieg und die Auflösung des 1871 errichteten Deutschen Reichs. Auch die Annahme werde zu schweren inneren Belastungen führen, doch werde es auf längere Sicht gelingen, dem »Bolchewismus« die »Werbekraft« zu nehmen und die Wirtschaft wieder zum Aufschwung zu bringen. Mögliche politische Gegenbewegungen, vor allem aus den östlichen Provinzen Deutschlands, »würden wahrscheinlich an der vorbehaltslosen Friedenssehnsucht der großen Mehrheit des Volkes wie an der greifbar in die Erscheinung tretenden Besserung der allgemeinen Lage durch den Friedenszustand verpuffen.«[16]

Nach der Annahme des Vertrags begann der Alltag der Weimarer Republik. In dem neuen Kabinett Bauer (SPD) war Erzberger als Finanzminister vertreten. Es gelang ihm durch die Einführung der Reichssteuerreform erstmals seit der Reichsgründung von 1871, dem neuen politischen Gemeinwesen eine solidere Finanzgrundlage zu verschaffen, den Einfluß der Länder zurückzudrängen und auf eine Verbesserung der Einkommensverhältnisse zugunsten der niedrigeren Einkommensempfänger und zu Lasten der Begüterten hinzuwirken. Die Erfahrungen für ein solches Gesetzeswerk hatte er in seiner langjährigen Arbeit im Reichshaushaltsausschuß gesammelt.[17]

Mit der Reichssteuerreform von 1920 setzte der katholische Demokrat durch, was die Sozialdemokraten, die mit dem nicht sehr geschickten Gewerkschaftler Gustav Bauer den Kanzler stellten, seit langem gefordert hatten. In der praktischen Politik waren die Unterschiede zwischen den Parteien nicht so groß wie in ihrer ideologischen Selbstdarstellung. So konnte in der Öffentlichkeit gelegentlich der Eindruck entstehen, als gründe die Weimarer Republik auf einem Bündnis von sozialdemokratischen Gewerkschaften und katholischer Kirche, keine »schwarz-rot-goldene«, sondern eine »schwarz-rote« Republik.[18]

Doch war auf die Dauer diese Basis politischer Verantwortung zu schmal. Darin bestand das »Dilemma« der von Erzberger verfolgten Politik. Das Zentrum erreichte bei den Wahlen der nächsten Jahre nie 20 %, die Sozialdemokraten im Höchstfall 35 % der Stimmen, die DDP, die aus den Fortschrittlern hervorgegangen war, kam seit 1920 nicht mehr über 10 %; stattdessen sank ihr Stimmenanteil ständig. Das war für eine tragfähige Mehrheit zu wenig. Es war Erzbergers Verdienst, dort, wo andere die Verantwortung scheuten, die demokratische Entwicklung tatsächlich vorangetrieben zu haben. Doch ruhte diese neue Demokratie zunächst auf den Schultern politischer und sozialer Minderheiten. Die Gefährdung des jungen demokratischen Gemeinwesens bestand darin, daß es, wenn es seine tragfähige Basis nicht verbreitern konnte, von ihren erklärten Gegnern in ein Ghetto eingeschlossen werden konnte. Das war die Kehrseite der Parteiendemokratie, wenn sie nicht weitere bindende Kräfte, Personen, Ideen,

Symbole, Institutionen, Zustimmungen über die Bindungen an die Parteien hinaus einsetzen konnte. In dieser Situation mochte die katholische Kirche in der Weimarer Republik nach dem unerwarteten Verschwinden sämtlicher Monarchien 1918 einige Jahre lang als die einzige noch vorhandene symbolkräftige, traditionelle Kraft erscheinen, eine Rolle, die ihr etwas ungewollt zugefallen war und für die sie überhaupt nicht geeignet war.

Erzberger hatte keine Chance, auf seine Leistungen zurückzublicken und sie zu überdenken. Veranlaßt durch den »Beleidigungsprozeß« gegen Helfferich mußte er sein Ministeramt aufgeben. Am 25. August 1921 fiel er bei einem abendlichen Spaziergang in Bad Griesbach im Schwarzwald dem Attentat zweier junger ehemaliger, jetzt arbeitsloser deutscher Offiziere zum Opfer. Für deren persönliches Schicksal war Erzberger, wie es einige Schriften der Rechten darstellten, kaum verantwortlich zu machen. Die Anhänger Erzbergers fühlten sich durch die Tat bedrückt, die Gegner fühlten sich erleichtert.[19]

Anmerkungen

1 Princeton 1959 (dt. Berlin 1962).
2 Epstein, S. 32.
3 Epstein, S. 118.
4 Wallraf, Aus einem rheinischen Leben, Berlin 1926, S. 126.
5 Epstein, S. 186–203.
6 Epstein, S. 186.
7 Zit. nach Epstein, S. 208.
8 M. Erzberger, Erlebnisse im Weltkrieg, Stuttgart-Berlin 1920, S. 252f.
9 Der Hauptausschuß des Deutschen Reichstags 1915–1918, Bd. 3, hg. R. Schiffers u. a., Düsseldorf 1981, S. 1486.
10 Epstein S. 229.
11 Der Ausspruch ist verzeichnet in einem Brief Dr. Eisels an die Redaktion der (kath.) Kölner Volkszeitung vom 22. 3. 1918.
12 In einem ausführlichen Schreiben an den Nuntius Pacelli hatte er die Zusammenhänge erklärt: »Würde das Zentrum in die Opposition gegangen sein, so würde das neue Kabinett auf sehr schwankenden Füßen stehen. Die parteipolitischen Kämpfe würden sehr scharf werden. Unser Land komme nicht zur Ruhe... Die Nationalversammlung würde zur Ohnmacht verurteilt werden und das Land der Anarchie zum Opfer fallen.« Daneben spielte die Überlegung mit, kirchliche Rechte zu schützen. Im übrigen sei das Zentrum »seiner ganzen Vergangenheit« nach »nicht eine Oppositionspartei, sondern eine Partei der positiven Arbeit.« Zitiert nach Epstein, S. 328.
13 A.a.O., S. 138.
14 A.a.O., S. 142.
15 Nationalversammlung Bd. 326, S. 145. – Vögler gehörte 1919 der Deutschen Volkspartei an, trat später den Deutschnationalen bei und war auch von 1933 bis 1945 im Reichstag vertreten. Seit 1926 leitete er die Vereinigten Stahlwerke, nahm einen starken Einfluß auf die Wissenschaftsförderung, zeigte aber, obwohl sehr begabt, nie geistige und politische Bindungen, neigte zu einem vagen, gelegentlich kulturpessimistischen Idealismus. (Vgl. Gert von Klass, Albert Vögler. Tübingen 1957; ferner: G. W. F. Hallgarten: Adolf Hitler and German Heavy Industry 1931–1933, in: Journal of Economic History, Bd. 12 (1952); W. Ribhegge, Albert

Vögler, in: Bürgertum und Wissenschaft. Die Gesellschaft zur Förderung der Westfälischen Wilhelms-Universität 1918–1968, unveröff. Manuskript 1968).

16 Wiedergabe der Denkschrift bei Epstein S. 356–458.

17 Diese »Erzbergersche Finanzreform« zählt zu den wirksamsten gesetzgeberischen Maßnahmen der Weimarer Republik. Gesellschaftspolitisch hatte sie wie die zur gleichen Zeit von Erzberger durchgesetzte Nationalisierung der Eisenbahnen eine sozial egalisierende Tendenz. Sie eröffnete den Weg in die neue demokratischere Gesellschaft der Weimarer Republik – soweit gesetzgeberische Maßnahmen darauf Einfluß nehmen können.

18 Ernst Troeltsch am 8. Juli 1919, in: E. Troeltsch, Spektator-Briefe, Tübingen 1924, S. 71.

19 Es fällt auf, daß Erzberger die überzeugendste und unvoreingenommenste Würdigung seiner Arbeit in der angelsächsischen Welt, nicht in der deutschen Geschichtsschreibung gefunden hat: Klaus Epstein, Matthias Erzberger und das Dilemma der deutschen Demokratie, Frankfurt 1976; Matthias Erzberger, in: Encyclopedia Britannica Bd. 8 (1962), S. 698 f.; Fritz T. Epstein, Zwischen Compiègne and Versailles, in: Vierteljahreshefte für Zeitgeschichte, Bd. 3 (1955); Theodor Eschenburg, Matthias Erzberger. Der große Mann des Parlamentarismus und der Finanzreform, München 1973; Rudolf Morsey, Matthias Erzberger, in: Ders. (Hg.), Zeitgeschichte in Lebensbildern. Aus dem deutschen Katholizismus des 20. Jhdts., Mainz 1973, S. 103–112; B. Blackbourn, Class, religion and local politics in Wilhelmine Germany. The Centre Party in Württemberg before 1914, Wiesbaden 1980.

6. Friedrich Payer (1847–1931)

Als Friedrich Payer im Oktober 1917 die Führungsrolle, die ihm die Politiker der neuen Reichstagsmehrheit antrugen, übernahm, konnte der Siebzigjährige bereits auf eine lange und erfolgreiche politische Laufbahn zurückblicken. Der Stuttgarter Rechtsanwalt, Reichstags- und Württemberger Landtagsabgeordnete und Demokrat übernahm das Amt des Vizekanzlers in den beiden letzten kaiserlichen Regierungen als politischer »Anwalt«, als Vertrauensmann der neuen demokratischen Mitte, auch der Sozialdemokraten, die den bürgerlichen Politiker bis zum 9. November 1918 unterstützten.

Friedrich Payer wurde am 12. Juni 1847 in Tübingen geboren. Der Vater war wie der Großvater und Urgroßvater Pedell an der Universität Tübingen gewesen. Er habe sich, so heißt es, in der Stadt und in der Hochschule eines guten Ansehens erfreut. Der junge Friedrich wuchs in »geordneten Verhältnissen« auf. In einer 1930 verfaßten autobiographischen Aufzeichnung beschrieb Payer die sozialen Lebensverhältnisse seiner Tübinger Kindheit und Jugend: »Von Politik war in unserem Hause so wenig wie in den anderen zu bemerken. Entsprechend der Stellung meines Vaters wurden wir in Respekt vor der Obrigkeit und dem akademischen Senat erzogen. Der Herr Universitätsamtmann, obwohl weder imponierend noch bedrückend, war für uns ein Gegenstand unbegrenzter Hochachtung.«[1] Über die Mutter hieß es in den Erinnerungen, daß sie »wunderschön« Märchen habe erzählen können. Der Lebensstandard der Familie Payer war schlicht: »Der Haushalt wurde, abgesehen von einigen »vornehmen Häusern«, in ganz Tübingen einfach, bürgerlich geführt.« Die Kinderkleidung war »unter dem Gesichtspunkt der Haltbarkeit, womöglich im Hause selbst, hergestellt und bis zum letzten Rest von Tragfähigkeit ausgenutzt worden.« Im Winter spannen die Frauen der Tübinger Familien. »Beim Essen saßen Knecht und Magd mit an einem Tisch. Der Speisezettel wiederholte sich in den einzelnen Jahreszeiten in ziemlich streng eingehaltener Reihenfolge fast jede Woche.« An »mächtigen, wenn auch nur trockenen Vesperbroten« sei aber nie Mangel gewesen, auch nicht an dem »beliebten häuslichen Getränk, dem ›Most‹, an dem auch wir Kinder uns erlabten.«[2]

Der Zugang zur Bildung war begrenzt, doch das scheint der Grundstimmung der Familie keinen Kummer bereitet zu haben: »Es wurde viel gesungen im Haus. Was an musikalischen Genüssen erreichbar war, und wenn es nur ein Konzert der Stadtkapelle in einem Biergarten war, wurde gern mitgenommen.« Andere geistige Angebote wie Theater und Vorträge habe es kaum gegeben. Die Eltern lebten »bewußt protestantisch«. Wenn unsere Eltern zum Abendmahl gingen, war vor- und nachher eine geradezu feierliche Stimmung im Haus.«[3] Im Schulleben und bei den Spielen der Tübinger Jugendlichen in diesen Jahren nach der 48er Revolution gab es keine auffallenden sozialen und Standesunterschiede. Es habe der Grundsatz »freie Bahn dem Tüchtigen«

gegolten. »Vorrechte der Geburt, des Standes oder des Besitzes anerkannten wir als Tübinger Bürger nicht. Wir waren instinktiv Demokraten.«[4] So die Lebensverhältnisse in dieser kleinen Mittelstadt Tübingen am oberen Neckar, deren Universitätstradition bis in das ausgehende Mittelalter zurückreichte.[5] Prägungen des regionalen Milieus sollten nicht überschätzt werden. Aber es fällt auf, daß die Geburtsorte mehrerer Politiker der Reichstagsmehrheit wie der von Friedrich Ebert (Heidelberg), Conrad Haußmann (Stuttgart), Adolf Gröber (Rietlingen), Matthias Erzberger (Buttenhaussen), Konstantin Fehrenbach (Wellendingen in Baden) regional nicht allzuweit voneinander entfernt lagen. Geschichtliche, soziale und politische Mentalitäten, auch unbewußt gemeinsame Bindungen dieser demokratischen Politiker, die sich alle aus einfachen Verhältnissen hochgearbeitet hatten, werden bei der späteren Entdeckung ihrer gemeinsamen politischen Wünsche und Ziele seit 1917 mitgespielt haben. Zudem war das politische Leben in den süddeutschen Ländern etwas ziviler, bürgerlich-selbstbewußter als in manchen Teilen des nördlichen Preußen.

Die Tübinger »Lateinschule«, die die Pädagogik des Auswendiglernens von Vokabeln, Bibelsprüchen, griechischen Grammatikregeln, Geschichtszahlen praktizierte, war nicht sehr anspruchsvoll. Selbst das Französische sei ihm in der Schule verleidet worden, erinnerte sich später Friedrich Payer. Der Glanz des deutschen »Bildungsbürgertums« des 19. Jahrhunderts war begrenzt. Auch körperliche Strafen, Ohrfeigen, Arrest zählten noch zum methodischen Grundinstrument der damaligen »zeitgemäßen« Pädagogik. Der junge Friedrich überstand sie, bestand auch das »Landexamen« und schließlich 1865, 18jährig, das »Konkursexamen« am evangelisch-theologischen Seminar in Blaubeuren. Danach hätte ihm der Weg zum Theologiestudium in dem traditionsreichen Tübinger »Stift« offengestanden. Doch er entschied sich für einen weltlichen Beruf und studierte vier Jahre lang Jura. »Es waren glückliche Zeiten, die ich als Student erlebte.«[6] Der Student gehörte, wie damals üblich, einer Verbindung an, der »Königsgesellschaft Roigel«, ein etwas romantischer Name. Nach den beiden juristischen Staatsexamen und einer Referendarzeit an Tübinger Gerichten ließ sich Friedrich Payer als Rechtsanwalt in Stuttgart nieder. Über zwanzig Jahre übte er die Anwaltspraxis aus, später gingen die Geschäfte zunehmend an seinen Sozius und schließlich an seinen Schwiegersohn und seinen Sohn über.

Bereits in der Studienzeit hatte er sich der liberalen politischen Bewegung angeschlossen. 1868 wurde Payer im Verzeichnis des Tübinger »demokratischen Volksvereins« aufgeführt. Bei dem Besuch einer Jubiläumsfeier anläßlich des 25. Jahrestags der deutschen Revolution von 1848, die in Frankfurt und Mainz stattfand, hatte der Stuttgarter Anwalt Verbindungen zu der linksliberalen Bewegung aufgenommen. Anders als die Nationalliberalen fühlten sich diese demokratischen Liberalen der Volksbewegung von 1848 stärker verpflichtet und lehnten den Anpassungskurs ihrer nationalliberalen Kollegen ab. Die Demokraten oder Linksliberalen, obwohl bei den Wahlen im Reich nur eine kleine Partei, eher ein Verein, hielten etwas auf den Bürgerstolz, auch gegenüber den neuen politischen Autoritäten und Mythen des Bismarckreichs. Diese Haltung wurde geschichtlich wirksam: 1918/19 konnte diese kleine Gruppe bürgerlicher Demokraten ihre Verfassungsziele, die an den Beratungen und Ergebnissen der Frankfurter Nationalversammlung von 1848 festhielten, über die Koalition mit den Katholiken und Sozialdemokraten in der Weimarer Nationalversammlung einbringen und in der neuen republikanischen Verfassung durchsetzen.

Im Juli 1876 heiratete Payer Alwine Louise Schöninger. Die Form der Eheschließung war nicht ganz unpolitisch: »Wir waren... in ganz Stuttgart das erste Brautpaar aus bürgerlichen Kreisen, das nur standesamtlich getraut wurde. Wir führten die ganze Hochzeitsgesellschaft in großem Staat mit auf's Rathaus.« Der geschichtliche Hintergrund: Ein Jahr zuvor war in Deutschland während des »Kulturkampfs« die Zivilehe, eine kulturelle Errungenschaft der französischen Revolution (aus dem Jahre 1792), eingeführt worden. Der Fortschritt mußte gefeiert werden. Es folgte dem damaligen Brauch entsprechend eine Hochzeitsreise in der Postkutsche entlang der oberbayerischen Seen, zum Gotthardpaß, Rigi, Zürich und über Schaffhausen wieder nach Stuttgart zurück. So lebte ein lebensfroher 29jähriger Rechtsanwalt kurz nach der Reichsgründung, kurz vor dem Übergang in das Zeitalter der Bahn und des technischen Verkehrs. Aus der Ehe Friedrich Payers gingen zwei Kinder hervor.

Nebenberuflich war Payer in den 70er Jahren in die Redaktion des demokratischen »Beobachters« eingetreten, eines Parteiblatts, das für die regelmäßige Polemik mit den konkurrierenden politischen Gruppen in Schwaben zuständig war. 1874 kandidierte Payer für den Reichstag und unterlag mit 7016 gegen 7427 Stimmen dem nationalliberalen Gegenkandidaten. Einen persönlichen Achtungserfolg erzielte Payer für seine Volkspartei in Rottenburg. Man war dort – wie auch die schwäbischen Katholiken – eher großdeutsch, anti-bismarckisch eingestellt. Schließlich gelang der zweite Anlauf zur Kandidatur bei den Wahlen zum Reichstag am 10. Januar 1877 im Wahlkreis 6 (Württemberg-Reutlingen) mit 9125 gegen 7868 Stimmen. Er konnte den Wahlkreis, abgesehen von zwei Legislaturperioden, bis zu seinem Ausscheiden aus dem Reichstag bis 1917 für die »Deutsche Volkspartei«, später die »Fortschrittspartei« behaupten. Später gehörte er noch einmal von Januar 1919 bis Juni 1920 für die »DDP«, der Nachfolgepartei des FVD in der Weimarer Republik, der Nationalversammlung an.

Im Zuge der Industrialisierung und der Festigung des neuen »Deutschen Reichs« veränderte sich die politische Landschaft in Württemberg: Das katholische Zentrum, von Adolf Gröber organisiert, und die Sozialdemokraten rückten stärker nach vorn. In dem Land Württemberg selbst wirkte sich dieser Wandel auch auf die Verfassung aus. Payer, der sich inzwischen endgültig für den politischen Beruf entschieden hatte, hatte sich 1893 für den Wahlkreis Reutlingen in den württembergischen Landtag wählen lassen. Von 1892 bis 1895 gehörte er zudem dem Stuttgarter Gemeinderat an. Er wurde so eng mit dem innenpolitischen Leben des Königreichs vertraut.

1895 wurde Payer zum Präsidenten der zweiten Kammer im württembergischen Landtag gewählt. In die Zeit seiner Amtsführung bis 1912 fiel die württembergische Verfassungsreform von 1906. Sie erweiterte das Wahlrecht für die zweite Kammer durch die Einführung des allgemeinen, gleichen und geheimen Wahlrechts für Männer: Diese Parlamentarisierung, wie sie zur gleichen Zeit in den Ländern Baden und Bayern eingeführt wurde, erhielt einen gewissen Modellcharakter, zumal sich die preußischen Konservativen im größten Bundesstaat des Reichs gegen diesen Weg einer Parlamentarisierung hartnäckig sträubten. Selbst in der bürgerlichen und großbürgerlichen neuen Millionenstadt Hamburg wurde 1906, angesichts der wachsenden Mehrheit der Sozialdemokraten, die Wahlreform zurückgeschraubt. Inzwischen war Payer fast 60 Jahre alt. Es kam bereits die Zeit der persönlichen Ehrungen. 1906 wurde er in den persönlichen württembergischen Adel erhoben, hieß seitdem Friedrich von Payer und führte den Titel Exzellenz. Weitere Orden, die Ehrenbürgerschaft der Stadt Reutlingen folgten. Der Brauch entsprach der politischen Kultur des Landes.

Durch die Mitgliedschaft in einigen Aufsichtsräten, darunter der Württembergischen Hypothekenbank, der Dresdner Bank in Berlin und der Frankfurter Societätsdruckerei, bei der die linksliberale »Frankfurter Zeitung« erschien, hatte Payer Kontakte zur Wirtschaft. Seine journalistischen Interessen hatte er nicht aufgegeben. Als Reichstagsabgeordneter hatte er regelmäßig für die »Frankfurter Zeitung« Korrespondenzen geschrieben. Er konnte sich ein interessantes und zugleich bürgerlich wohlhabendes Leben leisten, das er sich selbst erarbeitet hatte.

Im Reichstag waren die »Linksliberalen« bis 1906 von Eugen Richter geführt worden. Nach dessen Tode gewann Payer, der die betont oppositionelle Haltung Richters nicht fortsetzen wollte, an Einfluß auf die kleine Partei. Unter Payers Mitwirkung kam 1907 die erste moderne politische »Blockbildung« in Deutschland zustande, nach dem damaligen Kanzler und Initiator »Bülow-Block« genannt: eine Verbindung von den Konservativen bis hin zu den Linksliberalen, die auf der gemeinsamen Befürwortung der Kolonialpolitik und Rüstungspolitik und der Gegnerschaft gegen Zentrum und Sozialdemokraten basierte und nach dem Erfolg bei den Reichstagswahlen von 1907 erstmals einen vorübergehenden Rückgang der ständig anwachsenden sozialdemokratischen Stimmen brachte. Dieser konservativ-liberale »Bürgerblock«, der erste Versuch in Deutschland, eine Regierungspolitik in enger Verbindung mit einer Reichstagsmehrheit durchzuführen, also sich der parlamentarischen Regierungsform anzunähern, scheiterte an den nicht zu überbrückenden politischen und geistigen Gegensätzen der ungleichen Koalitionspartner. Wirklich erfolgreich ist ein solcher liberal-konservativer Bürgerblock in der Geschichte des deutschen Parlamentarismus erst mit der Jahrzehnte späteren Gründung der – als politische Sammlung konzipierten – CDU nach 1945 in der Bundesrepublik praktiziert worden. Immerhin konnte die von 1907 bis 1908 bestehende Regierung Bülow einige innenpolitische Erfolge aufweisen. Das starre Vereinsgesetz wurde liberalisiert. Die Reform begünstigte allerdings weniger die Liberalen als die für damalige Verhältnisse modernen »Volksparteien« des Zentrums und der Sozialdemokraten. »Volk« bedeutete in dem Jahrzehnt vor dem ersten Weltkrieg schon längst nicht mehr das gleiche wie in der Mitte des 19. Jahrhunderts. Die Soziologie der deutschen Gesellschaft hatte sich in den letzten Jahrzehnten seit der Reichsgründung grundlegend verändert: Damit war aber auch der Einfluß und die Bedeutung der bürgerlich-liberalen Parteien, die nur begrenzt eine Antwort auf die neuen Entwicklungen wußten und – ob sie es offen zugaben oder nicht – bereits zu den »traditionellen« politischen Kräften der gesellschaftlichen Ordnung des deutschen Kaiserreichs zählten, zurückgegangen.

Nach dem Zusammenbruch des Bülow-Blocks 1909 war auch der erste Versuch, Deutschland wenigstens im Ansatz parlamentarisch zu regieren, gescheitert. Danach formierten sich wieder stärker die gesonderten politischen Gruppen mit ihren ausgeprägten sozialen, wirtschaftlichen oder konfessionellen Eigeninteressen. Von einer auch nur parlamentarischen oder gar demokratischen Regierung konnte in Deutschland in den letzten Jahren vor dem ersten Weltkrieg nicht die Rede sein. Die politisch-sozialen Gruppen lebten und arbeiteten aneinander vorbei. Aus der heutigen Sicht und Kenntnis politischer Zusammenhänge in einem modernen Industriestaat wird man fast bezweifeln müssen, ob in Deutschland überhaupt regiert wurde: Es entstand ein Zustand des Regierungsvakuums, der die Kriegsentscheidungen im Juli 1914 und schließlich im Verlauf des Krieges das immer stärkere Eindringen der Militärs in die politischen Entscheidungszentren begünstigte.

Im Frühjahr 1910 schlossen sich die drei linksliberalen Parteigruppen zur »Fortschrittlichen Volkspartei« zusammen. Bei den Reichstagswahlen von 1912, den letzten Wahlen vor dem Krieg, erzielten sie mit knapp 1,5 Millionen Stimmen einen Anteil von 12,3 %, die Nationalliberalen mit 1,65 Millionen 13,6 %. Doch die politisch stärksten Gruppen – der Zahl nach – waren jetzt die Sozialdemokraten mit 4,25 Millionen (34,8 %) und das Zentrum mit 2 Millionen (15,4 %). Die restlichen Stimmen zersplitterten sich auf der buntscheckigen politischen Landkarte des Kaiserreichs: der »Bund der Landwirte«, die »Wirtschaftliche Vereinigung«, »Antisemiten«, »Deutscher Bauernverband«, »Bayerischer Bauernbund«, »Welfen«; eine rationale Aufschlüsselung der politischen Struktur Deutschlands dieser Zeit ist kaum möglich. Diese politische Gesellschaft war kaum als »System« zu bezeichnen, als das sie von ihren zeitgenössischen Kritikern beschrieben wurde. Dazu war sie viel zu unsystematisch.[7]

Payer beschrieb in seinen Erinnerungen eine Szene aus dem Vorkriegsreichstag,[8] die vielleicht für die Mentalität der Abgeordneten und der deutschen Politik, einschließlich einer gewissen Unbeholfenheit, charakteristisch ist: 1895 wurde der Nord-Ostsee-Kanal eingeweiht. Der Reichstag wurde eingeladen, und man veranstaltete eine große Schiffsreise um Skagen herum von der Ostsee in die Nordsee bis zur Hansestadt Bremen. Dort wurde der Reichstag im Ratskeller empfangen. »Die Fahrt war meine größte Seereise«. Der alte Payer erinnerte sich, daß die Stimmung bei dem abendlichen Bankett in Bremen recht munter gewesen sei, ein Indiz für die politische Mentalität in Deutschland und die der deutschen Reichstagsabgeordneten im »Zeitalter des Imperialismus«!

Ebenso wie die größeren Parteien der Sozialdemokraten und des Zentrums wurden auch die Liberalen bei der Kriegsentscheidung 1914 nicht um politischen Rat gefragt. Auch von Payer wurde der Krieg zunächst wie selbstverständlich hingenommen. »Ich selbst bin am 2. August abends mit dem letzten fahrplanmäßigen Zug nach Berlin gefahren, um die Kriegskredite zu bewilligen. Es war ein würdiger Augenblick, als der Kaiser uns zurief, ›Ich kenne keine Parteien mehr‹, ein leider sehr wenig der Wahrheit entsprechendes Bekenntnis. Ich habe in meinem Leben etwas ähnlich Stimmungsvolles nie mitgemacht.« In den Erinnerungen Payers findet sich – ähnlich wie bei dem SPD-Abgeordneten David – ein Beleg dafür, daß emotionale Momente in diesen Augusttagen stärker wirkten als alle rationalen zweckmäßigen Erwägungen.

Bald aber trat mit der Erfahrung der wirtschaftlichen Verschlechterung, insbesondere im Lebensstandard, die Ernüchterung ein: Rationalisierung der Lebensmittel, Bezugsscheine, der »Steckrübenwinter« 1916/17 und die »Kriegsgewinnler«. Schließlich wirkte das Erlebnis der menschlichen Verluste im Freundes- und Bekanntenkreis: »Direkt oder indirekt trauerte die ganze Welt«. Allmählich zeichnete sich auch in den liberalen Kreisen ein Vertrauensschwund in die deutsche Regierung und die militärische Führung ab. Der Einfluß des Reichstags auf die politischen Entscheidungen war in den ersten Kriegsjahren zurückgeschraubt worden, nicht zuletzt auch aus politischer Selbstbescheidung der Parlamentarier selbst. »Wir hielten es für unsere Pflicht, möglichst zu schweigen, solange das Vaterland vom Krieg bedroht war.« Die Reichstagsabgeordneten wurden nur noch selten nach Berlin geladen. In der zweiten Hälfte des Jahres 1914 hielt sich Payer einmal, 1915 etwa siebenmal, 1916 sechzehnmal und bis zu seinem Eintritt in die Regierung im Herbst 1917 zehnmal in Berlin auf. Diese Tatsache hing mit den Verkehrsschwierigkeiten im Kriegsdeutschland zusammen, aber nicht nur.

In knappen, nüchternen Worten beschrieb Payer den wichtigen Vorgang der Entstehung der neuen Reichstagsmehrheit 1917, den wachsenden Einfluß des »interfraktionellen Ausschusses« als Verbindung zwischen Regierung und Parlament und seine eigene vermittelnde Tätigkeit als der Vorsitzende dieses informellen Ausschusses, der allmählich zu einem Entscheidungszentrum der deutschen Politik wurde. Bereits siebzig Jahre alt, wurde Friedrich Payer im Herbst 1917 als Vizekanzler in das Kabinett (des 74jährigen) Hertling berufen. Er hatte sich erst zögernd wegen seines hohen Alters dazu bereit gefunden. Da er sich im Reichstagsgebäude wegen einer mangelhaften Heizung eine Erkältung und eine Nervenentzündung zugezogen hatte,[9] konnte er seine Amtsgeschäfte erst im Januar 1918 aufnehmen. Dieser Zufall wirkte sich unglücklich aus, da zu dieser Zeit die Verhandlungen mit der bolschewistischen Regierung um einen Friedensvertrag angelaufen waren und nun Payer als der Vertrauensmann der Reichstagsmehrheit in der Regierung nicht tätig werden konnte, der noch um einige Jahre ältere Hertling zu einer durchgreifenden politischen Zusammenarbeit mit den parlamentarischen Kräften kaum noch fähig und zudem auch nicht wirklich bereit war. So blieben in Deutschland die Politiker der Reichstagsmehrheit in der Einleitungsphase der Verhandlungen mit der russischen Delegation unzulänglich informiert und von den Entscheidungen ausgeschlossen. Ein Zufall, der jedoch Tatsachen bewirkte.

1923 berichtete Payer in einer 304 Seiten umfassenden Schrift »Von Bethmann Hollweg bis Ebert« über seine Tätigkeit als Vizekanzler in den Regierungen Hertling und Baden. Er bemühte sich, darin ein vermittelndes Bild Wilhelms II. zu zeichnen, beschrieb die Fehlkonzeption der U-Boot-Politik, die Ziele der deutschen Ostpolitik bis 1917 und den Verlauf und das Ergebnis der späteren Friedensverhandlungen von 1919. Als Vizekanzler trat er die Nachfolge Helfferichs an. Jetzt lernte er die Politik der Berliner Hofintrigen aus unmittelbarer Nähe kennen, die ja faktisch die Politik in Deutschland bestimmten. In einem Brief Payers an seinen Bruder vom 10. 8. 1919 hieß es über sein politisches Schicksal 1917/18: »Die Kämpfe mit der Umgebung des Kaisers und den preußischen Beamten, Junkern und Offizierstum, vor allem der OHL, hören nicht auf, wir brachten weder den Frieden noch die politischen Reformen richtig vorwärts und als wir es endlich soweit hatten, war es zu spät.«[10] Der eigentliche politische Gegenpart der Reichstagsmehrheit, die Payer in der Regierung vertrat, war General Ludendorff. Payer beschrieb sein Verhältnis zu dem General 1930: »Je länger ich ihn kennenlernte, um so mehr mußte ich mich überzeugen, daß er eine gewalttätige, der Offenheit abgeneigte Natur sei, die glaubte, durch einen festen Willen alles erzwingen zu können.«[11] Ludendorffs politische Kenntnisse seien gering gewesen, »wie man sie in der Kadettenanstalt lernt, mangelhaft und einseitig«. Er habe nicht verstanden, »wie ein Volk fühlt und denkt«.[12] Bei der Absetzung des Generals im Oktober 1918 war sich Payer mit Max von Baden einig.

Anders als in dem Kabinett Hertling stellte sich für das letzte kaiserliche Kabinett Baden vom 5. Oktober 1918, dem Payer wieder als Vizekanzler angehörte, ein gutes Vertrauensverhältnis zwischen dem Vizekanzler und dem Reichskanzler ein. Am 23. Oktober 1918 begründete Payer vor dem Reichstag, warum die Reichstagsfraktion der Konservativen unter Graf von Westarp nicht in die neue Regierung mitaufgenommen worden sei. Er sah in diesem Faktum eine bewußte Absetzung von der bisherigen Politik:

»Es ist zuzugeben, daß es für die Herren auf der rechten Seite unangenehm ist, nachdem etliche 40 Jahre sämtliche Regierungsvertreter, zwar nicht aus ihrer parlamentarischen Fraktion, aber doch wenigstens aus den konservativen Kreisen entnommen worden sind, daß es ihnen da jetzt schmerzlich sein muß, wenn das aufhört und daß sie jetzt kaltgestellt und durch andere ersetzt werden, die seither haben beseite stehen müssen. Das kann aber nicht maßgebend sein, und die Konservativen haben vielleicht die Güte zu bedenken, daß sie, wenn wir von Anfang des Deutschen Reichs an die Regierungssitze nach einem gerechten Maßstabe auf die verschiedenen Vertreter der Parteien umgelegt hätten, sie mindestens in der heutigen Stunde ein halbes oder ein ganzes Jahrhundert im Vorschuß hätten. Und sie müssen sich auch, wenn sie uns angreifen darüber, daß wir sie nicht haben aufgenommen in die Regierung, doch darüber klar sein, daß sie an der eingetretenen Veränderung zum großen Teil selbst schuld sind, weil sie eine Politik gemacht haben, die derjenigen entgegengesetzt ist, die wir heute befolgen ... Jetzt gehören Sie dahin, wo Sie nach ihrer gestrigen Erklärung gern stehen möchten, – jetzt gehören Sie in die Opposition.«[13]

Über den Akt der Übergabe der politischen Verantwortung am 9. November von Max von Baden an Friedrich Ebert vermerkte Payer in seinen Aufzeichnungen, er habe Max von Baden »nur danken können, daß er als der letzte Vertreter des militärisch-monarchistischen Kaiserreichs die Regierungsgewalt an die provisorischen Vertreter des neuen Volksstaats« abgegeben habe. Und er fügte hinzu: »Diese Übergabe selbst, gewiß ein Akt von weltgeschichtlicher Bedeutung, vollzog sich in einer kaum faßbaren Nüchternheit ohne eine Spur von Pathos oder gar Sensation.«[14]

Die Revolution wäre nach Meinung Friedrich Payers vermeidbar gewesen. Die wichtigsten Reformen seien bereits eingeleitet gewesen. Seine Würdigung der Haltung Wilhelms II. am Ende des Krieges ist nicht ganz eindeutig. Der Monarch habe »scheidend seinem Volk einen doppelten Dienst« erwiesen: indem er auf einen letzten militärischen Verzweiflungsakt, der »von noch größeren Romantikern als er selbst« verlangt worden war, abgelehnt und damit sinnlose Opfer verhindert habe, und »ungewollt«, indem er das Reich durch den Übertritt nach Holland von der Sorge um seine Person enthoben habe.

Realistischer als manche seiner Fraktionskollegen der neugebildeten Deutschen Demokratischen Partei (DDP), für die Payer in die Nationalversammlung gewählt worden war, beurteilte er im Sommer 1919 das Ergebnis der Versailler Friedensverhandlungen. Er war zur Akzeptierung bereit, während die Mehrheit seiner Fraktion für eine Ablehnung eintrat, eine von den politischen Motiven und Konsequenzen her wenig überzeugende Haltung.

Payers Leistungen während seiner Vizekanzlerzeit sind aus seinen Erinnerungen nicht leicht zu ermitteln, da er eher dazu neigte, sie herunterzuspielen als überzubetonen und sich darüber auch nicht zu viele Gedanken machte. Aber sicherlich hat er durch seine Persönlichkeit mit dazu beigetragen, negativere Entwicklungen in Deutschland abzuwenden. In den durch sein Alter vorgegebenen Grenzen und unter den Bedingungen des politischen Stils des Kaiserreichs bis 1918 waren seine Möglichkeiten, Entscheidungen herbeizuführen, natürlich begrenzt. In den zwanziger Jahren stand Friedrich Payer noch in engerer Verbindung zur württembergischen Landespolitik und unterstützte dort die persönlichen und politischen Ziele Conrad Haußmanns. Er starb 88 Jahre alt am 14. Juli 1931 in Stuttgart.[15]

Anmerkungen

1 G. Bradler (Hg.): Friedrich Payer 1847–1931. Autobiographische Aufzeichnungen und Dokumente, Göppingen 1974, S. 113.
2 A.a.O., S. 112.
3 A.a.O., S. 113.
4 A.a.O., S. 114.
5 Walter Jens, Eine deutsche Universität. 500 Jahre Tübinger Gelehrtenrepublik, München 1977.
6 A.a.O., S. 120.
7 Vgl. dazu den modernen Versuch einer systematischen Darstellung: H. U. Wehler, Das deutsche Kaiserreich 1871–1918, Göttingen[2] 1975.
8 Vgl. Bradler, S. 196.
9 A.a.O., S. 208.
10 Bradler, S. 106.
11 Bradler, S. 215.
12 A.a.O.
13 Reichstag Bd. 314, S. 6192.
14 Bradler, S. 222.
15 F. Payer, Von Bethmann Hollweg bis Ebert. Erinnerungen und Bilder, Frankfurt/M. 1923; F. Payer, Die Reichskanzlerschaft des Prinzen Max von Baden, in: Ebert und seine Zeit, Berlin 1925, S. 87–125; F. Payer, Neues Recht in Württemberg, Stuttgart 1874; G. Bradler, Politi-

sche Unterhaltungen Friedrich Payers mit Theodor Heuß, in: Zschrft. f. Württ.Gesch. 32 (1973), S. 161–192; Th. Heuß, Friedrich Payer, in: Die Hilfe 37 (1931), S. 692 f.; H. G. Müller, Friedrich Payer. Demokratischer Politiker 1847–1931, in: Lebensbilder aus Schwaben und Franken 11 (1969); W. Boldt, Die württembergischen Volksvereine 1848–1852, 1970, G. Runge, Die Volkspartei in Württemberg 1864–1871, 1971.

7. Friedrich Naumann (1860–1919)

Am 4. März 1919 sprach der 59jährige Abgeordnete der verfassungsgebenden deutschen Nationalversammlung in Weimar Friedrich Naumann, zugleich Vorsitzender der vor einigen Wochen gegründeten Deutschen Demokratischen Partei (DDP), in der Stadtkirche in Jena vor einer evangelischen Zuhörerschaft über die in den letzten Monaten in Deutschland eingetretenen politischen Veränderungen: »Werte Versammlung, Männer und Frauen! Es ist wohl das erste Mal, daß in diesem ehrwürdigem Gotteshaus eine politische Versammlung gestattet worden ist, und wir danken den Vorstehern der Kirchengemeinde, daß sie in ernster und bewegter Zeit uns ihre Tür dazu geöffnet haben und werden alle miteinander darauf halten, daß unsere Besprechung so ist, wie es der Weihe dieses Ortes geziemt.« Der Redner erinnerte an vergangene politische Diskussionen: »Heute können wir nicht mehr in alter Weise davon reden« – gemeint war die Verbindung von Demokratie und kaiserlicher Monarchie – »denn heute kommt das, wovon wir hier vor 20 Jahren gesprochen haben, es kommt unter Blitz und Donner und Ungewitter, unter dem Zusammenbruch des Krieges, unter der Umwälzung der Verhältnisse.«[1]

Vor »20 Jahren«, Naumann spielte auf die Reichstagswahl von 1898 an. Damals hatte er sich in Jena darum bemüht, ein Reichstagsmandat zu gewinnen. Doch hatten die 4218 Stimmen, die er dort für den von ihm gegründeten »Nationalsozialen-Verein«, eine kleine Gruppe protestantischer, national-demokratisch eingestellter Pfarrer, Rechtsanwälte, Redakteure erzielt hatte, nicht ausgereicht, um den Wahlkreis zu erobern. Seit 1907 gehörte der frühere Pfarrer dem Reichstag an, jetzt für die Liberalen, die sich seit 1910 in der FVP zusammengeschlossen hatten, aus der 1918/19 die DDP hervorging. Seine Wahlkreise hatten in Württemberg und Waldeck-Pyrmont gelegen. 1919, als nach dem Proportionswahlrecht gewählt wurde, stand er auf der Liste für Berlin. Nach seinem Tode am 30. September 1919 folgte ihm Dr. Marie Elisabeth Lüders auf der Liste in die Weimarer Nationalversammlung nach. Marie Lüders gehörte später, von 1953 bis 1961, für die FDP dem Bundestag in Bonn an.

Friedrich Naumann wurde von vielen als einer der Lehrer der Demokratie in Deutschland angesehen. Theodor Heuß, Reichstagsabgeordneter der DDP in den 20er Jahren und späterer Bundespräsident der Bundesrepublik, hatte mehrere Jahre lang mit ihm zusammengearbeitet, zudem, in den 30er Jahren, als die NS-Zeit ihm keine Möglichkeit zur öffentlichen Arbeit ließ, eine umfassende Biographie über Friedrich Naumann geschrieben. Sie erschien 1937, in einer zweiten Auflage 1949,[2] basierte auf einem intensiven Quellenstudium, guter Kenntnisse der Interna und zeichnete sich durch historisches Verständnis aus, wenngleich in der Sprache und Wertung etwas zeitgebunden. 1964–1969 erschien die sechsbändige Ausgabe der »Werke« Friedrich

Naumanns, die vor allem Zeitschriftenaufsätze, Reden zur Verfassungs-, Sozial- und Tagespolitik, nationalen Fragen, religiösen und ästhetischen Themen enthält.[3]

Naumann wurde am 25. März 1860 im sächsischen Störmthal als Sohn eines Pfarrers geboren. In das gleiche Jahrzehnt fallen die Geburtsdaten des späteren Kaisers Wilhelm II. (1859–1941), der SPD-Politiker Philipp Scheidemann (1865–1939) und Hugo Haase (1862–1919), des Finanziers und Kolonialpolitikers Bernhard Dernburg (1865–1937), des Industriellen Walter Rathenau (1864–1922), des späteren Generals Erich Ludendorff (1865–1937), des letzten Reichskanzlers der deutschen Monarchie, Max von Baden (1867–1929), und des Soziologen Max Weber (1864–1920). Zu dieser »Jugend« des 1871 begründeten deutschen Kaiserreichs müssen auch noch der spätere Staatssekretär des Auswärtigen, Richard von Kühlmann (1873–1948), der Wirtschaftswissenschaftler, Bankier und Politiker Karl Helfferich (1872–1924), Friedrich Ebert (1871–1925) und Matthias Erzberger (1875–1921) gerechnet werden. Die Gemeinsamkeit dieser Generation bestand darin, daß die Eltern dieser späteren Politiker, die die Gründung des Reichs von 1871 begrüßt hatten, ihre Hoffnungen auf die Söhne des neugeschaffenen Vaterlands setzten. Diese neue Generation wollte, wie auch immer, »modern« sein. Es sind die Jahre, in denen sich die neue deutsche Gesellschaft nicht nur ein einheitliches Recht (Strafgesetzbuch, Bürgerliches Gesetzbuch) gab, sondern auch die Sprache und den Sprachgebrauch einheitlicher zu gestalten begann, eine wichtige Voraussetzung des kulturellen Zusammenlebens.[4]

Marianne Weber, die den Umbruch dieser Jahre an den Arbeiten ihres Mannes, des Soziologen Max Weber, und den Zusammenkünften jüngerer Akademiker verfolgte, gab später die Atmosphäre, die um 1890 herrschte, mit folgenden Worten wieder: Der »Generationsumschlag« hatte sich »vollzogen«. Die »Sonne der Kultur« sei weitergerückt.[5] 1890 war Friedrich Naumann dreißig Jahre alt, und er arbeitete als evangelischer Pfarrer in Frankfurt.

Die evangelischen Pfarrerfamilien waren – seit der Reformation – nicht nur Inseln religiöser, sondern auch geistiger und literarischer Bildung in Deutschland. Man verfolgte aufmerksam den Bildungsgang und das Leben des Sohnes. Friedrich besuchte das Leipziger Nikolai-Gymnasium und die (Privatschule) St. Afra in Meißen. Er erhielt eine »humanistische« Bildung, also vor allem in den alten Sprachen und der antiken Literatur. Allerdings lag die deutsche Sprache seinen sprachschöpferischen Fähigkeiten mehr. Friedrich studierte in Leipzig und Erlangen und bereitete sich auf den Pfarrerberuf vor. Er wurde mit den Auseinandersetzungen zwischen überkommener protestantischer Theologie und der modernen religionswissenschaftlich-technischen, »liberalen« theologischen Richtung vertraut. Nach dem Examen entschied er sich, als »Oberhelfer« an das von Johannes Wichern geleitete »Rauhe Haus« nach Hamburg zu gehen; er suchte pastorale, pädagogische und soziale Aufgaben. Der 23jährige unterrichtete Religion, Deutsch, Geschichte und Mathematik. Er arbeitete in der christlich-sozialen Bewegung und im Kampf gegen die »Entchristlichung des deutschen Volks« – so hieß es damals – mit. 1885 übernahm er die Pfarrstelle in Langenberg, in der Nähe der neuen Industriestädte Chemnitz und Zwickau. Die Predigerarbeit fiel ihm zunächst nicht leicht. Da die Gemeinde klein war, der Aufgabenkreis beschränkt, hatte der junge Pfarrer die Chance, sich persönlich fortzubilden. Aufmerksam beobachtete er die wachsende Arbeiterbewegung und las ihre Schriften: Engels, Liebknecht, Lassalle, später auch Marx. Die Vorstellung, daß man durch die Lektüre sozialistischer Schriften und »Klassiker« auch die Arbeiter selbst und ihre Einstellungen näher kennenlernt, war in aufgeschlossenen theologischen Kreisen (protestantischen wie katholischen) im 19. Jahrhundert, aber auch noch im 20. Jahrhundert, weit verbreitet.

Als junger Pfarrer begann Naumann, Beiträge für evangelische Gemeindeblätter zu schreiben. Sein besonderes Themengebiet war die »Innere Mission«. Dabei konzentrierte er sich vor allem auf die Frage der Fürsorge für die Heimatlosen, der Frauen und der Arbeitervereine. Am 13. Juni 1889 hielt er einen Vortrag vor der Inneren Mission Schlesiens über: »Was tun wir gegen die glaubenslose Sozialdemokratie?« Er warb für den arbeitsfreien Sonntag, klärte seine Leser und Zuhörer in Vorträgen darüber auf, daß der »Sozialismus« nicht »verboten«, nur die negative Haltung der Sozialisten gegenüber der bestehenden Gesellschaftsordnung abzulehnen sei. Der junge Naumann versuchte, Verbindungen herzustellen, wo andere, vor allem hochkirchliche Pfarrer und Behörden Barrieren gegen die Arbeiterbewegung aufzurichten suchten.

Er fand einen persönlichen Freundeskreis. Mit 29 Jahren heiratete er Magdalene Zimmermann, die Schwester eines Studienfreundes. Sie kam wie Friedrich selbst aus einer sächsischen Pfarrerfamilie. Das Private trat im öffentlichen Wirken des Politikers und Schriftstellers zurück, aber die menschlichen Beziehungen und die Bindung an seine religiöse Herkunft prägten ihn. Zeitlebens versuchte er, dem antagonistischen Denken in der Politik, sei es als Klassenkampf oder als Parteienkampf, entgegenzuwirken. Er wurde nie ein großer Parteipolitiker. Dafür schätzte er das selbständige Denken in Politik, Parlament und in der Kirche zu hoch ein.

1889 konzipierte er einen »Arbeiterkatechismus«. Er sollte den »wahren« gegenüber dem marxistischen Sozialismus aufzeigen. Der Arbeiterkatechismus plädierte für die Erhaltung des Familienlebens. Die Mutter gehöre ins Haus, nicht in die Fabrik oder auf den Bauplatz. Die Eltern sollten sich ihre Erziehungsrechte nicht nehmen lassen. Die Familie sei nicht bloß eine Gemeinschaft des Wohnens und Essens, sondern auch »eine Gemeinschaft des Geistes«. Auch um die Studierenden an den deutschen Universitäten machte sich der junge Pfarrer Sorgen. 1887 hatte er in der »Christlichen Welt« geschrieben: »Unseres Volkes Zukunft blüht auf seinen Universitäten heran.« Mit einem gewissen Stolz berief sich der Autor auf den freien Geist an den deutschen Hochschulen. Niemals dürften sie sich zu »Fachschulen für Müller oder Ökonomen« zurichten lassen. Doch die Sorgen mancher Eltern über die »verlorenen Söhne« an den Universitäten bestünden zu Recht. Abhilfe sei notwendig. Studentische Seelsorge solle dem entgegenwirken.

Als 1890 der 75jährige Bismarck von dem 31jährigen Wilhelm II. entlassen wurde, übernahm Naumann die Stelle eines Vereinsgeistlichen in Frankfurt am Main. Das Sozialistengesetz wurde nicht verlängert. Mit der Entlassung des Hofpredigers Stöcker in Berlin verloren auch die streng konservativen Richtungen bei den Christlich-Sozialen an Rückhalt in der Bevölkerung. Ganz glücklich war Naumann als Vereinsgeistlicher nicht. In einem Brief an seine Mutter vom Oktober beklagte sich der Pfarrer, daß zu seinen Bibelstunden überwiegend nur Frauen, aber kaum Männer kämen. Die Räumlichkeiten seien unzureichend. Doch das größte Hindernis seien die innerkirchlichen Parteistreitigkeiten: »Sie hemmen eigentlich alles.« Er litt zudem an einem asthmatischen Leiden, gegen das er ständig ankämpfte.

In dieser Zeit entdeckte Friedrich Naumann ein neues Betätigungsfeld: den Evangelisch-sozialen Kongreß. Wie bereits der »Verein für Socialpolitik« in den siebziger Jahren versuchte, durch eine Zusammenarbeit von Sozialwissenschaftlern, Verwaltungsfachleuten, Kommunalpolitikern die sozialen Probleme auf friedlichem Wege zu lösen, so verfolgten die Evangelisch-sozialen Kongresse als Gremien der Meinungsbildung ein ähnliches Ziel mit stärkerem kirchlichem Akzent. Hier begegnete Naumann dem Pfarrer Paul Göhre, der ähnliche Ziele verfolgte und der sich 1903 für die SPD in den Reichstag wählen ließ. Göhre wurde durch die Publizierung von Arbeiterbiographien bekannt.[6]

Auf den Kongressen der evangelisch-sozialen Bewegung lernten sich Naumann und der um vier Jahre jüngere Soziologe Max Weber kennen. Weber galt als der kühlere, manchmal etwas nüchterne Kopf. Doch zählten beide zu den Hoffnungen des aufgeschlosseneren und aufgeklärteren protestantischen Bürgertums in Deutschland. Auch Max Weber war stark von seiner familiären Herkunft geprägt: Der Vater war ein nationalliberaler Berliner Kommunalbeamter. Durch die Bekanntschaften der Familie war bereits der junge Max Weber mit dem politischen und parlamentarischen Leben in Berlin, im Reichstag und im preußischen Landtag vertraut geworden. Weltlicher als Friedrich Naumann eingestellt, suchte er säkularisierte Bindungen: die Nation. Aber daran schien er zu glauben. Naumann und Weber lernten sich schätzen, pflegten auch in den späteren Jahrzehnten den persönlichen Kontakt, verfolgten aber dennoch unterschiedliche Ziele. Friedrich Naumann wollte handeln, und er handelte, selbst wenn er schrieb und publizierte. Max Weber suchte zu analysieren, die Probleme zu durchdenken, in größeren Systemen zu erfassen. Anfangs war auch der Soziologe bereit, dies zeigte seine Enquête über die ostelbischen Landarbeiter, seine fachlichen Erkenntnisse für praktische Zwecke zur Verfügung zu stellen. Später neigte er zunehmend zum, wie er es nannte, »werturteilsfreien Systematisieren« und zur historisch-soziologischen Theorie. Politik war für ihn nationale Politik, nationale Machtpolitik.

Vor dem Forum des Evangelisch-Sozialen Kongresses 1894 in Frankfurt kam es zu einer Kontroverse zwischen Naumann und Weber. Sie betraf die scheinbar akademische Frage, ob die Sozialpolitik zum Glück der Menschen beitragen solle. Für Friedrich Naumann war dies selbstverständlich, für Max Weber nicht: »Wir hörten gestern abend aus der Ansprache des Herrn Pfarrer Naumann eine unendliche Sehnsucht nach Menschenglück heraus, die uns sicher alle ergriffen hat.« Doch gerade von seinem »pessimistischen Standpunkt« aus gelange er selbst zu einem wichtigeren Gesichtspunkt: »Wir wollen, soweit es in unserer Macht steht, die äußeren Verhältnisse derart gestalten, nicht daß die Menschen sich wohl fühlen, sondern daß unter der Not des unvermeidlichen Existenzkampfes das Beste in ihren Eigenschaften – physische und seelische – welche wir der Nation erhalten möchten, gewahrt bleibt«.[7] Hier lag tatsächlich ein bedeutsamer Unterschied. Die modernen deutschen Parteien kämpfen um die politische Macht und die Durchsetzung von gesellschaftlichen Ansprüchen. Die Ideen und Leitvorstellungen, die in der Politik wirksam wurden, kamen aber im Deutschland des späten 19. und des 20. Jahrhunderts – sieht man von der Verwirrung der Jahre 1933 bis 1945 ab – überwiegend aus den Kreisen religiös und sozial bewußter Akademiker. Die Nation hatte in Deutschland nie eine derart verbindende Kraft gehabt wie die religiösen Gemeinschaften, und alle Versuche, dem Nationalen eine übertriebene Bedeutung beizumessen, sind in den beiden Kriegen gescheitert.

Im Jahre 1894 kam es zu einem internen Konflikt zwischen dem 34jährigen Naumann und seinem Frankfurter lutherischen Konsistorium. Am 22. Januar hatte das Konsistorium in einem persönlichen Brief dem Arbeiter-Pfarrer vorgeworfen, er überschreite bei seinem Entgegenkommen gegenüber den Sozialdemokraten die gesetzten Grenzen eines Predigers. Naumann verwahrte sich gegen die Vorwürfe schriftlich am 15. Februar. Er vertrete die »Sozialreform auf der Grundlage der bestehenden Verfassung«. Auch verwende er nicht das Wort »Klassenkampf«.[8] Das Wort »Kapitalismus« müsse er allerdings verwenden und auch über die Sache selbst reden, denn er sei zu der Einsicht gekommen, daß die Arbeitslosigkeit eng mit der wachsenden Kapitalkonzentration zusammenhänge. Dabei habe er die kirchliche Überlieferung nicht verlassen. Ironisch fügte er hinzu: »Ich bin in all meinen Aussagen über das Kapital nie so weit gegangen wie der ehrwürdige Gründer der evangelisch-lutherischen Kirche, dessen Aussagen über den Zins ebenso zu »Luthers Lehre« gehören wie andere seiner Meinungen«. Habe nicht auch Jesus Christus in der »jedem Bibelleser bekannten Weise« über den »Mammon« geredet?

Die Spannungen erwiesen sich als zu stark. Bis 1897 arbeitete der Pfarrer für die »Südwestdeutsche Konferenz der Inneren Mission«, hielt Vorträge und Bibelstunden vor Arbeitern und Jugendlichen. 1897 schied er aus dem Pfarramt aus und ließ sich in Berlin, dem Zentrum des politischen Lebens, nieder. 1894 gründete er die Wochenschrift »Die Hilfe«. Die Mitarbeiter entstammten seinem Bekanntenkreis. Der Name des Blattes wirkt heute ebenso fremd wie der »Jugendstil«, der zur gleichen Zeit aufkam. Die Konzeption, die von den jüngeren Akademikern, in Opposition gegen die protestantisch-konservativen Kreise, entworfen wurde, ging jedoch über das bloß Romantische hinaus. Sie verband sozialreformerisches, tagespolitisches Engagement mit religiöser, künstlerischer und literarischer Bildung und Unterhaltung. Die Zeitschrift wirkte dadurch in »aufgeschlossenen Kreisen« stilbildend. Man wollte, etwas sozialromantisch, »Arbeiter, Handwerker, Landleute« ansprechen, die Leser kamen aber wohl eher aus interessierten akademischen Kreisen. Liberale Hochschullehrer, Freunde Naumanns, darunter der Kirchenhistoriker Adolf Harnack und auch Max Weber, besorgten ein Darlehen für den Start der Zeitschrift im Dezember 1894.

Bereits Anfang 1895 erzielte die »Hilfe« einen ersten publizistischen Achtungserfolg: Der Saargewaltige Karl Freiherr von Stumm, 59 Jahre alt, Eigentümer des Neukirchner Eisenwerkes, ein etwas rauher Gründervater aus der deutschen Montanindustrie, ehemals Abgeordneter im preußischen Landtag, jetzt freikonservativer Reichstagsabgeordneter, witterte Unheil, als er beobachtete, daß die »Hilfe« in seinen Betrieben verbreitet wurde. Er hielt am 9. Januar eine aufsehenerregende Reichstagsrede zur sogenannten Umsturzvorlage. Darin riet Stumm, den Sozialdemokraten wieder das Wahlrecht zu entziehen, wetterte gegen einige Professoren und griff Friedrich Naumann persönlich an. Der Pfarrer sei »noch viel gefährlicher«. Der rhetorische Angriff wurde am 7. Februar im Reichstag wiederholt,[9] wobei der alte Stumm ein Gedicht von Elisabeth Gnauck-Kühne, das die jungen Redakteure der »Hilfe« einer Arbeiterin in den Mund gelegt hatten, – Arbeiterinnen selbst schrieben damals selten Lyrik – als Beleg dafür anführte, daß »Naumann und Konsorten« bereits den Boden des Christentums verlassen hätten. Die »Hilfe« hatte 1895 eine Auflage von 12000 Exemplaren.

Im Laufe der Jahre übten die Lebensbedingungen der modernen Industriegesellschaft eine wachsende Faszination auf Naumanns Denken aus. Er suchte die Versöhnung von christlichem Leben und technischer Lebenswelt. Das war nicht frei von intellektueller Schwärmerei. Den ersten Ansatz zum politischen Engagement unternahm Friedrich Naumann mit einer Parteigründung: 1896 hatte er bei Bebel schriftlich angefragt, ob für die »Christlich-Sozialen« ein Platz bei den Sozialdemokraten vorhanden wäre. Der 56jährige Parteivorsitzende hatte höflich, aber ausweichend geantwortet. So wurde im November 1896 ein »Nationalsozialer Verein« gegründet. In dieser Zeit hatten sich die parteipolitischen Heeresgruppen in Deutschland organisatorisch schon so verfestigt, daß für die Neulinge nur schwer eine Stellung zu erobern war. Das Ergebnis bei den Reichstagswahlen 1898 war enttäuschend: 27000 Stimmen. Nach einem zweiten, vergeblichen Anlauf bei den Wahlen von 1903 löste sich der Wahlverein wieder auf. Naumann bemühte sich seitdem in öffentlichen Vorträgen, die Strukturen des modernen deutschen Parteiwesens zu erfassen und verständlich zu machen.[10] So hatte Naumann die Parteien als eine reale politisch-gesellschaftliche Kraft kennengelernt, und sie erwiesen sich auch selbst in den Monaten 1918/19 – nach einem Wort von Theodor Heuß – paradoxerweise als die stabilisierenden Kräfte inmitten der allgemeinen Auflösungserscheinungen.

Als Prediger, Redner und Schriftsteller hatte Naumann inzwischen einen eigenen persönlichen Sprach- und Denkstil entwickelt. Er besaß die Fähigkeit, situative Bewegungen zu erfassen und seinen Lesern zu erklären. In einem Reisebericht »Asia« beschrieb er die Erfahrungen der Distanz zu dem »geschichtlichen Christus«, die er im »Heiligen Land« gemacht hatte. 1900 erschien die berühmt gewordene Vorlesung des evangelischen Berliner Kirchenhistorikers Adolf Harnack »Das Wesen des Christentums«. Der aufgeklärte Christ suchte nicht mehr die personale unmittelbare religiöse Bindung, sondern die abstrakte Bindung zum ferneren »Christentum«, zum »Wesen«, nicht zu dem nahen Christus, sondern zu dem fernen Gott Vater. Ein gewisses Herrschaftsdenken, herrisches Denken, spielte mit. Das imperialistische Denken begann, auch in Deutschland seinen Einzug zu halten. Naumann hatte diese Umkehrung des religiösen Denkens mitvollzogen. Damit war eine praktische Konsequenz verbunden: der

Verzicht auf eine christlich gebundene Parteipolitik, wie sie die »Christlich-Sozialen« angestrebt hatten. Auf dem Evangelisch-sozialen Kongreß in Kiel 1899 erklärte er seinen Zuhörern: »Klare, rein parteipolitische Bestrebungen im Namen des Christentums, im Christentum selbst zu begründen, dieses Gedankenreich ist ausgeschieden.« Politik war ein Beruf, keine Mission. »Aber wir haben dabei nicht vergessen, daß wir Christen sind.«

Die politischen, soziologischen Beobachtungen schlugen sich in der Schrift »Demokratie und Kaisertum« nieder, die 1900 in Berlin herauskam. Naumann hatte die theoretischen Debatten der marxistischen Theoretiker studiert, aber aufgrund seiner Erfahrung und seiner Herkunft gänzlich andere politische Folgerungen gezogen. Diese Schrift enthält wohl die erste liberale Theorie der modernen Demokratie in Deutschland und akzeptierte, was keineswegs selbstverständlich war, das Wort »Demokratie«. Ein solches unbefangenes Verständnis der Demokratie gab es bis dahin nur in den USA.[12] Doch verknüpfte Naumann die moderne Demokratie – andere sprachen bald abwehrend und abwertend von der »Massengesellschaft« – mit der noch jungen Einrichtung der deutschen Monarchie und nannte die Verbindung »Kaisertum«, wodurch das Ganze auch etwas Sublimiertes erhielt und auf das damalige zeitgenössische Denken ansprechend wirkte, denn mit dem »tum« verband man etwas Wertvolles, Angenehmes, Ansprechendes. Die Schrift war ein publizistischer Erfolg.

Die Schrift zeigte die politischen »Träger« der Demokratie in Deutschland auf, erwähnte die 2,1 Millionen Stimmen der Sozialdemokraten und die 860 000 Stimmen der linksliberalen Parteien, die vor allem aus den größeren Industriestädten kamen. Da der Anteil der landwirtschaftlichen Bevölkerung ständig abnehmen würde, würde auch der Anteil der »industriellen Stimmen« ständig wachsen. Eine Gemeinsamkeit von Liberalen und Sozialdemokraten sah Naumann in der Abwehr der Herrschaft von »Kirche und Klerus«. Dabei blieb allerdings der katholische Bevölkerungsanteil unberücksichtigt. Gemeinsam sei Liberalen und Sozialdemokraten die Vorstellung, daß das Volk aus einer »Summe von Staatsbürgern« bestehe. Bei den im Reichstag vertretenen Parteien faßte er auf der einen Seite die Rechten, die Deutsch-Konservativen, die Freikonservativen, aber zugleich die Nationalliberalen, die Antisemiten und den Bund der Landwirte zusammen, der Mitte ordnete er das katholische Zentrum und die mit dem Zentrum gelegentlich zusammengehenden Polen, Welfen, Elsässer und Dänen zu. Der Linken ordnete er die Sozialdemokraten und die drei damaligen linksliberalen Parteien, die Freisinnige Volkspartei, die Freisinnige Vereinigung und die Deutsche Volkspartei zu. Diese drei linksliberalen Gruppen schlossen sich 1910 zur »Fortschrittspartei« zusammen, der Naumann beitrat. Bemerkenswert ist die gedankliche Verbindung von Linksliberalen und Sozialdemokraten: die erstmalige Konzeption eines »Sozialliberalismus«. Die moderne Demokratie entstehe mit den Großstädten und mit dem Anwachsen der modernen Gewerkschaften. Er belegte diese Deutung anhand von statistischem Material. Die deutschen Großstädte seien zugleich überwiegend protestantisch, mit Ausnahme von München, Köln, Düsseldorf, Aachen, Krefeld und Essen mit katholischen Bevölkerungsanteilen von zwischen 50 und 90 %. Naumann meinte, daß der Katholizismus, den er als eine politische Kraft verstand, versuchen werde, in Deutschland und – so fügte er hinzu – in Nordamerika Terrain zurückzugewinnen. Es scheint, daß Naumann in einer Verbindung von Protestantismus, liberaler Bewegung, Sozialdemokratie und Demokratie eine Möglichkeit sah, die bestehenden – eigentlich seit der Reformation überkommenen – religiösen Mehrheitsverhältnisse in Deutschland zu erhalten. Eine Chance zur Realisierung sah Friedrich Naumann darin, daß Wilhelm II., der Hohenzoller, obwohl »Aristokrat«, die moderne Einsicht hätte, diesen Weg zu beschreiten, die Demokratisierung zu akzeptieren und ihr als monarchistisches Symbol zu dienen.

So enthielten Naumanns Überlegungen nicht nur ein Programm, sondern auch ein politisches Kalkül. Tatsächlich aber setzte sich Naumanns 1900 entworfene Vorstellung einer Demokratie der städtischen Bürger ohne Unterschied der Klassen als allgemein akzeptiertes Leitbild erst Jahrzehnte später in den Anfängen der Bundesrepublik durch. Eine Erklärung dafür, daß die demokratische Entwicklung in Deutschland noch nicht um die Jahrhundertwende zum Zuge gekommen sei, sah Naumann in der überholten Zuschneidung der Wahlkreise: Einem Reichstagswahlkreis mit 500000 Wählern in Teltow-Charlottenburg stand ein Wahlkreis mit 50000 Stimmen im holsteinischen Lauenburg entgegen. So entwickelte er einen detaillierten Vorschlag zur Neuaufteilung sämtlicher Wahlkreise. Dabei ließ er eine kraftvolle Bemerkung einfließen: »Das traurige Schauspiel, was wir am Ende des 19. Jahrhunderts erlebt haben, wo Stumm und Konsorten toll und wutentbrannt der Neuzeit den Polizeikrieg erklärten, muß einmal endgültig ausgespielt sein«.[13]

Kritisch beurteilte Naumann die Tradition der politischen Kultur in Deutschland, die Vorstellungen Goethes, Schillers, Lessings, Mösers: »Die großen Geister unserer glänzenden Kultursprache hatten wenig Verständnis dafür, daß eine einheitliche Geisteskultur auf ganz bestimmten wirtschaftlichen und politischen Voraussetzungen beruht.« Ja, man habe schließlich sogar den Kulturbegriff ins Rassische abgewandelt: deutsch gegen das Ausländisch-Fremde. Welche Rolle aber spielte das Kaisertum in Naumanns politischem Konzept von 1900? Der »Kaiser« figurierte als Symbol: »Deutschland muß eine starke auswärtige Politik führen, weil es eine neue Großmacht ist.«[14] So brach im dritten Teil der Schrift unverkennbar ein imperialistisches Denken durch: ein Kaiser, ein demokratisch geeintes Volk, eine starke Wirtschaft, starkes Heer und starke Flotte. Daß Wilhelm II. als erster »Aristokrat Deutschlands« den »geschichtlichen Werdegang des neuen deutschen Volkes« mit ganzer Seele erfaßt habe, darin bestehe, schwärmte Naumann, dessen »persönliche Größe«. Mit der Übernahme solcher imperialistischer Vorstellungen, die auch in seinem Bekanntenkreis, so bei Max Weber, verbreitet waren, hatte sich Naumann von den »modernen« politisch-geistigen Strömungen in Deutschland mitreißen lassen. Es erstaunt, daß bei aller Aufgeklärtheit des Denkens die Idee einer »Machtpolitik« ganz irrational und selbstverständlich in die politischen Zukunftserwartungen mit einfloß.

Den Weg, den Friedrich Naumann jetzt eingeschlagen hatte, ging er auch in den nächsten 19 Jahren weiter, bis gegen Ende des Krieges die enttäuschende Erkenntnis kam, daß um 1900 die Weichen falsch gestellt worden waren. Naumann hatte gehofft, Wilhelm II. für sein Konzept zu gewinnen. Wilhelm II. und Naumann waren fast gleichaltrig. Aber auch der junge katholische Württemberger Matthias Erzberger dachte zu dieser Zeit nicht viel anders. Die protestantische wie die katholische deutsche Bevölkerung schickte damals voller Stolz ihre Missionare in die »dritte Welt«. In England, Belgien, Frankreich geschah das gleiche. Der Glaube der Europäer an ihre eigenen Werte, an ihre Mission, war noch ungebrochen. Die ursprüngliche Unschuld war dahin, die Machtpolitik im Innern wie nach außen war mit »Demokratie und Kaisertum« gedanklich akzeptiert worden.

17 Jahre später hat Friedrich Naumann das Thema seiner »Jahrhundertschrift« noch einmal in abgewandelter Formulierung aufgegriffen: »Der Kaiser im Volksstaat« hieß eine Schrift, mit der er einen – allerdings letzten und wenig erfolgreichen – Versuch unternahm, Monarchie und Demokratisierung zu verbinden.Doch Naumanns Rechnung ging weder 1900 noch in dem Krisenjahr 1917 auf, weil die höfischen Zirkel Wilhelm II. nicht aus ihren Fesseln freiließen. Die Tagebücher der Baronin Spitzemberg,[15] ihre Beobachtungen der Berliner Gesellschaft, zeigen dies deutlich. Wilhelm II. selbst verstand schließlich weder das politische Programm, das Friedrich Naumann ihm anbot, noch unternahm er jemals den Versuch, sich diesem zu nähern. Naumann, Max Weber und ihnen nahestehende Sozialpolitiker und Sozialwissenschaftler verfolgten ähnliche Ziele wie die Fabier um Beatrice und Sydney Webb in England:[16] die nationale Integration der neuen, industriellen Bevölkerung. In der Akzeptierung der industriellen Lebensformen, des modernen Aufbaus der Städte und Großstädte, der Sozialpolitik, der kommunalen Versorgung, der Bejahung der Urbanisierung: darin dachten die gemäßigt-fortschrittlichen führenden Köpfe diesseits und jenseits des Kanals, in England und in Deutschland, ziemlich ähnlich. Tatsächlich haben sich diese neuen Lebensformen, die um 1900 sichtbar wurden, in den zwanziger Jahren überall in Westeuropa endgültig durchgesetzt, mit und ohne die sozialistischen Parteien.

Zudem setzte sich die neue großstädtische Lebensform zur gleichen Zeit in Nordamerika durch. Wer die Entwicklungen aufmerksam beobachtete, konnte die Zusammenhänge erkennen: 1904 reisten Max Weber, seine Frau und Ernst Troeltsch nach Nordamerika, besuchten New York, Philadelphia, lernten dort die neue Lebenswelt kennen.[17] Aus dem Vergleich der europäischen und der neuen amerikanischen Lebensformen sind eine Reihe der Schriften Max Webers entstanden, so sein Versuch, die Entstehung der modernen kapitalistischen Gesellschaft, ihres »Geistes«, aus der »Ethik des Protestantismus«,[18] insbesondere des Puritanismus zu erklären. Das Quellenmaterial, auf dem seine Schrift beruhte, hatte er zum Teil in den Archiven Philadelphias gefunden. Tatsächlich mochte es scheinen, als würde in dem protestantischen England, in Nordamerika und Deutschland die moderne gesellschaftliche Entwicklung ähnlich verlaufen. Da die Marxisten diese Tatsache offensichtlich nicht erklären konnten, fanden die Liberalen sie in der protestantischen Lebenseinstellung. Es gab nur wenige nachdenkliche Beobachter wie Naumann, Weber und der Theologe Ernst Troeltsch, die zu dieser Erkenntnis kamen.

Ernst Troeltsch, der wie Max Weber an der Universität Heidelberg arbeitete, brachte 1906 seine Untersuchung: »Die Bedeutung des Protestantismus für die Entstehung der modernen Welt« heraus. So unterschiedlich die Meinungen dieser Kreise waren, die sich in Heidelberg, wohl auch bedingt durch persönliche und familiäre Bindungen, konzentrierten, so war ihnen die Entdeckung und Zustimmung zur »Moderne« gemeinsam, womit die wissenschaftlich geprägte Kultur gemeint war. Man fühlte sich auf der Höhe der Zeit, auch etwas »in«: gesellschaftlich, geschichtlich, akademisch, national, international. Naumann allerdings suchte seinen Platz nicht im akademischen, sondern im schriftstellerischen, politischen Leben, das sozial nicht so hoch angesehen war wie das der Universitätslehrer: Er wollte lieber mit den Menschen verbunden bleiben, denen er etwas zu sagen hatte.

Die »Hilfe« hatte inzwischen die anfänglichen Schwierigkeiten, auch die christlichsozialen und bald auch die sogenannten »nationalsozialen« Anfänge überstanden und einen festen Leserstamm gewonnen. Mit dem Beginn des in Deutschland lange bekämpften Frauenstudiums, zuerst 1901 in Baden, zog die »Hilfe« auch die neue Generation der weiblichen Studierenden an und bot eine moderne Plattform der Zusammenarbeit; in einer lockeren protestantisch-kirchlichen Bindung: nicht ganz so offen und frei, wie die auch seit der Jahrhundertwende einsetzenden Experimente der überwiegend vom kirchlichen Leben gelösten deutschen Jugendbewegung und deren Suche nach einem freieren, wie auch immer emanzipierten Zusammenleben, privat, sexuell, gemeinschaftlich, doch möglichst ohne »bürgerliche« Bindungen an die bestehenden familiären, sozialen, kirchlichen Wertvorstellungen. Doch für diejenigen Kreise der damals studierenden Generation, die soziale Bindungen und Verantwortung suchten, aber doch das Engagement bei den kulturell verhältnismäßig vereinsmeierlich aufgezogenen Sozialdemokraten kaum finden konnten, bot Friedrich Naumanns »Hilfe« eine Orientierung. Er gewann auch als Persönlichkeit Anziehungskraft und Ausstrahlungsvermögen, weil er es bis zum Ende seines Lebens ablehnte, obwohl seit 1907 linksliberaler Abgeordneter im Reichstag, seine eigene Person in das Netz der politischen Apparate einspannen zu lassen. Naumann ist nie zu größerem Vermögen gekommen. Seit 1897 lebte er ausschließlich von seiner Zeitschrift und sonstigen Veröffentlichungen: anders als die Professoren und Pfarrer, mit denen er zusammenarbeitete. Der Preis seiner Unabhängigkeit war die ungesicherte wirtschaftliche Lage. Naumann machte sich persönlich den Zukunftsoptimismus dieser Jahre zu eigen.

Aufmerksam nahmen Naumann und seine Mitarbeiter in der »Hilfe« an den künstlerischen Entwicklungen teil. Naumann selbst gehörte dem »Deutschen Werkbund« an, einer Vereinigung, die die moderne »industrielle Kultur« förderte. Verbindungen ergaben sich hier auch zu den eigenwilligen, liberalen, modernen Entwicklungen des aufgeschlossenen Stuttgarter Industriellen Robert Bosch, dessen Elektrounternehmen im Zuge der entstehenden Automobilindustrie von 45 Arbeitnehmern 1901 auf 4500 bis 1912 gewachsen war.[19] In diesem Unternehmen entstand nicht nur eine neue, moderne, spezialisierte Industrie, sondern auch eine andere Wirtschaftsmentalität, innerbetrieblich wie politisch, die sich von den aus dem Industriepatriarchalismus des 19. Jahrhunderts übernommenen sozialen und politischen Umgangsformen der »Industriebarone« der Gründerzeit an Rhein, Ruhr, Saar und oberer Oder vorteilhaft abhob. Naumann interessierte sich für die impressionistischen und expressionistischen Tendenzen in der Malerei, sympathisierte mit Max Liebermann und Edvard Munch. In dieser Suche nach »Offenheit« und »Fortschritt« ähnelte Naumann einem anderen Zeitgenossen, dem Industriellen Walther Rathenau. 1907 hatte er sich für die »Freisinnige Volkspartei« in den Reichstag wählen lassen. Seitdem zählte er politisch zu den »Liberalen«.

In einem 1909 in Bremen gehaltenen Vortrag suchte er zwei Momente des Liberalismus zu klären, das »religiöse« und das »politische«.[20] Der politische Liberalismus habe sich für die Sicherung der individuellen Freiheiten, der Gemeindefreiheit, der persönlichen Rechtssicherheit, der Gewerbefreiheit, der Menschenrechte eingesetzt, er habe das Individuum zum Träger der Politik machen wollen: über die Selbstverwaltung, Nationalitätsidee, Parlamentarismus, Mehrheitsprinzip. Doch setze die Liberalisierung des Staates einen allgemeinen Konsens voraus, der niemals durch bloße »Staatstechnik« ersetzt werden könne. Eine solche Grundhaltung, »Volksglauben« umschrieb er sie, biete der religiöse Liberalismus, den Naumann dem politischen Liberalismus zuordnete. Von diesem »geläuterten« Liberalismus aus seien zwei Standpunkte abzulehnen: der »einseitige Rassenstandpunkt«, der das Humanitätsideal vernichte, und ein »egoistischer Individualismus«, der sich der sozialen Pflichten entziehe. Naumann lehnte den Antisemitismus und einen schrankenlosen Kapitalismus ab. Sein politisches Denken war gegenüber vordergründigen marxistischen Klischees weitaus geschmeidiger und treffsicherer, undoktrinär, darin auch befreiend und moderner. Es löste sich aus den Fesseln der deutschen Gelehrtensprache, der universitären und außeruniversitären des 19. Jahrhunderts. Die Daily-Telegraph-Affäre (1908) hatte das Ansehen und die Stellung Wilhelms II. und seiner Hofkreise erschüttert. Der Reichstag gewann an Autorität. Manche sahen die Möglichkeit, daß sich Deutschland dem modernen parlamentarischen Regierungssystem anschließen würde. Auch Naumann wurde in dieser Zeit ein Anhänger der parlamentarischen Regierungsweise, der Regierung durch den Reichstag, nicht durch den Monarchen, wie es die bestehende Reichsverfassung von 1871 vorsah. Zugleich wurde Naumann gegenüber der Person Wilhelms II. mißtrauischer, skeptischer. 1910 nach dem Scheitern des liberal-konservativen Bülow-Blocks trug er ein überraschendes neues Koalitionskonzept der deutschen Öffentlichkeit vor, personalisiert: »Von Bebel bis Bassermann«,[21] eine sozialliberale Koalition von den Nationalliberalen bis zu den Sozialdemokraten gegen die Konservativen und Katholiken. Ein solches Konzept ließ sich wohl ausdenken, aber es war nicht zu realisieren. Er war eher ein Beitrag zur Lockerung politischer Verkrustungen.

Naumann nutzte die Möglichkeiten, die ihm die »Hilfe« bot, um einen früheren Freund aus seiner Pfarrerzeit, Gottfried Traub, der als Pfarrer in Dortmund mit der westfälischen Landeskirche zu kämpfen hatte, öffentlich in Schutz zu nehmen. Traub wurde 1912 aus dem Kirchendienst entlassen. Naumann schrieb ihm persönlich zur Ermunterung: »Du und ich, wir stammen aus evangelischen Pfarrerhäusern... Wir wissen von Kind auf besser, als ob wir es nur aus Büchern gelernt hätten, was die innere Zugehörigkeit zur evangelischen Kirche uns erlaubt und verbietet.«[22] Und nach der Entlassung am 4. September 1912 schrieb er: »Das ist also der letzte Stoß, den die Kirche Dir versetzen konnte. Jetzt kann sie Dir nichts mehr tun, Du aber ihr. Du bist frei, ohne Amt, ohne Lehrverpflichtung, und, was sehr wesentlich ist, Du bist das geworden, ohne darum zu sorgen.« Was die wirtschaftliche Seite des Lebens angehe, so solle der entlassene Pfarrer sich nicht allzuviel Sorgen um die Zukunft machen: »Ich existiere seit 1897 ohne Gehalt und habe deshalb noch keinen Tag mich gegrämt.«[23]

1910 wurde Naumann 50 Jahre alt. Bekannte, darunter Gerhart von Schulze-Gävernitz, hatten einige Gelder zusammengetragen, um ihm eine Alterssicherung zu bieten. Die »Hilfe«, die bisher im eigenen Buchverlag erschienen war, ging an den Verlag Georg Reimer über. Naumann brauchte nicht mehr zugleich als eigener Verleger zu arbeiten, er gewann dadurch eine gewisse Entlastung. Inzwischen hatte sich auch ein Kreis jüngerer Mitarbeiter bei der »Hilfe« eingefunden, dazu zählte der damals noch junge Theodor Heuß, sein späterer Biograph, und Gertrud Bäumer, die spätere Reichstagsabgeordnete, Kulturpolitikerin und Schriftstellerin. Sie hatte Naumann auf dem Evangelisch-sozialen Kongreß kennengelernt.

In der Freisinnigen Volkspartei hatte Naumann einen guten Kontakt zu dem Stuttgarter Conrad Haußmann und zu dem politisch erfahreneren Friedrich Payer gefunden. Nach dem Verlust seines Reichstagsmandats 1912 gewann er 1913 in einer Nachwahl in Waldeck-Pyrmont – durch die indirekte Unterstützung Gustav Stresemanns, der auf eine nationalliberale Kandidatur verzichtet hatte – in der Stichwahl den Wahlkreis mit 6593 gegen 6327 Stimmen für die Fortschrittliche Volkspartei. So gehörte er 1914 dem Kriegsreichstag an, denn 1912 hatten die letzten allgemeinen Wahlen – bis 1919 – in Deutschland stattgefunden.

1912 unternahm Naumann eine Englandreise und lernte die politische Welt der Angelsachsen, auch in Gesprächen mit britischen Abgeordneten, näher kennen. Das britische politische System sagte ihm in vielem zu. Er hat auch später, vor allem bei den Verfassungsberatungen 1919 versucht, Elemente des britischen Verfassungssystems, insbesondere das auf eine starke Regierung angelegte britische Wahlrecht, das Mehrheitswahlrecht, das eindeutige Mehrheiten schafft, in die Weimarer Verfassung einzubringen, allerdings dann ohne Erfolg. Frankreich kannte Naumann bereits aus mehreren Reisen. Er befürwortete eine deutsch-französische Annäherung und gehörte der »interparlamentarischen Union« an. Zu Pfingsten 1914 hatte er an einer Konferenz deutscher und französischer Abgeordneter in Basel teilgenommen, an der auch der Führer der französischen Sozialisten, Jean Jaurès, beteiligt war. Bei den deutschen fortschrittlichen Abgeordneten hoffte man auf eine internationale dauerhafte Aussprache der Parlamente: Parlamentarier als »Parlamentäre der Verständigung«, wie es Conrad Haußmann formulierte.

Es bleibt fast unverständlich, wie es bei diesen Verständigungsbemühungen zum Krieg kommen konnte. Aber die deutsche Außenpolitik lag nicht im Einflußbereich des Reichstags. Die Entscheidungen über Kriege und Frieden hingen, konstitutionell und faktisch, von einer politischen und sozialen Minderheit ab. Der Reichstag ließ die Dinge über sich ergehen und stimmte den vollendeten Tatsachen nachträglich zu. National gesinnt wurde der Krieg von der »Hilfe« publizistisch mitgetragen. Man schrieb wie auch andernorts in Deutschland »Kriegschroniken«. Damit verband sich ein erheblicher Schuß Gutgläubigkeit an die Richtigkeit und Rechtmäßigkeit der deutschen Sache. Naumann war davon überzeugt, daß die deutsche politische Führung im Recht sei. Der Gedanke, daß auch erhebliche materielle Interessen mit im Spiel waren, die Zweifel an der Richtigkeit der eigenen Sache erforderten, wurde nicht vorgetragen. Den Pazifisten stand er skeptisch gegenüber, obwohl sie ihm und seiner eigenen Herkunft in vielem nahestanden. War der 54jährige bereits in der Gedankenwelt von 1900 befangen, so daß er sich nicht mehr lösen konnte?

Während des Krieges zeigten sich auch die Grenzen in Naumanns liberalem Denken und seiner »Modernität«. Es bestand ein gewisser Zwang, jede moderne Erscheinung zu rechtfertigen. Und dieser Krieg, so mochte es scheinen, war modern. So wie Naumann 1909 über »Christentum und Verkehrsglauben« geschrieben hatte, schrieb er jetzt 1915 über den »Kriegsglauben« und die »Religion der Völker«. Doch wurden seit 1917 seine religiösen Beiträge in der »Hilfe« zurückhaltender, theologischer im engeren Sinn und in Distanz zur politisierenden Theologie.

Mehr Denker als denn Praktiker der Politik hatte Friedrich Naumann 1917 ein Buch veröffentlicht, das der deutschen, bis dahin im Grunde genommen reichlich wahllosen und unreflektierten Kriegspolitik ein gewisses Konzept und eine übergreifende Zielvorstellung gab: »Mitteleuropa«. Das Buch erschien im Sommer 1917. Die Schrift ist heute kaum noch lesbar, es sei denn als Zeitdokument. Der Kern der dort konzipierten Gedanken lief auf die Schaffung eines selbständigen ökonomisch-politischen Gebildes »Mitteleuropa«, den Zusammenschluß der beiden kriegsverbündeten Länder Deutschland und Österreich-Ungarn unter der Dominanz der deutschen Politik in dem Gebiet zwischen Rhein (im Westen) und einer Linie vom Baltikum bis Rumänien (im Osten) hinaus. Frankreich wäre aus diesem »Mitteleuropa« ausgeschieden gewesen und England der maritime Konkurrent dieser kontinentalen Konstruktion geworden. Kleine politische Einheiten hätten, hieß es in Mitteleuropa, in der Zukunft keinen Platz mehr. Naumanns »Mitteleuropa« wollte eine deutsche »Landherrschaft«, keine »Seeherrschaft« begründen. Damit stieß er aber auf die ablehnende Haltung hanseatischer Kreise, so des Hamburger Reeders Albert Ballin.

Um so stärkeren Anklang fand das Programm in eher ländlich-kontinental orientierten, liberalen Universitätsstädten und zum Teil bei katholischen Politikern, denn innerhalb dieses »Mitteleuropas« lagen die überwiegend katholischen Gebiete Litauen und Polen und vor allem Österreich. Das Mitteleuropabuch erzielte innerhalb eines Jahres eine Auflage von 100 000. Die Sprache war eindringlich, suggestiv, stellenweise pastoral und appellierte mehr an das Gefühl als an den Verstand. Dieses Mitteleuropa kam einem verwalteten Wirtschaftsstaat sehr nahe, auch das Stichwort »Militärstaat« tauchte gelegentlich auf. Jedenfalls, es war kein freiheitliches politisches und wirtschaftliches Gebilde, das Naumann vorschwebte. Sein Programm fiel weit hinter die

Vorstellungen zurück, die er noch bis 1914 vertreten hatte: in das Amalgam der Ideologien des 19. Jahrhunderts. »Modern« war es im Grunde genommen nicht, wie auch Naumanns nationaler Imperialismus nicht überzeugend wirkte.[24] Anfang Januar 1917 hielt Naumann einige Vorträge in Norwegen und warb für die deutsche Haltung. Sein Auftreten wirkte positiv. Er gewann dadurch auch in Regierungs- und militärischen Kreisen Deutschlands, die ja relativ isoliert von der internationalen Gesellschaft agierten, an Ansehen.

Mit dem Eintritt der USA in die kriegerischen Verwicklungen, dem Beginn der revolutionären Entwicklung in Rußland im Frühjahr 1917 veränderte sich die nationale und internationale Szenerie. Naumann beobachtete diese Entwicklung und sprach sie in seiner Reichstagsrede im Mai 1917 an, stieß damit aber zum Teil auf Unverständnis. Er drängte auf innere Reformen und unternahm noch einmal einen vergeblichen Versuch, Wilhelm II. für eine Politik der Demokratisierung zu gewinnen.[25] Im Juli 1917 setzte die von der deutschen Öffentlichkeit kaum in ihrer Bedeutung registrierte innere Wende in der deutschen Politik ein: Die demokratischen Parteien, Fortschrittler, Sozialdemokraten und das katholische Zentrum ergriffen zum ersten Mal eine gemeinsame politische Initiative in der Friedensresolution und in der Bildung des ständigen gemeinsamen interfraktionellen Ausschusses. Naumann hatte diese Entwicklung gedanklich vorbereitet, war aber selbst nur indirekt beteiligt. An den Sitzungen des interfraktionellen Ausschusses nahm er für die Fortschrittler bis 1918 gelegentlich, aber nicht regelmäßig teil. Sicherlich hätte er lieber die Verbindung zu den Nationalliberalen aufrechterhalten, die ab und zu einen tastenden Versuch machten, im Ausschuß mitzuwirken, andererseits aber nicht ihren direkten Kontakt zur Regierung verlieren wollten und bei den demokratischen Parteien als unzuverlässig galten. Die neue Konstellation von Fortschrittlern, Sozialdemokraten und Katholiken, an der überwiegend süddeutsche Politiker beteiligt waren, lag auch nicht auf der Ebene der Parteienkonstellation, die Naumann bisher begünstigt hatte. Auch gegen Erzberger empfand er eine starke Abneigung.

Gegen die Bildung der neuen demokratischen Bewegung, die in der Öffentlichkeit im »Volksbund für Frieden und Freiheit« zusammenarbeiteten, schlossen sich die hartnäckigsten Verfechter annexionistischer Forderungen in der ebenfalls zur Propaganda gebildeten überparteilichen »Vaterlandspartei« zusammen. Naumann gehörte durch Herkunft und persönliche Bindungen eigentlich eher zur Gruppe der Anhänger des Wilhelminismus, doch aus Überzeugung und Einsicht hielt er an der neuen politischen Verbindung, die auf eine Demokratisierung drängte, fest. Dadurch verlor er alte Freunde: »Langsam verschiebt sich der Ton«, schreibt Theodor Heuß, »es kommen auch aus dem alten Freundeskreis Vorwürfe, Fragen, Zweifel, Abschiedsworte.« Gottfried Traub schloß sich der »Vaterlandspartei« und den Kreisen um Kapp und den Admiral Tirpitz an. Naumann verteidigte die Friedensresolution. Politisch arbeitete Naumann jetzt mit Politikern zusammen, die sich von denen seiner Herkunft unterschieden. Dennoch hielt er an der Politik der Parteien der Friedensresolution fest.

Nüchtern sah Naumann, daß große Teile der deutschen Bevölkerung für die Lebensbedingungen einer demokratischen Verfassung ungenügend vorbereitet waren. Und so entdeckte er seit 1918 ein neues Betätigungsfeld: die politische Bildung. Im Frühjahr 1918 brachte er eine Broschüre »Erziehung zur Politik« heraus, zusammen mit dem Hamburger liberalen Bürgermeister Carl Petersen und dem Industriellen Robert Bosch aus Stuttgart, in dem Naumann das Vorbild eines modernen Unternehmers sah. 1919 bereitete er die Gründung der deutschen »Hochschule für Politiker« in Berlin vor.

Als Fortschrittler gehörte Naumann zu der mit der Friedensresolution 1917 begründeten Gruppe der Mehrheitsparteien im Reichstag, die einen Verständigungsfrieden und eine Veränderung der inneren Verhältnisse, auch der Machtverhältnisse, in Deutschland, anstrebten. Doch seine Haltung war nicht ganz eindeutig. Er fühlte sich emotional eher den herrschenden Gruppen, nicht den demokratischen Gruppen verbunden, denen er als Abgeordneter angehörte. Er zog das Überparteiliche vor. Während seit dem Beginn der Friedensverhandlungen mit dem revolutionären Rußland im Dezember 1917 die Führer der drei Mehrheitsparteien versuchten, Einfluß auf die deutsche Verhandlungspolitik zu finden, um einen tragbaren »Frieden der Völker« zu erreichen, ging Naumann einen anderen Weg. Er beteiligte sich mit Max Weber, dem Vorsitzenden der freien Gewerkschaften Carl Legien, dem christlichen Gewerkschaftsführer Adam Stegerwald, dem württembergischen Industriellen Robert Bosch, dem Publizisten Ernst Jäckh und dem Soziologen Alfred Weber an einer Aktion, die am 12. Februar gemeinsam eine Denkschrift an Ludendorff richtete. Doch Ludendorffs Antwort vom 22. Februar 1918 sprach sich für »rein soldatische Lösungen« aus und entgegnete den Mahnern: »Der Angriff ist noch immer die Fechtweise der Deutschen gewesen«.[26] Im Sommer 1918, in einer Reichstagsrede vom 25. Juni, unternahm Naumann nochmals einen Versuch, ein stärkeres Moment moralischer Räson in die deutsche Politik einzubringen. Es waren die Tage, in denen die Generäle auf den Sturz des zu den »Tauben« zählenden Staatssekretärs des Auswärtigen von Kühlmann erfolgreich drängten, denn er wurde durch einen Vertreter der »Falken«, Admiral von Hintze, als Staatssekretär ersetzt. Naumann forderte, man solle nachdenken, mit den Gegnern verhandeln, die gegenseitigen Beziehungen auf diplomatischem Wege ausloten. Auch die Bevölkerung, zumal die Soldaten, erwarten, so führte er aus, solche Schritte von den Verantwortlichen. Man sollte mit den führenden Repräsentanten der britischen und französischen Politik, Lloyd George und Clemenceau, politisch kämpfen, vor aller Öffentlichkeit, auch um die Einstellung der anderen Völker kämpfen, sie vielleicht gewinnen, denn schließlich gehörten alle am Krieg beteiligten Völker zur europäischen, christlichen Gemeinschaft und seien ansprechbar. Die Politiker dürften ihr Volk nicht enttäuschen. »Alle militärische Sicherung ist ihrem Wesen nach moralisch«. Die Rede hinterließ einen starken Eindruck, aber in der Sache bewirkte sie nichts.

Im Herbst 1918 gestand sich Friedrich Naumann, inzwischen 58 Jahre alt, ein, daß die ursprüngliche Erwartung, die die wilhelminische Generation der deutschen Aufstiegsgesellschaft um 1900 und erneut zu Kriegsbeginn gehegt hatte, sich als verfehlt erwiesen hatte. Er war darin offen und schrieb am 6. Oktober 1918: »Alles zerfließt mit einem Male: Türkei, Bulgarien, Oststaaten, Mitteleuropa, Imperialismus, es ist für uns, die ältere Generation, eine Götterdämmerung. Überall stecken diejenigen ihre Köpfe empor, die von vornherein à la baisse spekuliert haben: Pazifisten und flache Internationalisten. Dabei muß man ihnen zugeben, daß sie recht haben: Wir brauchen jetzt eine gewisse Allerweltsflachheit, um weiterleben zu können, und müssen aus dieser Not eine Tugend machen. Mir wird diese notwendige Einstellung noch blutsauer, aber ich ermuntere andere, sie schnell zu vollziehen, den wir brauchen jetzt Völkerbundoptimismus sowohl als politisches Hilfsmittel wie als Ersatz für verlorengegangene nationale Hoffnungen.«[27]

Als im Oktober 1918 die erste parlamentarische Regierung und Verfassung geschaffen wurde, verstand es Naumann in seiner Reichstagsrede vom 22. Oktober, die ihm die stürmischen Zustimmungsrufe der Linken einbrachte, der politischen Wende eine eindrucksvolle rhetorische Würdigung zu geben. Was die künftigen Ideen anging, die internationale Idee der Humanität, brauche man nicht auf ausländische Autoren zurückgehen, man könne in Deutschland auf eigene Schriften verweisen, auf Lessing's »Erziehung zum Menschengeschlecht« und auf Kants »Vom ewigen Frieden«: »Eine Nation, die der ganzen Welt gegenüber vier Jahre ausgehalten hat, eine Nation, die solche Kräfte des Arbeitens, Denkens und Schaffens besitzt, die ist nicht tot zu machen, weder von denen, die in Europa sind, noch von denen, die jenseits des Ozeans sind. Sie sollen versuchen, es geht nicht! Aber mit uns in Frieden leben, das geht, wenn sie nur wollen.«[28] In den kritischen Tagen des 9. November, als die Hohenzollernmonarchie zusammenbrach, befand sich Friedrich Naumann nicht in Berlin, sondern an der westlichen Front: Er war zu Vorträgen vor den deutschen Truppen eingeladen worden.

Naumann akzeptierte den sich seit November abzeichnenden Übergang zur Demokratie. Jetzt wurde er, der ehemalige Pfarrer, einer der wichtigsten Gesprächspartner für jene kirchlichen Kreise, die bisher an einem obrigkeitlichen Staatsverständnis, der Verbindung von »Thron und Altar«, festgehalten hatten. Naumann hatte ja schon vor dem Krieg eine demokratische Entwicklung befürwortet und konnte sich daher in die neue Situation hineindenken, und, was auch wichtig war, er konnte sie interpretieren. Denn die revolutionären Veränderungen 1918/19 trafen den deutschen Protestantismus am meisten, da das landeskirchliche Regiment, die politisch-soziale Basis des Luthertums seit dem 16. Jahrhundert, nun in Deutschland aufgehoben war. Damit verbunden war nicht nur Enttäuschung oder Verzweiflung, sondern auch Orientierungslosigkeit, ein Problem, mit dem die protestantischen Pfarrer und Gläubigen sich weit stärker auseinanderzusetzen hatten als die katholischen.

In diesen Monaten entstanden neue politische Autoritäten mit demokratischer Legitimation: die Parteien, die in Zukunft die Politiker stellen würden, die bisher von den Monarchen und Höfen ausgesucht worden waren. Innerhalb weniger Wochen und Monate änderte sich die Struktur der politischen Willens- und Meinungsbildung grundlegend. Noch in den Tagen des Oktober und Anfang November 1918 bemühte sich Naumann, soweit er konnte, die Monarchie zu erhalten. Das geht aus den Korrespondenzen mit Max Weber und Robert Bosch über die Abdankung Wilhelms II. (zur Rettung der Monarchie) hervor. Allerdings hatte ihn das Agieren der deutschen Dynastien, ihr

Schachern um monarchische Pfründe in den östlichen Ländern, auch das Verhalten Wilhelms II. selbst, dem er persönlich die Schuld für das Ende der Hohenzollernmonarchie gab, stark getroffen. Tatsächlich sind die deutschen Monarchien in den Novembertagen angesichts ihrer offenkundigen Schwächen von den Bevölkerungen einfach weggefegt worden.

Naumann setzte seine Hoffnungen jetzt auf den in der Öffentlichkeit eher zurückhaltend auftretenden Friedrich Ebert. Er galt vielen außerhalb seiner eigenen Partei als vertrauenswürdig. Am 10. November führte Naumann ein längeres Gespräch mit dem Nachfolger in der OHL, Groener, über diese Angelegenheit. Naumann sollte als Vermittler zu Ebert vorgesehen werden.[29] Noch am gleichen Tage kam die bekannte telefonische Aussprache zwischen Groener und Ebert zur bedingten Zusammenarbeit zwischen der neuen Regierung und dem Heer zustande, die später von den Historikern zum »Ebert-Groener-Pakt« aufgewertet wurde.

Die revolutionäre Bewegung in den deutschen Städten lehnte Naumann natürlich ab. Er maß ihr wohl kein selbständiges Gewicht bei, sondern sah in ihr eher eine Folge der allgemeinen Erschöpfung. Er hoffte, daß Ebert und die Führer der Gewerkschaften, darunter Carl Legien, die Bewegung in gemäßigte Bahnen lenken würden. Im übrigen lag die Mitbeteiligung der Sozialdemokraten an der Politik durchaus auf einer Linie, wie sie bereits vor dem Krieg von Naumann vertreten worden war. Die vielleicht etwas erstaunliche Bereitschaft großer Teile der Beamtenschaft auch von Teilen des Offizierskorps, in den kritischen Tagen des November 1918 mit den gemäßigten Sozialdemokraten zusammenzuarbeiten, mag gedanklich durchaus durch Naumanns frühere Schriften mit vorbereitet worden sein. Naumanns Einfluß reichte weit in die Kreise protestantischer leitender Beamter hinein.

Sollte Naumann selbst den Sozialdemokraten beitreten? Am 4. Dezember 1918 schrieb er einem Pfarrer: »Ich persönlich habe mir auch überlegt, ob ich bei der jetzigen Veränderung meine Stellung an der Seite Eberts suchen soll, aber solange eine Grenzlinie nach links in der SPD noch nicht gefunden ist, halte ich es für richtiger, auf dem linken Flügel der bürgerlichen Demokratie zu bleiben.«[30] Tatsächlich hat sich erst dreißig Jahre später, mit den Anfängen der Bundesrepublik, diese lockere Verbindung von Protestantismus und Sozialdemokratie ergeben. Als seit dem Dezember 1918 feststand, daß auf allen Ebenen allgemeine Wahlen anstünden, mußten neue Parteien, zumindest in den bürgerlichen Gruppen, gebildet werden. Theodor Heuß hat diesen Vorgang, an dem er selbst mitwirkte, plastisch und wohl auch zutreffend beschrieben.

> »Es ist sehr bezeichnend und bei dem Grundwesen dieser deutschen Revolution und ihres Ablaufs geschichtlich fast notwendig, daß die Parteien, als sie, umgebaut, wiederkehrten, ganz wenig neue Namen in die Höhe getragen haben.«[31]

Auch die Liberalen formierten sich neu. Aus dem Kern der Fortschrittspartei entstand die Deutsche Demokratische Partei (DDP) im Dezember 1918 und Januar 1919. Zu den Initiatoren zählte der Bekanntenkreis um Naumann, die Brüder Adolf und Max Weber in Heidelberg, Gertrud Bäumer in Berlin, Carl Petersen in Hamburg. Allerdings hatte diese eher intellektuelle Gruppe sich bei den örtlichen Parteigruppierungen durchzusetzen, wenn es um die Aufstellung von Kandidaten ging. Bereits am 15. November war ein erster Aufruf zur Parteigründung herausgekommen. Die Spaltung der Liberalen in ehemals »Fortschrittliche« und ehemals »Nationalliberale« blieb auch bei der Neugruppierung erhalten: DDP und DVP, »Links- und Rechtsliberale«. Gustav Stresemann führte seine Gruppe in die neue DVP über. Die Namen hatten sich geändert. »Demokratisch« nannte sich die linksbürgerliche, »Volkspartei« die rechtsbürgerliche Gruppe. Die neuen Namen zeigten an, daß die Liberalen prinzipiell bereit waren, eine demokratische Entwicklung mitzutragen.[32]

Die programmatische Rede, die Naumann am 13. Februar 1919 für die Faktion der DDP im Anschluß an die Regierungserklärung Scheidemanns vor der Nationalversammlung hielt, war bewußt auf den Ausgleich zwischen den politischen Gruppen und Parteien abgestimmt, zwischen den »Bürgerlichen«, den Sozialdemokraten, dem Zentrum bis hin zur äußeren Linken, der USPD. Man solle voneinander lernen: »Sie (zu den Sozialdemokraten) sind Sozialisten, wir sind bürgerliche Demokraten. Die Herren vom Zentrum sagen: wir bleiben, was wir sind. Das ist wahr. Aber ebenso wahr ist: keiner bleibt, was er ist, sondern jeder lernt aus dieser dringenden Umgestaltung, aus dieser Flutung, aus diesem Zwang, in dem wir jetzt alle leben. Wir lernen rechts mehr soziale Auffassung. Sie (zu den Sozialdemokraten) lernen links mehr Praxis der Realitäten.«[33] Naumann spannte in dieser Rede einen breiten Bogen über die geschichtliche Vergangenheit. Das Leitthema hieß »aufbauen«:

> »Unsere Väter haben schon zweimal [einen] großen Neubau aufrichten müssen: hinter dem Dreißigjährigen Krieg, als halb Deutschland eine Wüstenei war, als Dörfer zerstört und Menschen haufenweise auf den Feldern gestorben waren, da fingen sie von vorn an und arbeiteten sich in die Höhe mit ganz einfachen elementaren Mitteln: Treue, Fleiß und Gottvertrauen. In aller Einfachheit hat das Volk sich wieder in die Höhe geschafft aus einer Niederlage fast zum Tode.«

Was jetzt notwendig sei, sei nicht nur die Erstellung von Paragraphen, sondern die Überwindung des »Pessimismus an sich«. In dieser Zeit brauche das Volk einen Halt: »Und darum müssen wir untereinander die *Ordnung aufrichten.*« Ordnung, eine demokratische, von den unterschiedlichen politischen Kräften getragene gemeinsame Ordnung, war das Leitziel, das Naumann anvisierte.

Auch Max Weber hatte versucht, für die Nationalversammlung zu kandidieren, hatte sich aber, wohl auch aus gesundheitlichen Gründen und wegen innerer parteipolitischer Spannungen, zurückgezogen. Naumann selbst wurde gewählt und gehörte als Vertreter der DDP dem Verfassungsausschuß an. Er wurde so einer der »Väter der Weimarer Verfassung«. Bei den Beratungen begünstigte er eine starke Stellung des Reichspräsidenten gegen die abwehrende Haltung der Sozialdemokraten, darin stand er auf der Seite der Mehrheit. Darüber hinaus brachte er einige Vorschläge zur Beibehaltung des alten Wahlrechts, des Mehrheitswahlrechts, und zur Einführung von Grundrechten in die Verfassung ein.

Als Überraschung wurde Naumanns Vorschlag empfunden, »Grundrechte« in der Verfassung zu formulieren. Er hatte das entsprechende Konzept zunächst nur zu Diskussion gestellt, da es etwas unjuristisch formuliert war, aber schließlich doch im Verfassungsausschuß als Antrag eingebracht. Die DDP hatte bei den Wahlen zur Nationalversammlung die beachtliche Zahl von 75 Sitzen erzielt. Sie nahm den dritten Platz hinter der SPD und dem Zentrum/BVP ein. Die DVP hatte nur 21 Sitze, die ehemals Konservativen, jetzt Deutschnationalen 42 Sitze gewonnen. Auch Friedrich Ebert, inzwischen Reichspräsident, befürwortete die Aufnahme von Grundrechten in die neue Verfassung, vielleicht auch aus dem sicheren Gespür heraus, daß ein Staat nicht nur eine juristische Angelegenheit ist und allen seinen Einwohnern gewissermaßen ein öffentliches Daseinsrecht und Lebensrecht gewähren muß.

Den wirksamsten Einfluß auf die neue Verfassung gewann Naumann jedoch auf einem ganz anderen Feld, und diese Leistung bleibt vielleicht, da er wenige Monate später starb, die wirksamste Leistung, die der 59jährige Naumann zur Neuregelung des öffentlichen Lebens in Deutschland beisteuerte: zum Verhältnis zwischen Kirche und Staat.[34] Die Deutschen hatten ihren Krieg auch als Christen, gläubige Christen, geführt, wobei der religiöse Glaube und der nationale Glaube zum Teil eine gedankliche, allerdings nicht notwendige innige Verbindung eingegangen waren. Diese etwas mystische Union von Nationalem und christlichem Glauben erfuhr seit dem Herbst 1918, nach dem Zusammenbruch, und in den folgenden Monaten des politischen Umsturzes der Monarchien, Dynastien und alten Obrigkeiten und unter dem Eindruck des Siegesbewußtseins anderer am Krieg beteiligter Länder erhebliche Risse. In einem Aufruf des Evangelischen Oberkirchenrats vom November 1918 hieß es: »Kaiser und Reich, wie es in einer Geschichte ohnegleichen uns teuer und wert geworden ist, ist dahin.«[35] Für die protestantischen Landeskirchen änderten sich die Verhältnisse seit dem November 1918. Da die kirchlichen Angelegenheiten nicht mehr ohne weiteres über staatliche Beamte geregelt werden konnten, brauchten die Landeskirchen Persönlichkeiten in den Parteien, die ihre Anliegen, auch die Finanzen, z. B. Kirchensteuerfragen, vertraten. Das war bei den neuen Parteien schwierig, nicht zuletzt wegen der geringen personellen Kontakte. Zudem stand man den Parteien überwiegend skeptisch gegenüber, während die katholische Kirche im Zentrum ihr verbundene Politiker ansprechen konnte und somit der Übergang zur Demokratie für sie nicht so schwierig war.

In dieser Situation war es Friedrich Naumann, der sich als Abgeordneter der Nationalversammlung der kirchlichen Fragen annahm, auch wenn er mit einer ablehnenden Haltung protestantisch-kirchlicher Kreise gegenüber seiner Partei, der DDP, rechnen mußte. In der Korrespondenz Naumanns aus dem Jahr 1919 nehmen die kirchlichen Angelegenheiten den größten Umfang ein.[36] Er sah seine Aufgabe vor allem darin, die Sozialdemokraten, die als stärkste Partei ein gewichtiges Wort mitzusprechen hatten, für eine machbare Lösung zu gewinnen. Das Gremium, in dem diese Fragen besprochen und geregelt wurden, war der Verfassungsausschuß der Nationalversammlung, der von Conrad Haußmann, einem DDP-Politiker, geleitet wurde. Er tagte vom 4. März bis Juni. Die Atmosphäre dieses Ausschusses war kooperativ. In den Kirchenfragen arbeitete Naumann auch mit dem katholischen Kulturpolitiker und Theologen Joseph Mausbach aus Münster zusammen. Die Arbeit wurde dadurch erleichtert oder auch erschwert, daß die sozialdemokratischen Vertreter Jean Meerfeld und Max Quarck für die Beratungen nicht die Einsicht in die tatsächlichen Verhältnisse, die überkommenen staats-, verfassungs- und kirchenrechtlichen Regelungen und Lehrmeinungen hatten wie die meisten »bürgerlichen« Akademiker des Ausschusses.

In Preußen hatte der neuernannte Kultusminister Adolf Hoffmann (USPD), der bereits zusammen mit den übrigen USPD-Mitgliedern nach wenigen Wochen aus der preußischen Regierung ausschied, selbst wohl mit den kulturellen Verhältnissen des Landes wenig vertraut, einige Erlasse an die Regierungen und Provinzialschulkollegien Preußens zum Religionsunterricht, zum Schulgebet und zu religiösen Lehrverpflichtungen der Lehrer erlassen. Am 19. November 1918 verordnete er »für sämtliche uns unterstellte Lehrer der Republik Preußen« die Aufhebung des Schulgebets und der Verpflichtung der Lehrer zur Durchführung des Religionsunterrichts. Der bisherige Zustand an den Schulen sei »innerlich unwahr und widerrechtlich gewesen«.[37]

Naumann selbst hatte sich in Gesprächen mit den Mitarbeitern des Oberkirchenrats und anderen darauf verständigt, den öffentlich-rechtlichen Charakter der Kirche zu erhalten, nachdem das Staatskirchentum faktisch beseitigt war. Es ging dabei auch um die materiellen Verhältnisse, Kirchensteuern, kirchliches Eigentum, also um erhebliche Werte, den äußeren kirchlichen Besitzstand. Doch vermied Naumann es im Verfassungsausschuß, bei seiner sonstigen Neigung zum Prinzipiellen, zu debattieren. Als der Sprecher der Sozialdemokraten im Verfassungsausschuß, der Rheinländer Jean Meerfeld, die Möglichkeit einer friedlichen Lösung der strittigen Fragen von Kirche und Staat andeutete, waren die Weichen gestellt. Naumann bestärkte den sozialdemokratischen Sprecher in seiner Auffassung.

Die Anerkennung der Kirchen als selbständige, von den staatlichen Behörden unabhängige öffentliche Körperschaften entsprach auch den Vorstellungen der katholischen Politiker. So kam man sich nach vier Jahrhunderten des politischen Konfessionalismus jetzt erstmals unter dem äußeren Druck des demokratischen Zusammenlebens und der Neugestaltung der öffentlichen Kirchenverhältnisse einander entgegen und entdeckte mit einiger Überraschung, daß manche der überlieferten Distanzen, ja Feindschaften zwischen den beiden Konfessionen weit mehr politisch als religiös begründet waren, aber sich geschichtlich verfestigt hatten. Nicht nur in dem kleinen Kreis des Weimarer Verfassungsausschusses, sondern auch darüber hinaus bewirkte die politische Demokratisierung eine allmähliche Auflösung des historischen Konfessionalismus, ein Vorgang, der sich nicht nur in Deutschland, sondern auch in anderen europäischen Ländern in den zwanziger Jahren verfolgen läßt.[38]

Allerdings kam es bei den Beratungen in Weimar noch einmal zu Spannungen in der Schulfrage. Die katholischen Vertreter bestanden auf der Erhaltung der konfessionellen Schule und forderten zu deren Sicherung die Gewährleistung des Elternrechts. Auch protestantische Kreise befürworteten die konfessionelle Schule. Naumann selbst, wie die meisten DDP-Politiker, hoffte entsprechend seinem nationalbetonten, liberalen Konzept, eine einheitliche »weltliche« Schule durchsetzen zu können.

Die kulturpolitische Szenerie veränderte sich jedoch im Juni 1919 durch ein äußeres Ereignis: die Entscheidung über den Versailler Vertrag. Die nationalen Emotionen wurden aufgepeitscht und wirkten auch auf die Auseinandersetzung zwischen den Parteien ein. Naumann selbst ließ sich von der Erregung mitreißen. Er lehnte die Unterzeichnung des Vertrags ab und erklärte am 20. Juli vor der Nationalversammlung, es müsse auch in »Zukunft solche geben«, die der »Nationalgeschichte frei und ungebunden gegenüberstehen« und nicht mit der Unterschrift »belastet« seien.

In der daraufhin einsetzenden innenpolitischen Zerreißprobe – es ging auch um die »Auslieferung« Wilhelms II. – trat das Kabinett Scheidemann zurück. In dem neuen Kabinett Bauer, das die Verantwortung für die Unterschrift trug, waren die Politiker der DDP nicht mehr vertreten. Sie hatten damit das ursprüngliche gemeinsame Bündnis der drei demokratischen Parteien von Sozialdemokraten, Zentrum und DDP verlassen. Damit hatte die DDP in der Schul- und Kulturpolitik an Gewicht verloren. Denn bei den Koalitionsbesprechungen, die auch die am 21. Juni 1919 beginnende zweite Lesung des Verfassungsentwurfs betrafen, waren die DDP-Politiker und auch Naumann nicht beteiligt. Das Zentrum, praktisch von Matthias Erzberger geführt, bestand jetzt auf festen schulpolitischen Sicherungen in den Koalitionsverhandlungen und erklärte sich zur Unterzeichnung des Versailler Vertrags bereit. Die Sozialdemokraten konzedierten die Anerkennung des Elternrechts, die Möglichkeit zur Einrichtung konfessioneller Schulen wurde reichsrechtlich gewährleistet. Im Artikel 146 der Verfassung vom 11. August 1919 wurde dieser Grundsatz verankert. Er bildete die rechtliche Grundlage für das nach »Konfessionsschule«, »Weltanschauungsschule« und »Simultanschule« gegliederte Schulwesen der Weimarer Republik.

Die DDP, die vom 19. bis 22. Juli in Berlin ihren ersten Parteitag abgehalten hatte, verpflichtete ihre Abgeordneten zu einer ablehnenden Haltung in der Frage der Vertragsunterzeichnung. Gemäßigte Meinungen wie die Friedrich Payers konnten sich nicht durchsetzen. Naumann, persönlich von seiner Krankheit gezeichnet, ließ sich auf dem Parteitag zu verletzenden Angriffen gegen den Sprecher der unterzeichnungswilligen Minderheit der Partei, Hartmann von Richthofen, hinreißen. Ob Naumann in diesen Tagen gegenüber Erzberger den Satz: »Heute brauchen wir sie notwendig, aber in wenigen Monaten, wenn die Situation anders ist, werfen wir die weg.«, den Erzberger selbst in seinen »Erlebnissen« wiedergibt, tatsächlich gesagt hat, ist umstritten.[39] Doch wurden in den Tagen des Mai und Juni 1919 plötzlich wieder Ressentiments wach, die in den ersten Monaten des Jahres 1919 unter den neuen demokratischen Politikern zurückgetreten waren. Politische Gegnerschaft drohte in ein Feinddenken umzuschlagen.

Am 24. August 1919, einen Monat nach der Verabschiedung der neuen Verfassung, starb Friedrich Naumann in Travemünde. Er hatte sich dort von den Strapazen der letzten Monate erholen wollen, war überarbeitet und unterernährt. Ein Photo zeigt deutlich die Spuren des rauhen politischen Lebens dieser Jahre. Seine Persönlichkeit hatte eine ungewöhnliche Ausstrahlung auch noch auf spätere Generationen, weil er den Verfeindungen der Klassen, Konfessionen und Parteien, die die deutsche Politik belasteten, entgegengewirkt hatte.[40]

Als Theodor Heuß nach seiner Wahl zum ersten Bundespräsidenten der soeben neu gegründeten Bundesrepublik am 12. September vor dem Bundesrat, Bundestag und

Bundesversammlung in Bonn seine Antrittsrede hielt, leitete er sie mit einigen persönlichen, biographischen Bemerkungen ein und erinnerte daran, daß er im eigenen Elternhaus die »Legenden von 1848« habe vermittelt bekommen und erfahren habe, daß »Demokratie und Freiheit« nicht nur Worte, sondern »lebensgestaltende Werte« seien, und daß er später ohne die Zusammenarbeit mit Friedrich Naumann nicht das geworden wäre, »was ich bin«. Sein politischer Lehrer habe ihm das Wissen vermittelt, »daß die Nation nur leben kann, wenn sie von der Liebe der Massen des Volkes getragen wird«. Diese Bemerkung trug etwas Familiäres in die politische Sprache: Vertrautheit, persönliche Offenheit, persönliche Bindung und Verantwortung, Lebensbejahung und Liberalität: Naumanns Verständnis von Politik. Theodor Heuß sprach am 12. September 1949 in Bonn von einer »lebendigen Demokratie«.[41]

Anmerkungen

1 Friedrich Naumann, Werke Bd. 2, Köln 1964, S. 557.
2 Th. Heuß, Friedrich Naumann. Der Mann, das Werk, die Zeit, Stuttgart 1937 (^{2}1949).
3 Friedrich Naumann, Werke, Köln-Opladen 1964–1969.
4 Das bekannte Wörterbuch Konrad Dudens erschien 1880 in der ersten Auflage.
5 M. Weber, Heidelberg 1950, S. 145.
6 Vgl. Moritz Th. W. Bromme, Lebensgeschichte eines modernen Fabrikarbeiters, Hrsg. Göhre, 1905 (Nachdruck, Hrsg. B. Neumann, Frankfurt 1971).
7 Marianne Weber, S. 158f.
8 Abdruck des Schreibens in: Heuß, S. 673–677.
9 Heuß, S. 127.
10 F. N.: Liberalismus, Zentrum und Sozialdemokratie, München 1904; Werke IV, S. 1–32; F. N.: Die Politik der Gegenwart. Wissenschaftliche Vorträge, Berlin-Schöneberg 1905 (Werke IV, S. 32–99). F. N.: Die politischen Parteien, Berlin-Schöneberg 1910 (Werke IV, S. 99–195).
11 Zit. Friedrich Naumann, Werke I, S. XXVI.
12 Vgl.: James Bryce, The American Commonwealth, 1888, und ders.: Modern Democracies, 2 Bde., 1921.
13 Werke II, S. 136f.
14 Werke II, S. 267.
15 Das Tagebuch der Baronin Spitzemberg, hg. R. Vierhaus, 1960.
16 M. Balfour, Kaiser Wilhelm II. und seine Zeit, 1979, S. 243, 313.
17 Max Weber hat einen Vortrag vor dem wissenschaftlichen Kongreß der Weltausstellung in St. Louis über »Deutsche Agrarprobleme in Vergangenheit und Gegenwart« gehalten. Kontakte zu amerikanischen Wissenschaftlern wurden geknüpft. Man »entdeckte« sich gegenseitig. Vgl. Congress of Arts and Science, Universal Exposition, St. Louis, ed. by H. J. Roger, Boston and New York 1906, Bd. VII, S. 725–746.
18 Max Weber, Die Protestantische Ethik und der Geist des Kapitalismus, Archiv für Sozialwissenschaften, Bd. 20 (1905), S. 1–54 u. Bd. 21 (1905), S. 1–110.
19 Th. Heuß, Robert Bosch. Leben und Leistung, Tübingen 1946.
20 Werke I, S. 714.
21 Die Hilfe, Jg. 16 (1910), Nr. 40.
22 Heuß, Naumann, S. 368.
23 Heuß, Naumann, S. 368.
24 G. Pollok, Vision of Central Europe, in: Nation (New York 14. 12. 1916); H. N. Brailsford,

The Shaping of Middle Europe, in: Contemporary Review, Jg. 1916, Nr. 101. – Vgl. H. C. Mayer, Mitteleuropa in German thought and action 1815–1945, Den Haag 1955; eine Einordnung in die Geschichte des politischen Denkens gibt: Gollwitzer, Europabild und Europagedanke. Beiträge zur deutschen Geistesgeschichte des 18. u. 19. Jahrhunderts, München 1964², S. 4 und 263.

25 F. N., Der Kaiser im Volksstaat, 1917.

26 Heuß, Naumann S. 548.

27 Zitiert bei: Heuß, Naumann, S. 561f.

28 Reichstag Bd. 314, S. 6172. – Seiner Frau schrieb Naumann in diesen Tagen, Anfang November, eine Karte: »Auf der Fahrt vom Hauptquartier nach Nordfrankreich. Gestern strategische Darlegung bei Hindenburg. Keine besonderen Erlebnisse sonst. Naßgraues Wetter. Wilhelm liegt etwas seitwärts von der Gegend, wo ich hinfahre.« (Heuß, Naumann), S. 721.

29 Vgl. Heuß, Naumann, S. 580.

30 Heuß, Naumann, S. 39.

31 Heuß, Naumann, S. 39.

32 Heuß, Naumann, S. 380.

33 Verhandlungen der Deutschen Nationalversammlung. Stenogr. Berichte, Bd. 326, S. 60 D.

34 Am 5. April schrieb Naumann seiner Frau einen kurzen Gruß aus Weimar, ein Dokument. Seine Frau hatte ihn kurz zuvor besucht: »Auch mir ist es sehr lieb, daß Du nun alles hier kennst und weißt, wie wir existieren. Ich bin gerade in diesen Tagen sehr beschäftigt gewesen. Mein Grundrechtsantrag ist, wie zu erwarten war, abgelehnt, was ihn aber nicht entwertet. Er ist besser als das, was wir jetzt dafür beschließen. Sehr zufrieden bin ich mit der Erledigung der Kirchen- und Schulangelegenheiten, woran ich tüchtig mitgearbeitet habe«. (In: Heuß, Naumann, S. 708).

35 Quellen zur Geschichte des deutschen Protestantismus 1871–1945, hrsg. K. Kupisch, München-Hamburg 1965, S. 144.

36 Heuß, Naumann, S. 621.

37 Ch. Fuhr, Die Schulpolitik der Weimarer Republik, Weinheim u. a. 1970, S. 237–239.

38 Mit der Aufnahme der Formulierung »Religionsgesellschaften« – Art. 137 der späteren Verfassung – in die Sprache des öffentlichen Rechts, ein neuer Terminus, wurden zugleich die beiden geschichtlichen »Kirchen« relativiert und freikirchliche Gruppen »aufgewertet«, ein Ziel, das im Sinn des liberalen Kirchenverständnisses Naumanns lag.

39 Epstein, Erzberger, S. 363.

40 Vgl. W. Conze, Friedrich Naumann, in: Staatslexikon Bd. 5 (1960), S. 991–995.

41 Verhandlungen des Deutschen Bundestags, I. Wahlperiode, 1949, S. 9–11; Literatur: Friedrich Naumann, Werke, hrsg. Th. Schieder, 6 Bde., Köln 1964–69; Th. Heuß, Friedrich Naumann, Berlin 1937 (²1949, ³1968); A. Milatz, Friedrich Naumann, Bibliographie, Düsseldorf 1957; Th. Nürnberger, Friedrich Naumann, HZ 170 (1950); W. Conze, Friedrich Naumann, in: NDB Bd. 2, Sp. 1999f.; Marianne Weber. Max Weber, Ein Lebensbild, Heidelberg 1950; Rathge, Johannes, Die Welt des freien Protestantismus. Ein Beitrag zur deutsch-englischen Zeitgeschichte, dargestellt am Leben und Werk von Martin Rade, 1952; W. Nigg, Geschichte des religiösen Liberalismus, 1937; G. Mehnert, Evangelische Kirche und Politik 1917–1919, Düsseldorf 1959; W. O'Shanohan, Der deutsche Protestantismus in der sozialen Frage 1815–1870, München 1962; W. J. Mommsen, Max Weber und die deutsche Politik 1890–1920, Tübingen ²1974; J. D. Shand, Doves among the Eagles. German Pacifists and their Government during World War I, in: Journal of Contemporary History 10 (1975), S. 95–108; P. Theiner, Sozialer Liberalismus und deutsche Weltpolitik. Friedrich Naumann im Wilhelminischen Deutschland (1860–1919), Baden-Baden 1983; Wilhelm Spael, Friedrich Naumanns Verhältnis zu Max Weber, St. Augustin 1985; G. Hübinger, Politische Werte im Gesellschaftsbild des Bildungsbürgertums, in: NPL 23 (1987), S. 189–210. H. N. Fügen, Max Weber, Reinbek bei Hamburg 1985.

Geschichte der Reichstagsmehrheit 1917/18

1. Die neue demokratische Reichstagsmehrheit

Vorstoß Matthias Erzbergers im Juli 1917

Die deutsche Bevölkerung hatte im Frühjahr 1917 irreführende Vorstellungen über die Kriegsdauer. Man rechnete damit, daß der Krieg noch in dem Sommer desselben Jahres beendet würde. Erzberger berichtete in seinen Erinnerungen: »Generalfeldmarschall von Hindenburg hat in einem Privatbrief an seine Frau, der in der Stadt Hannover zirkulierte und von da durch ganz Deutschland ging, geschrieben, daß der Krieg Ende August beendigt sein würde.«[1]

Schwierig wurde die Lage für die Sozialdemokraten, die seit August 1914 regelmäßig die Kriegskredite für einen »Verteidigungskrieg« bewilligt hatten. Der Parteivorstand der SPD hatte beschlossen, die Kriegskredite abzulehnen, woraufhin die sozialdemokratische Reichstagsfraktion im Juni 1917 bei dem Reichskanzler »ernste Vorstellungen« erhob. Die Kritik der Sozialdemokraten hatte schon Anfang 1917 nach der Aufnahme des unbeschränkten U-Bootkrieges eingesetzt, der von ihnen wegen der Provokation der Vereinigten Staaten abgelehnt worden war. Die unter Ernährungsmangel leidende großstädtische Arbeiterschaft begann, sich gegen den Krieg aufzulehnen. Im April 1917 kam es in Berlin und Leipzig zu den ersten Massenstreiks. In Berlin stieg die Zahl der Streikenden bereits über 217000.[2] Gleichzeitig verschärfte sich die Kriegspropaganda der Rechten, so daß sich die sozialen Gegensätze im Innern Deutschlands zuspitzten. Die sozialdemokratische Parteiführung war bemüht, spontane Bewegungen aus der Arbeiterschaft aufzufangen und geriet dadurch in ein Dilemma, da sie keine Möglichkeit hatte, direkt auf den Kurs der Reichspolitik Einfluß zu nehmen, der von ihr nicht gebilligt, aber faktisch mitgetragen wurde. Im April hatte sich die Minderheit unter den Sozialdemokraten, die die Kriegskredite ablehnte, in Gotha zu einer neuen Partei, der Unabhängigen Sozialdemokratischen Partei (USPD), zusammengeschlossen.[3] Auch unter den »gemäßigten« Sozialdemokraten in der SPD-Reichstagsfraktion wuchs das Mißtrauen gegen die Politik der Regierung. Der 56jährige Abgeordnete Wolfgang Heine[4] erklärte in der Sitzung der SPD-Fraktion am 5. Juli 1917: »Die Regierung treibt eine wahnsinnige und verbrecherische Politik. Ich habe nicht das geringste Vertrauen zur Regierung. Der Grundfehler ist auf beiden Gebieten: die alte Überlieferung sowie der preußische Militarismus und seine Einmischung in alle bürgerlichen Verhältnisse. Bismarck hat damit schon schwer kämpfen müssen. Bethmann wird dieser Dinge nicht Herr. Und daß wir sehr schweren Kämpfen gegen den Militarismus entgegenstehen, weiß ich. Die Angst vor den Generälen ist es, die alles verhindert. Das ganze Friedensangebot im Dezember [1916] haben sie gegen den Kanzler und den Kaiser als Maske für den unbeschränkten U-Bootkrieg angesehen. Die Begründung des unbeschränkten U-Bootkriegs war eine Frivolität. Der Militarismus hat Fehler über Fehler gemacht. Selbst militärisch hat er falsch eingeschätzt, was die Gegner leisten können. Die Verrücktheit mit dem polnischen Staat [1916], die Internierung der Belgier – alles auf das Militär zurückzuführen. Auch bei der inneren Politik stehen die Generäle der Sache entgegen. Bethmann will zwar die Sache, aber nicht die Mittel, die dazu führen. Wenn die Bewilligung der Kredite ein Vertrauensvotum für die Regierung wäre, dann hätte ich sie nie bewilligt und würde sie auch heute nicht bewilligen. Es ist aber kein Vertrauensvotum. Ich will für die Kriegskredite stimmen, aber ich wünsche nicht, daß es als Vertrauensvotum wirkt. Ja, ich wünsche, daß wir das Mißtrauen ausdrücklich aussprechen.«[5]

Im Juni waren einige deutsche Sozialdemokraten, unter ihnen Friedrich Ebert, Philipp Scheidemann, Eduard David und Carl Legien in Stockholm mit anderen sozialistischen Parteiführern Europas zusammengetroffen. Konkrete Ergebnisse kamen nicht zustande, doch zeigte sich ein wachsender Unwille der europäischen Arbeiterbewegung an der Fortsetzung des Krieges. Am 3. Juli griff Ebert die deutsche Regierung im Hauptausschuß des Reichstags an und stellte eine mögliche Ablehnung der Kriegskredite in Aussicht.[6] Der entscheidene Anstoß im Juli 1917 ging aber nicht von den Sozialdemokraten, sondern von Matthias Erzberger aus. Noch am 5. Juli hatte Heine in der Fraktionssitzung der SPD erhebliche Vorbehalte gegen den Zentrumspolitiker vorgetragen. Doch das Bild änderte sich bald.[7]

In der 166. Sitzung des Hauptausschusses des Reichstags am Morgen des 6. Juli 1917, nachdem von Batocki als Leiter des Kriegsernährungsamts langatmig über die zunehmenden innerdeutschen Versorgungsschwierigkeiten gesprochen hatte,[8] wirkte Erzbergers Rede in dieser fast gemütlich-bedächtig wirkenden Männerrunde geradezu wie ein Peitschenhieb, der die Treuherzigkeit des Umgangstons empfindlich störte. »Wenn der Reichstag nach der Bewilligung der Kriegskredite im Herbst wieder zusammen komme«, so leitete Erzberger seinen Beitrag ein, »stehe der Winterfeldzug bevor«.[9] Danach werde eine Frühjahrsoffensive folgen. Das heiße, man müsse sich auf ein weiteres Kriegsjahr einstellen. Dies wiederum bedeute für Deutschland Ausgaben von mindestens 50 Milliarden, wobei 36 Milliarden direkt, 15 Milliarden durch Kriegsschäden entstünden. »Was es an unwiederbringlich dahinschwindender Volkskraft bedeute, könne niemand ausrechnen.« Herr v. Batocki habe recht, »wenn er sage, daß eine Verbesserung in der Lebenshaltung unseres Volkes im nächsten Winter nicht eintreten könnte.«[10]

Dann stieß Erzberger ohne Umschweife zu dem Kernpunkt vor. Die Erwartungen, die man anfangs an die U-Bootkriegsführung geknüpft habe, wäre verfehlt gewesen. Nach sechs Monaten, so habe es im Frühjahr geheißen, werde der Krieg erfolgreich beendet sein. Dies war aber offensichtlich nicht der Fall. Nun wolle von Capelle, dem zuständigen Staatssekretär für das Reichsmarineamt, »keinen Strick drehen«, dies

»werde die Geschichte tun«. Allerdings: »Wer sich jedoch so außerordentlich geirrt habe, könne vom Parlament nicht mehr das Vertrauen erwarten, das für die Durchführung des Krieges notwendig sei.«[11]

Erzberger ging gleich einen Schritt weiter. Der Attacke auf den Staatssekretär der Marine folgte der Angriff auf den Staatssekretär des Reichsamts des Innern, Helfferich. Dessen Berechnungen über die Möglichkeiten zur Zerstörung der gegnerischen Schiffstonnage hätten sich durch die Tatsachen als falsch erwiesen. Gehe man von der Welttonnage aus, die vor dem Krieg nach den Angaben von Lloyds' Registers 49 Millionen betragen habe, zur Zeit immer noch 38,2 Millionen betrage (unter Einbeziehung sämtlicher Verluste und des natürlichen Abgangs), so sei die Zerstörung, die von den deutschen U-Booten bewirkt werde, noch vergleichsweise gering. Auch kämen neutrale Länder England zur Hilfe. In Holland habe man alle Flußboote seefest gemacht. Sie wären auch wegen des geringen Tiefgangs und wegen des Begleitschutzes kaum angreifbar. Lakonisch fügte Erzberger hinzu: »In Holland sage man, wenn ein Reeder heute eine Tochter von 50 Jahren und einen alten Kahn von 50 Jahren besitze, so bringe er sie beide gemeinsam los, ein solcher Wert stecke jetzt selbst in den alten Schiffen.« Diese Boote transportierten »riesige Munitionsmengen« von Dover nach Calais und kehrten mit Verwundeten von dort wieder zurück.[12]

Vor allem leide man weder in England noch in Frankreich an Hunger, auch jetzt nicht. Ein Blick in die Annoncen der Zeitungen dieser Länder genüge, um sich zu vergewissern. Hier konnte Erzberger auf seine Recherchen aus der von ihm systematisch organisierten Analyse der Auslandspresse zurückgreifen. Aus diesen Inseraten könne man sich ein zutreffendes Bild von der tatsächlichen Stimmung der jeweiligen Bevölkerung machen.[13] »Man lebe in Paris und England im allgemeinen so wie bei uns im Winter 1915/16.«[14] Helfferich nun sei der Meinung, zur Zeit könne die deutsche Politik lediglich einen »Unterwerfungsfrieden« erreichen. Er glaube nicht, daß man dies »mit absoluter Sicherheit« sagen könne. Man müsse sich realistisch fragen, »ob begründete Aussicht vorhanden ist, daß 1918 ein besserer Frieden komme«.[15] Auch sei die gängige Vorstellung abwegig, ein Krieg dürfe doch nicht »umsonst« geführt werden. Man vergesse dabei die ständig drückender werdende Steuerlast. Im kommenden Jahr würden es noch 50 Milliarden mehr werden. Die gegenwärtigen Verhältnisse könne die Bevölkerung noch ertragen. »Die Weiterführung des Krieges aber könne zum Ruin führen.«[16] Es bleibe nichts anderes übrig als auf den ursprünglichen Gedanken, der zu Anfang des Krieges bestanden habe, zurückzukehren. Damit brach Erzberger mit annexionistischen Vorstellungen, die er früher selbst propagiert hatte. Allgemein sei der Eindruck entstanden, der Kaiser selbst stünde hinter den alldeutschen Forderungen. So sei das Bild des Monarchen inzwischen umstritten.[17] Die monarchische Gesinnung werde untergraben. Hier müsse der Reichstag aktiv werden. Er könne nicht zulassen, daß die Kluft zwischen dem Monarchen und der Bevölkerung weiter wachse.

Gebe man den U-Boot-Krieg jetzt auf, so habe man damit sicherlich noch keinen Frieden. Ein weiterer Schritt müsse folgen. Der Reichstag solle sich in einer »riesigen Majorität« zusammenfinden und sich wieder auf den Gedanken des 1. August 1914 berufen: Der Tenor der Entschließung solle so gehalten sein: »Wir stehen auf dem Standpunkt des Verteidigungskrieges und ziehen daraus alle Konsequenzen, wir streben einen Frieden des Ausgleichs an, der die Machtverhältnisse berücksichtigt, die durch den Krieg geworden sind, einen Frieden, der keine zwangsweise Unterdrückung von Völkern und Grenzteilen bringt, wenn der Reichstag das der Reichsregierung sagen könne, so sei das der beste Weg, der zum Frieden führe.«[18]

Damit war die Friedensresolution als Vorschlag eingebracht. Natürlich gebe es mögliche Widerstände; aber, so fuhr Erzberger mit bissiger Schärfe fort: »Man möge sich dabei gar nicht um die 25000 Alldeutschen kümmern, sondern die Leute ruhig verrückt werden lassen. Sanatorien für sie zu bauen, sei viel billiger, als den Krieg noch ein Jahr lang fortzuführen.« Den zuhörenden Abgeordneten mußte es wohl so scheinen, als werde mit diesen Worten der Dunst eines Nebelschleiers, der sich in der deutschen politischen Szenerie niedergelassen hatte, mit einer knappen Handbewegung hinweggefegt. Es klarte politisch auf.

Man müsse auch wissen, so Erzberger, welchen Standpunkt die Oberste Heeresleitung, Hindenburg und Ludendorff, zu dieser Frage einnähme. So lange wie militärische Stellen noch offen Landabtretungen, etwa in Litauen, propagierten, sei an einen Frieden mit Rußland nicht zu denken. Man liefere zudem ausgezeichnetes Propagandamaterial für die feindliche Presse. Die Reichsregierung müsse sich hinter diese Friedensresolution des Reichstags stellen und auf dieser Basis eine Friedensaktion einleiten. Bestünden dennoch weiter Bedenken gegen einen solchen Schritt, dann solle man doch die reale Situation nicht aus den Augen verlieren. Drastisch und ironisch formulierte Erzberger: »Ganz Afrika mit Einschluß von Ägypten und auch Mesopotamien seien jetzt englisch. Die wunderbare Arbeit unserer U-Boote könne nicht erreichen, daß ein Schiff zu uns komme, während 90 % der Schiffe nach England hineinfahren.«[19]

Die Rede enthielt, abgesehen von der ungeheuren Spannung, die sie sofort erzeugte, »common sense«. So berief sich Erzberger zu Recht auf Bismarck und gab zu bedenken, daß in Deutschland seinerzeit wohl zahlreiche Schriften zu dem Krieg von 1870/71 angefertigt worden seien, aber keine, die sich mit den politischen Problemen jenes Kriegs befaßt hätte. Man habe sich damals nur um die militärischen Fragen und Leistungen gekümmert. Demgegenüber hätten französische Schriften zur gleichen Frage sehr bald herausgefunden, daß Bismarck 1870 dreimal den Versuch gemacht habe, einen Waffenstillstand zu erreichen. Dies habe man ihm damals auch nicht als Schwäche ausgelegt. Deutschland werde durch die ausgestreckte Friedenshand »nicht einen Atom schwächer«.[20] Zudem sei man im Ausland dank der Spionage über die innerdeutschen Verhältnisse bestens unterrichtet.

Man müsse auch sehen, daß Deutschland durch die Resolution des Reichstags Gesinnungsfreunde unter den Neutralen im Ausland finden werde. Deutschland werde keinen »Unterwerfungsfrieden« schließen, aber, so betonte Erzberger, »unerbittlich und kalt müßten aus den gegebenen Verhältnissen mit dem Verstande die politischen Konsequenzen gezogen werden, auch für die ganze innere Politik, sowohl in der Wahlrechtsfrage wie in der Frage der engeren Fühlungnahme zwischen Regierung und Parlament«. Diese Forderung Erzbergers vor dem Hauptausschuß am 6. Juli 1917 bedeutete einen Umbruch der Diplomatie, indem sie gleicherweise die Innen- wie die Außenpolitik auf eine demokratische Basis stellen wollte. Seine Rede war von den politischen Erkenntnissen, der Konzeption, der politischen Stellung Erzbergers, dem Ort, wo sie vorgetragen wurde, und der nachhaltigen Wirkung, die sie auslöste, die staatsmännischste Leistung, die in der deutschen Politik der Jahre 1914 bis 1918 vollbracht wurde. »Nie«, so schloß Erzberger, »dürfe unser Volk dem Reichstag das grausame Wort entgegenschleudern: ›Zu spät!‹.«[21]

Als erster erkannte Ebert als Vorsitzender der Sozialdemokraten an diesem 6. Juli den entscheidenden Schritt, den Erzberger getan hatte. Er suchte sofort die Verbindung herzustellen. Das Protokoll des Hauptausschusses hält Eberts Antwort so fest: »Nach den Ausführungen des Abgeordneten Erzberger sei die Verhandlung an einem entscheidenden Punkt angelangt, der für alle Mitglieder von der größten Bedeutung sei.« Man solle die Aussprache über die Ernährungslage nicht mehr in der bisherigen Form weiterführen, sondern den Parteien und der Regierung den Vorschlag Erzbergers vorlegen, um dazu Stellung zu nehmen. Man solle auch sogleich einen Unterausschuß einsetzen, der einen Resolutionsentwurf ausarbeite.

Den Staatssekretären des Äußeren, Zimmermann, und des Innern, Helfferich, wurde das Wort zur Entgegnung gegeben. Beide zeigten sich offensichtlich irritiert und schwächten zunächst einmal die Aussagen Erzbergers ab, stimmten dann aber gemeinsam darin überein, daß in der jetzigen Situation keine Äußerung der »Schwäche« geschehen dürfe.[22] Mit ausführlichen Zahlenangaben suchte Helfferich die nüchternen Feststellungen Erzbergers über die Abwegigkeit und Erfolglosigkeit des U-Boot-Krieges zu widerlegen: aber er bewies nur, wie auch kluge und intelligente Männer bei aller Kompetenz die Wirklichkeit hoffnungslos verfehlen können. Helfferich verzettelte sich in technischen Details, um die es eigentlich gar nicht mehr ging. So hakte auch Ebert gleich nach: Er bedauere »namens seiner Freunde«, daß der Reichskanzler bei einer so wichtigen Frage nicht anwesend sei. Auch die Oberste Heeresleitung solle vor dem Ausschuß erscheinen. Er warnte vor Abschweifungen. »Man möge sich auf den entscheidenden Punkt konzentrieren, damit man bald zu einem Ziel komme.«[23] Dem stimmte auch Stresemann für die Nationalliberalen zu. Vorsichtig distanzierte sich Roesicke für die Konservativen. Er verstehe es natürlich, daß Erzbergers Vorschlag »gerade von der Sozialdemokratie sehr lebhaft begrüßt« werde. Spahn, der Parteifreund Erzbergers und Vorsitzende des Ausschusses, beendete zu diesem Zeitpunkt die Sitzung und wehrte Einwände ab: »Die Ausführungen des Abgeordneten Erzberger seien so eindrucksvoll, daß jeder sich vor die Frage gestellt sehe: Kann auf dem Wege der Versuch gemacht werden, zu einem Frieden zu gelangen?« Mit Parteifragen habe dies nichts zu tun. »Die Situation ist so ernst, daß sich wohl jeder die Frage durch den Kopf gehen lassen müsse.«[24]

In einem Brief vom gleichen Tag faßte Conrad Haußmann den Eindruck der Sitzung zusammen: »Im weiterberatenden Hauptausschuß hat Erzberger, unter steigendem großem Eindruck, seine Rede gegen Capelle und die nicht erfüllten U-Boothoffnungen gehalten. Er hat die vom Marineamt und der Admiralität ausgehende Rechnungsart für falsch erklärt... Die Kommission schloß sich stimmungsmäßig den gut disponierten Ausführungen an, ebenso die Hunderte von Abgeordnetenzuhörern. Es wird von Ebert Abbruch der Verhandlungen und Erscheinen des Reichskanzlers verlangt. Dies wird von dem Vorsitzenden Spahn mit dem Anfügen unterstrichen, daß der Ausschuß auch einen der Herren vom Hauptquartier persönlich hören möchte, was lebhaft applaudiert wurde... Abbruch der Verhandlungen auf Samstag, neun Uhr, unter außerordentlich großer Erregung.«[25]

Erzbergers Vorstoß hatte deswegen ein solches Gewicht, weil der Zentrumspolitiker bisher einer der engsten Vertrauensmänner der Regierung im Reichstag gewesen war. Die von ihm jetzt eingeschlagene Wende gegen die Politik der militärischen Führung mußte Konsequenzen haben. Der sozialdemokratische Abgeordnete David notierte in seinem Tagebuch vom gleichen Tage über die Sitzung des Hauptausschusses: »Erzberger rückt von den U-Bootleuten ab und kommt uns nahe.«[26] Die Führung der Sozialdemokraten erkannte sofort das Gewicht des von Erzberger eingeleiteten Schrittes. Ebert berichtete seiner Fraktion von einer »aufsehenerregenden Rede Erzbergers«, die »eine vollständig neue parlamentarische und politische Situation herbeigeführt« habe.[27]

Der interfraktionelle Ausschuß

Noch im Laufe des 6. Juli kamen Abgeordnete des Zentrums, der Nationalliberalen, der Fortschrittler und der Sozialdemokraten zu einer interfraktionellen Aussprache im Reichstagsgebäude zusammen. Aus diesem informellen Gremium entstand der »interfraktionelle Ausschuß«, der in den nächsten 15 Monaten eine Schlüsselstellung in der deutschen Innenpolitik gewann. Bei der ersten Aussprache am 6. Juli waren von der Fortschrittlichen Volkspartei die Abgeordneten von Payer, Gothein, Haußmann, Müller (Meiningen), von den Sozialdemokraten Scheidemann, Ebert, David, Südekum, von den Nationalliberalen Schiffer, Junck, Richthofen, Stresemann, Calker und vom Zentrum Spahn, Erzberger, Müller (Fulda) und Fehrenbach beteiligt. Haußmann hielt das Zusammentreffen in einer Briefaufzeichnung fest: »Nachmittags dreieinhalb Uhr Zusammentritt der Fraktionsvertreter im Hauptausschußzimmer... Payer leitete ein; Spahn bittet ihn, den Vorsitz zu übernehmen, den dieser nach kurzer Erörterung annimmt.«[28] Die 17 Abgeordneten einigten sich nach einer dreistündigen Beratung in den wesentlichen Punkten, z.B. in der Aufstellung eines eigenständigen innen- und außenpolitischen Programms des Reichstags. Damit war der Reichstag zu einem selbständig handelnden politischen Faktor geworden.[29]

Klare Vorstellungen, wie der Krieg zu beenden sei, bestanden in der Besprechung am 6. Juli nicht, sich darauf zu einigen wäre wohl auch kaum möglich gewesen. Denn es bestanden nicht nur unterschiedliche Meinungen in Einzelfragen, sondern auch ein latentes Mißtrauen in die Zuverlässigkeit der neuen Partner untereinander. Der Erzberger-Vorstoß vom 6. Juli beschäftigte währenddessen den Haushalts- und Hauptausschuß noch bis zum 13. Juli. Es zeigte sich, daß zumindest dieses Gremium nicht geeignet war, die Initiative zu fördern und zu realisieren. Vielmehr lief alles in diesen acht Tagen darauf hinaus, den Vorstoß versanden zu lassen. Am 7. Juli kamen zunächst der preußische Kriegsminister von Stein sowie erneut von Capelle zu Wort. Stein gab ein Schreiben Hindenburgs bekannt.[30] Die Hoffnung der Feinde, so hieß es dort, »gründe sich auf das Nachlassen unserer Widerstandskraft, auf das Anwachsen internationaler Strömungen, auf unsere Ernährungsfragen und unsere an vielen Stellen leider verkündete Friedenssehnsucht«.[31] Die Gegner, besonders England, könnten ihre Kriegsziele nur durch einen Friedensschluß einlösen, bei dem zuvor Deutschland »am Boden« liege. England, so der General, wünsche die Zerstörung der deutschen Wirtschaftskonkurrenz, Frankreich einen Frieden, der der »nationalen Eitelkeit« genüge. So bleibe nichts anderes übrig, als auf ein »Einlenken« der gegnerischen Seite zu warten. Zu welchem Zeitpunkt damit zu rechnen sei, sei noch unbestimmt, »ob im Herbst, im Winter oder im nächsten Frühjahr kann niemand mit Gewißheit angeben«. Doch er sei sicher, »daß wir imstande sind, den Erfolg in Ruhe abzuwarten«.[32] Der Tenor des Briefes richtete sich gegen jede Friedensinitiative, denn »jede Klage über fehlgeschlagene Hoffnungen, ein jeder Ausdruck von Erschöpfung und Friedenssehnsucht bei uns ... werde mit Sicherheit kriegsverlängernd wirken«.

Capelle versuchte nochmals, sich und das Reichsmarineamt gegen die Angriffe Erzbergers vom Vortag zu verteidigen. Er löste dadurch eine neue Attacke Erzbergers aus, der sofort antwortete: Der Irrtum bei den Berechnungen der Welttonnage seien offensichtlich, auch wenn es nicht zugegeben werde. Er wolle nur verhindern, daß erneut ein Rechenfehler wie im Frühjahr begangen werde. »Man gestehe jetzt schon zu, daß man sich im Zeitpunkt geirrt habe, aber woran es liege, daß man sich verrechnet habe, darüber habe man sich noch nicht geäußert.« Eine Äußerung darüber wäre ihm »lieber gewesen als die erregten Ausführungen des Herrn Staatssekretärs des Reichsmarineamts.« Man solle keine Legenden erfinden und »Ablenkungsmanöver« versuchen.[33]

Auch Helfferich versuchte am 7. Juli, seine eigenen Berechnungen sowie die Autorität der Regierung zu verteidigen: Bevor es zu dem Beschluß über die U-Boot-Kriegsführung gekommen sei, habe man innerhalb der Regierung sämtliche Argumente pro und contra sorgfältig abgewogen. Noch im Oktober 1916 habe er selbst im Hauptausschuß Bedenken geäußert.[34] Das Fazit seiner Ausführungen am 7. Juli war gleichfalls: jetzt müsse man durchhalten, um unter dem Druck des U-Boot-Krieges England zum Frieden zu bringen, und »dann können wir die Akten schließen«.[35]

Scheidemann sprach am 7. Juli für die Sozialdemokraten. Er erinnerte Helfferich daran, daß er in seinen früheren Äußerungen den Eindruck erweckt habe, daß der U-Boot-Krieg »Wahnsinn« sei. Scheidemann formulierte drastisch, schloß sich den Angriffen Erzbergers an und illustrierte die »Rechenfehler« an Beispielen.[36] Hindenburg habe in seinem Schreiben zu verstehen gegeben, daß man in militärischen Dingen keine sicheren Voraussagen treffen könne. »Es ist also alles, was man jetzt tue, sozusagen auf Sand gebaut.« Dann aber werde jeder, der die Situation genau erforsche – dazu sei ein

Volksvertreter verpflichtet – zu der Überzeugung gelangen, daß »es ganz unmöglich sei«, den Krieg durch militärische Entscheidung zu beenden. Deutschland sei inzwischen von allen Seiten umringt. Dabei seien nur die größten Gegner zu nennen: England, Frankreich, Italien, Rußland, Japan und Amerika. Die Verbündeten Österreich, Bulgarien und die Türkei seien schwach. Zudem sei die Stimmung in Österreich schlecht. »Wenn keine militärische Entscheidung denkbar sei, bleibe uns nichts anderes übrig, als die Verständigung.«[37]

Man solle sich vor Selbsttäuschungen hüten: Einen vierten Kriegswinter halte das deutsche Volk nicht mehr aus und »alle Rederei vom Aushalten, vom Durchhalten, vom Zähnezusammenbeißen und dergleichen« seien eben nur »Redensarten«. Scheidemann erinnerte an seine eigenen Vorschläge eines Friedens »ohne Annexionen und Kontributionen«. Außenpolitisch habe sich die Situation inzwischen durch die russische Revolution grundlegend geändert. Diese Tatsache müsse in die neuen politischen Überlegungen einbezogen werden. Wie werde eine Friedenskundgebung des Reichstags auf die neue, aber noch gegnerische russische Regierung wirken? Auch die französische und englische Regierung würde innenpolitisch in eine schwierige Situation geraten. In Deutschland selbst werde eine Friedensresolution der Bevölkerung moralisch wieder Auftrieb geben.[38]

Die Zukunft des Volkes stehe jetzt auf dem Spiel. Mit Männern, die dieser Resolution nicht zustimmten, werde das deutsche Volk später »abrechnen«. Um das Vertrauen der Bevölkerung zu gewinnen, brauche man auch die innere Reform, die preußische Wahlrechtsänderung. Sie wirke zugleich als ein außenpolitischer Faktor. Das rückständige Wahlsystem wurde von den gegnerischen Ländern propagandistisch gegen Deutschland ausgewertet.

Westarp für die Konservativen griff Erzberger an. Spreche er eigentlich für sich selbst oder für seine Partei, das Zentrum? Er nehme seit Jahren eine Vertrauensstellung in der Regierung ein, dies sei fortan nicht mehr möglich. Die U-Boot-Kriegsführung habe sich bewährt. Das Bild von den Stimmungen in der Bevölkerung werde verzerrt wiedergegeben, »das Friedensgeflenne könne zu nichts helfen«. Es seien auch keineswegs nur »25000 Alldeutsche«, die einer solchen Friedenskundgebung entgegenstünden. Seine, die Konservative Partei, denke ebenso wie vermutlich auch »der überwiegende Teil des deutschen Volkes«. Man widersprach Westarp sofort. Aber unbeirrt fuhr er fort: Die Gegner würden mit der Durchsetzung ihrer eigenen Friedensbedingungen aus Deutschland ein »Helotenvolk« machen.[39]

Nach der Wortmeldung Gotheins für die Fortschrittler zeichnete sich am 7. Juli ab, daß die Mehrheit der Abgeordneten eine Friedensresolution befürwortete. Westarp hatte Erzberger wegen dessen Rede vom 6. Juli ein »Verbrechen am Vaterland« vorgeworfen. Gothein wehrte entschieden ab: Man müsse sich nüchtern und kritisch fragen, ob an weiteres Durchhalten noch zu denken sei. Die Mißstimmung dürfe man nicht unterschätzen, zumal jene unter den Bergarbeitern, die an Unterernährung litten. Was geschehe, wenn die Kohleförderung in Frage gestellt sei? Einen Verständigungsfrieden zu suchen, zeuge nicht von Mutlosigkeit. Westarp irre sich völlig in der Einschätzung der Bevölkerung: »Das Volk sowohl wie das Heer wolle den Frieden.«[40] Auch werde das feindliche Ausland mit einem demokratisierten Deutschland leichter zusammenarbeiten, weil dadurch außenpolitisches Vertrauen geschaffen werde. Denn tatsächlich nähmen zunehmend auch die neutralen Länder der Schweiz, der Niederlande und Schwedens eine ablehnende Haltung gegenüber Deutschland ein, je länger der U-Boot-Krieg andauere. Der Wunsch nach Frieden sei in allen Schichten verbreitet, »in den Kreisen des Mittelstands, in den Kreisen der Beamten und der Kaufleute, ja sogar bei einem Teile der Großindustrie«. Auch Industrielle hätten umgelernt.[41]

Schließlich stimmten auch die Nationalliberalen dem Vorschlag Erzbergers zu einer gemeinsamen Aktion, wenn auch vorsichtig, zu und distanzierten sich von dem Sprecher der Konservativen. Mit dem Auftreten Bethmann Hollwegs in der Aussprache des Hauptausschusses am 7. und 9. Juli erhielt die Debatte eine anfangs nicht beabsichtigte Wendung: Die Kritik der Abgeordneten richtete sich jetzt auch auf die Haltung der Reichsleitung, insbesondere auf die Person Bethmann Hollwegs, dem von Stresemann und Erzberger die Unentschiedenheit seiner Haltung vorgeworfen wurde. Doch wünschten sich Stresemann eine pro-annexionistische Entscheidung, Erzberger und die Sozialdemokraten – am 9. Juli sprach Eduard David – dagegen ein eindeutiges Abrükken des Kanzlers wie des Kaisers von den Alldeutschen. Man habe, berichtete David, im Ausland – er verwies dabei auf die jüngste Stockholmer Sozialistenkonferenz – den Eindruck, daß der deutsche Kanzler auf seiten der Alldeutschen stehe. Dem müsse vorgebeugt werden.

Bethmann Hollweg selbst zeigte keinerlei Verständnis für die parlamentarische Initiative Erzbergers und wehrte diesen Gedanken in längeren, allgemeingehaltenen Ausführungen ab, ohne eine Vermittlung anzubieten. Darauf griff Stresemann in die Debatte ein und verteidigte Erzberger. Dessen Vorstoß wirke keineswegs schädigend. Tatsächlich müsse selbst er als Monarchist beklagen, daß das Ansehen der Krone in den letzten drei Jahren ständig zurückgegangen sei. Da die Regierung nicht handele, sei die Aufgabe zur politischen Initiative an den Reichstag gefallen. In diesem Punkt stimmte Stresemann mit Erzberger überein, aber keineswegs in der Sache. Denn der U-Boot-Krieg müsse, so Stresemann, energisch fortgesetzt werden.

David drängte auf die Distanzierung von den Alldeutschen. Deren fatalem Treiben müsse Einhalt geboten werden. Zudem schürten sie durch ihre Art der Berichterstattung über die laufenden Beratungen des Hauptausschusses das Feuer.[42] Zur Sache selbst und zur Frage des »Durchhaltens« erklärte David: »Den Willen, den Gegner unbedingt niederzuwerfen, den man auf unserer Seite fordere, habe man auch bei den Gegnern. Nicht der Wille, das Maß der Kraft entscheide. Die Zeit sei nicht für uns, sondern für unsere Gegner, die die ganze Welt hinter sich hätten.«[43] Die Sozialdemokraten wollten, so Davids Antwort an die Konservativen, nicht mit der Revolution drohen, wie behauptet werde: »Die ganze Politik der Sozialdemokraten sei ... darauf abgestellt, die Revolution zu verhüten. Wenn man den vorgeschlagenen Weg nicht gehe, so gehe man dem allerschwersten Unheil entgegen, vor dem es keine Rettung gäbe. Die Regierung habe sich jetzt zu entscheiden.«[44] Die Mehrheit des Reichstags müsse jetzt handeln:

»Sonst träfe sie eine schwere Verantwortung; sie sei sich dessen bewußt und wolle ihre Pflicht tun.«

Erzberger schloß sich am 9. Juli diesen Argumenten an. Würden die Abgeordneten ihrer Pflicht nicht nachkommen, drohe ein »Ruin des Vaterlandes«.[45] Erzberger deutete die Probleme über die nationalen Grenzen hinweg: »Muß die Menschheit noch einen schrecklichen vierten Kriegswinter durchmachen?« Was geschehe im eigenen Land, wenn die Sozialdemokraten sich weigerten, weiterhin die Kriegskredite zu bewilligen? Er erfahre, daß die oberschlesischen Bergarbeiter streikten. Im Westen mache sich die gleiche Erregung bemerkbar. Ein Geistlicher habe ihm geschrieben, »daß dort eine soziale Gärung bestehe und daß es nur eines kleinen Fünkchens bedürfe, um diese Erregung zur hellen Glut anzufachen«. Niemand werde durch solche Hinweise geschädigt. Das Ausland sei genügend unterrichtet: »Es sei aller Welt bekannt, daß beispielsweise die Glocken heruntergenommen worden seien. Man wisse, daß es wie ein stiller Schrei durch das ganze Volk hindurchgezogen sei, als die Glocken eingezogen wurden. Die einfachste Frau sage sich: Was soll dann werden, wenn man aus den Glocken Kanonen gemacht hat und der Krieg fortgeht? Alle diese Dinge seien durch die Presse dem In- und Ausland bekanntgeworden.«[46] Was aber den von den Konservativen erhobenen Vorwurf des »Verbrechens an dem Vaterland« angehe: derjenige mache sich des Verbrechens schuldig, »der einen Frieden des Status quo ante ablehne und um Eroberungen weiterkämpfe«.

Man hatte anfangs gerätselt, ob Erzberger mit seiner Initiative allein vorgeprescht sei oder ob das Zentrum hinter ihm stehe. Am 9. Juli klärte Fehrenbach die Situation, indem er für die Zentrumsfraktion die angekündigte Friedensresolution unterstützte. Man müsse unbedingt von den Alldeutschen abrücken: »Das Alldeutsche Verlangen sei doch bei Gott ein Eroberungskrieg.« Darin müsse er dem Abgeordneten David zustimmen. Auch seien die persönlichen Vorwürfe, die in den letzten Tagen Erzberger von den Staatssekretären und Westarp gemacht worden seien, wenig »zweckmäßig« gewesen. Das Zentrum wolle allerdings keinen »Kanzlersturz«, von dem Stresemann gesprochen hatte. Mit diesen Bemerkungen war die Situation und die neue politische Konstellation klargestellt. Zugleich zeigte sich, daß der Hauptausschuß als Gremium zur Fortsetzung dieser neuen parlamentarischen Politik der Friedensresolution nicht geeignet war, nicht zuletzt weil er ein Verbindungsglied zwischen Regierung und Reichstag darstellte. Tatsächlich hatten sich die eigentlichen Beratungen bereits aus dem Hauptausschuß in den interfraktionellen Ausschuß verlagert. Als der Hauptausschuß am 13. Juli noch einmal zusammenkam, gab es nur noch eine kurze, wenig ergiebige Debatte darüber, wie es verhindert werden könne, daß die internen Beratungen mißbräuchlich an die Presse weitergegeben wurden. Die Debatten des Hauptausschusses waren, da der Zugang von Journalisten und die Weitergabe von Informationen durch die Abgeordneten selbst nicht geregelt war, längst zum politischen Tagesthema in der deutschen Öffentlichkeit geworden.[47]

Bei den internen Beratungen des interfraktionellen Ausschusses erwies sich die Zusammenarbeit mit den Nationalliberalen als besonders schwierig, da sie bereits in der ersten Besprechung wenig zur Sache beitrugen, sondern sofort die Frage der Regierungsbeteiligung aufwarfen. Die Mehrheit des interfraktionellen Ausschusses sah dagegen ihr Ziel in erster Linie in der Rückbindung der deutschen Politik an die gewählte Vertretung und damit indirekt an die Interessen der Bevölkerung. Als gangbaren Weg wünschte man eine Stärkung des Reichstags und eine Politik durch parlamentarische Initiativen. Am folgenden Tag, dem 7. Juli, bei der nächsten Besprechung, drängte Erzberger mit wenigen, knapp gehaltenen Worten: »Das Parlament hat die Initiative ergriffen, und wir müssen uns auch der Verantwortung bewußt werden. Im Ausland wirkt der Reichstag überhaupt nicht; Friedensbewegung wird gestärkt; Rußland kommt in wenigen Wochen auf unsere Seite! Nicht gegen die Regierung; aber keine sachlichen Wünsche der Regierung weiter berücksichtigen. Wir haben die Verantwortung, und die geschichtliche Wahrheit erfordert, daß wir so verfahren.«[48] Während die Nationalliberalen, die später aus dem Ausschuß ausschieden, gelegentlich aber doch wieder zu den Beratungen kamen, auf einen Regierungswechsel drängten, bemühten sich Ebert und Erzberger, diese Frage zurückzudrängen und stattdessen ein Programm für eine künftige gemeinsame Politik des Parlaments festzulegen. Das bedeutete: langfristiges Handeln und vorheriges Austarieren möglicher und tatsächlich vorhandener Gemeinsamkeiten. Schließlich mußte auch die jeweilige Mitgliedschaft der Parteien für dieses neue Bündnis gewonnen werden, die sich bisher ja gegenseitig, nicht zuletzt ideologisch, heftig bekämpft hatten. Solche Fragen wurden zwar bei den Beratungen im Ausschuß nicht angeschnitten, aber sie waren den Politikern selbstverständlich bewußt. Von daher hatte das Drängen der Nationalliberalen auf eine sofortige Regierungsbeteiligung einen gewissen Strohfeuercharakter. Tatsächlich erwies sich auch nur die Verbindung von Sozialdemokraten, Zentrum und Fortschrittlern als dauerhaft und haltbar. Die Dauerhaftigkeit war nicht unumstritten.[49] Wer realistisch dachte und die politischen Mentalitäten kannte, wußte: ein langer politischer Weg stand noch bevor.

Das einzige unmittelbare Ergebnis der innenpolitischen Bewegung im Juli 1918 war allerdings, da die Mehrheitsparteien nicht bereit waren, wohl auch nicht daran dachten (es wäre von vielen als eine Art Umsturz mitten im Krieg bewertet worden), die Regierung selbst zu übernehmen, eine Regierungskrise, in die der Kanzler Bethmann Hollweg hineingezogen wurde. Auch die Generäle regten sich. Bereits 1916 war, zuletzt durch das Hilfsdienstgesetz vom Dezember, die Stellung der Obersten Heeresleitung – außerhalb der Verfassung – gegenüber der Reichsregierung erheblich gestärkt worden. Der Kanzler, nach der Verfassung eine Art höchster Beamter, wurde wie auch die Generäle vom Kaiser ernannt. Das war die Fiktion. Faktisch bedeutete das, daß sich die Generalität, die sich zunehmend als politische Generalität verstand, verselbständigen konnte, sich auch tatsächlich aufgrund ihres »Sachverstands« verselbständigte. Die Gefahr, die damit für die politische Verantwortung entstand, hatte Erzberger offensichtlich richtig erkannt, als er die fachliche Autorität der Militärs zum ersten Mal in Frage stellte. Durch die Einbeziehung des Reichstags wollte er die Priorität politischer Entscheidungen sichern. Dabei ging es weniger um die Verfechtung eines Prinzips als um die Abwehr von Folgewirkungen. Was jetzt begann, war ein latenter, gelegentlich auch offener Kampf zwischen Politikern, vor allen den Abgeordneten der Reichstagsmehrheit und der Generalität, die zunehmend den Anspruch einer politischen Generalität erhob, wenn auch ohne ein erklärtes Programm. Aber ein Programm zu haben, das zeigte die Politik der neuen Reichstagsmehrheit in den folgenden Monaten, war außerordentlich wichtig.

Die Friedensresolution des Reichstags vom 19. Juli 1917: »Verständigungsfriede«

Hindenburg und Ludendorff reisten im Juli nach Berlin und wirkten bei dem daraufhin erfolgten Sturz des Kanzlers Bethmann Hollweg mit. Die Initiative der Reichstagsmehrheit drohte durch ein Intrigenspiel unterlaufen zu werden.[50] In diesen Tagen arbeiteten Abgeordnete der Mehrheitsparteien das gemeinsame Programm aus, das später die Bezeichnung »Friedensresolution« erhielt. In ihm sollten die Gemeinsamkeiten der politischen Ziele umschrieben und offengelegt werden.

Mit der Ernennung von Georg Michaelis zum Reichskanzler am 14. Juli hatten sich aber die Verantwortlichkeiten erheblich verschoben. Der 59jährige Kanzler, mehr Beamter als Politiker, war ein Mann ohne politische Erfahrung. Er hatte bisher als Unterstaatssekretär im Ernährungsamt gearbeitet. Bei der ersten Zusammenkunft mit Mitgliedern der Reichstagsfraktion mußte er ihnen bekennen: »Ich bin bisher als gewöhnlicher Zeitgenosse neben dem Wagen der großen Politik hergelaufen und habe mich nur wie ein Zeitungsleser auf dem Laufenden zu halten gesucht«.[51] Die Zusammenhänge der von der neuen Reichstagsmehrheit jetzt vorbereiteten Friedensresolution und deren politische Konsequenzen waren ihm offensichtlich nicht bewußt. Der sozialdemokratische Abgeordnete David versuchte, dem Reichskanzler in der mündlichen Unterredung die Absichten der Parlamentsmehrheit deutlich zu machen: »Dieses Programm«, so führte David dabei aus, »werde seinen Eindruck nicht verfehlen, einmal auf das deutsche Volk, dem wir die stärksten Entbehrungen auferlegen müssen und dem wir deshalb beweisen sollten, daß wir uns von utopischen und annexionistischen Plänen offen lossagen, dann auf die Neutralen, deren Stimmung ein furchtbares Gewicht in der schwankenden Waagschale des Friedens bilde, und endlich bei den breiten Volksschichten der feindlichen Länder, die mit ihrem latenten Friedensbedürfnis so lange keinen einheitlichen Druck auf die Regierung ausüben als nicht unzweideutig die Eroberungsabsicht der Alldeutschen dementiert werde.« David versuchte, Michaelis deutlich zu machen,[52] daß nur die drei Mehrheitsparteien dieser Resolution zustimmen könnten und die parteipolitischen Gegner in dieser Auffassung isoliert werden müßten, um die Eindeutigkeit und Klarheit der politischen Zielsetzung zu sichern und zu verdeutlichen. Er versuchte mit Einfühlungsvermögen, das Vertrauen des neuen Kanzlers zu gewinnen: »Gerade die Initiative der Mehrheitsparteien erleichtere der Regierung, auf diesen Boden zu treten, und werde größeres Zutrauen erwecken.«[53] Der Fortschrittler Haußmann bemühte sich in derselben Unterredung, die Hintergründe der neuen Politik der Reichstagsmehrheit zu verdeutlichen: »Nach drei Kriegsjahren...

seien die Parteien selbständig und ein Teil von ihnen viel früher zu der Überzeugung gekommen, daß die bisherige Taktik, ›aus Taktik‹ die eigenen wahren Absichten nicht auszusprechen und über sie Inland und Ausland in einem verwirrenden Dunkel zu lassen, im Reichsinteresse wegen der steigenden Verantwortlichkeit nicht fortgesetzt werden solle.«[54] Haußmann führte noch weitere Erwägungen der Parlamentarier an: Friedensverhandlungen müßten eingeleitet werden, solange Deutschland noch militärisch stark sei. Das sei zur Zeit noch der Fall, und deshalb sei jetzt der Zeitpunkt des Handelns für die politische Leitung und das Parlament zu – wie er geschickt formulierte – der »Entlastung des Heeres« gekommen. Im übrigen sei für die Überlegungen und Initiativen der Reichstagsmehrheit auch die derzeitige Lage des schwächsten Bündnispartners, Österreichs, maßgebend: »Österreich-Ungarn sei kein Jahr mehr stark, Türkei und Bulgarien auch nicht, und wenn sie erschöpft seien, seien auch wir geliefert.«[55]

Nach dieser Besprechung am 14. Juli 1917 der Parlamentarier mit dem neuen Reichskanzler, an der auch seitens der Obersten Heeresleitung Hindenburg und Ludendorff teilgenommen hatten, glaubte man, ein allgemeines Einvernehmen erzielt zu haben. Haußmann bemerkte in einer Aufzeichnung: »Man erhob sich und trennte sich mit Handschlag in der Ansicht, eine materielle und vollständige und nur vielleicht formell noch bedingte Übereinstimmung zwischen dem neuen Kanzler, Hindenburg und der Reichstagsmehrheit erzielt zu haben.«[56]

Nach elftägiger vorheriger Beratung unter Sozialdemokraten, Zentrum und Fortschrittlern wurde der Text der Friedensresolution am 17. Juli 1917 fertiggestellt und formell von den Abgeordneten David, Ebert, Erzberger, Fehrenbach, Fischbeck, Gothein, Haußmann, Dr. Mayer (Kaufbeuren), Molkenbuhr, Müller (Fulda), Dr. Müller (Meiningen), v. Payer, Scheidemann, Dr. Südekum im Reichstag eingebracht.[57] Den Wortlaut der Resolution trug der Zentrumsabgeordnete Konstantin Fehrenbach am 19. Juli vor dem Reichstag vor:

»Meine Herren, im Auftrage der Fraktion des Zentrums, der Sozialdemokraten und der Fortschrittlichen Volkspartei beehre ich mich, dem Hohen Hause folgende Resolution mit der Bitte um Annahme zu unterbreiten:

Der Reichstag erklärt: Wie am 4. August 1914 gilt für das deutsche Volk auch an der Schwelle des vierten Kriegsjahres das Wort der Thronrede: ›Uns treibt nicht Eroberungssucht.‹ Zur Verteidigung seiner Freiheit und Selbständigkeit, für die Unversehrtheit seines territorialen Besitzstandes hat Deutschland die Waffen ergriffen.

Der Reichstag erstrebt einen Frieden der Verständigung und der dauernden Versöhnung der Völker. (Bravo! im Zentrum, bei der Fortschrittlichen Volkspartei und bei den Sozialdemokraten).

Mit einem solchen Frieden sind erzwungene Gebietserwerbungen und politische, wirtschaftliche oder finanzielle Vergewaltigungen unvereinbar. (Erneutes Bravo im Zentrum, bei der Fortschrittlichen Volkspartei und bei den Sozialdemokraten.)

Der Reichstag weist auch alle Pläne ab, die auf eine wirtschaftliche Absperrung und Verfeindung der Völker nach dem Kriege ausgehen. (Sehr richtig! im Zentrum, bei der Fortschrittlichen Volkspartei und bei den Sozialdemokraten.)

Die Freiheit der Meere muß sichergestellt werden. (Zustimmung im Zentrum, bei der Fortschrittlichen Volkspartei und bei den Sozialdemokraten.)

Nur der Wirtschaftsfriede wird einem freundschaftlichen Zusammenleben der Völker den Boden bereiten. (Erneute Zustimmung im Zentrum, bei der Fortschrittlichen Volkspartei und bei den Sozialdemokraten.)

Der Reichstag wird die Schaffung internationaler Rechtsorganisationen tatkräftig fördern. (Bravo! im Zentrum, bei der Fortschrittlichen Volkspartei und bei den Sozialdemokraten.)

Solange jedoch die feindlichen Regierungen auf einen solchen Frieden nicht eingehen, solange sie Deutschland und seine Verbündeten mit Eroberung und Vergewaltigung bedrohen, wird das deutsche Volk wie ein Mann zusammenstehen. (Lebhafte Zustimmung im Zentrum, bei der Fortschrittlichen Volkspartei und bei den Sozialdemokraten.)

Unerschütterlich ausharren und kämpfen, bis sein und seiner Verbündeten Recht auf Leben und Entwicklung gesichert ist. (Bravo! im Zentrum, bei der Fortschrittlichen Volkspartei und bei den Sozialdemokraten.)

In seiner Einigkeit ist das deutsche Volk unüberwindlich. (Lebhafte Zustimmung.)

Der Reichstag weiß sich darin eins mit den Männern, die in heldenhaftem Kampfe das Vaterland schützen. Der unvergängliche Dank des ganzen Volkes ist ihnen sicher.« (Lebhafter Beifall im Zentrum, bei der Fortschrittlichen Volkspartei und bei den Sozialdemokraten.)«[58]

Der erste Absatz der kurzgefaßten Resolution nahm eine Formulierung vom 4. August 1914 aus der »Thronrede« auf: »Uns treibt nicht Eroberungssucht« und führte als Begründung der deutschen Kriegführung an, daß Deutschland die Waffen zur »Verteidigung seiner Freiheit und Selbständigkeit« und »für die Unversehrtheit seines territorialen Besitzstandes ergriffen hatte«. Damit knüpfte man an die Deutung der Ausgangssituation von 1914 an, unter der die Kriegskredite bewilligt worden waren. Der zweite Absatz enthielt die Formel des »Verständigungsfriedens«. Der Reichstag strebe einen »Frieden der Verständigung und dauernden Versöhnung der Völker« an. Darauf folgte der entscheidende Passus, der sich gegen die Kriegszielforderungen der Alldeutschen, industrieller und militärischer Kreise richtete und den Verzicht auf die eroberten Gebiete Belgiens, Luxemburgs, Polens und des Baltikums erwarten ließ: »Mit einem solchen Frieden sind erzwungene Gebietserwerbungen und politische, wirtschaftliche oder finanzielle Vergewaltigungen unvereinbar.« Im nächsten Absatz werden Blockademaßnahmen nach dem Krieg abgewiesen, die Sicherstellung der Freiheit der Meere und ein »Wirtschaftsfriede«, der das »freundliche Zusammenleben der Völker« bereiten sollte, und die Schaffung einer internationalen Rechtsorganisation gefordert. Die beiden letzten Absätze enthielten den Vorbehalt, daß das »Deutsche Volk wie ein Mann zusammenstehen, unerschütterlich ausharren und kämpfen« werde, wenn die feindlichen Regierungen auf den Friedensvorschlag nicht eingingen. Darüber hinaus bekräftigte der Reichstag die »unüberwindliche Einigkeit« des deutschen Volkes und setzte damit ein deutliches Zeichen gegen die ersten inneren Tendenzen im Lande zur Auflösung der Gemeinsamkeit.

In der Debatte am 19. Juli sprachen außer Michaelis und Fehrenbach die Abgeordneten Scheidemann, von Westarp, von Schoenaich-Carolath und Hugo Haase. Michaelis hatte reichlich vage festgestellt, daß der »U-Boot-Krieg in ›der Vernichtung feindlichen Frachtraums‹ das leistete, was er sollte«. Fehrenbach begründete, warum der Reichstag »an der Schwelle des vierten Kriegsjahres« aus seiner bisher geübten außenpolitischen Zurückhaltung herausgehe. »Soll dieses Wüten«, fragt er, »auch noch ein viertes Jahr dauern? Wir haben uns vor unserem Gewissen und vor Gott uns verpflichtet erachtet, diesem Elend, soweit das an uns liegt, ein Ende zu machen.«[59]

Scheidemann erinnerte daran, »daß wir Sozialdemokraten den unbeschränkten U-Boot-Krieg bekämpft haben«.[60] Das sei vergeblich gewesen. »Als man alle diese Gründe gegenüber den militärischen Gründen, die man vortrug, nicht gelten lassen wollte, führten wir aus, daß der U-Boot-Krieg uns absolut sicher auch den Krieg mit Amerika bringen werde.« Der sozialdemokratische Sprecher flocht scharfe Bemerkungen gegen die annexionistische Propaganda der »Deutschen Tageszeitung« ein und stellte sich hinter die Ausführungen Erzbergers zwei Wochen zuvor im Haushaltsausschuß. Zur Resolution selbst führte er aus, daß ihr Inhalt »schon lange das geistige Gemeingut des ganzen deutschen Volkes« geworden sei.[61] Payer flocht in seiner Rede für die Fortschrittspartei ein, daß »der demokratische Gedanke in Deutschland in den letzten Wochen mit starken Schritten vorwärts geschritten« sei.[62] Die Deutschen wollten einen Verständigungsfrieden, nicht aus einer Notlage heraus, sondern aus Einsicht.[63] An das Plenum gewandt, forderte der 70jährige Abgeordnete: »Entschließen Sie sich für unsere Anregung, zu einem *Frieden des Ausgleichs und der Verständigung,* so hat die Mehrheit des deutschen Reichstags sich wohlverdient gemacht.«[64]

Die Nationalliberalen erklärten durch den betagten Abgeordneten Prinz zu Schoenaich-Carolath, daß sie die Resolution ablehnten. Sie werde »von den Feinden mißverstanden«. Die Leistungen der U-Boot-Kriegführung hätten alle Erwartungen übertroffen. Man sei zu einem Frieden bereit, der – in distanzierender Absetzung zur Formulierung der Mehrheit – dem deutschen Volk »volle Entwicklungsfreiheit«[65] gewähre und einen Ausgleich der Interessen herbeiführe. Auch Hugo Haase lehnte für die Fraktion der Unabhängigen, allerdings aus genau entgegengesetzten Gründen, den Resolutionsentwurf der Mehrheit ab und distanzierte sich obendrein von der neuen Mehrheit.[66] Er berief sich rigoros auf das Ethos der historischen Wahrheit, zumal was die Anfänge des Krieges betraf. Offensichtlich spielten bei der Ablehnung der USPD aber nicht nur diese Gründe, sondern auch die Tatsache mit, daß Anhänger der Unabhängigen in politische Schutzhaft genommen worden waren. Haase erwähnte die Inhaftierung Rosa Luxemburgs und Karl Liebknechts. Die Bedeutung der politischen Wende, die sich in dem Zusammengehen von »Erzberger bis Scheidemann« abzeichnete, war von den Unabhängigen nicht erkannt worden, sie paßte auch nicht in ihr politisches Konzept. Zur Verdeutlichung ihrer Absichten brachten sie einen noch weitergehenden Entwurf einer Friedensresolution ein. Völlig kompromißlos war die Haltung der Konservativen. Sie wünschten Verhandlungen aus der Position der Stärke. Die militärische Lage müsse entscheidend für die Ausgestaltung des Friedens sein. Markig und knapp hieß es, durch »Reden und Beschlüsse« komme man dem Frieden nicht näher.

Bei der namentlichen Abstimmung stimmten 214 Abgeordnete mit Ja, 116 mit Nein, 17 enthielten sich der Stimme. Die neue demokratische Mitte hatte zum erstenmal eine gemeinsame Sprache gefunden.[67] Aus dem Text allein und dem äußeren Zustandekommen der Resolution ist nicht mehr unmittelbar zu erkennen, warum dieses Dokument eine solche geschichtliche Bedeutung erhalten konnte, das die deutsche Bevölkerung in zwei Lager spaltete und schließlich für die Begründung der späteren Weimarer Demokratie konstitutiv wirkte. Deshalb bedarf es einiger Erklärungen.

Zunächst waren die Verfasser der Resolution tatsächlich guten Glaubens, für eine richtige Sache einzutreten. Für sie war der Krieg ein Verteidigungskrieg. Daran hielt die Resolution strikt fest. Erst Monate später, aber noch nicht im Juli 1917, setzte sich bei vielen demokratischen Abgeordneten die Einsicht durch, daß man 1914 und auch später möglicherweise irregeführt worden sei, oder, das ist wohl zutreffender, daß seit 1915 starke Kräfte in Deutschland bewußt einen Eroberungskrieg verfochten und betrieben. Unter diesen Umständen war dann ein Zusammengehen nicht mehr möglich.

So muß auch der Vorstoß Erzbergers vom 6. Juli, welche Motive noch mitgespielt haben mögen, zunächst als eine Aktion verstanden werden, die guten Glaubens unternommen wurde. Erzberger, in politischen Finanzen erfahren, war sich seiner Sache, nämlich der Entdeckungen von Fehlberechnungen der Admiralität, sehr sicher. Aber etwas anderes mag auch mitgespielt haben, ein Grund, der nicht einmal in den jetzt offen zugänglichen Quellen genannt wurde: der Kriegseintritt der USA. Ohne alle Details zu überblicken, mochte wohl mancher Abgeordnete aus eigener politischer Erfahrung sehr wohl wissen, was damit auf Deutschland zukam. Denn das war ein ungeheurer Vorgang. Ganz offensichtlich hatte mancher noch 1914, also bei Kriegsbeginn, an eine kleine militärische Auseinandersetzung, ähnlich dem Krieg von 1870/71 gegen Frankreich, gedacht. Die Ausweitung zu einem »Weltkrieg« hatten nur wenige vermutet. Jetzt aber, im Sommer 1917, waren die deutschen Reichstagsabgeordneten die ersten, die zu ahnen begannen, daß das 1914 eingeleitete Unternehmen »Krieg« von illusorischen Annahmen ausging und Schaden bringen würde. Diesen Schaden wollte man abwenden. Das war der Kern der mit der Friedensresolution verbundenen Intentionen. An eine mögliche »Katastrophe«, wie sie Ende 1918 eintrat, hat im Juli 1917 noch kaum jemand gedacht, ausgenommen vielleicht einige Abgeordnete der Unabhängigen.

Die Friedensresolution war ein Bekenntnis des guten Willens, das die Abgeordneten für sich wie für das Volk aussprachen, zu dessen Sprecher sie sich berufen fühlten. Die aus dem Wortlaut des Textes sich ergebende »Mehrdeutigkeit« erklärt sich daraus, daß man zugleich nach »innen« zur eigenen Bevölkerung wie nach »außen« zur internationalen Öffentlichkeit, der Presse, den Regierungen und Parlamenten sprach. Bei näherem Hinsehen und genauerem Einblick in den jeweiligen historischen Kontext erweisen sich viele »klassische Dokumente« der Politik, wie etwa die »Magna Charten«, als tagespolitisch bedingte Kompromißlösungen. Das nimmt ihnen aber nicht das historisch-politische Gewicht. Dies gilt auch für die Friedensresolution vom 19. Juli.

Unsicher war, wie sich der neue Reichskanzler zu der eingebrachten Resolution verhalten würde. Scheidemann suchte Michaelis schon am 17. Juli auf, um mit dem Kanzler den Text des Entwurfs zu besprechen. Sein Eindruck war: »Er ist gar nicht im Bilde, hat keine Ahnung von der Stimmung im Auslande; andernfalls wären seine Wendungen von Sieg und Siegesbewußtsein vollkommen unverständlich.« Er wolle, sagte Michaelis, seine Erklärungen mit dem Satz beenden: »Unsere Ziele lassen sich im Rahmen Ihrer Resolution erreichen.« Scheidemann war mit dieser Formulierung einverstanden.[68] Tatsächlich fügte Michaelis in der Reichstagssitzung am 19. 7. seiner Erklärung zur Friedensresolution das unbedachte Wort »wie ich sie auffasse« hinzu und wertete die Resolution in der Öffentlichkeit faktisch ab.[68a] Die unsichere Haltung des Reichskanzlers trug wenig dazu bei, die Aktion des Reichstags wirksam werden zu lassen. In der katholischen wie in der sozialdemokratischen deutschen Presse erschien Michaelis sofort in einem negativen Licht. Er gewann jedenfalls kein Vertrauen. Intern galt er als wenig befähigt.[69] Die Schwäche des Kanzlers wirkte sich außerordentlich ungünstig aus. Dadurch verschob sich das Zentrum der Politik weiterhin zugunsten der – unzuständigen – militärischen Führung, die zunehmend politische Absichten entwikkelte und, da ihr in manchem sogar ein besserer Apparat zur Verfügung stand, »effektiver« zu handeln begann. Das änderte aber nichts an den politischen Irrtümern, die dort gepflegt wurden und die auf diesem Weg verstärkt wirksam wurden.

Matthias Erzberger verfaßte Anfang 1918 eine schriftliche Bewertung des Zustandekommens der Reichstagsmehrheit, die auch eine Gewichtung der Vorgänge im Juli 1917 enthielt.[70] Darin heißt es, daß der Reichstag schon im Dezember 1916 durch die Unterstützung der Friedensaktion der Regierung als »Vertreter des Deutschen Volkes« aufgetreten sei. Damit habe der Reichstag die Verantwortung für einen Frieden übernommen und sich vor die Regierung gestellt. Es sei notwendig gewesen, der Bevölkerung deutlich zu machen, daß der Reichstag mit den Eroberungsplänen »einzelner Kreise« nichts gemein habe. Ferner habe im Juli 1917 die reale Gefahr bestanden, daß die Sozialdemokraten, und nicht nur die Unabhängigen, die Kriegskredite möglicherweise abgelehnt hätten. Auf die neutralen Länder habe die Resolution, vermerkte Erzberger, eine günstige Wirkung gehabt, auch sei der Friedenswille der gegnerischen Länder gestärkt worden, nur habe die unglückliche Äußerung von Michaelis »wie ich sie auffasse« vieles verdorben. Schließlich habe die russische Friedensbewegung erst nach der Friedenskundgebung des Reichstags »mit Macht um sich greifen können«, da man dem russischen Volk habe sagen können, daß der »Reichstag bereit sei, einen Frieden zu schließen, der sich von den russischen Forderungen nicht zu sehr unterscheidet.«[71] Erzbergers eigene Bewertung der Resolution aus der Sicht des Jahres 1920 lautete: »Die Friedensresolution wurde der Ausgangspunkt und das feste Band für eine stetige Mehrheit im Reichstag und so der Anfang des parlamentarischen Regimes. Ihre internationale Bedeutung lief schnell über in den Kanal der päpstlichen Friedensvermittlung.«[72]

Tatsächlich verfügten nur zwei parlamentarische Gruppen in Deutschland über internationale Verbindungen, die Sozialdemokraten und das Zentrum. Die Sozialdemokraten hatten wie auch die Sozialisten anderer Länder an der Stockholmer Konferenz im Sommer 1917 teilgenommen. Aber die sozialistischen Parteien hatten im Ersten Weltkrieg nur einen sehr begrenzten Einfluß auf die Politik ihrer jeweiligen Regierungen, so daß ein bleibender Erfolg ausblieb. Anders stand es mit der vatikanischen Diplomatie: Von hier aus spannten sich die Fäden zu den Regierungsstellen der kriegführenden Länder.[73] Allerdings konnte der Vatikan nur beobachten, vermitteln, Gedanken und Überlegungen weiterleiten, da die Regierungen inzwischen – weitgehend – von den Stimmungen und Gefühlen der eigenen Bevölkerung abhängig waren, die sie selbst entfesselt hatten. So ließ sich ein Friedensschluß allein mit diplomatischen Mitteln nicht mehr ohne weiteres durchführen. Zudem tauchte jetzt in den Vereinigten Staaten wie auch in dem bolschewistischen Rußland eine ganz andere Art von »Friedenspolitik« auf: der Kampf mit Prinzipien als Appell an die Bevölkerung. Dahinter stand der Anspruch, sich in die inneren Angelegenheiten der anderen Länder einzumischen. Solche Ansprüche erhob die deutsche Politik – theoretisch – nicht, führte sie aber in der Praxis tatsächlich durch, wenn sie ganz selbstverständlich die von ihr unterworfenen Gebiete auf dem Wege der Militärverwaltung (so in Osteuropa) dem eigenen politischen System unterwarf. Sie versuchten, durch ständige persönliche Aktionen einzelner Abgeordneter wie auch durch Fühlungnahme mit der Bevölkerung und den politischen Kreisen der besetzten Gebiete Abhilfe zu schaffen. Darüber hinaus hatten die Mehrheitsparteien des deutschen Reichtags bereits im Juli 1917 erkannt, daß der Formulierung von Friedenszielen und Prinzipien der internationalen Politik in einer sich demokratisierenden internationalen Szene wachsende Bedeutung zukam.

Die innenpolitischen Verhältnisse in Deutschland gerieten seit 1917 in einen ständigen Fluß. Niemand, auch nicht die Regierungsvertreter, war in der Lage, die Dinge mit Sicherheit zu überschauen. In dieser Situation erstarkten die parlamentarischen Kräfte, die in einem direkteren Kontakt zur Bevölkerung standen. Sie waren sich der Krise und des Zerfalls der Regierungsautorität bewußt. Einzelne Vertreter der demokratischen Gruppen versuchten noch von sich aus, mit Angehörigen des »Hofs«, der ja auch noch, wenn auch nicht klar umschrieben, mit im Spiel war, ins Gespräch zu kommen, um ihnen die neue Lage zu verdeutlichen.[74] Doch sie überschätzten deren politische Entscheidungsfähigkeit. Aber den Abgeordneten selbst fehlte die Bereitschaft, auch die Gewohnheit, zum entschlossenen und zielbewußten Handeln.

Anfang August traf, diplomatisch vorbereitet, die Friedensnote Papst Benedikts XV. in Berlin ein. Ihre Realisierungschancen waren gering. Die Mehrheitsparteien ergriffen die Gelegenheit, um ihre politischen Vorstellungen zu verdeutlichen. Die Note wurde am 20. August im interfraktionellen Ausschuß beraten. David erklärte: »Die Note bewegt sich auf dem Boden unserer Resolution. Frieden der Verständigung und der Dauer.« Erzberger drängte darauf, daß die Note nur in Fühlung mit dem Reichstag beantwortet werden sollte.[75] Im übrigen waren die Abgeordneten sich darüber im klaren, daß das Echo, das die Friedensresolution bisher gefunden hatte, gering war. Ebert sagte dazu: »Ich bedauere, daß die Sache so gelaufen ist. Wenn wir im Ausland Vertrauen gewinnen wollen, so müssen wir zeigen, daß das Parlament entscheidenden Einfluß hat. Daran zweifelt man eben.«[76] Um den Reichstag politisch wirksam werden zu lassen, sei eine Parlamentarisierung notwendig, also eine an den Willen des Reichstags gebundene Politik. In einer Besprechung mit Michaelis am folgenden Tag wiederholten die Sprecher der Mehrheitsparteien ihre Forderung nach einer Beteiligung des Reichstags bei der Beantwortung der Papstnote.[77] Die sichtbar gewordene Unwirksamkeit des Reichstags wurde auch in den weiteren Sitzungen des Ausschusses der Augusttage angesprochen.[78] Eduard David führte die Mißverhältnisse auf den starken Einfluß des Staatssekretärs des Innern Helfferich in der Regierung zurück. Er habe einen zu großen Einfluß auf die Person des Kaisers. Dadurch komme das Persönliche zu sehr ins Spiel der deutschen Politik, auch der Außenpolitik.[79]

Michaelis brachte die Fraktionen der Sozialdemokraten und des Zentrums, zumal deren Sprecher, in eine unangenehme Situation, als er in den Augusttagen öffentlich wieder von der Friedensresolution abrückte. Erzberger war verärgert: »Wir haben unserer Fraktion mitgeteilt, der Kanzler stehe auf dem Boden der Resolution. Jetzt sagt der Mann das Gegenteil.« Auch Ebert fühlte sich düpiert,[80] riet aber von direkten personellen Konsequenzen ab: »Wir sind in eine furchtbare Situation in unserer Fraktion gekommen. Denn von seiner [Michaelis'] Erklärung hing die Stellung [der Sozialdemokraten] zu den Krediten ab. Trotzdem soll man jetzt nicht mit dem Mann abrechnen.«[81] Das Ergebnis der Aussprache am 22. August war, daß offensichtlich kein Vertrauen zwischen den Vertretern der Mehrheit und der neuen Regierung Michaelis bestand. Haußmann erklärte: »Jetzt ist ausgesprochen, daß das Vertrauen allseitig zu ihm verloren ist.«[82] Doch waren nicht alle Mehrheitsvertreter davor gefeit, ihre Kritik einseitig auf die Person des Kanzlers zu übertragen und zu sehr zu personalisieren. Es steht fest, daß die Reichstagsmehrheit durch ihren Schritt vom 19. Juli und durch ihren, wenn auch zunächst lockeren Zusammenhalt, sofort ein eigenes Gewicht gewonnen hatte, das registriert und respektiert wurde, jedenfalls nach innen, auch von seiten der Militärs. Diese Koalition war keine Regierungskoalition, aber sie verfügte über politischen Einfluß innerhalb der durch die Verfassung gesetzten engen Grenzen. Dieser Zustand wurde später von der historischen Forschung als »Halbparlamentarismus« bezeichnet.[83] Unter den Abgeordneten selbst gab es manche, so Conrad Haußmann, die im August 1917 auf eine friedliche Einigung im Innern, auch auf einen baldigen Frieden hofften.[84]

Die Zeit der Kanzlerschaft Michaelis' endete nach knapp drei Monaten. Am 1. November wurde Georg von Hertling zum Kanzler berufen. Der linke Flügel des Zentrums um Matthias Erzberger war über diese personelle Lösung, auch wenn es sich um einen früheren katholischen Reichstagsabgeordneten handelte, nicht glücklich. Hertling hatte wenig Kontakt zu den demokratischen Bewegungen. Durch sein hohes Alter und seine gesundheitliche Schwäche war er nicht der geeignete Mann, die politische Führung in die Hand zu nehmen oder sich selbst an die Spitze der Mehrheitsparteien zu stellen. Allerdings trat jetzt auch Friedrich Payer, der bis dahin den interfraktionellen Ausschuß geleitet hatte, als Vizekanzler in die Regierung ein. Damit hatte die Reichstagsmehrheit einen Vertrauensmann in der Regierung. Aber auch Payer war bereits über siebzig: eine »Seniorenregierung«. Carl Helfferich mußte aus der Regierung ausscheiden, Richard von Kühlmann, der als liberal, aufgeschlossen und »weltmännisch« galt, ein Berufsdiplomat, trat als Staatssekretär des Auswärtigen in die Regierung ein.

Bei den personellen Veränderungen in der Regierung Anfang November hatte der interfraktionelle Ausschuß bereits stärkeren, wenn auch nicht entscheidenden Einfluß gewonnen.[85] Er hatte auf die Abberufung Michaelis' gedrängt. »Der Vorsitzende des

Ausschusses«, so berichtete Haußmann, »ging zu Michaelis und teilte ihm in höflicher Form den Stand des interfraktionellen Ausschusses mit.«[86] Von einem Sturz des Kanzlers durch ein Mißtrauensvotum sah man ab, da die bürgerlichen Parteien keinen offenen Konflikt mit der Krone wünschten und zudem außenpolitische Bedenken geltend gemacht wurden. Bereits der amerikanische Präsident Wilson habe, so wurde argumentiert, als das »Kriegsziel« seines Landes einen »Konflikt zwischen der Regierung und dem deutschen Volk« proklamiert.[87] Die Schwierigkeiten der Regierungsumbildung hingen auch damit zusammen, daß das Reich keine eingefahrenen Spielregeln parlamentarischer Regierungsbildung kannte. Historisch rückblickend vermerkte Haußmann in seinen Aufzeichnungen:

»Infolge der unglücklichen politischen Entwicklungen nach Bismarck hatte es sich ergeben, daß es Männer von großen politischen Fähigkeiten und Charaktereigenschaften geben kann, die weder dem Parlament noch dem Publikum im allgemeinen bekannt sind. Der große Vorzug eines kräftigen politischen Lebens besteht darin, daß es alle politische Intelligenz in die Arena zieht und ihr Gelegenheit gibt, sich zu erproben. In Zukunft wird das deutsche Parlament in der Lage sein zu sagen: Wir haben alle verfügbaren Männer kennengelernt und erprobt. – Heute sind wir nicht in dieser Lage.«[88]

Die Ernennung Hertlings war zweifellos als Zugeständnis an die Mehrheitsparteien gedacht, sie wurde in diesem Sinne von der Presse aufgenommen und von der alldeutschen Presse entsprechend kritisiert.[89]

Der politische Fehler dieser Regierungsbildung lag darin, daß sie letzten Endes doch gouvernemental und nicht parlamentarisch zustandekam. So hatte Hertling gewünscht, nur das Reichskanzleramt zu übernehmen, das damit (bisher) gekoppelte Amt des preußischen Ministerpräsidenten aber bei Michaelis zu belassen. Damit rief er den Protest des Zentrums und vor allem der Sozialdemokraten hervor. Denn für die Sozialdemokraten war die Änderung des preußischen Wahlrechts unabdingbar. David verdeutlichte: »Nur eine besondere Reform, die das gleiche Reichstagswahlrecht in Preußen einführe, könne die Vorherrschaft der Konservativen brechen.«[90] Es zeugte von der Schwäche des kaiserlichen Regierungssystems, daß die Frage der Qualifikation für einen Kanzler, der die Politik eines 70-Millionen-Volkes mitten im Krieg leiten sollte, bei den gouvernementalen Überlegungen offensichtlich nur eine untergeordnete Rolle gespielt hatte.[91] Die Ernennung Payers konnte schließlich doch durchgesetzt werden und bedeutete den ersten personellen Erfolg der Reichstagsmehrheit, der auch so gewertet wurde.[92] Zusammen mit Payer trat der Abgeordnete der Nationalliberalen, Friedberg, in das Kabinett Hertlings ein, um aber wenige Tage später wieder zurückzutreten. Zur gleichen Zeit als die Kabinettsumbildung stattfand, hielten sich Ludendorff und Hindenburg und der österreichische Außenminister Czernin in Berlin auf, um über die Zukunft Polens, Litauens und Kurlands zu verhandeln. Der Reichstag war an diesen Verhandlungen nicht beteiligt.[93]

Die Friedensresolution vom 19. Juli war nicht nur ein außenpolitisches Dokument. Sie wirkte unmittelbar auf die Innenpolitik, ja erfaßte sogar die politische Soziologie der deutschen Gesellschaft des Jahres 1917. An ihr schieden sich die Geister. Die

Presse hatte aufmerksam die Vorgänge in Berlin im Juli verfolgt und darüber berichtet. Jetzt setzte eine breite Meinungsbildung ein, in einem Land von der damaligen flächenmäßigen Ausdehnung Deutschlands naturgemäß ein langsamer Prozeß. Auf einer Zentrumskonferenz, die für den 24. Juli nach Frankfurt einberufen war, gelang es Erzberger durch die Vermittlung Peter Spahns, die Zustimmung der katholischen Presse zur Haltung der Reichstagsfraktion zu finden, ein wichtiger Vorgang. Denn dies bedeutete, daß katholische Kreise, schließlich auch Pfarrämter, Ordensgemeinschaften, vor allem natürlich die örtlichen Parteigremien von Danzig bis Köln, einen Frieden erhofften und entsprechend in ihren täglichen Gesprächen befürworteten. Zu diesem Zweck war man auch bereit, mit der Arbeiterbewegung, den Sozialdemokraten zusammenzugehen: der Beginn einer Veränderung des politischen Klimas in Deutschland.

Auch die Sozialdemokraten fanden sofort Unterstützung. Die freien Gewerkschaften, die 1914 rund 2,5 Millionen Arbeiter erfaßt hatten,[94] beriefen eine Vorständekonferenz nach Berlin ein, die am 25. Juli die Resolution des Reichstags »mit großer Freude« begrüßte.[95] Die Gewerkschaften machten sich den Gedanken der »Verständigung der Völker« zu eigen. Das war eine Absage an die »Politik der Kabinette«. Diese Gewerkschaftsentschließung belegt, daß die Vorstellung einer neuen Außenpolitik im Zusammengehen der demokratischen Gruppen in Deutschland festen Boden gewonnen hatte und zwar, ähnlich wie bei den Katholiken, im gesamten Reichsgebiet: in den örtlichen Gewerkschaftskartellen, Gewerkschaftshäusern, Zahlstellen, der zahlreichen gewerkschaftlichen Presse, die in einem Sonderdienst auch an die Front verschickt wurde. Im Reichstag war für einen wachsenden Teil der deutschen Bevölkerung eine neue politische Autorität entstanden.

Gleichzeitig mit der Verabschiedung der Friedensresolution setzte aber auch eine politische Gegenbewegung in Deutschland ein, die die Bevölkerung in zwei Lager zu spalten drohte. Am 2. September wurde im York-Saal der ostpreußischen »Landschaft« in Königsberg die »Deutsche Vaterlandspartei« unter dem Vorsitz von Admiral Tirpitz und Wolfgang Kapp (dem späteren Mitinitiator des nach ihm benannten Putsches von 1920) gegründet. Sie verstand sich als »überparteilich«, war annexionistisch, stand den Alldeutschen nahe und neigte zum Antisemitismus. Sie fand einen Rückhalt in der OHL, gründete örtliche Kuratorien in zahlreichen deutschen Städten. Auch die Mehrheit der deutschen Hochschullehrer und Gymnasiallehrer stand der Bewegung nahe. Am 25. September brachten die Rektoren der deutschen Universitäten einen Aufruf an die Studenten zu Beginn des neuen Wintersemesters heraus, in dem sie die Ziele des US-Präsidenten Wilson kritisierten; eine indirekte Kritik an der Politik des Reichstags. Unmittelbar gegen die Friedensresolution richtete sich eine Erklärung von 906 Hochschullehrern am 4. Oktober. Noch deutlicher wurde der Verbandstag[96] der »Alldeutschen« am 6./7. Oktober in Kassel. Jetzt wandten sich auch die Mehrheitsparteien im Reichstag durch verschiedene Anträge gegen die zunehmende alldeutsche Propaganda unter den Soldaten an der Front. Der innerdeutsche Propagandakrieg, der schon 1915 eingesetzt hatte, wurde schärfer. Die Annexionisten waren zwar in der Minderheit, aber sie fanden Unterstützung in Hochschulen, Wirtschaft, Kommunalbehörden, Landratsämtern und militärischen Stellen. Am 12. Oktober fuhren die beiden Gewerkschaftsführer Carl Legien und Gustav Bauer in das Große Hauptquartier und beschwerten sich über die Einschränkung gewerkschaftlicher Tätigkeiten durch örtliche Militärdienststellen.

Im Oktober 1917 kam auch der Zentralausschuß der Fortschrittlichen Volkspartei in Berlin zusammen. Die Fortschrittler billigten, wie zuvor das Zentrum und die Sozialdemokraten, die Haltung ihrer Reichstagsfraktion und zogen einen Trennungsstrich zur »Vaterlandspartei«. In der Fortschrittspartei fanden sich auch die meisten der Hochschullehrer, die die Friedensresolution unterstützten, so Ernst Troeltsch, Max Weber, Friedrich Meinecke. Am 15. Oktober sprachen sich 49 Professoren der Universität Berlin, darunter von Harnack, Herkner, Hintze, für die Reichstagsresolution aus. Aber das innere Klima, zumal in den Hochschulen und in den Schulen, war gespannt. Um der Wirkung der Propaganda der »Vaterlandspartei« entgegenzutreten, schlossen sich die sozialdemokratischen und christlichen Gewerkschaften, der deutsche Handlungsgehilfenverband (Angestellte) und die Parteien der Reichstagsmehrheit am 19. Dezember zu dem »Volksbund für Frieden und Freiheit« zusammen. Zum ersten Mal wohl in der deutschen Geschichte überwanden Arbeiter, Angestellte, Beamte und Professoren ihre sozialen Schranken und arbeiteten für ein allen gemeinsames politisches Ziel zusammen: die Sicherung eines Verständigungsfriedens und die Liberalisierung der innenpolitischen Verhältnisse in Deutschland.[97] Faktisch spielte sich die geistige Auseinandersetzung zwischen der »Vaterlandspartei« und dem »Volksbund« in den Konferenzen der Kollegien der Hochschulen und höheren Schulen, dem schulischen Geschichtsunterricht, in den Gesprächen in den Betrieben, in der Orts- und Regionalpresse und auf örtlichen Vereinsversammlungen ab. Hier bildete sich die öffentliche Meinung während der Kriegsjahre.

Vom 14. bis 20. Oktober tagte in Würzburg ein Parteitag der Sozialdemokraten, an dem die Vertreter von 262 Kreisen und 55 Reichstagsabgeordnete teilnahmen. Ebert und Scheidemann bemühten sich, das Vertrauen der Parteigremien – nach der Abspaltung der USPD – zu sichern. David gab den Bericht der Reichstagsfraktion und damit die Interpretation der aktuellen politischen Lage. »Der Friedensblock des Reichstags«, erläuterte er den Delegierten, »hat sich als fest erwiesen und keine Abweichung der Regierung von dieser Mehrheitsentschließung geduldet.«[98] Die Friedensresolution sei ein Erfolg der Sozialdemokraten. Gleichzeitig verstand es David geschickt, das Zusammengehen mit dem Zentrum zu begründen, indem er auf die Zusammenhänge zwischen der »Papstnote« und der Mitwirkung des Reichstags bei der Beantwortung der Note hinwies.[99]

Um der Parteimitgliedschaft auch die richtige Marschroute gegenüber der neugegründeten Vaterlandspartei auf den Weg mitzugeben, bemerkte David: »Auch der Versuch der Vaterlandspartei, die bürgerlichen Anhänger der Friedensresolution wankend zu machen, ist zurückgeschlagen worden. Diese Vaterlandspartei ist keine Volksbewegung, sondern eine Inszenierung von Großadmiralen, Herzögen, Landesdirektoren, Großindustriellen und Professoren. Wir müssen in der Presse alle Kräfte darauf konzentrieren: Nieder mit den Alldeutschen! Mit Reichstagsauflösung und Staatsstreich spielt man in diesen Reihen, man schreit nach dem Diktator gegen das eigene Land!«[100] David verdeutlichte den Delegierten die Ziele der Reichstagsmehrheit: »Es ist eine Illusion, den Krieg rein militärisch beenden zu wollen. Die U-Boote haben uns nicht vor dem vierten Kriegswinter bewahrt. Sie werden nicht in Monaten und selbst nicht in ein oder zwei Jahren den Engländern den Frieden aufzwingen, wie die Alldeutschen es ankündigen. Wir haben vor dem schrankenlosen U-Boot-Krieg gewarnt.«[101] Der schlesische Landtagsabgeordnete Paul Löbe[102] brachte einen Antrag ein, daß der Parteitag die Politik der Bewilligung der Kriegskredite »im Interesse der Landesverteidigung« billige. Das war der kritische Punkt des Würzburger Parteitags. Der Antrag wurde mit 265 gegen 14 Stimmen angenommen. Damit hatten Ebert, Scheidemann und David die Rückendeckung für die allerdings – innerhalb der Partei – zunehmend umstrittenere Politik der begrenzten Zusammenarbeit mit der deutschen Regierung gefunden. Die Sozialdemokratie des Jahres 1917 verstand sich nicht mehr als reine Proletarierpartei.[103] Würde es darüber hinaus gelingen, eine breite, dauerhafte demokratische Zusammenarbeit über die bisherigen konfessionellen, klassenbedingten, parteipolitischen innerdeutschen Gräben zustandezubringen? Die Führungsspitze der Sozialdemokraten hoffte 1917 darauf und kämpfte dafür. Der Ausgang dieses Ringens war im Herbst 1917 noch offen.

Anmerkungen

1 M. Erzberger, Erlebnisse im Weltkrieg, Berlin 1920, S. 251.

2 H. Herzfeld, Der Erste Weltkrieg, München ^{4}1976, S. 267.

3 An der Gründungskonferenz nahmen 15 Reichtagsabgeordnete teil. Die Zentren dieser Bewegung lagen in Bremen, Hamburg, Kiel im Norden, Berlin und Braunschweig; in Sachsen und Thüringen: in Gotha, Halle, Leipzig, Erfurt, Dresden, Chemnitz und in Westdeutschland: in Duisburg, Düsseldorf und Solingen.

4 Heine (1861–1944), Rechtsanwalt, gehörte dem Reichstag seit 1888 an. Vom März 1919 bis März 1920 leitete er das preußische Innenministerium, das er nach dem Kapp-Putsch aufgeben mußte. 1933 emigrierte er in die Schweiz.

5 E. Matthias und E. Pikart, Die Reichstagsfraktion der deutschen Sozialdemokratie 1898 bis 1918, Teil II, Düsseldorf 1966, S. 277f.

6 M. Balfour, Kaiser Wilhelm II. und seine Zeit, Frankfurt 1979, S. 410.

7 »Erzberger ist nicht ernst zu nehmen. Das würde Erzberger sehr passen, uns in die Verweigerung hineinzuhetzen, aber dann selbst sich zurückziehen. Leuten, die aus dieser Schule kommen, traue ich nicht über den Weg. Da müssen wir vorsichtig sein.« (Matthias/Pikart, Sozialdemokratische Reichstagsfraktion, II, S. 279.)

8 V. Batocki: »Vor die Wahl gestellt zwischen Mangel an Brot und Kartoffeln oder Mangel an Fett werde er sich für den Fettmangel entscheiden. Redner rechnet dann vor, daß von den an ein Schwein verfütterten Kartoffeln und Körnern zwei bis drei Menschen ein Jahr lang leben könnten, während zwei bis drei Menschen nicht solange von einem Schwein leben könnten. Die Fetterzeugung mit Bodenprodukten, die der Mensch essen könne, sei daher Luxus... Er müsse dafür sorgen, das, was auf deutschem Boden erzeugt werde, so zu verteilen, daß die Menschen damit einigermaßen auskommen könnten.« So wörtlich das Protokoll (Schiffers, R., Koch, M., Boldt, H. Bearb.: Der Hauptausschuß des Deutschen Reichstags 1915–1918,

Quellen zur Geschichte des Parlamentarismus und der politischen Parteien, 1. Reihe Bd. 9/III, Düsseldorf 1981, S. 1525.

9 HA III, S. 1525.

10 HA III, S. 1526.

11 HA III, S. 1526.

12 HA, S. 1527.

13 Erzberger: »Was aber nicht täusche, das sei der Inseratenteil der Zeitungen. In den deutschen Zeitungen würden Ersatzstoffe annonciert, in den englischen Blättern finde man sie nicht, sondern gute Rohstoffe. In den Pariser Zeitungen werde Butter nur um 20 % höher als im Frieden angeboten.« (HA III, S. 1527)

14 A. a. O.

15 A. a. O.

16 A. a. O.

17 Erzberger: »Der Kaiser sei während des Krieges ganz in den Hintergrund getreten, man lasse ihn nur hervortreten, wenn er eine Soldatenrede halte, die gut für die Soldaten sei, deren Bekanntgabe aber ungünstig wirke. Niemand wisse, was die Zukunft bringen könne. Der Reichstag habe ein Interesse daran, daß der Kaiser über die vorhandenen Stimmungen aufgeklärt würde. Was an Monarchen geschehe, die abgeschlossen seien, das habe man in Rußland gesehen. Selbst weite Kreise der Sozialdemokraten hätten heute kein Interesse daran, daß die Untergrabung der monarchischen Gesinnung weitergehe wie bisher.« (HA III, S. 1528)

18 HA III, S. 1528.

19 HA III, S. 1529.

20 A. a. O.

21 A. a. O.

22 Helfferich: »Wenn sie heute nach außen hin ein Zeichen der Schwäche und ein Zeichen des Nichtmehrkönnens, des Zusammenbrechens geben, dann sind wir zusammengebrochen, dann ist es zu Ende.« (HA III, S. 1531)

23 HA III, S. 1536.

24 HA III, S. 1537.

25 Haußmann, S. 98f. – Zu Conrad Haußmann: Schlaglichter. Reichstagsbriefe und Aufzeichnungen von Conrad Haußmann, Frankfurt a. M. 1924 (mit einer Photographie) – C. H., Rechtsanwalt, Politiker und Schriftsteller pflegte persönliche Kontakte zu Max von Baden, dessen Kanzlerschaft er vermittelte. 1919 leitete er den Verfasungsausschuß der Nationalversammlung. Literarisch hatte Haußmann auch mit dem gleichfalls aus Württemberg kommenden, zwanzig Jahre jüngeren Hermann Hesse zusammengearbeitet.

26 E. Matthias und S. Miller, Das Kriegstagebuch des Reichstagsabgeordneten Eduard David 1914 bis 1918, Düsseldorf 1966, S. 239; Über die Ausführungen Helfferichs heißt es bei David: »Unglaubliche Rechnerei. Politischer Zahlmeister, aber kein Menschenmeister.«

27 Matthias/Pikart, Reichstagsfraktion der Sozialdemokraten II, S. 280; vgl. Scheidemann, Memoiren eines Sozialdemokraten, Dresden 1950, S. 29–31.

28 Haußmann, S. 99.

29 Wiedergabe der Sitzung, in: Matthias/Morsey, Der Interfraktionelle Ausschuß 1917/18 I, S. 3–12. Über das Ergebnis schrieb Haußmann: Der Reichstag soll ein Programm aufstellen: Verteidigungskrieg, keine Zwangsannexionen und Kontributionen, Fortsetzung des Krieges bis zu diesem Ziel mit voller Kraft, parlamentarische Regierungsweise. (Haußmann, S. 99)

30 An Bethmann Hollweg vom 19. 6. 1917. (HA III, S. 1538)

31 A. a. O.

32 Weiter hieß es in dem den Abgeordneten verlesenen Schreiben Hindenburgs: »Unsere Lage ist militärisch sicher und wird gesichert bleiben. Unsere Ernährungslage wird nicht schlechter sein als die bei unseren Gegnern. Es gilt nur, bei uns und unseren Verbündeten die Geschlossenheit im Innern zu stärken und den Willen zum Durchhalten wachzuhalten. Ich denke mir

die Lösung dieser Aufgabe nicht schwer, wenn jedem klar gemacht wird, daß die Zeit für uns spricht, daß wir eher einen weiteren Winter überstehen können als unsere Feinde, daß ein vorzeitiges Nachgeben den Zusammenbruch der Zukunft sowohl des Staates wie des einzelnen bedeutet, ein Aushalten aber ähnlich wie dies das Feldheer seit Jahren unter sehr schweren Bedingungen tut, mit Sicherheit uns einen Frieden bringt, der uns und unsere Verbündeten befreit von Einengungen und Hemmungen, die schon vor dem Kriege bestanden, und wie sie bei zu frühem Nachgeben sicher in erdrückender Schwere auf uns lasten würden.« (A. a. O., S. 1538f.)

33 HA III, S. 1541f. Wörtlich: »Die Antwort des Admiralstabes, die er zur Verfügung stellen könne, enthalte aber gar kein Eingehen auf die von ihm dargelegten Tatsachen, sondern suche alles als nebensächliche, kleine Bemängelungen hinzustellen. Das sei keine sachliche Behandlung der Angelegenheit. In der bitteren Zeit, die das deutsche Volk jetzt durchmache, müsse der Herr Staatssekretär von jedem Abgeordneten annehmen, daß er nur das denkbar Beste für das Vaterland erstrebe. Er glaube für sich persönlich in Anspruch nehmen zu können, auf Grund seiner Tätigkeit in den bisherigen Kriegsjahren, daß solche Angriffe ihm gegenüber durchaus nicht angebracht seien.« (A. a. O., S. 1542)

34 Helfferich: »Das habe ich Oktober 1916 ausgeführt. Es ist von mir keine Rechthaberei, wenn ich das hier ausführe. Mir kommt es darauf an, daß Sie die Überzeugung bekommen, daß diejenigen Personen, die bei der Sache mit verantwortlich zu entscheiden hatten, die Punkte, die entgegenstehen, nicht übersehen haben, daß es nicht Leichtsinn war, wenn man in den U-Boot-Krieg hineingegangen ist, sondern daß alles wohl erwogen war. Wir haben am 31. Januar, als die Entscheidung gefallen war, und ich möchte das besonders auch von mir sagen, unsere Ausführungen dieser Situation durchaus angepaßt. (HA III, S. 1546)

35 HA III, S. 1547.

36 Scheidemann: »Wenn man sich in einer bestimmten Situation vorgenommen habe, sagen wir mit einem neuen Maschinengewehr sicher innerhalb bestimmter Zeit 100 Gegner zu töten, es dann aber fertigbringe, 150 zu töten, so sei das ein großer Erfolg. Aber wenn sich herausstellte, daß die Zahl der Gegner nicht 10000, wie man angenommen hatte, sondern 1 Million beträgt, was dann? Es seien ungeheuerliche Rechenfehler begangen worden. Von den Ausführungen des Herrn Staatssekretärs von Capelle hätte wohl die Mehrzahl der Hörer den Eindruck gehabt, daß von den Angaben des Herrn Abgeordneten Erzberger nicht das geringste erschüttert worden sei.« (HA III, S. 1548)

37 HA III, S. 1549.

38 Scheidemann: »Man müsse jetzt dem deutschen Volk sagen: Brot, Fleisch und Kartoffeln können wir euch nicht schaffen, können wir nicht herbeizaubern, aber ihr sollt die Gewißheit haben, daß dieser unglückselige Krieg nicht etwa nicht fortgesetzt wird, weil wir nicht zu einem Verständigungsfrieden bereit wären. Nein, dieser Weg wird nicht fortgesetzt, weil wir etwa Eroberungen wollen.« (HA III, S. 1551)

39 Von Westarp war seit 1908 Oberverwaltungsgerichtsrat in Berlin, Vorsitzender der Fraktion der Konservativen seit 1912. – Erinnerungen: K. v. Westarp, Konservative Politik im letzten Jahrzehnt des Kaiserreichs (2 Bde.), 1935/36.

40 HA III, S. 1562.

41 HA III, S. 1563.

42 David: »Von solchen Treibereien müsse der Reichstag durch eine öffentliche Erklärung abrücken, da sonst das Volk mit Gewalt auseinandergerissen werde.« (HA III, S. 1597)

43 HA III, S. 1597.

44 HA III, S. 1601.

45 Erzberger: »Jeder einzelne Abgeordnete habe heute mehr als je unbekümmert um Personen seine Pflicht dem Lande gegenüber zu erfüllen. Diese Pflicht zu verletzen, würde den Ruin des Vaterlandes herbeiführen.« (HA III, S. 1601)

46 HA III, S. 1603.

47 Der Hauptausschuß kam erst wieder am 21. August, diesmal mit dem neuen Reichskanzler Michaelis, zusammen.

48 Interfraktioneller Ausschuß I, S. 15. Zur politischen Basis der neuen Mehrheit bemerkt der Zentrumsabgeordnete Fehrenbach: »Die Konservativen dürfen nicht mitmachen. Diese Aktion kann nur gemacht werden, wenn im übrigen annähernd der ganze Reichstag zustimmt.« (A. a. O.) – Die beiden Bände der Quellenedition über die Beratungen des Ausschusses vom 6. Juli 1917 bis zum 30. September 1918 werden im folgenden zitiert als: IFA I und II. Die Quellenedition wurde aus Nachlässen, Parteiakten und amtlichen Quellen zusammengestellt. Vgl. die Einleitung S. XI–LXII. Eine Würdigung der Leistung dieser Edition gibt: K. Epstein, Der Interfraktionelle Ausschuß und das Problem der Parlamentarisierung 1917–1918, in: HZ 191 (1960), S. 562–584.

49 Über die Nationalliberalen notierte David am 9. 7.: »Die Nationalliberalen wollen die Resolution nicht vor der Änderung des Regierungssystems schlucken, sind aber bereit, einer Regierung beizutreten, die sie als Grundlage für die Friedenspolitik akzeptiert. (David, Kriegstagebuch S. 242) – Generell: U. Bermbach, Vorformen parlamentarischer Kabinettsbildung in Deutschland. Der Interfraktionelle Ausschuß 1917/18 und die Parlamentarisierung der Reichsregierung, Köln u. Opladen 1967.

50 Aufzeichnung Stresemann, undatiert, vom Juli 1917: »Der Audienz bei dem Kaiser wohnten der Kronprinz, Hindenburg, Ludendorff und der Kriegsminister von Stein bei. Der Kronprinz unterbreitete die Erklärung der Fraktionen und erklärte seinem Vater, daß seiner Meinung nach der Kanzler nicht mehr in seinem Amte bleiben könne, nachdem die drei Fraktionen sich gegen ihn erklärt hätten (sic!). Die Militärs unterstützten diese Auffassung auf das Nachdrücklichste und daraufhin entschied sich der Kaiser für die sofortige Entlassung von Bethmanns, dem um 1 Uhr mittags von Valentini mitgeteilt wurde, daß der Kaiser das von ihm eingereichte – aber zunächst wohl nur formelle Abschiedsgesuch – genehmigt hätte.« (IFA I, S. 30).

51 IFA I, S. 89.

52 IFA I, S. 91.

53 IFA I, S. 91.

54 IFA I, S. 95.

55 IFA I, S. 96 (Die Gespräche sind häufig in indirekter Rede in den Aufzeichnungen festgehalten.)

56 A. a. O., S. 97.

57 Reichstag Anlagen, Bd. 321, S. 1747.

58 Reichstag, Bd. 310, S. 3573 ff. – Vier Vorentwürfe in: IFA I, S. 110–113.

59 Reichstag, Bd. 310, S. 3574.

60 Reichstag, Bd. 310, S. 3576.

61 Reichstag, Bd. 310, S. 3577.

62 Reichstag, Bd. 310, S. 3583.

63 »Aber wir bedenken auch heute, wie viele Millionen von Menschen, wenn kein Friede vorher kommt, Leben und Lebensglück verloren haben werden, welch ungeheurer unersetzlicher Wert bis dorthin weiterhin vernichtet sein wird, nicht bloß bei unseren Feinden, sondern leider auch bei unseren Bundesgenossen. Und wenn wir das bedenken, dann überlegen wir auch, ob das, was wir bei einer etwaigen Fortsetzung des Kampfes für weitergehende Ziele gewinnen könnten, der Opfer wert wäre, die dafür gebracht werden müssen.« (A. a. O., S. 3583)

64 Reichstag, Bd. 310, S. 3583.

65 Reichstag, Bd. 310, S. 3585.

66 »Aus diesen Gründen heraus ist der Mehrheitsblock entstanden, so haben sich die Mittelparteien von Scheidemann bis Erzberger zusammengefunden. Die Resolution, die uns von diesem Block vorgelegt worden ist, ist für diejenigen Herren, die noch vor kurzem für Gebietsabtretungen schwärmten, ein Fortschritt, aber sie ist als Ganzes unannehmbar. Die Bemerkung der Resolution über den Anfang des Krieges ist vor der Geschichte unhaltbar.« (A. a. O., S. 3588)

67 Reichstag, Bd. 310, S. 3583.
68 Bericht Scheidemanns, nach: IFA I, S. 104. Scheidemann erkundigte sich auch nach den innenpolitischen Vorstellungen Michaelis' in dieser Aussprache und erhielt die Antwort: »Jedenfalls werde ich sagen, daß es meine feste Absicht ist, die Beziehungen zwischen Volksvertretern und Regierung lebensvoller und wirksamer zu gestalten.« – Ich antwortete ihm darauf: »Viel ist das nicht.« (A.a.O.)
68a Später befragt, wie er zu dieser Formulierung gekommen sei, erklärte Michaelis: »Ich stand unter dem Eindruck, man identifiziere mich mit der Resolution. Diesem Eindruck wollte ich entgegentreten.« (IFA I, S. 126)
69 David bemerkte vor dem interfraktionellen Ausschuß am 21. 8. unter großer »Heiterkeit« der Kollegen: »Wenn man einen von uns in diesem Ausschuß vor sechs Wochen gefragt hätte, ob er Reichskanzler werden wolle, so hätte jeder in erfreulicher Bescheidenheit sich sehr besonnen. Wenn man aber hinzugesetzt hätte, sonst würde es der Unterstaatssekretär Michaelis, dann würde jeder gesagt haben: Nun, dann will ich es auch einmal probieren.« (IFA I, S. 137)
70 Abgedruckt in: Erlebnisse, S. 266ff.
71 A.a.O., S. 268.
72 A.a.O., S. 269.
73 Papst Benedikt XV. schrieb in seiner Note vom 1. 8. 1917 den Regierungen der kriegführenden Länder: »Il mondo civile dovra dunque redussi a um campo di Morte? E l'Europa, cosi gloriosa e fiorente, correre quasi travolta da una follia universale, all' abisso, incontré ad un vero e proprio suicido?« (Soll denn die zivilisierte Welt nicht mehr sein als ein Leichenfeld? Europa, so glorreich und blühend, soll es denn, wie von allgemeinem Wahnsinn erfaßt, dem Abgrund zusteuern, Selbstmord begehen?«) Aus: Die päpstliche Friedensnote an die Häupter der kriegführenden Völker vom 1. August 1917, in: Stimmen der Zeit 94 (1918), S. 4. – Die Note riet zum Verzicht auf Reparationen, die Wiederherstellung eines unabhängigen Belgiens (durch Deutschland), die Räumung der französischen Gebiete von dt. Truppen und zur Zurückgabe der früheren Kolonien in Deutschland, zur Neuregelung der politisch-territorialen Verhältnisse auf dem Balkan und zu einer Lösung für das »ehemalige Königreich Polen« (wie Belgien ein katholisches Land); ferner: Freiheit der Meere, internationale Abrüstung, internationale Schiedsgerichte. (Vgl. Aubert, Vom Kirchenstaat zur Weltkirche [Geschichte der Kirche V 1], Köln 1971, S. 179f.)
74 Gespräch Davids mit dem Kronprinzen am 12. Juli 1917 nach einer kurzgefaßten Tagebuchaufzeichnung: »Schaffung neuer Stärke durch Erschließung der demokratischen Kraftquellen – Volkskönigtum setzt eine Volksregierung voraus. Entwicklung, Wesen und Vorteil des parlamentarischen Systems. Nicht gegen die Kronrechte, sondern gegen die souveräne Machtstellung der leitenden Bürokratie, Umbildung der Reichsregierung notwendig. Zwei zusammenhanglose Maschinen, gänzlich veraltetes System.« (Kriegstagebuch, S. 244)
75 IFA I, S. 123.
76 IFA I, S. 125.
77 IFA I, S. 126–128.
78 Der linksliberale Gothein bemerkte am 21. 8. 1917: »Die jetzige Zusammensetzung der neuen Regierung (Michaelis) ist ein Hohn und ein Schlag ins Gesicht des Reichstags... Das ist eine Schwächung der Friedensaktion des Reichstags.« (IFA I, S. 134)
79 David am 21. 8. 1917: »Fall Helfferich: Ist der böse Geist der inneren Politik; auch in der äußeren Politik sehr gefährlich. Am meisten scheint er gewandt zu sein im Verkehr mit dem Kaiser. Das ist das Geheimnis seiner Macht. Die Gefahr des jetzigen Systems liegt im Verhältnis der Persönlichkeiten der Minister zum Kaiser. Seine Stellung ist unhaltbar. Diese Lösung halte ich weder in der Person noch in der Konstruktion für glücklich. Er kann auch keinen Menschen gewinnen.«
80 IFA I, S. 140 (22. 8. 1917).
81 IFA I, S. 140.

82 IFA I, S. 140.
83 Vgl.: K. Epstein, Der interfraktionelle Ausschuß (1960), a.a.O., S. 572–584.
84 Haußmann vor seiner Fraktion am 24. 8. 1917: »Ich glaube an die Einsicht von Kaiser und Hauptquartier, daß Michaelis sich seiner Stellung nicht als gewachsen zeigt, daß er einen schweren Schaden anrichtet, daß statt einer latenten Krisis eine rasche Wiedergutmachung durch einen ehrlichen und fähigen Mann, der sich offen auf die Mehrheiten stützt, von der Stunde und vom Reichsinteresse gefordert wird. Zaudern bedeutet den Kriegsherbst und Kriegswinter. Der Friede des Jahres 1918 wird nach neuen Riesenopfern nicht besser werden als der des Jahres 1917. Das ist mein Votum.« (IFA I, S. 153)
85 Aufzeichnung Haußmanns über den Verlauf der Kanzlerkrise vom 9. 10.–9. 11. 1917: »Die ausschlaggebende Rolle spielt in der deutschen Evolution der interfraktionelle Ausschuß, dessen Präsident Payer ist. Er heißt ›Sowjet‹ in Regierungskreisen. Der Ausschuß besteht aus Delegierten derjenigen Parteien, die für die Friedensresolution vom Juli 1917 gestimmt haben. (Sozialdemokraten, Freisinnige und Zentrum.) Die Nationalliberalen traten zum Teil diesem Ausschuß bei. Ein Flügel der Nationalliberalen (Richthofen, Schiffer, Junck etc.) steht auf dem Boden der Friedensresolution. Die Majorität der Nationalliberalen ist jedoch Gegner der Resolution, aber sie geht heute in innerpolitischen Fragen mit den Majoritätsparteien. Die Nationalliberalen plus Majoritätsparteien verfügen über 3/4 der Reichstagsstimmen.« (IFA I, S. 584f.)
86 IFA I, S. 585.
87 IFA I, S. 587.
88 IFA I, S. 589. Es sei typisch, fügte Haußmann hinzu, »daß gerade jetzt ein sozialdemokratischer Abgeordneter einen Diplomaten, Brockdorff-Rantzau, erwähnt und empfohlen hat, der vielleicht ein vortrefflicher Mann sein mag, aber nur wenigen von uns bekannt ist.« (A.a.O.)
89 Haußmann: »Am Montag Morgen wurde bekannt, daß der Kaiser nach Hertling geschickt habe, und daß dem letzteren der Auftrag gegeben sei, die Sachlage mit den Parteiführern zu besprechen. Die alldeutsche Presse protestierte sogleich gegen Hertlings bekannte Haltung in der auswärtigen Politik, die Mehrheitspresse dagegen wies darauf hin, es scheine unmöglich, daß Hertling sich das innerpolitische Programm der Reichstagsmajorität zu eigen machen werde. Hertling teilte den Parteiführern mit, er sei bereit, das Kanzleramt anzunehmen unter der Voraussetzung, daß er mit ihnen zu einer Vereinbarung gelange, dagegen werde er nicht preußischer Ministerpräsident werden.« (A.a.O., S. 592)
90 A.a.O., S. 594.
91 Haußmann berichtete von den Überlegungen der Hofgruppe, daß man erwogen hatte, das Amt des Vizekanzlers zu streichen, »denn a) ist Payer kein Süddeutscher mehr, b) nenne sich Payer selbst einen Achtundvierziger nach Tradition und Überzeugung, c) ist als Allerschlimmstes Payer Vorsitzender des ›Sowjet‹. Die Stellung des Vizekanzlers ist eine gehobene, daher würde Payer als Vizekanzler ihr einen süddeutschen, demokratischen Stempel aufdrücken.« Diese, heute etwas skurril erscheinenden, Überlegungen geben einen Einblick in die »Realitäten« der deutschen Politik von 1917.
92 »Der Vorsitzende des Vertreterausschusses, Payer, ist dem neuen Kanzler und der Krone in der Zeit, in der ihn eine leichte Krankheit fernhielt, einmütig als Vertrauensmann des Parlaments bezeichnet und als Vizekanzler empfohlen worden. Die Berufung ist erfolgt. Graf Hertling und der Kaiser haben die politische Gradlinigkeit und die Eigenschaften erkannt, die Friedrich Payer als langjähriger Präsident eines Einzel-Landtages, als der parlamentarische Berater von drei Kanzlern, als einer der Wortführer des Reichstags vom 19. Juli 1917 und als Vorsitzender des parlamentarischen Mehrheitsausschusses im Staatsinteresse zu bestätigen Gelegenheit gehabt hat.« (IFA I, S. 598ff.)
93 Zu dieser Zeit schrieb Eduard David, Akteur und kritischer Beobachter der Szene zugleich, in einem pessimistischen Unterton in sein Tagebuch: »Ich glaube nicht mehr an eine friedliche innerpolitische Verständigung; ich sehe den Konflikt voraus; zwei getrennte und gegeneinan-

der arbeitende Machtzentren S.(einer) M.(ajestät) Natur! – Glaube auch nicht mehr an die Möglichkeit eines baldigen Friedens; die Ostregelung verrammelt den Weg der Verständigung mit Rußland.« (Aufzeichnung vom 4. November bis 9. November 1917, David, Kriegstagebuch, S. 257.)

94 Vgl.: P. Umbreit, Die deutschen Gewerkschaften im Kriege, Stuttgart u. a., 1928, S. 161. Zur Haltung der Gewerkschaften: Ribhegge, Winnig, S. 85–114.

95 Wortlaut der einstimmig angenommenen Entschließung: »Die Gewerkschaften Deutschlands begrüßen es mit großer Freude, daß der Reichstag durch seinen Beschluß vom 19. Juli sich im Namen des deutschen Volkes für einen Verständigungsfrieden erklärt hat. In der Gesamtheit der Arbeiterbewegung, deren Interessen die Gewerkschaften vertreten, findet der Wille zur schnellen Beendigung des Krieges durch Verständigung der Völker nicht nur einmütige Zustimmung. Die Arbeiter Deutschlands sind auch entschlossen, mehr noch wie schon seither ihre Kräfte für die baldige Erreichung dieses Zieles einzusetzen.« (Schulthess' Europäischer Geschichtskalender N.F. Jg. 33 (1917), hg. W. Stahl, München 1920, S. 727.

96 Schulthess Jg. 33 (1917), S. 842f.

97 Da auch die drei Parteien der Reichstagsmehrheit dem »Volksbund« angehörten, konnte die Vereinigung auf eine nominelle Mitgliedschaft von 4 Millionen verweisen. (G. H. Taddey [Hrsg.], Lexikon der deutschen Geschichte, Stuttgart 1979, S. 1246; D. Erdmann, Die Zeit der Weltkriege, Stuttgart 1973, S. 125.)

98 Schulthess N.F. 33. Jg. (1917), S. 912.

99 »Zum erstenmal ist ein internationales Dokument von solcher Tragweite unter Mitwirkung des Parlaments abgefaßt worden. Die deutsche Antwort auf die Papstnote ist ein weltgeschichtliches Dokument, innenpolitisch und außenpolitisch.« (Schulthess, a. a. O., S. 912)

100 A. a. O.

101 A. a. O.

102 Paul Löbe, geboren 1875 in Liegnitz (Sohn eines Tischlers), gestorben 1967 in Bonn; Schriftsetzer, Redakteur der Breslauer Volkswacht (1899), Stadtverordneter in Breslau (1904), Mitglied des schlesischen Provinziallandtags (1905–1919), Mitglied und Vizepräsident der Nationalversammlung 1919/20, MdR (1920–1933), Reichstagspräsident; nach 1945 Gegner einer Zusammenarbeit von KPD und SPD, Mitglied des Parlamentarischen Rats 1948/49, MdB (1949–1953). Löbe eröffnete am 7. September 1949 als Alterspräsident die konstituierende Sitzung des Bundestags in Bonn. (Vgl.: P. L.: Der Weg war lang, ^{2}1954.)

103 Vgl. die Arbeiten des 2. Vorsitzenden des Bauarbeiterverbandes August Winnig: Der Weltkrieg vom Standpunkt des deutschen Arbeiters (Sonderdruck aus dem Jahrbuch 1914 des deutschen Bauarbeiterverbands), Hamburg 1915; Der Burgfrieden und die Arbeiterschaft, Berlin-Karlshorst 1915; Der Krieg und die Arbeiterinternationale, in: F. Thimme – C. Legien: Die Arbeiterschaft im neuen Deutschland, Leipzig 1915; Zur Neuorientierung der deutschen Sozialdemokratie, Berlin-Karlshorst 1916; Die deutschen Gewerkschaften im Kriege, Stuttgart 1917; Die deutsche Arbeiterschaft im vierten Kriegsjahr, Hamburg 1918; Der weite Weg, Hamburg 1932.

2. Der Frieden von Brest-Litowsk

Die innerdeutsche Vorbereitung der Verhandlungen mit Rußland

Der größte außenpolitische Komplex, den die neue Regierung Hertling zu bewältigen hatte, stellte sich in der Ostpolitik. In Polen, Litauen, Kurland, den von den Truppen der Mittelmächte besetzten Territorien zwischen Deutschland, Österreich und Rußland, standen neue Lösungen an. In diesen Ländern Osteuropas hatte sich seit Jahrzehnten eine tiefgreifende Veränderung der politischen, sozialen und ethnischen Strukturen vollzogen. Würde es der neuen Regierung Hertling gelingen, die dort anstehenden, in sich sehr differenzierten Probleme zu lösen? Besaß sie die Kraft und das Durchsetzungsvermögen, den deutschen Militärs, die inzwischen einen bestimmenden Einfluß auf die Verwaltung dieser Gebiete gewonnen hatten, diesen wieder zu entziehen?

Denn bei einigen Offizieren und Generälen waren jetzt – die Industrie- und Hafenstadt Riga war im September von deutschen Truppen erobert worden – Träume wachgeworden, die an das mittelalterliche »gen Ostland wollen wi riden« erinnerten.[1] Hinzu kam der aus deutscher Sicht im November 1917 undurchsichtige Komplex Rußland. Das Ausmaß der sich in Rußland in diesen Wochen abzeichnenden inneren Veränderungen war nicht mehr zu überschauen.

Am 6./7. Oktober (westlicher Zeitrechnung) hatte in Petersburg die russische Oktoberrevolution begonnen. Die Regierung Kerenski wurde durch den »Rat der Volkskommissare« unter Vorsitz Wladimir Iljitsch Lenins ersetzt. Am 8. November veröffentlichte der »II. Allrussische Sowjetkongreß« das »Dekret über Grund und Boden« (entschädigungslose Enteignung von 150 Millionen ha Großgrundbesitz). Wahlen zu einer verfassungsgebenden russischen Nationalversammlung wurden angekündigt. In dem »Dekret über den Frieden« vom 8. November forderte derselbe Kongreß alle kriegführenden Länder zum Friedensschluß auf. Damit war unerwartet eine veränderte internationale Situation eingetreten. Mit dem Dekret »Über das freie Selbstbestimmungsrecht aller Völker Rußlands« machte sich die russische Oktoberrevolution auch die Forderung des Selbstbestimmungsrechts im Prinzip zu eigen.

In der Regierungserkärung, die Georg von Hertling am 29. November 1917 vor dem Reichstag abgab – er sprach frei und hatte nur einige Notizen zur Hand[2] –, war von der geschichtlichen Dramatik dieser Wochen wenig zu spüren. Der 74jährige Kanzler erinnerte zunächst daran, daß »ich mehr als 30 Jahre lang Mitglied dieses Hauses gewesen bin«. Sachlich brachte die Regierungserklärung – mit einer, allerdings sehr wichtigen Ausnahme: der Anerkennung des Selbstbestimmungsrechts – wenig neue Gesichtspunkte in die deutsche Politik ein.[3] Sie enthielt ein pflichtgemäßes Lob der deutschen Kriegsleistungen, der Tapferkeit der Kämpfenden und Daheimgebliebenen.[4] Begleitet von »Bravo«-Rufen teilte Hertling den Abgeordneten mit: »Nun, meine Herren, bin ich in der glücklichen Lage, Ihnen etwas Neues mitzuteilen. Die russische Regierung hat gestern von Zarskoje Sjelo aus ein von dem Volkskommissar für auswärtige Angelegenheiten Herrn Trotzki und dem Vorsitzenden des Rats der Volkskommissare Herrn Lenin unterzeichnetes Funktelegramm an die Regierungen der Völker der kriegführenden Länder gerichtet, worin sie einen Waffenstillstand vorschlägt, zu einem nahen Termin in Verhandlungen über einen Waffenstillstand und zu einem allgemeinen Frieden einzutreten.«[5] Er sei bereit die Verhandlungen aufzunehmen, sobald die russische Regierung diskutable Vorschläge unterbreite und bevollmächtigte Vertreter entsende. Er fügte hinzu: »Mit aufrichtiger Teilnahme verfolgen wir die Entwicklung des schwergeprüften russischen Volkes. Wir wünschen, daß ihm möglichst bald wieder ruhige und geordnete Verhältnisse zuteil werden. Wir wünschen nichts mehr, als daß es wieder zu dem nachbarlichen Verhältnis kommen wird..., wie wir es in früheren Zeiten zwischen uns und dem östlichen Nachbarn kannten.«[6]

Die Regierungserklärung kündigte die Achtung des Selbstbestimmungsrechts der Länder Polen, Kurland und Litauen an.[7] Das war ein Erfolg der Reichstagsmehrheit. Der neue Regierungschef würdigte den Friedensappell des Papstes. Die Verantwortung für das »fortgesetzte Morden« wurde der Entente angelastet. In der umstrittenen Verfassungsfrage machte Hertling keinerlei Abstriche: »An den Grundlagen unserer Reichsverfassung soll und kann nichts geändert werden.«[8] Für das Zentrum antwortete Karl Trimborn.[9] Er sprach sich für einen Verständigungsfrieden, gleichzeitig aber auch, wohl um die Nähe zu den »bürgerlichen« Parteien zu wahren, gegen einen »Verzichtsfrieden« aus, begrüßte die Ausführungen »unseres Herrn Reichskanzlers über unser Verhältnis zu Rußland« mit »freudigem Beifall«: »Das deutsche Volk wünscht wirklich aufrichtig, mit dem neuen Rußland in den besten politischen und wirtschaftlichen Beziehungen zu leben.« Positiv vermerkte Trimborn eine wenige Tage zuvor im preußischen Landtag eingebrachte Vorlage zur Wahlrechtsreform. Innenpolitisch bekräftigte er die »Einheit und Geschlossenheit beider Fronten«, gemeint waren die »militärische« und die »politische«. Das war etwas euphemistisch. Denn seit den Aktionen Erzbergers im Juli 1917 hatte diese »Einheitsfront« Risse bekommen. So verbrämte diese Formulierung die Tatsache, daß sich inzwischen zwei entgegengesetzte politische Lager einander gegenüberstanden: die Reichstagsmehrheit auf der einen, die Oberste Heeresleitung und ihre Anhänger auf der anderen Seite. Die deutsche Bevölkerung wußte darum nur begrenzt, konnte es auch aus den Worten des Zentrumssprechers Trimborn kaum erfahren. Die Militärs hatten den Angriff Erzbergers auf ihre Autorität nicht vergessen. Die bis dahin bestehenden Verbindungen zwischen dem Zentrumspolitiker Erzberger und der OHL hatten sich gelöst.

Scheidemann begrüßte für die Sozialdemokraten die »Mitteilungen«, die »uns der Herr Reichskanzler über das Waffenstillstands- und Friedensangebot der sozialistischen Regierung in Rußland machen konnte.«[10] Zum Regierungswechsel in Deutschland hieß es: »Die neue Regierung betrachten wir als einen Fortschritt, vorausgesetzt, daß sie ihr Programm hält.« Er hoffe, daß Michaelis der letzte ernannte Kanzler ohne

Mehrheit im Reichstag gewesen sei. Scheidemann sprach sich für das Selbstbestimmungsrecht in den von den Deutschen eroberten Gebieten Osteuropas aus: »Das deutsche Volk kämpft nicht für polnische Königskronen und kurländische Herzogshüte.«[11] Zu den bevorstehenden Friedensverhandlungen mit Rußland bemerkte er: »Die deutsche Arbeiterklasse begrüßt leidenschaftlich den großen Schritt zum Frieden, den die russische Revolution getan hat.« Die »deutsche Arbeiterklasse« erwarte »mit Sehnsucht den Tag, an dem die Arbeiter Englands und Frankreichs in Gemeinschaft mit den russischen und deutschen Arbeitern für den Frieden arbeiten, um das entsetzliche Massenmorden durch einen demokratischen Frieden zu beenden.«[12]

Der Vertreter der Fortschrittspartei sprach – wie die beiden Vorredner – die Hoffnung einer Liberalisierung der Verhältnisse in Deutschland in der Frage der Zensur und des Vereins- und Versammlungswesens aus, damit ein »vertrauensvolles Verhältnis zwischen Reichsregierung und Volksvertretung« entstehe. Die Nationalliberalen, vertreten durch Stresemann, wünschten eine Entwicklung im Osten, »die uns das Nebeneinanderleben mit den militärischen, wirtschaftlichen und politischen Interessen gewährleistet«, setzten sich aber gleichzeitig von der Friedensresolution vom 19. Juli ab.

Die Konservativen wehrten sich gegen die neueingetretene innenpolitische Entwicklung. Ihr Sprecher, Westarp, bezeichnete die Friedensresolution vom 19. Juli als einen Fehler und fügte hinzu, daß selbst die Vorschläge der Papstnote den »deutschen Lebensinteressen nicht gerecht werden«. Bei den künftigen Friedensverhandlungen müßten »unbeirrt durch dogmatische Festlegungen, unbeirrt auch durch Rücksichten auf die Grundsätze der Internationalen, Deutschlands Lebensnotwendigkeiten allein im Auge« behalten werden. Es dürfe nicht, was an Leistungen errungen sei, um der »Grundsätze der Internationalen« willen wieder preisgegeben werden. Die Konservativen stellten die militärpolitischen Ziele, »Verteidigung der Grenzen«, in den Vordergrund. In den Debatten dieser Tage wurde deutlich, daß die Konservativen auf der einen, die Unabhängigen Sozialdemokraten auf der anderen Seite von der Politik und den Beratungen der Mehrheitsparteien ausgeschlossen waren. So sprach der Sprecher der Unabhängigen, Haase, das Mißtrauen seiner Freunde gegen die Person des neuen Vizekanzlers Payer aus, der als Vertrauensmann der Reichstagsmehrheit in die Regierung eingetreten war.[13]

Die jetzt anstehenden Verhandlungen mit Rußland trafen die deutsche Politik unvorbereitet. Das galt auch für die Formalien und Zuständigkeiten der Diplomatie. Die neue russische Regierung warf einige herkömmliche Gepflogenheiten des diplomatischen Verkehrs über Bord. Sie wollte die Öffentlichkeit der Verhandlungen – auch aus demonstrativen Gründen –, den Verzicht auf die »Geheimdiplomatie«. Sie benannte gleichfalls ein Novum, ein weibliches Mitglied für ihre Verhandlungsdelegation, eine russische Revolutionärin. In ihrer Forderung allerdings, daß nur die Zivilregierungen, nicht die Militärs, miteinander verhandeln sollten, hielt sich die russische Außenpolitik strikt an die herkömmlichen Konventionen europäischer Diplomatie: anders als die deutsche Politik 1917. Auf der deutschen Seite bestanden die Militärs auf einer selbständigen Beteiligung an den Verhandlungen, ein ungewöhnlicher Vorgang. Erzberger erkannte sofort, daß die russische Forderung – Verhandlung der Zivilregierungen – begründet war. Auf der Sitzung des interfraktionellen Ausschusses am 20. Dezember 1917 wies er darauf hin, daß bereits Bismarck 1871 die Waffenstillstandsverhandlungen selbst geführt und die Militärs nur als Berater hinzugezogen habe.[14]

Am 20. Dezember beriet der interfraktionelle Ausschuß über die bevorstehenden Verhandlungen mit Rußland. Die Komplexität der Zusammenhänge wurde am deutlichsten von Erzberger und David gesehen. Sie versuchten zunächst, sich über die Situation selbst Rechenschaft zu geben. Erzberger führte in der Sitzung aus: »Die russische Regierung hat heute alles, was sie braucht: den Waffenstillstand, den Frieden brauchen *wir*, um die wirtschaftliche Notlage zu überwinden. Die Russen werden verlangen, daß öffentlich verhandelt wird. Die Russen verlangen, daß dieselben Grundsätze, die nach dem Osten gelten, auch nach dem Westen gelten. Wir dürfen der (deutschen) Regierung nicht ganz freie Hand geben. Die Regierung muß auch entlastet werden: wenn es nicht zum Frieden kommt, dann hat das schlimme Folgen für das Innere. Wir brauchen nicht bloß ein paar Programmsätze, sondern man muß wissen, wie man das machen will: Selbstbestimmungsrecht z. B.«[15] David analysierte in der internen Besprechung am 20. Dezember die Situation auf die formalen Bedingungen hin: »Die Russen haben schon moniert, daß von deutscher Seite keine Vertreter aus dem Volk dabei waren. Der Reichstag selbst sollte Vertrauensmänner bei den Verhandlungen haben, vielleicht von jeder Partei einen Vertrauensmann. Das Parlament kann eine solche Forderung ruhig stellen.« David nannte das Kernproblem: »Eine Fortsetzung des Krieges kann nicht ohne Zustimmung des Reichstags stattfinden.«[16] Dabei sah David die politischen Vorteile eines tragfähigen Ostfriedens: »Es wäre eine Verschüttung der Möglichkeiten, nach dem Osten eine neue weltpolitische Situation zu schaffen. Wenn wir mit Rußland zu Rande kommen, dann ist die Entente gesprengt.«[17] Wiederholt verwies er auf die Notwendigkeit, den Reichstag einzubeziehen: »Unsere Verantwortung ist sehr schwer. Da müssen wir auch verlangen, daß der Reichstag bei der Sache beteiligt ist.«[18]

Stresemann, der an der Besprechung am 20. Dezember teilnahm, ging weniger auf die politischen Bedenken Davids ein, betonte dagegen die wirtschaftliche Seite des Verhandlungsziels; er warnte vor der Gewährung des Selbstbestimmungsrechts im Osten. Damit stand er der Argumentation der militärischen Kreise nahe.[19]

In dieser Besprechung am 20. Dezember sahen die Sozialdemokraten sehr deutlich, welches Gewicht der personellen Auswahl für die deutsche Verhandlungsleitung zukam. Sie befürchteten, daß, wenn die Verhandlungen scheiterten, sich die Verhältnisse im Innern Deutschlands verschlechterten, möglicherweise sogar eine Revolution ausbreche. Eindringlich warnte Scheidemann: »Aber wenn es zum Scheitern kommt, dann kommt es in Deutschland zu schlechten Dingen! Vielleicht auch zur Revolution. Deshalb ist es notwendig, daß wir die Herren nicht allein arbeiten lassen, sondern daß wir die Forderung nach Mitwirkung des Parlaments stützen.« Dabei sah Scheidemann voraus, daß wie auch immer das Ergebnis nach dem Abschluß der Verhandlungen aussehen werde, der Reichstag dem nur noch zustimmen könne, eine Ablehnung aus innenpolitischen Gründen nicht mehr möglich wäre. »Deshalb müssen wir vorher mitwirken.

Warum sollen wir zögern? Die Heeresleitung hält sich ja auch nicht zurück. Wenn der Reichstag in irgendeiner Form mitwirkt – in irgendeiner Form – dann bringen wir auch die anderen Regierungen wieder in eine schlechte Lage, z. B. Wilson und Lloyd George.«[20] Die letzte Bemerkung war wohl als Wink an Gustav Stresemann gedacht.[21] Beharrlich drängte Scheidemann die anderen Reichstagskollegen, auf Beteiligung des Reichstags zu bestehen: »Wir müssen unter allen Umständen als Volksvertretung mitwirken, sonst geschieht ein Unglück.«[22]

Unmittelbarer als die anderen Abgeordneten hatten Scheidemann und Ebert die Lage, Stimmungen und Bewegungen in der Bevölkerung, vor allem in der Arbeiterschaft, vor Augen. Scheidemann machte auf die Verbindung zwischen den außenpolitischen Verhandlungen und den innenpolitischen Verhältnissen in Deutschland aufmerksam: »Bei diesen wichtigen Verhandlungen darf man die Stimmung in unserem Heere nicht vergessen! Die Leute setzen ihre ganze Hoffnung auf den Abschluß der Sache. Die Soldaten können nicht mehr und wollen auch nicht mehr.«[23] Er wiederholte noch einmal die Sorge seiner Freunde vor einer verfehlten Besetzung der deutschen Verhandlungskommission. Er habe nur zu Kühlmann, dem Staatssekretär des Auswärtigen, Vertrauen. Bezeichnend war das Mißtrauen, das generell gegen die eigene deutsche Regierung vorherrschte. Der Nationalliberale von Richthofen[24] setzte seine Hoffnungen auf den österreichischen Außenminister Czernin: »Graf Czernin ist die stärkste Persönlichkeit. Er will den Frieden. Auch den allgemeinen Frieden.«[25] Richthofen befürwortete ebenfalls die Beteiligung von Abgeordneten an den Verhandlungen, maß ihr aber kein besonderes Gewicht bei.

Die Reichstagsabgeordneten sahen sich bei dieser Aussprache am 20. Dezember mit dem Problem konfrontiert, daß zwei entgegengesetzte Zielvorstellungen auf der deutschen Seite für die Verhandlungen vorlagen. Die annexionistische Vertretung wurde durch die Oberste Heeresleitung vertreten, die andere, die einen Verständigungsfrieden auf der Basis des Selbstbestimmungsrechts der Nationalitäten anstrebte, entsprach dem Willen der Mehrheit des Reichstags. Der Kampf zwischen beiden Gruppen zog sich schon seit der Verabschiedung der Friedensresolution im Juli wie ein Tauziehen hin. Unverkennbar war der Reichstag bisher das schwächere der beiden politischen Kraftfelder gewesen. Aber der Ausgang war noch offen.[26] Erzberger sprach den Gegensatz offen aus: Die Regierung müsse durch festumschriebene Verhandlungsziele festgelegt werden. »Wir kommen mit ein paar allgemeinen Redensarten nicht weiter.« Die OHL habe sich eben nicht auf das Selbstbestimmungsrecht festgelegt. Sie wolle Annexionen im Osten. Daran werde der Frieden scheitern.[27] Der Frage der Auswahl der deutschen Unterhändler maß Erzberger nicht ein solches Gewicht bei wie der Frage der eindeutigen Festlegung der materiellen Ziele.[28] David warf ein, daß durch eine Beteiligung von Reichstagsabgeordneten auch die persönliche Stellung Kühlmanns in der deutschen Delegation gestärkt werde, »gegen das Militär«.[29]

Man einigte sich schließlich darauf, daß der Hauptausschuß des Reichstags fortlaufend an den Verhandlungen beteiligt werden sollte. In einem entscheidenden Punkt aber wurde keine Einigung erzielt: in der Mitwirkung deutscher Abgeordneter in der

Verhandlungsdelegation. Die Einigung scheiterte offensichtlich am gegenseitigen Mißtrauen der Parteien untereinander, zumal der »bürgerlichen« gegenüber den Sozialdemokraten.[30] Das Gespräch streifte auch kurz die Beziehungen zu England.[31] Aber offensichtlich wußten die Abgeordneten wenig über die innere Einstellung der Politiker der gegnerischen Länder und die dort vorhandenen Beurteilungen der internationalen Lage. Dies läßt sich jedenfalls aus dem Protokoll der Sitzung erschließen. Man nahm an, daß ökonomische Gesichtspunkte auch bei den Gegnern ausschlaggebend seien. Das Ergebnis des Krieges werde durch die jeweilige Lage der wirtschaftlichen Stärke entschieden. Auch Erzberger beurteilte die aktuelle Lage primär unter diesem Aspekt. Er wies wieder darauf hin, daß die Briten keineswegs wirtschaftlich am Ende seien und die dem entgegenstehende Berichterstattung in Deutschland eine Selbsttäuschung sei.[32]

Düster mußte der Beitrag stimmen, den Ebert am Schluß der Aussprache beisteuerte. Er hatte bis dahin nur selten das Wort ergriffen und sich meist nur in wenigen Sätzen geäußert. Er wies warnend und eindringlich auf die Verschlechterung der Ernährungslage in Deutschland hin. Seine Formulierungen waren schlicht, aber ernst gemeint: »Gefahr für die Broternährung. Heute muß man mit einer gegebenen Tatsache rechnen. Wenn wir gut rechnen, fehlen uns am Bedarf immer noch 1375 Tausend Tonnen. Monatsbedarf an Brotgetreide ist 462 Tausend Tonnen. Also ein Fehlbetrag von drei bis vier Monaten. Im April und Mai 1918 stehen wir vor dem Nichts. Also nur verkürzte Brotrationen auf 110 gr pro Tag. Das ist unmöglich.«[33] Es sei auch sehr zweifelhaft, ob durch einen günstigen Friedensabschluß mit Rußland Verbesserungen eintreten würden. Das klang sehr pessimistisch.

Ihr wichtigstes Ziel, eine Beteiligung deutscher Abgeordneter an den Verhandlungen, hatten die sozialdemokratischen Vertreter nicht erreicht. Ihre Stimmung war niedergedrückt.[34] Nicht ohne Grund. Denn wie hatten sich die Dinge bisher entwickelt? Am 3. Dezember waren die ersten Waffenstillstandsverhandlungen mit Rußland aufgenommen worden. Am 5. Dezember war eine 10tägige Waffenruhe vereinbart worden. Sie wurde am 15. Dezember auf 28 Tage verlängert. Damit standen jetzt die eigentlichen Friedensverhandlungen an. Das war aber keine militärische, sondern eine politische Angelegenheit. Hier waren nicht die OHL, waren nicht Ludendorff und Hindenburg und der Oberkommandierende Ost, sondern waren die Politiker und die Diplomatie, die Regierung, das Auswärtige Amt, der Reichstag zuständig. Tatsächlich aber hatten die Militärs längst die Vorbereitungen der Friedensverhandlungen in die eigene Regie übernommen. Das war ihnen dadurch gelungen, daß sie den künftigen Frieden faktisch wie eine Art Waffenstillstand behandelten. Dies bedeutete dann: nicht politische, sondern militärische Zuständigkeit. Weder der Kaiser noch der Kanzler waren imstande gewesen, sich diesem Zugriff zu entziehen. Im Gegenteil, sie machten, vermutlich nicht einmal im vollen Bewußtsein der Konsequenzen dieser Haltung, mit. Von daher standen die Chancen des Reichstags, der demokratischen Mehrheit am 20. Dezember 1917 schlecht. Der Reichstag hätte sich nur durch eine geschlossene politische Demonstration durchsetzen können. Das setzte ein Minimum an Einigkeit und

Bereitschaft zum gemeinsamen Handeln voraus. Eben dies, das zeigt das Gespräch am 20. Dezember, war nicht genügend vorhanden.

Zwei Tage vor dem Gespräch der Abgeordneten im Berliner Reichstag war in Bad Kreuznach der »Kronrat« unter dem nominellen Vorsitz Wilhelms II. zusammengekommen, um die Verhandlungslinie gegen Rußland festzulegen. Wheeler-Bennet hat die Szene plastisch beschrieben:[35] Erich Ludendorff war die Hauptfigur. Der Kaiser schwankte. Hertling und Kühlmann wollten einen dauerhaften Frieden, doch war der »alte traurige Kanzler« nicht in der Lage, dem General den notwendigen Widerpart zu bieten.[36] Der 69jährige Hindenburg, der Vorgesetzte Ludendorffs, blieb während der gesamten Aussprache praktisch stumm und antwortete nur, wenn er von seinem Generalquartiermeister gefragt wurde. Hatte Wilhelm II. noch anfangs eine »österreichische Lösung« für den Osten unterstützt, so setzte sich Ludendorff für die »deutsche Lösung« ein, das hieß: Abtrennung der baltischen Provinzen von Rußland, Anbindung an Deutschland in Personalunion mit der preußischen Krone, eine angesichts der weltweiten »Demokratisierung« schon fast ahistorische, riskante Lösung. Der 44jährige Richard von Kühlmann war der einzige in diesem Kreis, der sich nicht einfangen ließ. Aber er blieb isoliert. Allerdings konnte er eine definitive Entscheidung des »Kronrats« zugunsten des Ostannexionismus verhindern. Persönliche Spannungen zwischen dem Staatssekretär und dem General mögen der Grund gewesen sein, daß Ludendorff davon absah, selbst an den Verhandlungen in Brest teilzunehmen. Eine sich gegenseitig befehdende deutsche Delegation hätte auf den Verhandlungsgegner keinen günstigen Eindruck gemacht.[37]

Kühlmann und Hertling hatten in der Kreuznacher Besprechung auch die Bedenken des Reichstags gegen die »Ostlösung« der OHL (nur unter militärischen Gesichtspunkten: Grenzabsicherung, Ausgangsstellung für einen eventuellen künftigen Krieg) vorgetragen. Beide Regierungspolitiker hatten sich am 27. bzw. 28. November mit den Sprechern der Reichstagsfraktionen ausgesprochen. Nach ihrer Rückkehr von Kreuznach nach Berlin sprachen sie noch einmal am Abend des 20. Dezember mit den Fraktionsvorsitzenden. Kühlmann versicherte,[38] daß das Selbstbestimmungsrecht der osteuropäischen Länder die Grundlage der Verhandlungen bilden werde und daß nicht schematisch, sondern »nach dem gesunden Menschenverstand« verhandelt werden solle und die Verantwortung ausschließlich bei den politischen Instanzen, d.h. bei dem Kanzler und dem Staatssekretär liegen solle.[39] Mit dieser Zielsetzung – und nach diesen Erklärungen an die Abgeordneten – reiste Kühlmann am folgenden Tag nach Brest ab. Dort begannen die deutsch-russischen Verhandlungen am 22. Dezember. Die zerstörte Festungsstadt in der Einsamkeit der Grenzgebiete zwischen Rußland und Polen lag im Schnee. Die Konferenzteilnehmer kamen in pelzgefütterten Mänteln an.

Gegen 8 Uhr abends am 20. Dezember trafen sich im Reichstagsgebäude in Berlin noch einmal einige Abgeordnete des interfraktionellen Ausschusses. Man gab einen kurzen Bericht über das Gespräch mit Hertling und Kühlmann. Das Protokoll über diese Sitzung gibt wenig her. Man rätselte über das Kommende, Möglichkeiten, Wägbarkeiten und Unwägbarkeiten. Die Aufzeichnung des Gesprächs wirkt konfus. Eines aber stand fest: die Reichstagsabgeordneten waren von jeder aktiven Mitwirkung in Brest ausgeschlossen. Der Reichstag war passiv geblieben, hörte zu, forderte nicht.[40] Die Frage der Beteiligung der Reichstagsabgeordneten, so berichtete Trimborn, sei »hängengeblieben«. Er fügte hinzu: »Hertling will der Frage gegenüber nachdenken.« Man verabschiedete sich für die Weihnachtspause.[41] Der Hauptausschuß, so wurde gesagt, werde am 3. Januar wieder zusammentreten.

Am 19. Dezember war der neugegründete, den Mehrheitsparteien nahestehende »Volksbund für Freiheit und Vaterland« mit einem Aufruf an die Öffentlichkeit getreten. Unterzeichnet hatten die christlichen, die sozialdemokratischen und die liberalen Gewerkschaften, ferner die Angestelltengewerkschaften (»Handlungsgehilfen«), Beamtengewerkschaften und der »Verein deutscher Kaufleute«. Er forderte eine »klare von Volk und Regierung getragene Außenpolitik«, die sowohl die nationalen Interessen wahre als auch dem »Boden der Sittlichkeit und des Rechts« stehe. Die »innere und äußere Freiheit« müsse das »Glück und das Ansehen des Vaterlandes« sichern. Dazu bedürfe es der Einheit von »Reichsleitung und Volksvertretung«.[42] Hier wurde wieder der Wunsch nach Demokratisierung der inneren und äußeren Politik wach. Es gab zweifellos große Bevölkerungskreise in Deutschland, die von der neuen Regierung Hertling erfolgreiche Schritte auf dieses Ziel hin erwarteten.

Die erste Verhandlungsphase in Brest (22.–28. Dezember 1917)

Die bedrückte Stimmung, in der die demokratischen Abgeordneten für die Weihnachtstage zu ihren Familien gingen, hatte Gründe. Sie waren ihnen nicht genau bekannt, aber sie wurden geahnt. Heute, aus der historischen Retroperspektive, wissen wir Genaueres über die ihnen damals noch verborgenen Details und die internen Vorgänge. Sie sind in neueren Forschungen und Quelleneditionen erfaßt und zugänglich. Von daher empfiehlt sich ein Exkurs, um den Vorgang der Verhandlungen in Brest zu rekonstruieren, an dem ja die Abgeordneten nicht beteiligt waren und der ihnen in den Einzelheiten nicht bekannt war, zudem noch Monate lang rätselhaft blieb.[43]

Die Verhandlungen begannen am 22. Dezember in der Festung von Brest-Litowsk. Ein Kreis von 400 Personen, die Vertretung Rußlands auf der einen, die vier Vertretungen Deutschlands, Österreichs, Bulgariens und der Türkei auf der anderen Seite. Kühlmann wurde einstimmig zum Konferenzleiter gewählt. Die Sitzungen des Plenums wurden im ehemals russischen Theater abgehalten. Bereits am Vortag hatte man sich auf Einladung des Generalfeldmarschalls Leopold von Bayern zu einem Essen eingefunden: darunter Joffe, der Leiter der russischen Delegation, der lange Zeit in politischer Haft in Sibirien verbracht hatte, neben ihm Kamenew und Solnikow, in der Vertretung auch ein Matrose, Arbeiter, Bauer und Frau Bilsenko, ferner die geschulten Diplomaten Czernin, ein »Grandseigneur«, ausgleichswillig, und Kühlmann, der überlegt und selbstbewußt auftrat; weiter einige Generäle, darunter Max Hoffmann, 48 Jahre, der deutsche Generalstabschef im Osten, der als tüchtig und fachkundig galt, ein eigenständiges Urteil hatte, aber mit dem komplizierten Geflecht der politischen Zusammenhänge nur ungenügend vertraut war, zudem in seiner direkten Art des Redens und Handelns alles andere als ein Diplomat war.

Die selbstverständliche Teilnahme Hoffmanns an den Verhandlungen zeigt, daß Kühlmanns Zusage an die Reichstagsabgeordneten wenige Tage zuvor, daß nur die zivilen, also die politischen Vertreter verantwortlich seien, nicht eingehalten worden war. Die Rolle des Generals wurde bald politisch. Da Kühlmann auch keinen der Reichstagsabgeordneten, die ihn unterstützt und beraten hätten, in der deutschen Vertretung hatte, mußte er sich immer wieder gegenüber Hoffmann, der in direkter telegrafischer Verbindung mit dem zielbewußten, energischen Ludendorff im Großen Hauptquartier stand, behaupten. Dagegen war die Rückendeckung, die Kühlmann über die telegrafische Verbindung nach Berlin mit Hertling hatte, mehr als schwach. Der Staatssekretär hatte sich vermutlich von Anfang an selbst überschätzt und seiner eigenen Person zuviel Verantwortung zugeschoben.

Da Kühlmann und der österreichische Staatssekretär Czernin kooperierten, sah die Ausgangssituation am 22. Dezember zunächst günstig aus. Die Rede Kühlmanns – in öffentlicher Sitzung und von der Presse in aller Welt verbreitet – am 22. Dezember war allgemein gehalten, mußte aber als Angebot zu einem Verständigungsfrieden verstanden werden.[44] Daraufhin legte der russische Leiter, Joffe, in 6 Punkten seine Friedensvorstellungen dar. Die Kerngedanken waren: die eroberten und von fremden Truppen besetzten Gebiete werden wieder freigegeben, (das hieß: Rückzug der deutschen Truppen aus russischem Territorium), Wiederherstellung der »politischen Selbständigkeit der Völker«, Volksabstimmungen über die politische Zukunft in einigen bisher abhängigen Ländern (Kurland, Livland, Polen, Litauen) – der kritische Punkt der Verhandlungen –, Sicherung der Rechte ethnischer Minderheiten, keine gegenseitigen Reparationen (was für die allgemeine deutsche Erwartungshaltung als »Sieger« einen »Verzicht« bedeutete).

Die verbündeten Delegationen berieten daraufhin intern. Dabei waren sich Kühlmann und Czernin grundsätzlich einig, auf den russischen Vorschlag einzugehen. In diesem Sinn verständigte Kühlmann telegrafisch den Reichskanzler.[45] Beide Diplomaten waren offensichtlich auch bereit, förmlich auf Annexionen zu verzichten.[46] Das ging sehr weit. Fest steht, daß der deutsche Staatssekretär bis zum ersten Weihnachtstag eine Diplomatie verfolgte, die den Zielen der Reichstagsmehrheit und der Friedensresolution entsprach. An diesem 25. Dezember gab Czernin vor dem Plenum der Konferenz die Antwort der vier Verbündeten auf den russischen Vorschlag bekannt.[47] Dieser biete, erklärte Czernin, eine »diskutable Grundlage« für den Frieden.[48] Auch die »vier Verbündeten« seien mit einem »sofortigen allgemeinem Frieden ohne gewaltsame Gebietserwerbung einverstanden.« Er verwies darauf, daß sich die Politiker der eigenen Länder zu einem solchen Frieden in verschiedenen programmatischen Erklärungen bekannt hätten. Damit war auch die Friedensresolution gemeint.

Joffe war über das Ergebnis erfreut. Es schien nur noch ein wichtiger Punkt umstritten zu sein, nämlich der, der die Zukunft und »die staatliche Existenz der kleinen und unterdrückten Nationen« betraf. Damit waren unausgesprochen Kurland, Livland, Litauen und Polen gemeint. Gleichfalls am 25. schlug Joffe eine 10tägige Vertagung der Sitzungen vor. Als Grund nannte er die Notwendigkeit zu eruieren, ob sich weitere Staaten – also in erster Linie England, Frankreich und die USA – an der Friedenskonferenz beteiligen würden.[49] Es wurde allerdings vereinbart, die Detailbesprechungen, so der deutsche Wunsch, schon am nächsten Tag fortzusetzen. Der Friede schien, dies war auch der Eindruck der Presse, die das Ergebnis weitergab, greifbar nah zu sein. Es war der erste Weihnachtstag 1917.[50]

Dann aber änderte sich unerwartet die Szene. Der Anstoß kam von außen. Im Großen Hauptquartier in Kreuznach war man empört über die Erklärung Kühlmanns/Czernins (vom 25. Dezember) gegenüber den Russen. Hoffmann hatte den Text telegrafisch durchgegeben. Sofort drahtete man von Kreuznach aus – im Namen Hindenburgs – nach Berlin an den Kanzler. Sie hätten, gaben die Generäle zu verstehen, »ernste Bedenken, daß wir ohne jede Einschränkung auf gewaltsame Gebietserwerbungen und Gewaltanwendungen verzichtet haben.« Wer, so wurde er gefragt, habe eigentlich den Krieg verloren, Rußland oder Deutschland?[51] Der Text des Telegramms der Generäle an Hertling wurde gleichzeitig, ohne die vorherige Zustimmung des Kanzlers einzuholen, an Hoffmann zur Weiterleitung an Kühlmann nach Brest übermittelt.[52] So versuchte Erich Ludendorff, direkt auf den Gang der Verhandlungen in Brest Einfluß zu nehmen.

Auch General Hoffmann, der nicht in allen Punkten die Meinung der OHL teilte, der aber bereits den vorläufigen Waffenstillstand vom 15. Dezember mit Rußland ausgehandelt hatte, wurde jetzt aktiv. Mit dem komplizierten Gewebe der Diplomatie wenig vertraut, bestand für ihn kein großer Unterschied zwischen einem (militärischen) Waffenstillstand und einem (politischen) Frieden. Auch die Vorstellung, daß beauftragte Vertreter Verbindlichkeiten für ihre Völker in einem Friedensvertrag treffen, war ihm fremd. So verstand er auch nicht die außerordentliche Empfindlichkeit und Sensibilität des österreichischen Außenministers, der ständig das mögliche Ende Österreich–Ungarns im Falle einer Fehlentwicklung der Verhandlungen vor Augen hatte: »Czernin«, schrieb Hoffmann fünf Jahre später, »sei ein kluger, vornehmer Mann gewesen, aber mit leider gänzlich verbrauchten Nerven.«[53] Hoffmann, der sich noch am Beginn der Verhandlungen zurückgehalten hatte, war mit der entgegenkommenden Haltung der beiden Außenminister gegenüber der russischen Delegation überhaupt nicht einverstanden, besonders nicht mit der Erklärung vom 25. Dezember: »Mir gefiel die Antwort nicht.« Sie sei auch, meinte er, »innerlich eine Lüge« gewesen.[54] Er besprach sich mit Kühlmann, der sich auf die »Festlegung von Kreuznach« berief, die dem General nicht bekannt war. Mit Befremden beobachtete Hoffmann die Freude, die die Erklärungen Czernins und Kühlmanns bei den Russen auslöste.[55] Allmählich gewann Hoffmann aus dem Gang der Verhandlungen den persönlichen Eindruck, daß die Parteien völlig aneinander vorbeiredeten, zumal was die künftige Regelung der Verhältnisse der bisherigen russischen Westprovinzen betraf. Er fühlte sich jetzt zur »Aufklärung« der russischen Delegation verpflichtet.[56] Man müsse ihnen deutlich sagen – das war seine Überzeugung –, daß russische Gebietsabtrennungen unverzichtbar seien.[57]

In diesem Augenblick – es war der 26. Dezember, der zweite Weihnachtstag – wurde Kühlmann schwach. Er ließ es zu, daß Hoffmann die russische Vertretung außerhalb der offiziellen und öffentlichen Beratungen »aufklärte«. Der General erledigte seine sich selbst zugeteilte Aufgabe direkt und ohne Umschweife. Er schrieb darüber später: »Mittags beim Frühstück sagte ich dem neben mir sitzenden Joffe, daß ich den Eindruck habe, daß die russische Delegation den Begriff eines Friedens ohne gewaltsame Annexionen anders auffaßte als die Vertreter der Mittelmächte. Letztere ständen auf dem Standpunkt, daß es keine gewaltsamen Annexionen seien, wenn sich Teile des ehemaligen russischen Reiches freiwillig und durch Beschluß der zuständigen politischen Vertretungen für eine Lostrennung aus dem russischen Staatsverband und für den Anschluß an das Deutsche Reich oder irgendeinen anderen Staat aussprächen.«[58] Das treffe für Polen, Litauen und Kurland zu. Das aber bedeutete unmißverständlich: Annexion.

Die russische Delegation war nach dieser Auskunft wie vor den Kopf geschlagen, zumal Joffe selbst, so der Eindruck Hoffmanns.[59] Es kam zu einer internen Aussprache zwischen Joffe, Kamenew und Professor Prokowski auf der russischen, Kühlmann, Czernin und Hoffmann auf der anderen Seite. Die russischen Vertreter waren enttäuscht und empört. Prokowski weinte: »Wie können Sie von einem Frieden ohne Annexionen reden, wenn fast 18 Gouvernements aus Rußland gerissen werden?«[60] Hoffmann hatte durch seine Intervention den Verhandlungen eine unerwartete Wendung gegeben. Während noch draußen durch die Berichterstattung der internationalen Presse alle Welt glaubte, der Frieden sei greifbar nahe, standen am zweiten Weihnachtstag die Verhandlungen in Brest praktisch vor dem Abbruch. Kühlmann hatte den diplomatischen »par force«-Ritt des Generals nicht verhindert. Czernin war »außer sich«, eine Reaktion, die Hoffmann unverständlich blieb.[61] »Ich konnte die Erregung des Grafen nicht verstehen.« Auch Jahre später, bei der Niederschrift seines Buches, war sich Hoffmann nicht bewußt, daß er die Diplomatie Kühlmanns und Czernins durchkreuzt hatte, indem er Dinge fixiert hatte, die beide Diplomaten bewußt offengelassen hatten, um zu akzeptablen Ergebnissen zu kommen. Der Eindruck, den Hoffmann erweckt hatte, war nicht wieder auszulöschen. Die Vertrauensbasis zwischen den verhandelnden Parteien hatte einen Tiefstand erreicht.

Kühlmann selbst, der vermuten mußte, daß hinter der Demarche des Generals die OHL stand (was unmittelbar aber nicht der Fall war, indirekt, in den Intentionen, wohl), war sich wohl auch darüber im klaren, daß aus Deutschland ein Gewitter heraufzog. Er blieb aber, wie Wheeler-Bennet vermerkt, seinem Namen treu. Seine Reaktionen waren bewußt und überlegt. Er führte am 26. Dezember die Kommissionsbesprechung weiter, behandelte jetzt jenes Detail, das zum strittigsten Punkt der Verhandlungen geworden war, da mit dem Problem Annexion oder Nicht-Annexion verknüpft: die

Behandlung Polens, Litauens, Kurlands und Livlands, der russischen Westprovinzen (bis 1914).

Die deutsche Seite wünschte jetzt, daß die Erklärungen jener baltischen Körperschaften, die noch aus dem vorrevolutionären Rußland bestanden und meist von Angehörigen der deutschbaltischen Oberschicht kontrolliert waren, als Erklärungen entsprechend dem »Selbstbestimmungsrecht« gelten sollten. Es war zu erwarten, daß sie sich, zumal unter dem Eindruck der revolutionären Veränderungen in Rußland, möglicherweise sogar für einen Anschluß an Deutschland aussprechen könnten. Tatsächlich wurden im Frühjahr 1918 ebensolche Erklärungen von den baltischen »Landesräten«, den Provinziallandtagen, abgegeben. Die russische Vertretung andererseits war dagegen, falls sich diese Länder nicht bei Rußland halten ließen, notfalls zu dem Zugeständnis einer korrekten demokratischen Volksabstimmung in diesen Gebieten bereit, die auch die nicht-deutsche (deutschbaltische) Bevölkerung erfassen müsse. Das Ergebnis wäre, da die deutschbaltische Oberschicht die Minderheit war, vermutlich eine Reihe kleinerer neuer Staaten zwischen Deutschland und Rußland gewesen (wie sie sich auch tatsächlich im November 1918 bildeten).

Kühlmann gab zu verstehen, daß an dieser Frage die Verhandlungen nicht scheitern sollten. Diese Auffassung teilte er auch telegrafisch noch am gleichen Tag (26. Dezember) Hertling mit. Er riet dem Kanzler,[62] den russischen Wünschen entgegenzukommen, auf keinen Fall den Frieden an dieser Frage scheitern zu lassen.[63] Kühlmann gab in diesem Telegramm auch zu verstehen, daß die entscheidenden Widerstände gegen eine solche Lösung von den Militärs ausgingen. Die Oberste Heeresleitung wünsche, daß die »Besetzung der (zur Zeit) okkupierten Gebiete eine lange Reihe von Jahren dauern soll«. Von dieser Seite sei »allergrößter Widerstand« zu erwarten. Kühlmann fügte hinzu, daß er nicht bereit sei, die Linie der OHL zu vertreten, eine andere Haltung politisch nicht verantworten könne.[64] Er bat Hertling um eine umgehende Weisung, die ihn ermächtige, selbständig, nach eigenem Ermessen zu handeln, dringend, und zwar bis zum 28. Dezember, dem Tag der Abreise der russischen Delegation.[65] Schließlich brachte Kühlmann noch einen letzten Trumpf ins Spiel: er hatte sich mit Czernin in einer persönlichen Unterredung verständigt. Aus dieser Unterredung teilte er Hertling mit, daß Österreich einen gesonderten Frieden mit Rußland abschließen werde, falls an der deutschen Haltung der Frieden scheitern werde.[66] Sicherheitshalber ließ sich Kühlmann von Czernin die österreichische Haltung gleich schriftlich geben, um in Berlin ein Schreiben in der Hand zu haben. Er schickte den Text am 29. Dezember nach Berlin.[67]

Die dringend erbetene Rückendeckung des Kanzlers für ein selbständiges Verhandeln in Brest und damit auch die Möglichkeit, bei den russischen Vertretern den von Hoffmann erweckten niederschmetternden Eindruck wiedergutzumachen, erhielt Kühlmann nicht. Es ist allerdings möglich, ja sogar wahrscheinlich, daß Hertling das Telegramm Kühlmanns -- es war ja Weihnachten – gar nicht zur Kenntnis genommen hat. Jedenfalls, als die russische Delegation am 28. Dezember nach Petersburg zur Berichterstattung reiste, mußte sie davon ausgehen, daß die interne Erklärung General

Hoffmann für die deutsche Haltung wenn nicht bestimmend, so doch mit ausschlaggebend war.[68]

Möglicherweise bedingt durch die fehlende Unterstützung aus Berlin, vielleicht auch doch beeindruckt durch die massive Intervention Ludendorffs über General Hoffmann, änderte Kühlmann jetzt seine Haltung. Er brachte am Nachmittag des 27. Dezember, des Tags nach Weihnachten, einen Entwurf zweier Artikel des künftigen deutsch-russischen Vertrags ein. Art. 1 sah vor, daß beide Nationen gegenseitig die Beendigung des Kriegszustands erklären und entschlossen seien, »fortan in Frieden und Freundschaft zusammenzuleben«, ferner war die Demobilisierung der russischen Streitkräfte und der Rückzug der deutschen Truppen aus den besetzten Gebieten vorgesehen. Dann aber, und das gab dem Ganzen eine entschieden andere Wende, hieß es im Artikel 2, daß Rußland die »volle staatliche Selbständigkeit« Polens, Litauens, Kurlands, von Teilen von Estland und Livland sowie das Ausscheiden dieser Länder aus dem russischen Staatsverband anerkenne. Die bisher schon vorliegenden Erklärungen von politischen Körperschaften in diesen Ländern seien als Ausdruck des »Volkswillens« anzuerkennen, d.h. zunächst keine weiteren Abstimmungen, aber auch, so wurde hinzugefügt, keine Räumung dieser Gebiete durch die deutschen Truppen, da sie mit der Demobilisierung der russischen Streitkräfte in einen Konnex gebracht wurde. Danach jedoch, nach dem Abzug aller Truppen, seien Volksvoten auf »breiterer Grundlage« ohne »irgendeinen militärischen Druck« unter Mitwirkung einer dafür geschaffenen Kommission möglich.

Der Artikel 2 widersprach der Erklärung vom 25. Dezember. Die deutsche Vertretung hatte eine Kehrtwendung gemacht. Kühlmann hatte sich jetzt, in der ungeschützten Situation isoliert und unsicher, ob er die Unterstützung des Kanzlers hatte, bereit gefunden, den Forderungen aus Kreuznach entgegenzukommen, ohne sie ganz zu übernehmen: denn die Volksabstimmung »auf breiterer Grundlage« blieb prinzipiell erhalten, wenn auch zeitlich zurückgestellt. Der Vorschlag, eine gemeinsame deutsch-russische Kommission zu bilden, den er jetzt einbrachte und der auch von Joffe aufgegriffen wurde, konnte auch dem Ziel dienen, den evident gewordenen Einfluß der deutschen Militärs langfristig wieder auszuschalten, so eine politische Lösung zu finden. Die Erlärung vom 27. 12. war, trotz des Widerspruchs zur Erklärung vom 25. 12., nicht unbedingt ein »Bruch« oder gar das Eingeständnis eines vorherigen Täuschungsmanövers. Sie war ein Versuch, in einer schwierigen Situation die Fäden nicht ganz aus der Hand zu geben.[69] Jedenfalls kann man korrekterweise nicht sagen, daß Kühlmanns Formulierung »zynisch« gewesen sei.[70]

Da sowohl Kühlmann wie auch Joffe in der Situation, wie sie sich seit dem 26. ergeben hatte, gelähmt waren, verlagerte sich die Szene fast automatisch in die beiden Hauptstädte, nach Berlin einerseits, nach Petersburg andererseits, wo jeweils die nächsten Schritte überlegt werden mußten. Kühlmann reiste von Brest nach Berlin, auch Hoffmann. Aus Kreuznach hatten Hindenburg und Ludendorff ihren Besuch in Berlin angekündigt. Ein neuer vorentscheidender Konflikt stand an, jetzt auch unter den deutschen Generälen. Am 1. Januar war ein Gespräch Hoffmanns mit Wilhelm II.[71] vorgesehen – beide hatten sich seit 1916 nicht mehr gesehen. Für den 2. Januar war eine Sitzung des Kronrats anberaumt worden. Hier mußten die gegenteiligen Meinungen der beteiligten Personen aufeinanderprallen.

Bis dahin, am Jahresausklang, hatte der innerdeutsche Konflikt aber schon längst die Presse erfaßt. Hier standen sich die nationalen Rechte auf der einen Seite, die bürgerliche Mitte und die gemäßigte Linke auf der anderen gegenüber. Die »Vossische Zeitung« kritisierte Silvester 1917 die deutsch-russische Verständigung von Brest vom 25. und bezweifelte voll Ironie, »daß alles bildschön weitergehen wird«.[72] Sie entrüstete sich, daß der »deutsche Sieg«, der einmalig in der Weltgeschichte sei, von der Diplomatie verspielt werde.[73]

Anders das linksliberale »Berliner Tageblatt« am gleichen Tag. Theodor Wolff schrieb: Es sei zu hoffen, »daß der als demokratisch und gerecht bezeichnete Frieden von Brest-Litowsk eine europäische Friedenspolitik ermöglichen, den Zündstoff vermindern, den Weg zur Rüstungsbeschränkung erleichtern und ohne einen noch breiteren Waffenwall durch seine eigenen Vorzüge bestehen wird.«[74]

Am 3. Januar unterstützte der sozialdemokratische »Vorwärts« die Politik der Verständigung, allerdings bereits aus dem Wissen heraus, daß sich in den letzten Tagen die Waage der innerdeutschen Auseinandersetzung zugunsten der Rechten verschoben hatte. Es sei eine »nüchterne Schlußfolgerung aus nüchternen Tatsachen, die uns rät, mit der Parole ›Friede ohne Annexionen‹ unbedingt vollständig und ehrlich Ernst zu machen.«[75] Bedauernd wiesen die Vorwärts- Redakteure darauf hin, daß es nicht gelungen sei, in dieser entscheidenen Situation den Reichstag einzuberufen. Das war in der Tat ein wichtiger Punkt. Denn die Beratungen in Berlin verliefen intern. Die deutsche Öffentlichkeit erfuhr wenig von dem, was sich bei der Aussprache abspielte. Allerdings, einzelne Politiker, so der 43jährige Carl Severing in einer Rede in Bielefeld am 11. Januar, gaben deutlich zu verstehen, daß die »überwältigende Mehrheit« des deutschen Volkes keine Träne für einen General vergießen werde, der einem Verständigungsfrieden entgegentreten oder lieber zurücktreten wolle, als für einen solchen Frieden zu kämpfen. Gemeint war Ludendorff, der gemeinsam mit Hindenburg am 7. Januar in einem Brief an Wilhelm II. mit dem Rücktritt gedroht hatte, um seiner Haltung Nachdruck zu verleihen.[76]

Krise der Verhandlungen und Januarstreiks

Am Neujahrstag 1918 kamen Vertreter der sechs Reichstagsfraktionen um 17 Uhr im Auswärtigen Amt in Berlin zusammen. Sie erhielten jetzt von Kühlmann zum ersten Mal einen Bericht über die Vorgänge in Brest. Bis dahin waren sie vornehmlich auf Zeitungsberichte angewiesen gewesen. Kühlmann entschuldigte, daß er die Herren »an einem so hohen Feiertag« bemüht habe. Aber er werde am nächsten Tag »dienstlich verhindert« sein – der Kronrat tagte – und dann am Abend wieder nach Brest zurückreisen.[77] Er skizzierte die Zusammensetzung der Delegation, lobte etwas euphemistisch die Zusammenarbeit mit General Hoffmann, den er den Abgeordneten gegenüber als »Vertreter der Interessen der Obersten Heeresleitung« bezeichnete.[78] Man habe »in der harmonischsten Weise« zusammengearbeitet. Die Tatsache, daß die Intervention des Generals den Verhandlungen eine unerwartete Wende gegeben hatte, erwähnte er nicht. Er selbst habe sich an die Verhandlungsziele gehalten, die der Kanzler in seiner Reichstagsrede (am 29. November) ausgesprochen habe. Kühlmann entwickelte noch einmal kurz die Entstehung der jetzigen Friedensverhandlungen. Die russische Vertretung habe anfangs einen Separatfrieden abgelehnt.[79] Die deutsche Delegation habe es auch als schwierig empfunden, den russischen Wunsch nach Öffentlichkeit der Verhandlungen, ein Novum in der Diplomatiegeschichte, zu respektieren: »wenn sich aber alles auf offenem Markt vollzieht, noch obendrein in einem Land wie Rußland, wo die Entente-Diplomatie nach wie vor mit dem regsten Eifer am Werke ist, um aus jeder Äußerung gegen uns Kapital zu schlagen, die Russen zu verhetzen, so liegt darin eine Erschwerung, wie es in der neueren Geschichte der Diplomatie ziemlich beispiellos ist.«[80] Diese diplomatiegeschichtlichen Betrachtungen hoben die Verhandlungen von Brest ins »Bedeutsame«, lenkten aber zugleich die Abgeordneten von den konkreten Punkten ab.

Dann kam der Punkt des Selbstbestimmungsrechts zur Sprache. Kühlmann legte den Grundsatz zugunsten einer Lösung der betroffenen Gebiete Polen, Litauen und Kurland von Rußland aus. Es bestünden keine realen Bindungen dieser Länder an Rußland, die jetzige Anbindung sei geschichtlich bedingt.[81] In der Frage der konkreten Anwendung des Selbstbestimmungsrechts, durchgeführt ohne militärischen Druck, habe man keine Einigung erzielen können. Hier sei eine Rücksprache mit den eigenen Regierungen notwendig geworden.[82] Die Verhandlungen insgesamt seien zwar »außerordentlich schwierig« und »mühsam gewesen«, aber zugleich »freundschaftlich«. Er selbst habe sich dabei an die Instruktionen, die der Kanzler »im Einvernehmen mit der Krone« gegeben habe, gehalten. Auf keinen Fall habe er das Ziel verfolgt, »die Russen in die Knie zu zwingen und in ihnen das Gefühl zu erwecken, daß man nun einer hoffnungslos geschlagenen Nation mit harter Faust« schwere Bedingungen auferlegen werde.[83] Es komme vielmehr darauf an, die »Nachwehen des Krieges« zu beseitigen und zwischen Deutschland und Rußland wieder ein Verhältnis herzustellen, wie es »anderthalb Jahrhunderte lang die Grundfesten und die Grundbedingungen des Erfolgs der preußisch-deutschen Politik gewesen« seien.[84] Vor allem sollten die traditionellen kommerziellen Beziehungen wieder hergestellt werden. Auch die russische Seite sei daran interessiert. Er könne nicht sicher voraussagen, wie die Verhandlungen endgültig ausgingen. Man wisse nicht, wie sich die Dinge in Petersburg selbst entwickelten und ob die russische Delegation dort für ihre Verhandlungsergebnisse die notwendige Zustimmung finde. Doch könne man, bei allen Unwägbarkeiten, tendenziell mit einem guten Ausgang rechnen.

Konkrete Schwierigkeiten erwähnte Kühlmann nicht. Das konnte mit der Zusammensetzung des Kreises der Abgeordneten zusammenhängen, von Haase über Ebert,

Stresemann bis zu Westarp. So neigte er bei seiner Berichterstattung dazu, die Dinge etwas überzogen ins Grundsätzliche, Historische zu ziehen. Aber inzwischen gab es einen anderen kritischen Punkt: die Reaktion der Presse. Denn in der Presse spielte sich gewissermaßen die zweite Ebene der Verhandlungen ab, gleich ob richtig oder falsch informiert. Und da auch die Journalisten keine geschulten Diplomaten waren, traf wohl das letztere eher zu. So hatten freudige Reaktionen russischer Journalisten auf die Ergebnisse der ersten Verhandlungstage begeisterte Meldungen in russischen Zeitungen ausgelöst, die wiederum den Zorn der deutschen, zumal der rechtsstehenden Presse erregt hatten, deren »Siegergefühle« dadurch verletzt wurden. Kühlmann wies die Abgeordneten dringend darauf hin, die Reaktionen in der russischen Presse nicht überzuinterpretieren. Man müsse auch die derzeitige innere Situation in Rußland, insbesondere die Haltung der neuen russischen Regierung, verstehen, die vor ihrer eigenen Öffentlichkeit Erfolge brauche.[85]

So suchte Kühlmann den Politikern, zumal der Rechten, eine Sprachregelung anzubieten, die den deutschen »Siegerstolz« halbwegs befriedigte. Die deutsche Politik sei, bemerkte er zusammenfassend, aber auch wieder etwas überhöhend, »eine vollkommen feststehende Politik«. Sie sei seiner Meinung nach die »einzig mögliche gewesen, im Hinblick auf die innere Situation in Deutschland, im Hinblick auf den Stand der Koalition, der wir angehören, und im Hinblick auf die ganz bsondere Mentalität des Gegners, mit dem wir zu rechnen hatten«.[86] Diese Aussage ließ vieles offen.

Die Abgeordneten hakten sofort ein, als erster Matthias Erzberger. Durch seine Kontakte zu Polen und Litauen kannte er sich in den dortigen Verhältnissen aus, kannte auch die Details der dort von der OHL betriebenen Annexionspolitik, die mehr oder weniger pseudodemokratisch abgedeckt wurde. Er müsse sein »lebhaftes Bedauern« ausdrücken, sagte er, »daß man den Staatssekretär – was die besetzten Gebiete Polen, Litauen und Kurland angehe – mit so schwachen Waffen nach Brest geschickt habe: Sehen wir die Vorgänge in Litauen uns genauer an. Die Landesräte, wie sie dort gebildet sind, sind nicht versammelt und haben noch keine offizielle Sitzung abgehalten. Das (deutsche) Militär hat es verhindert. Das werden die Russen nicht verstehen. Ich weiß, daß dem Landesrat in Litauen von der Militärverwaltung gesagt worden ist, was der Reichskanzler oder das Auswärtige Amt mit dem Landesrat in Berlin abgemacht hat, existiert für uns nicht. So kann man keine Politik treiben.«[87] Erzberger ging – am 1. Januar 1918 – davon aus, daß auch in Rußland eine demokratische Bewegung zum Zuge gekommen sei. Insgesamt stellte er sich ein Osteuropa mit verschiedenen selbständigen nationalen Demokratien vor, die auf dem Weg des Selbstbestimmungsrechts über konstituierende Nationalversammlungen gebildet werden sollten.[88] Das Verfahren sei schwierig, das gab er zu, weil viele der dortigen einheimischen Politiker sich in der Emigration befänden, also zur Zeit nicht mitwirken könnten. Aber das sei kein Grund, nun von der deutschen Seite mit Scheinparlamenten wie den »Landesräten« zu operieren. »Ich kann mir keinen Staat denken, der sich nicht selber verwaltet, der von anderen verwaltet wird.« Diese Staaten müßten sich selbst aufbauen, über Nationalversammlungen und konstituierende Versammlungen. »Aber wir müssen endlich einmal Sorge tragen, daß das, was Deutschland vor aller Welt erklärt hat, auch wahr wird.« Denn, was die deutsche Regierung bisher gesagt habe, habe jedenfalls »nicht viel Kraft«. Er halte es »für außerordentlich wichtig, daß es sofort geschieht und schnell geschieht.«

In den Ausführungen Erzbergers kristallisierte sich eine politische Konzeption heraus, die sich von der der Militärs wesentlich unterschied, da sie Osteuropa gewissermaßen unter eine deutsche Militärverwaltung bringen wollten und auf die dortige Bevölkerung, ihre politischen Ziele, Parteien, Politiker wenig Rücksicht nahmen. Aber auch Kühlmann, der zwischen den verschiedenen Kräften und politischen Willensäußerungen seine eigene Linie auszutarieren versuchte, teilte Erzbergers Konzept eines Osteuropas nationaler Demokratien nicht. Sein Mangel an einem klaren politischen Konzept erwies sich auch bei den späteren Verhandlungen als Schwäche. Erzberger wies auf die Möglichkeit der Manipulation der Wählerschaft hin, ein Grund, die Dinge mit Vorsicht zu behandeln. Er nannte auch unterschiedliche Interessen nationaler Minderheiten in diesen östlichen Ländern.[89] Auch müsse man sich vor unerwarteten Auswirkungen des Selbstbestimmungsrechts sichern: »Denn wenn die Bolschewiki mit dem Frieden nach Petersburg kommen und sehen nachher, daß sie mit dem Selbstbestimmungsrecht hereingefallen sind, dann kann es einen Katzenjammer geben. Das wollen wir nicht, denn wir stehen auf dem Standpunkt, daß ein dauernder Frieden von der bolschewistischen Regierung und dem russischen Volk geschlossen wird.«[90]

Der Sprecher des Zentrums riet, man solle die Landesräte in Erscheinung treten lassen, um mit ihrer Hilfe breitere Nationalversammlungen ins Leben zu rufen. Anders werde sich kein Einvernehmen erzielen lassen. »Wir im Reichstag haben das immer verlangt und ich bedaure, daß man unseren Wünschen so wenig Rechnung getragen hat.«[91] Jetzt nannte Erzberger auch die innerdeutschen Opponenten beim Namen: »Ich lasse mich nicht davon abbringen, daß die Militärverwaltung es ist, die in Brest-Litowsk Schwierigkeiten macht und den militärischen Erfolg politisch nicht ausnutzen läßt.«[92] Kühlmann antwortete, aus der Position des Wissenden: Erzberger habe recht, wenn er die Schwäche der aus den östlichen Ländern kommenden »Erklärungen« beschreibe. Doch sei ein anderer Weg zur Zeit nicht gangbar.[93] Er müsse davon abraten, solche Pläne im Reichstag zur Sprache zu bringen, »denn unser Gegner ist außerordentlich gewandt und geschickt, schwer zu bekämpfende Herren. Sie würden die Äußerungen eines so bekannten deutschen Parlamentariers sofort aufgreifen und daraus eine Waffe schmieden, die uns den Kampf außerordentlich erschweren würde«. Damit hatte Erzberger das Nachsehen. Denn er war in Brest nicht dabei gewesen und mußte sich auf das Urteil Kühlmanns verlassen. Hier, in der Ausschaltung des Reichstags, lag der kritische Punkt, weniger in den Prinzipien, die man nach genauerer Kenntnis der Details hätte modifizieren können.

Haase, der als Vertreter der Unabhängigen an der Besprechung teilnahm, war überrascht, daß die russische Delegation bereit sein solle, die Erklärungen von nicht demokratisch legitimierten Körperschaften als bindend zu akzeptieren. Denn mit diesem Standpunkt würde sich die Regierung der Bolschewiki »selbst richten«. Anders als Erzberger vertrat der Politiker der Unabhängigen nicht ein so weitgehendes Selbstbestimmungsrecht. Die Regelung der inneren Verhältnisse in Polen, Litauen und Kurland war für ihn eine »innere Angelegenheit Rußlands«. Als erster Abgeordneter wies Haase auf die Widersprüche in den Erklärungen der deutschen Delegation vom 25. und 27. Dezember hin. Im übrigen glaubte Haase am 1. Januar 1918 nicht, daß sich die Regierung der Bolschewiki lange halten werde. Er führte einige marxistische Theorien als Gründe an: »Die Bolschewiki sind sich selbst darüber im klaren, daß sie auf die Dauer die Regierungsgewalt nicht behalten können. Rußland ist im wesentlichen ein Agrarstaat, die Industrie steckt in den Kinderschuhen, und es ist unmöglich, daß sich dort ein sozialistisches Regime auf die Dauer wird halten können. Das ist auch die Überzeugung der Bolschewiki.« Haase folgerte daraus: wenn aber ein anderes Regime komme, und das werde wahrscheinlich ein bürgerliches sein, dann würde eine Abtrennung ehemals russischer Gebiete stets ein »Pfahl im Fleische« sein, wenn jetzt – »darauf läuft doch alles hinaus« – unter einem »gewissen Druck unserer Regierung gegenüber der Bolschewiki-Regierung« die »verkappte Annexion« vorgenommen werde. Dann würden Bestrebungen entstehen, sich wieder von Deutschland zu lösen und sich erneut an die »Ostmacht« anzulehnen.[94] Das Konzept Haases ging von einem internationalen Status quo aus, der zu erhalten sei, und unterschied sich darin sowohl von dem Willen der Annexionisten wie von der Vorstellung eines Europas nationaler Demokratien, wie sie Erzberger, die Linksliberalen und einige Sozialdemokraten vertraten.[95] Die Übernahme nationaler Gruppen nach Deutschland gegen deren Willen, bemerkte Haase, bringe allerdings nur Unglück. Der russische Vorschlag, die Entscheidung über den künftigen Status dieser Länder Volksabstimmungen zu überlassen, sei zudem der gangbarste Weg für alle Beteiligten, auch für die deutschen Interessen.[96]

Der Königsberger Rechtsanwalt beurteilte die Ostfragen sicherlich auch aus seiner genaueren Kenntnis der Verhältnisse im Grenzland zwischen Deutschland und Rußland.[97] Die Argumente, die er vortrug, waren sachlich einleuchtend, aber er hatte keinen Einfluß auf die tatsächliche Politik. Er legte Wert darauf, daß auch die Außenpolitik auf einem Minimum an Rechts- und Vertrauensgrundsätzen aufgebaut sein müsse, um bestehen zu können. Seine Beurteilung der Entwicklungen in Rußland aber erwies sich später als irrig. Kühlmann griff in seiner Antwort den Punkt des Selbstbestimmungsrechts auf. Mit dessen Proklamation hätten sich die Russen selbst gebunden, auch international gegenüber den benachbarten Staaten. Damit hätten sie sich in eine »weniger günstige« Position begeben.[98] Kühlmann wußte natürlich um die angespannten, auch personellen Kampfsituationen bei den Verhandlungen in Brest, die Haase wohl unterschätzte. Entgegengesetzt argumentierte Gustav Stresemann. Er wollte eine Anbindung Litauens, kritisierte, daß der Staatssekretär die bereits vorliegende Willenserklärung des litauischen »Landesrats« nicht publizistisch verwertet habe.[99]

Philipp Scheidemann meldete sich zu Wort und brachte mit drastischen Worten zum Ausdruck, daß die Abgeordneten bisher über den wirklichen Gang der Verhandlungen in Brest nur oberflächlich informiert worden seien. Der Staatssekretär habe wohl einiges zur Öffentlichkeit der Verhandlungen in Brest gesagt, aber was bedeute das? Bereits aus der jetzigen internen Aussprache habe man entnehmen können, »daß von dieser Öffentlichkeit hier bis an die Vertreter im Reichstag verflucht wenig herausgekommen ist«. Und: »Wir wissen nicht, wie die Russen die Sache beurteilen und wie sie im allgemeinen beurteilt wurde. Also die Öffentlichkeit hat für uns nicht bestanden.« Das war tatsächlich eine wunde Stelle. Denn während die russische Vertretung »öffentliche Diplomatie« betrieb, hatte Kühlmann weiter »Geheimdiplomatie« betrieben, wobei er selbst eine wichtige, aber auch überforderte Figur geworden war. Die Berichterstattung in der deutschen Presse selber war gefiltert, das führte zu Spekulationen. Kühlmann war sich auch nicht bewußt, auf welches riskante Spiel er sich eingelassen hatte. Was, so fragte Scheidemann direkt, sei aus der vereinbarten Beteiligung von Reichstagsabgeordneten geworden?[100]

Der erfahrene Abgeordnete konnte weiter darauf verweisen, daß die deutsche Delegation in den Fragen der wirtschaftlichen Beziehungen mit Rußland dilettantisch, ohne genaue Sachkenntnis gearbeitet habe, das gelte besonders für den deutsch-russischen Handelsvertrag, von dem auch das wirtschaftliche Leben in Deutschland abhänge.[101] Wären einige Abgeordnete an den Verhandlungen beteiligt gewesen, so hätten sie sofort aus ihrer Detailkenntnis die Dinge richtigstellen können. Scheidemann erteilte dem Staatssekretär eine kurzgefaßte Lektion in Außenwirtschaftspolitik.[102]

Ebenso wandte sich Scheidemann gegen die von der OHL und einigen deutschen Bundesstaaten (Fürstenhäusern) betriebene Politik mit den litauischen und baltischen »Landesräten«. Er bezweifelte, wie vorher schon Erzberger, ihre politische Legitimität.[103] Die größten Bedenken, die Scheidemann gegen die im Osten von deutscher Seite verfolgten Ziele äußerte, waren aber politischer Natur: er verwies auf die wirtschaftlichen Folgen, die ein Ausscheiden der russischen Provinzen für Rußland bedeute. »Wenn dies in der Tat dazu käme, daß uns alle diese Gebiete mehr oder weniger angegliedert würden, dann würde es bedeuten, daß man dem riesigen russischen Reich seine Nord- und Ostseehäfen wegnimmt. Und was bliebe dann für Rußland übrig?[104] Er erläuterte an der Karte die Auswirkungen der Abtrennung: »Es bliebe für Rußland nur Reval übrig. Jedenfalls wäre Riga, der bedeutendste und größte Hafen an der Ostsee, für Rußland verloren.« Was sei die Folge? Nicht nur die jetzige Regierung der Bolschewiki, sondern überhaupt keine russische Regierung werde sich in Zukunft vor dem russischen Volk halten können. Sofort werde der Revanchegedanke aufleben, das bedeute neue Rüstungen für einen künftigen Krieg.[105] Dabei sei der ursprüngliche Anlaß völlig nichtig: »Und alles das, weil es irgendeine Körperschaft in Kurland beschlossen hat.«[106] Scheidemann verwies auf Gespräche, die er selbst vor einiger Zeit in Riga geführt hatte. Die Gremien, die sich dort zu Sprechern ihrer Provinzen machten, würden nur 7 % der Bevölkerung erfassen. Die Sozialdemokraten mißtrauten daher den Anschlußerklärungen der »Landesräte«.[106a]

Scheidemann warnte davor, in den östlichen Ländern eine Politik ohne die Zustimmung der Einheimischen, vor allem der lettischen Bevölkerung, die über 90 % in Kurland und Livland ausmachte, zu betreiben: »Wenn man von vorneherein weiß, wie ein ganzes Volk steht, dann soll man, um bestimmte ausgesprochene Wünsche zu berücksichtigen, sich auf derartige abenteuerliche Pläne nicht einlassen. ... Ich bin der festen

Überzeugung, und kein Mensch wird uns davon abbringen können, daß diese Letten nicht zu uns wollen. Die Letten stehen in einem feindseligen Verhältnis zu allem, was deutsch heißt.«[107]

Wenn man aber nach dem Selbstbestimmungsrecht verfahren wolle, dann müsse dies in einwandfreiem Verfahren geschehen: »Eine Volksabstimmung oder auch eine vom Volk frei gewählte Konstituante soll darüber entscheiden.«[108] Die Entscheidung einer Konstituante könne dabei dem Ergebnis einer allgemeinen Volksabstimmung gleichgesetzt werden, da sie ja aufgrund von vorher unterbreiteten Programmen gewählt worden wäre. Ein Weg aber, der die Abtrennung ausschließlich auf der Grundlage der bisher vorliegenden, fraglich legitimierten Erklärungen kleiner Körperschaften stütze, führe nur ins Unglück, bringe auch keinen Nutzen für Deutschland.[109] Neue Rüstungen würden einsetzen, obwohl noch vor wenigen Monaten die deutsche Regierung dem Vorschlag zur Abrüstung in der Papstnote vom 1. August 1917 zugestimmt habe. An die Adresse der OHL gerichtet fügte er hinzu: »Das sollen wir nun preisgeben, um den Wünschen von Männern, die Eroberungen heimtragen wollen, Rechnung zu tragen? Wir wollen es genug sein lassen, mit dem, was unser Volk geopfert hat. Man solle es nicht mit dem Gedanken betrügen, daß ein geschwächtes Rußland auf 40 bis 50 Jahre keinen Krieg mit Rußland bedeute.«[110]

Scheidemann trug seine Ausführungen klar und eindringlich vor. Er bat die anwesenden Fraktionssprecher, »darauf hinzuwirken, daß unter keinen Umständen unsere Vertretung sich auf derartige Dinge einläßt.«[111] Immerhin, meinte er, habe Kühlmann Möglichkeiten zur Anwendung des Selbstbestimmungsrechts offengehalten, so habe er selbst »leise Hoffnungen« schöpfen können. Aber, so fügte er hinzu, falls in der Selbstbestimmungsfrage keine gangbare Lösung gefunden werde, sehe er »das fürchterlichste Unheil aus der ganzen Geschichte« herauskommen. Kühlmann antwortete sachlich. In der Frage der Zuständigkeiten auch örtlicher Körperschaften für bindende Erklärungen – er nannte das Beispiel Riga – müßte sich, so sein Eindruck aus den Verhandlungen mit der russischen Seite, Einvernehmen erzielen lassen. Die Bedenken wegen eines möglichen, aufkommenden Revanchegedankens nehme er sehr ernst. Falls aber eine »Umorientierung« in diesen östlichen Ländern gewünscht werde, könne dies von Deutschland nicht abgelehnt werden. Im übrigen stimme er mit Scheidemann darin überein, daß jederzeit die »permanenten Interessen beider Reiche«, Deutschlands wie Rußlands, »absolut maßgebend« seien.[112] Er habe diese Meinung auch schon früher vor dem Auswärtigen Ausschuß vertreten.

Andere Bedenken tauchten in der Aussprache auf. Der Fortschrittler Fischbeck lehnte Abstimmungen in den fraglichen Gebieten mit der Begründung ab, daß zuviele Analphabeten dort vorhanden seien. Von Westarp, als Sprecher der Konservativen, wehrte die Überlegungen, die von den Abgeordneten der Mehrheit und der Linken kamen, ab: »Eins, muß ich gestehen, verstehe ich nicht, daß nämlich die Herren Haase, Scheidemann und Erzberger – die Herren wollen es mir nicht übelnehmen – russischer sind als die Bolschewiki. Nachdem sie (die russische Vertretung) sich mit den Erklärungen der Landesräte einverstanden erklärt haben, liegt, glaube ich, keine Veranlassung vor, an der rechtsbindenden Kraft dieser Erklärungen zu rütteln.« Erzberger konterte sofort: »Wenn der Herr Graf Westarp glaubte, mir sagen zu dürfen, ich sei radikaler als die russischen Bolschewisten, so erwidere ich ihm, ... ich wünsche nicht einen Frieden mit den Bolschewiki, sondern mit dem russischen Volke.«[113] Er wolle auch verhindern, daß nicht später möglicherweise gegenteilige Erklärungen aus den fraglichen Ländern kämen. Das wäre das »Schlimmste, was uns passieren kann.«[114] Er müsse sich auch vorbehalten, notfalls öffentlich zu diesen Fragen Stellung zu nehmen. Auch Ebert griff den Vorwurf Westarps auf. Er wisse, daß in Rußland die nicht-bolschewistischen Parteien die Abtretungsbereitschaft der derzeitigen Regierung nicht akzeptierten. »Wir müssen sehen, auch diese Gruppen durch einen vernünftigen Frieden zu gewinnen.« Man wolle ein »vernünftiges und freundschaftliches Verhältnis mit Rußland. Das bewegt uns bei diesen Dingen.«[115]

Richard von Kühlmann hatte den Eindruck gewonnen, wie auch aus früheren Besprechungen, daß die Mehrheitsparteien seine Politik stützten, zumindest nicht, wie er später in seinen Erinnerungen schrieb, »an meiner Ehrlichkeit zweifelten«.[116] Andererseits war er ehrgeizig genug, die Verhandlungen weiter allein führen zu wollen. Er bat die Abgeordneten, den Verhandlungskurs der deutschen Delegation anzuvertrauen. Die Beschlüsse müßten am Ort der Verhandlungen aus der jeweiligen Situation heraus getroffen werden.[117] Seine Einstellung zeugte von einem starken Selbstbewußtsein, aber auch von Selbstüberschätzung. Kühlmanns Ausführungen vermittelten im nachhinein den Eindruck, als habe er geglaubt, gleichsam einen »lehrbuchartigen Fall« der Diplomatie vor sich zu haben. Darin aber befand er sich im Irrtum. Die Chance, sich als deutscher Außenpolitiker durch die Einbindung seiner Verhandlungsführung in den Willen des Reichstags abzusichern, nahm er nicht wahr. Diese Unterlassung, die Kühlmann an diesem 1. Januar beging, war sicherlich ein politischer Fehler. Aber auch die Abgeordneten bestanden nicht darauf, eine deutlichere Fixierung ihrer Verhandlungsziele, wie auch die Forderung nach einer Beteiligung von Abgeordneten in Brest durchzusetzen. Nur Erzberger hatte sich in dieser Aussprache das Recht vorbehalten, öffentlich Stellung zu nehmen. An diesem Punkt wehrte Kühlmann ab. Er riet den Abgeordneten, von den öffentlichen Erörterungen der Friedenspläne abzusehen, und bat um größte Zurückhaltung in der Öffentlichkeit, nicht nur im Reichstag – die Einberufung des Reichstags wurde erst gar nicht erwogen – sondern auch in den Ausschüssen. Alle Äußerungen, die aus dem Sitzungssaal hinausgingen, hätten »große Wirkungen«: »Denn die ganze Welt und besonders unsere augenblicklichen russischen Gegner werden natürlich mit größter Spannung alles verfolgen, woraus sie eventuell Material zur Bekämpfung unserer Auffassungen schöpfen können.«[118]

Aber die Gegner eines gangbaren Friedens waren nicht »die ganze Welt«, waren auch nur begrenzt die Bolschewiki, die ja einen Frieden wünschten, sondern der tatsächliche Gegner befand sich innerhalb des – bis zum Januar 1918 – noch »siegreichen« Deutschlands: in der OHL. Das wirksamste Mittel und die besten »Waffen«, diesen Gegner zu überwinden, wäre die Öffentlichkeit der Aussprache in Deutschland einschließlich der parlamentarischen Debatte gewesen. Diese Chance versagte man sich.

Gegen die Ausführungen des Staatssekretärs erhob sich kein Widerspruch mehr. Kühlmann beendete die Sitzung um 8^{15} Uhr mit den Worten: »Wenn die Herren keine weiteren Anregungen mehr haben, so darf ich die heutige Versammlung für geschlossen erklären.«[119]

Am nächsten Tag kamen die Abgeordneten der Mehrheitsparteien zu einer internen Beratung zusammen. Auch Gustav Stresemann war eingeladen worden.[120] Die Unabhängigen hatten inzwischen den Antrag gestellt, den Reichstag einzuberufen, auch die Sozialdemokraten drängten. Fischbeck berichtete über die Aussprache mit Kühlmann vom Vortag, erwähnte die »harmonische« Zusammenarbeit des Staatssekretärs mit General Hoffmann in Brest. Die Schwierigkeiten, die sich in Brest ergeben hätten, so hieß es, hingen damit zusammen, daß sich Deutschland mit drei weiteren Verbündeten zu einigen hätte. Durch diese Information, von Fischbeck durchaus richtig, aber einseitig wiedergegeben, wurden die Abgeordneten gedanklich auf ein falsches Gleis gelenkt. Denn die Schwierigkeiten lagen weniger bei den Verbündeten – Czernin und Kühlmann hatten ja kooperiert –, sondern primär in der innerdeutschen Situation, bei dem Widerstand der OHL. Eben dies Faktum hatte Kühlmann nicht aussprechen wollen, um seine eigenen Verhandlungsmöglichkeiten nicht unnötig zu erschweren. Aber diese »Beschönigung« fiel informativ zu Ungunsten der Abgeordneten aus.

Scheidemann schlug vor, aus dem Gesamtkomplex vorrangig die Frage des Selbstbestimmungsrechts und dessen Anwendung zu beraten. Denn hier war sein Mißtrauen wach geworden. Es habe nämlich in Kurland gar keine regulären Abstimmungen gegeben, sagte er, wie gestern behauptet worden sei.[121] »Für uns sehen die Dinge so aus, daß in Kurland außer den deutsch-baltischen Adeligen niemand etwas von uns wissen will.«[122] Es werde im Osten »ein Elsaß-Lothringen nach dem anderen geben, doch ohne deutsche Bevölkerung.« Ein solcher Abschluß des Krieges sei »nicht möglich«.[123] Erzberger riet, das Plenum des Reichstags nicht einzuberufen. Das könne mehr schaden als nützen, allerdings, »in dieser Zeit ist es Pflicht des Reichstags, mit dabeizusein«. Doch seien Kommissionsberatungen zweckmäßiger. Bei den weiteren Überlegungen gingen die Abgeordneten davon aus, daß sich die jetzige bolschewistische Regierung nicht allzu lange halten werde. Erzberger verwies darauf, daß selbst Hugo Haase diese Meinung vertrete. So sah er die Dinge »realpolitisch«: Nehme man Rußland alles weg, so hätte »England Rußland ganz in der Hand«. Die Folgen wären: »Ungeheure Rüstung«, zudem die Blamage, daß die deutschen Unterhändler durch spätere Proteste der örtlichen Landesvertretungen desavouiert würden.[124]

Der Zentrumspolitiker hatte die Argumente der Sozialdemokraten vom Vortag übernommen. Man dürfe im Osten keine Politik »mit doppeltem Boden« betreiben, Mißtrauen erzeugen.[125] Erzberger sprach auch offen aus, daß der Frieden an der Haltung der Militärs scheitern könne. »Die deutschen Militärs wollen aber gar nicht [aus den östlichen Ländern] herauskommen, sondern betrachten das Land schon als Friedensgarnison. Der Sonderfriede mit Rußland kann für uns sehr schädlich werden.«[126] Der Nationalliberale von Richthofen, der der Politik der Mehrheitsparteien zuneigte, sah gleichfalls neue Spannungen im Osten heraufkommen: »Wir dürfen keinen neuen

Balkan schaffen«, Rußland nicht auf die Lage »vor Peter dem Großen« zurückwerfen.[127]

Ebert drängte auf die Einberufung des Reichstags. Alles sei in der Öffentlichkeit bereits intensiv diskutiert worden, so daß kein Zwang zur Vertraulichkeit mehr bestehe. »Wir sollen darauf bestehen, daß wir öffentlich verhandeln. Dadurch soll nichts verdorben werden.« Die Dinge seien jetzt in ein entscheidendes Stadium eingetreten. Es sei der geeignete Zeitpunkt für eine Reichstagssitzung. Er erhoffte sich auch von einer solchen Sitzung, daß die Regierung offen Farbe bekennen müsse, aber wohl auch, ein Vertrauensklima gegenüber dem russischen Verhandlungsgegner zu schaffen. Eduard David verwies auf die praktischen Vorteile der Anwendung des Selbstbestimmungsrechts. In Kurland und Lettland könnten neutrale Staaten gebildet werden, zunächst mit provisorischen Regierungen.[128] Aber mit der Erörterung dieser Fragen hatte man wieder den aktuellen Punkt der Einberufung des Reichstags verlassen. Es wurde auch nichts vereinbart.[129] Gehandelt wurde an anderer Stelle. Denn während sich die Abgeordneten Gedanken über eine dauerhafte Lösung in Osteuropa machten, sahen andere Kreise in Deutschland, zumal der nationalen Rechten, auch große Teile der Industrie, die Dinge aus einer ganz anderen Perspektive. Für sie war der europäische Osten eine Rohstoffbasis und ein Wirtschaftsraum, der zweckmäßig ausgenutzt werden sollte. Politisch abwägende Überlegungen traten dabei ganz in den Hintergrund.

In der Reichskanzlei war Anfang Dezember ein Spezialbüro errichtet worden, das sich mit den wirtschaftlichen Fragen, die sich aus dem bevorstehenden Ostfrieden ergaben, befassen sollte. Die Leitung hatte Hertling am 4. Dezember Karl Helfferich, dem früheren Staatssekretär des Innern und ehemaligen Vizekanzler übertragen. An dieser Stelle sollten die technischen Fragen der künftigen Wirtschaftsbeziehungen zum Osten geklärt werden. Darüberhinaus war an eine Art Sammelstelle für Wünsche der deutschen Industrie für den »Ostfrieden« gedacht. Die Vertretung der Schwerindustrie wünschte die Sicherung von Erzimporten aus der Ukraine und dem Kaukasus, die oberschlesischen Montanindustriellen erhoben Ansprüche auf Bergwerksgruben in Rußland.[130] Der »Deutsche Handelstag« ging bei seinen Wünschen von der selbstverständlichen Tatsache einer Annexion Polens, Litauens und der baltischen Länder aus. Einzelne Montankonzerne meldeten ihre Interessen an.[131] Am 22. Dezember hatte unter dem Vorsitz Helfferichs eine von verschiedenen Ressorts und der OHL beschickte Konferenz in Berlin im Reichsamt des Innern getagt, um die künftige Regelung der Eisenbahnverhältnisse in Osteuropa zu klären. Die bisherige breitere (russische) Bahnspur in den »Randstaaten« sollte umgenagelt und der schmaleren (deutschen) Spur angepaßt werden.[132] Man ging bereits von »vollendeten Tatsachen« aus. Insgesamt schwebte den deutschen Fachleuten aus Industrie und Verwaltung, dies wurde in einer Konferenz mehrerer Reichsressorts am 1. Januar deutlich, die Vorstellung vor, in Rußland ein künftiges »Hinterland« für den deutschen Export und Import zu sichern.

Allerdings liefen viele Pläne unkoordiniert nebeneinander, ganz so eindeutig wie die militärpolitischen Ziele der OHL – »Grenzsicherung« und deutsche Garnisonen in Osteuropa – waren sie nicht. Aber es bestand ein, wenn auch lockerer, Zusammenhang bei allen diesen Ostaktivitäten im Militärischen wie im Industriellen im Dezember 1917. Zur gleichen Zeit ging auch, von den Alldeutschen und der Vaterlandspartei inszeniert, eine »Hochflut von Telegrammen« aus allen Teilen Deutschlands bei dem Kanzler, bei dem Kaiser und bei der OHL ein, die vor einem »schmählichen Verzichtsfrieden« im Osten warnten.[133] Da sie alle den gleichen Wortlaut hatten, fiel dies selbst dem alten Hertling auf, der seinem Sohn (der dem Kanzler die Schriftstücke wegen dessen Augenschwäche vorzulesen pflegte) erklärte: »Lege das dumme Zeug weg, es ist nicht der Mühe wert, es zu lesen.«[134] Hertling war sicherlich kein energischer Politiker, aber auch kein Annexionist. So standen die Chancen der nationalen Rechten, sich durchzusetzen, anfangs keineswegs günstig. Auch Kühlmanns Verhandlungsführung in Brest wurde sowohl von Hertling wie auch von dem Kaiser im Dezember 1917 und Januar 1918 gedeckt. Übereinstimmend berichten alle an den damaligen Entscheidungen Beteiligten in ihren Erinnerungen, daß die jeweiligen Zuständigkeiten immer ungeklärt blieben,[135] ein Dilemma, das durch die Führungsschwäche und – physisch wie psychisch – mangelnde Robustheit des Kanzlers noch vergrößert wurde.[136]

Um den Prozeß der politischen Entscheidung verständlich erklären zu können, muß die »Struktur« – wenn davon überhaupt die Rede sein konnte – der deutschen Entscheidungsgremien und der entscheidenden Personen, Instanzen etwas erläutert werden. Zunächst kam die Person des Kaisers, Wilhelms II., ins Spiel, zumal durch sein Recht, den Kanzler wie auch die Generäle zu ernennen und zu entlassen; dann der Kanzler als der zuständige Leiter der deutschen Politik, dessen Kanzlei die jeweiligen Ressorts (Reichsämter) zugeordnet waren und der die Regierungspolitik gegenüber dem Reichstag vertrat. Der im November ernannte Vizekanzler Friedrich von Payer, der Vertrauensmann der Reichstagsmehrheit, war in diesen Wochen krank und konnte erst im Februar an den Kabinettsberatungen teilnehmen. Die Regierung selbst war nicht dem Reichstag verantwortlich, also nicht parlamentarisch, andererseits hatte das Parlament in den letzten Monaten erheblich an politischem Gewicht gewonnen, so daß sich inzwischen der Staatssekretär des Auswärtigen wie auch der Kanzler selbst regelmäßig mit den Vertretern der Fraktionen besprachen. Aber innerhalb des Reichstags gelang es den Mehrheitsparteien noch nicht, eine geschlossene Handlungslinie durchzusetzen, zumal Hertling sich als »Gegner des parlamentarischen Systems« verstand, damit das ihm nahestehende Zentrum (innerhalb der drei Mehrheitsparteien) lähmte und den Handlungsspielraum Erzbergers erheblich einschränkte. Hinzu kamen jenseits der engeren politischen Instanzen, aber ohne Zweifel politisch wirksam, die Kreise des »Hofs«, darunter der Kronprinz. Hier neigte man zu einer Haltung der Herablassung, wenn nicht gar Geringschätzung der »Vertreter des Volkes«, zumal der Vertreter des »einfachen Volkes«, wie man von der Arbeiterschaft, vor allem dann, wenn aus ihr selbständige politische Forderungen gestellt wurden, überhaupt nicht sehr viel hielt. Eine Fehleinschätzung, die bald unmittelbar politisch relevant werden sollte. Denn in der Arbeiterschaft hoffte man in diesen Tagen auf den Frieden. Was aber, wenn er nicht zustandekam? Unwägbarkeiten, die unerwartet wirksam werden konnten.[137]

Ein politisches Instrument ganz anderer Art kam zudem in diesen Wochen plötzlich zu politischer Bedeutung: Der sogenannte »Bundesausschuß für auswärtige Angelegenheiten«, eine Vertretung der deutschen Bundesstaaten, damit zugleich der fürstlichen Häuser Deutschlands, die jetzt vereinzelt »außenpolitische Interessen« zu entwickeln begannen. Der Grund war einfach. Denn wenn es tatsächlich zu Annexionen im Osten kam, dann mußte ja auch die Frage der jeweiligen Staatsoberhäupter mitgeklärt werden. So rechnete man sich in einigen fürstlichen Familien aus, was zu gewinnen wäre, möglicherweise eine »Herzogskrone« in Kurland, Livland oder Litauen, oder gar eine »Königskrone« in Polen, wobei dort allerdings österreichische (habsburgische) Ansprüche Vorrang gehabt hätten.[138] So verknüpfte sich die deutsche Ostpolitik an der Jahreswende 1917/18 außer mit den Interessen eines modernen Wirtschafts- und Eroberungskriegs auch noch mit einem Hauch spätmittelalterlicher und frühneuzeitlicher Dynastenpolitik.

Das Kernproblem Anfang Januar bestand darin, ob es der politischen Leitung, dem Kanzler, dem Auswärtigen Amt zusammen mit dem Reichstag gelingen würde, die klare und eindeutige Priorität der politischen Entscheidung zu sichern, zumal gegenüber den politischen Ambitionen der OHL.

Zum Neujahrstag 1918 waren alle maßgeblichen Persönlichkeiten der deutschen Politik in Berlin eingetroffen. Für den 2. Januar war im Schloß Bellevue eine Sitzung des »Kronrats« angesetzt. Auch General Hoffmann war nach Berlin gefahren. Er meldete sich bei seinem Chef, Ludendorff, der ihn entrüstet fragte: »Wie haben Sie es zulassen können, daß diese Note (d.h. die Erklärung vom 25. Dezember) herauskam!« Hoffmann antwortete, er habe angenommen,[139] die Erklärung sei im Sinne der Richtlinien des »Kronrats« von Kreuznach (18. Dezember) abgegeben worden. Ludendorff verneinte, mußte aber zugeben, daß Hoffmann das nicht habe wissen können. Für Hoffmann blieb der Zusammenhang unverständlich.[140] Inzwischen hatte Kühlmann, vermutlich um General Hoffmann gegen Ludendorff ins Spiel zu bringen, dem Kaiser den zweiten Mann seiner Brester Delegation als einen »ausgezeichneten Fachmann« empfohlen.[141] Daraufhin lud Wilhelm II. den General zu einer persönlichen Aussprache am Neujahrstag ein, ohne Wissen Ludendorffs. »Seine Majestät war sehr interessiert«, schrieb Hoffmann später. »Ich mußte ihm die Geschehnisse und sämtliche Persönlichkeiten eingehend schildern und wurde, da meine Erzählungen, als die Frühstückszeit herannahte, noch nicht zu Ende kamen, zum Frühstück befohlen.« Nach dem Frühstück kam die Frage »Polen« zur Sprache. Der Kaiser forderte Hoffmann auf, seine Meinung dazu zu sagen. Der General versuchte auszuweichen: Seine Auffassung unterscheide sich von der der OHL. Darauf erklärte der Kaiser kategorisch: »Wenn Ihr Allerhöchster Kriegsherr Ihre Ansicht über irgendeine Frage zu hören verlangt, so haben Sie sich darüber zu äußern, ganz gleichgültig, ob diese Ihre Ansicht mit der der Obersten Heeresleitung übereinstimmt oder nicht.«[142] Daraufhin erläuterte Hoffmann an einer Karte, welche polnische Westgrenze er für richtig hielt. Von der Angliederung größerer polnischer Bevölkerungsteile an Deutschland riet er ab. Wilhelm II. machte sich die Konzeption zu eigen.[143] Dem General war bei alldem nicht ganz wohl. Vergeblich versuchte er am nächsten Tag vor der Sitzung des Kronrats, bei einer Besprechung des Bundesratsausschusses für auswärtige Angelegenheiten, zu der auch der Generalstab, also auch Hindenburg und Ludendorff geladen waren, seinen Chef Ludendorff über das Gespräch mit Wilhelm II. zu unterrichten.

In dieser Sitzung des Bundesratsausschusses am frühen Nachmittag des 2. Januar kam es zu einer ersten Kraftprobe zwischen dem Staatssekretär des Auswärtigen, Kühlmann, und dem Leiter der OHL, Ludendorff. Der Bundesratsausschuß war annexionsfreundlich, da einzelne fürstliche Häuser, so etwa die sächsischen Wettiner auf Litauen, sich im Osten Hoffnungen machten. Ludendorff entwickelte in der Sitzung sein Annexionsprogramm, im Osten wie im Westen. Für ihn hing der gesamte Komplex »militärpolitisch« zusammen.[144] Er griff die Verhandlungsführung des Staatssekretärs in Brest an. Ein Entgegenkommen gegenüber Rußland sei unnötig.[145] Kühlmann nahm das Wort und lehnte einen Diktatfrieden ab. Es gebe keinen anderen Weg, »als durch eingehende Erörterungen die russischen Delegierten zu überzeugen versuchen«.[146] Hertling nahm eine ausweichende Haltung ein, wollte wohl nicht unmittelbar in den Streit hineingezogen werden.[147]

Vor dieser Sitzung hatte Kühlmann selbst mit Wilhelm II. gesprochen und dabei festgestellt, daß sich der Kaiser den Standpunkt General Hoffmanns zu eigen gemacht hatte.[148] Die Sitzung des »Kronrats« am späten Nachmittag verlief zunächst »glatt«. Es wurde, wie bereits am 18. Dezember, nichts entschieden. Damit hatte sich Kühlmann Handlungsfreiheit erobert, aber es wurde auch niemand verpflichtet. Am Schluß der Aussprache kam es zum Eklat. Wilhelm II. erläuterte an der Karte, wie er sich die künftige polnische Grenze vorstelle. Er berief sich dabei auf einen »Kenner der Ostverhältnisse«, den anwesenden General Hoffmann. Ludendorff fühlte sich überrumpelt und reagierte wütend. Der Kaiser bestand auf sein »Recht des Obersten Kriegsherrn«. Mühsam bewahrte Ludendorff seine Selbstbeherrschung. Die Sache müßte einmal überdacht werden, forderte er. Schließlich fand Wilhelm II. eine Lösung, indem er die OHL aufforderte, ihre Ansicht noch einmal schriftlich zu äußern. Die Szene wurde als peinlich empfunden. Beim Herausgehen ließ Ludendorff die Tür deutlich vernehmbar zuschlagen.

Sachlich hatte das Bravourstück Kühlmanns allerdings wenig eingebracht. Denn die Widersprüchlichkeit der Ostpolitik bestand weiter. Ludendorff drängte jetzt auf die Abberufung Hoffmanns und Kühlmanns, allerdings vergeblich. Hoffmann war in eine Zwangslage der doppelten Loyalität gebracht worden. Er bekam den Zorn der »beiden Halbgötter«, wie Hindenburg und Ludendorff intern genannt wurden, zu spüren, die »mir zeigten, daß große Männer auch recht klein sein können«, wie er später schrieb.[149] Hoffmann nahm aus dem Kronrat den Eindruck mit nach Brest, daß nichts geklärt worden sei. »Das schwierige Problem der Randstaaten blieb in der Schwebe.«[150] Allerdings war er jetzt vom Kaiser zu einem »ausgezeichneten Kenner der Ostfragen« befördert worden, eine, wie sich bald in Brest zeigen sollte, zweifelhafte Ehre.

Noch am gleichen Tage, dem 2. Januar, hatte Matthias Erzberger Hoffmann aufgesucht, um ihm die Vorstellungen der Reichstagsmehrheit zu übergeben und zu erläutern.[151] Die Kernpunkte waren: Räumung der östlichen Gebiete von deutschen Truppen drei Monate nach Räumung von den russischen Truppen; Bildung selbständiger Staaten mit eigenen Volksvertretungen und Übergabe der Verwaltung an diese Gremien; für die Übergangsphase Bildung vorläufiger Volksregierungen unter Einbeziehung sämtlicher vorhandener Parteien, d. h. nicht nur der deutsch-baltischen Minderheiten. Sie sollten über die Frage der künftigen Vereinigung ihrer Länder »an das eine oder andere Reich« oder über die Selbständigkeit entscheiden. Damit hatte der General ein klares Konzept der Mehrheitsparteien zur Hand. Aber Hoffmann war nicht bereit, mit der Reichstagsmehrheit zusammenzuarbeiten. Die Leitsätze würden der »deutschen Diplomatie in den Rücken fallen«, erklärte er Erzberger. Würden sie veröffentlicht, so werde er seinen Rücktritt einreichen. Sein Einwand richtete sich vor allem gegen die militärische Räumung: mindestens 6 deutsche Armeekorps müßten in diesen Ländern verbleiben. In den anderen Punkten kam es zu einer Annäherung, so in der Frage der Bildung von Landesparlamenten. Ob Hoffmann – von den politischen Wirkungen her – wußte, worum es ging, muß, aus seinen Erinnerungen, bezweifelt werden.[152]

Am 1. Januar hatte sich auch der nationalliberale Abgeordnete von Richthofen mit Hoffmann ausgesprochen.[153] Auch in diesem Gespräch hatte Hoffmann eine militärische Räumung der östlichen Gebiete abgelehnt, ausgenommen Polen. Auf das Drängen Richthofens, daß ein Friede mit Rußland dringend sei, weil noch »mit einem langen Krieg« im Westen zu rechnen sei, hatte der General geantwortet, »daß uns Rußland doch nicht werde helfen können«.[154] Es komme nur auf einen Frieden mit der Ukraine an, wegen der Getreideversorgung. Tatsächlich betrieb Hoffmann sofort nach seiner Rückkehr nach Brest den Abschluß eines Sonderfriedens mit der Ukraine.[155] Auf die Situation an der westlichen Front von Richthofen angesprochen, antwortete Hoffmann, »daß es gelingen werde, durch Erfolg im Westen die Franzosen zum Frieden zu bringen und dann die Bedrohung Englands so stark sein werde, daß England den Frieden abschließen werde.« Richthofen erklärte darauf, daß er die Dinge weit skeptischer beurteile, und warnte eindringlich »vor den furchtbaren Enttäuschungen, die in unserem Volke entstehen würden, wenn nach einer verhältnismäßig erfolgreichen Offensive im Westen von einem Frieden ebensowenig die Rede sein werde wie jetzt.«[156]

Am Abend des 2. Januar fuhren Kühlmann und Hoffmann mit der Bahn zurück nach Brest. Während in den folgenden Tagen die »Ludendorff-Krise« noch ein längeres internes Nachspiel hatte – Hindenburg und Ludendorff schrieben am 7. Januar einen längeren grollenden Brief an den Kaiser, in dem sie mit ihrem Rücktritt drohten und sich vergeblich bemühten, den Sturz Kühlmanns durchzusetzen und mit Erfolg einen besseren Zugang zur Person des Kaisers zu erreichen[157] – wurden in London und Washington interne Überlegungen angestellt, nach welchen Grundsätzen ein künftiger Friede zu erstellen sei: eine Beteiligung an den Friedensverhandlungen in Brest wurde abgelehnt. In Petersburg hatte man auf eine Verlegung des Konferenzortes nach Stockholm gedrängt. Dazu war die deutsche Vertretung nicht bereit.

Bei der Wiederaufnahme der Verhandlungen in Brest, am 9. Januar, leitete Leo Trotzki, der russische »Volkskommissar für auswärtige Angelegenheiten«, die russische Delegation. Aber nicht nur in Berlin, auch in Petersburg gab es im Januar 1918 erhebliche Meinungsverschiedenheiten über den Ostfrieden. Am 21. Januar fand in Petersburg eine Besprechung von 60 der bekanntesten Funktionäre der Partei der Bolschewiki statt, in der Lenin 21 »Thesen über den sofortigen Abschluß eines annexionistischen Separatfriedens« vortrug. Das hieß Zustimmung zu den Forderungen vom 28. Dezember.[158] Der Vorsitzende des Rats der Volkskommissare, der natürlich die internen Vorgänge in Berlin nicht kannte – wie übrigens auch der »Kronrat« vom 2. Januar auf Schloß Bellevue nicht über die internen Differenzen in Petersburg unterrichtet war –, ging von der, wie er meinte, gegebenen Tatsache aus, daß sich in der deutschen Politik die OHL durchgesetzt habe und ein deutsches Ultimatum an Rußland unmittelbar bevorstehe. Darin werde verlangt werden, daß Deutschland das gesamte von deutschen Truppen besetzte russische Territorium behalte und daß Rußland Reparationen von rund 3 Milliarden Rubel zu zahlen habe.[159] Doch fand Lenin keine Mehrheit für den sofortigen Abschluß des Friedens. 32 der anwesenden Funktionäre sprachen sich für einen »revolutionären Krieg«, also gegen einen Friedensschluß, ein Viertel (15) für Lenins Vorschlag und ein Viertel für einen dritten Vorschlag aus, der von Trotzki eingebracht worden war, nämlich »den Kriegszustand für beendet zu erklären, die Armee zu demobilisieren und nach Hause zu schicken, doch den Friedensvertrag nicht zu unterzeichnen«.[160]

So war in Berlin wie in Petersburg vor der Wiederaufnahme der Verhandlungen in Brest die jeweils einzuschlagende politische Linie ungeklärt geblieben: Man hatte sich weder im »Kronrat« am 2. Januar im Schloß Bellevue noch auf der internen Funktionärskonferenz 1300 km weiter östlich am 21. Januar auf eine einheitliche Zielrichtung einigen können.

Am 3. Januar, ein Tag nach der Aussprache des »Kronrats«, von der die Abgeordneten ausgeschlossen waren, tagte der Hauptausschuß.[161] Der Reichstag selbst, so hatte der Ältestenrat am gleichen Tag beschlossen, sollte nicht zusammentreten. Hertling gab einige allgemein gehaltene Erklärungen und der Unterstaatssekretär von dem Bussche berichtete, allerdings nur aus zweiter Hand, von dem Stand in Brest. Genaue Informationen wurden nicht gegeben. Eine Gesandtschaft unter Leitung des Grafen Mirbach sei inzwischen (aufgrund des Waffenstillstands) nach Petersburg gesandt worden, um über den Austausch der Gefangenen zu verhandeln. Erzberger drängte auf eine dauerhafte deutsch-russische Verständigung: »Die Verständigung müsse aber nicht nur mit den Bolschewiki erreicht werden, sondern mit dem ganzen russischen Volke, weil nur dann eine Garantie für die Dauer eines solchen Friedens gegeben sei.« Eine solche Lösung sei wichtiger als momentane Erfolge. Das Selbstbestimmungsrecht der Völker müsse »klar, ehrlich und wahr« durchgeführt werden.[162] Der Forderung der russischen Regierung nach »Bekräftigung des Volkswillens auf breiterer Grundlage« und »bei Abwesenheit von Militär« sei zu entsprechen. Es gebe in bezug auf die besetzten Gebiete keine sachlichen, lediglich formelle Differenzen. Eine volle Verständigung sei möglich. Den Abschluß könne die Errichtung konstitutiver Nationalversammlungen in diesen Ländern bilden. Eine Angliederung Litauens und Kurlands komme für Deutschland nicht in Frage, »denn wir wollen doch ein Nationalstaat bleiben und solche fremden Volkssplitter nicht in uns aufnehmen«.[163] Ein festes, dauerhaftes Bündnis mit diesen Ländern reiche aus. Dies werde zwar den Standpunkt »des extremen Militärs« nicht befriedigen, aber diese Lösung böte alle Sicherungen, »die wir nach dem Osten brauchten«.[164]

David monierte die mangelhafte Unterrichtung über die internen Vorgänge in Brest. Die annexionistische Presse bekämpfe das Selbstbestimmungsrecht und dränge auf einen Gewaltfrieden, aber die Zeit sei vorbei, »wo Völker wie Hammelherden verteilt, auseinandergerissen und zusammengeführt werden könnten, wenn siegreiche Staaten über sie Herren geworden seien«. Nur auf der Basis des Selbstbestimmungsrechts sei eine Lösung mit Rußland möglich. David berief sich auf die Friedensresolution. Die Ehre des deutschen Reichstags stehe auf dem Spiel. Erst dieser Beschluß vom 19. Juli 1917 habe den Bolschewiki den Weg eröffnet, einen solchen Frieden vorzuschlagen.[165] Dem Vorschlag Erzbergers, konstituierende Versammlungen einzuberufen, stimme er zu. Im übrigen seien Grenzsicherungen bei dem derzeitigen Stand der Kriegstechnik das »Hinfälligste, was man sich denken kann«.[166] In Eingaben an den Kaiser und an die OHL werde nun von annexionistischer Seite gegen den Frieden gewütet, »der von Millionen gewünscht wird und der den Frieden im Westen in absehbarer Zeit nach sich ziehen wird«.[167] Rußland brauche keineswegs, so David, jeden Frieden anzunehmen. Mit dem ihm eigenen Gespür für die Realitäten warnte David eindringlich, daß im Osten die Waffen »nur mit Zustimmung des deutschen Volkes« wiederaufgenommen werden dürften.[168] Der Reichstag müsse sich seiner Verantwortung bewußt sein.

Am 4. Januar kritisierte Westarp im Hauptausschuß den Stand der Verhandlungen in Brest. Die Konservativen seien bestürzt. Ein Frieden ohne Gebietserwerbungen und Kriegsentschädigungen könne nicht akzeptiert werden.[169] Die Erklärung vom 25. Dezember sei unnötig gewesen. Die Gegner, »die Herren Lloyd George, Clemenceau und Wilson«, wüßten wohl, daß sie uns militärisch und wirtschaftlich nicht niederzwingen können. Ihre Hoffnung setzen sie auf den Einfluß, den die internationale und die innere deutsche Demokratie ... auf die deutsche Regierung und das deutsche Volk ausüben.[170] Hertling nahm am 4. Januar kurz zu dem neuen russischen Vorschlag Stellung, die Verhandlungen an einen neutralen Ort, etwa Stockholm, zu verlegen, und lehnte ihn ab.[171] Zu ihrer Überraschung erfuhren die Reichstagsabgeordneten, daß jetzt in Brest »Vertreter der Ukraine« zu Verhandlungen eingetroffen seien, das hieß, daß dort gleichzeitig zwei Verhandlungen stattfinden würden.[172]

Scheidemann antwortete am 5. Januar Westarp. Er berief sich auf die Friedensresolution. »Es dürfe kein Zweifel darüber aufkommen, daß die Reichstagsmehrheit zu ihrer Erklärung vom 19. Juli stehe. Von der Friedensresolution über die Antwort auf die Papstnote und die Erklärung des Kanzlers vom 29. November führe eine direkte Linie zu der Erklärung der deutschen Unterhändler in Brest-Litowsk vom 25. Dezember. Danach erstrebe das deutsche Volk einen Frieden der Verständigung ohne irgendwelche Vergewaltigungen.«[173] Im Interesse des Friedens müsse Klarheit geschaffen werden. Hätte der Kanzler nicht soeben erklärt, daß sein Standpunkt unverändert sei, so wäre seine Stellung »unhaltbar«.[174] Der Eindruck der Beratungen vom 3. und 4. Januar blieb zwiespältig.[175] Mangels genauer Informationen behandelte der Hauptausschuß in seinen folgenden Sitzungen vom 5. bis 11. Januar und vom 15. bis 19. Januar Einzelheiten des Gefangenenaustauschs,[176] des Handelsvertrags und die künftigen wirtschaftlichen Beziehungen zu Osteuropa und, seit dem 18. Januar, erneut Fragen der Militärzensur. Ebert nannte am 18. Januar die Rolle, die der Reichstag dabei gespielt habe, »kläglich«. Die Zustände des Belagerungszustands seien trotz ständiger Forderungen und Beratungen »schlimmer denn je«. Annexionistische Schriften des Vereins deutscher Stahlindustrieller verlangten die Annexion von Longwy und Briey, Gegenschriften von Hué und Scheidemann würden dagegen verboten. Post an die Mannschaften an der Front werde überwacht. Versammlungen der Vaterlandspartei würden gefördert.[177]

Als am Nachmittag des 4. Januar Vertreter der Mehrheitsparteien zu einer interfraktionellen Besprechung zusammenkamen, wuchs das Mißtrauen der Abgeordneten. Man rätselte über die widersprüchlichen Erklärungen aus Brest (25./28. Dezember). Scheidemann, Südekum und Ebert drängten auf Klarheit. Auch der Kanzler müsse darüber aufgeklärt werden, daß das Verhalten der deutschen Delegierten in Brest für falsch gehalten werde. »Wir lehnen jede Annexion ab«, sagte Scheidemann: »Wenn sich die Dinge aber so abgespielt haben, wie sie sich zeigen, dann hat man mit Annexionen gespielt.« Wäre das wirklich der Fall, so sei es sicher, »daß die Deutschen in kurzer Zeit glatt am Boden liegen.«[178] Auch Erzberger war hellhörig geworden und schloß es nicht aus, von Kühlmann bei der Besprechung am Neujahrstag »ganz und gar irre geführt worden« zu sein.[179] Vor allem erregte die plötzliche Einleitung von Sonderverhandlungen mit der Ukraine seinen Argwohn.[180] Man müsse Hertling drängen, sämtliche russischen Depeschen zu veröffentlichen. »Sonst bricht unser Volk moralisch zusammen.« Eduard David fragte[181] – er verwies dabei auf eine dänische Zeitung –, ob die russischen Delegierten überhaupt nach Brest-Litowsk gekommen seien. Er habe den Eindruck, daß dort ein »Trümmerhaufen« vorliege.[182] Gegen den Widerspruch des mitberatenden Stresemann wurde vereinbart, noch am selben Tage mit Hertling persönlich zu sprechen, um Aufklärung zu verlangen.

Das Gespräch kam kurz darauf zustande. Dabei wurde das Verhandlungsprotokoll aus Brest sorgfältig studiert. Am Abend gegen 20 Uhr wurde dem interfraktionellen Ausschuß berichtet. Eine gewisse Beruhigung trat ein, auch das Vertrauen gegenüber dem Staatssekretär schien wiederhergestellt. Allerdings wußte niemand, warum die russische Delegation, wie ursprünglich vereinbart, noch nicht am 4. Januar wieder in Brest eingetroffen war. Man vermutete Schwierigkeiten in Petersburg.[183] Auch Ebert war jetzt beruhigt, nachdem sich Hertling bereiterklärt hatte, im Sinne der »Leitsätze der Mehrheitsparteien für die Ostverhandlungen«, die Erzberger bereits dem General Hoffmann übergeben hatte, zu verhandeln. Es bleibt zunächst unverständlich, warum der Reichstag in dieser kritischen Situation nicht doch initiativ wurde. Der Grund lag in der zögernden Haltung des Zentrums und in der ablehnenden Haltung der Nationalliberalen. Stresemann hatte erklärt, daß seine Partei auf jeden Fall die Regierung unterstützen werde, was Ebert für die Sozialdemokraten ablehnte.[184] Jetzt versuchten die

Mehrheitsparteien, die Teilnahme der Nationalliberalen an den interfraktionellen Besprechungen zu unterbinden.[185]

Am 8. Januar kam man ohne die Nationalliberalen zusammen. Fehrenbach legte den Standpunkt der Zentrumspolitiker dar. Ludendorff wolle, sagte er, 2 Millionen Polen sowie Litauen annektieren. Solche Pläne lehne das Zentrum ab, kleinere Grenzkorrekturen wären akzeptabel: »Aber von Annexionen in dem Umfang, wie sie die Alldeutschen oder auch die Oberste Heeresleitung sich ausdenken, davon kann keine Rede sein, weil das uns die Todfeindschaft der Russen eintragen kann.«[186] Die östlichen Länder sollten über ihre Zukunft selbst bestimmen: »Wir wollen ihnen nicht einen König von Preußen als Großfürst von Litauen und Herzog von Kurland aufdrängen, damit einige Generäle schöne Posten als Gouverneure bekommen. Das ist klar.« Auch über die künftige Staatsform, ob Monarchie oder Republik, sollten die Länder selbst bestimmen. Die Hauptsache sei, daß »ehrlich und loyal« verhandelt werde.

David riet, in der Auseinandersetzung zwischen »Hindenburg-Hertling«, so seine Formulierung, mit einer starken Willenskundgebung des Reichstags einzugreifen: »Wenn der Reichstag in seiner Mehrheit noch einmal diesen Standpunkt stark bekundete, dann wäre der Kampf zugunsten der politischen Leitung entschieden.«[187] Doch der Fortschrittler Dove winkte ab. Er glaube nicht, daß eine neue Resolution etwas bewirken werde. Die letzte Entscheidung liege eigentlich bei dem Kaiser. »Der muß den Offizieren sagen, was ihres Amts ist.«[188] Das war formal richtig, ging aber an den realen Kräfteverhältnissen vorbei. Erzberger sah, wie sich die Dinge politisch zuzuspitzen drohten: »Die Sache steht tatsächlich so, daß wir den Streik der Generäle oder den Generalstreik haben. So ist die Lage.« Mit wenigen Strichen kennzeichnete er das Tauziehen in den verschiedenen Gremien der deutschen Politik der letzten Tage. Aber von einem Schritt in die Öffentlichkeit riet er ab.[189] Eine plötzlich aufflammende politische Debatte könne Schaden anrichten. Man solle mit dem Auswärtigen Amt zusammenarbeiten und sich sämtliche aus Brest eingehenden Depeschen Kühlmanns vorlegen lassen.

Inzwischen begannen die Abgeordneten, sich auch Gedanken über die inneren Vorgänge in Petersburg und die Absichten der dortigen politischen Kräfte zu machen. David, der aus Zeitungsberichten über eine Rede Trotzkis in Petersburg vor den Vereinigten Ausschüssen der Bolschewiki vom 1. Januar unterrichtet war, versuchte, die russischen Absichten aus der Rede zu analysieren: »Es zeigt, was wir von Brest-Litowsk jetzt zu erwarten haben.« Trotzki erwarte, daß die Arbeiter überall eingreifen würden. Das bedeute, daß der jetzige russische Volkskommissar hoffe, den »revolutionären Krieg« auf ganz Europa ausdehnen zu können. Umso sorgfältiger müsse von der deutschen Seite verhandelt werden: »Vom Scheitern der Friedensverhandlungen erhoffen die Bolschewiki gewaltige Wirkungen in Deutschland bei den Arbeitern. Angesichts dieser Lage halte ich es für unsere Pflicht, daß wir auf dem Boden des 25. Dezember (keine Annexionen) ehrlich stehen. Das entspricht unserer Resolution vom 19. Juli.«[190]

David war einer der wenigen, die die Realitäten der Petersburger Politik in die Überlegungen einbezogen: »In Petersburg scheint eine durchaus kritische Stimmung zu sein. Trotzki scheint auch entschlossen zu sein, wenn er keinen Frieden bekommt, dann weiter zu kämpfen. Damit findet er auch Zustimmung. Jedenfalls wollen die Bolschewiken keinen unehrenhaften Frieden schließen. Vielleicht will Trotzki nur einen guten Abgang in Brest-Litowsk suchen.«[191] Aus diesen Erwägungen glaubte Eduard David die Situation dadurch retten zu können, daß man dem Kaiser deutlich mache, daß er die Unterstützung aller drei Parteien der Mehrheit habe, sofern er sich an die Ziele der Politik der Friedensresolution halte und sie durchsetze. David verwies darauf, daß in der Öffentlichkeit das Bewußtsein von dem Zusammenhalt der drei Mehrheitsparteien gesunken sei. Dem müsse dringend entgegengewirkt werden. Alle Zeitungen der drei Parteien sollten dies verdeutlichen. Während der sozialdemokratische Abgeordnete Südekum von einer öffentlichen Debatte abriet, schien Erzberger sich der Forderung, die auch von Ebert vertreten wurde, anzunähern.[192] Aber es wurden keine Entscheidungen getroffen. Man vereinbarte, falls ein Scheitern in Brest drohe, zu einer Aussprache zusammenzukommen.[193] Am 13. Januar notierte David in seinem Tagebuch: »Plenum abgesagt« und am 15. Januar: »Vertagung der politischen Debatte.«[194] Der Zusammenhalt der Mehrheitsparteien in diesen kritischen Tagen war schwach.

Am 9. Januar wurden die Beratungen in Brest-Litowsk wieder aufgenommen. Jetzt leitete Trotzki die russische Delegation. Die Fraktionsführer wurden in den folgenden Tagen im Auswärtigen Amt über den Stand der Verhandlungen unterrichtet. Da es sowohl in der telephonischen wie in der telegrafischen Verbindung nach Berlin von Brest aus Störungen gab, waren die Informationen, die in Berlin eintrafen, lückenhaft.[195] Am 13. Januar waren noch einmal Hindenburg und Ludendorff zu einer Aussprache mit dem Kanzler und dem Kaiser nach Berlin gekommen. Es ging immer noch um die »Krise« aus der Sitzung des Kronrats vom 2. Januar. Hertling, gestützt auf ein von Kühlmann formuliertes Gutachten, blieb standhaft und betonte die Priorität der Politik vor militärischen Erwägungen.[196] Aber bei dem Kaiser gewannen die beiden Soldaten wieder an Terrain.

Zwei Reden, die eine des britischen Premiers Lloyd George am 5. Januar, die andere, Wilsons, vor dem amerikanischen Kongreß vom 8. Januar (14 Punkte) über den künftigen Frieden, wurden in Berlin erst zögernd registriert. Eine unmittelbare Wirkung auf die in Brest anlaufenden Verhandlungen ging von ihnen nicht aus.

Am 6. Januar hatten Kühlmann und Czernin in Brest Verhandlungen mit einer Delegation der »Rada« – übrigens sehr jungen Leuten –, die zunächst aus einem lockeren Meinungsaustausch mit den Ukrainern entstanden waren, aufgenommen.[197] Die Ukrainer lehnten die Regierung Lenins in Petersburg als russische Regierung ab und betrachteten sich als politisch selbständig. Die Verhandlungen wurden von da ab parallel zu den Verhandlungen mit der Petersburger Regierung geführt und am 9. Februar mit einem Separatfrieden abgeschlossen. Die Petersburger Delegation, die, wie Kühlmann Hertling telegrafierte, in gedrückter Stimmung in Brest angekommen war, wurde sofort mit dieser neuen Situation konfrontiert. Trotzki erklärte sich mit der Teilnahme einer ukrainischen Delegation einverstanden.[198] Auch die Beibehaltung des Verhandlungsortes wurde notgedrungen akzeptiert.[199] Nachdem sich die Verhandlungen in den ersten Tagen etwas zögernd und abtastend vor allem zwischen Trotzki auf der einen, Kühlmann und Czernin auf der anderen Seite abgespielt hatten und relativ weitläufig die Frage des Selbstbestimmungsrechts, der Räumung der besetzten Gebiete besprochen worden war, kam es am 12. Januar zu einer direkten Auseinandersetzung zwischen Trotzki und General Hoffmann.

Hoffmann hatte sich schon seit längerem über die Verhältnisse in Rußland seine eigenen Gedanken gemacht. Dabei hatte er den Eindruck gewonnen, daß die russischen Revolutionäre von den Diplomaten unterschätzt würden. Auch die Nachricht, unter den deutschen Truppen an der russischen Grenze wären zunehmend Propagandaschriften der Bolschewiki in deutscher Sprache aufgetaucht, hatte ihn aufmerken lassen.[200] Bereits in den Verhandlungen vor Weihnachten noch unter der Leitung Joffes war sein Mißtrauen gewachsen. Zudem erfuhr er aus den Berichten seines Oberkommandos Details über die innere Entwicklung in Rußland. Er bezweifelte, ob es überhaupt sinnvoll sei, sich mit den russischen Revolutionären auf Verhandlungen einzulassen. Hoffmann selbst war vor dem Krieg ein halbes Jahr zum Studium in Rußland gewesen, kannte also das vorrevolutionäre Rußland, fühlte sich ihm wohl auch verbunden. Aus dieser Zeit verfügte er auch über russische Sprachkenntnisse.[201]

Möglicherweise auch provoziert durch das selbstbewußte Auftreten und die langen Reden Trotzkis, dem gegenüber, wie er meinte, Kühlmann und Czernin ihre »Nerven verlören«, verdichtete sich Hoffmanns antirevolutionäre Einstellung. Über mehrere Tage bereitete er sich auf eine Intervention in den Verhandlungen vor. Schließlich protestierte er bei Trotzki, daß von der russischen Seite der Waffenstillstand vom 15. Dezember nicht eingehalten werde. Dort sei von der »Herbeiführung eines dauerhaften Friedens« die Rede. Gegen dieses Ziel werde von der russischen Seite ständig verstoßen, durch Funksprüche und Propaganda. In der Sitzung vom 12. Januar wurde Hoffmann noch deutlicher: Die russische Propaganda verstoße gegen das Waffenstillstandsabkommen, »weil sie nicht einem dauerhaften Frieden nachstrebt, sondern Revolution und Bürgerkrieg in unsere Länder tragen möchte.«[202]

Sowohl Kühlmann wie Czernin erwiesen sich als zu schwach, um die nun einsetzenden Konfrontationen zwischen dem Wortführer der russischen Revolution und dem deutschen General zu verhindern. Aber auch Trotzki selbst nahm die Äußerungen des Generals wichtiger, als sie zu nehmen waren. So kam es zu einer unerwarteten Eskalation. Auf die locker hingeworfenen Bemerkungen Trotzkis, der General vertrete die Berliner Regierung und die Regierungen anderer deutscher Länder,[203] stellte Hoffmann richtig: »Ich vertrete keine Regierung, ich vertrete die deutsche Armee.« Auch diese Bemerkung enthielt zunächst nur eine – formal korrekte – Richtigstellung, mußte aber völlig mißverstanden werden. Denn auf einmal, so schien es, hatte es die russische Delegation mit zwei deutschen Verhandlungsgegnern zu tun: der deutschen Regierung (Kühlmann) und der deutschen Armee (Hoffmann). Kühlmann versuchte, die Äußerungen Hoffmanns etwas abzumildern, vergeblich. Trotzki gewann offensichtlich den Eindruck, in der Person des Generals dem »deutschen Militarismus« direkt ins Auge zu blicken – und akzeptierte die Situation. Er bat die »deutsche Regierung« darum, »sich so frei und offenherzig über ihre Ansichten bezüglich der inneren Verhältnisse Rußlands« auszusprechen, wie »wir« – seine eigene Partei – »dies tun«.[204] Aber Czernin erklärte ermattet, um 12^{15} Uhr: »Damit ist das heutige Tagesprogramm erschöpft.«[205]

Am gleichen Tag traf ein Telegramm aus dem Hauptquartier in Kreuznach bei Hoffmann in Brest ein, das Schreckensnachrichten über die inneren Verhältnisse in dem russischen Teil Estlands und Livlands enthielt: dort würden Privatgüter den Landlosen übergeben, städtischer Hausbesitz verstaatlicht, Wirtschaftsinventar eingezogen, Bankguthaben konfisziert.[206] Die Justizbehörden seien aufgehoben und durch Revolutionstribunale ersetzt worden, die dortige deutsche Bevölkerung dem »Ruin und Hunger preisgegeben«.[207] Hoffmann übergab das Telegramm an den Staatssekretär.

Als man am Nachmittag des 12. Januar gegen 16 Uhr wieder zur Plenumssitzung zusammenkam, versuchte Kühlmann, das Gespräch von den Themen des Morgens auf die Frage der politischen Ausgestaltung der bisherigen russischen Westprovinzen zu lenken: sei Rußland bereit, wollte er wissen, den dortigen nationalen Gruppen einen eigenständigen staatlichen Charakter zuzubilligen, als, wie er sagte, »selbständige Rechtspersönlichkeiten«. Die russische Delegation ging auf die Frage des Staatssekretärs ein und bejahte sie prinzipiell. Die alten Grenzen des »früheren russischen Kaiserreichs«, erklärte Kamenew, die »durch Gewalttaten und Verbrechen gegen die Völker gebildet« worden seien, so seine Formulierung, »insbesondere gegen das polnische Volk (gemeint waren die geschichtlichen Teilungen), seien »zusammen mit dem Zarismus verschwunden«. Die neuen Grenzen müßten durch einen »freien Entschluß der Völker« gebildet werden. Andererseits bitte er die deutsche und österreichische Delegation gleichfalls um eine »exakte Beantwortung« dieser Fragen in schriftlicher Form.[208] Gewissermaßen als Antwort auf die Frage Trotzkis vom Vormittag ging Hoffmann, einmal im Zuge, noch einen Schritt weiter. Die russische Regierung fordere ein Selbstbestimmungsrecht, das sie selbst nicht einhalte: »Ihre Regierung ist begründet auf Macht, und zwar auf Macht, die rücksichtslos mit Gewalt jeden Andersdenkenden unterdrückt. Jeder Andersdenkende wird einfach als Gegenrevolutionär und Bourgeois als vogelfrei erklärt.«[209] So habe die Petersburger Regierung das Selbstbestimmungsrecht der Ukrainer eben nicht anerkannt und versucht, dessen Realisierung mit Waffengewalt zu verhindern. Die deutsche Oberste Heeresleitung, so wörtlich, müsse »deshalb eine Einmischung in die Regelung der Angelegenheiten der [von Deutschland] besetzten Gebiete ablehnen«. Offensichtlich verstand der General die OHL jetzt gewissermaßen als eine politische Instanz. »Für uns«, sagte er, sei es auch »bereits klar«, daß die Völker ihre Abtrennung von Rußland eindeutig kundgegeben hätten.[210] Er führte die Beschlüsse der von den Deutschbalten kontrollierten politischen Gremien mit Datumsangabe auf. Auch aus verwaltungstechnischen Gründen müsse eine Räumung der jetzt von deutschen Truppen besetzten Gebiete abgelehnt werden, denn es gebe dort keine Verwaltung, keine Bahn, keine Post, kein Telegraphenwesen.

Mit dieser unerwarteten Rede hatte Hoffmann die feinen Fäden, die die Diplomaten bisher gesponnen hatten, zerrissen. Er hielt deren Verhandlungsführung zudem für »unehrlich«. Er hatte jetzt zum zweiten Mal einen entscheidenden Einfluß auf den Gang der Verhandlungen genommen. Das Verhandlungsergebnis am 12. Januar – die Sitzung schloß um 17^{15} Uhr – war ein diplomatischer Scherbenhaufen. Kühlmann beantragte jetzt, die Sitzung aufzuheben, um die russische Forderung nach schriftlichen Festlegungen, so seine Begründung, zu beraten.[211] Das Protokoll der Sitzung ging am nächsten Tag telegrafisch nach Berlin. Kühlmann versuchte dabei durch ergänzende Bemerkungen die Aussagen des Generals abzuschwächen: es handle sich um verwaltungstechnische Probleme, eine grundsätzliche Ablehnung der Räumung sei nicht ausgesprochen.[212] Worauf Kühlmann aber keinen Einfluß mehr nehmen konnte, war die Berichterstattung der Weltpresse. Die Rede wurde bald – zur Verwunderung des Generals – als »Faustschlag des Generals Hoffmann« publiziert und kommentiert.[213]

Aber auch die russische Delegation hatte jetzt einen ganz irreführenden Eindruck von den Zielen der deutschen Politik bekommen, und, was weitaus schwerer wog: sie rezipierte ihn, verallgemeinernd, für die gesamte deutsche Haltung. Elf Jahre später, 1929, schrieb Trotzki über die Szene des 12. Januar: »Ohne jegliche Sympathie für diplomatische List legte der General einige Male seinen Soldatenstiefel auf den Tisch, um den herum sich die Debatten entwickelten. Wir unsererseits zweifelten keinen Augenblick daran, daß gerade der Stiefel des Generals Hoffmann die einzige Realität bei diesen Verhandlungen war.«[214] Aber der russische Volkskommissar für auswärtige Angelegenheiten wurde ein Opfer seiner eigenen Voreingenommenheiten. Er typologisierte einen Eindruck, der nicht unbedingt typisch war. Doch einmal geschehen und nach Petersburg weitergegeben, war die Information kaum wieder rückgängig zu machen.[215]

Die Rede Hoffmanns ist später, auch von Czernin vor dem österreichischen Parlament, als ein bloßer »Kraftakt« abgetan worden. In ihrer politischen Gewichtigkeit aber war sie mehr. Denn sie gab, beabsichtigt oder unbeabsichtigt, der Ostpolitik eine ganz andere Wendung, gänzlich andere Ziele. Was bisher als Annexionismus erscheinen mochte, wurde jetzt zu einer positiven soldatischen Leistung: die Abwehr einer drohenden Gefahr, einer von Rußland ausgehenden revolutionären Bedrohung, eine Politik der Eindämmung des Bolschewismus, aus der sich vieles rechtfertigen ließ. Diese neue Politik gegenüber Rußland wurde praktiziert, bevor sie eigentlich durchdacht und ausgesprochen war. Und es waren nicht nur deutsche Generäle, wie sich in den nächsten Jahren zeigen sollte, die ihr anhingen. Der Antibolschewismus entstand aus einer kurzschlüssig und nur unzureichend abgedeckten Beurteilung einer aktuellen Situation. Mit dem Auseinanderjagen der russischen konstituierenden Nationalversammlung in Petersburg, wenige Tage später, schien sie ihre unmittelbare Bestätigung zu finden.

Am 13. Januar fielen die Beratungen auf Wunsch der Delegation der vier Verbündeten aus. Am 14. Januar, Czernin konnte wegen einer Erkältung nicht teilnehmen, kam es zu einem brillanten Wortgefecht zwischen Trotzki und Kühlmann. Trotzki protestierte gegen eine einseitige Berichterstattung über die Brester Verhandlungen in der deutschen Presse, die Rußlands friedliche Absichten bestreite, verlangte die korrekte

Weitergabe der stenographischen Protokolle an die Weltpresse und nahm noch einmal detailliert zu den Erklärungen General Hoffmanns vom 12. Januar Stellung, wobei er sich, inzwischen gut vorbereitet, als ein weitaus besserer Kenner des deutschen Staatsrechts erwies als der deutsche General. Er kostete die Blöße, die sich die deutsche Delegation gegeben hatte, aus. Im anschließenden – faszinierenden – staatsphilosophischen Wortgefecht zwischen dem Revolutionär und dem Staatssekretär wurde selbst die Rechtsprechung des amerikanischen (!) Obersten Gerichtshofes argumentativ herangezogen. Schließlich bat Kühlmann Trotzki zur Geschäftsordnung zurückzukehren. Das Duell endete mit folgenden Worten: Trotzki: »Ich schließe mich vollständig der Geschäftsmäßigkeit an, halte dagegen die Langeweile nicht für einen notwendigen Bestandteil der Verhandlung.« – Kühlmann: »Auch ich möchte nicht unbedingt auf letzterer bestehen.« – Trotzki: »Folglich ist hier eine vollkommene Übereinstimmung erzielt.« – Kühlmann: »Ich nehme das als gutes Omen für die weiteren Verhandlungen.«[216]

Am Spätnachmittag des 14. Januar kamen im Auswärtigen Amt in der Wilhelmstraße in Berlin die Sprecher der Reichstagsfraktionen zusammen, um sich über den neuesten Stand in Brest zu unterrichten. Inzwischen war die Rede Hoffmanns in Berlin bekannt und zum Tagesgespräch geworden. Gerüchte gingen um, die Verhandlungen seien abgebrochen. Erzberger äußerte Zweifel, ob in Brest noch nach der Programmerklärung des Kanzlers (29. November) verhandelt werde. David fragte, wie der General dazu komme, Erklärungen politischen Charakters abzugeben. Dafür sei allein der Staatssekretär zuständig.[217] Ebert verlangte die Verlesung des wörtlichen Stenogramms der Rede, es sei »außerordentlich wichtig«, und forderte erneut die Einberufung des Reichstags. Das Parlament könne nicht länger ausgeschaltet bleiben, wo in Berlin die wildesten Gerüchte umgingen, zumindest müsse der Hauptausschuß einberufen werden. Er befürchtete, daß »Kräfte am Werke« seien, die die Verständigung erschweren würden.[218] David machte darauf aufmerksam, daß es widersprüchlich sei, den Reichstag nicht einzuberufen, wenn die inzwischen in Deutschland schon entstandene Unruhe schon störend nach Brest zurückwirke. »Im Reich herrsche schwere Sorge, daß die Dinge in Brest zum Scheitern gebracht würden.«[219] Auch Erzberger befürwortete jetzt eine politische Debatte im Reichstag. Denn die alldeutsche Presse spiele Trotzki die Argumente in die Hand... Westarp befürwortete die Einberufung des Hauptausschusses, weil die Sozialdemokraten, wie er sagte, Trotzki den »Rücken stärkten«. Die Auswirkung der Brester Verhandlungen auf die deutsche Innenpolitik war unverkennbar. Neue Themen zwischen der Rechten und der Linken kamen ins Spiel.

Am 16. Januar trafen sich die Mehrheitsparteien interfraktionell, ohne die Nationalliberalen. Es war von einer »kolossalen Konfusion« die Rede. Was wolle Trotzki? Die Revolution in Deutschland?[220] David meinte, daß, wenn Trotzki tatsächlich mit einer Revolution rechne, er sein Ziel am ehesten durch ein Scheitern der Verhandlungen erreichen könne. Aber er glaube noch, daß Chancen für eine praktische Einigung in Brest bestünden, wenn Kühlmann in der Frage der Räumung nachgebe. Man müsse die Regierung gegenüber der OHL stärken, forderte auch der Fortschrittler Gothein.[221]

Naumann, der an dieser Besprechung teilnahm, hatte sich inzwischen ein Buch Trotzkis aus dem Jahr 1909 besorgt.[222] Trotzki, dies habe er dem Buch entnommen, habe »selbst keine Achtung vor dem Selbstbestimmungsrecht«. Das zeige auch sein Verhalten gegenüber der neugewählten russischen konstituierenden Nationalversammlung.[223] Müsse denn, so folgerte Naumann, von deutscher Seite unter diesen Umständen das Selbstbestimmungsrecht ernster genommen werden, als es Trotzki selbst nehme? Ebert wehrte ab. Man könne Trotzkis Haltung nicht allein nach einem Buch beurteilen. Denn er müsse jetzt zu dem Selbstbestimmungsrecht stehen, weil darin alle linken politischen Gruppen Rußlands übereinstimmten. »Er wird auch davon nicht abweichen. ... Jedenfalls wird Trotzki einen Frieden ohne ehrliche Durchführung des Selbstbestimmungsrechts nicht schließen, das ist für mich außer Zweifel.«[224] Da die von der deutschen Seite vorgelegten »Abtretungserklärungen« der östlichen Länder ohne Mitwirkung der lettischen Bevölkerung zustandegekommen seien, böten sie keine Grundlage für die deutsche Politik. »Das können wir nicht mitmachen«, weder politisch noch persönlich, »weil es eine Unehrlichkeit ist.«[225] Die Sozialdemokraten waren von allen Abgeordneten am meisten um den Gang der Dinge besorgt. So erklärte David, er könne auch Westarps Entscheidungen nicht einfach hinnehmen.

Gothein wies auf die inneren Schwierigkeiten in Deutschland hin: die wachsende Propaganda der nationalen Rechten (Vaterlandspartei), der »Kriegstreiber«.[226] Der Kanzler selbst stehe den Dingen machtlos gegenüber. Es habe auch wenig Sinn, sagte Erzberger, jetzt »auf den Reichskanzler zu schlagen«, es sei »wertlos«. Der Kriegsminister sei für die wachsende offiziöse Kriegspropaganda verantwortlich. »Man arbeite systematisch an der Front gegen die Reichstagsmehrheit. Da ist es höchste Zeit, dagegen einzuschreiten.« Ebert sah die Dinge ähnlich.[227] Aber die Abgeordneten spürten auch ihre Schwäche, dagegen anzugehen. Die Kriegspropaganda deutscher Militärbehörden »sei immer schlimmer geworden«, klagte Gothein. Im Ausland könne »kein Mensch unsere Friedensbekundungen ernst nehmen, solange diese Militärwirtschaft andauert«.[228] So kam die Sprache zunehmend auf die inneren Verhältnisse in Deutschland, die politische Zensur der Presse durch die örtlichen Militärbehörden auf der Grundlage der Gesetze über den Belagerungszustand. Die Eingriffe der Militärs, berichtete Erzberger, erstreckten sich jetzt schon auf die behördliche Überwachung der Bauten.[229] Aber, so schlug er vor, man solle lieber zu den politischen Fragen zurückkehren.[230] David lenkte noch einmal die Aufmerksamkeit auf die Rede Hoffmanns, seine Ablehnung einer Räumung des Ostens von deutschen Truppen.[231] Genau hier sei der Punkt gewesen, an dem man sich hätte einigen können. Es sei eine »Verblendung sondergleichen«, solche Vorschläge abzulehnen. Was der General gesagt habe, habe bedeutet: »Die Russen haben überhaupt nicht über diese Räumung (Polens, Litauens, Kurlands) zu erörtern.« So aber setze man sich vor der ganzen Welt ins Unrecht.[232] Naumann wurde praktisch. Man solle darauf drängen, daß David nach Brest gehe. Es sei nötig, daß in der deutschen Delegation überhaupt jemand vertreten sei, der Trotzki verstehe und auf ihn eingehen könne. Der Vorschlag wurde nicht aufgegriffen. Auch Ebert riet zur Entsendung von Abgeordneten nach Brest. Man müsse auch die deutsche Regierung genauer über die politischen Ziele und Vorstellungen der Bolschewiki unterrichten, riet er. Denn bei dem jetzigen Stand der Verhandlungen gebe es keinen Frieden. »Die Regierung kennt ja gar nicht die Bolschewisten.« Das Endergebnis von Brest müsse so sein, daß die deutsche Seite nicht ins Unrecht gesetzt werde.

Es blieb allerdings vorläufig nur bei den interfraktionellen Besprechungen und den täglichen Beratungen der Sprecher aller Fraktionen im Auswärtigen Amt. Die Unabhängigen wurden zu den Besprechungen jetzt offensichtlich nicht mehr eingeladen.[233] Die Abgeordneten beobachteten, analysierten, forderten. Die Argumente waren immer die gleichen: korrekte und praktikable Anwendung des Selbstbestimmungsrechts. Am Abend des 16. 1. notierte David in seinem Tagebuch: »Lage erscheint mir fast hoffnungslos. Auch Kühlmann sehr ungeschickt.«[234]

Inzwischen waren die Verhandlungen in Brest nur schleppend vorangekommen. Am 18. Januar vertagte sich die Konferenz auf den Wunsch der russischen Delegation für 10 Tage.[235] Es war Kühlmann in den letzten Tagen nicht gelungen, den Eindruck der Erklärungen Hoffmanns wieder zurückzunehmen. Bei der letzten Konferenz am 18. Januar stellte Trotzki abschließend fest, daß Deutschland an der Okkupation der besetzten Gebiete festhalte, »zu dem Zwecke, diese Gebiete vor dem Eindringen der Revolution in dieselben zu bewahren.«[236] Trotzki nahm jetzt die Äußerung des Generals als die tatsächliche deutsche Haltung an. Anderslautende Äußerungen Kühlmanns bewertete er als »diplomatische Sprache«. Er gab zu verstehen, daß seiner Meinung nach sich die Vorstellungen des Staatssekretärs im wesentlichen mit denen des Generals deckten. Unverkennbar wünschte Trotzki »eindeutige Ergebnisse«, selbst ungünstige. Er faßte zusammen: »Der Herr Vorsitzende (Kühlmann) hat gesagt, daß ein Soldat sich dort kräftiger ausdrückt, wo Diplomaten vorsichtiger und ausweichender sprechen. Da wir Mitglieder der russischen Delegation nach unserer ganzen Vergangenheit nicht zur diplomatischen Schule gehören und viel eher als Soldaten der Revolution zu bezeichnen sind, so muß ich offen gestehen, daß uns persönlich die offenen und klaren Ausführungen auf allen Gebieten am liebsten sind.« Jedenfalls sei »die Klarheit erreicht, die notwendig ist für die Fassung so schwerwiegender Entschlüsse.«[237]

Dennoch war der Eindruck Trotzkis falsch. Denn so eindeutig, wie er die deutschen Absichten zusammenfaßte, waren sie nicht, vor allem enthielt seine Schlußfolgerung nicht das tatsächliche von rechts bis links weitgefächerte Spektrum der deutschen Politik und der in Berlin handelnden und beratenden politischen Kräfte. Kühlmann verwies daher in der Antwort auf die Ausführungen Trotzkis darauf, daß der »Geist« seiner Erklärung vom 25. Dezember (ersten Weihnachtstag) nach wie vor die deutsche Politik leite und andere deutsche Äußerungen dazu nicht im Widerspruch stünden. In dieser Aussage – diplomatisch gesprochen – war auch die Haltung der Mehrheitsparteien enthalten, die Annexionen strikt ablehnten. Aber Trotzki hatte die deutsche Politik offensichtlich mißverstanden. Er war eben, wie er sich selber charakterisiert hatte, kein Diplomat.

Andererseits hatte Kühlmann – zudem am Standort des gastgebenden und politisch redenden Generals Hoffmann – erheblich an Aussage- und Überzeugungskraft verloren. Auch die nach wie vor parallel zu den Hauptverhandlungen mit Rußland laufenden Nebenverhandlung mit den Vertretern der von Petersburg bekämpften ukrainischen »Rada« waren kaum geeignet, die deutschen Intentionen gegenüber Rußland zu klären, und wirkten auf die Petersburger Delegation – da sie die Autorität ihrer Regierung in Frage stellten – provozierend. Trotzki hatte am 18. Januar die Ergebnisse der bisherigen Beratungen durch Überakzentuierung grob vereinfacht, Kühlmann hatte sie durch theoretisierende Komplizierung vernebelt. Bei diesem Stand der Dinge – wobei niemand mit Sicherheit sagen konnte, was die andere Seite wollte – reisten die beiden Delegationsleiter in ihre Hauptstädte zurück. Kühlmann fuhr am 20. Januar zur Berichterstattung nach Berlin. Trotzki ging nach Petersburg, wo am 21. Januar die bereits erwähnte interne Auseinandersetzung der bolschewistischen Parteiführer stattfand, in der die bisherigen Ergebnisse von Brest beraten und über Krieg oder Frieden abgestimmt wurde.[238]

Es kennzeichnete die deutschen innenpolitischen Verhältnisse, daß, als am 23. Januar die Abgeordneten – ohne die Nationalliberalen – zu einer interfraktionellen Besprechung zusammenkamen, erneut die Frage der Aufhebung der Pressezensur anstand.[239] Gothein drängte darauf, die Kompetenz den Militärbehörden zu entziehen und sie den zivilen Stadt- und Kreisverwaltungen zu unterstellen.[240] Das war realistisch gedacht. Denn die Zensurmaßnahmen der örtlichen »Stellvertretenden Generalkommandos« lähmte selbstverständlich auch die Aktivitäten der Anhänger der Reichstagsmehrheit in Stadt und Land.

Zwei Ereignisse wirkten jetzt auf die Beratungen von außen ein: Die Rede Woodrow Wilsons vom 8. Januar vor dem amerikanischen Kongreß und die Auflösung der konstituierenden russischen Nationalversammlung am 19. Januar. Die Politiker der Reichstagsmehrheit reagierten sofort positiv auf die Rede Wilsons. Sie bilde eine »diskutable« Grundlage. Erzberger wünschte, daß Hertling sie in seiner für den nächsten Tag geplanten Rede vor dem Hauptausschuß positiv beantworte.[241] Der Kanzler solle sie so anlegen, daß der »Faden gesponnen« werden kann. Ähnlich reagierte Scheidemann. Wenn 11 der 14 Punkte akzeptabel seien, »dann müsse man zufassen«. Aber er beurteilte die Person Hertlings, den er persönlich nicht näher kannte, skeptischer.[242] Der Kanzler solle sich jetzt klar äußern. Das »ewige Schaukeln« müsse aufhören. Die Sozialdemokraten drängten darauf, daß in der neuen Situation Brest nicht vergessen werde. Ihr Ton wurde jetzt schärfer. Man könne sich das, was in Brest geschehen sei, nicht mehr bieten lassen.[243]

Ganz offensichtlich belastete die Beobachtung der inneren Entwicklung in Rußland auch die Beziehungen der Parteien der Mehrheit untereinander. Die Zentrumspolitiker und Fortschrittler neigten dazu, die Haltungen der deutschen Seite in Brest zu billigen,[244] die Sozialdemokraten dagegen wurden kritischer, zumal gegen die Politik der Generäle. Ebert blieb fest. Hoffmann habe der russischen Vertretung erklärt, sie habe in der Frage der Räumung kein Mitspracherecht. Das sei eine rein politische Erklärung gewesen und gehe nicht an. Keine russische Regierung könne auf dieser Grundlage einen Frieden abschließen. Ebert brachte, wie schon früher, die wirtschaftliche Misere[245] zur Sprache. Der Zusammenhalt der drei Parteien war aber noch immer so gefestigt, daß sie sich darauf einigten, Kühlmann weiter zu decken.[246]

Am Abend des gleichen Tages berichtete Kühlmann den Sprechern aller Reichstagsfraktionen – auch Hugo Haase war dazu eingeladen – über den Stand in Brest. Der Staatssekretär schilderte noch einmal die Genese der jetzigen Verhandlungen. Der Funkspruch des Petrograder Arbeiter- und Soldatenrats, der das auslösende Moment gewesen war, habe zunächst einen »allgemeinen Frieden« vorgeschlagen. Erst nachdem die Entente darauf nicht eingegangen sei, habe sich Rußland zu dem Sonderfrieden entschlossen. Kühlmann schilderte die Veränderungen im Stil der russischen Verhandlungsführung nach der Ankunft Trotzkis im Januar. Diese Phase sei erheblich schleppender verlaufen. Er wisse auch nicht, ob Trotzki wirklich zu einem »gerechten Frieden« kommen wolle und ob er nicht mit dem Gedanken spiele, von »dem ich aus zuverlässiger Quelle weiß, daß es sein Lieblingsgedanke ist«, eine Umsturzbewegung in Mitteleuropa zu entfesseln, um sich von dem Zwang zu befreien, mit den ihm »verhaßten« Regierungen einen Frieden abschließen zu müssen. Doch könne er sich nicht sicher über die tatsächlichen Absichten Trotzkis äußern.

Die Reichstagsabgeordneten erfuhren jetzt auch, warum sich das Verhandlungsklima plötzlich seit dem Januar gewandelt hatte: »Die Delegationen aller Länder, auch die Russen, wohnen teils in Eisenbahnwagen, teils in dem, was von älteren russischen Offizierswohnungen in kleinen, Arbeiterhäusern ähnlichen Siedelbauten noch übrig ist. Die Mahlzeiten wurden gemeinsam im großen Offizierskasino eingenommen und sämtliche russische Herren nahmen daran teil, so daß wir in der Lage waren, inter pocula manches zu besprechen, und die Herren werden wohl verstehen..., daß bei solchen zwanglosen Gesprächen nach Tisch bei einer Zigarre manche Sachen einer Erledigung entgegengeführt werden konnten, die bei offiziellen Verhandlungen mit Stenographen, Protokollen und dergleichen unüberwindliche Schwierigkeiten zu bieten schienen.«[247]

Doch nach der Weihnachtspause habe sich die Szene schlagartig verändert: »Hierin ist eine totale Veränderung eingetreten. Die russischen Herren schlossen sich in ihren Wohnungen ab, ließen sich Essen holen, und betraten weder Speisesäle noch Gesellschaftsräume. Es war offen das Stichwort ausgegeben, daß Privatgespräche verboten seien, denn während der ganzen Zeit durfte keiner der russischen Delegierten ohne einen oder zwei Aufpasser zu einem der Herren der Mittelmächte kommen. Der ganze Ton war infolgedessen ein frostiger, und Trotzki hat, wie die Herren aus den in der Presse veröffentlichten Verhandlungen sehen werden, seinerseits nichts getan, um die Dinge sachlich zu fördern oder zu einer Einigung zu kommen, war nur bestrebt, Agitationsmaterial und taktische Vorteile aus den Verhandlungen herauszuziehen.«[248] Das sei ihm auch weitgehend gelungen. Trotzki habe bei den Verhandlungen »einen hohen Grad an Verschlagenheit und Gewandtheit an den Tag gelegt«, die der eigenen deutschen Vertretung »ein hohes Maß an Geduld und Selbstüberwindung« abverlangt habe. Er selbst, Kühlmann, habe auf dem Standpunkt gestanden: »Dieser Friede ist für unser Volk und für unsere Verbündeten ein so ungeheuer wichtiges Moment, daß alles, was an uns lag und was in unseren Kräften stand, um diesen Frieden herbeizuführen, unbedingt getan werden müßte.«[249]

Kühlmann gab nun den Abgeordneten einen längeren Überblick über die jüngste Geschichte Rußlands, aus dem auch seine Einstellung und Beurteilung der aktuellen Entwicklung dieses Landes hervorging.[250] Rußland sei, so führte er aus, »ein sehr junges Reich«. Das Zarentum »machte, durch eine gewisse Gleichförmigkeit in der äußeren Aufmachung, in der Beamtenschaft und dergleichen, dem Außenstehenden den Eindruck eines gleichförmigen Körpers. In Wirklichkeit waren aber die verschiedenen, im Laufe dieser anderthalb Jahrhunderte angegliederten Nationen, keineswegs wirklich verdaut oder assimiliert, das nationale Prinzip gärte und wucherte unter der Oberfläche, und als die Macht der Zentralregierung anfing, sich zu lockern, und schließlich zusammenbrach, war es in erster Linie das nationale Prinzip, welches sich als Sprengmittel erwies und diesen gewaltigen Körper in seine Atome auseinandertrieb.« Die nationale Bewegung habe auch die Länder niedergedrückt, an denen Deutschland ein besonderes Interesse habe: Polen, Litauen, Kurland, Finnland, dem Kaukasus, der Ukraine, »überall war das nationale Element dasjenige, was staatenbildend und absondernd auf diesen gewaltigen Körper einwirkte«.[251] Ein weiterer Spannungsherd ergebe sich aus den sozialen Gegensätzen im Innern der östlichen Länder. Kühlmann verwies auf bolschewistische Strömungen in Finnland. In der Ukraine habe sich mit der »Rada« in Kiew inzwischen eine politische Gewalt etabliert, die auf »einem sehr fortgeschrittenen radikalen Standpunkt« stehe, aber doch lange noch nicht so radikal sei, wie die Bolschewiki selbst. Sie verfüge über eine relativ geordnete Verwaltung und die relativ beste Armee. Zwischen der Bolschewiki-Regierung im Norden der Ukraine und der Regierung der Rada bestehe ein offener Krieg. Die Bolschewiki versuchten, durch soziale Unterwanderung jener Schichten, auf die sich die Rada in Kiew stütze, sie zu unterhöhlen. Kühlmanns Gesamteindruck: »Das ganze Reich macht, je mehr man es ansieht und je mehr Details man daraus hört, den Eindruck, in einer ungeheuren chaotischen Gärung begriffen zu sein. Die staatlichen Gebilde haben keine feste Form, sind schwankend wie Nebelfiguren, und es liegt eine ungeheure Erschwerung darin, daß man eigentlich bei den Verhandlungen niemals mit voller Sicherheit sagen kann: ›Was repräsentiert der Mann dir gegenüber eigentlich, wie weit wird er nach 14 Tagen noch in der Lage sein, das durchzuführen, was er heute, wenn auch mit Klauseln, verspricht?‹ «

Kühlmann versuchte, so den Abgeordneten ein Bild des neuen Rußland zu geben, das allerdings eher einen plastischen Gesamteindruck als eine genaue politische Analyse enthielt. Aber offensichtlich wußte man zu diesem Zeitpunkt im Berliner Auswärtigen Amt auch tatsächlich nicht viel mehr über die inneren Verhältnisse in Rußland. Im Innern Rußlands seien die »Zustände in der Gegend, wo die Bolschewiki herrschen, so trostlos und grauenerregend, wie sie, glaube ich, in keiner Revolution, welche die Geschichte kennt, in derartigem Umfang gewesen sind. Insbesondere auf dem platten Land, wo das Schlagwort von der Aufteilung aller Güter in des Wortes gröbster Bedeutung durchgeführt wird, wo die Gutshöfe massenhaft abgebrannt werden und die

Morde an der Tagesordnung sind, ist nach Schilderungen der zuverlässigsten und bestunterrichteten Leute die Lage eine wirklich ganz furchtbare.«[252]

Über die Lage in der russischen Hauptstadt Petersburg berichtete der Staatssekretär den Reichstagsabgeordneten: »Aber auch in den Städten, in Petersburg selbst, sind die Zustände so, daß man glauben sollte, sie können nicht dauern: kein Verkehr, keine Sicherheit, kaum Ernährung, jedes Gesetz eigentlich aufgehoben und verschwunden, nichts als ungebildete, rohe, bewaffnete Pöbelhaufen, die sich an den Ausschreitungen in der gröblichsten Weise beteiligen. Aber ob in der nächsten Zeit da eine Änderung eintritt, und von welcher Seite sie kommen könnte, darüber können auch die besten Beobachter nichts sagen.«[253] Kühlmann erläuterte, wie es zu den Verhandlungen mit der Ukraine gekommen sei. Die Kiewer Vertretung, die Rada, habe die Anerkennung der Republik Ukraine beantragt, und dies sei ihr von den Verbündeten zugesagt worden. Mit den Ukrainern habe man besser verfahren können: »Die ukrainische Delegation ist erheblich realistischer als die Bolschewiki-Delegation.« Das deutsche Interesse an der Ukraine sei wirtschaftlich begründet. Die Ukraine sei der wirtschaftlich am weitesten entwickelte Teil Rußlands und verfüge noch über einen großen Teil von aufgespeicherten Lebensmittelvorräten. Der Friedensschluß mit der Ukraine würde die Eröffnung eines erweiterten Handelsverkehrs mit sich bringen. Kühlmann erwähnte, daß während der Verhandlungen die Spannungen zwischen der ukrainischen und der Petersburger-bolschewistischen Delegation zugenommen und schließlich zu einem »offenen Krach« geführt hätten, was wohl auch beabsichtigt war.

Der Konflikt um das Verhalten General Hoffmanns wurde von Kühlmann heruntergespielt: Man habe »harmonisch« zusammengearbeitet. Im Mittelpunkt der Verhandlungen habe die Frage der Anerkennung der Erklärungen der baltischen Vertretungskörperschaften gestanden. »Die Bolschewiki, Trotzki an der Spitze, sahen sofort, daß diese Frage für sie von größter Wichtigkeit war. Sie sind sich in ihrer Stellungnahme nicht immer gleich geblieben.« So habe sich auf diesem Gebiet ein erbitterter dialektischer Kampf ergeben, »der vielleicht draußen den Eindruck machte, als würde um theoretische Fragen die gute Zeit verdorben.« Tatsächlich hätten hinter den theoretischen Fragen die politischen Grundprobleme gesteckt, um die der Kampf selbst ging. – Diese Bemerkung Kühlmanns war insofern aufschlußreich, als gerade David in den Beratungen des Interfraktionellen Ausschusses immer wieder die politische Brisanz der Anerkennung der ständischen, nicht demokratisch gewählten Vertretungen in Kurland und Litauen herausgestellt hatte. – Zunächst habe die russische Verhandlungsdelegation unter Joffe (vor Weihnachten) die Anerkennung der ständischen Körperschaften in Aussicht gestellt, doch sei man danach von diesem Standpunkt wieder abgerückt, und Trotzki habe sich schließlich nur eine »nichtsagende Formel« abringen lassen, daß die »jetzigen Verhandlungen die beachtenswerte Meinung weiter oder einflußreicher Kreise der betroffenen Länder« wären, daß er aber mangels der nötigen Breite der Unterlagen für die Wahlen nicht weitergehen könne.

Ausdrücklich betonte der Staatssekretär, daß er eine Regelung für die Ostgebiete unter den Bedingungen des Selbstbestimmungsrechts wünsche: »Die Länder haben diese schwere Prüfung erlitten, daß der Krieg durch sie durchgebraust ist, und haben jetzt in den Zeiten der Besetzung unter der Last des Krieges zu leiden gehabt.«[254] In diesem Verhandlungsziel stimmte Kühlmann mit den Mehrheitsparteien überein. Unsicher sei man noch in der Einschätzung des künftigen Verhaltens der russisch-bolschewistischen Verhandlungsdelegation: »Ob die Ereignisse, welche sich in diesen Tagen in Petersburg abspielen, Herrn Trotzki anderen Sinnes machen werden, ob er nach der Verhandlungspause klarer und ehrlicher und als Realpolitiker auf den Boden treten wird, auf dem wir versuchen können, mit ihm zu verhandeln, das meine Herren, kann ich nicht sagen. Wir werden jedenfalls, soweit es an mir und dem Kanzler liegt, bis zum alleräußersten dessen gehen, was an Geduld und Konzessionen geleistet werden kann.« Es fällt auf, daß Kühlmann und ihm folgend wohl auch die deutsche Regierung, sich bei Einschätzung und Beurteilung der russischen Politik in diesen Wochen stark von dem äußeren Erscheinungsbild beeinflussen ließen. Sorgfältige politische Analysen der internen Vorgänge im revolutionären Petersburg lagen offensichtlich nicht vor und kamen – jedenfalls bei der Beratung mit den Fraktionssprechern – nicht zur Sprache. Man war sich in Berlin, von wenigen Ausnahmen abgesehen, so etwa Eduard David, auch nicht über den Charakter der politischen Bewegung in Petersburg voll im klaren.

Kühlmann erwähnte in seinem Bericht auch das neue diplomatiegeschichtliche Ereignis von Brest: die Öffentlichkeit der Verhandlungen und damit im Zusammenhang die Berichterstattung der Presse und den zwangsläufig damit sofort einsetzenden Streit in der öffentlichen Meinung über die Beurteilung der deutschen Verhandlungsführung von den Blättern der Linken bis zur Rechten.

»Wenn ich noch eins hinzufügen darf, so möchte ich sagen, daß dieselben (Verhandlungen) ganz unendlich erschwert worden sind durch die leidenschaftlichen Kontroversen, wie sie in einem Teil der Zeitungen in einer selbst bei uns unerhörten Schärfe hinter der Front sich abgespielt haben. Die russischen Herren pilgerten jeden Tag sofort nach Eintreffen des deutschen Schnellzuges nach dem Zeitungskiosk und zogen mit Ballen deutscher Zeitungen beladen nach Hause, und der Sekretär der russischen Delegation hat einem unserer Offiziere gesagt: »Unser bester Sekundant ist die deutsche Presse.« Die deutsche Presse habe durch ihre offene Erörterung der Verhandlungen und der deutschen Verhandlungsführer der anderen Seite die Argumente in die Hände gespielt.

Auch bei den Verbündeten Staaten (Österreich, Türkei, Bulgarien) habe sich dieser Eindruck verstärkt: »Man habe dort bisher Deutschland aus verhältnismäßig großer Entfernung immer als einen großen einheitlichen Block ohne Risse und Spaltungen angesehen, und da erscheint mit einem Mal ein bis in die Grundfesten gespaltenes, nervös zerrissenes, sich gegenseitig zerfleischendes Deutschland.«[255] Der Staatssekretär riet den Parlamentariern, sich in der öffentlichen Friedensdiskussion zurückzuhalten. Man solle besser die öffentlichen Meinungsverschiedenheiten herunterspielen: »Diese Dinge schaden uns mehr als ein gesunkenes Panzerschiff und mehr als eine verlorene Schlacht. Sie beeinträchtigen in allerhöchstem Grade die Möglichkeit, aus den herrlichen Siegen, die unsere Armee und Flotte errungen haben, auch diplomatisch das herauszuholen, was herausgeholt werden kann, und was das deutsche Volk zu erwarten berechtigt ist.«[256]

Der Fortschrittler Kaempf dankte für die »Mühewaltung« des Staatssekretärs Scheidemann, verlangte eine Erklärung, warum die Regierung von der Position der »Friedensresolution«, die sie noch am 25. Dezember vertreten hatte, bereits am 27. Dezember abgegangen sei; warum sie die Erklärungen der Landesräte in Kurland und Litauen als offizielle Volksmeinung angenommen habe, wo sich die Bevölkerung Kurlands zu 92 % aus Letten und nur zu 5 % aus Deutschen zusammensetze, in den ständischen Vertretungskörperschaften aber 11/12 Deutsche seien. Daß es schwierig sei, mit den Bolschewiken zu verhandeln, wurde bedauert: »Das kann uns aber nicht abhalten, mit den Leuten zu verhandeln, so lange es irgend geht. Wenn nun die Gelegenheit jetzt verpaßt wird und die Bolschewiki erledigt sind ... was soll dann werden? Dann ist für uns die Situation eine viel schlimmere geworden.«[257] Kritisch äußerte sich Scheidemann zu dem Verhalten des Generals Hoffmann. Es habe äußerst ungünstig gewirkt. »Ich will hier auch mitteilen, was wir aus bester Quelle heute mündlich aus Wien gehört haben. Danach sind die Vorgänge in Wien« – in Wien hatten, auch unter der Wirkung der katastrophalen Ernährungslage Streiks eingesetzt –; »die uns allen bekannt sind, in erster Linie auf die in Österreich ausgebrochene Empörung über die Entwicklung der Dinge in Brest zurückzuführen«. Der General habe kein Recht, in die aktiven Verhandlungen einzugreifen.[258] Das Militär müsse aus den Verhandlungen »unter allen Umständen« ausscheiden. Stresemann machte sich Kühlmanns Kritik an der deutschen Presse zu eigen. Die Herausgeber der großen Zeitungen ließen ihre Kritik »hemmungslos« spazierengehen. Damit war diesmal die linksliberale Presse wie das »Berliner Tageblatt« gemeint.

Kühlmann ging noch einmal auf die Frage ein, ob die geänderte russische Haltung in Brest mit der deutschen Verhandlungsführung zusammenhänge. Er verneinte. »Diese veränderte Haltung ist nach der Rückkehr der Herren nach Brest-Litowsk eingetreten und zweifellos auf den persönlichen Einfluß von Trotzki zurückzuführen. Wenn man den Herren auf der Straße begegnete, waren sie nicht mehr geneigt, ein kleines Gespräch anzuknüpfen wie ehedem. Die (ukrainischen) Radavertreter haben im Gegensatz dazu die gesellschaftlichen Beziehungen eifrig gepflegt, sie sind bei jeder Mahlzeit erschienen und haben einen scharfen Strich zwischen sich und dem Verhalten der Russen gezogen.«[259] Es fällt auf, wie stark Kühlmann in seiner Berichterstattung auf das Atmosphärische einging. Das mochte zunächst einen sachlichen Grund gehabt haben, weil die Art des Verhandlungsklimas zweifellos provozierend wirken mußte, sicherlich auch auf Max Hoffmann, der sich diesem Nervenkrieg nicht gewachsen zeigte, sich zu seinen bekannten Äußerungen von Trotzki hinreißen ließ, dadurch, wenn auch ungewollt, die Paradefigur des »deutschen Militarismus« abgab, obwohl er selbst unter den deutschen Generälen, verglichen mit anderen, wohl eher einer der nachdenklicheren Köpfe war. Andererseits mußte Kühlmanns Überbetonung des »Atmosphärischen« bei den anwesenden Fraktionssprechern ein diffuses Bild der Vorgänge und Verhandlungsergebnisse in Brest erzeugen und erzeugte es. Klarheit war nicht die Stärke Richard Kühlmanns.

Am folgenden Tag, dem 24. Januar, kam die seit längerem geplante Sitzung des Hauptausschusses des Reichstags zustande, die als Ersatz für eine Reichstagssitzung angesehen wurde. Hertling gab jetzt eine öffentliche Erklärung zu Brest und zu den Erklärungen Wilsons und Lloyd Georges ab. Er hoffe, sagte der Kanzler, immer noch auf einen günstigen Abschluß in Brest. Die westlichen Kriegsgegner, teilte er mit, hätten sich bis zu dem vorgeschlagenen Termin, dem 4. Januar 1918, nicht bereitgefunden, an den Verhandlungen teilzunehmen, allerdings in öffentlichen Reden ihre Auffassungen dargelegt. Lloyd George habe erklärt, daß er – man muß bei dieser Bemerkung die in der deutschen Bevölkerung vorherrschende Kriegspsychose mitberücksichtigen – Deutschland nicht vernichten wolle, nie habe vernichten wollen. Der britische Premier habe sogar Worte der Anerkennung für die deutschen wirtschaftlichen, politischen und kulturellen Leistungen gefunden. Doch sei von einem »ernsten Friedenswillen« noch nichts zu spüren.[260] In der Rede wurde sichtbar, wie stark der alte Kanzler sich noch in der Gedanken- und Erfahrungswelt des 19. Jahrhunderts, seiner formativen Zeit, bewegte.

In den letzten Tagen hatte Hertling die Erklärung Wilsons, seines amerikanischen Kollegen, studiert. In einer Reihe von Punkten – Abschaffung der Geheimdiplomatie (1), Freiheit der Meere (2), Beseitigung wirtschaftlicher Schranken (3), Rüstungsbeschränkungen (4) – stimmte er zu. Bei den Punkten, wo die Interessen anderer Länder mittangiert waren, – Schlichtung kolonialer Streitigkeiten (5), Räumung der russischen Gebiete (6) (dem Problem von Brest), den Nationalitätenregelungen in Italien, den Donauländern, dem Balkan, der Türkei (Punkte 9–12) –, antwortete er ausweichend. Der Wiederherstellung Belgiens (7) stimmte er zu, im Gegensatz zur OHL, die Angliederung Elsaß-Lothringens an Frankreich (8) lehnte er ab, da die dortige Bevölkerung überwiegend deutschsprachig sei. Dem Punkt 14, der Einrichtung eines Völkerbunds, der die »friedliche und harmonische Zusammenarbeit der Völker« fördern sollte, stimmte er für die »Kaiserliche Regierung« grundsätzlich »gern« zu, wenn er sich bei näherer Prüfung als gerecht und vorurteilslos erweise. War dieser Teil, die gedankliche Konzeption der Kanzlererklärung, ausgesprochen friedenswillig, so fügte Hertling, auf die aktuelle Lage eingehend, einen Satz hinzu, der äußerlich zutreffen mochte, an der inneren Situation in Deutschland aber völlig vorbeiging: »Unsere militärische Lage war niemals so günstig, wie sie jetzt ist.« Die Bemerkung zeigt, daß Hertling, der sich bei seinen Beurteilungen sehr stark auf die Informationen seiner Berater verließ, sich in der innenpolitischen Situation des eigenen Landes, der Stimmung der deutschen Bevölkerung, nicht auskannte.[261] Trimborn unterstützte den Kanzler in seiner Antwort für das Zentrum, Scheidemann dagegen sprach von der »diplomatischen Katastrophe am 27. Dezember«, wehrte sich auch, persönlich betroffen, gegen gehässige Artikel in der Presse der nationalen Rechten, die ihn und Ebert als Landesverräter bezeichneten und zahllose Droh- und Schimpfbriefe an ihn und seinen Parteifreund ausgelöst hatten, beschrieb die innenpolitische Lage als einen Kampf zwischen zwei großen politischen

Gruppierungen: den Anhängern eines »Machtfriedens« und eines »Verständigungsfriedens«. Es sei töricht, sich von einer Fortsetzung des Krieges etwas zu versprechen. Er forderte den sofortigen Abschluß des Friedens mit Rußland ohne offene und versteckte Annexionen, stimmte 11 der 14 Punkte Wilsons, wie schon bei den internen Aussprachen, zu und wies auf die kritische Meinung in der deutschen Bevölkerung hin: »Die Stimmung der Massen ist sehr ernst.«[262]

Stresemann distanzierte sich von den 14 Punkten, sie enthielten »viel Sentimentalität«, billigte auch, wie die meisten »bürgerlichen« Politiker, die Haltung Hoffmanns. Kühlmann wiederholte noch einmal seinen Bericht vom Vortag über den Verhandlungsstand in Brest, sprach sich für die Bildung nationaler Versammlungen in den östlichen Ländern, wie sie bereits seit längerem von den Parteien der Reichstagsmehrheit vorgeschlagen worden waren, aus, respektierte aber zugleich die Politik der OHL. Sie sei »nun einmal ein guter Faktor unseres heutigen Lebens«.[263]

Westarp verlangte für die Konservativen einen »besseren Grenzschutz im Osten«, ohne Anwendung des Selbstbestimmungsrechts und lehnte ein weiteres Entgegenkommen gegenüber der russischen Verhandlungsdelegation ab. David nannte die bisherigen Ergebnisse von Brest »mager und wenig befriedigend«. Friedrich Naumann sprach für die Fortschrittler. Er plädierte für das Selbstbestimmungsrecht, doch komme der deutschen Regierung auch die Aufgabe zu, die besetzten Gebiete vor dem »bolschewistischen Terror« zu bewahren. Wilsons Friedensvorschläge seien »ein ernster Versuch, zum Frieden vor der Entscheidung zwischen Leben und Tod zu gelangen«. Deutschland müsse darauf eingehen.[264] Haase sprach für die Unabhängigen: das Selbstbestimmungsrecht müsse ohne militärischen Druck gewährt werden. Die Weigerung der deutschen Unterhändler in Brest zur Räumung der besetzten Gebiete habe die Verhandlungen erschwert. Was Trotzki selbst angehe, so »prallten« Zweifel an der »Ehrlichkeit seines Friedenswillens« an seiner Persönlichkeit ab.[265] Hertling selbst hatte nach seiner abgegebenen Erklärung nicht mehr in die Aussprache eingegriffen.

Die Politiker der Reichstagsmehrheit hatten den Eindruck, daß bei allen wohlwollenden Erklärungen doch alles in der Schwebe geblieben war. So traf man sich am 26. zu einer interfraktionellen Besprechung. David riet zu großer Vorsicht. Man solle keine allgemeinen Vertrauenskundgebungen für die Regierung abgeben, auch nicht für Kühlmann. Die Stellung des Parlaments bei den Verhandlungen sei nach wie vor unhaltbar. Es gebe in Brest keine Organe, die im Sinne des Reichstags arbeiteten. Man sehe »nur aus der Ferne zu«. Demgegenüber drängte Erzberger auf Einigkeit, auch auf eine gemeinsame Erklärung für die Regierung. Schon Wilson habe gefragt, wer eigentlich in Deutschland hinter der Regierung stehe.[266]

Erzberger beurteilte die Situation aus einer anderen Perspektive als die Sozialdemokraten. Er sah nämlich in der Unterstützung der Regierung den einzigen Weg zu einem positiven Ergebnis in Brest zu kommen, weniger in prinzipiellen Erklärungen. Es ging ihm um das Gewicht des Regierungshandelns. Offensichtlich wollte er dem ungünstigen Eindruck, den der Eingriff der Militärs in Brest gemacht hatte, ein Gegengewicht entgegensetzen. Die Regierung Hertling und damit auch Kühlmann brauche die parlamentarische Unterstützung, um ein politisches Gegengewicht gegen die OHL schaffen zu können.[267] Als die Aussprache des Hauptausschusses am Abend des 26. Januar endete, hatten sich die Mehrheitsparteien nicht auf eine gemeinsame Erklärung einigen können. So sprach lediglich Fehrenbach für die Mehrheit einige abschließende Worte: die große Mehrheit werde den Staatssekretär bei seinen Friedensbemühungen lebhaft unterstützen und begleite ihn mit dem »aufrichtigen Glückwunsch zum Fortgang des Friedenswerks«. Die Ostpolitik steuerte nach wie vor einen schwankenden Kurs.[268]

Die Tatsache, daß der Reichstag weder durch öffentliche Debatten und Resolutionen – die Aussprache im Hauptausschuß wirkte kaum als Ersatz – noch durch Abgeordnete in der deutschen Delegation in Brest einen aktiven Einfluß auf die Verhandlungen nahmen, rächte sich jetzt. Die deutsche Bevölkerung war unzulänglich darüber informiert, daß starke Gruppen der deutschen Politik einen gangbaren Frieden wünschten. Auf dem Hintergrund der einseitigen Berichterstattung in der Presse gelang es jetzt durch heimlich verbreitete Flugschriften, wohl überwiegend von Mitgliedern der Unabhängigen verfaßt, Arbeiter der Berliner Rüstungsindustrie zu Streikaktionen zu bewegen. Am 28. Januar standen in Berlin 100 000 Arbeiter im Streik. Forderungen nach einem allgemeinen Friedensschluß wurden erhoben. Die Zahl der Streikenden stieg in den nächsten Tagen auf 300 000–400 000, dehnte sich auch auf andere Industriezentren aus, so auf Düsseldorf, Kiel, Hamburg, Kassel, Nürnberg-Fürth, Magdeburg und Köln.[269]

Durch diese Aktionen gerieten die sozialdemokratischen Politiker unerwartet in eine schwierige Lage. Während sie intern mit der Regierung verhandelten, drohten ihnen die Arbeiter, d. h. die eigenen Wähler, fortzulaufen und sich möglicherweise der USPD oder anderen Gruppen linker Denkart anzunähern oder sich praktisch politisch zu verselbständigen. Am 28. Januar war in Berlin ein 25köpfiger Arbeiterrat gebildet worden, der ein Streikkomittee wählte, dem drei Politiker der Unabhängigen beitraten,[270] später auch drei Politiker des sozialdemokratischen Parteivorstands: Braun, Ebert und Scheidemann. Noch vor dem Eintritt Eberts hatte man eine Resolution verabschiedet, die nicht nur die »schleunige Herbeiführung des Friedens« sondern auch die Beteiligung von »Arbeitervertretern« an den Verhandlungen in Brest forderte, ferner soziale und wirtschaftliche Verbesserungen, die Aufhebung des Belagerungszustandes, der militärischen Kontrolle der Betriebe und schließlich eine »durchgreifende Demokratisierung der gesamten Staatseinrichtungen«, verbunden mit der Einführung des allgemeinen Wahlrechts für den preußischen Landtag für Männer und Frauen ab 20 Jahre. Die Forderungen waren, abgesehen von der Beteiligung von Arbeitervertretern in Brest, gemäßigt, jedenfalls nicht revolutionär. Aber sie wurden als eine Schwächung der deutschen Politik verstanden, zumindest so gedeutet. Dementsprechend wurde hart und primitiv reagiert. Am 29. Januar wurden alle Versammlungen in Berlin verboten, das Berliner Gewerkschaftshaus polizeilich geschlossen. Der »Oberbefehlshaber der Marken«, das für Berlin zuständige Militärkommando, – nicht die Zivilverwaltung – löste den Arbeiterrat auf, ein deutliches Indiz dafür, wer das Sagen hatte. Die Reichsregierung selbst richtete einen Aufruf zur Mäßigung an die Streikenden: Die Ziele der Streikenden würden so nicht erreicht, lediglich die Verhandlungen in Brest erschwert, die einen Frieden herbeiführen sollten, »der die deutschen Lebensinteressen sichert, dabei aber ein freundschaftliches Verhältnis zu unseren bisherigen Feinden möglich mache.«[271] Der Ton war begütigend. Tatsächlich war den Streikenden selbst nicht bewußt, daß sie durch ihre Aktionen die »Tauben« in der Regierung und im Reichstag schwächten, doch die Verfechter einer Politik der Stärke, die »Falken«, noch weiter begünstigten und ihnen einen Vorwand zum Eingreifen gaben.

Die Gewerkschaften lehnten die Bewilligung von Streikgeldern ab. Die christlichen Gewerkschaften distanzierten sich mit scharfen Worten. Der SPD-Vorstand sah sich gezwungen, am 30. Januar eine Erklärung herauszugeben, die allen Seiten recht geben mußte: den Streikenden, daß sie nicht die »Landesverteidigung ablehnten, sondern nur ihre Mißstimmung äußerten«, der Regierung gegenüber, indem sie sich zur »Landesverteidigung auch in der kritischen Stunde« bekannte. Die Regierung wurde aufgefordert, für eine bessere Lebensmittelversorgung, Aufhebung des Belagerungszustands sowie der militärischen Kontrolle der Betriebe zu sorgen, sich zu einem allgemeinen Frieden ohne Annexionen und Reparationen zu bekennen.

Am 1. Februar erließ Generaloberst von Kessel eine ultimative Aufforderung an die Streikenden: mehrere Betriebe wurden unter die militärische Aufsicht gestellt, und unter Strafandrohung wurde die Wiederaufnahme der Arbeit bis zum 4. Februar verlangt. Wehrpflichtige würden im Falle der Weigerung eingezogen. Eine vorherige Aussprache zwischen Streikenden und der Reichsregierung, die möglicherweise der Situation die Spannung genommen hätte, war nicht zustande gekommen, da Hertling, darin inflexibel, den Empfang der Streikenden ablehnte, andererseits auch die Unabhängigen im Streikrat eine Mitwirkung von Gewerkschaftsführern bei einer solchen Besprechung, auf der Hertling bestanden hätte, zu verhindern gesucht hatten. Am 4. Februar wurde die Arbeit wieder aufgenommen. Der erste politische Streik in Deutschland war beendet, aber ein deutliches Signal bestehender innerer Spannungen war jetzt sichtbar geworden.[272] Die Euphorie vermeintlicher Siegerstimmung war hinweggeblasen. An ihre Stelle drohte ein versteckter, möglicherweise sogar offen ausgetragener innenpolitischer und sozialer Grabenkrieg zu treten.

Inzwischen waren aber auch die Vorbereitungen für die nächste Phase der Verhandlungen in Brest – die dritte Phase nach der Dezember- und Januarphase – angelaufen. Hier zeichnete sich die OHL durch verstärkte Aktivität aus. Da sie über einen besseren Nachrichtenapparat als das Auswärtige Amt verfügte und auch systematischer arbeitete, gelang es ihr, Informationen über die Vorgänge in Petersburg und die dortigen internen Debatten zu sammeln und – ausgesprochen gefiltert – gezielt weiterzugeben. Das deutsche Oberkommando in Brest fing die von der Petersburger Regierung ausgestrahlten Funksprüche auf und leitete sie nach Kreuznach und Berlin weiter.[273]

Aber nicht nur die OHL, auch die Petersburger Regierung war inzwischen aktiv geworden, auf zwei Wegen: einmal in der Ukraine, indem dort eine Räteregierung als Gegenregierung der »Rada« gebildet worden war, die militärisch die Rada bekämpfte um so den geplanten Friedensvertrag der Mittelmächte mit der Ukraine ad absurdum zu führen. Tatsächlich verlor die »Rada«, während sie in Brest weiter verhandelte, von Tag zu Tag in der Ukraine an Boden, so daß sie zu einer deutschen »Marionettenregierung« zu werden drohte. Zum anderen versuchte man von Petersburg aus, die deutsche Arbeiterschaft gegen die eigene Regierung durch gezielte Informationen, auch über die Funksprüche, mißtrauisch zu machen. Die »Völker Deutschlands und Österreichs«, so hieß es in einem Funkspruch vom 23. Januar, »würden von ihren eigenen Regierungen betrogen«.[274] In heimlich kursierenden Flugblättern wurden diese Nachrichten an die Berliner Arbeiterschaft weitergegeben. Diese gezielte »Informationspolitik« trug dazu bei, die Januar-Streiks in Deutschland auszulösen.[275] Dadurch wurde aber faktisch die OHL gestärkt, die deutsche Regierung und die »Tauben« in Berlin geschwächt. Die OHL gewann aus der Beobachtung der Verhältnisse in Rußland den Eindruck, daß Rußland so geschwächt sei, daß es kaum in der Lage sein würde, bei einer eventuellen Wiederaufnahme der Kämpfe standzuhalten.[276]

Die von General Hoffmann wohl zuerst entwickelte Theorie, daß die russische Seite nichts anderes als die internationale Revolution wolle, fand, nicht zuletzt wegen ihrer Simplizität, immer mehr Anhänger. Hoffmann selbst war zudem fest entschlossen, das einmal entdeckte Steckenpferd unbeirrt weiterzureiten.[277] Er versteifte sich von Tag zu Tag mehr in der Rolle des »politischen Generals«, hatte offensichtlich eine Mission entdeckt und ging schon dazu über, von Brest aus Vorschläge zu machen, was und in welchem Tenor die deutsche Presse, einschließlich der linksliberalen und sozialdemokratischen, über die deutsche Ostpolitik zu berichten habe.[278] Hoffmann wurde unerwartet gleichsam ein Soldat der »Gegenrevolution« und glaubte, die Interessen selbst der deutschen Arbeiterschaft in dieser Frage zu verstehen und deutlicher zu kennen als sie selbst. Die persönliche Begegnung mit den russischen Revolutionären in Brest muß auf Hoffmann ansteckend und anregend gewirkt haben.[279] Fortschritte, die bei den inzwischen weitergeschrittenen Verhandlungen der Unterkommission erzielt worden waren, wurden gar nicht zur Kenntnis genommen.[280]

In einer Denkschrift vom 26. Januar an Wilhelm II., die weitgehend von Kühlmann verfaßt worden war, versuchte Hertling durch Betonung der verfassungsrechtlichen Bestimmungen, den Einfluß der politisierenden Militärs zurückzudrängen. Aber offensichtlich lieh der Kaiser inzwischen wieder stärker den Einflüsterungen der Generäle das Ohr. Am gleichen Tag drahtete Ludendorff an Hoffmann den Entwurf eines Ultimatums an Rußland, das der russischen Vertretung »unverzüglich« nach ihrer bevorstehenden Rückkehr nach Brest vorgelegt werden sollte. Der Reichskanzler habe diesen Plänen, behauptete Ludendorff, seine Unterstützung zugesagt.[281] Woher sollte Hoffmann wissen, daß die Behauptung falsch war? Das Ziel der OHL war jetzt eindeutig: klare Verhältnisse an der Ostfront schaffen.[282] Das bedeutete die Umkehrung der Absichten der deutschen Regierung durch den Generalstabschef.

Währenddessen tagte in Petersburg – nach der Auflösung der Nationalversammlung vom 19. Januar – der (3.) »Allrussische Kongreß der Arbeiter-, Soldaten- und Bauernräte«, auf dem auch die Frage des Friedensschlusses diskutiert wurde. Lenin, der sich für den raschen Abschluß einsetzte, um die bisherigen »Errungenschaften« der Revolution nicht aufs Spiel zu setzen, fand sich wieder in der Minderheit. Die Mehrheit des Kongresses beauftragte die russische Friedensdelegation, die »Prinzipien des Friedens« zu verteidigen, das hieß, die von den Mittelmächten vorgelegten Friedensbedingungen abzulehnen. Mit dieser Resolution kehrte Trotzki am 30. Januar zur Fortsetzung der Verhandlungen nach Brest zurück.[283]

Der gescheiterte Friede (Februar/März 1918)

Die dritte Verhandlungsphase in Brest dauerte nur fünf Tage, weil Kühlmann und Czernin sofort anschließend zu Besprechungen nach Berlin fuhren. Diesmal nahm auch ein Gesandter Bayerns (von Hertling wohl auch als Unterstützung Kühlmanns gedacht) an den Verhandlungen teil.[284] Trotzki seinerseits hatte, um den Sonderverhandlungen mit der ukrainischen Rada entgegenzuarbeiten, Vertreter der ukrainischen Räteregierung der »Arbeiter-, Bauern- und Soldatendeputierten« mitgebracht. Damit setzte er sich faktisch von seinen früheren Erklärungen (Anerkennung der Rada) ab. Er überdeckte den Widerspruch mit der Begründung, daß der »Prozeß des Selbstbestimmungsrechts in der Ukraine noch im Werden« sei.[285] Die Verhandlungen verliefen wieder schleppend und blieben unergiebig. Trotzki kritisierte in längeren Ausführungen Falschmeldungen in der deutschen Presse über seine Ziele und Absichten. Kühlmann und Czernin versuchten sofort in der ersten Sitzung, ihn zur Kürze zu veranlassen: Man sei nicht bereit, erneut in »Debatten über die Hegelsche Staatsauffassung« einzutreten.[286]

Parallel zu den Verhandlungen in Brest wurde der innerdeutsche telegrafische Meinungsaustausch zwischen Hoffmann und der OHL über die Formulierung eines Ultimatums an Rußland, möglicherweise ohne Wissen Kühlmanns, weiter fortgesetzt.[287] Kühlmann selbst war inzwischen fest entschlossen, einen Vertrag mit der ukrainischen Rada abzuschließen, doch dürfe man sich, wie er an Hertling telegrafierte, über »den Wert eines solchen Abschlusses bei der offenbar schwer erschütterten Stellung der Rada keine großen Illusionen machen«.[288] Am 1. Februar kam es zwangsläufig zu einer heftigen Konfrontation der beiden einander befehdenden ukrainischen Vertretungen während der Konferenz, bei der die Stagnation der Verhandlungen sichtbar wurde. Kühlmann ging jetzt davon aus, daß der Abbruch der Verhandlungen mit der Petersburger Vertretung nur noch »eine Frage der Zeit« sei.[289]

Er hatte sich für den 4. Februar in Berlin gemeinsam mit Graf Czernin und Hoffmann angesagt. Czernin hatte um eine Besprechung mit Ludendorff gebeten. Die letzte Sitzung in Brest am 3. Februar vor der Abreise der beiden Diplomaten wurde diesmal durch Reden von Kühlmann und Czernin in die Länge gezogen.[290] Die Besprechungen in Berlin fanden am 4. und 5. Februar statt. Eine direkte Aussprache Kühlmanns mit den Reichstagsabgeordneten kam in diesen Tagen nicht mehr zustande. Bei den internen Gesprächen zwischen Hertling, Kühlmann, Czernin und Ludendorff kam es zu erheblichen Meinungsverschiedenheiten zwischen dem österreichischen Außenminister und dem deutschen Generalstabschef.[291] Hertling hoffte ernsthaft, so gab er dem österreichischen Kollegen zu verstehen, durch gemeinsames Vorgehen den General ausmanövrieren zu können: »Lassen Sie ihn, wir zwei werden das zusammen machen ohne Ludendorff.« Eine Einigung kam nicht zustande. Ludendorff betonte, daß »aus militärischen Gründen Klarheit notwendig« sei. So jedenfalls berichtete der Kanzler Wilhelm II., der, wohl auch wegen der Streikbewegungen in Berlin, die Stadt verlassen hatte und sich im großen Hauptquartier aufhielt. Der Kanzler konnte sich nur schriftlich mit dem Kaiser verständigen,[292] während die Generäle ihm im persönlichen Gespräch in ihrem Sinne auf dem laufenden halten konnten.

Unterdessen waren die Sprecher der Reichstagsfraktionen von Beamten des Auswärtigen Amts regelmäßig über den Stand in Brest unterrichtet worden. Bei einer Besprechung in der Wilhelmstraße am 31. Januar standen die sich nach der Auflösung der Konstituante in Rußland ergebenden Verhältnisse im Vordergrund. Die russischen Zustände wurden den Abgeordneten in düsteren Farben geschildert: Die Verkehrsverbindungen in Rußland seien zusammengebrochen. Ein Verkehr von Petersburg nach Südrußland sei zur Zeit praktisch nicht mehr möglich. Es sei nicht einmal ausgeschlossen, daß man in Berlin über die Zustände in Südrußland besser unterrichtet sei als in Petersburg selbst. In Rußland herrsche im Augenblick »nur die Macht«.[293]

Die maximalistische (bolschewistische) Regierung habe die Konstituante aufgelöst, weil ihre Partei bei den Wahlen in der Minderheit geblieben sei. Die »Prawda« habe den Akt damit begründet, daß das allgemeine Wahlrecht nur soweit gültig sei, wie es den Interessen der Arbeiter diene. Zwar gebe es in Petersburg eine bolschewistische Regierung, doch bilde Rußland zur Zeit ein »Konglomerat von maximalistischen (bolschewistischen) Regierungen, die in verschiedenen Beziehungen zusammenarbeiten.« Eine »wirklich starke Zentralregierung« gebe es in Rußland nicht. Die russische Armee habe für den Einsatz an der Front jeden Gefechtswert verloren, eine für manche deutsche Militärs verlockende Nachricht. In Petersburg werde die öffentliche Ordnung von der Armee und der neuen »Roten Garde«, einer Arbeitermiliz, aufrechterhalten. Ferner wurde über die wirtschaftlichen Veränderungen in Rußland berichtet: Grund und Boden seien verstaatlicht, das Erbrecht abgeschafft, die Banken nationalisiert, zudem militärisch besetzt. In Petersburg habe jeder Zahlungsverkehr aufgehört, das Wirtschaftsleben sei dadurch ruiniert. Die Banken dürften nur für Löhne Zahlungen leisten. Die Tätigkeit der Fabriken gehe zurück. Der Güterverkehr stocke, gelegentlich würden Züge von Bauern besetzt. In einigen Gouvernements würden die Getreidesendungen angehalten, um sich zunächst selbst zu versorgen. Die neue russische Regierung habe bewußt auf die Mitarbeit der bisherigen Fachkräfte aus der Bankenwelt, der Großkaufmannschaft und Beamtenschaft verzichtet. Sie glaube, die »ungeheuren Probleme« selbst meistern zu können. Ob dies gelinge, sei zweifelhaft. Die Produktivität mindere sich »von Tag zu Tag stark, daß schließlich der Zusammenbruch kommen müsse«.[294] Die deutsche Regierung hatte die Nachrichten aus Petersburg von einem, wie es hieß, »Vertrauensmann« erhalten, doch bezweifelte Scheidemann die Glaubwürdigkeit des Agenten.[295]

Die Berichte aus Rußland und die innerdeutsche Streikbewegung wirkten auf die Abgeordneten lähmend. Die Abgeordneten der Linken, zumal Ebert und Scheidemann, hatten in diesen Tagen auch wenig Zeit, sich um die Verhandlungen in Brest zu kümmern. Sie mußten sich mit den Streikenden und den USPD-Politikern in Berlin auseinandersetzen. Die Szene verschob sich jetzt zu ihren Ungunsten. Die nationale Rechte erhielt unerwartet eine bessere Chance, ihre ostpolitischen Ziele durchzusetzen.[296] Ebert, Scheidemann (für die SPD) und Haase, Ledebour (für die USPD) kamen am 2. Februar zu einem gesonderten Gespräch mit Hertling, von Payer (der inzwischen seine Tätigkeit als Vizekanzler aufgenommen hatte), dem Staatssekretär des Innern, Wallraf und dem preußischen Innenminister Drews zusammen, um über die Situation in den Berliner Betrieben zu sprechen, ohne positives Ergebnis.[297]

Am 4. Februar erfuhren die Fraktionsführer durch von Rosenberg, dem in Berlin anwesenden Mitarbeiter Kühlmanns in Brest, wieder, daß sich die Atmosphäre in Brest angeblich völlig gewandelt habe. Der Beamte malte die Randszenen breit aus: Die russische Delegation trage »jetzt eine gemessene Ruhe zur Schau«, da sie hoffte, daß »ihre Ideen zu uns überspringen würden«. Die Streiks hätten eine helle Freude bei den Russen erregt, der sie abends mit Gesängen und Lachen Ausdruck geben würden. Auch den deutschen Ordonnanzen gegenüber sei ihr Ton »anmaßend« geworden.[298] Bis zu Beginn der Berliner Streikbewegung habe man auf ein Entgegenkommen Trotzkis rechnen können, hieß es. Danach habe sich das Bild völlig verändert. Trotzki habe den Eindruck gewonnen, daß das deutsche Volk »nicht hinter der Regierung stehe«. Rosenbergs Art der Berichterstattung war gleicherweise impressiv und expressiv, nur nicht sachlich. Die Beamten des Auswärtigen Amts waren offensichtlich mit der vor ihnen liegenden Aufgabe überfordert. So wirkte auch die weitere Besprechung an diesem Tag konfus.[299]

Die Berliner Streikbewegung machte die Reichstagsmehrheit handlungsunfähig. Die Tatsache, daß Ebert und Scheidemann in die Streikleitung eingetreten waren, wirkte in der deutschen Öffentlichkeit mißverständlich. So suchten die bürgerlichen Politiker die betonte Distanz zu den sozialdemokratischen Kollegen.[300] Die Nationalliberalen lehnten die Teilnahme an einer interfraktionellen Besprechung am 5. Februar ab, zu der der Fortschrittler Fischbeck eingeladen hatte. Bei dieser Unterredung, an der nur die Vertreter der Mehrheitsparteien beteiligt waren, stand die Mitwirkung der sozialdemokratischen Politiker in dem Streikkomitee im Mittelpunkt. Der Zusammenhalt der Reichstagsmehrheit war gefährdet. An Brest dachte jetzt von den Abgeordneten, obwohl sich in diesen Tagen Kühlmann, Czernin und Ludendorff zu einer Besprechung in Berlin aufhielten, niemand. Fischbeck erklärte für seine Partei, daß Bedenken gegen die Fortsetzung der gemeinsamen Politik mit den Sozialdemokraten bestünden. Erzberger bat vorsichtig zunächst einmal um genauere Auskünfte. Er selbst sei in den letzten Tagen in der Schweiz gewesen. Scheidemann schilderte darauf ausführlich die Details. Es habe sich um einen Demonstrationsstreik gehandelt. Die Gründe hätten in dem Lebensmittelmangel, der Unklarheit über die deutschen Friedensziele, die Verschleppung der Wahlreform in Preußen gelegen. Er nannte auch die erbitterten internen Kämpfe unter den Streikenden (über den Eintritt Eberts und Scheidemanns, die als zu regierungsfreundlich galten, in die Streikleitung). Die Beamten des Reichsamts des Inneren hätten sich den Arbeitern gegenüber äußerst ungeschickt verhalten. General von Kessel habe schließlich durch die Schließung des Berliner Gewerkschaftshauses die Tätigkeit des Streikbüros überhaupt unterbunden. Erst durch die Vermittlung des Berliner Oberbürgermeisters Adolf Wermuth seien die Räume wenigstens den Gewerkschaftsbeamten wieder geöffnet worden.[301] Der Streik sei jetzt beendet. Er, Scheidemann, glaube nicht an eine Wiederholung. Dennoch werde allgemein befürchtet, daß die Idee eines Generalstreiks um sich greife.

Erzberger berichtete aus der Schweiz, daß man dort mit größeren Streikbewegungen in allen kriegführenden Ländern Anfang April rechne, auch in den gegnerischen Ländern. Aber ein Generalstreik halte er für »ein Unglück«, das »von unserem Vaterland ferngehalten« werden müsse. Man müsse auch weiter eng mit den Sozialdemokraten zusammenarbeiten. Doch einzelne Politiker der FVP und des Zentrums zeigten sich weiter reserviert.[302] Erzberger versuchte zu verhindern, daß die sozialdemokratischen Politiker ins Abseits gedrängt würden: man solle enge Fühlung mit Friedrich von Payer als dem Vertrauensmann der Reichstagsmehrheit in der Regierung halten. Sollten sich die Anzeichen erneuter Unruhen zeigen, so müsse man unverzüglich zu interfraktionellen Beratungen zusammenkommen.[303] Die Politik der Distanzierungen gegenüber den Sozialdemokraten, die die Nationalliberalen eingeleitet hatten, wurde nicht von allen Fraktionsmitgliedern gebilligt. So warnte Johannes Junck[304] Gustav Stresemann brieflich vor einer solchen Haltung. Man müsse auch den Standpunkt der Sozialdemokraten kennen.[305]

Angesichts der gespannten Beziehungen unter den Parteien des Reichstags fand die OHL wieder freiere Hand zum Handeln. Am 9. Februar konnte ein erster Erfolg verbucht werden: der gesonderte Friedensvertrag mit der Ukraine (Rada) wurde in Brest unterzeichnet. Der Abschluß habe, wie Kühlmann, der am 7. Februar die Verhandlungen wieder aufgenommen hatte, an Hertling telegrafierte, auf Trotzki Eindruck gemacht.[306] Trotz dieses diplomatischen Erfolges standen die Dinge für den Staatssekretär schlecht. Denn in Bad Homburg hatte man inzwischen den Kaiser überredet, auf ein Ultimatum an die Russen zu drängen. Wilhelm II. beauftragte Hoffmann, die »Räumung Livlands und Estlands« von russischen Truppen zu erwirken oder einen Bruch der Verhandlungen und ein Ende des Waffenstillstands herbeizuführen.[307] Der Reichskanzler selbst war faktisch von dem gesamten Vorgang ausgeschaltet. So schickte Kühlmann von Brest aus ein als »Dringend! Persönlich!« gekennzeichnetes Telegramm an Hertling nach Berlin, durch das er den Kanzler vorsorglich informierte. Es sei damit zu rechnen, daß Trotzki den deutschen Wünschen entgegenkomme, bis zur Abtrennung des Baltikums von Rußland bei Wahrung des Selbstbestimmungsrechts. Er, Kühlmann, müsse dem Kanzler »pflichtgemäß« den Rat erteilen, daß, wenn dieser Abschluß des Friedens möglich sei, Deutschland unterzeichnen müsse. Er wisse allerdings wohl, daß die Militärs es vorzögen, in Estland und Livland einzumarschieren, um diese Länder von den Bolschewiki »zu befreien«. Ein solcher Gedanke sei »in diesen

Kreisen sehr populär«,[308] doch sei es »vollkommen unmöglich«, noch irgendwelche weitergehenden Kriegsziele zu erreichen. Auch die Österreicher würden ablehnen. Die jüngste Anweisung Wilhelms II. an Hoffmann (Räumung Estlands und Livlands von russischen Truppen zu erzwingen) lehnte Kühlmann in dem Telegramm an Hertling ab. Dadurch würden die künftigen Beziehungen zu Rußland gefährdet.[309] Die Dinge hingen fast nur noch an einem Faden.

In der Sitzung der Friedenskonferenz in Brest am 9. Februar protestierte Trotzki gegen den Friedensvertrag mit der Ukraine. Er sei mit einer Regierung vereinbart worden, die gar nicht mehr existiere. Es handle sich zudem um eine Einmischung in die inneren Angelegenheiten Rußlands.[310] Kühlmann und Czernin wehrten ab. Im übrigen wurden auf der Sitzung die künftigen Grenzziele zwischen den betroffenen Ländern beraten. Kühlmann legte eine Formulierung vor, die die Trennung von bisher russischen Territorien aus Rußland vorsah und die Regelung der künftigen Beziehungen dieser Länder dem »Einvernehmen« der dortigen »Völker« mit Deutschland und Österreich überließ.[311] Die Entscheidung über Annahme oder Ablehnung, so schien es, würde am nächsten Tag fallen.

Währenddessen drängte die OHL auf eine Lösung, die einen weiteren Vormarsch in Rußland ermöglichte, darunter die Besetzung Estlands. Dort hatten die deutsch-baltischen Bevölkerungsgruppen um militärischen Schutz vor den Bolschewiki gebeten. Der Kaiser, der sich in Bad Homburg aufhielt, war einer ständigen Beeinflussung in diesem Sinn ausgesetzt. Man appellierte an seine ritterlichen Gefühle. Der dortige Mitarbeiter des AA telegrafierte an Kühlmann, daß »die Kaiserin und Herren der Umgebung das Feuer durch stark betonte Entrüstung über Trotzki, unsere Langmut und das Unglück der Balten« schürten. Es müsse »schleunigst etwas geschehen, das beruhigend wirken kann, eventuell eine motivierte Stellung der Vertrauensfrage.«[312] Am 10. Februar warnte Kühlmann noch einmal telegrafisch Hertling, durch überzogene Forderungen die Verhandlungen zum Bruch kommen zu lassen. Er selbst könne die Verantwortung nicht übernehmen.[313]

Die Spannungen lösten sich jedoch auf eine für die deutschen und österreichischen Diplomaten verblüffende Weise auf: Trotzki gab am 10. Februar für die russische Regierung die Erklärung ab, daß Rußland den Kriegszustand von sich aus für beendet erkläre und den russischen Armeen den Befehl zur Demobilisierung an allen Fronten gebe. Diese Reaktion kam auch für Kühlmann unerwartet. Trotzki fand eine einfache, ins Grundsätzliche gehenden Sprache: »In Erwartung der, wie wir hoffen, baldigen Stunde, wo die unterdrückten Länder ihr Schicksal selbst in die Hand nehmen werden, wie es das arbeitende Volk Rußlands gemacht hat, führen wir unser Heer und unser Volk aus dem Kriege heraus. Unser ackerbautreibender Soldat muß auf sein Land zurückkehren, um schon in diesem Frühjahr friedlich sein Land zu bestellen, das die Revolution aus den Händen der Gutsbesitzer in die der Bauern gegeben hat. Unser arbeitender Soldat muß wieder in die Werkstatt zurückkehren, um dort nicht die Waffen der Vernichtung, sondern die Waffen des Schaffens herzustellen und zusammen mit dem Ackerbauer die neue sozialistische Wirtschaft aufzubauen.«[314] Trotzki übergab den anderen Delegationen eine schriftliche Erklärung, die – im Namen des Rats der Volkskommissare – formell den Austritt Rußlands aus dem Krieg erklärte.[315]

Kühlmann war so verblüfft, daß er zunächst keine Antwort geben konnte. Er erkundigte sich, wie Trotzki sich die künftigen Beziehungen zwischen den beteiligten Ländern vorstelle. Es bestehe, antwortete Trotzki, eine direkte Drahtverbindung mit Petersburg. Zudem hätten die vier verbündeten Regierungen ihre diplomatischen Missionen in Petersburg. Auf diesem Weg seien alle künftig anstehenden Fragen zu klären. Was die Frage des Kriegs oder des Friedens angehe, erklärte Trotzki, so glaube er fest daran, daß das deutsche Volk und die Völker Österreich-Ungarns »eine Wiederaufnahme der Kriegshandlungen« nicht zulassen werden. »Ich glaube das nicht. Wie sehr auch in diesem Kriege der Begriff des Verteidigungskriegs mißbraucht worden ist, welche Gewalt auch dem Gedanken der Verteidigung des Vaterlands angetan worden ist, kein einziger ehrlicher Mensch in der ganzen Welt wird sagen können, daß die Fortsetzung von Kriegshandlungen seitens Deutschlands und Österreich-Ungarns unter diesen Bedingungen als Verteidigung ihres Vaterlandes anzusehen wäre.«[316] Am nächsten Tag, dem 11. Februar, reiste Trotzki von Brest nach Petersburg zurück.[317] Kühlmann fuhr nach Bad Homburg bei Frankfurt, wo eine Sitzung des »Kronrats« einberufen worden war.

Die Erklärung Trotzkis, sicherlich mitausgelöst durch den Abschluß des Friedensvertrags mit der Ukraine vom Vortag, war offensichtlich eine Kurzschlußreaktion, allerdings vorgeprägt durch die internen Petersburger Abstimmungen. Da er die Dinge vom Prinzipiellen her sah, hatte er kaum genügend versucht, den tatsächlichen Verhandlungsspielraum abzutasten. Auch die Öffentlichkeit der Verhandlungen hatte sich faktisch und aktuell zuungunsten der russischen Interessen ausgewirkt, weil dadurch nicht nur die »Annexionisten« bloßgestellt, sondern auch Kühlmann der direkten publizistischen Kontrolle der deutschen nationalen Rechten unterworfen wurde, während die OHL insgeheim eine andere, nämlich kriegerische Lösung vorbereiten konnte. Insofern war die Verhandlungsführung Trotzkis zwar grundsatztreu und dialektisch glänzend, in der Sache aber verfehlt. Vor allem war es ihm nicht gelungen, mit jenen Politikern in Deutschland, so denen der Reichstagsmehrheit, zu korrespondieren, die eine Politik des Selbstbestimmungsrechts vertraten. Doch hatte er dies auch nicht so beabsichtigt. In diesem Punkt war die Politik der Bolschewiki, nicht nur Trotzkis, überhaupt widersprüchlich: Sie schwankten zwischen Revolution und Frieden.

Am Tage des Abschlusses des Vertrages mit der Ukraine, am 9. Februar, hatten sich in Berlin die Abgeordneten der Reichstagsmehrheit zu einer interfraktionellen Besprechung zusammengefunden. Die Reaktion auf den Vertrag war freudig-zustimmend, zumal beim Zentrum und den Fortschrittlern. Trimborn hielt es für »faktisch richtig, wenn wir von den Bolschewisten abrücken«.[318] Dadurch ließe sich eine »Infizierung der deutschen Arbeiter durch die Bolschewisten« vermeiden. Doch Erzberger warnte vor Voreiligkeit. Es wäre falsch, wenn jetzt die Presse auffordern würde, mit Trotzki zu brechen. Von deutscher Seite solle es nicht zum Bruch kommen.[319] Man solle in einer

Erklärung den Vertrag mit der Ukraine begrüßen. Scheidemann riet, zuvor erst den genauen Wortlaut abzuwarten. Generell sei er damit einverstanden, daß man von Trotzki abrücke. Auch die Sozialdemokraten lehnten dessen »Methode und Lehre« ab: »Es sind Doktrinäre, die durch die Verfolgungen durch Rußland vom praktischen Leben ganz abgedrängt wurden. Wir (Sozialdemokraten) haben nichts mit ihnen gemein.«[320] Die Politiker der Reichstagsmehrheit versicherten sich gegenseitig, daß sie von dem Programm demokratischer Lösungen im Osten nicht abgehen würden, sonst hätten, wie Erzberger sagte, »die anderen gesiegt«.[321] Scheidemann kritisierte, daß das Berliner Zentrumsblatt, die »Germania«, von der gemeinsamen Linie abgewichen sei. Er sehe darin eine Gefahr.[322] Am folgenden Tag stellte die »Germania« richtig: Die Mehrheit des Reichstags sei nach wie vor geschlossen. Reichsleitung und Reichstagsmehrheit verfolgten die gleichen Ziele. Am gleichen Tag wurden die Verhandlungen in Brest abgebrochen.[323]

Die ausschlaggebenden politischen Entscheidungen dieser Tage wurden nicht in Berlin gefällt. Am 13. Februar beriet der »Kronrat« in Bad Homburg bei Frankfurt über die neue Lage. Außer Wilhelm II.[324] fanden sich Hertling, von Payer, Kühlmann, Hindenburg und Ludendorff ein. Was Ludendorff bisher nicht erreicht hatte, gelang ihm jetzt durch eine List. Er riet zu einer kleinen Frontbegradigung im Osten bei Dünaburg: aus militärischen Gründen. Das klang harmlos, bedeutete aber: Kündigung des Waffenstillstandes und Wiederaufnahme der Kriegshandlungen. Dazu brauchte man aber unabdingbar die Zustimmung des Kanzlers. Kühlmann lehnte ab. Aber schließlich gelang es dem General, den beiden alten Herren, Kanzler und Vizekanzler, die Zustimmung abzuringen. Payer, der erst vor einer Woche die Geschäfte aufgenommen hatte, war vermutlich kaum über die gesamte Sachlage im Bilde. Hertling, der dem Urteil der Fachleute vertraute, war sich wohl nur begrenzt über die möglichen Folgen seiner Zustimmung im klaren.[325] Nachdem der Generalstabschef betont hatte, er denke nicht daran, sich »in Livland und Estland festzusetzen«, stimmte Hertling der »Frontverkürzung«, auf die Ludendorff, wie er sagte, »unter allen Umständen bestehen« müsse, zu.[326] Diese Zustimmung war, wie der General später in seinen Erinnerungen schrieb, »von entscheidender Bedeutung für die Ereignisse im Osten«.[327] Die Würfel für die Wiederaufnahme des Kriegs waren in diesem kleinen Kreis gefallen. Der Kaiser selbst hatte nur teilweise an der Aussprache teilgenommen. Noch am Abend des 13. Februar telegrafierte Kühlmann das Ergebnis der Beratungen in Bad Homburg an die Vertreter des Auswärtigen Amts in Brest: »Nach Ergebnis heutiger Beratung hat Reichskanzler beschlossen, weiterem militärischen Vorgehen gegen Rußland zuzustimmen. Zur Begründung soll unter anderem Wunsch der Ukraine dienen, daß wir dazu beitragen, in Rußland Ruhe und Ordnung herzustellen.«[328]

Am selben Tag trafen sich die Abgeordneten des interfraktionellen Ausschusses in Berlin und berieten die 14 Punkte des amerikanischen Präsidenten Wilson.[329] Die innerdeutsche Situation war grotesk. Als von den Abgeordneten die aktuelle Lage im Osten angesprochen wurde, hieß es: »Wir wissen gar nichts.« Kühlmann, so wurde vage gesagt, befände sich im Hauptquartier.[330] Ebert lenkte das Gespräch auf die Unterzeichnung des ukrainischen Vertrages. Es sei bezeichnend, daß General Hoffmann mitunterzeichnet habe. »Ich habe mehr und mehr die Überzeugung gewonnen, daß unsere zivile Reichsleitung mit gebundener Marschroute marschiert. Wir haben eindringlich gewarnt. Man redet an eine tote Mauer.«[331] Die Aussprache schwenkte wieder über zu Wilson. Der Zentrumsabgeordnete Herold deutete an, daß die gemeinsame Erklärung vom 19. Juli 1917 »nicht für alle Zeit« gelte, erregte dadurch den Zorn Eberts, der jetzt wieder beharrlich auf die katastrophale Ernährungslage verwies: »Was wir haben, weiß keiner. Die Bestände sind äußerst gering. Wenn kein Brot da ist, dann ist der Krieg unmöglich.« Schließlich einigte man sich auf die Fortgeltung der Friedensresolution vom 19. Juli, das bedeutete: keine Annexionen im Osten. Die Regierung solle alles daran setzen, »um zum Frieden zu kommen, damit weitere Kämpfe vermieden werden«.[332] Etwa 400 km südwestlich von Berlin, nahe Frankfurt, wurde, wie bereits erwähnt, anders beschlossen.

Bereits am 11. Februar hatte der Kommandierende General der russischen Armee, Krylenko, seinen Soldaten das Ende der Kriegshandlungen bekanntgegeben und die Demobilisierung an der ganzen Front angeordnet.[333] Es gab in diesen Tagen in Deutschland – nicht nur unter den Abgeordneten der Reichstagsmehrheit – führende Persönlichkeiten, die die Folgen sahen, die eine weitere Verhärtung der deutschen Politik nach sich ziehen würde. Man hielt, was ja auch die Erklärungen Wilsons und Lloyd Georges Anfang Januar angedeutet hatten, die Zeit für eine allgemeine Verständigung unter allen kriegführenden Ländern für gekommen. So richteten auf eine Initiative Friedrich Naumanns hin am 11. Februar ein Kreis liberaler Wissenschaftler und Intellektueller (Adolf Weber, Kurt Hahn, Ernst Jäckh), der Stuttgarter Unternehmer Robert Bosch, die beiden Führer der (freien und christlichen) Gewerkschaften Carl Legien und Adam Stegerwald eine gemeinsame Denkschrift an die OHL, die vor einer Aufnahme der »Frühjahrsoffensive«, (im Westen) für die die OHL zuvor »Erfolge« im Osten gewünscht hatte, abriet, aber dazu riet, den Kontakt zu den westlichen Gegnern aufzunehmen, um die Möglichkeit einer gegenseitigen Verständigung zu eruieren. Die OHL antwortete bereits drei Tage später abrupt, schriftlich: »Wir haben nicht die Wahl zwischen Frieden und Krieg, solange wir ein wirtschaftlich starkes und gesichertes Vaterland erstreben.«[334]

Am 16. Februar wurde eine offizielle Erklärung der deutschen Regierung herausgegeben, wonach Rußland durch den Abbruch der Verhandlungen auf den Frieden und auf die Fortdauer des Waffenstillstands verzichtet habe. Die deutsche Regierung habe daher nach Ablauf der 7tägigen, vertraglich vereinbarten Kündigungsfrist freie Hand.[335] Während die Vorbereitungen für den Einmarsch in Rußland anliefen, wurde in Berlin die nächste Reichstagssitzung – die erste des Jahres – vorbereitet: Routineangelegenheiten standen an, ferner sollte der Reichstag den Vertrag mit der Ukraine ratifizieren. Von Friedrich Payer hieß es bei der interfraktionellen Besprechung am 16., daß er vom Hauptquartier berichtet habe, man werde eventuell in Rußland einmarschieren. Das war vage. Die Vorstellung des deutschen Schutzes vor den Ausschreitungen der Bolschewiki gewann an Boden, doch Scheidemann warnte wieder vor der mangelnden Zuverlässigkeit der angeblichen Unglücksbotschaften aus Estland und Livland. Zudem, zu wessen Schutz sollten die deutschen Truppen eigentlich einrücken?[336]

Am 18. Februar, dem Tag des erneuten Vormarsches nach Rußland, waren die Fraktionssprecher zu einer Beratung ins Reichskanzlerpalais, an der von Payer und Kühlmann teilnahmen, eingeladen worden. Kühlmann berichtete über den Ausgang der Verhandlungen. Er stellte fest, daß Trotzkis abrupte Beendigung der Beratungen in Brest in der »Geschichte ein absolutes Novum« sei. Einige Beamte des Auswärtigen Amts hatten sogar Geschichtsbücher gewälzt, bis zurück in die römische Geschichte.[337] Die Lehrbuchdiplomatie war völlig ratlos. Kühlmann gab zu verstehen, daß der Abschluß des Sonderfriedens mit der Ukraine diplomatisch den Frieden mit der russischen Regierung zu Fall gebracht habe: »Im Moment, wo der Vertrag mit der Ukraine abgeschlossen war, war natürlich die Stellung der Bolschewiki unhaltbar geworden. Trotzki sah dies ein und beendete die Verhandlungen mit dem Theatercoup, der den Herren ja bekannt ist.«[338] Die Abgeordneten wurden davon unterrichtet, daß sich in Rußland bereits gegenrevolutionäre Kräfte um den zaristischen General Alexejew sammelten. Zum ersten Mal erfuhren die Reichstagsabgeordneten an diesem Tag offiziell nähere Einzelheiten über den Sonderfrieden mit der ukrainischen Rada. Der Staatssekretär betonte das politische Selbständigkeitsstreben der Ukrainer. Der ukrainische Soldat sagte: »Ich bin kein Russe, ich bin Ukrainer.« Doch waren von deutscher Seite wirtschaftliche Überlegungen für den Vertrag ausschlaggebend: die in der Ukraine vermuteten Vorräte an Getreide.[339]

Von dem Ziel der neuen bolschewistischen Regierung in Rußland berichtete Kühlmann, daß sie mit allen bisherigen Gepflogenheiten des internationalen Staatenverkehrs breche. Er vermute wohl, daß man sich der westlichen Entente annähern wolle, doch treffe man »mit großem Fleiß und großer Gründlichkeit alle Maßregeln, die eine solche Wiederannäherung unmöglich machen«.[340] Dazu zähle die Annullierung der gesamten Staatsschuld der Entente, die England und Frankreich wie »ein ungeheurer Keulenschlag« treffe. So sei beispielsweise ein großer Teil der französischen Ersparnisse in russischen Werten angelegt. Das gleiche treffe für England zu. Auch im persönlichen Umgang würden die Vertreter der Entente-Länder unmöglich behandelt. Einbrüche in die Petersburger Gesandtschaften gehörten zu den alltäglichen Vorkommnissen: »Die Bolschewiki haben eben für alle bestehenden Staaten, welches auch immer ihre Staatsform sei, eine souveräne Verachtung und betrachten sie alle als gleich verwerflich.«[341] Die Einstellung Kühlmanns dem neuen Rußland gegenüber war tendenziell ablehnend. Genauere Kenntnisse über die in Petersburg vorhandenen politischen Strömungen und Absichten und miteinander konkurrierenden Vorstellungen waren ihm nicht bekannt. So erschien der deutschen Diplomatie die gesamte aktuelle russische Politik als ein einziger Wirrwarr ohne gezielte Richtung.

Ebert wies auf die Täuschung der Öffentlichkeit durch die Berichterstattung über den Ukrainer Frieden hin: »Wenn man die Art und Weise der Bekanntmachung des Abschlusses der Verhandlungen liest, so muß man in der Tat sagen, daß der Anschein erweckt worden ist, als wenn man zum Frieden gekommen wäre. Außer den Schulferien, Fahnenschmuck und Glockengeläut hat es auch Böllerschüsse gegeben. Noch schlimmer war es in Österreich. Dort ist Graf Czernin mit großer Feierlichkeit vom Bürgermeister empfangen worden, als ob der Friede mit Rußland wirklich abgeschlossen worden sei.« Frieden war Frieden – so mußte es den Bevölkerungen in Deutschland und Österreich erscheinen. Worin sollte der Unterschied zwischen der Ukraine und Rußland liegen?

Die Mehrheitsparteien hatten nach dem Abschluß des Ukrainer Friedens erneut einen Kampf verloren. Es gab wieder keine Proteste, einmal, weil man die Details nicht kannte, und zum anderen: Wogegen sollte man protestieren? Inzwischen stießen die deutschen Truppen in das Innere Rußlands vor, im Norden in Richtung Dünaburg bis 150 km vor Petersburg. Die russischen Truppen leisteten keinen Widerstand.[342] Man konnte mit der Bahn von Ort zu Ort mit Mannschaften, Geschützen und Material weiterreisen. Die örtlichen Autoritäten der Bolschewiki wurden an jeder Station verhaftet.

Jetzt setzte sich Lenin in Petersburg mit seiner Auffassung eines sofortigen Friedensschlusses durch. Auch Trotzki lenkte ein. Bereits am 19. Februar telegrafierte der Rat der Volkskommissare an die deutsche Regierung die Bereitschaft, den Frieden unter den Bedingungen der Mittelmächte sofort zu unterzeichnen. Hoffmann telegrafierte noch am selben Tag zurück nach Petersburg und bat um die Vorlage eines Dokuments mit den authentischen Unterschriften.[343] So gewann man Zeit. Inzwischen wurden Livland und Estland besetzt. Im Süden Rußlands wurden die Ukraine und ein Territorium bis zum Kaspischen Meer (über den Don) und bis zum Kaukasus eingenommen. Der Einflußbereich der Mittelmächte reichte jetzt bis an die Grenzen Persiens.[344] Von einer »Frontbegradigung« konnte kaum die Rede sein. Am 21. Januar ging ein Ultimatum an die russische Regierung von Berlin aus heraus.[345] Am 23. Februar fand sich in einer dramatischen Sitzung des »Zentralexekutivkomitees« der SDARP (Bolschewiki) eine Mehrheit von 7 gegen 4 Stimmen und 4 Enthaltungen für die Akzeptierung des Ultimatums.[346] In einem Funkspruch des Rats der Volkskommissare an die »Arbeiter, Soldaten und Bauern Rußlands« vom 21. Februar 1918 hieß es: »Mit der Stimmung unserer erschöpften Armee rechnend, ebenso mit dem Zustande des ganzen Landes und insbesondere mit ihren Verpflegungs- und Transportmitteln, hat der Rat der Volkskommissare einen neuen Versuch gemacht, den Vormarsch der Truppen der Hohenzollern aufzuhalten, indem er das Einverständnis ausdrückte, die uns gestellten Friedensbedingungen zu unterschreiben.«[347]

Am 19. Februar besprach der Hauptausschuß den Vertrag mit der Ukraine. Das Interesse war gering, einmal, weil die Sache als relativ peripher angesehen wurde, zum andern und vor allem, weil wenig Informationen vorlagen. Die Abgeordneten kannten weder den Vertragstext, noch verfügten sie über das notwendige Kartenmaterial. Kühlmann berichtete und sprach zum erstenmal vage von einem »Anlaß zu gewissen militärischen Operationen«, deren Beginn bereits angekündigt sei.[348] Ledebour äußerte Bedenken gegen den völkerrechtlichen Status der Ukraine.[349] Kühlmann antwortete etwas salopp, »innerhalb der Ukraine herrsche – offengesagt – ein fast ebenso großes Chaos wie in Nordrußland, und die Rada habe nicht die Vorherrschaft in Kiew«.

Der fragwürdige Charakter der jetzigen ukrainischen Regierung dürfe Deutschland aber nicht von einem Friedensvertrag abhalten.[350] Er sei die »Vorstufe« zu einem Frieden mit Rußland. Der USPD-Abgeordnete Cohn fragte – und traf damit wohl den Kern der Sache –, »ob der Friedensvertrag nicht vor allem den Zweck habe, den von Deutschland geführten Krieg mit ukrainischen Nahrungsmitteln weiter zu verlängern«.[351] Westarp sprach von der »ungetrübten Befriedigung« der Konservativen.[352]

Als der Reichstag vom 20. bis 22. Februar den Ukrainevertrag beriet, war es natürlich zu spät, noch auf die – jetzt abgelaufenen – ostpolitischen Verhandlungen Einfluß zu nehmen. Die Sprecher der Fraktionen konnten nur noch, zustimmend und ablehnend, ihre prinzipiellen Haltungen darlegen. Die internen Auseinandersetzungen der letzten Wochen kamen nicht zur Sprache und blieben damit der deutschen Öffentlichkeit unbekannt. Während dieser dreitägigen Beratung konnte Kühlmann den neuesten Funkspruch Trotzkis zur Wiederaufnahme der Verhandlungen bekanntgeben. Eduard David hob in seiner Rede hervor, daß Trotzki ernsthaft einen Frieden gewollt habe. Sprecher der Fortschrittler und des Zentrums kritisierten, daß – unzuständig – sich die Unterschrift des Generals Hoffmann unter dem Vertrag befände. Doch konnten sie sich nicht zu einer generellen Kritik der politischen Einflußnahme der Militärs auf den Gang im Osten entschließen.[353] David kritisierte die Einstellung der Rechten: »Sie sind der Meinung, daß das militärische Vorgehen der alleinige Grund und der durchschlaggebende Grund sei, die Bolschewiki auf die Politik des Friedens zu treiben.«[354] Zwar hätten auch die Sozialdemokraten keinen Grund, die Bolschewiki zu verteidigen, zumal, da sie selbst von ihnen ständig angegriffen würden. »Wir billigen auch nicht das praktisch politische Verfahren der Bolschewiki, die Methode der Gewalt, des Terrors, mit dem die Konstituante auseinandergetrieben wurde.« Doch dürfe man nicht verkennen, daß diese russische Partei die einzige gewesen sei, die den sofortigen Frieden auf ihr Programm geschrieben habe, »die einzige Partei, die das praktische Programm des Sonderfriedens mit den Mittelmächten aufzustellen wagte«.[355]

So hätten am 30. Dezember die Bolschewiki das Proletariat Petersburgs zu einer großen Jubelfeier für den Frieden (nach der Erklärung vom 25. Dezember) eingeladen. »Das wäre wohl kaum geschehen, wenn man den Frieden nicht ernstlich gewollt hätte.« Das innerrussische Bild habe sich erst nach der Kehrtwendung der Mittelmächte vom 27. Dezember gewandelt: Die freudige Stimmung in Rußland sei in Enttäuschung umgeschlagen.[356] Dann aber, nach der Kehrtwendung vom 27. Dezember, sei in Rußland der Eindruck entstanden, daß die Massen von den Bolschewiki irregeführt worden seien. Jetzt habe es für die Bolschewiki gegolten, das eigene Gewicht zu wahren, daher sei Trotzki selbst nach Brest gefahren. Diese Umstände würden auch das völlig veränderte Verhalten der russischen Delegation im Januar erklären. »Daher der zähe Kampf.« Bei einem Scheitern hätte es nur zwei Alternativen gegeben: Entweder einen Notfrieden oder die Hoffnung auf revolutionäre Bewegungen in den Mittelmächten, also in Deutschland und in Österreich. »Das charakterisiert den zweiten Teil der Verhandlungen ganz gut.« Auch die Schlußerklärung Trotzkis vom 10. Februar sei noch als Friedenserklärung zu verstehen gewesen: »Es war ein Ausweg, auf dem er aus der Zwangssituation herauskommen wollte. Er mußte den Frieden bringen und sträubte sich doch, und seine Mitdelegierten sträubten sich wahrscheinlich noch mehr, einen Frieden zu unterzeichnen, den sie nicht als einen demokratischen Frieden ansehen konnten.«[357] Ja selbst die abrupte Abbrucherklärung Trotzkis sei in aller Welt, auch in Deutschland, als eine Friedenserklärung verstanden worden: »Fahnen wurden herausgehängt, Schulfeiern wurden veranstaltet, in vielen Städten wurden die Glocken geläutet, Böllerschüsse wurden losgelassen.«

Die Verantwortlichen für die Wende bei den Verhandlungen in Brest wären in der deutschen Rechten zu suchen, die annexionistische Presse habe dies sehr deutlich gemacht. David verwies dann auch darauf, daß die deutschen Truppen jetzt weiter in Rußland einmarschiert seien. Was damit bezweckt werde, sei noch unklar, wolle man etwa wieder eine zaristische Regierung herstellen? Jedenfalls würde auch eine solche Regierung niemals mit Deutschland, auch aus Rücksicht auf die Entente, einen Frieden schließen. Die Rede Davids verdeutlichte, daß in der deutschen Politik dieser Monate eine durchdachte Alternative zu dem praktizierten Weg der Ostpolitik vorhanden war. Aber wurde sie überhaupt verstanden? Die Reden anderer Fraktionssprecher, so Stresemanns und Westarps, zeigten, daß sich die schablonenhaften Betrachtungen der innerrussischen Situation in der deutschen Politik schon sehr weit verfestigt hatten. Westarp begrüßte den militärischen Vormarsch nach Rußland.[358] Die Deutungen Davids lehnte er ab: »Dieser Argumentation kann ich nicht folgen.«[359]

Auch der Januarstreik kam noch einmal zur Sprache. Er sei, erklärte Ebert, durch die »unhaltbare Politik der Regierung« hervorgerufen worden. Sie habe es versäumt, in der Friedensfrage für Klarheit zu sorgen. Am schärfsten kritisierte Cohn für die Unabhängigen die um den Friedensvertrag mit der Ukraine eingeleitete Politik im Osten. Die Militärs hätten sich in der deutschen Politik völlig durchgesetzt. Sie wollten sich zu den »Herren Europas« machen. Aber es könne wohl sein, daß sie »in diesem Hause unter dem Hasse der ganzen Menschheit frieren werden«.[360] Als die Abgeordneten des Interfraktionellen Ausschusses zum Abschluß der »Ukraine-Debatte« am 22. Februar noch mal zusammenkamen, war die Stimmung gedrückt. Man habe, meinte Erzberger, in der Debatte »nicht so gut abgeschnitten, wie wir es hätten tun können.« Die düstere Beurteilung der innenpolitischen Lage durch die Mehrheitsparteien gibt eine Äußerung des Abgeordneten der Fortschrittlichen Volkspartei, Ernst Müller (Meiningen) in dieser Besprechung wieder: »Die Schwierigkeiten sind ungeheuer groß, die Stellung der Regierung gegenüber Ludendorff verzweifelt. Wir haben in Wirklichkeit Militärdiktatur. Hertling gilt bloß als vorgeschobener Posten. Er kann die Einflüsse gar nicht abwehren. Deshalb müssen wir sehr vorsichtig sein.« Die politische Autorität der Regierung nahm ab. Müller machte für diesen Vorgang auch die düsteren innenpolitischen Vorgänge verantwortlich: »Die Streikgeschichte hat unendlich geschadet. Auch im Süden waren wir eine Zeit lang sehr erbost darüber. Wir waren wie vor den Kopf geschlagen. Die Regierung hat sehr arge Schwierigkeiten wegen der Streiks... Hertling steht und fällt mit der preußischen Wahlrechtsfrage... Wenn Hertling fällt, dann bricht die ganze Kombination zusammen.«[361]

Erzberger drängte darauf, das Bündnis der Parteien zusammenzuhalten: »Nichts tun ohne Payer. Es kann nicht gelingen ohne den Vizekanzler. Wir müssen immer Hand in Hand gehen.« Die drei Redner der Mehrheitsparteien für die kommende Reichstagssitzung am 26. Februar sollten sich vorher mit dem Vizekanzler besprechen. Das Zentrum selbst werde den Streik »stark verurteilen, aber Verständnis für das Verhalten der Sozialdemokratie« zeigen. Die Haltung der Regierung werde im allgemeinen gebilligt werden.[362]

Als am 25. Februar Hertling vor dem Reichstag eine Erklärung über die außenpolitische Lage abgab, mußte es scheinen, als spreche eher der Gelehrte als der Kanzler. Es fällt auf, wie wenig Hertling über die Details der ostpolitischen Ambitionen informiert war, insbesondere über die Zusammenhänge des eigenartigen »Friedensvertrags« mit der ukrainischen Rada. Vermutlich hatte er die Rede mehrere Tage lang am Schreibtisch ausgearbeitet. Er betonte – und dies war wohl auch seine Auffassung –, daß von Deutschland ein Defensivkrieg geführt werde – entgegen der Tatsache des laufenden Vormarsches nach Rußland![363] Hertling hatte sich – fast naiv – die Version des Hauptquartieres zu eigen gemacht: »Nach dem Abbruch der Friedensverhandlungen seitens der russischen Delegation am 10. des Monats hatten wir Rußland gegenüber freie Hand. Der sieben Tage nach jenem Abbruch begonnene Vormarsch unserer Truppen hatte lediglich den Zweck, uns die Früchte des mit der Ukraine geschlossenen Friedens zu sichern. Eroberungstendenzen waren in keiner Weise bestimmend.«[364] Es handele sich dabei nur um »im Namen der Menschlichkeit unternommene Hilfsmaßnahmen«, um die Bevölkerungen vor den Greueltaten der »Roten Garde« zu schützen: »Es gilt Ruhe und Ordnung im Interesse der friedliebenden Bevölkerungen zu schaffen, wir denken nicht daran, uns etwa Estland und Livland zu erobern.«[365] Der Kanzler wußte nicht, was tatsächlich gespielt wurde. So mußte die Erklärung nach außen als widersprüchlich, wenn nicht gar »scheinheilig« erscheinen.

Unverkennbar wünschte der isolierte Kanzler etwas anderes, als was betrieben wurde. So ging er – weitgehend zustimmend – auf die jüngste 4-Punkte-Erklärung seines amerikanischen Kollegen Wilson vom 11. Februar ein:[366] »Die Welt sehnt sich nach Frieden«, erklärte er unter dem Beifall der Linken des Hauses. Wenn Wilson einen Frieden, aufgebaut auf der Gerechtigkeit wünsche, wer könne ihm da widersprechen? So habe bereits der Kirchenvater Augustinus vor eineinhalb Jahrtausenden geredet.[367] Fast mochte es scheinen, es komme zu einem akademischen Gespräch zwischen den beiden Professoren der politischen Philosophie, die der historische Zufall an die Leitung ihrer Länder, in Deutschland und der USA, getragen hatte. Hertling sprach von dem Dialog über den Ozean, ein anschauliches Bild, und fügte hinzu, daß die Zeit gekommen sei, nicht über die Entfernungen, den Ozean und den Kanal hinweg, sondern im engeren Kreis unter verantwortlichen Politikern sich auszusprechen, besonders gemeinsam über den künftigen Frieden zu reden.

Die Realitäten der deutschen Politik wurden aber sofort sichtbarer, als anschließend Friedrich Payer jetzt zum erstenmal als Vizekanzler vor dem Reichstag sprach, sich zwar von der jüngsten Streikbewegung distanzierte, dann aber einige politische Ohrfeigen nicht nur an die »Extreme« der Linken – was nicht verwundert hätte –, sondern auch an die »Extreme« der Rechten, gleichsam paritätisch, verteilte: zur großen Freude der Abgeordneten der Reichstagsmehrheit.[368] Payer griff die jüngsten Propagandaaktionen der »Vaterlandspartei« in Berlin an. Er sprach von einer »Minderheit«, die sich mehr Bedeutung zumesse, als ihr zukomme. Als er schließlich ankündigte, daß auch nach Beendigung des Krieges für kürzere Zeit die staatliche Rationierung der Getreideversorgung beibehalten werden müsse, und – ironisch – auch die Rechte um Verständnis, »Zusammenhalt und Einigkeit« bat, kam es zu einem Sturm der Entrüstung im Reichstag. Payer wurde mehrfach unterbrochen. Die Erregung, die seine – scheinbar harmlose – Bemerkung bei den Abgeordneten der Rechten auslöste, ist im Wortlaut des Sitzungsprotokolls enthalten: »Stürmischer und langanhaltender Beifall links und im Zentrum – Zischen und Zurufe rechts – Große Unruhe – Glocke des Präsidenten.«[369]

Doch war das Bild, das die deutsche Politik jetzt bot, trügerisch. Die Reden der Reichsregierung und des Reichstags stimmten nicht mit dem politischen und militärischen Handeln überein. Das politische Handeln hatte sich in den letzten Monaten – bedingt durch die Schwäche der Regierung von den zuständigen verfassungsmäßigen Gremien in die militärischen Gremien verlagert. Und während die deutsche Politik dem äußeren Schein nach in diesen Tagen »erfolgreich« dastehen mochte, war der Keim des späteren inneren Zusammenbruchs durch die Verkehrung der Kompetenzen bereits gelegt. Der Frieden, der schließlich am 3. März in Brest unterzeichnet wurde, – sowohl Trotzki und Kühlmann waren jeweils zu stolz gewesen, selbst zur Unterzeichnung zu erscheinen: sie überließen diese demütigende Pflicht ihren Vertretern – ist zurecht als ein Diktatfrieden bezeichnet worden. Rußland trat nun Polen, Litauen, Finnland, Kurland und die Ukraine (später im August 1918 in einem Ergänzungsvertrag auch Estland und Livland) ab. Rußland verlor 26 % seines Territoriums, erreichte damit einen Bestand, den es im 17. Jahrhundert besessen hatte, ein Viertel des Eisenbahnnetzes, ein Viertel des anbaufähigen Landes, drei Viertel der Eisenindustrie und Kohlenbergwerke. Die verlorengegangene Fläche betrug 1 Million km^2 (die doppelte Fläche des deutschen Reiches), der Bevölkerungsverlust 50 Millionen (das deutsche Reich zählte etwa 70).[370] Es mußte schwerfallen, diese Fakten durch irgendeine haltbare Begründung abzudecken.

Am 4. März wurde der Hauptausschuß von dem Abschluß des Vertrags von Brest-Litowsk vom Vortag unterrichtet. In seinen Sitzungen während der folgenden zwei Wochen wurden bis zum 18. März Haushaltsfragen erörtert, der deutsch-russische Vertrag stand erst am 20. und 21. März auf der Tagesordnung des Hauptausschusses. Allerdings wurde in diesen Märztagen im Hauptausschuß zum erstenmal eine Frage aufgeworfen, die noch Jahrzehnte später die Historiker beschäftigen sollte: die Frage nach der deutschen Kriegsschuld bei der Auslösung des Krieges 1914. Der französische Außenminister Pichon hatte am 11. März in einer Kundgebung der Sorbonne ein der französischen Diplomatie bis dahin unbekanntes Telegramm Bethmann Hollwegs an den deutschen Botschafter in Paris von Schön vom 31. Juli 1914 bekanntgegeben. Darin war Schön aufgefordert worden, auf eine Neutralität Frankreichs bei einem möglichen deutsch-russischen Konflikt hinzuwirken und als »Pfand« die Auslieferung der Festungen Toul und Verdun »bis zur Beendigung des Krieges mit Rußland« zu verlangen. Ledebour interpretierte jenes Telegramm am 4. März als Beweis dafür, daß 1914 »der Krieg von der deutschen Regierung planmäßig angezettelt worden sei«.[371] Die Kenntnis des Telegramms, dessen Text vom Auswärtigen Amt bestätigt wurde, löste im Hauptausschuß Irritation aus.[372] Der Inhalt jener Depesche, sagte Ebert, sei ihm »völlig unverständlich«, da »eine Großmacht solche demütigenden Bedingungen niemals angenommen hätte«.[373] Weiterer Zweifel an der deutschen Sache löste eine Aussprache im Hauptausschuß am 16. 3. aus, bei der eine Denkschrift des früheren deutschen Botschafters in London, von Lichnowsky, vom 14. August 1916 zur Sprache kam, die gleichfalls von einer deutschen Kriegsschuld 1914 sprach: die deutsche Regierung hätte 1914 gemeinsam mit der englischen Regierung mäßigend auf Österreich einwirken können, um den kriegsauslösenden lokalen Konflikt mit Serbien zu vermeiden. Sämtliche anwesenden Abgeordnete, bis hin zu Scheidemann, sträubten sich, irgendwelche Zweifel an dem guten Willen der deutschen Politik von 1914 aufkommen zu lassen. Man sprach von der gekränkten Eitelkeit des früheren Botschafters, der seine Leistungen nicht genügend gewürdigt sehe. Allerdings betonte der Vertreter des AA, Unterstaatssekretär von Stumm, nachdrücklich und ohne Einschränkung die Sachlichkeit und Korrektheit der damaligen diplomatischen Berichte Lichnowskys aus London: Lichnowsky habe aus seiner Kritik an der für ihn verfehlten deutschen Politik von 1914 nie einen Hehl gemacht und seine Denkschrift erst auf Angriffe von alldeutscher Seite auf seine Person hin verfaßt. In diesen Märztagen artikulierte sich ein nagender Selbstzweifel, der sich auch in kritischen Anfragen der Vertreter der Mehrheit nach der Funktion und der Tätigkeit des im Dezember 1917 errichteten Ostbüros Helfferichs äußerte.[374]

Der Vertrag mußte vom Reichstag ratifiziert werden. Die Aussprache war für den 19. bis 22. März vorgesehen. Inzwischen hatte der Generalstab aber schon eine neue Offensive im Westen gegen die Entente – die Märzoffensive – vorbereitet. In dieser Situation war eine offene Aussprache kaum möglich. So klagte Matthias Erzberger am 14. März in einer interfraktionellen Besprechung, daß man in der anstehenden Reichstagsdebatte die Dinge nicht beim Namen nennen könne: »Großes nationales Unglück. Wir können nicht öffentlich darüber reden während der Dauer des Krieges. Dabei kämen wir in die Gefahr, daß sofort eine zweite und dritte Debatte kommt. Dazu kommt die Offensive! Wir haben es nicht in der Hand, was da alles kommt.«[375] Das klang wieder bedrückend. Am Morgen des 19. März konnte Payer vor dem interfraktionellen Ausschuß berichten, daß der Vertrag von Brest soeben in Rußland angenommen worden sei. Die Situation für die Abgeordneten war unangenehm, da sie erst am gleichen Tag den Wortlaut des Vertragstextes erhalten hatten.[376]

Am 18. März begannen die Beratungen des Reichstags über die Ratifizierung.[377] Hertling würdigte das Vertragswerk, erwähnte ausdrücklich den gegenseitigen Verzicht auf Reparationen,[378] befürwortete zugleich die Lösung der Randstaaten von Rußland.[379] Aus dieser Rede wurde auch deutlich, warum der Kanzler dem Ultimatum an

Rußland im Kronrat am 13. Februar zugestimmt hatte: Auch er hatte sich den Überdruß über die »endlosen Reden Trotzkis« zu eigen gemacht. Schließlich sei, sagte er, der Punkt erreicht worden, an dem ein »Entweder-Oder« hätte gesprochen werden müssen.[380] Reagierte der Kanzler in der Attitüde des älteren Herrn, der das Gefühl gewonnen hatte, von einem jüngeren Mann wie dem Herrn Trotzki nicht ernstgenommen zu werden? Für eine solche Deutung spricht einiges. Da Hertling an den Verhandlungen selbst nicht teilgenommen hatte, konnte er sich nur auf die ihm zugänglich gemachten Berichte und die eigenen Lebenserfahrungen stützen. Hinzu kam, politisch selbstverständlich, seine grundsätzliche Ablehnung des Revolutionären, wie es jetzt in Rußland sichtbar geworden war.[381] Bezeichnenderweise konnte sich Hertling auch nicht die Entrüstung erklären, die der Vertrag in Rußland wie bei den westlichen Gegnern Deutschlands ausgelöst hatte.[382] Hertling war von der Richtigkeit der deutschen Sache überzeugt. Das änderte aber nichts an der Tatsache, daß solche Äußerungen von Außen- und Fernerstehenden als eine unredliche Form des politischen Redens verstanden werden mußte.[383] Die deutsche Version, wie sie jetzt auch von einem Beamten des Auswärtigen Amts im Reichstag vorgetragen wurde, lief immer wieder darauf hinaus, daß die russische Vertretung nie ernsthaft zu einem Friedensschluß bereit gewesen wäre.[384]

Einen Tag vor der Reichstagssitzung war ein effektvolles Ereignis inszeniert worden, bei dem Wilhelm II. von einer Delegation aus dem Baltikum die Herzogskrone Kurlands angeboten worden war. Man hatte den Abschluß des Vertragswerks von Brest gleich mit einer politischen Komödie verbunden. Als Konstantin Fehrenbach am Nachmittag des 18. März für das Zentrum sprach, nahm er die Situation auf und warnte, daß sich eine solche preußisch-kurländische Personalunion zu einer Realunion, also zu einer Annexion ausweiten könne. Der kurländische Landesrat, von dem die Initiative ausgehe, sei zudem zu politischen Angeboten nicht legitimiert: 90 % der (lettischen) Bevölkerung seien in ihm nicht vertreten.[385] Das Zentrum begünstigte die Entstehung eines politisch selbständigen Litauens, besonders wegen der katholischen Konfession des Landes.

Das Selbstbestimmungsrecht müsse, forderte der Zentrumssprecher, jetzt bei der künftigen inneren Ausgestaltung der osteuropäischen Länder »aufrichtig« durchgeführt werden. Geschehe das nicht, so fügte er warnend hinzu, so würde dies nur den »unauslöschlichen Haß der Beteiligten« und die Ablehnung der übrigen Welt für Deutschland einbringen.[386] In der Vorstellung eines Osteuropas selbständiger Staaten zwischen Rußland und Deutschland stimmten Zentrum, Fortschrittler und Sozialdemokraten weitgehend überein. Für die Abstimmung über den Vertrag kündigte der Zentrumssprecher die Zustimmung seiner Fraktion an.

Für die Sozialdemokraten trug Eduard David erhebliche Vorbehalte vor. Seine Fraktion stehe dem Vertrag »mit gemischten Gefühlen« gegenüber. Zwar sei es zu begrüßen, daß dem Morden und Verwüsten im Osten Einhalt geboten werde und Tausende von beiderseitigen Gefangenen und Internierten freigelassen würden, aber auf der anderen Seite müsse doch die Art und Weise, wie der Vertrag zustandegekommen sei, mißbilligt werden. »Das war nicht die Methode einer gegenseitigen Verständigung, sondern das war die Methode eines ausgesprochenen Gewaltfriedens.« Es sei der unterlegenen Partei nichts anderes übriggeblieben wie einstmals Preußen, als es in Tilsit (1807) »mit innerem Ingrimm« den Vertrag unterzeichnet habe. So habe jetzt Rußland »kapituliert auf Gnade und Ungnade«. Aber nicht nur die russischen Politiker hätten eine Niederlage erlitten, auch die deutschen Diplomaten durch die deutschen Generäle. Sie hätten vor den »Vertretern des reinen militärischen Machtgedankens kapituliert«, und, so fügte David unter dem Beifall seiner Fraktion hinzu, »sie haben die ihnen gestellte Aufgabe gründlich verfehlt.«

Allerdings stünde die Sozialdemokratie dem Vertrag nicht deswegen kritisch gegenüber, weil dadurch »das große zaristische Gesamtreich in Stücke gebrochen ist«.[387] Die Sozialdemokratie habe es nie als ihre Aufgabe angesehen, »das zaristische Reich, das durch jahrhundertelange Raubpolitik der brutalsten Art zusammengezwungen worden ist, etwa zusammenzuhalten«. So hätten sich schon vor dem Krieg manche Sozialdemokraten mit dem Gedanken befreundet, diesen »Koloß auf tönernen Füßen« in Stücke zu schlagen. Auch nach dem Ausbruch der Revolution erhofften die Sozialdemokraten nicht, die Einheit des russischen Reiches unverletzt zu erhalten.

David bezog sich auf die geschichtlichen Gründe der aktuellen inneren Situation in Rußland. Schon lange vor 1914 seien ja in Rußland starke zentrifugale Strömungen vorhanden gewesen, die so stark geworden waren, daß 1905 die erste Duma – das russische Nationalparlament – aufgelöst worden und das Wahlrecht verschlechtert worden sei, um die Nationalitäten zu schwächen. Gegen diese Strömungen habe die »Russifizierungspolitik« in Litauen, Lettland, Polen, der Ukraine und Weißrußland eingesetzt: Durch großrussische Ansiedlungen und die Bemühungen, das orthodoxe Bekenntnis auf die benachbarten protestantischen und katholischen westlichen Bevölkerungen auszudehnen. So habe auch die Aufhebung dieses Drucks genügt, um 1917 sofort nationale Bewegungen an den Tag treten zu lassen: »Der Wille eines großen Teils der Bevölkerungen, sich frei zu entfalten, war vorhanden.«

Hinzu komme, daß auch seitens der neuen revolutionären Regierung das Selbstbestimmungsrecht dieser Bevölkerung bis – so Davids Interpretation – »zur Abtrennung aus dem Reichsverband« anerkannt worden sei. Damit hätten sich für die deutsche Diplomatie ganz neue Aufgaben gestellt: Sie hätte sich um das Selbständigwerden dieser Randvölker auf dem Wege der Verständigung bemühen müssen. Aber eben dieses Ziel habe sie verfehlt. Der Grund lag darin, daß die deutschen Diplomaten, die Situation der Partei der Bolschewiki »gänzlich verkannten«. Die deutschen Diplomaten hätten ihr politisches Urteil zu einseitig auf die bolschewistischen Theoretiker und deren Lehre von der internationalen Revolution gestützt, dabei aber übersehen, »daß der bolschewistischen Regierung in Rußland der Friede gewissermaßen auf den Nägeln brenne, daß sie den Frieden um ihrer eigenen Stellung wegen haben halten müssen«. Inzwischen dürfe wohl jeder aus den Vorfällen, die in Rußland nach dem Abschluß des Vertrags von Brest erfolgt seien, ersehen, daß eine solche Einschätzung der Lage richtig gewesen sei.[388]

Die russische Regierung habe vor einem Konflikt gestanden: Sie konnte wohl die Abtretung der westlichen Länder hinnehmen, aber »nicht als Diktat der preußischen Militärgewalt«. Zunächst habe auch durchaus die Chance einer demokratischen Verständigung aufgrund der Erklärung des Reichskanzlers vom 29. November 1917 bestanden, die den westlichen russischen Völkern das Selbstbestimmungsrecht zugestanden haben... Doch sei dieser Weg durch die neue Erklärung der deutschen Verhandlungsdelegation am 27. Dezember 1917 verbarrikadiert worden, weil sie von der russischen Seite die Anerkennung verlangte, daß die Abtretung der westlichen Provinzen bereits im Sinne des Selbstbestimmungsrechts erfolgt sei. Diese »ungeheure Erschwerung« sei schließlich noch dadurch gesteigert worden, daß der militärische Vertreter der deutschen Verhandlungsdelegation, General Hoffmann, »in der bekannten Weise das Schwert des Siegers in die Waagschale warf«.[389]

Die sinnvolle Konsequenz der Anerkennung des Selbstbestimmungsrechts wäre gewesen, wenn beide Verhandlungsseiten in demokratischer Weise versucht hätten, eine Verständigung über die praktische Durchführung des Selbstbestimmungsrechts zu erzielen – einschließlich des damit verbundenen Risikos. An dieser Stelle ließ David dann die Formulierung einfließen: »Meine Herren, die schlimmen Wirkungen dieser Art Friedensschlusses sind schon zu spüren.« Zunächst im Deutschen Reich selbst. »Ich glaube, mich nicht zu täuschen, wenn ich ausspreche, daß in weitesten Kreisen des deutschen Volkes dieser Friedensschluß nicht die Begeisterung ausgelöst hat, die man hätte erwarten sollen.« Begleitet von zustimmenden Rufen der sozialdemokratischen Fraktionskollegen fügte David hinzu, daß »sich ein großes Mißbehagen ausgebreitet hat über die ganze Art dieses Vorgehens.«[390]

Das zeige, daß sich breite Kreise des deutschen Volkes mit diesem Vertrag nicht identifizieren möchten. Außerdem habe man dem gegnerischen Ausland durch das verfehlte Vorgehen einen willkommenen Vorwand geliefert. Die Presse sowohl des feindlichen wie des neutralen Auslands sei voller Äußerungen, die alle darauf hinausliefen, das Vertrauen in die Ehrlichkeit der deutschen Politik zu erschüttern. So werde Brest-Litowsk von französischen und britischen Politikern dazu benutzt, um in ihren Bevölkerungen jede Friedensströmung durch Vorzeigen dieses abschreckenden Beispiels niederzuhalten. »Ich bedauere, daß die deutsche Regierung diese Waffe der Entente in die Hand gedrückt hat.«[391]

Im weiteren Verlauf dieser Rede wandte sich David den Wirkungen des Vertrags im Innern Rußlands zu. Dabei verwies er auf die kritische Stimme Gorkis, des russischen Schriftstellers. Der bolschewistischen Regierung werde im allgemeinen Verrat an den Interessen Rußlands vorgeworfen. Der Verrat sei dreifach: Verrat an den westlichen Verbündeten (wegen des Abschlusses eines Sonderfriedens), Verrat an den westlichen Provinzen Rußlands, denen der demokratische Schutz geraubt worden sei, und Verrat an dem russischen Vaterlande. Keine spätere russische Regierung werde dem Vertrag innerlich zustimmen können. Schon habe Lenin vor seiner eigenen Partei erklärt, der Friede sei kein Definitivum, sondern nur ein Provisorium. Unter diesen Umständen trage der Vertrag nicht die Gewähr der Dauer in sich, der Kampf sei wohl beendet, aber die Feindschaft geblieben, »und das bedauern wir«. Das eigentliche Ziel eines dauerhaften allgemeinen Friedens sei verfehlt worden. Davids Fazit: »Die große Perspektive, mit ganz Osteuropa politisch und wirtschaftlich in ein freundnachbarschaftliches Verhältnis zu kommen, ist verschüttet.«[392]

Die Ausführungen Davids zeigen, daß auch der sozialdemokratische Abgeordnete von imperialistischen Gedanken nicht ganz frei war. So ist die Rede von Landverbindung zu dem Stillen Ozean, die nun abgeschnitten sei. Dadurch werde England begünstigt. Die Herren, die den Vertrag von Brest-Litowsk abgeschlossen hätten, hätten mit ihrem Machtgebot aus dem »Horizont ostelbischer Binnenpolitik« gehandelt und damit eine künftige »Weltpolitik« erschwert. Das klang in der Tat seltsam. Wollte David den Generälen vorwerfen, nicht genügend an die »weltpolitischen« Aufgaben gedacht zu haben und lediglich an eine militärische Absicherung Preußens vor der russischen Revolution? Der Schwerpunkt der Ausführungen Davids lag jedoch in der Behandlung des Selbstbestimmungsrechts der Völker, das er als das wichtigste politische Lösungskonzept ansah. Er wies den Reichskanzler darauf hin, daß die politische Linie von Brest-Litowsk im Gegensatz zur Politik der Reichstagsresolution vom 17. Juli 1917 stehe, deren Zielsetzung sich ja Hertling in seiner Erklärung vor dem Reichstag am 29. November 1917 zu eigen gemacht hatte, als er vor den Abgeordneten ausführte:

»Was die ehemals dem Zepter des Zaren unterworfenen Länder Polen, Kurland und Litauen betrifft, so achten wir das Selbstbestimmungsrecht ihrer Völker. Wir erwarten, daß sie sich selbst diejenige staatliche Gestalt geben werden, die ihren Verhältnissen und der Richtung ihrer Kultur entspricht.«

Ferner habe sich die Reichsleitung im gleichen Sinne in der Antwort auf die Papstnote festgelegt. Dieselbe Auffassung habe der Reichskanzler am 25. Februar in seiner Antwort auf die jüngste Rede des amerikanischen Präsidenten Wilson (vier Punkte) bekräftigt und dabei vor allem auf eine Zustimmung der deutschen Sozialdemokraten zu seinen Plänen gehofft. David verwies auf die neuesten Erklärungen Wilsons[393] und versuchte, den Reichskanzler noch einmal auf Gemeinsamkeiten festzubinden, indem er die öffentliche Antwort Hertlings auf die Rede Wilsons zitierte. Hertling hatte am 25. Februar gesagt:

»Der zweite Satz der vier Punkte Wilsons verlangt, daß Völker und Provinzen nicht von einer Staatsoberhoheit in eine andere herumgeschoben werden, als ob es sich lediglich um Gegenstände oder Steine in einem Spiel handle... Auch diesem Satz kann unbedingt beigestimmt werden.«[394]

David bemühte sich, an das gemeinsame politische Gefühl von Reichsregierung und Reichstag zu appellieren, wenn er sich auf diese öffentliche Festlegung bezog: »So ist neben der Reichsleitung auch der Reichstag in dieser Frage in seiner Ehre vor der Welt engagiert.« Die sozialdemokratischen Abgeordneten unterstützten diese Bemerkung mit einem »Sehr richtig«. David faßte schließlich seinen detaillierten Überblick über die offiziellen deutschen Verpflichtungserklärungen der letzten Monate mit den Worten zusammen: »Das genügt, um festzustellen, daß die Reichsleitung selbst sich in der feierlichsten Weise verpflichtet hat, bei der Ordnung der Dinge im Osten den Willen der Völker selbst ausschlaggebend sein zu lassen.«[395]

Die Ausführungen Davids machten deutlich, daß Anfang 1918 einige ideelle Verbindungen zwischen dem amerikanischen Präsidenten Wilson, dem deutschen Reichskanzler Hertling und der Mehrheit der im Reichstag vertretenen Sozialdemokraten und Katholiken und den Fortschrittlern bestanden, die darauf hinausliefen, eine freiheitlichere Lösung der internationalen Verhältnisse in Osteuropa zu finden und auf diesem Wege die Lebensbedingungen der Völker Europas neu zu ordnen. Er dachte an ein demokratisches Europa der Nationen, also eines Europas jenseits der »Großmächte«: Eine Neuordnung Mittel- und Osteuropas auf demokratischer Grundlage durch die Zurückdrängung der bisherigen »Großmachtpolitik«. Diese Anwendung des Selbstbestimmungsrechts hätte ein Europa entstehen lassen können, in dem die kulturelle und politische Vielfalt der einzelnen Nationen zum Zuge gekommen wäre.

Aber die Gegenkräfte waren sehr stark. So wies David auf die große Kluft zwischen den offiziellen Erklärungen der deutschen Politiker und den praktizierten Handlungen hin. Es genüge nicht, Erklärungen abzugeben. Den Worten müßten auch Taten folgen.

David sprach offen darüber, daß es im Innern Deutschlands inzwischen eine mächtige »Gegenpartei« gebe, deren Absichten sich in den alldeutschen, konservativen und annexionistischen Blättern niederschlage. Das Ziel dieser »Gegenpartei« sei nicht eine Friedensregelung, sondern Annexionen. Die außenpolitische Linie sei auch mit innenpolitischen Zielen verknüpft: »Jede demokratische Verfassung ist den Führern dieser Partei außerordentlich unsympathisch, sie wollen nichts vom allgemeinen, direkten Wahlrecht wissen. Sie fürchten gleich, daß, wenn man dies jenen Völkern gibt, wenn man es den Litauern, der kurländischen Bevölkerung usw. einräumt, wenn man dort einen konstituierenden Landtag zuläßt, das vielleicht auf Preußen abfärben könnte.« Diese Gruppe wolle eine innenpolitische Ordnung, die auf Befehlsgewalt beruhe. In diesem Zusammenhang wies David darauf hin, daß sich die deutsche Militärverwaltung im Osten schon längst aus der technisch-funktionalen militärischen Aufgabenteilung zu einer »politischen Instanz« entwickelt habe. So führte David das Scheitern des Friedens von Brest auf die innenpolitische Auseinandersetzung in Deutschland zurück, brachte beide Abläufe in einen engeren Zusammenhang:

»Zu den Organen dieser Gegenpartei, die offen eine Politik verfolgt, die in schroffem Widerspruch zu der Reichsleitung steht, gehören auch zahlreiche Funktionäre der Militärverwaltung in Oberost. Diese Militärverwaltung in Oberost ist eine politische Instanz, sie greift in die politischen Fragen des Ostens in bestimmender Weise ein. Ihre Funktionäre gehören also mit zu jener Gegenpartei, und die Spitze der Pyramide verschwindet hinter Wolken. Aber jeder politisch sehende Mensch weiß, wer es ist, meine Herren, das muß offen ausgesprochen werden, dann wird man begreifen, in welcher Situation wir uns befinden.«

Er sei überzeugt, daß die politische Leitung es mit ihrem Willen ernst meine, aber so müsse gefragt werden, habe sie die Macht, ihren Willen auch durchzusetzen, oder liege die Macht bei der »Gegenpartei«. Was auch immer in den letzten Monaten in Polen, Litauen, Kurland geschehen sei, man habe immer wieder feststellen müssen, daß die politischen Ziele der Reichsleitung von dieser »Militärpartei«, deren Anhang von den militärischen Stellen bis in die breiten Teile der deutschen Presse reicht, durchkreuzt wurden. Ihr sei es gelungen, eine Politik der Verständigung zu verhindern. Eine Politik der ausschließlich militärischen Sicherung, die nicht die Verständigung der Völker suche, bringe keinen Frieden, sondern nur die erneute Gefährdung der Zukunft. David blieb nichts anderes übrig als sich eindringlich für einen »Verständigungsfrieden« auszusprechen. Er sei keineswegs, wie die »Militärpartei« in ihrer verkürzten Betrachtungsweise behauptete, ein »weicher Friede«. »Nein, meine Herren, ein Friede, der sich nur auf militärische Machtmittel stützt, ist der schwächste Friede, den es gibt.«[396]

Die Frage bleibt offen, warum es den Parlamentariern nicht gelungen war, ihr Konzept des Verständigungsfriedens politisch durchzusetzen. Davids Analyse der Lage war zweifellos sehr klug, aber es fehlte der Wille, vielleicht noch mehr die Mittel, diese Absichten auch durchzusetzen. Hätte aber nicht der Reichstag seine Zustimmung zu dem Vertrag, gegen dessen Zustandekommen so große Bedenken bestanden, ja dessen genauen Inhalt man am 19. März nicht einmal kannte, verweigern können? Ohne eine Ratifikation konnte der Vertrag nicht in Kraft treten. Die Verweigerung der Zustimmung hätte allerdings auch die geplante »Westoffensive« des Generalstabs gestoppt und zu einer in den Folgen unabsehbaren Kraftprobe geführt. David wies auf die bevorstehende Offensive im Westen am Schluß seiner Rede zu dem Vertrag von Brest-Litowsk am 19. März 1918 hin. Was er dazu sagte, war schwach. Hatten sich nicht die Abgeordneten, die die bessere Einsicht hatten, von dem Diktat der Generäle überrollen lassen? So blieb wohl den Sozialdemokraten in den Märztagen 1918 nicht viel mehr als die stille Wut der Ohnmacht.

Mit verbindlichem Geschick deutete Friedrich Naumann für die Fortschrittler am 18. März das Vertragswerk. Zunächst müsse festgehalten werden, daß die »Macht des russischen Zarismus« gebrochen sei. Was die neue – bolschewistische – Regierung angehe, so sei mit Bedacht die Formel des ausdrücklichen Verzichts auf propagandistische Tätigkeit (innerhalb der staatlichen und militärischen Instanzen der Gegenseite) aufgenommen worden. Die Grenze, die jetzt zwischen Deutschland und Rußland bestehe, habe nicht nur politisch territorialen, sondern auch einen »prinzipiellen« Charakter, sie sei eine »Revolutionsgrenze«.[397] Sie müsse bewußt gesetzt werden, um die Errungenschaften der engeren sozialen oder bürgerlichen Ordnung von dem Zustand der »Anarchie«, dem »Bolschewikifieber«, abzusetzen. Zugleich lehnte er eine annexionistische Politik in den neuen baltischen Ländern ab. Sie würde nur zu schlechten Erfahrungen reichen. Der Kern der Aufgaben in Osteuropa bestünde in der »Aufrechterhaltung des nationalen Staats«. Damit vertrat Naumann die Forderung der Anwendung des Selbstbestimmungsrechts und distanzierte sich zugleich von den Vorgängen um das Angebot der kurländischen »Herzogskrone« der letzten Tage.[398] Auch die im Osten errichtete Militärverwaltung müsse zurückgezogen werden, um zu einem Ausgleich im Osten zu kommen. Generell wurde in diesen Monaten die innerrussische Entwicklung von deutschen Politikern eher pauschal als differenziert beurteilt. Man übernahm bereitwillig – und auch paradoxerweise – die von den Bolschewiki vertretene Vorstellung, daß eine

»Weltrevolution« auf dem Spiel stehe.[399] So äußerte sich Stresemann für die Nationalliberalen am 19. März. Er hielt der Reichstagsmehrheit, deren Politik er bis dahin blokkiert hatte, vor, daß ihre Politik des Verständigungsfriedens, nach der Friedensresolution vom 19. Juli 1917, gescheitert sei.[400] Das war wohl auch zutreffend, nur lag das Scheitern nicht zuletzt auch an der Haltung der Mehrheit der nationalliberalen Reichstagsfraktion und der Rivalität zwischen Stresemann und Erzberger. Doch Stresemann deutete die Dinge anders: Mit der Regierung Kerenski wäre noch ein Frieden auf der Basis der Resolution vom 19. Juli möglich gewesen, mit der Regierung Lenin und Trotzki wäre diese Möglichkeit ausgeschlossen gewesen. Stresemanns Stichwort lautete: »Weltrevolution«. Die internen innerrussischen politischen Möglichkeiten, auf die David aufmerksam gemacht hatte, wurden dabei ganz übersehen. Rußland, so lautete das Fazit, »das uns die Hand zur Verständigung bot, hätte einen guten Verständigungsfrieden erreichen können, wenn es nicht durch den Übermut eines Trotzki diesen Frieden auf Spiel gesetzt hätte«.[401]

Am 19. März nahm von Westarp für die Konservativen das Wort. In dieser Rede erschienen die Dinge sehr einfach. Der Vertrag sei nach einem Wort Seiner Majestät »einer der größten Erfolge der Weltgeschichte, dessen Bedeutung erst die Enkel richtig würdigen werden«. Von »Weltgeschichte« und »Weltpolitik« war im Kriegsdeutschland häufig die Rede. Zur russischen Revolution bemerkte Westarp, daß die deutschen Sozialdemokraten sie zunächst durch ihren Vorsitzenden Ebert begrüßt hätten, dann aber bald eines Besseren belehrt worden seien. Denn es habe sich am Beispiel Rußland gezeigt, »daß diejenigen nicht Recht haben, die von einem gewaltsamen Umsturz aller Dinge das Heil erwarten«. Auch die Sozialdemokratie habe jetzt »einen scharfen Trennungsstrich zwischen sich und den Bolschewiki« gezogen. Die Revolution habe Rußland keinen Fortschritt gebracht, sondern nur »Schrecken, Entsetzen, Not, völligen Zusammenbruch und Chaos«. »Unsere monarchischen Grundsätze, unser auf konstitutionell-monarchischer Grundlage aufgebautes Staatswesen habe sich überlegen gezeigt.«[402]

Der konservative Sprecher gebrauchte wieder seine beliebte Formulierung von der Regelung durch »ein gutes deutsches Schwert«, das »letzten Endes« die Lösung in Brest herbeigeführt habe.[403] Ironisch vermerkte Westarp, daß die Meinung darüber, ob der jetzige Friede den Zielen des Verständigungsfriedens vom 19. Juli entspreche, offenbar unter den Mehrheitsparteien »verschieden« beurteilt werde. Im gleichen Atemzug versuchte Westarp Erzberger dem Gelächter preiszugeben, der »in Kenntnis des Ultimatums, das die Grundlage des heutigen Friedens wurde«, am 27. Februar gesagt habe, »der Friede liege vollständig im Rahmen der Resolution, die die Mehrheitsparteien aufgestellt hatten«. Damit streute Westarp natürlich Salz in die Wunden der Koalition. Er zitierte einander entgegengesetzte Äußerungen von Politikern des Zentrums und der Sozialdemokraten. Zudem, auch Trotzki habe keinen Frieden mit dem kaiserlichen Deutschland schließen wollen: »Eine Verständigung mit ihm wäre nur dann möglich gewesen, wenn wir unser Vaterland selbst der bolschewistischen Revolutionsherrschaft auslieferten.«[404] Die – etwas fatale – Situation der Reichstagsmehrheit brachte

Westarp mit dem Hinweis zur Sprache, daß die Sozialdemokraten bis dahin, dem zweiten Tag der Debatte, noch nichts dazu gesagt hätten, ob sie dem Vertrag zustimmen oder ihn ablehnen würden. An dieser Stelle stimmten ihm selbst die Unabhängigen zu.[405]

Jetzt griff der konservative Sprecher auch direkt den interfraktionellen Ausschuß an, gleichsam als Antwort auf Davids Anklagen gegen die »Militärpartei«. Nach der Verfassung bestimme der Kanzler die Politik, der Reichstag könne ihm die Verantwortung nicht abnehmen: »Sie kann ihm auch nicht abgenommen werden durch gewisse Vertreter der Mehrheitsparteien, die sich in mehr oder weniger fester Form zu interfraktionellen Besprechungen zusammentun und von diesem Ausschuß aus die Politik des Reiches leiten zu sollen und zu führen glauben.«[406] Das war tatsächlich ein zentraler Punkt: Denn ohne Zweifel hatte die Reichstagsmehrheit versucht, in den letzten Monaten auf indirektem Weg die Parlamentarisierung herbeizuführen. So machte Westarp in dieser Debatte den politischen Sprecher der von David so benannten »Militärpartei«. Deren politische Zukunftserwartungen aber lauteten: Man solle jetzt zufrieden sein, daß man im Osten den Rücken freihabe und nun »mit unserer ganzen Kraft gegen den zähesten und grausamsten, gegen den von dem stärksten Vernichtungswillen erfüllten Feind im Westen wenden könne.«[407]

Offen war am 19. März, wie die Sozialdemokraten abstimmen würden.[408] Schließlich begründete Scheidemann am 22. März den Entschluß seiner Fraktion, sich der Stimme zu enthalten. Ausschlaggebend war das Verfahren der Verhandlungen: Der Reichstag selbst sei ausgeschaltet geblieben. Die Delegationen der vier Verbündeten hätten von vornherein den Verzicht Rußlands auf Polen, Litauen und Kurland verlangt. Damit lehnte Scheidemann auch die inzwischen »offiziös« gewordene Deutung der Ostpolitik als »Schutzpolitik« ab, kennzeichnete den Frieden als annexionistisch. Die im Osten betriebene Machtpolitik werde nicht zu einem »Verhältnis der engen Freundschaft zwischen dem deutschen und dem russischen Volk« führen.[409] Die Politik der Friedensresolution vom 19. Juli 1917, das ließ sich kaum verbergen, war zunächst gescheitert. Mit scharfen Worten hatte der Sprecher der Unabhängigen, Ledebour,[410] am 19. März das Vertragswerk gegeißelt: »Die Zeit wird kommen, wo der Fluch der Annexionspolitik so kraß in die Erscheinung treten wird, daß das Volk überall sein Unheil erkennen und dann mit den Annexionspolitikern aufräumen wird, welcher Parteifarbe sie auch angehören werden.«[411]

Nachdem der alte Ledebour drohendes politisches Unheil angekündigt hatte – auch die Sozialdemokraten wurden nicht verschont –, trat der 44jährige Pastor Reinhard Mumm, der Schwiegersohn und Nachfolger Adolf Stöckers, als Abgeordneter des Wahlkreises Siegen an das Rednerpult. Er stimmte dem Frieden zu[412] und zitierte aus einem Gedicht, das Paul Gerhardt[413] nach dem Abschluß des dreißigjährigen Kriegs verfaßt hatte:

»Gottlob, nun ist erschollen
Das edle Fried- und Freudenwort,
Das nunmehr ruhen sollen

Die Spieße, Schwerter und ihr Mord.
Wohlauf und nimm nun wieder
Dein Saitenspiel hervor
O Deutschland und sing Lieder
im hohen vollen Chor.«[414]

So mochten viele in Deutschland hoffen. Doch vorläufig war die letzte Strophe des Kriegslieds noch nicht beendet: Der Krieg ging weiter.

Als der Vertrag am Freitag, dem 22. März in der zweiten und dritten Lesung zur Abstimmung kam, brachten die Mehrheitsparteien noch eine Resolution ein, die die Regierung auf die Wahrung des Selbstbestimmungsrechts in Osteuropa verpflichtete.[415] Für das Zentrum gab der Sprecher Adolf Gröber zu, daß es kein Verständigungsfriede sei – Erzberger selbst hielt sich während dieser Debatte weitgehend zurück –, aber, so meinte er, sei auf einer anderen als der jetzigen Art und Weise ein Friedensvertrag überhaupt zu erreichen gewesen? Offensichtlich hatte sich auch mancher Zentrumsabgeordnete den Gedanken des Schutzes vor den Auswirkungen der russischen Revolutionspropaganda zu eigen gemacht.[416] Aber außer den Argumenten muß auch ein personelles Moment mitbedacht werden: Dem Zentrumssprecher fiel die Aufgabe zu, »ihren« Kanzler, Georg Hertling, parlamentarisch zu decken.

In der dritten Lesung am 22. März stimmte der Reichstag mehrheitlich dem Vertrag zu. Die Sozialdemokraten enthielten sich, die Unabhängigen lehnten ab. Eine geschickte Regie hatte es verstanden, die Abstimmung über den politisch brisanten Vertrag mit Rußland mit der Abstimmung über einen politisch harmlosen »Handels- und Schiffahrtsvertrag« mit Finnland zu koppeln.[417] Am gleichen Tag war die 11. Vorlage der Kriegskredite in Höhe von 15 Milliarden Mark bewilligt worden. Einen Tag zuvor hatte das deutsche Heer die Frühjahrsoffensive in Nordfrankreich eröffnet.

Der Vertrag von Brest wurde acht Monate später durch den Waffenstillstand von Compiègne annulliert. Aber wenn er auch nicht einmal ein Jahr lang bestanden hatte, ja bald »vergessen« wurde, so gingen doch Wirkungen von ihm aus – und Erinnerungen.[418] Ohne Zweifel wirkte sein Zustandekommen prägend auf Haltungen und Ziele der Parteien in Deutschland. Denn mit den Verhandlungen in Brest war auch die Reaktion, Beurteilung und die Einstellung gegenüber dem neuen Rußland, der entstehenden »Sowjetmacht«, die an die Stelle des zaristischen Rußlands getreten war, verknüpft. Diese Beurteilung wirkte zwangsläufig auf die Orientierungen der Parteien zurück, von den Konservativen bis zu den Sozialdemokraten. Hatten sie sich bis dahin noch weitgehend an der aus dem ausgegangenen 19. Jahrhundert überkommenen Szenerie von Politik, Wirtschaft und Gesellschaft orientiert, so war das jetzt natürlich nicht mehr möglich, oder nur mit erheblichen Abstrichen.[419]

Aber auch ein anderer Faktor ist zu berücksichtigen: Der Schock, den der Zusammenstoß mit der deutschen Militärmacht auf die noch ungefestigte Politik der russischen Bolschewiki auslösen mußte. Denn offensichtlich hatten viele von ihnen nicht mit einem deutschen Einmarsch gerechnet, der ja, und das war ja keineswegs ganz abwegig, beinahe sogar Petersburg, die Zentrale, aus den Angeln gehoben hätte. Seitdem zog sich die russische Regierung nach Moskau zurück: der Hauptstadt des vor-petrinischen, vor-aufgeklärten Rußlands – und blieb dort. Josef Stalin, 1917/18 in der russischen Regierung Volkskommissar für die nationalen Angelegenheiten, betrieb nach 1945 die Besetzung des östlichen Deutschland, einschließlich Berlins, aus der die Teilung der deutschen Hauptstadt und des deutschen Reichs entstand.[420] Es schien so, als habe die deutsche Politik dem neuen Rußland 1918 die Gewaltpolitik gleichsam als Geburtstagsgeschenk mit auf den Weg gegeben. Dennoch muß festgehalten werden, daß die Mehrheit der deutschen Politiker, der Abgeordneten, tatsächlich nicht hinter der Politik eines Gewaltfriedens gestanden hatten. Sie hat ihn allerdings auch nicht verhindert.

Anmerkungen

1 Aber nicht nur im Osten, auch im Westen – Belgien – war der Annexionskomplex ungeklärt. Hertling selbst lehnte die Annexion ab.
2 Hertling war diesen Redestil aus seiner früheren parlamentarischen Tätigkeit gewohnt. Zudem waren seine Augen so geschwächt, daß er kaum noch lesen konnte. Schriftstücke wurden ihm meist von seinem Sohn Karl von Hertling vorgelesen.
3 Der Grund der Ernennung Hertlings lag vor allem darin, daß man hoffte, wohl auch Wilhelm II. selbst, Hertling werde durch seine Person ein besseres Vertrauensklima zur Reichstagsmehrheit, vor allem über die Abgeordneten des Zentrums, schaffen. Wie schon bei der Ernennung Michaelis' war auch jetzt Unsicherheit mit im Spiel, eine Verlegenheitslösung. Bereits im Juli, nach dem Vorstoß Erzbergers, hatte der Kaiser den damaligen Münchener Ministerpräsidenten gebeten, das Kanzleramt anzunehmen. Hertling hatte wegen seines Alters abgelehnt. (K. von Hertling, Ein Jahr in der Reichskanzlei, Freiburg 1919, S. 12ff.).
4 »In allen Kreisen und Ständen der Bevölkerung zeigt sich ein eifriger Wettbewerb, alle Kräfte des wirtschaftlichen und finanziellen Lebens anzuspannen, um dem Krieg die nötigen Hilfen zu leisten.« (Reichstag, Bd. 311, S. 3945).
5 Text des Funkspruchs in: W. Hahlweg (Hrsg.), Der Friede von Brest-Litowsk, Düsseldorf 1971, S. 28–30.
6 A.a.O.
7 »Wir erwarten, daß sie sich selbst diejenige staatliche Gewalt geben werden, die ihren Verhältnissen entspricht« (Reichstag, Bd. 311, S. 3945).
8 Reichstag, Bd. 311, S. 3946.
9 Karl Trimborn (1854–1921) war Rechtsanwalt in Köln, gehörte dem Reichstag seit 1896 an, im Oktober 1918 Mitglied im Kabinett Baden.
10 Reichstag, Bd. 311, S. 3948.
11 A.a.O., S. 3950.
12 A.a.O., S. 3950.
13 Vizekanzler war bis zum 9. November Karl Helfferich gewesen.
14 IFA I, S. 631.
15 IFA I, S. 631.
16 Am 11. 12. 1917 hatte David in seinem Tagebuch notiert: »12½ Uhr mit Ebert und Kühlmann betr. Verhandlungen im Osten. Mißtrauisch gegen die Militärs in K[reuznach]. Gibt beruhigende Zusicherungen: strenge Kompetenz-Abgrenzung; er u. [der österr. Außenminister] Czernin wollen sofort, wenn Waffenstillstand geschlossen, die Verhandlungen übernehmen.« (A.a.O., S. 631, Anm. 22a)
17 A.a.O., S. 632.
18 A.a.O.

19 Stresemann: »Man wird von uns [Nationalliberalen] nur Grundsätze hören können. Wenn man im Osten Volksabstimmungen zuläßt, dann wird die Entente dasselbe für Elsaß-Lothringen verlangen!« (IFA I, S. 632)
20 IFA I, S. 633.
21 Das »Volksabstimmungsargument« Stresemanns wehrte Scheidemann mit den folgenden Worten ab: »Bei Volksabstimmungen braucht man sich nicht vor Elsaß-Lothringen zu fürchten, weil dann wir mit Irland und Ägypten kommen.« (IFA I, S. 633).
22 A. a. O.
23 A. a. O., S. 633.
24 Hartmann Freiherr von Richthofen (1878–1953) gehörte dem Reichstag seit 1912 an, stand auf dem linken Flügel der Nationalliberalen, befürwortete im Gegensatz zur Mehrheit seiner Fraktion die Friedensresolution. 1919 trat er der DDP bei.
25 IFA I, S. 633.
26 Generell: W. J. Mommsen, Die deutsche öffentliche Meinung und der Zusammenbruch des Regierungssystems Bethmann Hollweg im Juli 1917, in: GWU 19 (1968); M. Rauh, Föderalismus und Parlamentarisierung im Wilhelminischen Reich, Düsseldorf 1972.
27 Erzberger: »Die Formel des Selbstbestimmungsrechts ist von der Obersten Heeresleitung nicht anerkannt worden. Die will die Annexionen der Linie Grodno-Kowno. Das bringt den Frieden zum Scheitern.« (IFA I, S. 633).
28 Erzberger: »Die Unterhändlerfrage ist auch wichtig. Aber die Hauptsache ist die materielle Forderung.« (A. a. O.)
29 A. a. O., S. 634.
30 So der Ausspruch Richthofens: »Man will doch nur aus politischen Gründen einige Parlamentarier dort haben.« (gemeint war: parteipolitisch) (IFA I, S. 635).
31 Bezug: Im September war über die Vermittlung Spaniens ein Versuch zu einer Verständigung mit England gestartet worden, ohne Ergebnis.
32 Erzberger: »Direkte Nachricht aus England. Lebensmittelverhältnisse in England genauso günstig wie im Frieden. Ungeheure Täuschung in Deutschland über diese Sache. Hoffnung auf Aushungerung ist ganz hinfällig.« (A. a. O., S. 635). – Die britischen Konservativen, bemerkte Erzberger, schienen nur deswegen einen Verständigungsfrieden zu befürworten, weil sie eine »starke Radikalisierung in England« befürchteten. (A. a. O.)
33 A. a. O., S. 635.
34 Richthofen vermerkte über das Ergebnis der Aussprache am 20. 12.: »Sozialdemokraten wollen die weitere Verantwortung ablehnen.« (IFA I, S. 636).
35 J. Wheeler-Bennet, Brest-Litowsk. The Forgotten Peace, London 1956 ([1]1938), S. 107–111.
36 »The white-whiskered chancellor, Count von Hertling, a sad old man, anxious to do his best but unwilling to cross the path of the High Command.« (A. a. O., S. 10).
37 A. a. O., S. 111 – Die von Wheeler-Bennet beschriebene Szene stimmt in den wesentlichen Ergebnissen mit dem offiziellen Protokoll der Besprechung im Großen Hauptquartier vom 18. 12. überein, das Datum ausgenommen (vgl.: Hahlweg, Brest-Litowsk, S. 129f.).
38 F. Fischer, Griff nach der Weltmacht, Düsseldorf [2]1962, S. 630f.
39 »Verhältnis jetzt umgekehrt zum Waffenstillstand.« (IFA I, S. 640, Anm. 9; ferner: Erzberger, Erlebnisse, S. 239f.).
40 Allerdings herrschte die Meinung vor, der künftige Vertrag werde nur ein Provisorium sein, ein »Notgebäude«. Erst später würden endgültige Regelungen getroffen werden (Trimborn, IFA I, S. 639).
41 IFA I, S. 641.
42 Schulthess NF 33 (1917) I, S. 1039; ferner: »Diese Erklärung ist die Stimme des arbeitenden Volkes, das der Kern aller deutschen Tapferkeit und Zuversicht ist.«
43 Die Nationalversammlung setzte am 20. August 1919 einen 18köpfigen Untersuchungsausschuß ein, um die den Abgeordneten bis dahin nicht bekannten Hintergründe des Scheiterns

ihrer Politik der Friedensresolution zu erklären. Die Ergebnisse mit Aktenmaterial wurden 1925–1930 in dem 12bändigen Werk »Die Ursachen des deutschen Zusammenbruchs im Jahre 1918« veröffentlicht. Die wichtigsten Quellen dieses Werkes und weitere Quellen aus dem Politischen Archiv des Auswärtigen Amts, Bonn, des Deutschen Zentralarchivs Potsdam und des Haus-, Hof- und Staatsarchivs Wien liegen seit 1971 in der Edition: W. Hahlweg (Hg.), Der Friede von Brest-Litowsk, Düsseldorf 1971 (737 S.) vor. – Vgl.: A. Milatz, Der Friede von Brest-Litowsk, Diss. Hamburg 1949; V. John, Brest-Litowsk, 1937; W. Hahlweg, Der Diktatfrieden von Brest-Litowsk 1918 und die bolschewistische Weltrevolution, Münster 1960. – Die russischen Aufzeichnungen: Mirnye peregovory v Brest-Litovske c 22/9 dekabrja 1917po z marta (18 febralja) 1918 g. (Bd. 1); Plenarnye zacedanija. Zacedanija politneskoj kommicii. Polny text ctenogramm pod redaktciej c primecanijami A. A. Joffe (V. Krycogo) c predisloviem L. D. Trockogo (1920); ferner: J. Z. Magnes: Russia and Germany at Brest Litowsk: A Documentary History of the Peace Negotiations, New York 1919. – Die neuere offiziöse Darstellung (russisch) der Verhandlungen: A. O. Tsubarnjan, Brestij mir, Moskau 1964, und Istorija Diplomaticy Bd. 3, Moskau ²1965, S. 74–106. Vgl. die englischsprachige Übersetzung der »Great Encyclopedia« Bd. 4, London 1974 (3. Auflage), S. 66f.

44 Kühlmann: »Unsere Verhandlungen werden erfüllt sein vom Geist versöhnlicher Menschenfreundlichkeit und gegenseitiger Achtung. Sie müssen Rechnung tragen einerseits dem historisch Gegebenen und Gewordenen, um nicht den festen Boden der Tatsachen unter den Füßen zu verlieren, andererseits aber auch getragen sein von jenen neuen und großen Leitgedanken, auf deren Boden die hier Versammelten zusammentreffen.« Kühlmann zitierte auch den Wortlaut der biblischen Weihnachtsbotschaft: »Friede auf Erden denen, die guten Willens sind.« (Hahlweg, Brest, S. 136).

45 Hahlweg, Brest-Litowsk, S. 137.

46 Ein wichtiger Punkt! Aus dem Telegramm Kühlmanns vom 24. 12. nach Berlin geht hervor, daß nur noch die bulgarische Vertretung Schwierigkeiten mache, da sie eine Verzichtserklärung auf Annexionen nicht akzeptieren wolle. Vgl. auch die protokollarischen Aufzeichnungen des Gesprächs Kühlmann-Czernin vom 24. 12.: Beide wehren den »bulgarischen« (Popow) Annexionsstandpunkt ab. Es ist eindeutig, daß die beiden Diplomaten einer generellen Verzichtserklärung zustimmen wollten (Hahlweg, Brest-Litowsk, S. 141). Die Ablehnung »bulgarischer« Annexionswünsche bedeutete in der diplomatischen Sprache aber wohl auch: der alldeutschen! So der Stand am 24. 12. – Ähnlich Kühlmann im Telegramm an den Kanzler vom 25. 12.: »Abgesehen von dem Vorsitzenden Popow, der ein treuer Freund des Bündnisses, aber der Situation nicht ganz gewachsen ist, scheinen sämtliche Mitglieder der bulgarischen Delegation die Berechtigung unseres Standpunktes anzuerkennen.« (Hahlweg, Brest-Litowsk, S. 142).

47 Protokollarische Wiedergabe in: Hahlweg, Brest-Litowsk, S. 144f.

48 A. a. O., S. 144 – In seinem Tagebuch vermerkte Czernin über die Plenumssitzung vom 25. Dezember: »Damit wären wir einen großen Schritt weiter und v i e l l e i c h t über das Schwerste hinweg. Man kann nicht wissen, ob nicht der gestrige Tag einen entscheidenden Wendepunkt in der Geschichte der Welt bedeutet.« In: (Hahlweg, Brest-Litowsk, S. 145, Anm. 2).

49 Ob dem Vertagungswunsch schon eine »Verlängerungstaktik« zugrunde lag – in der 1. Phase –, ist nicht sicher. Vermutlich wollte Joffe auch die Zustimmung aus Petersburg einholen, wo die Verhältnisse ja außerordentlich kritisch waren.

50 Zur Einmütigkeit der vier Verbündeten am 24./25. 12.: Wheeler-Bennet, S. 121.

51 Wörtlich: »Aus den Verhandlungen gewinnt man den Eindruck, als ob nicht wir, sondern Rußland die Fordernden wären. Dies trägt der Kriegslage in keiner Weise Rechnung.« (Hahlweg, Brest-Litowsk, S. 148).

52 Hahlweg, Brest-Litowsk, S. 168 – Dem Telegramm der OHL nach Berlin war der Vermerk hinzugefügt: »Staatssekretär v. Kühlmann erhält durch General Hoffmann Kenntnis des vorstehenden Telegramms.« (A. a. O.)

53 M. Hoffmann, Der Krieg der versäumten Gelegenheiten, München 1924, S. 197. – Ferner: »Er, Czernin, war fest überzeugt, daß Österreich-Ungarn zusammenbrechen müsse, wenn es nicht bald Frieden bekäme. Der Gedanke, der ihn vollständig beherrschte, war der Wunsch, unbedingt wenigstens mit Rußland zu einem Abschluß zu kommen und einen Frieden mit nach Hause zu bringen.« (A. a. O., S. 197f.).

54 A. a. O., S. 198.

55 A. a. O., S. 200. »Die Russen triumphierten und telegrafierten sofort nach Petersburg.«

56 »Ich erklärte dem Staatssekretär, daß ich es für unmöglich hielte, die Russen in solchen Glauben nach Petersburg reisen zu lassen... Ich sei deshalb der Auffassung, daß es allerhöchste Zeit sei, die Russen über diesen Punkt aufzuklären und erklärte mich bereit, es zu tun. Der Staatssekretär sah die Richtigkeit meiner Ausführungen ein und stimmte zu, ebenso Czernin.« (A. a. O., S. 200f.)

57 Vgl. Wheeler-Bennet, S. 124.

58 Hoffmann, S. 201.

59 A. a. O., S. 202.

60 A. a. O., S. 202.

61 A. a. O., S. 202.

62 »Für den Reichskanzler. Persönlich und eilig.« (Hahlweg, Brest-Litowsk, S. 150–153) – In der Quellenedition sind keine Telegramme und Anweisungen des Kanzlers an Hertling enthalten. Daraus ist zu vermuten (vorausgesetzt, daß es tatsächlich keine gab), daß Kühlmann in dieser kritischen Situation völlig auf sich selbst gestellt handeln mußte. Hertling befand sich möglicherweise in den Weihnachtstagen gar nicht in der Reichskanzlei.

63 »Ich glaube den heutigen Eindrücken nicht, daß eine Anerkennung der Lostrennungsvoten ohne die Zusage einer späteren Sanktion auf breiterer Basis zu erreichen ist. Wenn wir die Zusage geben, so glaube ich, daß wir in allen wesentlichen Fragen zu einem befriedigenden Abschluß gelangen können. Ich halte es aber für sehr möglich, daß ohne irgendeine Zusage dieser Art der ganze Aufbau des Friedens zum Scheitern kommt, da die jetzige russische Regierung, um ihr Gesicht zu wahren, bei so erheblichen Verlusten an Territorium mindestens ihrer öffentlichen Meinung gegenüber in der Lage sein muß, darauf hinzuweisen, daß die Landesteile tatsächlich durch den Willen der überwiegenden Mehrheit verloren gegangen sind. Ich persönlich sehe in einer solchen Zusage keine unmögliche Bedingung.« (A. a. O., S. 152f.)

64 »Andererseits darf man sich nicht verhehlen, daß ein Scheitern der Friedensverhandlungen wegen dieses Punktes von unserer Öffentlichkeit und insbesondere der Mehrheit des Reichstags in der allerschärfsten Form verurteilt werden wird, so daß ich vom politischen Standpunkt aus die Verantwortung hierfür, soweit ich die Lage heute übersehen kann, *zu übernehmen nicht imstande wäre*.« (A. a. O., S. 153)

65 Der Text ist so zu verstehen, daß Kühlmann mit dem Rücktritt drohte, falls die Politik der OHL durchgeführt werde.

66 A. a. O., S. 153.

67 Wortlaut: »Verehrter Freund! – In Fortsetzung unseres gestrigen Gesprächs muß ich Ihnen pflichtgemäß mitteilen, daß ich den positiven Befehl meines Kaisers habe, die Verhandlungen mit Rußland nicht an unseren Forderungen scheitern zu lassen. Ich würde daher im Falle des Scheiterns Ihrer Bemühungen mit den russischen Unterhändlern in Separatverhandlungen eintreten. – Mit den besten Grüßen Ihr ergebenster Czernin.« (A. a. O., S. 171f.)

68 Auch österreichische Verhandlungsteilnehmer wiesen Hoffmann (am 30. Dezember) darauf hin, daß er, wie auch Ludendorff, als dessen »rechte Hand er gelte«, »alle schwebenden Fragen stets nur vom rein militärischen Standpunkt beurteile. Demgegenüber müsse auch die politische Seite berücksichtigt werden.« Hoffmann sagte darauf den Österreichern zu, sich bei seiner vorgesehenen Besprechung in Berlin auch für dieses Anliegen stark zu machen. Er »werde sehen, was sich in der Sache machen läßt« (A. a. O., S. 172). – Ludendorff telegrafierte am 27. Dezember an Hertling, »daß uns militärisch ein Sonderfrieden Österreich-Ungarns mit Ruß-

land vollständig gleichgültig sein kann (A. a. O., S. 157). Das Telegramm wurde dem Kanzler (Aktennotiz) am Nachmittag des gleichen Tages mündlich vorgetragen (A. a. O.).

69 Wheeler-Bennet meint dazu, die beiden Deutungen des Selbstbestimmungsrechts, die deutsche und die russische, hätten sich jetzt als »irreconcilable«, unvereinbar, erwiesen (Wheeler-Bennet, S. 129).

70 So F. Fischer, A. a. O., S. 641.

71 Wheeler-Bennet, S. 130f.

72 Hahlweg, Brest, S. 179.

73 »Wir haben militärisch gesiegt. Viel größer und gewaltiger als Napoleon jemals. In der Kriegsgeschichte wird der Ruhm des kleinen Korporals in Zukunft hinter dem Hindenburgs und Ludendorffs erheblich zurückbleiben.« (A. a. O., S. 180)

74 A. a. O., S. 187.

75 A. a. O., S. 200 – handschriftliche Aktennotiz Wilhelms II. am Rand des Artikels (in den Akten): »Quatsch« (A. a. O.).

76 Wheeler-Bennet, S. 135f. – Carl Severing (1875–1952) zählte wie August Winnig zur Generation der jüngeren Gewerkschaftsführer und sozialdemokratischen Politiker. Er war 1907 der jüngste Reichstagsabgeordnete gewesen, seit 1920 häufiger preußischer Innenminister, 1928–1930 Reichsinnenminister, von Beruf Schlosser. Severing galt später als einer der fähigsten Politiker der Weimarer Republik.

77 IFA II, S. 3.

78 Wörtlich: »Seine große Lokalkenntnis im Osten, die er sich im Laufe des Feldzugs erworben hat, sowie seine genaue Personalkenntnis, welche ihm die Waffenstillstandsverhandlungen in Bezug auf die russische Delegation, ihre persönlichen Eigentümlichkeiten und über die Anschauungsweise verschafft hatte, haben ihn mir zu einem ungemein wertvollen Mitarbeiter gemacht.« (IFA II, S. 4).

79 Kühlmann: »Die russische Demokratie ist nicht leichten, sondern schweren Herzens an den Gedanken rangegangen, daß sie das Band zu den Westmächten definitiv zu brechen und sich auf den Boden des Separatfriedens zu stellen hätte.« (IFA II, S. 6).

80 IFA II, S. 8.

81 »Es handelt sich um russische Völkerschaften, die trotz ihrer Rasse und Sprache und Religion nach ausgesprochen nach Westen tendierten und ohne innerliche historische Geschehnisse an Rußland angegliedert wurden und ohne innerliche und organische Verbindung mit dem russischen Reiche.« (IFA II, S. 8).

82 IFA II, S. 10.

83 IFA II, S. 12.

84 IFA II, S. 12.

85 Kühlmann: »Wenn man sich in den letzten Tagen in der Öffentlichkeit zum Teil mißfällig geäußert hat über ruhmredige Sprüche, in denen die Petersburger Regierung ihren endgültigen Sieg über die Mittelmächte und ihre großen Erfolge ausposaunt hat, so kann ich nur sagen, daß diese Funksprüche mir außerordentlich willkommen sind. Je mehr sich das russische Volk für den Eindruck gewinnen lassen kann – und bei einem Volke, in dem ein so großer Teil des Lesens und Schreibens unkundig ist, ist vielleicht die Möglichkeit, einen solchen Eindruck hervorzurufen, ausgesprochener, als es bei uns sein würde – desto besser für uns. Je weniger das russische Volk das Gefühl hat, daß es einen ungünstigen und demütigenden Frieden schließen muß, desto besser. Andererseits kann man in der Diskussion diese ruhmredigen Funksprüche der russischen Abordnung entgegenhalten und sagen: Nachdem sie sich selbst in so ungeheuer günstiger Weise über das Ergebnis der Verhandlungen geäußert hat, würde sie sich nicht wundern müssen, wenn nun in dem einen oder anderen Punkt sich die Anforderungen etwas steigern müßten. Das sind aber rein taktische Erwägungen.« (IFA II, S. 13).

86 IFA II, S. 13.

87 IFA II, S. 19.

88 Dieser Vorgang spielte sich faktisch seit dem November 1918, aber erst nach der deutschen Niederlage, in den osteuropäischen Ländern, vorher schon begünstigt durch die Politik des Kabinetts Baden (Oktober 1918), ab.

89 Erzberger: »Ein polnischer Großagrarier und ein polnischer Geistlicher in Litauen geben natürlich ihre Stimme für Polen ab. Mitten in Litauen gibt es polnische Enklaven.« (IFA II, S. 19)

90 IFA II, S. 19.

91 IFA II, S. 19.

92 IFA II, S. 20.

93 Im Prinzip waren Erzbergers ostpolnische Konzeptionen – ein Europa im Osten mit nationalen Demokratien – kaum von den Vorstellungen entfernt, die Wilson sieben Tage später in den »14 Punkten« bekanntgab und die auch auf die Politik Frankreichs, Englands und der USA seit Ende 1918 einwirkten.

94 IFA II, S. 22.

95 Zur Annexion bemerkte Haase: »Ich halte es an sich für ein Unglück, wenn Völkerschaften uns angegliedert werden sollten, die in ihrer Mehrheit nicht bei uns bleiben wollen.« (IFA II, S. 22) – Ähnlich argumentierte übrigens am gleichen Tage General Hoffmann in einem Gespräch mit Wilhelm II. in bezug auf Polen, womit er überzeugte. (Hoffmann, S. 204)

96 Haase: »Sollte die Bolschewiki-Regierung ablehnen und an ihrem Standpunkt festhalten, so würde ich das auch für unsere eigene Entwicklung als ein Glück halten. Wenn sich die Dinge so entwickeln, wie die Russen es vorschlagen, daß diese Völkerschaften darüber entscheiden, wem sie sich anschließen wollen, so können wir nicht mehr verlangen. Dieses russische Zugeständnis ist sehr klug und dann würde, falls das Votum für Deutschland ausfallen würde, die begründete Aussicht bestehen, daß man diese Völkerschaften bei vernünftiger Verwaltung in kurzer Frist Deutschland amalgieren könne.« (IFA II, S. 23)

97 Hugo Haase (1863–1919), in Allenstein (Ostpreußen) geboren, war der Sohn eines Schuhmachers, von 1890 bis 1911 hatte er eine Rechtsanwaltspraxis in Königsberg ausgeübt, von 1895–1910 die SPD im Königsberger Stadtrat vertreten: Königsberg wurde damals die größte deutsche Industriestadt im Osten. Dem Reichstag gehörte er von 1897–1906 und von 1912–1918, seit 1917 für die USPD an, 1911–1916 einer der beiden Parteivorsitzenden der SPD, von 1912–1915 auch einer der beiden Vorsitzenden der SPD-Fraktion. Bereits 1914 hatte sich Haase gegen die Kriegskredite ausgesprochen, sich aber dem Mehrheitsvotum seiner Fraktion gefügt. 1915 kam es zum Bruch. Haase lehnte im Dezember 1915 die Zustimmung zu den Krediten (mit einer Minderheit der Fraktion) ab. 1917 trat er der neugegründeten USPD bei. Von November bis Dezember leitete er – nominell-gemeinsam mit Ebert den Rat der Volksbeauftragten. Am 8. 10. 1919 fiel Haase, Abgeordneter der Nationalversammlung, einem Attentat zum Opfer. Haase war wohl weniger ein ausgesprochener Parteigänger – wie viele Sozialdemokraten – als ein Mann selbständigen politischen Denkens. – E. Haase (Hrsg.): Hugo Haase, sein Leben und Wirken (1921).

98 »Das ist eine Situation, gegen die vom logischen Standpunkt aus nichts zu machen ist, und die Bolschewiki haben schließlich auch darin die Waffen strecken müssen.« (IFA II, S. 24)

99 Basis: »Zollunion, Eisenbahnunion, militärische Konvention.« (IFA II, S. 27)

100 »Wir haben kein Wort darüber gehört, daß Abgeordnete des Reichstags, wie wir es besprochen hatten, herangezogen wurden.« (IFA II, S. 32)

101 Scheidemann: »Das, was zuletzt in bezug auf den Handelsvertrag erörtert worden ist, ist eine Frage, von der wir annehmen, daß sie für uns bedeutend wichtiger ist als die Erörterungen über Riga, das wir in das Deutsche Reich angliedern möchten.« (IFA II, S. 32)

102 »Das nächstliegende ist, daß man an den alten Handelsvertrag (vorbeugend) anknüpft. Es ist zuzugeben, daß im Kriege neue Grundlagen nicht geschaffen werden können, aber eine solche Regelung – dafür fehlt mir jedes Verständnis.« (IFA II, S. 32)

103 Scheidemann: »Ich bitte recht sehr, daß mir niemand zumutet, daß ich das als bindende Er-

klärung ansehe. Ich kann es nicht, und namentlich das, was uns heute der Herr Staatssekretär gesagt hat, daß es durch Räte von Gemeinden geschehen ist.« (IFA II, S. 33)
104 IFA II, S. 33.
105 »Es ist selbstverständlich, daß sich Rußland dann auf den neuen Krieg rüstet.« (IFA II, S. 33)
106 IFA II, S. 34.
106a Scheidemann: »Ich bin in Riga gewesen, nachdem es von Rußland [gemeint: Deutschland] erobert worden ist [nach dem 3. 9. 1917, vgl. Scheidemann, Memoiren, S. 99]. Ich war Gast in einem deutschen Verein, wo alle Herren auf uns eingeredet haben, daß sie von Rußland weg und zu Deutschland wollten. Ich habe diesen Herren gesagt: Ich verstehe sie wohl, sie stammen von deutschen Eltern ab; aber wollen es auch die anderen Herren? Hier ist doch nur der deutsche Verein. Da wurden die Herren verlegen. Auf meine Frage, wieviel sie sind, wurde mir ein Prozentsatz angegeben, der für Riga zwar etwas höher war, aber für Kurland nur 7 % betrug. Als ich die Frage aufwarf, wie die anderen Volksmassen in Kurland zu diesem Prozentsatz ständen, da wurde mir gesagt: Da fallen wir herein, denn die Letten stimmen nicht dafür.« (A. a. O.)
107 A. a. O., S. 34.
108 A. a. O.
109 IFA II, S. 35.
110 A. a. O.
111 A. a. O.
112 IFA II, S. 36f.
113 IFA II, S. 46.
114 IFA II, S. 47.
115 IFA II, S. 47.
116 Kühlmann, S. 525.
117 Kühlmann: »Aber da ist eben das eine Moment, daß ich auch bei unseren ferneren Verhandlungen unter den Unterhändlern zugute zu halten bitte, daß eben doch nur der an Ort und Stelle verantwortlich Handelnde, dem die Stimmung der Gegner, die Möglichkeiten des Abbruchs oder der Fortsetzung in jedem Moment vor Augen sind, die Beschlüsse in voller Kenntnis aller Umstände fassen kann, die eben der Moment erfordert.« (IFA II, S. 49)
118 IFA II, S. 49.
119 IFA II, S. 49.
120 Teilnehmer: Stöve, Junck, Schwabach, Rießer, Stresemann (Nl.), Naumann, Fischbeck, Dove (Vizepräsident des Reichstags), Wiemer, (FVP), David, Scheidemann, Südekum, Ebert (SPD), Erzberger (Ztr.). – (IFA II, S. 49)
121 Scheidemann: »Uns gegenüber ist die Regierung unehrlich gewesen, wenn man behauptet, die jetzigen Abstimmungen im Osten seien regelrecht gewesen.« Eben das sei nicht der Fall. (IFA II, S. 52)
122 A. a. O.
123 A. a. O.
124 IFA II, S. 52.
125 Erzberger: »Ich habe Sorge, daß wir Politik mit doppeltem Boden betreiben: Man macht allgemeine Friedensofferten und freut sich, wenn die anderen nicht kommen; zweitens macht man Selbstbestimmungsrecht und will es nur gelten lassen, wenn es für Deutschland ausfällt. Das wird nicht mehr lange gehen.« (IFA II, S. 52)
126 IFA II, S. 53.
127 Richthofen: »Das heißt Todfeindschaft.« (IFA II, S. 54) – Naumann sympathisierte in dieser Besprechung mit Abtrennungsüberlegungen.
128 IFA II, S. 60.
129 Auch in der Sitzung der SPD-Fraktion am 4. 1. wurde die Frage offengelassen. Das Protokoll vermerkte: »Ob Reichstag einberufen, warten, wie sich Regierung stellt.« (Reichstagsfraktion der Sozialdemokratie, S. 352.)

130 Eingaben des »Vereins Deutscher Eisen- und Stahlindustrieller« vom 13. Dez. 1918 und des »Oberschlesischen Berg- und Hüttenmännervereins« (vgl. F. Fischer, S. 634).
131 So die »Gewerkschaft Deutscher Kaiser«, Hamborn-Bruckhausen (Thyssen-Konzern) (Fischer, S. 634).
132 Fischer, S. 635. Ferner war vorgeschlagen worden, die staatlichen Vermögenswerte in Polen, Kurland und Litauen für Deutschland zu übernehmen. (A. a. O.)
133 K. v. Hertling, Reichskanzlei, S. 53.
134 A. a. O.
135 So auch: K. Helfferich, Der Weltkrieg, Karlsruhe 1925, S. 536.
136 Helfferich: »Zu meiner Sorge mußte ich auch hier wieder die Beobachtung machen, daß Graf Hertling nicht mehr über die Kraft verfügte, um solcher Situationen Herr zu werden und das von ihm als richtig Erkannte durchzusetzen. Von Herrn von Kühlmann gewann ich den Eindruck, daß er sich zu sehr auf seinen guten Stern verließ und darauf rechnete, es werde sich doch alles zurechtziehen.« (K. Helfferich, S. 537)
137 Bezeichnenderweise hatte sich in England sowohl die Monarchie wie auch die Regierung Lloyd George in den letzten Kriegsjahren weitaus geschickter und einfühlsamer gegenüber den Mentalitäten und Interessen der britischen Arbeiter (Soldaten) und deren Familien gezeigt.
138 Das habsburgische Interesse an Polen nahm im Laufe des Jahres 1918 rapide ab.
139 Hoffmann, S. 203.
140 Noch 1923 schrieb Hoffmann: »Auch heute ist es mir rätselhaft, daß eine solche Einigung zwischen Oberster Heeresleitung und der Reichsleitung bei ihrer Aussprache am 18. Dezember nicht stattgefunden hat.« (Hoffmann, S. 203)
141 Vgl. Wheeler-Bennet, S. 130.
142 Hoffmann, S. 203 f.
143 Hoffmann, S. 204.
144 K. H. Janßen, Macht und Verblendung. Kriegszielpolitik der deutschen Bundesstaaten 1914–1918, Göttingen 1963, S. 183.
145 Ludendorff: »Wollen sie nicht nachgeben, so müssen wir den Waffenstillstand kündigen und die Russen schlagen.« (Janßen, S. 184).
146 Zitat nach Janßen, S. 185.
147 Janßen, S. 182.
148 Kühlmann, S. 526.
149 Hoffmann, S. 206.
150 Hoffmann, S. 205.
151 IFA II, S. 61–63 (Aufzeichnung Erzbergers).
152 Es gelang Erzberger, Hoffmann eine eigenhändig geschriebene Notiz abzuringen, die aber wenig besagte. Wortlaut: »1. Anerkennung des Landesrats (Los von Rußland). 2. Soll baldmöglichst, soweit er technisch in der Lage ist, Verwaltung übernehmen. 3. Parlament. 4. Lettland und Estländische Bevölkerung« (IFA II, S. 62 f.).
153 Richthofen notierte: »Hoffmann erklärte, mit Kühlmann vollständig einig zu sein. Mir scheint zwar das nicht ganz richtig, da Kühlmann augenscheinlich mit zwei Pferden fährt. Hoffmann sagte weiter, daß Ludendorff einen anderen Standpunkt einnehme. Ludendorff wolle große Teile von Polen und Litauen einfach annektieren. Auf Grund seiner heutigen mehrstündigen Besprechung mit dem Kaiser sei er der festen Überzeugung, daß der Kaiser den Frieden mit der russischen Regierung unter allen Umständen zustandebringen wird und sich daher seinen und Kühlmanns Ideen im morgigen Kronrat (2.1.) anschließen wird.« (A. a. O.)
154 IFA II, S. 63, Anm. 7.
155 Richthofen hielt aus der Besprechung fest: »Er, Hoffmann, betonte mehrfach, daß die Ukraine doch für uns praktisch viel wichtiger sei als das übrige Rußland.« (IFA II, S. 63)

156 IFA II, S. 63 – Über die Differenz notierte Richthofen: »Alles in allem ging mein Eindruck dahin, daß bei Hoffmann wohl ein bestimmtes Ziel vorliege, daß aber seine Voraussetzung unrichtig ist, und daß man aus der Tatsache unserer Eroberungen in Verbindung mit der derzeitigen ultrasozialen Regierung [Lenins] die bedenklichsten Konsequenzen für unsere künftige politische Lage ziehen müsse. Ich habe mehrfach in der Unterhaltung betont, daß dieser Friedensschluß in erster Linie Befriedigung bei England erregen würde.« (A. a. O.)

157 Der Chef des kaiserlichen »Zivilkabinetts« Valentini wurde durch den konservativen Beamten v. Berg ersetzt.

158 Lenin, Werke, Bd. 26 (Dt. Ausgabe), Berlin 1970, S. 442–450.

159 These 7: »Die Friedensverhandlungen in Brest-Litowsk haben im gegenwärtigen Zeitpunkt, bis zum 7. (20.) 1. 1918 ganz klar gezeigt, daß in der deutschen Regierung (die die übrigen Regierungen des Viererbundes fest am Gängelband hat) die Kriegspartei unbedingt die Oberhand gewonnen hat, die im Grunde genommen Rußland bereits ein Ultimatum gestellt hat (man kann und muß täglich auch mit der förmlichen Überreichung dieses Ultimatums rechnen). Der Inhalt des Ultimatums ist folgender: Entweder Fortsetzung des Krieges oder ein annexionistischer Frieden, d. h. ein Frieden unter der Bedingung, daß wir das ganze von uns besetzte Territorium abtreten, daß die Deutschen das ganze von ihnen besetzte Territorium behalten und uns eine Kontribution auferlegen (unter dem Deckmantel einer Bezahlung für den Unterhalt der Kriegsgefangenen), eine Kontribution in Höhe von etwa 3 Milliarden Rubel, die im Laufe einiger Jahre gezahlt werden müssen.« (A. a. O., S. 444) – Die These stützte sich offensichtlich auf die Informationen und den Eindruck, den die russische Delegation unter Joffe von den Januarverhandlungen aus Brest mitgebracht hatte.

160 Lenin, Werke, Bd. 26, S. 451. L. Trotzki, Mein Leben, Frankfurt 1974, S. 331.

161 Die Aussprachen des Ausschusses dauerten bis zum 11. 1. 1918.

162 HA IV, S. 1831.

163 HA IV, S. 1832.

164 HA IV, S. 1832f.

165 HA IV, S. 1834.

166 HA IV, S. 1835.

167 HA IV, S. 1836.

168 HA IV, S. 1836.

169 Westarp: »Der sachliche Inhalt dieses Angebotes [vom 25. 12.] bedeutet... nicht mehr und nicht weniger, daß wir ... alles, was mit dem Blute unserer Söhne und Brüder erkämpft ist, preisgeben und auf die Ausnutzung unserer durch so herrliche Siege und so schwere Opfer errungenen militärischen Lage verzichten.« (HA IV, S. 1838)

170 HA IV, S. 1840.

171 Wortlaut des Telegramms von Petersburg nach Brest: HA IV, S. 1843.

172 Daß die bevorstehenden Verhandlungen mit der Ukraine auch für den Kanzler selbst überraschend kamen, wußten die Abgeordneten vermutlich nicht. Denn die Einleitung von Verhandlungen mit der nicht-bolschewistischen Regierung der »Rada« ging primär auf die Eigeninitiative General Hoffmanns zurück. Eine entsprechende Direktive der Reichsregierung gab es nicht.

173 HA IV, S. 1843.

174 HA IV, S. 1844.

175 Der Vorwärts kommentierte am 4. 1.: »Mit der Stange im Nebel herumfahren ist für Volksvertreter keine ideale Aufgabe. Viel anderes hat aber der Hauptausschuß des Reichstages gestern nicht tun können, da ihm zu einer tiefen, ins Sachliche eindringenden Beschäftigung die Unterlagen fehlten ... Es ist nun gestern vertraulich verhandelt worden, aber wir verraten keine Geheimnisse, wenn wir verraten, daß in diesem geheimnisvollen Teil der Beratungen auch kein Geheimnis verraten worden ist.« (Hahlweg, Brest, S. 204) – Die Hahlweg-Edition notiert eine handschriftliche Randbemerkung Wilhelms II. zu diesem Artikel, bezogen auf

den Hauptausschuß: »Der müßte überhaupt nach Hause geschickt werden! oder in die Siegfriedstellung zum Buddeln.« (A. a. O.)

176 Friedrich, Direktor des preuß. Kriegsmin., am 5. 1. vor dem HA: »Es wäre falsch, unnütze Esser festzuhalten.« (HA IV, S. 1846).

177 HA IV, S. 1985 f.

178 IFA II, S. 66.

179 IFA II, S. 66.

180 Erzberger: »Wenn wir uns jetzt auf die Ukraine stürzen, dann heißt es, daß wir Annexionen wollen und das Selbstbestimmungsrecht der Völker nicht gewähren wollen. Ein solcher Friede hätte keine Haltbarkeit.« (IFA II, S. 66)

181 IFA II, S. 66. Ferner: »Wenn unser Volk wüßte, was da alles die Bolschewiki veröffentlicht haben, dann sähe es überhaupt erst, was da alles für Schwierigkeiten vorhanden sind.« (A. a. O.)

182 David: »Die Sache scheint erledigt zu sein.« (IFA II, S. 68)

183 So Erzberger (IFA II, S. 74).

184 Scheidemann notierte in diesen Tagen in seinem Tagebuch: »Die bösen Geister, die hinter den Kulissen arbeiten, sind Stresemann, Oberst Bauer, Oberst Nicolai u. a. Ludendorffs Plan sei der, im Westen einen großen Sieg zu erringen und damit einen Volksrausch zu entfesseln, der alle der Vaterlandspartei widerstrebenden Kräfte wegfegen werde.« (IFA II, S. 79 f.)

185 IFA II, S. 80 f. So die Meinung der SPD-Fraktion.

186 IFA II, S. 80.

187 IFA II, S. 84.

188 IFA II, S. 85.

189 Erzberger: »Im Kronrat im September (11. 9.) sind Hindenburg und Ludendorff unterlegen... jetzt wird Rache genommen. Leider sind die Nationalliberalen im Dienst gegen Kühlmann für die Oberste Heeresleitung. Kühlmann soll weg. Hertling hat Kühlmann gedeckt. Das ist Krise von unabsehbarer Tragweite. Auch zur Krise von Österreich. Czernin kommt nicht ohne Frieden nach Wien. Er hat alles hinter sich in Österreich.« (IFA II, S. 86)

190 IFA II, S. 84.

191 IFA II, S. 84.

192 Ebert: »Wie ist es mit der politischen Debatte? Wann soll sie kommen? Wie soll sie sein?«

193 David notierte am 8. 1.: »Die drei Mehrheitsparteien noch einig; aber?« (David, Kriegstagebuch, S. 264)

194 A. a. O.

195 Besprechung am 11. 1. 1918 im AA (IFA II, S. 89).

196 Ludendorff vermerkte darüber in seinen Erinnerungen: »Graf Hertling... bemühte sich sichtlich, sich von der vermeintlichen Bevormundung der Obersten Heeresleitung frei zu machen.« (E. Ludendorff, Meine Kriegserinnerungen 1914–1918, Berlin 1919, S. 440)

197 Vgl. »Weisungen General Ludendorffs für die Verhandlungen mit den Ukrainern« an General Hoffmann vom 1. 1. 1918, die auch an das Auswärtige Amt geschickt wurden (Hahlweg, Brest, S. 187 f.)

198 Hahlweg, Brest, S. 242.

199 Trotzki: »Wir bleiben in Brest-Litowsk, wir bleiben hier, um keine Möglichkeit im Kampf um den Frieden unausgenützt zu lassen; wie die Handlungsseite der vier verbündeten Delegationen in der Frage auch sei, wir, Delegierte der russischen Bevölkerung, halten es für unsere Pflicht, vor den Völkern und Armeen sich aufs neue zu bemühen, um hier im Hauptquartier klar und deutlich zu erfahren, ob schon jetzt ein Friede mit den vier verbündeten Mächten ohne Vergewaltigung der Polen, Litauer, Letten, Esten und Armenier und sonstiger Völker, denen die russische Regierung ihrerseits das volle Selbstbestimmungsrecht ohne jeglichen Hintergedanken gewährt, möglich sei.« (Hahlweg, Brest, S. 250)

200 Allerdings hatte Hoffmann, wohl unbeabsichtigt, in dem von ihm selbst ausgehandelten Waf-

fenstillstand vom 15. Dezember eine Formel akzeptiert, die den Verkehr russischer und deutscher Soldaten untereinander und den »Austausch von Zeitungen und Nachrichten« gestattete. (Punkt IV,2; Text: Hahlweg, Brest, S. 109–112)

201 In den Erinnerungen Hoffmanns heißt es, im Laufe seiner Unterhaltungen mit Joffe, Kamenew und Sokolnikoff im Dezember 1917 seien ihm »ernste Bedenken« gekommen, ob man sich mit den Revolutionären einlassen könnte. »Sie versprachen ihrem Volk Frieden und Glückseligkeit.« Aber dazu hätte sich erst ihre innenpolitische Macht festigen müssen. »Weitere Bedenken bekam ich in meinen Unterhaltungen mit den Offizieren, besonders mit (dem russischen) Admiral Altvater. Mit ihm sprach ich viel über das wunderschöne russische Heer und wie es möglich gewesen sei, daß die Revolution es so gänzlich zerfressen hatte.« (Hoffmann, S. 194)

202 Hahlweg, Brest, S. 289.

203 Wörtlich: »Nebenbei halte ich es nicht für überflüssig zu bemerken, daß ebenso wie Herr General Hoffmann, soweit mir bekannt ist, hier nicht nur die Berliner Regierung, sondern auch die von Dresden und München vertritt, so auch wir unsere Herrschaft ausdehnen auf Moskau und einige andere Städte.« (Hahlweg, Brest, S. 286) – Daß Trotzkis Bemerkung auf eine verfehlte Deutung der verfassungsrechtlichen Stellung eines deutschen – vom Kaiser ernannten – Generals beruhten, ist leicht erkennbar: in einer Monarchie »herrscht« ein General nicht, sondern er »gehorcht«.

204 Hahlweg, Brest, S. 287.

205 A. a. O.

206 Hahlweg, Brest, S. 292.

207 Hahlweg, Brest, S. 292. – Im nichtbesetzten Teil Livlands (Lettland) hatten die Bolschewiki bei den im Dezember 1917 vorgenommenen Wahlen für die russische konstituierende Nationalversammlung 72 % der Stimmen gewonnen, in Rußland selbst insgesamt nur 24 % (G. v. Rauch, Geschichte der baltischen Staaten, München 1977, S. 45).

208 Hahlweg, Brest, S. 299.

209 Hahlweg, Brest, S. 299.

210 A. a. O.

211 Hahlweg, Brest, S. 301. Czernin notierte in sein Tagebuch: »Hoffmann hat eine unglückliche Rede gehalten. Seit Tagen laboriert er daran und war auf den Erfolg sehr stolz. Kühlmann und ich haben ihm erklärt, daß er nichts anderes damit erreicht habe, als das Hinterland gegen uns aufzuhetzen. Das hat einen gewissen Eindruck auf ihn gemacht, welcher jedoch durch das prompt eintreffende Lob Ludendorffs verwischt wurde. Die Situation ist jedenfalls verschärft, was überflüssig war.« Zit. bei Hahlweg, Brest, S. 300.

212 Wilhelm II. notierte bei der Lektüre des Protokolls zur Rede Hoffmanns: »Brillant geantwortet!« und: »So ist es, und nach meinen Befehlen wird es so bleiben!« (Hahlweg, Brest, S. 301)

213 Hoffmann selbst hat die Wirkung, die von seiner Rede ausging, nie ganz verstanden. Er habe, so schrieb er, auch nicht mit der Faust auf den Tisch geschlagen, sondern ruhig und schlicht Trotzki auf die Widersprüche seiner Haltung hingewiesen. – Die Aufzeichnungen des Generalmajors Hoffmann, hrsg. K. F. Nowak, Bd. 2, Berlin 1929 S. 320.

214 L. D. Trotzki, Mein Leben, Frankfurt 1974 ([1]1929), S. 322.

215 Die internen Debatten in Berlin, zumal die Haltung der Mehrheitsparteien, waren Trotzki vermutlich nicht bekannt. Zu den Spannungen innerhalb der deutschen Vertretung bemerkte er in den Erinnerungen: »Es wäre selbstverständlich naiv gewesen, die Tiefe der Meinungsverschiedenheiten zwischen Diplomatie und Kommando zu überschätzen.« (A. a. O.) Trotzki vermutete auch bei Kühlmann annexionistische Absichten, wertete den Unterschied zwischen ihm und dem General nur als graduell.

216 Hahlweg, Brest, S. 337.

217 IFA II, S. 92.

218 IFA II, S. 93.
219 IFA II, S. 94.
220 IFA II, S. 99.
221 IFA II, S. 100.
222 L. Trotzki, Rußland in der Revolution, Dresden 1909 (Verlag Kaden & Co.).
223 IFA II, S. 101.
224 IFA II, S. 101.
225 IFA II, S. 101.
226 IFA II, S. 104.
227 IFA II, S. 104.
228 IFA II, S. 105.
229 Erzberger: »Das ist die vollständige Militarisierung des ganzen Lebens.« (IFA II, S. 106)
230 Gothein verwies darauf, daß ein von ihm verfaßter Artikel über die »U-Bootfrage« für Naumanns »Hilfe« wie auch für andere Zeitungen verboten worden sei (IFA II, S. 107).
231 David: »Das ist eine tolle Führung der Dinge und verschüttet alles.« (IFA II, S. 109)
232 IFA II, S. 109.
233 Wohl aus dem Grund, daß Verbindungen mit den russischen Bolschewiki vermutet wurden.
234 IFA II, S. 111.
235 Als Termin für die nächste Sitzung wurde der 29. Januar vereinbart.
236 Hahlweg, Brest, S. 385.
237 Hahlweg, Brest, S. 388.
238 Vgl. Lenin, Werke Bd. 26, S. 442–450.
239 IFA II, S. 128.
240 Georg Gothein (1857–1940) promovierte als Jurist, trat nach einer Tätigkeit als Bergrat 1893 als Syndikus in die Handelskammer Breslau ein. Von 1893–1903 gehörte er dem preußischen Abgeordnetenhaus, von 1901–1918 dem Reichstag für die »Freisinnige Vereinigung« bzw. FVP an. Ende 1918 Mitbegründer der DDP, von 1919–1934 Mitglied der Nationalversammlung bzw. des Reichstags. Als Minister im Kabinett Scheidemann 1919 vertrat er eine marktwirtschaftliche Politik und wandte sich – mit Erfolg – gegen die gemeinwirtschaftlichen Pläne seines sozialdemokratischen Kabinettskollegen Rudolf Wissel. Gothein schrieb auch für das »Berliner Tageblatt« und die Wiener »Neue Freie Presse«. 1920 erschien sein Buch »Warum verloren wir den Krieg?«
241 Erzberger: »Wir können mit Wilson verhandeln. Auch die Rede Lloyd Georges ist zur Diskussion möglich. Wir müssen alle hinter den Kanzler treten können. Die Rede (Wilsons) ist eine diskutable Grundlage. Wir können nicht erwarten, daß erst alles zusammenpaßt, ehe der Krieg beendet werden kann.« (IFA II, S. 128)
242 IFA II, S. 129.
243 Fehrenbach dagegen verteidigte Hoffmann: »In unseren Kreisen hat das Auftreten Hoffmanns gefallen gegen die Schindluderei von Trotzki.« (IFA II, S. 146)
244 Fischbeck, FVP: »Von ... (dem) ... staatsrechtlichen Standpunkt aus tadele ich Hoffmann. Aber was er inhaltlich gesagt hat, das kann man *nicht* tadeln.« (IFA II, S. 132)
245 Am ausgeprägtesten in Österreich: Nahrungsmittelmangel. 4500 Tonnen Getreide waren von Deutschland nach Österreich abgegeben worden.
246 Zur »Schuld« an dem bisherigen Ablauf in Brest vermerkte David in dem Gespräch: »Der Fehler lag bei uns. Wir hätten den Frieden schon haben können. Man kann Trotzki nicht anklagen, daß er die Schuld trägt. (IFA II, S. 133)
247 IFA II, S. 139.
248 IFA II, S. 139f.
249 IFA II, S. 140. Wie stark Trotzki seine eigene Delegation kontrollierte, geht aus einer Tagebucheintragung Czernins hervor: General Hoffmann hatte als Gastgeber der russischen Delegation ein Auto, damals noch eine Errungenschaft, mit deutschem Chauffeur zur Verfü-

gung gestellt. Nachdem es zu Streitigkeiten mit dem Chauffeur um die Abfahrtszeiten gekommen war, ausgehend von Karl Radek, einem Mitglied der russischen Vertretung, untersagte Trotzki kurzerhand jede weitere Fahrt. »Keiner hat gemuckst.« (Czernin, S. 321)

250 Diese Ausführungen sind, auch unabhängig von dem Sachzusammenhang, in dem sie geäußert wurden, ein aufschlußreiches außenpolitisches Dokument.

251 A.a.O., S. 141.

252 A.a.O., S. 141.

253 A.a.O., S. 142.

254 IFA II, S. 147.

255 IFA II, S. 148.

256 Die Mahnung Kühlmanns galt wohl in erster Linie der Presse der Rechten, die Kühlmann vorwarf, in Brest den deutschen »Sieg« zu verspielen.

257 A.a.O., S. 151.

258 IFA II, S. 152.

259 IFA II, S. 168.

260 Es folgte eine »historische« Erklärung des deutsch-britischen Gegensatzes, seine Entstehung seit 1870, die weniger in den Einzelheiten und Tatsachen als für die – politisch wirksame – Vorstellungswelt Hertlings dokumentatorisch ist: Ein Gegensatz zwischen dem »englischen Imperialismus« und dem »aufstrebenden deutschen Reich«, eine Perspektive, die der alte Hertling wohl noch aus der eigenen Erinnerung und Erfahrung als früherer, jüngerer Reichstagsabgeordneter realisierte.

261 Wiedergabe der Rede in: Schulthess NF 34 I (1918), S. 19–25. Zur politischen Wirkung der Initiative Wilsons auf die dt. Innenpolitik: W. J. Mommsen, Das Zeitalter des Imperialismus, Frankfurt 1969, S. 354.

262 Schulthess NF 34 I (1918), S. 28.

263 A.a.O., S. 36.

264 A.a.O., S. 41.

265 A.a.O., S. 46.

266 IFA II, S. 173.

267 Entwurf der Vertrauenserklärung für Kühlmann, in: Hahlweg, Brest, S. 437. Dazu eine entgegengesetzte Erklärung der Sozialdemokraten, die dem Auswärtigen Amt übergeben wurde, in: Hahlweg, Brest, S. 436.

268 Schulthess NF 34 (1918), S. 47. – Vgl. IFA II, S. 175. – Die Edition des Hauptausschusses IV gibt die Debatten vom 24., 25. und 26. 1. auf S. 1922–1981 wieder, enthält aber nicht den Wortlaut der Erklärungen Hertlings und Kühlmanns. Die nächste Sitzung des HA fand am 19. 2. 1918 statt.

269 Schulthess, NF 34 (1918), S. 49; F. Klein u. a., Deutschland im ersten Weltkrieg, Berlin 1968, Bd. 3, S. 162–168.

270 Haase, Dittmann, Ledebour.

271 Schulthess NF 34 (1918), S. 50.

272 Die Beteiligung der SPD-Führer an der Streikkommission hatte später ein längeres Nachspiel in Prozessen, in die Friedrich Ebert als Reichspräsident verwickelt wurde und unter denen er persönlich und moralisch litt.

273 In einem Funkspruch »An Alle und das Ausland«, in Brest aufgenommen und an das AA in Berlin am 23. 1. weitergegeben, gab der neuernannte Stellvertreter Trotzkis, G. V. Čičerin, die Beurteilung der deutschen Friedensbedingungen durch die russische Regierung bekannt. Dort hieß es: »Die in Brest-Litowsk vorgeschlagenen Friedensbedingungen stellen die ungeheuerlichsten Annexionen dar. Es handelt sich um die Besitzergreifung von Polen, Litauen, Kurland, von Riga, das von Livland abgetrennt ist, und von den Moonsund-Inseln, wobei diese letzteren in das Gibraltar der Ostsee verwandelt werden sollen, um Rußland wirtschaftlich und politisch zu erdrosseln. Ein solches Programm aufzustellen und gleichzeitig von ei-

nem demokratischen Frieden zu sprechen, das übersteigt selbst die für Diplomaten zulässige Grenze der Heuchelei!« Allerdings spiele, so der Petersburger Funkspruch, die österreichische Regierung dabei »eine eher leidende als aktive« Rolle. (Hahlweg, Brest, S. 423)

274 Wörtlich in einem vom Oberkommando Ost am 23. 1. 1918 aufgefangenen Funkspruch: »An Alle. Die Völker Deutschlands und Österreich-Ungarns sind betrogen. Das Spiel, das die Regierungen der zentralen Kaiserreiche gegenüber ihren eigenen Völkern spielen, erscheint vollständig unwahrscheinlich. Die Annexionisten haben genügend Macht, um die wankelmütigen Diplomaten der Schule Hertling-Kühlmann ihrem Willen gefügig zu machen. Aber die Regierung, die den Willen der Annexionisten geschaffen hat, hat schon nicht mehr den Mut, dem Volk das eigene Programm zu zeigen.« (Hahlweg, Brest, S. 524)

275 Vgl. Schulthess NF 34 (1918), S. 49.

276 Aus Brest wurde am 25. 1. an Hertling telegraphiert: »Die Russen sind sich über die Desorganisation und Kampfunfähigkeit ihrer Armeen völlig im klaren, rechnen aber für den Fall des Abbruchs der Verhandlungen auf Unruhen bei uns und in Österreich, die auch unsere Stoßkraft lähmen würden.« (Hahlweg, Brest, S. 427)

277 Telegramm Hoffmanns an Hindenburg vom 25. 1. 1918: »Es ist völlig klar, daß es den bolschewistischen Führern lediglich auf internationale Revolutions-Propaganda ankommt. Das Schicksal Rußlands ist erst zweite Frage. Wenn sie hoffen, mit einem Abbruch der Verhandlungen der internationalen Revolution zu dienen, werden sie abbrechen, auch wenn wir zu einem völligen Verzicht-Frieden bereit wären... Bolschewiki-Regierung will keinen Frieden, zieht nur Verhandlungen in die Länge, macht Phrasen, reitet Prinzipien, die sie selbst befolgt. Trotzkis Auftreten und Auflösung der Konstituante der Beweis dafür. Deutscher Arbeiter will nicht in Deutschland ähnliche Zustände wie jetzt in Rußland.« (Hahlweg, Brest, S. 429)

278 So in dem Telegramm an Hindenburg vom 25. 1. 1918: »Sehr erwünscht wären ferner Artikel der Links-Presse, die den russischen Vorwurf der Annexions-Politik abweisen und die anarchischen Zustände in Rußland unter der Bolschewiki-Regierung ausführlich schildern. Deutscher Soldat wird weiter kämpfen, wenn er erkennt, daß russischer Wille zu ehrlichem Frieden fehlt und zur Einmischung in innerdeutsche Verhältnisse bezweckt wird... Alle Kundgebungen für den Frieden schaden jetzt der Friedenssache und damit dem deutschen Arbeiter mehr als alles andere.« (A. a. O., S. 429f.) Das Telegramm wurde auch dem AA nach Berlin übermittelt, da »sowohl in der Beurteilung der Lage als hinsichtlich der Anregung für die Presse beachtenswert«. (A. a. O.)

279 Auch der Mitarbeiter Kühlmanns in Brest, von Rosenberg, ein Beamter des Auswärtigen Amts, übernahm vollständig die Version Hoffmanns, dagegen hatte ein anderer Mitarbeiter, der Ministerialdirektor Dr. Johannes Kriege den Eindruck gewonnen, daß bei den weitergeführten Verhandlungen der Subkommission wesentliche Fortschritte erzielt worden seien. (Hahlweg, Brest, S. 431)

280 Am 25. 1., noch vor der Aufnahme der Plenumsverhandlungen, riet Rosenberg von Brest aus, daß in der deutschen Presse und dem Reichstag »die Verschleppungstaktik der Russen, der Gegensatz zwischen ihren Reden und Taten, die Trostlosigkeit, Willkür und Unsicherheit der inneren Zustände Rußlands immer wieder nachdrücklich belichtet werden«. (Hahlweg, Brest, S. 432)

281 Hahlweg, Brest, S. 435.

282 Hahlweg, Brest, S. 436.

283 Der deutsche Admiralsstab in der Hafenstadt Libau (Kurland) hatte den Inhalt der Petersburger Resolution aufgenommen und am 29. 1. 1918 an das AA telegrafiert. Ob die deutsche Delegation in Brest darüber unterrichtet wurde, ist nicht sicher. (Vgl. Hahlweg, Brest, S. 441f.)

284 Rechtsgrundlage bildete eine Klausel im Schlußprotokoll von Versailles vom 23. 11. 1870 (Reichsgründung), das dem Land Bayern, dem zweitgrößten Bundesstaat nach Preußen, ein eigenes Gesandtschaftsrecht einräumte. Tatsächlich hatte Bayern bis 1914 eine eigene di-

plomatische Vertretung in Petersburg. (Vgl. Schreiben des bayerischen Ministerpräsidenten von Dandl an den Reichskanzler vom 30. 12. 1917, in: Hahlweg, Brest, S. 178–179)

285 Hahlweg, Brest, S. 448.

286 Kühlmann am 31. 1. 1918 (Hahlweg, Brest, S. 454).

287 Telegramm Hindenburgs an Hoffmann vom 1. 2. 1918 (Hahlweg, Brest, S. 460).

288 Hahlweg, Brest, S. 460.

289 Telegramm vom 3. 2. 1918 an das AA (Hahlweg, Brest, S. 478).

290 Hahlweg, Brest, S. 479–488.

291 Czernin, S. 332–334.

292 Am 6. 2. 1918 (Hahlweg, Brest, S. 492) – Über die Frage eines Ultimatums an Rußland wurde keine Einigung erzielt. Hertling hatte abgelehnt.

293 IFA II, S. 176.

294 IFA II, S. 178.

295 IFA II, S. 178. Dazu Frhr. v. d. Bussche, AA: »Der Vertrauensmann sei dem Auswärtigen Amt schon lange als zuverlässig bekannt.« (A. a. O.)

296 An der Besprechung mit den Fraktionsvorsitzenden am 2. Februar nahmen weder Fehrenbach für das Zentrum, noch Ebert oder Scheidemann für die Sozialdemokraten, die diesmal durch den weitaus nachgiebigeren Südekum vertreten wurden, teil.

297 Reichstagsfraktion der Sozialdemokratie II, S. 370.

298 IFA II, S. 185.

299 Es entspann sich eine Aussprache darüber, ob der Berater Wilsons, Colonel House, der nach Europa entsandt worden war, »ein bedeutender Mann sei oder nicht« (IFA II, S. 186). Sozialdemokratische Abgeordnete nahmen an dieser Besprechung am 4. 2. nicht teil.

300 Stresemann schrieb am 4. 2. an seinen Fraktionskollegen Junck: »Angesichts der gegenwärtigen Situation scheint es mir unmöglich, daß die nationalliberale Fraktion gemeinschaftlich mit der Sozialdemokratie an den interfraktionellen Besprechungen teilnimmt.« Die »Wirkung im Lande« müsse dabei »ins Auge gefaßt« werden. (IFA II, S. 188)

301 IFA II, S. 195.

302 Dove (Ztr.): »Im Lande habe die Mitwirkung der Sozialdemokratie einen unangenehmen Eindruck gemacht. Das Verhalten der Regierung sei richtig gewesen.« (IFA II, S. 198)

303 IFA II, S. 197.

304 Johannes Junck, promovierter Jurist (1861–1940), war Rechtsanwalt beim Reichsgericht in Leipzig und gehörte dem Reichstag von 1907–1918 an.

305 IFA II, S. 202. – Stresemann stand der OHL nahe.

306 Telegramm vom 8. 2. 1918 (Hahlweg, Brest, S. 506).

307 Hahlweg, Brest, S. 509.

308 Hahlweg, Brest, S. 507.

309 Hahlweg, Brest, S. 507. – Kühlmann bat Hertling noch, umgehend dem Kaiser »Vortrag halten zu lassen«, »da aus den oben angeführten Gründen von militärischer Seite voraussichtlich gegen die Möglichkeit eines Friedens mit Trotzki bei Seiner Majestät Stimmung gemacht wird. Die Dinge entwickelten sich hier mit großer Schnelligkeit.« (A. a. O., S. 508)

310 Hahlweg, Brest, S. 513.

311 Hahlweg, Brest, S. 518. – Eine Kartenskizze ist dem Text nicht beigefügt. Die Formulierungen Kühlmanns finden sich übrigens auch in dem endgültigen Vertragsabschluß vom 3. März wieder.

312 Telegramm vom 10. 2. 1918, in: Hahlweg, Brest, S. 526.

313 Kühlmann: »Ich kann mich des Eindrucks nicht erwehren, daß von Seiten der Obersten Heeresleitung in den letzten Tagen alles getan worden ist, um eine Entscheidung im Sinne des Krieges gegen die Bolschewiki bei Seiner Majestät zu extrahieren, die meines Erachtens angesichts der politischen Lage jetzt nicht angebracht ist.« (Hahlweg, Brest, S. 528)

314 Hahlweg, Brest, S. 539.

315 Wortlaut: »Im Namen des Rats der Volkskommissare der Regierung der russischen Republik bringen wir den Regierungen und den Völkern der mit uns Krieg führenden Verbündeten und der anderen Länder zur Kenntnis, daß, indem wir auf die Unterzeichnung eines annexionistischen Vertrags verzichten, Rußland seinerseits den Kriegszustand mit Deutschland, Österreich-Ungarn, Bulgarien und der Türkei für beendigt erklärt. Gleichzeitig wird den russischen Armeen der Befehl der Demobilisierung an allen Fronten übergeben.« (Hahlweg, Brest, S. 540)

316 A.a.O., S. 539.

317 Es gibt keine Belege dafür, ob Kühlmann über die internen Spannungen in der Petersburger Regierung und der Partei der Bolschewiki genau unterrichtet war.

318 IFA II, S. 211.

319 Erzberger rechnete nicht mit einem weiteren Vormarsch deutscher Truppen, war also über die Planungen der OHL nicht unterrichtet. (Vgl. IFA II, S. 213)

320 IFA II, S. 214.

321 IFA II, S. 215.

322 Am nächsten Tag, dem 10. Februar, setzte sich die »Germania«, offensichtlich von Erzberger inspiriert, für die Fortsetzung der Mehrheitspolitik ein. Auch die Reichsleitung halte, so hieß es, nachdem jetzt von Payer seine Amtsgeschäfte als Vizekanzler aufgenommen habe, an der gemeinsamen Politik mit der Mehrheit fest. Wörtlich: »Jeder Realpolitiker, der die Staatskunst nicht als eine Gefühlssache betrachtet, wird unter solchen Umständen keinen Anlaß zu einem Kurswechsel sehen, muß vielmehr die Versuche der Alldeutschen und der Unabhängigen Sozialisten, die Mehrheitsparteien zu sprengen, für aussichtslos halten.« (Germania, 10. 2. 1918, zit. nach: Schulthess NF 34 (1918), S. 62)

323 S. Anmerkung 322.

324 Am 10. Februar hatten einige Bürger der Stadt Homburg, an der Spitze der Bürgermeister, dem Kaiser eine Ovation wegen des Abschlusses des Friedens mit der Ukraine am Vortag dargebracht. Wilhelm II. antwortete u.a.: »Meine lieben Homburger. Ich danke euch von ganzem Herzen für die schlichte Feier und die warmen Worte, die euer Stadtoberhaupt soeben zu mir gesprochen hat. ... Mit den Nachbarvölkern wollen wir in Freundschaft leben, aber vorher muß der Sieg der deutschen Waffen anerkannt werden. Unsere Truppen werden ihn weiter unter unserem großen Hindenburg erkämpfen. Dann wird der Frieden kommen, ein Frieden, wie er notwendig ist für eine starke Zukunft des Deutschen Reichs, und der den Gang der Weltgeschichte beeinflussen wird. ... Sieg und deutscher Frieden! Das deutsche Vaterland soll leben. Hurra!« (Schulthess NF 34, (1918), S. 61)

325 Hertling, Reichskanzlei, S. 74ff.

326 Hertling, Reichskanzlei, S. 74; Ludendorff, S. 446.

327 Ludendorff, S. 446.

328 Hahlweg, Brest, S. 559 – Zum »Homburger Kronrat« vom 15. 2. 1918 vgl. F. Fischer, Griff nach der Weltmacht, S. 657f.

329 IFA II, S. 223–236.

330 IFA II, S. 230.

331 IFA II, S. 230.

332 IFA II, S. 236.

333 In der dem Befehl beigefügten Erklärung der russischen Delegation in Brest vom 10. 2. hieß es: »Mögen jetzt die deutschen und russischen Soldaten es wissen, daß wir uns weigern, mit ihnen Krieg zu führen.« (Hahlweg, Brest, S. 552)

334 G. Ritter, Staatskunst und Kriegshandwerk Bd. IV, München 1968, S. 252.

335 Warum sich dabei der politische Apparat der Reichskanzlei, auch des Auswärtigen Amts, an der Spitze Kühlmann selbst, dem politischen Diktat der OHL gebeugt hat, bleibt unerklärlich: Der geheime Respekt vor dem militärischen Potentaten muß sehr groß gewesen sein.

336 Scheidemann: »Bei diesen Berichten über die Greuel der Bolschewiki soll man vorsichtig

sein. Zum großen Teil ist das Schwindel... Einrücken zum Schutz der Deutschen? Man hat sich gesagt, daß man die Leute erst recht dem Tode weiht, wenn man das unternimmt.« (IFA II, S. 243)

337 Kühlmann: »Der Versuch, einen Krieg durch einseitige Erklärungen zu beenden, ist niemals gemacht worden.« (IFA II, S. 250)

338 IFA II, S. 253.

339 Kühlmann: »Die Ukraine ist, wie ich den Herren hier nicht zu erzählen brauche, wirtschaftlich bei weitem der wichtigste Teil. Die Ukraine verfügt nach den Aufstellungen unserer Sachverständigen auch heute noch, nach den langen Kriegsjahren, über sehr erhebliche Vorräte sowohl an Zerealien wie an Ölkuchen, auch teilweise an Vieh.« (IFA II, S. 255)

340 IFA II, S. 256.

341 IFA II, S. 257.

342 Am 17. 2. 1918 notierte General Hoffmann in seinem Tagebuch: »Morgen wollen wir nun die Feindseligkeiten gegen die Bolschewiki eröffnen, ein anderer Ausweg ist nicht mehr möglich, die Kerle schlagen sonst die Ukrainer, die Finnländer und die Balten tot, schaffen sich in Ruhe eine neue Revolutionsarmee und stiften Schweinerei in ganz Europa. Natürlich kann ich mit den dem Osten zur Verfügung stehenden Kräften nicht einen Eilsieg bis Petersburg machen, ich hoffe aber doch, etwas erreichen zu können. Ich bin neugierig, ob sich der Russe überhaupt wehren wird, oder ob er kampflos abbaut... Das ganze Rußland ist weiter nichts als ein großer Haufen Maden – alles faul, alles wimmelt ordnungslos durcheinander.« (Nowak, Aufzeichnungen Hoffmanns, Bd. 1, S. 185)

343 Hahlweg, Brest, S. 573.

344 Vgl. Kartenskizzen bei W. Mommsen, Das Zeitalter des Imperialismus, a.a.O., S. 356 u. Wheeler Bennet, gegenüber S. 274.

345 Die ursprünglichen Forderungen des Generalstabs waren dann von der Reichskanzlei gekürzt worden.

346 Great Soviet Encyclopedia (Translation) Bd. 4 London ^{3}1974, S. 67.

347 Hahlweg, Brest, S. 592.

348 HA IV, S. 1953.

349 »Ledebour fragt nach der staatsrechtlichen Grundlage, auf die sich die Reichsleitung gestützt habe, als sie mit der Ukraine einen selbständigen Friedensvertrag geschlossen habe. Ein kriegführender Staat könne doch nur mit einem anderen Staat Frieden schließen, wenn dieser ebenfalls völkerrechtlich selbständig sei. Bisher habe die Ukraine sich aber nicht durch einen Staatsakt vom russischen Reiche losgelöst. Redner verurteilt die neue Grenzlinie und weist auf die daraus folgenden Belastungen für das deutsch-polnische Verhältnis hin.« (HA IV, S. 1954f.)

350 HA IV, S. 1957.

351 HA IV, S. 1955.

352 A.a.O.

353 Reichstag Bd. 311 (1918), S. 4002–4089.

354 Reichstag Bd. 311 (1918), S. 4007.

355 Reichstag Bd. 311 S. 4007.

356 David: »Hätten Sie (an die Rechte) recht mit ihrer vorhin so großen Heiterkeit kundgegebenen Auffassung, daß die Bolschewiki nicht den Frieden, sondern die Verschleppung zum Zwecke der proletarischen Revolution gewollt hätten, dann hätten Sie am 25. Dezember trauern und am 28. frohlocken müssen.« (A.a.O., S. 4008)

357 A.a.O., S. 4009.

358 »Inzwischen hat unser gutes deutsches Schwert seine Arbeit wieder aufgenommen, das begrüßen meine Freunde und ich besonders lebhaft, daß dieser Entschluß schnell gefaßt und sofort ins Werk gesetzt worden ist.« Es müsse »Klarheit« geschaffen werden, ob »Frieden oder Krieg« herrsche. (Reichstag Bd. 311 (1918), S. 4028)

359 A. a. O. – Am 21. Februar hatte der Hauptausschuß weitere Einzelheiten des Ukraine-Vertrags beraten. Dabei hatte Graf Mirbach, inzwischen aus Petersburg zurückgekehrt, über die Situation in Rußland berichtet. Er sprach von »einem Riesensprung vom Zarismus zur Pöbelherrschaft« und bezweifelte, ob die Bolschewiki die Kraft hätten, die »Riesenmaschine« Rußland in Gang zu halten. Das Protokoll vermerkt: »Graf Mirbach legt seine Ansicht dar, daß die Bolschewiki nie den ernsthaften Willen gehabt hätten, mit Deutschland zu einer Verständigung zu gelangen«. Bei den Verhandlungen sei es ihnen lediglich darum gegangen, ihre Theorien, »mit denen sie die Welt beglücken wollen, über die Grenze zu tragen, diese Funken über die Grenze springen zu lassen und den ›roten Hahn‹ auf die Dächer der Nachbarn zu setzen«. Gleichzeitig herrsche im Innern Rußland die schlimmste Tyrannei, die in der Knebelung der Presse, im Umfang der Verhaftungen und in den Anpöbelungen ausländischer Diplomaten ihren sichtbarsten Ausdruck finde. Die Bolschewiki seien sich darüber klar, daß ihnen die anarchischen Zustände über den Kopf gewachsen seien, und glaubten selbst kaum noch an die Dauer ihrer Herrschaft. Ihre Führer ließen sich streng bewachen, und es sei leichter gewesen, zu Zar Nikolaus ins Winterpalais vorzudringen als zu Herrn Lenin. Dem schwierigen Zugang habe ein ebenso unfreundlicher Empfang entsprochen; die russischen Machthaber hätten jedoch überall da eingelenkt, wo man ihnen ernsthaft mit dem Abbruch der Beziehungen gedroht habe, so bei den Verhandlungen über den Gefangenenaustausch und vor seiner Abreise nach Deutschland.« (HA IV, S. 1962) – Der Hauptausschuß empfahl bei zwei Gegenstimmen die Annahme des Ukraine-Vertrags. Man war sich dabei außer bei den Konservativen einig, daß der Vertrag – als Ganzes – der Zustimmung des Reichstags nach Art. 11 der RV bedürfe (a. a. O., S. 1971).

360 A. a. O., S. 4084. Ledebour sprach von der »Barbarisierung Europas«, die den »Bestand der europäischen Kultur in Frage stelle.«

361 IFA II, S. 280.

362 IFA II, S. 280. – David notierte am gleichen Tage in seinem Tagebuch: »Interfraktionelle Konferenz. Noch gute Stimmung für Mehrheit: 4 Punkte Wilsons. Die Mehrheit ist einig; aber die Regierung im Schlepptau der Obersten Heeresleitung.« (David, Tagebuch, S. 268 f.)

363 Reichstag Bd. 311 (1918), S. 4141.

364 A. a. O.

365 A. a. O.

366 Reichstag Bd. 311 (1918), S. 4143.

367 Reichstag Bd. 311 (1918), S. 4140. – Wörtlich: »Der Satz, den der große Kirchenvater Augustinus vor anderthalb Jahrtausenden geprägt hat: ›Justitia fundamentum regnorum‹ hat auch heute noch Geltung.« (A. a. O.)

368 Payer: »So haben die Feinde die Wahl, ob sie ihre Pfeile gegen uns dem Köcher der äußersten Linken oder der äußersten Rechten entnehmen wollen. (Sehr gut! links).« (Reichstag Bd. 311 (1918), S. 4146.

369 Reichstag Bd. 311 (1918), S. 4148.

370 W. Hahlweg, Der Diktatfrieden von Brest – Litowsk 1918 und die bolschewistische Weltrevolution, Münster 1960, S. 51; Tschubarjian, in: Great Soviet Encyclopidia, a. a. O., S. 67.

371 HA IV, S. 1974.

372 Abdruck bei I. Geis (Hg.): Juli 1914. Die europäische Krise und der Ausbruch des Ersten Weltkriegs, München ²1980, S. 331 f.

373 HA IV, S. 1977.

374 In der Sitzung vom 5. 3. 1918 (HA IV, S. 1985–1999).

375 IFA II, S. 322.

376 Fehrenbach: »Über den Friedensvertrag etwas zu sagen, ist sehr schwer, da wir erst heute morgen die Drucksache bekommen haben.« (IFA II, S. 330)

377 Bezeichnung: »Friedensvertrag zwischen Deutschland, Österreich-Ungarn, Bulgarien und der Türkei einerseits und Rußland andererseits.« Redner in den Debatten: Am 18. 3. spra-

chen im Anschluß an den Kanzler und den Vertretern des AA: Fehrenbach (Ztr.), David (SPD), Naumann (FVP), am 19. 3. Stresemann (NL), Westarp (Kons.), Ledebour (USPD), Mumm (CWV), am Freitag, dem 22. 3. bei der dritten Lesung u. a.: Scheidemann, Gröber, Haase, Stresemann, v. Payer, v. Goßler (Kons.), David, Ledebour.

378 Hertling: »Wie sie beim ersten Blick ersehen haben, enthält der Vertrag keinerlei für Rußland entehrende Bedingungen, keine drückenden Kontributionen, keine gewaltsame Aneignung russischer Gebiete.« (Reichstag Bd. 311 (1918), S. 4425)

379 Die damit verbundenen wirtschaftlichen Probleme für Rußland erwähnte der Kanzler nicht, sie waren ihm vielleicht nicht einmal ganz geläufig.

380 Wörtlich: »Der Gang der Verhandlungen ist den Herren bekannt. Sie alle erinnern sich der endlosen Reden, die nicht so sehr für die dort versammelten Delegierten als für die breiteste Öffentlichkeit bestimmt waren und das anzustrebende Ziel der Verständigung immer wieder in die Ferne rückten. Sie erinnern sich der wiederholten Unterbrechungen, des Abbruchs und der Wiederaufnahme der Verhandlungen. Man war an einem Punkt angelangt, wo ein Entweder-Oder gesprochen werden mußte.«

381 Der Bericht des Sohns des Kanzlers, Karl von Hertling, versucht, deutlich zu machen, daß der Kanzler von den Militärs über die Absichten im Osten unzulänglich unterrichtet worden sei und von ihnen überfahren wurde.

382 Hertling: »Ich habe nicht die Absicht, meine Herren, auf die Beurteilung einzugehen, die der Friedensvertrag mit Rußland bei den feindlichen Nationen gefunden hat, wo die Heuchelei zur zweiten Natur geworden ist, die Unwahrhaftigkeit sich bis zur Brutalität gesteigert hat.« (Reichstag Bd. 311 (1918), S. 4425)

383 Die näheren Erläuterungen des Vertragswerks gab nicht Kühlmann selbst, sondern sein Vertreter, Unterstaatssekretär von dem Bussche.

384 So habe, wurde gesagt, die russische Vertretung in der letzten, der vierten Phase, die zur Unterzeichnung am 3. März geführt hatte, es abgelehnt – aus Protest –, die ihnen vorgelegten Dokumente überhaupt auf ihren Inhalt hin zu überprüfen: »Die Russen hatten gar nicht die Absicht, die Verträge genau zu prüfen, denn Herr Sokolnikoff, der erste russische Delegierte, lehnte das Anerbieten des Herrn von Rosenberg, die wirtschaftlichen und rechtspolitischen Verträge an Kommissionen zu überweisen, sofort ab.« USTS Frhr. von dem Busche am 18. 3. 1918. (Reichstag Bd. 311 (1918), S. 4427)

385 Reichstag Bd. 311 (1918), S. 4428.

386 Reichstag Bd. 311 (1918), S. 4431.

387 Reichstag Bd. 311 (1918), S. 4431.

388 Reichstag Bd. 311 (1918), S. 4432.

389 A. a. O.

390 Reichstag Bd. 311 (1918), S. 4432.

391 A. a. O.

392 Reichstag Bd. 311, S. 4432.

393 Vgl. hierzu: K. Schwabe, Woodrow Wilson. Ein Staatsmann zwischen Puritanertum und Liberalismus, Göttingen 1971, S. 75.

394 Reichstag Bd. 311, S. 4433.

395 Reichstag Bd. 311 (1918), S. 4433.

396 Reichstag Bd. 311 (1918), S. 4440.

397 Naumann: »Diese Grenze ist einesteils eine Grenze der Prinzipien, andernteils rein praktisch eine Revolutionsgrenze. Denn nachdem in Rußland einmal der Zustand der Zerbröckelung und Anarchie vorhanden ist, jener Zustand des Kampfs aller gegen alle, so muß irgendwo eine Linie gezogen sein, an der dieser anarchische Zustand aufhört und ein Zustand der Ordnung usw. eintritt. Es ist eine unmittelbare zwingende Notwendigkeit, eine solche Grenze zu setzen.« (Reichstag Bd. 311 (1918), S. 4442)

398 Naumann: »Der Beschluß, daß das Herzogsamt von Kurland dem Kaiser von Deutschland

und König von Preußen angeboten wird, ist, wie wir hören, bis jetzt nur von 20 Personen gefaßt worden (Hört! hört! links), von den 20 Personen des Landesrats.« (Reichstag Bd. 311 (1918), S. 4444)

399 Tatsächlich bestand in der deutschen Arbeiterschaft, wie auch das spätere antibolschewistische Verhalten der deutschen Soldaten an der Ostfront im Herbst 1918 zeigte, für eine »Revolution« wohl keine wirkliche Chance.

400 Reichstag Bd. 311 (1918), S. 4461.

401 Reichstag Bd. 311 (1918), S. 4462.

402 Reichstag Bd. 311 (1918), S. 4463. – Westarp war der Ansicht, daß die russische Revolution für Rußland und zaristische Regierung nicht »unverschuldet« gekommen sei: »Das schwerste politische Verbrechen, das der Herrscher einer so großen Macht begehen kann, ist Schwäche, und dieses Verbrechen hat sich in der Revolution gerächt und es ist vieles zusammengestürzt, was morsch war. Aber ebenso gewiß ist das eine: Wenn heute, so wie die Russen es hoffen, die Kosaken ihre Pferde in der Havel und Spree tränkten, säße der Zar noch auf seinem Thron.« (Sehr richtig! rechts) (Reichstag Bd. 311 (1918), S. 4463.)

403 Reichstag Bd. 311 (1918), S. 4464.

404 Reichstag Bd. 311 (1918), S. 4464.

405 Reichstag Bd. 311 (1918), S. 4464.

406 Reichstag Bd. 311 (1918), S. 4465.

407 Reichstag Bd. 311, S. 4466.

408 In der Fraktionssitzung hatte Scheidemann am 18. 3. zur Stimmenthaltung geraten: Man könne den Vertrag nicht ablehnen, andererseits sei eine glatte Zustimmung nicht zu verantworten, da damit die Verantwortung für die Folgen verbunden sei. Die Meinung war geteilt: Eine »rechte« Gruppe (Südekum, Noske) neigte zur Zustimmung, eine »linke« Gruppe (Cohen) verlangte die Ablehnung. Ebert verteidigte die Enthaltung: »Durch die Enthaltung brauche die Mehrheitspolitik nicht in Scherben zu gehen. Im Gegenteil, gerade diese wohlerwogene Stellungnahme möge vielleicht auf die bürgerlichen Mehrheitsparteien wirken und unseren Bestrebungen auf Modifizierung des Vertrags gegenüber den militärischen Eroberungskreisen günstig sein.« (Reichstagsfraktion Sozialdemokratie II, S. 388)

409 Reichstag Bd. 311 (1918), S. 4536. – Wortlaut: »Das Ziel der sozialdemokratischen Politik ist, den Krieg nach erfolgreicher Verteidigung des Landes durch einen wahrhaften Völkerfrieden zu beenden, der – auf Verständigung gegründet – für die Zukunft die Anwendung kriegerischer Gewalt ausschließt. Diese im Osten betriebene Machtpolitik wird den Interessen des Deutschen Reichs, die eine dauernde Beruhigung der Verhältnisse und eine enge Freundschaft zwischen dem deutschen und dem russischen Volke erfordert, nicht gerecht. Wir müssen fordern, daß das wirkliche demokratische Selbstbestimmungsrecht Polens, Litauens und Kurlands gesichert wird, damit ein dauerndes Freundschaftsverhältnis Deutschlands mit ihnen sowie mit dem russischen Volk nicht unmöglich gemacht wird. Wir können uns mit der Art des Zustandekommens des Vertrags, bei dem der Reichstag ausgeschlossen war, und mit wesentlichen Teilen seines Inhalts nicht einverstanden erklären. Da aber durch diesen Vertrag der Kriegszustand im Osten tatsächlich beendet wird, wollen wir ihn auch nicht ablehnen. Aus diesen Erwägungen werden wir uns der Abstimmung enthalten.« (Reichstag Bd. 311 (1918), S. 4536)

410 Die bissige Kritik Ledebours richtete sich auch gegen die Politik der Reichstagsmehrheit und gegen die Person Erzbergers: »Was haben die drei Regierungsparteien damit renommiert, daß eine Regierung hier sitzt, repräsentiert hauptsächlich durch den Grafen Hertling, Herrn von Payer und Herrn Friedberg, eine Regierung, die auf den 19. Juli eingeschworen ist und die Gedanken des 19. Juli verwirklichen soll? Meine Herren, die Resolution des 19. Juli wird durch diesen Friedensvertrag zu einem Fetzen Papier, mit dem Sie nichts mehr anfangen können selbst in dieser papierarmen Zeit. (Heiterkeit. – Zurufe beim Zentrum.) Auch – Herr Erzberger, ich verstehe ihren Schmerz, Sie sind – das Wort Vater paßt ja nicht – aber der Ur-

heber dieses Fetzens Papier. Daß Sie gerade ihn retten möchten, glaube ich gern: aber wenn Sie diesen Friedensvertrag annehmen, haben Sie den Sieg des Annexionismus. (Widerspruch im Zentrum) Das ist kein Verständigungs-, sondern ein Vergewaltigungsfrieden.« (Reichstag Bd. 311 (1918), S. 4484)

411 Reichstag Bd. 311 (1918), S. 4484. – Die starken Spannungen, die inzwischen, zumal nach den Ereignissen im Zusammenhang mit dem Januarstreik, zwischen den Sozialdemokraten und Unabhängigen bestanden, kamen auch in der Debatte über den Vertrag zum Ausdruck. Dabei warf Scheidemann den Unabhängigen vor, sie betrieben »Katzenbalgerei« und entrüstete sich pathetisch: »Nach den Berichten, die wir gestern und heute gelesen haben, wissen wir, daß Hunderttausende draußen bluten (sehr richtig!) und in einem solchen Augenblick soll der Reichstag nur einen unabhängigen Zahlabend (d. h. interner Parteiabend der USPD) gemacht werden. (Stürmischer Beifall auf allen Seiten des Hauses)« (Reichstag Bd. 311 (1918), S. 4556)

412 Bei der Zustimmung kamen auch rassistische Motive mit ins Spiel: »Ein Volk von 170 Millionen Seelen, ein Reich mehr denn 40 mal so groß als das deutsche Reich, erntet, was es gesät hat. Was auf unserer Zukunft schwer lastete, das starke Wachstum der slawischen Rasse, ist jetzt von uns genommen – an der Ostfront wird Friede.« (Reichstag Bd. 311 (1918), S. 4485)

413 Paul Gerhardt (1607–1676)

414 Reichstag Bd. 311 (1918), S. 4485.

415 In den zweitägigen Kommissionsberatungen am 20. und 21. war es zu Kontroversen gekommen, als deutlich wurde, daß Vertreter der Rechten freien Wahlen in den baltischen Ländern nicht zustimmten. Die Resolution wurde in der interfraktionellen Besprechung am 21. 3. 1918 vorbereitet (IFA II, S. 343f.). Teilnehmer: Gothein, Haußmann, Fischbeck (FVP), Fehrenbach, Erzberger (Ztr.), Südekum, Scheidemann (SPD).

416 Gröber: »Offenbar war Trotzki in der Erwartung befangen, daß es ihm gelingen werde, die Revolutionierung der anderen Staaten, vor allem Polens, Deutschlands, Englands zu erreichen und am Ende die ganze Welt zu einer Revolution zu bringen. Schließlich war es die russische Vertretung und nicht die deutsche Vertretung, die die Unterbrechung der weiteren Friedensverhandlungen herbeigeführt hat, (Sehr richtig! im Zentrum) die die Friedensverhandlungen abgebrochen und Deutschland geradezu gezwungen hat, (lebhafte Zustimmung) den Kampf wieder aufzunehmen.«

417 Lediglich Friedrich Naumann hatte durch einige ironische Anspielungen auf die Zusammenhänge aufmerksam gemacht.

418 Zur Bewertung der politischen Wirkungen des Friedens von Brest vgl. G. Ritter, Staatskunst und Kriegshandwerk Bd. IV, München 1968, S. 256: »Ludendorffs militärischer Triumph in Brest-Litowsk hat sich in zweifacher Hinsicht ungünstig auf alle Verständigungsversuche ausgewirkt. In Deutschland erweckte er neue Siegeszuversicht und patriotischen Stolz bis in die Reihen der Mehrheitsparteien hinein und ließ vielen die Reichstagsresolution vom 19. Juli als überholte, ja lästige Bindung erscheinen. Auf der Gegenseite, vor allem in Amerika wurde er als Triumph des die Welt bedrohenden deutschen Imperialismus empfunden und erstickte hier jede Neigung, zu vermitteln.«

419 Zu dem sich daraus ergebenden »historischen Dilemma« der deutschen Politik vgl. F. Fischer (S. 665): »Der Friedensschluß von Brest-Litowsk stellt zweifellos eines der bedeutendsten politischen Ereignisse dar, an denen Deutschland zwischen Kriegsausbruch und Kriegsende selbst direkt und aktiv handelnd beteiligt war. Die Beurteilung des ›vergessenen Friedens‹ (Wheeler-Bennet) schwankt zwischen der Verdammung als Gewaltfrieden, wie sie das Ausland damals ausgesprochen hat, und dem überschwenglichen Lob Wilhelms II. ... Die deutsche Öffentlichkeit hat in weitesten Kreisen dieses Kaiserwort (›Größter Erfolg der Weltgeschichte‹) aufgenommen und der deutsche Protestantismus, jedenfalls eines seiner führenden Organe, sah in dem Triumph des deutschen Schwertes über Rußland gleichsam ein Gottesurteil zugunsten der deutschen Sache überhaupt.«

420 Dabei haben sicherlich die späteren Erfahrungen mit dem Nationalsozialisten die »Jugenderfahrungen« des Sowjetstaats noch verstärkt.

3. Demokratisierung

Sommer 1918: Führungslosigkeit der deutschen Politik

In den folgenden Monaten des Frühjahrs und Sommers 1918 nahm der politische Einfluß des Reichstags zunächst weiter ab. Dieser Verlust hing auch mit der Schwäche des Kanzlers zusammen. Stresemann schrieb am 10. April einem Fraktionskollegen: »Graf von Hertling hat einen körperlichen Schwächeanfall gehabt, der bereits überwunden ist. Die Gerüchte über seinen etwaigen Rücktritt, die auch in der Reichshauptstadt verbreitet worden sind, sind jedoch ohne Begründung. Zwischen dem Kanzler und der Heeresleitung besteht im übrigen in den großen grundlegenden Fragen der Politik völliges Einverständnis.«[1] Die im März mit Schwung eingeleitete »Frühjahrsoffensive« in Nordfrankreich war wenig erfolgreich gewesen. Der Einfluß der Militärs auf das Zivilleben wirkte überall lähmend – von der Reichskanzlei bis hin zu den Stadtverwaltungen und Landratsämtern. Die Politik stagnierte. Von Planungen, Initiativen, zivilen Aktivitäten konnte kaum die Rede sein. Auch in den Berliner Ämtern blickte man ängstlich-abwartend nach Spa, dem belgischen Badeort, wo seit März die OHL im »Hotel Britannique« einquartiert war.[2]

Am 22. April kam der interfraktionelle Ausschuß zusammen. Man versicherte sich, daß die gemeinsame Grundlage der Politik weiter bestehe. Von dem Schwung der Friedensresolution war nur noch wenig zu spüren. So suchte man tastend nach weiteren innenpolitischen Gemeinsamkeiten. Fehrenbach riet: »Wir müssen sehen, ob der Zusammenhalt der Mehrheit noch besteht; nicht in bezug auf Kriegs- und Friedensziele, worin wir in der letzten Zeit sehr schlecht behandelt worden sind; nicht darüber – die Sache ist nicht so dringend –, sondern wegen der Frage der Steuern.«[3] Ebert erklärte, die Sozialdemokratie stünde weiter zu dem Programm der Regierung Hertling, auch wenn keins der Ziele – Frieden, Wahlrecht, sozialpolitische Forderungen – erreicht worden sei.[4] Seine Ausführungen wirkten etwas passiv, lethargisch: »Ich bin sehr tolerant. Auch wenn der einzelne einmal Tage hat, wo er anderer Meinung ist. Aber die Grundlinie müsse eingehalten werden.« Die letzte Forderung bezog sich auf abweichende Stimmen bei den Fortschrittlern. Man bestätigte sich in dieser Sitzung, daß die Politik der Friedensresolution im Grundsatz richtig gewesen sei. So Fehrenbach: »Bei den ungeheuren Opfern der jetzigen Offensive habe ich die Gewißheit, daß wir den Frieden wollten.«[5]

Scheidemann argumentierte ähnlich: »Wir haben keinen Anlaß, abzurücken von unserer Resolution, wir wollen nicht erobern; wir wollen uns verständigen. Wäre es uns gelungen, damals bei der Friedensresolution den Frieden herbeizuführen, so hätten wir mehr als 100000 deutschen Soldaten das Leben gerettet. Das ist schon Grund genug, daran festzuhalten.«[6] Daher warnte er: »Wir dürfen den Block nicht zum Gaudium der Rechten in die Brüche gehen lassen. Der Block hat segensreich gewirkt, namentlich im Innern.« Auch Erzberger unterstützte die Fortsetzung des Parteienbündnisses der demokratischen Mitte: »Ich sehe in der ganzen heutigen politischen Lage keinen Grund gegen den Block.«[7] Angesichts der offenen Kriegslage sollte man vorläufig die Frage über die Kriegsziele zurückstecken, und sich der Wahlrechtsreform und der Einrichtung von Arbeitskammern (der Integration der Gewerkschaften in das System der Sozialpolitik) zuwenden. Man war sich einig, innenpolitisch eine Vereinbarung über die Abschöpfung der Kriegsgewinne durch eine Kriegsgewinnsteuer auf Private und Gesellschaften einzubringen. David warf die Frage einer Neuregelung der Erbschaftssteuer auf. Sie wurde zurückgestellt. Man erwog auch, die Nationalliberalen wieder zu den gemeinsamen Beratungen hinzuzuziehen, da es ja jetzt in erster Linie um innenpolitische Fragen gehe.[8] »Stresemann hat sich gerühmt, er wolle den Block sprengen, um uns die Friedensresolution zu zerstören. Solange er nicht nur solche Ansicht bestätigt, sondern sich auch noch rühmt, ist das etwas eigenartig.«[9] Die Linksliberalen neigten zu einer Beteiligung der Nationalliberalen, David wehrte für die Sozialdemokraten ab: »Nationalliberale Mitarbeit würde nicht fördern, auswärtige Politik kann nicht getrennt werden. Wir haben unter Umständen sofortige Entschlüsse nötig. Die Nationalliberalen gehören damit zu unseren schärfsten Gegnern.«[10] Erzberger drängte auf die Durchführung der seit Jahrzehnten angestrebten preußischen Wahlreform, versprach sich davon auch eine »Sprengung der Nationalliberalen«. Ebert riet zu dem Ausgleich in den Sachfragen: »Ich neige der Auffassung von Fehrenbach zu: Die drei Parteien sind bereit, über die Steuerfrage mit den Nationalliberalen zu reden.«[11]

Doch war die Situation der deutschen Politik, wie sie sich in den Aussprachen des interfraktionellen Ausschusses wiederspiegelte, irgendwie grotesk: Der deutsche Einflußbereich reichte für wenige Monate bis an die Grenzen Persiens und der mit Deutschland verbündeten Türkei. Die brutale Behandlung christlicher Armenier durch die Türken beschäftigten die deutschen Abgeordneten, innere Probleme der georgischen Republik wurden von Erzberger aufgegriffen, die Rückkehr deutscher Kolonisten aus Rußland wurde erörtert. Vor allem nahmen die Abgeordneten der Mehrheitsparteien wieder ihre Forderung nach der Errichtung rechtmäßiger Volksvertretungen in den besetzten Gebieten Osteuropas auf und bemühten sich, der von der dortigen deutschen Militärverwaltung betriebenen rigorosen Politik entgegenzuwirken. Doch erst Monate später, im Oktober 1918, wurden die Militärverwaltungen auf Drängen der jetzt regierenden Mehrheitsparteien in Zivilverwaltungen überführt.[12] Zu gleicher Zeit wurde im preußischen Landtag und im preußischen Herrenhaus die Reform des preußischen Wahlrechts beraten. Der Vorgang wurde zu einem Trauerspiel. Hatte das Abgeordnetenhaus einen Reformvorschlag gegen die konservative Fraktion durchgesetzt (nicht zuletzt gegen den preußischen Landadel), gab es Schwierigkeiten im Herrenhaus. Die Vorlage ging dann wieder an die zweite Kammer zurück. Das Spiel zog sich monatelang hin, wirkte selbstverständlich auf die sozialdemokratische Wählerschaft – und auch auf die deutschen Soldaten – aufreizend. Zu allem Überfluß wurde am 14. Mai eine Kürzung der Brotrationen verkündet: von 200 g auf 160 g. Der Parteivorstand der SPD reagierte sofort am nächsten Tag, dem 17. Mai, mit einer Protesterklärung gegen beides: Verschleppung der Wahlreform und Kürzung der Brotrationen.[13]

Am 31. Mai bekräftigte der Parteiausschuß der SPD in einer Erklärung, daß man nach wie vor an der Friedensresolution vom 19. Juli 1917 festhalte.[14] Am 8. Juli wurde der bisherige Vorsitzende des interfraktionellen Ausschusses, Fehrenbach, zum Reichstagspräsidenten gewählt. Scheidemann wurde einer der vier Vizepräsidenten, der erste Sozialdemokrat in dieser Funktion. Ebert wurde der Vorsitz des Hauptausschusses übertragen. So tastete man sich schrittweise voran, ohne aber einen bestimmenden Einfluß auf den Gang der Politik zu gewinnen. Die deutsche Politik war in diesen Sommermonaten wie gelähmt. Es gab keine Fortschritte, nur Verzögerungen. Hertling wie auch Wilhelm II. hielten sich häufiger in Spa auf. Das Staatsschiff war, ohne daß es offen ausgesprochen wurde, steuerlos geworden.

Am 24. Juni hielt Richard von Kühlmann als Staatssekretär des Auswärtigen vor dem Reichstag eine Rede, in der er die bisherige Außenpolitik zusammenfassend deutete. Deutschland, betonte er, wolle keine Weltherrschaft.[15] Der Krieg könne nicht militärisch beendet werden, sondern nur durch einen Gedankenaustausch der beteiligten Länder. Kühlmanns Vorschläge überraschten, zumal darin Kritik an der eigenen Regierung laut geworden war. David verstärkte den Angriff, indem er von »Resten der Feudalherrschaft« in Europa sprach, die auch in der deutschen Politik noch bestimmend seien. »Der stärkste und einflußreichste Rest residiert in Ostelbien, und von dort kommt auch der Geist, der die Männer beseelt, die man in die Ostgebiete schickt, um für uns Politik zu machen.«[16] David ergänzte seine Behauptungen durch eine detaillierte Kritik der Verhältnisse im besetzten Osten. Westarp antwortete für die Konservativen, kritisierte Kühlmann. Es handele sich sehr wohl um einen Kampf um »Weltanschauungen«. Die deutsche Seite, erklärte Westarp unter dem Lachen der Linken, führe einen »Kampf gegen den Götzendienst des Geldes«[17], gemeint war England. Hertling ergriff kurz das Wort, distanzierte sich von seinem Staatssekretär: Deutschland sei auch nicht Schuld an dem Krieg. Nach wie vor, so betonte er, arbeiteten »Kaiser und Reich, Fürsten und Völker« eng und vertrauensvoll zusammen.[18] Haase nutzte die Situation, um auf das Debakel der Regierungspolitik aufmerksam zu machen: Nach zuverlässigen Nachrichten seien »700000 Amerikaner auf französischen Boden geschafft« worden.[19] Es folgten weitere Anklagen Haases. Es gab, das wurde in diesen Debatten des Reichstags über den Etat des Kanzlers und des Auswärtigen Amts am 24. bis 26. Juni deutlich, keinen Zusammenhalt mehr in den Grundlinien der deutschen Innen- und Außenpolitik. Hatte der SPD-Sprecher Noske Kühlmann noch am 26. Juni verteidigt, so griff Scheidemann am 4. Juli bei der 3. Lesung des Etats den Staatssekretär vor dem Reichstag an. Er sei vor »den Herren im Großen Hauptquartier« zurückgewichen.[20] Scheidemann kündigte an, daß die Sozialdemokraten den Etat ablehnen wollten. Diese Rede irritierte die verbündeten Parteien der Mehrheit, vor allem die Abgeordneten des Zentrums.

Aber Erzberger gelang es, die katholischen Abgeordneten dazu zu bringen, die Zusammenarbeit mit den Sozialdemokraten nicht aufzugeben. Vor seiner Fraktion erklärte er am 6. Juli 1918: »Ein Auseinandergehen im jetzigen Zeitpunkt bedeutet eine Katastrophe für unser Vaterland.« Die Sozialdemokraten hätten die gemeinsame Basis auch durch die scharfen Äußerungen ihres Sprechers nicht verlassen. Diese Rede sei nicht »so schwer zu werten«, daß man auseinandergehen müsse. Im Hintergrund stünde die Ernährungskrisis, die Unsicherheit bei dem Zustandekommen der Wahlreform und schließlich die Unsicherheit über den Ausgang des Krieges: »Nationale Gründe verpflichteten das Zentrum, bei der Mehrheit zu bleiben, eine neue Mehrheit lasse sich überhaupt nicht bilden, aus dem Zerfall der jetzigen Mehrheit würden sehr schwere politische Erschütterungen entstehen.«[21]

Am 6. Juli 1918 kam der interfraktionelle Ausschuß zusammen, um die neue Lage zu besprechen. Gemäßigte, wenig kämpferische Naturen wie Fischbeck und Gröber hatten kein Verständnis für den Vorstoß der Sozialdemokraten. Sei es nicht gewissermaßen die eigene Regierung, die auch von dem Vertrauen der Sozialdemokraten getragen sei, der man mit solchen Drohungen Schwierigkeiten bereite? Gröber sagte: »Wir sind nicht davon überrascht, daß die Sozialdemokraten überhaupt einmal den Etat verweigern. Aber *dieser* Regierung! Wenn man das früher gemacht hätte, dann war das aus der Oppositionsstellung der Partei heraus zu begreifen. Aber jetzt ist die Regierung so zusammengesetzt, daß Leute hineingekommen sind mit Hilfe auch der Sozialdemokraten. So Herr von Payer. Das ist der spezielle Vertrauensmann der Sozialdemokratie.« Jedenfalls müsse für Payer eine klare Lösung gefunden werden.

Scheidemann antwortete auf die Vorwürfe Gröbers, daß seine Fraktion durch Parteibeschlüsse gebunden sei. Sie habe außerdem regelmäßig den Etat abgelehnt, nur ein einziges Mal nicht, weil in diesem Fall die Kriegskredite, denen man zugestimmt habe, darin enthalten gewesen seien. Zur Personalfrage erklärte er: »Wir haben uns für Payer ins Zeug gelegt; aber im übrigen waren wir sehr unangenehm berührt, z. B. über Hertling. Wir konnten es nicht verhüten. Er kam einfach!«[22] Auch habe die jetzige Regierung keines der angestrebten innenpolitischen Ziele gelöst, nämlich die Änderung des preußischen Wahlrechts, die Einrichtung von Arbeitskammern, die Abschaffung der Zensur: »Die Zustände im Land sind deshalb sehr schlimm. In bezug auf die Arbeitskammern schlägt die Regierung die gesamte Arbeiterschaft vor den Kopf, entgegen den Wünschen der Arbeiter.«[23]

Allerdings hing die Krise der Koalition, die Scheidemanns Rede ausgelöst hatte, auch mit einer persönlichen Eigenart des sozialdemokratischen Politikers zusammen: Scheidemann hatte sie vorher nicht mit seinen eigenen Fraktionskollegen abgesprochen: »Ich habe sie auch nicht einmal skizziert.«[24] Scheidemann malte in dieser internen Besprechung mit plastischen Worten die verfahrene Lage der deutschen Außenpolitik im Sommer 1918 aus: »Wir haben einen Zustand, der einfach ein Skandal ist. Wir haben eigentlich 2 Auswärtige Ämter, eines von Kühlmann und eines von Ludendorff. Das Ludendorffsche ist schon viel größer und bedeutender als das in der Wilhelmstraße.« Scheidemann belegte diese Feststellung mit einem Beispiel: »Jetzt richtet die Oberste

Heeresleitung einfach einen Bundesstaat in der Krim ein. Die Regierung hat davon überhaupt nichts gewußt.«[25] Die Regierung traue sich »einfach nicht, etwas zu tun«.

Gleichzeitig wies Scheidemann bei dieser Besprechung am 6. Juli 1918 auf die bedenklichen Veränderungen der militärischen Lage im Westen hin: »Wir stehen vor einem fürchterlichen Abgrund.« Die Nachrichten über die monatlichen Zuführungen amerikanischer Truppen nach Frankreich seien beklemmend. 1,19 Millionen Mann seien es von Mai 1917 bis Juni 1918 gewesen, im Juni des vergangenen Jahres: 12000, im Juli: 17000, im August: 18000, im September: 32000, im Oktober: 38000, im November: 23000, im Dezember: 48000, im März 1918: 83000, im April des laufenden Jahres: 117000, im Mai: 174000, im Juni: 176000. »Die Amerikaner kommen nicht mehr, sondern sie sind da.« Bei den U-Booten sei man »am Ende des Lateins«. Man solle endlich einmal die Wahrheit sagen. »Je schneller wir Schluß machen, um so besser für uns. Sie ersehen daraus, wie es in Wirklichkeit steht.«[26] Die Kollegen aus den anderen Parteien müßten auch verstehen, daß sie, die Sozialdemokraten, Rücksicht auf die Stimmung unter der Arbeiterschaft zu nehmen hätten. Scheidemann wies auf erhebliche Veränderungen in der inneren Stimmung des Landes hin: »Es gärt in einer sehr bedenklichen Weise draußen. Sehr schlimm ist es. Wir haben manches unterdrückt. Es gärt in großen Betrieben. Es ist uns gelungen, manches zu beseitigen.« Man müsse die Konsequenzen, die sich aus der wachsenden Unruhe unter der Arbeiterschaft ergäben, sehen: »In dem Augenblick, wo die Arbeiter sich verlassen glauben, wenn wir nicht von ihrer Not sprechen, dann machen sie die Politik der Straße.« Diese Umstände hätten ihn veranlaßt, so zu reden, wie er es getan habe. »Keine Absicht, sie zu überraschen. Ich habe nicht angenommen, daß sie überrascht sein würden. Deshalb habe ich es ganz beiläufig gemacht.«[27] Die ständige Verschleppung der Wahlrechtsreform werde als »Hohn und als eine Brutalität gegen die Arbeiter« empfunden.

Abgewogener und ausführlicher, aber in der Sache ähnlich, legte Ebert den Kollegen des interfraktionellen Ausschusses die Lage der Sozialdemokraten dar. Es sei wohl richtig, die Sozialdemokratie habe die Regierung bisher unterstützt. Doch hätten die Dinge einen Verlauf genommen, die das Zusammenwirken mit der Regierung außerordentlich erschwere. Im übrigen habe man sich nur auf das festgelegte Programm geeinigt. Auch andere Parteien hätten immer betont, daß sie freie Hand behielten. Der wichtigste Punkt des gemeinsamen Bündnisses sei die Friedensfrage gewesen. »Grundlage war die Resolution und die Papstnote.« Aber er glaube, sagen zu müssen, daß diese Linie von der Regierung nicht eingehalten worden sei. Ebert nannte die Entwicklung der Ostpolitik: »Der Ostfriede kam. Hertling hat wiederholt erklärt, das Selbstbestimmungsrecht im Osten müsse restlos und aufrichtig durchgeführt werden. Aber wir können doch nicht mehr vor die Arbeiter treten und vom Selbstbestimmungsrecht im Osten reden! Dann kommt helles Hohngelächter!«[28] Weiter verwies Ebert auf die untragbare Politik der Militärs bei der Behandlung der litauischen Bevölkerung. »Wie wird da gewirtschaftet? Alle Beschwerden nützen nichts. Sie dürfen nicht einmal mit uns verhandeln. Das müßte uns sehr bedenklich stimmen.«[29] Im Sündenregister der Militärs führte er weiter auf: Eingreifen in Finnland, Taganrog, kürzlich habe man mit der Regierung (am 19. Juni 1918) fünf Stunden lang verhandelt. »Was ist praktisch dabei herausgekommen? Absolut gar nichts!« Die Reichsregierung stelle sich vor den Abgeordneten ein Armutszeugnis aus: »Wir alle hatten doch den Eindruck, daß die Regierung vollkommen machtlos ist. Beschämender Dilettantismus!« Man habe unfähigen Persönlichkeiten wie Falkenhausen – dem Leiter der deutschen Militärverwaltung im Osten – außerordentliche Vollmachten gegeben. Der Vizekanzler Payer habe dann auf entsprechende Vorhaltungen zugesagt, daß Falkenhausen bald abberufen werde. Doch sei das Gegenteil geschehen. »So sah die Friedenspolitik aus.«[30] Mit wenigen, aber eindringlichen Worten zeichnete Ebert die Zusammenhänge zwischen der Militärpolitik und den inneren Verhältnissen in den einzelnen Arbeiterfamilien auf, das im Innern belastende politische und wirtschaftliche Zwangssystem: »Wie man im Hauptquartier über den Reichstag denkt, das ist allgemein bekannt. Nehmen sie das Wahlrecht! ... Die maßlose persönliche Hetze gegen die Reichstagsmehrheit von der Vaterlandspartei! Heute ist in den Arbeiterkreisen in bezug auf das Wahlrecht alles Vertrauen geschwunden. Dazu die Ernährungsschwierigkeiten! Man muß da in einen Arbeiterhaushalt hineinblicken. Wenn wir mit der Regierung sprechen, dann geschieht gar nichts. Zur gleichen Zeit setzt die Kriegsindustrie systematische Kürzungen der Löhne ein. Namentlich in Berlin. Die Löhne werden um 30 % gekürzt, weil der Reichstag nichts mehr bewilligt.«[31]

Wie stark die innere Entrüstung auch in die politische Entscheidung durchschlug, zeigen die Erläuterungen, die Ebert für die Verweigerung der Zustimmung zu dem Jahresetat anführte. Die sozialdemokratische Fraktion hätte dem Etat wohl zustimmen können, doch habe die Handhabung des Belagerungszustandes im Innern Deutschlands dies unmöglich gemacht. Arbeiterfunktionäre würden sofort eingezogen, wenn sie sich rührten. Wenn, beispielsweise, Arbeiter sich gegen Lohnabzüge wehrten, würden sie eingezogen. »Das sagen die Unternehmer ganz frech. Das geht doch nicht!«[32] Unter diesen Umständen hätte man dem Etat nicht zustimmen können. Vielleicht hätte sich eine andere Form finden lassen. Aber die Verneinung solle »eine Demonstration gegen die Militärbehörden sein.« Die Regierung habe, so sah Ebert die Dinge, den Bogen überspannt. Und mit ihnen die Unternehmer und die Militärbehörden, soweit sie in dieser Kriegssituation den Arbeiter drangsalierten. Gegen diese Haltung habe ein Zeichen gesetzt werden müssen.

Aus einer ähnlichen Einstellung sind auch die weiteren Ausführungen Eberts über die künftige Haltung der Sozialdemokraten gegenüber der Regierung zu verstehen. »Wir haben nicht die Absicht, diese Regierung zu stürzen. Wir wollen ihr Gewissen schärfen, sie antreiben.«[33] Von daher verstehe er auch nicht die Feinfühligkeit, die der Vertrauensmann der Mehrheitsparteien in der Regierung, Vizekanzler Payer, den Dingen angedeihen lasse. Auch Payer habe die sozialdemokratische Politik gegen die Militärs mißverstanden und sie auf die Regierung bezogen, ja habe darauf sogar mit dem Staatsstreich gedroht. »Was ist das für eine Auffassung?«[34] Schließlich bekräftigte Ebert noch einmal das Koalitionsbündnis mit dem Zentrum und den Fortschrittlern. »Es besteht bei uns der ersehnte Wille, die Koalition aufrechtzuerhalten.« Doch fügte er einschränkend hinzu: »Aber eine gewisse Freiheit müssen sie uns lassen.«

Nach diesen Erklärungen der sozialdemokratischen Vertreter schien Erzberger aufzuatmen. Er sprach von »erfreulichen Resultaten der Besprechung«, die er in der weiteren Bereitschaft der Sozialdemokraten zur Zusammenarbeit sah. Danach ging er auf die Verhältnisse in Rußland ein. Der Vertrag von Brest werde von der deutschen Seite nicht eingehalten: »Wir marschieren in Weißrußland vor... Unsere Soldaten schreiben, daß sie sich schämen über das, was sie tun müssen. In der Ukraine greift die Anarchie weiter um sich. Mit dieser Politik geht es eben nicht.«[35] Darüber hinaus verschärften sich die Zustände im Osten wie im Westen. Man müsse vor der bevorstehenden dreimonatigen Sommerpause des Reichstags überlegen, welche Schritte zu unternehmen seien: »Wir wollen Ruhe haben.«[36] Erzberger war derjenige in dem Bündnis der Mehrheitsparteien, der die Verhältnisse am stärksten im Griff hatte und sich um den Zusammenhalt sorgte. Er riet dem Ausschuß, den Vizekanzler Payer darin zu bestärken, daß er, bei allen Abweichungen im einzelnen, das Vertrauen der Reichstagsmehrheit habe. Im Blick auf die zunehmend ernster werdende innere und militärische Lage schloß Erzberger seine Ausführungen: »Wir haben mehr denn je die Verpflichtung, durch eisernes Zusammenarbeiten zusammenzustehen. Das ist unsere moralische Pflicht. Sobald als möglich ehrenvoller Frieden.«[37]

David gab in der Besprechung am 6. Juli 1918 die Irreführung der Bevölkerung über die tatsächliche Lage zu bedenken: »Der Militärapparat arbeitet, um das Volk im Dunklen zu halten. Aber das wird einmal anders werden.« Auch die Sozialdemokraten könnten wider besserer Einsicht nicht immer schweigen. »Das geht nur eine gewisse Zeit.« Außerdem gäbe es ja auch die nicht an der politischen Verantwortung beteiligten, unabhängigen Sozialdemokraten, die jederzeit Informationen über die tatsächlichen Verhältnisse in die Öffentlichkeit tragen könnten. Es sei kaum möglich, klare Zukunftsperspektiven aufzuzeigen. Welchen Abschluß könne man versprechen? »Wir können den Frieden nicht diktieren.« Das Äußerste, was mit dem jetzigen Gegner zu vereinbaren wäre, wäre eine Verhandlung auf der Linie der gegenseitigen Integrität. Doch sei man noch weit entfernt. Und was komme danach? Es sei doch nur möglich, daß auf der Linie der Friedensresolution der Friede abgeschlossen werde, »oder wir hätten die Revolution«. David versuchte, in der ihm eigenen Art weiterzudenken, kam aber zu keinem rechten Ergebnis. Er sprach von der Möglichkeit eines fünften Kriegsjahres. Aber dieser Weg sei nicht mehr gangbar. »Wenn ich dabei die Stimmung des Volkes bedenke, muß ich sagen, daß es höchste Zeit ist, eine andere Politik zu treiben.«[38] David bezog sich auf die sich verschlechternde wirtschaftliche Lage: »Ernährungsschwierigkeiten in Berlin und andernorts! Der Jammer ist entsetzlich.« Schließlich würden die »Feldgrauen« auch davon Nachricht erhalten. Die Mietsteigerungen betrügen 30 %. Unter solchen Bedingungen betrete man das fünfte Kriegsjahr. »Ich begreife die Annexionisten dabei gar nicht. Die Einlenkung muß erfolgen.« Aus diesem Grunde habe man erwogen, nicht von den Mehrheitsparteien selbst, sondern von der Haushaltskommission des Reichstags aus in einem direkten Kontakt zu der Obersten Heeresleitung zu treten, um auf sie einzuwirken.[39]

Der Vertreter der Fortschrittler, Müller-Meiningen, kritisierte noch einmal den unerwarteten Vorstoß Scheidemanns im Reichstag, der seinem eigenen Parteifreund Payer geschadet habe. »Das können wir nicht mehr ertragen, weil das auch auf unsere eigenen Leute schlecht wirkt.«[40] Die Stimmung war gereizt. Zur Person des Kanzlers hieß es lapidar: »Hertling ist, glaube ich, körperlich nicht mehr ganz imstande, die Sache zu machen.« Auch Müller registrierte wie andere die veränderte Stimmung im Lande: »Es gärt ganz gewaltig draußen, auch an der Front.« Doch solle man keine Hoffnungen auf einen Gesinnungswandel bei den Militärs im Großen Hauptquartier setzen. »Der Geist im Großen Hauptquartier ist durchweg parlamentsfeindlich.« Der Fortschrittler Fischbeck mahnte die Sozialdemokraten, nicht zu überziehen: ihren besonderen Schwierigkeiten, insbesondere gegenüber den Unabhängigen – die ihnen die Wähler nehmen könnten – sehr wohl Rechnung zu tragen. Doch seien da auf der anderen Seite »Grenzlinien« vorhanden. »Über diese Linien darf man nicht hinausgehen, das müssen auch die Sozialdemokraten würdigen.«

Bei allen Spannungen und Animositäten endete die interfraktionelle Besprechung am 6. Juli 1918 mit der Sicherung des Koalitionsbündnisses. Es wurde beschlossen, mit der Regierung Rücksprache zu nehmen. Am 9. Juli wurde Kühlmann auf Drängen der OHL hin entlassen. Er galt bei den Abgeordneten, wie Erzberger in einer Aufzeichnung festhielt, »als aufrechter und gerader Mann«.[41] Sein Nachfolger wurde Admiral von Hintze: Die Reichstagsmehrheit hatte eine wichtige Position in der auswärtigen Politik verloren. Erzberger bemerkte in einem Gespräch, die Entlassung Kühlmanns bedeute die Verlängerung des Krieges um mehr als ein Jahr.[42] Doch hing die weitere Entwicklung im Sommer 1918 nicht allein von personellen Entscheidungen und dem Intrigenspiel zwischen Spa und Berlin ab. Im Juli 1918 herrschte in Berlin Unsicherheit. Man rätselte, wie es weitergehen werde. Die Sozialdemokraten drängten in diesen Tagen darauf, daß sich Hertling unzweideutig auf die frühere Antwort der deutschen Regierung auf die Papstnote festlegen solle. Aber das waren schon Reminiszenzen.

Am 11. Juli 1918 fand eine Besprechung der Parteivertreter bei dem Vizekanzler Payer statt, an der auch der neue Staatssekretär des Auswärtigen, von Hintze, teilnahm. Die Regierung schien die tatsächliche außen- und innenpolitische Lage kaum noch zu überblicken. Die Sozialdemokraten verlangten eine Zurücknahme der sogenannten Kriegsziele im Westen, wünschten eine verbindliche Erklärung, daß Deutschland bereit sei, die Selbständigkeit Belgiens wiederherzustellen.

Hertling selbst entsprach diesem Wunsch mit einer eindeutigen Erklärung am nächsten Tag im Hauptausschuß. »Wir beabsichtigen nicht, Belgien in irgendeiner Form zu behalten.«[43] Allerdings sollte die Erklärung als »vertraulich« gelten und der OHL nicht bekannt werden! So konnte Hertling nur seine eigene Schwäche demonstrieren, wie er dies bereits einen Tag zuvor, am 11. Juli, getan hatte, als er vor dem Hauptausschuß den Rücktritt Kühlmanns notdürftig ummäntelte.[44] Sie wurde dennoch publiziert und durch eine entsprechende »richtigstellende« Gegenerklärung konterkariert und dadurch wertlos. Am 13. Juli vertagte sich der Reichstag bis zum 5. Oktober.

Ein Faktor, der bisher in der Regierung wenig berücksichtigt worden war, wurde im Sommer 1918 immer deutlicher: die gedrückte Stimmung in der Bevölkerung und unter den Soldaten.[45] Hatte die OHL seit dem März fünf Offensiven in Nordfrankreich gestartet (Picardie, Ypern, Reims, Noyon, Champagne), so kam es bei der »Marneschlacht« am 18. Juli zur Gegenoffensive der Franzosen. Die Amerikaner hatten inzwischen ihre Tanks gelandet. Am 8. August gelangte man in der OHL zu der Einsicht, daß der Krieg nicht mehr zu gewinnen sei. Diese Tatsache blieb den Abgeordneten zunächst unbekannt.

In den Augusttagen bahnte sich eine Annäherung der Nationalliberalen an die Mehrheitsparteien an. Stresemann schrieb am 25. August – also in der parlamentsfreien Zeit von drei Monaten – an einen Parteifreund, daß eine Besprechung mit Payer eine »erstaunliche Übereinstimmung« der bürgerlichen Parteien in »Richtung eines Zusammengehens« gezeigt hatte. Auch mit den Sozialdemokraten könne man zusammenarbeiten, wenn sie von Ebert geleitet werden, der eine »verständige« Politik wolle.[46] So sei er bereit, wieder eine »Einheitsfront« herzustellen, die aber das »ganze Volk« umfassen müsse und nicht »einseitig« sein dürfe. Hatte Stresemann einen Wink aus Spa bekommen?

Allmählich wurde deutlicher erkannt, daß die Ziellosigkeit der deutschen Politik beendet werden müsse. Am 29. August sprach Erzberger mit Payer. In einer Notiz über das Gespräch vermerkte er: »Dann erklärte er (Payer), es sei absoluteste Pflicht der Regierung, ein festes Programm auszuarbeiten und dieses dem Reichstag bei seinem Zusammentritt zu unterbreiten. Er habe auch Hoffnung, daß man mit dieser Arbeit rasch vorankomme. Nur wenn die Regierung ein klares Ziel habe, könne man das Volk politisch über diesen Winter hinwegbringen. Es sei mit Ludendorff jetzt leichter zu verhandeln als früher.«[47] Erzberger drängte gegenüber Payer darauf, daß eine Lösung der »Ostfragen« noch vor dem Zusammentritt des Reichstags erreicht werden müsse, also die Umwandlung der Militär- in Zivilverwaltungen.

Eine Zusammenarbeit zwischen den Mehrheitsparteien und den Nationalliberalen kam in den Augusttagen nicht zustande: Das gegenseitige Mißtrauen und die Unterschiede in den politischen Auffassungen blieben zu groß. Zu allem Überfluß wurde am 27. August in Berlin ein Ergänzungsvertrag zu dem Frieden von Brest unterzeichnet. Er bedeutete gegenüber dem Vertrag vom 3. März eine weitere Verschlechterung für Rußland: die förmliche Abtrennung Livlands und Estlands und Zahlung von Reparationen an Deutschland. Rußland befand sich inzwischen im Zustand des Bürgerkrieges und hatte keine Mittel zur Abwehr der Vertragsbedingungen.[48] Erzberger sprach am 29. August mit Payer über den Ergänzungsvertrag. Er bestand darauf, den Reichstag einzuberufen, wies aber darauf hin, daß eine Ratifizierung nicht stattfinden könne. Inhaltlich sei der Vertrag ein »äußerst schwerer politischer Fehler«. Er nütze nichts und werde nur dazu beitragen, ein »einheitlich gegen Deutschland gerichtetes Rußland zu schaffen«, die deutsche Regierung zudem »friedensunmöglich« zu machen. Aber wer achtete jetzt noch auf solche Details?[49] Offensichtlich hatte von Hintze versucht, die Sommerpause ausnutzend, den Vertrag ohne größeres Aufsehen durchzubringen. Es war beabsichtigt, ihn ohne die Zustimmung des Reichstags zu ratifizieren, und später um »Indemnität« zu ersuchen. Erzberger warnte Payer vor einem solchen Verfahren, er könne nicht annehmen, »daß Euer Exzellenz sich mit dieser Absicht tragen«.[50]

Am 14. August hatte die OHL vor dem »Kronrat« in Spa eingestanden, daß eine Fortsetzung des Krieges aussichtslos sei. Ihre zahlreichen Anhänger und Verehrer in den Parteien der Rechten in den Städten, Universitäten, fürstlichen Familien, der Geistlichkeit, unter Fabrikanten, Beamten, Angestellten, Handwerkern, Männern und Frauen hatten bis dahin an den versprochenen Sieg geglaubt. Man hatte bereitwillig Kriegsanleihen gezeichnet. Studentinnen hatten sich zu freiwilligen Diensten in der Verwaltung und Rüstungsindustrie zur Verfügung gestellt. Lehrer und Professoren hatten lokale Kriegschroniken ausgearbeitet, Feldpostbriefe als Erinnerung für die Nachfahren sorgfältig gesammelt. Zeitungen und Familienblätter hatten an den Geist der Aufopferung appelliert. In vielen deutschen Stuben und Sälen hing noch der Dunst religiös verbrämten nationalen Weihrauchs. Wie würde es jetzt weitergehen?

Septemberforderungen der Reichstagsmehrheit

Am 6. September 1918 traf Matthias Erzberger nach einem Besuch im Auswärtigen Amt in der Wilhelmstraße zufällig Friedrich Ebert, der soeben von dem Reichskanzler kam. Man unterhielt sich, Erzberger fertigte später eine Notiz an. Daraus geht hervor, daß Ebert Hertling die Bedenken der Sozialdemokraten gegen den Zusatzvertrag von Brest-Litowsk vorgetragen hatte: Er schließe eine Friedensmöglichkeit nach dem Westen fast ganz aus. Der Vertrag sei die »stärkste Belastungsprobe« für ein weiteres Mitgehen seiner Partei. Ebert bemerkte gegenüber Erzberger, Hertling sei »ein schlauer alter Fuchs«. Denn als er, Ebert, schon an der Tür gestanden habe, habe Hertling wie beiläufig bemerkt, man spreche jetzt wieder von Ministerstürzerei. Er, Hertling, stelle gewiß kein Hindernis dar und scheide gerne aus dem schwierigen Amt. Daraufhin entgegnete Ebert, daß er nicht wie ein Ministerstürzer aussehe. Hertling hakte gleich nach und fragte, ob er darauf rechnen dürfe, noch das Vertrauen der Sozialdemokratischen Partei zu besitzen. Ebert entgegnete ausweichend: Die letzten Reden der Sozialdemokraten im Reichstag und die Artikel der sozialdemokratischen Presse gäben eine genügende Antwort auf diese Frage. Er habe, erzählte Ebert Erzberger, dem Kanzler nicht bei einer persönlichen Einladung direkt ins Gesicht sagen wollen, daß er kein Vertrauen mehr besitze. Er habe den Eindruck, daß Hertling stärker als irgendein anderer »an seinem Amt klebe«.[51]

Anfang September 1918 verfaßte der sozialdemokratische Abgeordnete Albert Südekum, der zu dem »rechten Flügel« der Partei gerechnet wurde, eine Denkschrift. Sie beobachtete die Veränderungen der internationalen Szene: Die Tschechoslowakei sei bereits von England, Frankreich und den Vereinigten Staaten anerkannt worden,[52] eine Maßnahme, die auf die Sprengung der österreichisch-ungarischen Monarchie abziele. Südekum beobachtete überall in Österreich, sowohl bei der slawischen als auch bei der deutschen Bevölkerung Trends, die zur Auflösung in selbständige Staaten drängten, ohne bisher den Gesamtverband der habsburgischen Monarchie aufzugeben. Möglicherweise könne die österreichische Sozialdemokratie als ein einigendes Band wirken, doch drängten dort starke Kräfte zum »Bolschewismus«, zur Radikalisierung. Im übrigen herrschten in Österreich traurige Ernährungsverhältnisse. In Ungarn scheine man sich vorläufig noch passiv zu verhalten. In der Türkei sei, wie in Österreich, bald mit einem »physischen Zusammenbruch« zu rechnen. Die Denkschrift fragte nach den inneren Verhältnissen in den gegnerischen Ländern: Die Briten könnten von ihren eigenen Interessen nur auf eine Beendigung des Krieges drängen, da andernfalls das Übergewicht der USA »schrankenlos« werde. Die englische Arbeiterschaft, wenn auch nicht eindeutig orientiert, scheine auf einen Frieden hinzuarbeiten, doch rechne man dort noch mit einem englischen Sieg. In der britischen Innenpolitik könnten die angekündigten allgemeinen Wahlen – die nach dem Abschluß des Waffenstillstands im November/Dezember durchgeführt wurden – Überraschungen bringen. Dabei werde auch das Frauenstimmrecht erstmals eine Probe bestehen müssen. Da auch die Wähler der Front mitwählten, sollten die Deutschen alle Anstrengungen machen, den Ausgang der englischen Wahlen im Sinne eines Verständigungsfriedens zu beeinflussen.

Anders sah Südekum die Verhältnisse in Frankreich. Die unangemessenen Leiden, die während des Krieges über das Land hereingebrochen seien, würden die Bevölkerung weiter belasten: eine zutreffende Voraussage. Auch unter diesen erschwerten Bedingungen müsse von deutscher Seite auf eine Verständigung hingearbeitet werden. Man solle Frankreich darauf hinweisen, daß es die Hauptlast des Krieges ausschließlich zugunsten Englands trage und daß bei einer Verständigung mit Deutschland die französischen Rentner am schnellsten wieder in den Genuß ihrer russischen Renten kämen. Auch das Problem des französischen Nationalstolzes sei zu berücksichtigen: Zur Besänftigung solle man sich deutscherseits die Möglichkeit eines Entgegenkommens in der Frage des französischsprachigen Lothringens offenlassen.

Es ist aufschlußreich, daß Südekum die eigentliche »Bedrohung« Europas, nicht nur Deutschlands, in der Haltung der Vereinigten Staaten, insbesondere ihres Präsidenten sah. Wilson strebe offensichtlich die Stellung eines »Weltschiedsrichters« an. Die bisher vorliegenden Friedensvorschläge würde er nicht akzeptieren, da er eine Veränderung der gesamteuropäischen politischen Verhältnisse anstrebe. Wilson wolle in Europa eine Reihe von Republiken schaffen, die von der amerikanischen »Rohstoffzufuhr« abhängig blieben und politisch nach »Wilsons Pfeife tanzen« müßten. Der konservative Marxist Südekum – wie soll man ihn anders charakterisieren? – konnte sich nur schwer vorstellen, daß aus anderen Gründen als wirtschaftlichen Politik gemacht werden könne. Aus dieser Beobachtung kam Südekum zu der interessanten Feststellung: »Wilson ist seiner Geistesverfassung nach nahe verwandt mit Trotzki.«[53]

Südekum vermutete, daß die Vereinigten Staaten ihren Einflußbereich nicht nur in Europa, sondern auch in Japan, Süd- und Mittelamerika und im Stillen Ozean ausdehnen wollten. Es war die Rede von der »drohenden Vergewaltigung der europäischen Welt durch Amerika«, der nur dann ein Riegel vorgeschoben werden könne, wenn es gelinge, mit England und Frankreich bald zu einem dauerhaften Friedensschluß zu gelangen und damit zugleich auch die im »Osten drohende« Gefahr zu bannen. Es müsse zu einer gewissen Vereinigung der europäischen Mächte »gegen diese allen gemeinsame Gefahr« kommen, sonst würden die europäischen Länder an der materiellen und psychologischen Übermacht im Westen zugrunde gehen. Die neu eingetretene internationale Situation abwägend, kam die Denkschrift zu dem Ergebnis, daß die sogenannten »Ostfragen« – die ja in dem letzten Jahr die deutschen Politiker sehr intensiv beschäftigt hatten – an Bedeutung verlieren würden. Diese Tatsache ließe sich auch an der schnellen Zustimmung der russischen Regierung zu dem Zusatzvertrag von Brest erkennen: Man sehe daraus, daß von russischer Seite dieser Friede nur als vorübergehend angesehen werde.[54]

Der außenpolitischen Sondierung folgt eine Analyse der innenpolitischen Lage. Man müsse damit rechnen, daß die gegnerische Seite mit der jetzigen deutschen Regierung, die den Verdacht der Hinterhältigkeit auf sich geladen habe, keine ernsthaften Friedensverhandlungen führen werde. So kam die Denkschrift zu der pauschalen Aussage: »Deutschland wird demokratisch sein oder es wird nicht sein«, eine etwas abstrakte Alternative. An diese Feststellung schloß sich die nachdrückliche Forderung: »Die Mehrheitsparteien müssen sich ihrer Verantwortung bewußt werden und in ganz anderer Weise als bisher die breiten Massen der Bevölkerung für eine einheitliche demokratische Politik in Bewegung setzen. Die Mehrheitsparteien sind um so stärker, je offener sie ihre Politik treiben. Sie werden der Schwierigkeiten in ihren eigenen Reihen auch nur durch die Unterstützung der Öffentlichkeit Herr werden.«[55]

So riet diese Denkschrift vom 6. September 1918 zu einem Regierungswechsel. Er müsse jedoch auf dem Weg einer Verständigung mit dem jetzigen Amtsinhaber angestrebt werden, da man sich angesichts der eigenen Schwäche den Luxus eines krisenhaften Regierungswechsels nicht leisten könne. Der Gedanke einer Allparteien-Koalition im Reich und in Preußen, einer Verbindung der alten und der neuen Kräfte, sei aber abzulehnen. Nur entschiedene Verfechter des Mehrheitsprogramms dürften in die Regierung berufen werden. Es dürfe auch nur begrenzt Rücksicht auf Personen oder auf die Wünsche der Krone genommen werden. Jedermann müsse eingeprägt werden, daß die »Existenz des Reiches« auf dem Spiel stehe.[56] Es wurde angedeutet, daß es für diesen »Rettungsschritt« vielleicht schon zu spät sei. Von daher könnten »unvollkommene Rettungsmanöver« die »Sachlage« nur verschlimmern und einen Erfolg von vornherein in Frage stellen. Die Denkschrift gab ein pessimistisches Bild der deutschen Politik im September 1918. Das Rezept, das angeboten wurde, war konventionell, nämlich ein Regierungswechsel ohne vorhergehende Wahlen, eine »stillschweigende Systemveränderung«. Dabei spielte unausgesprochen die Furcht vor einer Radikalisierung der Bevölkerung mit.

Im übrigen wurden praktische Vorschläge gemacht: Verminderung der Ernährungsschwierigkeiten, Einführung des gleichen Wahlrechts in Preußen, »wirkliche Zusammenarbeit der Mehrheitsparteien«, vor allem bei der Lösung der finanzpolitischen Fragen, angesichts einer immer bedrohlicher werdenden Lage. Parteirücksichten dürften keine Rolle mehr spielen. Vielmehr solle durch ein entschlossenes Vorgehen aller klar sehenden Männer »das schwerste Unheil« abgewendet werden. Es sei zu überlegen, ob man sich nicht tatsächlich auf einen Verteidigungskrieg beschränken solle: Teile des Feldheeres entlassen, durch eine zeitweilige Beurlaubung der Mannschaften die Volkswirtschaft vor dem Ruin bewahren. Die Industrie, vor allem die Bergwerke und die Eisenindustrie, müsse wiederbelebt werden. Durch vermehrte Ausfuhr ließen sich auch gute Beziehungen zum Osten schaffen. Für die Diplomatie wurde vorgeschlagen, die Linie, die mit der Antwort auf die Papstnote (1917) eingeschlagen worden sei, fortzusetzen, Deutschland müsse sich an die Spitze der Bewegung zum Ausbau des Völkerrechts setzen und mit den Verbündeten, den Neutralen und den östlichen Ländern die Grundlage eines »vorbildlichen« umfassenden internationalen Rechtssystems schaffen. Hier zeigte sich aber auch die Enge der Denkschrift: An eine Zusammenarbeit mit den bisherigen Gegnern war nicht gedacht.

Am 12. September 1918 kam der interfraktionelle Ausschuß zusammen. Die Abgeordneten vergaben ihre Zeit zunächst mit einigem Rätselraten über die Ostfragen. Auch Erzberger erschien unsicher. Als ruhender Pol wirkte plötzlich Friedrich Ebert. Die Sozialdemokraten, erklärte er, hätten die Sitzung verlangt, um die derzeitige Lage zu erörtern. Für die Arbeiterschaft müsse er erklären, daß dort keine Ängstlichkeit und Nervosität angesichts der militärischen Mißerfolge vorherrsche. Die Arbeiterschaft sei von dem Verlauf der Dinge nicht sehr überrascht worden. »Wir haben immer gesagt, daß wir militärisch den Sieg nicht erzwingen können.«[57] Jedoch scheine eine gewisse Nervosität bei den »Alldeutschen« vorzuliegen, denn diese Gruppe sei auf einen Sieg eingestellt gewesen. So habe er schon im Frühjahr die Regierung davor gewarnt, der Öffentlichkeit keine falschen Versprechungen zu machen. Nüchtern-selbstbewußt konstatiert der Arbeiterführer: »Auch die militärischen Kreise sind nervös.«[58] Ein Interview des Kronprinzen wirke erschreckend: »Er winselt geradezu.« In der Arbeiterschaft meine man, daß jetzt »vor aller Welt zu beweisen sei«, daß man auf dem bisherigen Weg nicht mehr weiterkomme und die Verständigung suchen müsse. Es müsse alles getan werden, um zum Frieden zu kommen. Überall zeichneten sich Ernährungsschwierigkeiten ab, auch auf dem Lande. In der Kleidung sei das deutsche Volk ziemlich heruntergekommen, »verlumpft«. »Die besten Leute in den eigenen Reihen verlangen: Schluß.« Auch gegenüber der eigenen Bevölkerung sei die derzeitige Politik der Regierung, zumal was die Verträge mit dem Osten angehe, widerspruchsvoll und unredlich gewesen. »Unsere Regierung hat kein Vertrauen.«[59] Wie aber komme man zu einem Frieden? Die verantwortlichen englischen und französischen Politiker, Lloyd George und Clémenceau, wollten keinen Frieden. Doch entwickelte sich die Stimmung der Bevölkerung in diesen Ländern in einem für Deutschland »glücklicheren Sinn«. Das zeige auch der jüngste englische Gewerkschaftskongreß (Anfang September). Friedensbestrebungen entständen in allen Ländern.

Erzberger ergänzte, daß Deutschland, wenn es nicht bald zum Frieden komme, verloren sei. Die eigenen Kräfte nähmen ab. Schon seien die 18jährigen einberufen. Die Amerikaner stünden seit Ende Juli mit 1,6 Millionen Truppen in Europa und brächten jeden Monat weitere 300000 herüber, so daß im Frühjahr 2½ Millionen Amerikaner zu erwarten seien. Auf die Verbündeten sei keine große Hoffnung mehr zu setzen. Österreich sei immobil, für Ungarn gelte das Gleiche. Als Haupthindernis für den Frieden erweise sich die Unglaubwürdigkeit der eigenen Regierung. Die Vorwürfe des Auslands gegen die Unredlichkeit der deutschen Politik seien berechtigt: »Wir treiben eine innerlich unehrliche Politik. Man nimmt, was man kriegt! Und spricht von Versöhnung und Verständigung. Nie ist etwas geschehen, die Erklärungen der Regierung zu vertiefen. Auf politischem Gebiet stehen wir vor einem Trümmerhaufen.«[60]

Die Gesamtlage umschrieb der Zentrumspolitiker in einem anschaulichen Bild: Das deutsche Volk sei »jetzt ein Schiff, steuerlos und führerlos, kein Mensch weiß, wohin die Fahrt geht. Kein Mensch weiß, was man will. Statt dessen werden Reden losgelassen!« Dennoch gebe es eine Chance: Es müsse »schnurgerade« eine ehrliche Politik betrieben werden. »Das muß geschehen, so daß jeder den Eindruck hat, man sei mit dem Herzen dabei.« Auch sei wegen der bevorstehenden englischen Wahlen Eile nötig. Doch tauchte bei Erzberger eine neue Hoffnung auf: Die politischen Zukunftsvorstellungen Wilsons. Hatte sich Südekum in seiner Denkschrift abwertend über die Pläne des amerikanischen Präsidenten geäußert, so war die Reaktion des katholischen Politikers ganz anders: »Völkerbund mit Verständigung. Das ist der große Wurf über den Ozean nach Wilson.«[61] Es scheint, daß in dieser Besprechung der Abgeordneten der Mehrheitsparteien am 12. September 1918 erstmals die ideellen Ziele der Wilson-Politik als ein realer Faktor in die deutsche Politik eingebracht wurden.

Der Zentrumsabgeordnete riet, den Frieden noch in dem laufenden Jahr 1918 abzuschließen. »Das erwartet das Volk vom Reichstag.«[62] Wie sei dieses Ziel zu realisieren? Zunächst müsse mit dem Reichskanzler (Erzbergers Parteifreund und persönlicher Gegner) in »rücksichtsloser Offenheit« gesprochen werden. Es sei notwendig, daß die Sozialdemokraten in die Regierung einträten, um einen Friedensversuch durchführen zu können. Je stärker die Parlamentarisierung der Politik, um so besser. Die Begründung war einleuchtend: »Wenn der Frieden nicht zustande kommt, wie sollen wir unser Volk über alle Leiden hindurchbringen ohne eine Regierung, die getragen ist von dem starken Vertrauen aller Volksschichten? Ich glaube, auf diesem Boden sollten wir uns zusammenbringen.«[62] Ein »Laufenlassen« sei nicht mehr zu verantworten.

Die Einsicht kam allerdings etwas spät. Der Fortschrittler Haußmann wies selbst in dieser Besprechung darauf hin, daß man »jetzt zu Werke« schreite, »nachdem wir ein Jahr eigentlich vertrödelt haben«. Haußmann riet, mit Vorsicht vorzugehen. Denn man wisse nicht, »ob man nicht in Berlin den Kopf verliert«. Der Übergang solle im Einvernehmen mit der Regierung stattfinden. Bei mangelnder Vorsicht könnten die richtigen Zeitpunkte verpaßt werden. Auch David sprach sich für die Regierungsübernahme aus, war sich allerdings darüber im klaren, daß dies in einer »ungeheuer gefährlichen Lage« geschehe und daß deshalb keine Halbheiten gemacht werden dürften. Der Vorsitzende der Zentrumsfraktion, der 64jährige Adolf Gröber, der zu Hertling hielt, sprach ausweichend, stimmte der Wahlrechtsreform zu, ging aber auf die von Erzberger und Ebert angeschnittene Frage der Übernahme der Regierungsverantwortung nicht ein.

Naumann begrüßte eine Regierungsbeteiligung der Sozialdemokraten: Sie müsse mit öffentlichem Pathos erfolgen, so »wie in Frankreich bei Gambetta!« Naumann schnitt auch eine wichtige Personalfrage an: die Stellung des »Generalquartiermeisters« Ludendorff, der bisher eine Politik im Sinne der Mehrheitsparteien blockiert hatte. »Der Mann muß besonders angepackt werden. Politisch muß er aus der Führung heraus.«[64] Man könne ihm nicht vertrauen. Er stehe heute zur Demokratie und betreibe bei einer besseren militärischen Lage morgen das Gegenteil. Von völkerrechtlichen Regelungen für die Zukunft hielt Naumann allerdings wenig. Dies sei »unsäglich schwierig«.[65]

Scheidemann schnitt wieder die Frage der Person des Kanzlers an. Er habe persönlich die größte Achtung vor Hertling, doch sei es unverantwortlich, die Tatsache zu übersehen, daß Hertling der jetzigen Lage nicht mehr gewachsen sei. Erzberger unterstützte ihn: Auch zwei süddeutsche Ministerpräsidenten hätten die Regierungsfähigkeit des Kanzlers bezweifelt.[66] Gröber dankte Scheidemann für seine »Offenheit«. Er habe bestätigt, daß sich die Aktion gegen den Reichskanzler richte. Er, Gröber, brauche nicht zu wiederholen, was er bereits gesagt habe: »Ich kann nicht mitmachen und halte [es] auch nicht für begründet.«[67] Scheidemann nahm zurück: Er wolle nicht den Eindruck erwecken, als richte sich die Aktion gegen eine Person.[68]

Am 13. September 1918 tagte der interfraktionelle Ausschuß erneut. Jetzt wurde deutlich, daß hinter dem Personalproblem »Ludendorff« ein sachliches Problem stand, auf das Erzberger hinwies. Entgegen der Behauptung des Reichskanzlers, daß die Einheitlichkeit der Politik gewahrt sei, müsse festgestellt werden, daß eben dies nicht der Fall sei. Die Oberste Heeresleitung habe eine eigene außenpolitische Abteilung, gewissermaßen ein auf die Person Ludendorffs zugeschnittenes »Auswärtiges Amt«. Die Depeschen, die dorthin gingen, kenne niemand, jedenfalls nicht die dafür zuständigen Beamten des Auswärtigen Amts. Die Folge des Kompetenzenwirrwarrs sei die Unglaubwürdigkeit der deutschen Politik im Ausland. Wenn es dem Reichskanzler nicht gelinge, die Kompetenzfrage zu ordnen, dann verlören seine Aussagen gänzlich an Bedeutung. Erzberger wurde jetzt deutlicher, nannte die Dinge beim Namen. Die Verbindung zwischen der Schwerindustrie und Oberster Heeresleitung müsse aufgedeckt werden. Er verwies auf personelle Verbindungen zwischen den Militärs und der Leitung von Krupp. Es gebe Zensurbestimmungen, daß über die staatlichen Preise nicht geschrieben werden dürfe. Ein Granatstahl koste jetzt 280 Mark, eine Schiene 140 Mark. Solche Fakten waren in früheren Besprechungen des interfraktionellen Ausschusses nicht ausgesprochen worden; sie waren auch dann Sozialdemokraten nicht von den Lippen gekommen.

Das Mißtrauen der Politiker der Reichstagsmehrheit gegen die militärischen Führer wurde jetzt offen artikuliert. Gothein bemerkte lapidar, »die Militärs lügen gewerbsmäßig und gewohnheitsmäßig«.[69] David schloß sich an: »Die Ostfragen schreien zum Himmel.« Er sagte zu, Anklagematerial zusammenzustellen, um die Dinge aktenkundig zu machen. Trimborn, der Zentrumssprecher, klagte die Alldeutschen an. Der Fortschrittler Wiemer schlug vor, zwei Unterausschüsse einzurichten, einen für eine Denkschrift, einen für die völkerrechtlichen Fragen. Man geriet ins Diskutieren. Erzberger warnte: »Sollen wir für drei Wochen auseinandergehen, ohne irgend etwas mit der Regierung abgemacht zu haben? Wer weiß, was da alles passieren kann.«[70]

Das Ergebnis dieser Besprechung am 13. September war die Entsendung einer Delegation von Abgeordneten zu dem Staatssekretär des Auswärtigen, Hintze, am 14. September. Dort erfuhr man, daß Österreich beabsichtige, in einem einseitigen Schritt ein Friedensgesuch an die Alliierten herauszugeben. Er, Hintze, halte diesen Schritt für verfehlt. Die Entente würde Österreich nur mit »Hohn und Spott« überschütten. Daher werde die deutsche Regierung eine »rein abwehrende Haltung einnehmen« und durch die Presse lediglich erklären, daß sie »die ganze Angelegenheit mit Interesse« verfolge.[71] Die Abgeordneten der Mehrheitsparteien waren angesichts dieser oberflächlich-arroganten Haltung konsterniert. Sämtliche anwesenden Abgeordneten, vermerkte das Protokoll, erklärten diese von der deutschen Regierung beabsichtigte Haltung für »absolut falsch«. Man dürfe sich nicht so ablehnend verhalten. Ganz im Gegenteil, Deutschland müsse sich, nachdem dieser Schritt erst einmal geschehen sei, offen dazu bekennen, um den Riß im Bündnis nicht noch weiter verbreitern zu lassen. Sie wiesen auf die Konsequenz hin, daß sonst im Inland ein Zusammenbruch entstehen werde. Ferner sei damit zu rechnen, daß die Entente – anders als Hintze annahm – Verhandlungen mit Österreich einleiten werde, deren Ergebnis Deutschland nur schaden könnte. Daher müsse sofort von der deutschen Regierung erklärt werden, daß der österreichische Vorschlag mit den früheren Kundgebungen des Reichskanzlers – gemeint war die Antwort Hertlings vom 25. Februar 1918 auf die Botschaft Wilsons vom 11. Februar 1918 – übereinstimme. Deutschland werde diesem Schritt keine Hindernisse in den Weg legen. Der Staatssekretär beharrte dagegen auf seinem Standpunkt und hinterließ, wie das Protokoll vermerkte, »bei den anwesenden Abgeordneten einen sehr schlechten Eindruck«. Man verabredete eine weitere Besprechung mit Hertling.

Als die Abgeordneten der Mehrheitskoalition das Zimmer des Staatssekretärs verließen, trafen sie im Wartezimmer ihre politischen Gegner von der Linken wie von der Rechten: den Konservativen Westarp, den Nationalliberalen Stresemann und sogar den Unabhängigen Haase. Diese zufällige Begegnung der führenden Politiker aller politischen Lager wurde mit »großer Heiterkeit« aufgenommen. Doch fügte das Protokoll hinzu: »Die Stimmung unter den Abgeordneten der Mehrheitsparteien ist ungemein ernst.«[72]

Die Besprechung mit Hertling fand am 15. September statt. Außer den Abgeordneten und dem Kanzler nahmen Hintze, ferner der Staatssekretär des Inneren, Wallraf, und Oberst Winterfeldt für die Oberste Heeresleitung daran teil. Hertling erklärte, daß man von dem Wiener Schritt nicht »sehr angenehm« berührt sei. Über das Ziel, daß der Krieg beendet werden müsse, sei man sich wohl einig. Doch halte er den derzeitigen Zeitpunkt für falsch. Scheidemann äußerte, daß das Vorgehen Österreichs zur »Katastrophe« führen könne. Die deutsche Regierung solle sich nicht an der äußeren Form des österreichischen Schrittes stoßen, sondern »denkbar geschickt vorgehen«, vor allem sei die »geradezu bedrückende Stimmung« im eigenen Land zu berücksichtigen. Hertling erklärte sich mit dieser Anregung einverstanden. Scheidemann drängte darauf, daß der Reichstag bald zusammentrete, und fügte offen hinzu: Das Vertrauen in die Regierung sei vollkommen verloren. Erzberger erläuterte, daß es auf die Schwäche der deutschen Regierung zurückzuführen sei, daß die österreichischen Politiker diesen Eigenweg beschritten hätten. Die deutsche Regierung wisse nicht einmal über Verhandlungen zwischen Wien und Italien (über territoriale Fragen) Bescheid. Außerdem hätte die Friedensoffensive von Deutschland, nicht von Österreich ausgehen müssen.

Hertlings Antwort auf die Vorwürfe Erzbergers war schwach. Man habe sich nicht an die Spitze einer Friedensbewegung stellen können, da man erst einen Tag zuvor erfahren habe, daß die Österreicher einen solchen Schritt unternehmen wollten. Aber die Deutschen würden »selbstverständlich« mitgehen, »sobald sich die Aussicht auf Erfolg« biete. Konkrete Ergebnisse brachte diese Aussprache am 16. September nicht. Hertling beendete sie mit den Worten: »Meine Herren! Lassen Sie mir noch den letzten Rest von Vertrauen, damit ich weiter arbeiten kann.«[73] Noch am gleichen Tag beriet der interfraktionelle Ausschuß. Ebert drängte auf den sofortigen Zusammentritt des Reichstags. Denn die österreichische Friedensinitiative wirkte im deutschen Volk wie ein Zusammenbruch. Auch Gröber riet zu einer sofortigen Aussprache. Denn je länger man über die Sache nachdenke, um so ungünstiger werde der »ganze Eindruck«. Jeder Tag bedeute jetzt einen schweren Verlust. Im Zentrum setzte in diesen Tagen eine Umorientierung ein. Ebert als Vorsitzender des Hauptausschusses setzte sich jetzt mit dem Kanzler in Verbindung, teilte ihm den Wunsch der Abgeordneten mit, den Hauptausschuß zusammenzurufen, um den Friedensschritt Österreichs und die militärische Lage zu besprechen. Aus der Reichskanzlei erhielt Ebert jedoch die Nachricht, daß der Kanzler bereits einen Tag zuvor mit Gröber gesprochen habe und vor dem Nachmittag des nächsten Tages nicht zu sprechen sei. Die Abgeordneten beschlossen darauf, den Zusammentritt des Ausschusses sofort bekannt zu geben.

Erzberger warf noch einmal die Frage auf, ob die Nationalliberalen an den interfraktionellen Beratungen beteiligt werden sollten. Sie waren seit Januar 1918 – nach dem Protest Stresemanns wegen der Beteiligung der Sozialdemokraten an dem Berliner Streik – nicht mehr eingeladen worden. Im März hatten die Mehrheitsparteien eine Anfrage der Nationalliberalen wegen einer Beteiligung ablehnend beantwortet. Nach wie vor bestand auch eine Animosität zwischen Stresemann und Erzberger. Stresemann galt intern als politischer »Laubfrosch«. Erzberger bestand auf der strikten Einhaltung des Programms der Mehrheitsparteien. Die Sozialdemokraten sprachen gegen eine Mitwirkung der Nationalliberalen. Man würde sich heillos kompromittieren.

Am 21. September beriet der interfraktionelle Ausschuß die Frage des Völkerbunds und der Neuordnung des Völkerrechts durch Einrichtung internationaler obligatorischer Schiedsgerichte und die Frage der Beschränkung der Rüstung. Ebert erklärte, daß, wenn der Krieg kein geeignetes Mittel mehr sei, um Streitigkeiten zu erledigen, andere Mittel zu finden seien. »Alle Völker wollen jetzt nicht mehr Krieg haben. Das ist der starke Punkt der Entente.« Über die Abrüstung und die Einrichtung von Schiedsgerichten waren sich die Abgeordneten grundsätzlich einig, jedoch sehe man die Gefahr einer Benachteiligung Deutschlands. Die Erörterung sei, meinte Scheidemann, etwas akademisch.[74]

Erzberger verlangte eine Reichstagsdebatte über den Völkerbund: »Um eine Debatte über den Völkerbund usw. kommen wir nicht herum. Das Volk erwartet das von uns. Wenn der Reichstag diesmal versagt, dann gibt es eine Katastrophe in Deutschland.«[75] Wilsons Bemühung, auf das politische Denken in Europa über die Grenzen des Meeres hinweg einzuwirken, zeigte Erfolge. Die Abgeordneten befaßten sich auch mit Vorschlägen eines Völkerbundes, die jetzt in den skandinavischen Ländern diskutiert wurden. Das Ergebnis der Beratungen war der Entwurf einer Reichstagsresolution über den Völkerbund. Er sah die Errichtung eines alle Staaten umfassenden Völkerbundes auf der Grundlage der Gleichberechtigung der Völker und die Abschaffung von Sonderverträgen und Geheimverträgen vor. Das Ziel sei die Sicherung eines »dauernden Friedens« und eines »unabhängigen Daseins und freier wirtschaftlicher Entfaltung der Völker«. Die Staaten verpflichteten sich, jeden Streitfall, der nicht mit diplomatischen Mitteln zu lösen sei, einer friedlichen schiedsgerichtlichen Behandlung zu übergeben, und legten sich auf eine gegenseitige und gleichzeitige Abrüstung fest. Der Entwurf der Völkerbundsresolution blieb vorläufig nur ein Konzept: Der Reichstag tagte ja nicht.[76] Aber die Reichstagsmehrheit hatte jetzt wieder an die Politik der Friedensresolution vom 19. Juli 1917 angeknüpft und versuchte, sie weiterzuführen.

In der Sitzung des interfraktionellen Ausschusses am 23. September ergab sich eine ungewöhnliche Situation: Das Zentrum riet den Sozialdemokraten, in die bestehende Regierung Hertling einzutreten. Aber die Sozialdemokraten lehnten ab. Die jetzige Regierung habe jedes Vertrauen im Volk verspielt. Man könne nicht mit Politikern zusammenarbeiten, die entgegengesetzte Ziele verfolgten.[77] In der Sitzung des Vorstandes der Zentrumsfraktion hatte Erzberger die Beteiligung der Sozialdemokraten an der Regierung durchgesetzt.[78] In der anschließenden Sitzung der Fraktion wurde die Aufnahme von Sozialdemokraten in die Regierung gebilligt, aber die Mehrheit lehnte ein Zugeständnis zu den verfassungspolitischen Forderungen der Sozialdemokraten ab, weil man Hertling unterstützen wollte.[79]

Der 23. September war turbulent, die Fraktionen tagten und die von Ebert einberufene Sitzung des Hauptausschusses stand für den nächsten Tag an. Offen war, ob Hertling und Hintze überhaupt erscheinen würden.[80] Im interfraktionellen Ausschuß wurde ein gemeinsames Programm für die Regierung beraten, doch die Sozialdemokraten suchten jetzt die Distanz, legten ein eigenes 6-Punkte-Programm vor, das in einigen Punkten die bisherigen Gemeinsamkeiten (Berufung auf die Friedensresolution, Zivilverwaltungen im Osten, Autonomie Elsaß-Lothringens, gleiches Wahlrecht in allen Bundesstaaten) in den Forderungen der Mehrheitsparteien betonte, in anderen Punkten aber klare politische Entscheidungen verlangte: Rückgabe Belgiens mit Entschädigung, Einheitlichkeit der Reichsleitung, Wiederherstellung der Versammlungs- und Pressefreiheit. Entscheidend war Punkt 6: Er forderte die Ausschaltung der OHL aus der Politik, die Bildung einer Regierung der Mehrheitsparteien, Einschränkung der politischen Wirksamkeit der fürstlichen Bundesstaaten durch Verfassungsänderung, politische Kontrolle der Äußerungen des Kaisers und der Militärs durch die Regierung.[81] Eine solche Politik war selbstverständlich mit Georg von Hertling nicht durchzuführen, der sich zur Loyalität gegenüber den bisherigen Autoritäten, vor allem der föderalen, und den regierenden fürstlichen Familien verpflichtet fühlte und starr an diesem Prinzip festhielt. Ebert äußerte, es sei nicht sicher, ob seine Fraktion weiter an den interfraktionellen Beratungen teilnehmen werde, wenn man sich nicht einigen könne. Die Sozialdemokraten hatten in diesen Tagen sichtlich an politischem Gewicht gewonnen.

Es war Hertling und Hintze nichts anderes übrig geblieben, als zu der Sitzung des Hauptausschusses des Reichstags am 24. September, zu der Ebert eingeladen hatte, zu erscheinen. Ebert begründete die vorzeitige Einberufung des Ausschusses damit, daß der Friedensschritt Österreichs dies als »zweckmäßig« habe erscheinen lassen. Hertling ergriff als erster das Wort, sprach von der »ernsten Lage«, von einer »tiefgehenden Verstimmung« in breiten Kreisen der Bevölkerung, die durch die Niederlage an der Westfront ausgelöst worden sei, wehrte aber jeden Pessimismus ab: Man habe in diesem Krieg schon häufiger Schweres durchgemacht, der Siegesjubel der Feinde werde bald abflauen.[82] Das war zu einfach. Wußte der Kanzler überhaupt noch über die aktuellen Zusammenhänge Bescheid? Es schien nicht so. Denn es folgten Vorkriegsreminiszenzen: die englische Einkreisungspolitik König Eduards. Aber welchen Einfluß hatte ein britischer Monarch im September 1918 noch auf die Politik seines Landes? (Eduard VII. war vor acht Jahren gestorben.) Vereinfacht war auch die Beurteilung der Stimmung in den USA. Dort sei, meinte Hertling, »zur Zeit der wildeste Kriegstaumel im Gange«, man berausche sich daran, das geknechtete Mitteleuropa zu befreien. Aber werde jetzt das deutsche Volk um Gnade flehen?[83] »Nein, meine Herren, es wird eingedenk seiner großen Vergangenheit und seiner noch größeren Mission in der Zukunft aufrecht stehenbleiben und nicht zu Kreuze kriechen.«[84] Man müsse jetzt »kaltblütig«, »zuversichtlich«, »einheitlich« und »festgeschlossen« zusammenstehen. Das waren starke Worte, feststehende Formeln, die aber der inneren und äußeren Lage nicht mehr angemessen waren, zudem mißverständlich. Denn andererseits betonte Hertling wieder, daß eine Reihe der Vorschläge Wilsons akzeptabel seien: allgemeine und sukzessive Abrüstung, internationale Schiedsgerichte, Freiheit der Meere, Schutz der kleinen Nationen.[85] Anschließend erhielten die Abgeordneten von einem Mitarbeiter des preußischen Kriegsministeriums, General von Wrisberg, einen Überblick über die militärische Lage. Er beschönigte. Über den tatsächlichen Stand der Dinge, wie er der OHL seit Mitte August bekannt war, erfuhr man wenig. Hintze ging in seinem Bericht auf die Verhältnisse in Osteuropa ein, erwähnte aber mit keinem Wort die Ziele, Absichten und Möglichkeiten der amerikanischen, englischen, französischen Politiker. Offensichtlich waren auch die dünnen Kontaktfäden, die von Kühlmann noch zu Wilson aufrechterhalten hatte, gerissen.[86] Die Diplomaten und Politiker der kriegführenden Länder wußten Ende September nicht mehr viel voneinander, außer aus Zeitungsberichten.

Bei der Aussprache über die Berichte am nächsten Tag im Hauptausschuß setzte die Kritik ein. Gröber wandte sich gegen die im Osten betriebene Germanisierungspolitik, nannte die Ausführungen Wrisbergs über die militärische Lage ungenügend. Das Kriegsministerium unter von Stein verhindere die Ausarbeitung einer Völkerrechtsstudie. Der Minister solle zurücktreten, wurde darauf gerufen. Scheidemann wurde noch deutlicher. Die Ausführungen von Wrisbergs zur militärischen Lage seien »völlig unzulänglich gewesen«. Seine Kritik richte sich nicht gegen die Person des Kanzlers, sondern gegen die Methode der jetzigen Regierung.[87] Auch Scheidemann war noch nicht über die tatsächliche Lage orientiert. Er spürte es wohl selbst, konnte aber natürlich keine Gründe nennen. So drohte er: »Durchgreifendes muß geschehen; kann die Regierung das nicht, ist sie nicht stark genug, dann müssen wir sie bekämpfen.«[88] Fischbeck nahm die Kritik Gröbers auf. Stresemann sprach zurückhaltend. Hertling ergriff am 26. noch einmal das Wort. Er wolle sich berechtigten Beschwerden nicht verschließen, man habe ja ein gemeinsames Ziel, den Schutz des Vaterlandes. Er erhielt Beifall, aber es blieb alles im Vagen. Es herrschte Ratlosigkeit. Westarp griff die Frage nach einer Regierungsbeteiligung der Sozialdemokraten auf, fragte, wer sie dazu aufgefordert habe?[89]

Am letzten Tag der Beratungen des Hauptausschusses, am 27. September, mußte Hintze den Abgeordneten mitteilen, daß nun auch Bulgarien als zweiter Verbündeter selbständig einen Friedensschritt unternommen habe. Doch wisse man noch nichts Genaues. Der Hauptausschuß vertagte sich. Am gleichen Tag forderte die liberale »Frankfurter Zeitung« den Reichstag zu einer Regierungsumbildung unter Beteiligung der Sozialdemokraten auf.[90]

Bisher waren die Verhandlungen seitens der SPD von dem kleinen Kreis der führenden Politiker Ebert, Scheidemann und David geführt worden. Offen war, ob die Ergebnisse auch die Zustimmung der Fraktion fanden, die sich seit Juli in den Parlamentsferien befand. Sie war am 23. September gemeinsam mit dem Parteivorstand und dem Parteiausschuß (dem Kontrollorgan des Parteivorstands) in das Reichstagsgebäude nach Berlin einberufen worden. Scheidemann gab den Bericht über die jüngsten Vorgänge. Die militärische Lage sei ernster denn je, die politische fast trostlos.[91] Jetzt erfuhr man, daß auch die OHL den Frieden wünsche, ferner von den Schritten des Parteivorstands gegen den Ergänzungsvertrag zu Brest, von den interfraktionellen Beratungen am 12. und 13. September, dem Entwurf einer gemeinsamen Völkerbundresolution; weiter: Informationen über den neuen Staatssekretär des Auswärtigen, Hintze, die negativ gehalten waren (»der Situation nicht gewachsen«, »Befehlsempfänger«), Kritik an Hertling, der sich nicht gegen die Militärs durchsetze, Hinweise auf die Spannungen zwischen Gröber und Erzberger innerhalb des Zentrums, schließlich die Frage der Regierungsbeteiligung, unter der Voraussetzung, daß das 6-Punkte-Programm angenommen werde (das die Forderung der Parlamentarisierung der Regierung enthielt). Die Regierungsbeteiligung sei »verlockend« und »eine furchtbare Verantwortung« zugleich.[92] Es gehe um die Gewinnung des Friedens. Man dürfe sich allerdings keine Illusionen machen; auch eine neue Regierung könne angesichts des Mangels an Nahrungsmitteln der Bevölkerung nicht viel bieten. Scheidemann ging auf die Wilsonsche Kritik ein, daß man mit der deutschen Regierung nicht verhandeln könne. Sie rede, aber Ludendorff handele: »Beispiele dafür lassen sich nicht wegleugnen.« Scheidemann nannte Brest-Litowsk.[93]

Welche Bedingungen seien für einen Regierungsbeitritt zu stellen? »Von unserem Parteistandpunkt aus fordern wir prinzipiell vollste Demokratisierung«,[94] aktuell die Auflösung des preußischen Landtags, falls die Wahlreform nicht sofort durchkomme. Die Empfehlung für einen Regierungseintritt sei natürlich von großer Tragweite, für die Partei wie für das Reich. Die anschließende Aussprache verlief äußerlich ruhig. Leinert, Mitglied des preußischen Abgeordnetenhauses, stimmte dem Zusammengehen mit Zentrum und Fortschrittlern zu.[95] Noske machte darauf aufmerksam, daß sich, vor allem unter den Frauen, ein Stimmungsumschwung durchgesetzt habe, eine fast apathische politische Haltung der Gleichgültigkeit gegenüber der Zukunft des eigenen Landes. Das gelte auch für viele bürgerliche Kreise, die jetzt – »großmütig« – von den Sozialdemokraten erwarteten, daß sie die Rolle des Akteurs übernähmen, um die »Hohenzollern zum Teufel« zu jagen.[96]

Ebert schnitt zwei wichtige Fragen an: Man wolle den Frieden, aber keineswegs einen Frieden um jeden Preis; zum anderen: Man unterscheide sich von den Unabhängigen. Die Sozialdemokratie sei nicht die Partei der Revolution. Sie suche daher die Verständigung mit den bürgerlichen Parteien, besonders dem Zentrum. Er gab zu, daß das Zusammengehen einer sozialistischen mit einer katholischen (»klerikalen«) Partei natürlich ungewöhnlich und bisher noch nicht vorgekommen sei.[97] Das sei aber jetzt unumgänglich. »Wir sind darauf angewiesen. Wenn wir uns mit dem Zentrum nicht verständigen können, ist eine Koalitionspolitik für uns unmöglich.«[98] Das war klar, deutlich und zielbewußt.

Ideologische Reserven – die sicherlich vorhanden waren – wurden in der Debatte nicht ausgesprochen. In seinem Schlußwort nahm sie Ebert allerdings in einer geschickten Nebenbemerkung auf. Sicherlich gebe es keine absolute Garantie, daß die anderen Parteien ihre Zusagen einhalten würden, denn das würde heißen, »daß die Regierung und die bürgerlichen Parteien das Erfurter Programm anerkennen«. Das Protokoll verzeichnete »Heiterkeit«, und Ebert hatte den Punkt gewonnen. Wiederholt hatten Ebert, Scheidemann und David die Ehrlichkeit der demokratischen Überzeugung Payers und Erzbergers betont, ohne aber ganz ein latent vorhandenes Mißtrauen ausräumen zu können. So warnten sie vor der Alternative: Wolle man den Standpunkt der USPD einnehmen, die Dinge einfach laufenlassen, das Land seinem Schicksal überlassen?

Sicher, daß keine grundsätzlichen Einwände mehr kämen, bekannte Ebert schließlich: Vom »rein agitatorischen Standpunkt« aus, müsse man freilich »die ganze Geschichte« ablehnen, doch wer die Chance zur Durchsetzung der »demokratischen, verfassungsrechtlichen Forderungen« nutzen wolle und den Zusammenbruch – nämlich des gesamten Wirtschaftslebens – verhindern wolle, der müsse das Wagnis auf sich nehmen. Er betonte nochmals mit Nachdruck die Tragweite der Entscheidung. Es gehe auch nicht darum, sagte er, herunterspielend, »daß wir es nicht erwarten können«, in die Regierung einzutreten: »Ich glaube, Sie werden niemand von uns für einen solchen

Esel halten, daß er nicht sagt: Ich danke meinem Schöpfer, wenn dieser Kelch an mir vorübergeht.«[99] Persönliche Interessen dürften jetzt nicht vorrangig sein, wenn die der »Partei, des Landes und der Arbeiterklasse auf dem Spiel« stünden. Es gab »Bravo«-Rufe. Man stimmte ab.[100] Die Fraktion stimmte mit 55 gegen 10, der Parteiausschuß mit 25 gegen 11 Stimmen zu. Ein letzter Versuch, die Entscheidung aufzuschieben – ein Antrag auf eine Entscheidung durch einen Parteitag – wurde vom Parteiausschuß hauchdünn mit 19 zu 19 (Stimmengleichheit) abgelehnt.[101] Damit waren hinter verschlossenen Türen (das Protokoll wurde nicht veröffentlicht) die Würfel gefallen.

Nach dem Erfolg Eberts in der SPD gelang es am 26. September auch Erzberger, das Zentrum für ein Zusammengehen zu gewinnen. Die Reichstagsfraktion stimmte einstimmig dem bisherigen Verhandlungsergebnis zu und gab Erzberger die uneingeschränkte Vollmacht, weiterzuverhandeln. Als Gröber am 27. September noch einen letzten Vorstoß des konservativen Flügels in einer Sitzung des Fraktionsvorstandes unternahm und beantragte, eine Allparteienregierung unter Hertling zu bilden, nannte Erzberger den Vorschlag scharf und knapp »ganz lächerlich«. Man könne Westarp nicht an einer Regierung beteiligen, dadurch werde die Zusammenarbeit mit Fortschrittlern und Sozialdemokraten unmöglich. Es müßten auch sofort die notwendigen Schritte zur Verfassungsänderung eingeleitet werden.[102]

Am 27. September hatte die Reichstagsfraktion der Nationalliberalen eine Erklärung veröffentlicht, die sich den Forderungen der Reichstagsmehrheit und Sozialdemokraten in den meisten Punkten annäherte.[103] Aber ein Zusammengehen mit den Nationalliberalen lehnten die Sozialdemokraten entschieden ab. Am 28. September fand ein Koalitionsgespräch zwischen Gröber und Herold (für das Zentrum), Ebert und Scheidemann (für die SPD) statt. Noch einmal versuchte Gröber, Hertling zu retten, doch die Sozialdemokraten fanden sich nicht zu »nutzlosem Opfer« bereit. Sie würden wohl unter einem Zentrumskanzler in ein Kabinett eintreten, das Zentrum habe auch das Vorschlagsrecht, aber der Kanzler müsse, wie sie sagten, »rein dastehen«.[104]

Inzwischen liefen die Beratungen über die Aufstellung eines gemeinsamen politischen Programms und die Regierungsbeteiligung weiter. Das Programm stand am 30. September fest, die zentralen Forderungen der Sozialdemokraten waren jetzt aufgenommen: Wiederherstellung Belgiens, Abkehr von Brest, Parlamentarisierung der Regierung, einheitliche Reichspolitik, Liberalisierung des öffentlichen Lebens, schließlich auch die bereits vorher vereinbarte Zustimmung zum Beitritt in einen Völkerbund. Die Koalition stand an diesem Tag fest.[105] Am 1. Oktober verständigte man sich über die Aufteilung der Regierungsämter. Für die Kanzlerschaft hatte man sich auf Friedrich Payer geeinigt.[106] Die Koalition hatte ein einfaches, aber klares innen- und außenpolitisches Programm.

Doch hatten die Mehrheitsparteien die Dinge etwas leichter angesehen, als sie in Wirklichkeit waren, sich auch in der Mentalität ihrer Gegner etwas verschätzt. Wilhelm II., der die Ernennung vornehmen mußte, befand sich in diesen Tagen auf Schloß Wilhelmshöhe in Kassel. So mußten sämtliche Angelegenheiten, für die er zuständig war, seinem politischen Sekretär, von Berg, einem preußischen Konservativen vorgetragen werden. Gröber, Fischbeck und Ebert sprachen am 1. Oktober getrennt bei ihm vor und übergaben ihre Vorschläge. Der »Chef des Zivilkabinetts«, so sein Titel, empfing die drei Abgeordneten, gestiefelt und in Uniform, stolzierte im Paradeschritt im Zimmer auf und ab, schnarrte im Offizierston und schaute dabei nicht seine Gesprächspartner, sondern die Wände an. Die Mehrheit dürfe nicht glauben, erklärte von Berg den Abgeordneten, daß sie hier »diktieren« könne. Als Kanzler sei Prinz von Baden vorgesehen. Payer eigne sich nicht für das Amt, da er »süddeutscher Parteimann« sei. Darauf entgegnete Ebert: Auch der Prinz sei Süddeutscher, die Süddeutschen seien überhaupt »vorzügliche Leute«, er, Ebert, sei ja auch Süddeutscher. Herr von Berg war perplex. Die Unterredung wurde bald abgebrochen.[107] Ebenso entrüstet zeigte sich Berg gegenüber dem Vorschlag, Erzberger in das Kabinett aufzunehmen: Man könne »dem Kaiser diesen Mann nicht zumuten«, sagte er zu Gröber.[108] Die preußisch-konservative Kamarilla war keineswegs bereit, ohne Scharren und Kratzen und Flügelschlagen das Feld zu räumen. Wie man auch den Staatsakt des Chefs des Zivilkabinetts im Detail beurteilen mag: Es war ihm doch gelungen, den Reichstagsabgeordneten etwas Sand in die Augen zu streuen.

Als die Abgeordneten am Nachmittag des gleichen Tages gemeinsam berieten, machten sie keinen zufriedenen Eindruck. Sie hatten von Payer erfahren, daß ihnen drei Staatssekretäre und vier Unterstaatssekretäre zugestanden würden. Das ausgearbeitete Programm der Mehrheit werde als »Zukunftsmusik« behandelt, der neue Kanzler kenne es noch gar nicht. Alles sei jetzt ganz eilig, am wichtigsten sei, so heiße es inzwischen in der Regierung: der Waffenstillstand. Aber davon wußten die Abgeordneten der Mehrheit wieder nichts Genaues.[109] David klagte: »Wir können doch nicht in den Nebel hinein arbeiten.« Es drohte die Gefahr, daß der Versuch zur Bildung einer eigenständigen Koalitionsregierung der Mehrheit, abgeschlagen, in eine Fortsetzung der bisherigen Regierung mit einer Drapierung von sieben Politikern der Mehrheit umfunktioniert wurde. Dennoch erschien es Erzberger wichtiger, mit mehreren Füßen in der Regierung als draußen vor der Tür zu stehen. Es blieb bei dem Regierungseintritt.

Am Abend des 1. Oktober berieten die Abgeordneten interfraktionell über den neuen Kanzler und die Kabinettsliste. Man war alles andere als begeistert. Erzberger bezweifelte, ob der Prinz das Programm der Mehrheit überhaupt verstehe, ohne daß man es ihm erkläre. Scheidemann fügte hinzu, man habe ihm gesagt, der Prinz sei »ein naives Kind«. Er solle ein »prachtvoller Mensch sein«, aber »von Politik soll er nichts verstehen«.[110] Gothein riet, ihn zu akzeptieren.[111] Darauf Ebert, so leicht könne man es sich nicht machen: »Wie der Prinz steht, weiß keiner.« Zudem sei Payer geradezu gezwungen worden, nein zu sagen.[112] Erzberger versuchte einzulenken: Man dürfe es nicht an dem Punkt Max scheitern lassen, wenn er sich zu dem Programm der Mehrheit bekenne. David vermittelte jetzt ein persönliches Gespräch zwischen Ebert und Max von Baden für den Morgen des 2. Oktober. Ebert gewann den Eindruck, daß der Prinz zu einer Zusammenarbeit mit den Sozialdemokraten bereit sei. So empfahl er der Fraktion am gleichen Tag den Eintritt in die Regierung des Prinzen. Die Stimmung war äußerst gespannt. Schließlich stimmte man bei sieben Gegenstimmen dem Regierungseintritt zu, verlangte aber die Abberufung des preußischen Kriegsministers von Stein und des Staatssekretärs des Auswärtigen von Hintze.[113] Ebert versicherte, er glaube, daß jetzt »ein neues Reich« und eine »neue Politik« beginne: »Da gibt es kein Zurück.«[114]

Am 3. Oktober mußte geklärt werden, wer die SPD im Kabinett vertreten solle. Die beiden Staatssekretariate wurden Scheidemann und dem Gewerkschaftler Gustav Bauer zugewiesen. Ebert, der selbst gerne – auch nach dem Wunsch Max v. Badens – dem Kabinett angehört hätte, wurde von seinen Parteifreunden nicht vorgeschlagen. Er selbst hatte sich wohl gescheut, seinen Namen ins Spiel zu bringen. So blieb ihm die undankbarere Aufgabe des Fraktionsvorsitzes.[115] David war als Unterstaatssekretär im Auswärtigen Amt vorgesehen.[116] Die Fortschrittler entschieden sich für Payer als Vizekanzler, das Zentrum für Gröber, Erzberger und Trimborn als Staatssekretäre.[117]

Am 2. Oktober herrschte im interfraktionellen Ausschuß Einmütigkeit, Max von Baden zu akzeptieren. Seine Einstellung zur SPD, erklärte Scheidemann, sei »achtenswert«.[118] Ebert sprach zurückhaltend. Man hatte sich inzwischen mit dem Prinzen verständigt, ein eigenes engeres Kabinett zu bilden, dem die führenden Politiker der Mehrheit als Staatssekretäre ohne Geschäftsbereich angehörten: Diese Lösung des »engeren Kabinetts« bedeutete einen erheblichen Gewinn an Handlungsfähigkeit für die deutsche Politik.[119] Die Einrichtung des interfraktionellen Ausschusses – jetzt das Bindeglied zwischen den Fraktionen der Mehrheit und dem Kabinett – wurde beibehalten.

Inzwischen war aber auch die OHL politisch nicht untätig geblieben. Am 26. September hatte sie Hintze beauftragt, ein politisches Programm zu entwerfen. Hintze hatte das Konzept bis zum 28. September fertiggestellt. Es sah die Bildung einer parlamentarischen Regierung und ein Waffenstillstands- und Friedensangebot an alle kriegführenden Staaten vor. Mit diesem Konzept reiste Hintze zusammen mit Hertling am späten Abend des 28. September nach Spa, wo am nächsten und übernächsten Tag der »Kronrat« beriet.[120] Im Hauptquartier herrschten inzwischen moralischer Zusammenbruch und Panikstimmung vor, nachdem nun auch die Bulgaren einen Friedensschritt unternommen hatten. Das Debakel hinderte die OHL aber nicht daran, hier in dem belgischen Badeort die nächsten und entscheidenden politischen Schritte vorzubereiten und durchzusetzen – ohne Abstimmung mit Berlin, vor allem ohne jeden Kontakt und jedes Wissen um die Ziele und Absichten der Mehrheitsparteien und ihrer Politiker.[121] Man hielt sich an die schon gewohnten Mechanismen.

In Spa[122] wurde am 29. und 30. September entschieden: sofortiges Waffenstillstandsgesuch, Entlassung Hertlings, der selbst anwesend war, Bildung einer parlamentarischen Regierung. Als Kanzler wurde Max von Baden vorgesehen, dessen Name von einigen Fortschrittlern, darunter Conrad Haußmann und schließlich auch von Payer, nachdem er selbst das Amt abgelehnt hatte, genannt worden war. Der Kaiser akzeptierte nach einigem Zögern, von Ludendorff dann bestärkt, den Kanzlervorschlag. Max von Baden traf am 1. Oktober in Berlin ein. Am 30. September hatte Payer in einer kurzen Sitzung des Hauptausschusses schon die Entlassung Hertlings bekanntgegeben. Von der Vorbereitung des Waffenstillstandsgesuchs, das jetzt von der OHL in einer panikartigen Flucht nach vorn sofort und unaufschiebbar verlangt wurde, erfuhren die Abgeordneten noch nichts. Genaue Informationen erreichten sie erst am 2. Oktober.

Die politischen Planungen der Mehrheit der letzten beiden Wochen, vor allem die Völkerbundsresolution waren jetzt durchkreuzt worden. Da man von dem Waffenstillstandsgesuch nichts gewußt hatte, war auch der Punkt nie angeschnitten – und entsprechend vorbereitet – worden. Regierungsneubildung und Waffenstillstandsgesuch, zwei Vorgänge, die sachlich nichts miteinander gemein hatten, vermischten sich jetzt. Auf allen Beteiligten in Berlin lastete seit dem 2. Oktober die Androhung der »Heerführer«, daß eine Katastrophe bevorstehe, wenn nicht sofort um Waffenstillstand ersucht werde. Niemand wehrte sich gegen die »Politik der vollendeten Tatsachen«, bis auf einen Politiker: der neue Kanzler Max von Baden, der sich vorläufig im Hotel »Adlon« einquartiert hatte.

Das kluge gemeinsame Konzept der Mehrheitsparteien, über den Reichstag, durch eine vom Reichstag bestellter Regierung, mit Hilfe der Völkerbundsresolution gleichsam von Volk zu Volk zu verhandeln und die Souveränität des eigenen Handelns zu behaupten, war dahin. Ludendorff, der seinen persönlichen Einfluß bei dem Schritt des sofortigen Waffenstillstandsangebots geltend gemacht hatte, kannte bis dahin nicht einmal den Wortlaut der 14 Punkte desselben amerikanischen Präsidenten, dem jetzt unerwartet die Rolle des Retters Deutschlands zugespielt worden war, noch weniger wußte die OHL um die innenpolitischen Kräfte und Strömungen in den USA, von denen man sich abhängig machte.[123] Die Note ging am 3. Oktober heraus, dem gleichen Tag, an dem zum ersten Mal das neue Kabinett in Berlin zusammentrat. Der Mechanismus – ohne Sicherungen –, einmal in Gang gesetzt, war kaum wieder rückgängig zu machen. Die siegreichen deutschen Heerführer hatten die Notbremse gezogen, und der Zug kam zum Stehen.

Am 10. Oktober fertigte Graf Friedrich von Galen, Reichstagsabgeordneter des Zentrums, ein westfälischer Adeliger,[124] eine Aufzeichnung an, in der er, selbst konservativer Monarchist und entschiedener Gegner der demokratischen Gruppe im Zentrum, die Ereignisse in der deutschen Politik seit Anfang 1917 noch einmal – aus einer pessimistischen Stimmung – Revue passieren ließ. Von Galen war ein Vertrauter Hertlings. Verärgert bemerkte der Verfasser, daß bereits vor dem Krieg von »gewissen Seiten« die Parlamentarisierung verlangt worden sei. Auch Erzberger habe sie schon in mehreren Zeitungsartikeln als erwünscht bezeichnet. Die Länge des Krieges habe dann die Macht der auf die Parlamentarisierung drängenden Kräfte gestärkt, ja durch die Abhängigkeit der Heeresleitung vom Munitionsbedarf sei sogar die OHL in eine gewisse Abhängigkeit »von der Linken geraten«. Die parlamentarischen Kräfte seien zielbewußt ihren Weg weitergegangen. Auch die sogenannte Osterbotschaft von 1917 sei von dieser Gruppe erpreßt worden. Aber immerhin sei »Preußen« zu dieser Zeit noch stark gewesen. Galen gab zu, daß die deutsche Politik unstet und unklar war: Die versprochene Wahlreform sei verschleppt worden, in Polen sei wohl 1916 ein unabhängiges Königreich proklamiert worden, das aber keine feste Gestalt angenommen habe, weder einen König noch feste Grenzen bekommen habe. Auch in bezug auf Litauen wisse man bis heute (Oktober 1918) nicht, ob es sich hier um ein feindliches Land oder ein befreites Volk handele, dessen »Freundschaft für uns wertvoll« sei. Von dem Vorwurf einer unsicheren Politik sei aber auch die OHL nicht freizusprechen.

Schließlich hätten im Frühjahr 1917, als die Ernährungsschwierigkeiten am größten waren, vereinzelt Streiks stattgefunden, die »Linke« (gemeint waren: die parlamentarischen Kräfte) habe ihre »Macht« gezeigt, die Unzufriedenheit im Lande sei gewachsen. »Da platzte am 3. [6.] Juli Erzberger mit seiner Friedensresolution heraus.«[125] Es sei interessant gewesen, daß nachher sowohl der Freisinn wie die Sozialdemokraten von sich behaupteten, die ersten Anregungen gegeben zu haben. Aber alles sei ein »abgekartetes« Spiel gewesen. Die Resolution sei mit dem angeblich bevorstehenden Zusammenbruch Österreichs und mit der Notwendigkeit, die Unzufriedenheit im eigenen Lande bekämpfen zu müssen, begründet worden. Jedenfalls seien diese Gründe für die Mehrheit des Zentrums maßgebend gewesen, um »mitzumachen«. Unter diesem Druck hätten sogar Ludendorff und Hindenburg »wenigstens in etwa« zugestimmt. Wenn es aber schon bedenklich gewesen sei, daß der Reichstag sich in die Angelegenheiten der Krone eingemischt habe – denn der Friedensschluß sei Angelegenheit der Krone! –, so sei die Aktion geradezu »verbrecherisch« geworden, weil man die entstandene »Verwirrung« zur Erreichung innerpolitischer Ziele ausgenutzt habe. »Unsere Lage, unsere Aussichten wurden so trübe als möglich geschildert, um die Mehrheit zusammenzutreiben und zusammenzuhalten.« Die Friedensresolution habe dazu herhalten müssen, die wahren Absichten zu verdecken. Die wahren Ziele habe der – dem Gewerkschaftsflügel des Zentrums nahestehende – Zentrumsabgeordnete Giesberts in der »Germania«, der offiziösen katholischen Tageszeitung, »verraten«, als er die sofortige Einführung des gleichen Wahlrechts und die Parlamentarisierung der Reichsregierung gefordert habe. Die »Linke« habe darauf gedrängt, daß der Kanzler Bethmann Hollweg einem Kanzler von »Parlamentsgnaden Platz machen solle«. Das beste wäre zu jener Zeit gewesen, bemerkte Galen kurz und schlicht, es wäre eine Militärdiktatur gekommen. »Dagegen kam Michaelis.« Schon drei Tage später habe Erzberger geäußert, man könne sich, da man den Reichstag bei der Ernennung nicht gefragt habe, diesen neuen Kanzler nicht gefallen lassen. So habe vom ersten Augenblick an die Intrige und Opposition gegen Michaelis eingesetzt. Darüber hinaus sei Michaelis seiner Aufgabe nicht gewachsen gewesen und habe im November 1917 um die Entlassung ersuchen müssen.

In dieser Situation habe der Kaiser mit den Parteien verhandelt und bei der Ernennung Hertlings zum Reichskanzler deren Bedingungen angenommen. Dieses »Sich-Einlassen auf die Parteien« war in Galens Augen ein schwerer Fehler. Hertling habe das Amt nur ungern angenommen, doch geglaubt, den Bitten seines Königs und Kaisers weichen zu müssen. Über die Regierungsführung Hertlings urteilte Galen, daß der neue Kanzler mit »ungewöhnlichem Geschick« ein Jahr lang im Einklang mit der OHL – »was nicht immer leicht war« – die Regierung geführt habe. Doch habe er durch die »ihm aufgezwungene Wahlkapitulation« – so die etwas mittelalterlich wirkende politische Denkfigur, die Galen hier verwendet – im Parlament gleich von vornherein eine schwierige Stellung gehabt.[126]

Im darauffolgenden Winter 1917/18 sei es weiter gut gegangen. »Das Volk hatte genügend Kartoffeln und die Fabrikarbeiter verdienten schwindelhafte Löhne.« Auch leichtsinnig hervorgerufene Unruhen seien »mit uns schon längst ungewohnter Energie« unterdrückt worden. »Seitdem hatten wir Ruhe.« Gemeint war der Januarstreik 1918. Daß diese Unruhen mit den Vorgängen in Rußland, insbesondere mit der deutschen Verhandlungsführung in Brest-Litowsk zusammenhingen, wurden von dem Grafen nicht beachtet. Dann habe im Frühjahr 1918 »unsere glänzende Offensive« eingesetzt. Zu dieser Zeit hätten »Flaumacher« und Kanzlerstürzer keinen Resonanzboden mehr besessen. Doch habe Erzberger dennoch den Versuch unternommen, einen Vorstoß gegen den Kanzler zu wagen. »Er haßte ihn, weil Hertling mit dem großen Matthias nichts zu tun haben wollte«, so die Perspektive der Galenschen Standespsychologie. Aber Erzberger, bemerkte Galen verächtlich, sei von Kühlmann gehalten worden, der ihn weiter im Presseamt des Auswärtigen Amtes »beschäftigt« habe.

Der Hebel zum »Umsturz« sei in den »interfraktionellen Besprechungen« angesetzt worden. Galen sprach von einem »widersprüchlichen Bündnis« mit der »äußersten Linken«. Man habe versucht, dieses Bündnis zu sprengen, aber es sei dann immer gesagt worden, man dürfe die Sozialdemokraten nicht in die Opposition treiben. Ja selbst die Regierung und die Heeresleitung habe ein Festhalten an dem Bündnis gewünscht. Am 12. September 1918 sei die Kanzlerkrise wieder von dem interfraktionellen Ausschuß ausgegangen. Zwar habe noch der Freisinn und die Mehrheit des Zentrums und der Zentrumspresse Hertling das Vertrauen ausgesprochen. Schließlich habe man Forderungen gestellt, von denen man wußte, daß sie für Hertling unannehmbar gewesen seien. Man habe auf den Kanzlersturz hingearbeitet, um zur »Parlamentsherrschaft« zu kommen. Am 19. September habe die »Germania«, die zu dieser Zeit bereits unter dem starken Einfluß Erzbergers gestanden habe, geschrieben: »Gegen eine weitere Parlamentarisierung ist natürlich nichts einzuwenden, und das Volk, das bluten muß, muß auch auf die wichtigsten Entscheidungen des Staates berechtigten Anspruch erheben.« Galen bewunderte die Verteidigungsbereitschaft Hertlings: »Der alte Herr war überhaupt ganz kampflustig.«

Am 28. September um ½11 Uhr sei ein Vertreter der OHL bei dem Kanzler zum Vortrag erschienen. Er habe ihm auseinandergesetzt, daß die militärische Lage im Westen sehr ernst sei, die deutschen Linien bedroht und die Stimmung in der Truppe und in der Heimat so schlecht, daß es nicht mehr weitergehe. Die OHL halte die Bildung einer parlamentarischen Regierung auf breitester Grundlage für absolut notwendig, ebenso die sofortige Einleitung von Friedensverhandlungen. Hertling habe sich daraufhin entschlossen, ins Große Hauptquartier zu fahren und dem Kaiser die Entscheidung zu überlassen. Der Vorstoß Ludendorffs zugunsten einer Parlamentarisierung habe Hertling, wie er selbst Galen mitteilte, veranlaßt, seinen Abschied einzureichen. Er habe sich nicht dazu verstehen können, seinen Grundsätzen untreu zu werden und eine parlamentarische Regierung einzuführen, »welche er für das Unglück Deutschlands hält, namentlich weil dabei die Selbständigkeit der Bundesstaaten aufhört!«

Im Großen Hauptquartier habe er, berichtet Galen, Ludendorff »gänzlich überarbeitet und völlig auf den Nerven niedergebrochen« gefunden. Der General habe die Niederlage nicht verkraftet und den Kopf verloren. Am 1. Oktober kehrten Galen und Hertling nach Berlin zurück. Hier seien die Würfel schon lange gefallen gewesen – durch den Kaiser im Sinne Ludendorffs. Hertling zog sich nach Ruhpolding in Bayern zurück. Abschließend berichtete Galen von einem Gespräch mit Hertling aus diesen letzten Tagen. Das alte Zentrum, so äußerte Hertling, habe aufgehört zu bestehen, da man sich allen alten Grundsätzen zum Trotz an der parlamentarischen Regierung beteiligt habe. Diese Partei werde auseinanderfallen, und weite Kreise würden nicht mehr »mittun«. Dennoch sei eine Partei der Katholiken, die notwendigerweise auch eine konservative Richtung haben müsse, für die Zukunft notwendig, da auch für die Kirche schwere Zeiten bevorständen.[127] Ein seltsamer Konservatismus, der hier sichtbar wurde: starr, eng, absichernd, defensiv, verschlossen, ohne einen Sinn für neue Möglichkeiten. Als Dokument belegen diese Aufzeichnungen Galens vom 10. Oktober 1918 die im einzelnen kaum wägbaren Gegenkräfte der Demokratisierung und, mehr noch, die insgeheim noch wirksamen Mentalitäten aus schon fast vergessenen Zeiten, gegen die die Politiker der Reichstagsmehrheit anzukämpfen hatten: die in Deutschland bis in den Ersten Weltkrieg noch real vorhandenen Reste der alten Herrschaft politischer Feudalität.

Das Kabinett Max von Baden: Regierungsbeteiligung der SPD, Waffenstillstand, Entlassung Ludendorffs und Verfassungsreform

Der 51jährige Max von Baden galt als künftiger Nachfolger des »Großherzogs« von Baden, gehörte durch Geburt und Herkunft der europäischen Hocharistokratie an. Eine militärische Laufbahn hatte er schon früher beendet. Während des Kriegs arbeitete er im Roten Kreuz und in der Kriegsgefangenenfürsorge. Der Bann des nationalen Engagements hatte auch ihn eingefangen, politisiert, aber eher intellektuell und moralisch: Er pflegte den brieflichen und persönlichen Kontakt zu Schriftstellern, Professoren, Parlamentariern, die liberalen Ideen anhingen. Über diese Kontakte hatte er auch Politiker der Reichstagsmehrheit, Naumann und Haußmann sowie Eduard David, kennengelernt. Am 19. Juli 1917 hatte er als Zuhörer die Reichstagssitzung besucht, auf der die Friedensresolution verabschiedet wurde. Freunde, darunter Kurt Hahn, bemühten sich, ihn politisch aufzubauen: als einen liberalen, auf den Ausgleich bedachten Politiker. Baden war kein Praktiker, hatte aber feste Grundsätze, zu denen er stand. Seine Ernennung zum Kanzler kam eher zufällig zustande.

Initiator war der Fortschrittler Conrad Haußmann, der den Prinzen seit Jahren persönlich kannte. Haußmann, von Beruf Rechtsanwalt in Stuttgart, war auch als Politiker – er gehörte seit fast 30 Jahren gleichzeitig dem württembergischen Landtag und dem Reichstag an[128] – eher auf die Vermittlung zwischen den Fronten bedacht und brachte ein ebenso persönliches wie idealistisches Moment in die deutsche Politik ein, suchte, ähnlich wie Naumann, der Verfestigung der Partei und sozialen Schranken entgegenzuwirken.[129]

Kurz nach seiner Ankunft in Berlin am Nachmittag des 1. Oktober erfuhr Baden von einem Mitarbeiter der OHL, Oberst von Haeften, daß man am 29. in Spa beschlossen habe, Wilson um die Vermittlung eines Waffenstillstands zu bitten.[130] Die Information traf den designierten Kanzler unvorbereitet. Die Hast, in der gehandelt werden sollte (»jede 24 Stunden können die Lage verschlechtern«, »Nerven nicht mehr gewachsen«), berührte ihn unangenehm: Der Krieg war ja noch nicht verloren. Als er darauf von Berg aufsuchte, ihm mitteilte, daß er unter diesen Bedingungen die Kanzlerschaft ablehne, erfuhr er: »Sie waren zwar nicht mein Kandidat, aber ich habe keinen anderen.« Als Baden sich erregte,[131] entgegnete von Berg: »Sehen Sie, jetzt werden Sie schon nervös.« Baden erbat sich im Gespräch mit Oberst von Haeften[132] – beide gingen in der Wilhelmstraße auf und ab – eine Frist von 14 Tagen zur Vorbereitung. Aber sein Gesprächspartner wirkte resigniert: Die Armee brauche Ruhe. Auch von Hintze, noch Staatssekretär, ließ ihm keine Alternative. Er hatte den Entwurf der Note bereits konzipiert. Baden protestierte, verwies auf die Verantwortung der neuen Reichsleitung, vergeblich. Schließlich wandte sich Baden an Payer, aber auch der Vizekanzler wollte die Verantwortung für eine Verzögerung nicht übernehmen. Haeften telefonierte mit Ludendorff in Spa in der Nacht vom 1. zum 2. Oktober. Der General gab sich unnachgiebig. Als Baden am Morgen des 2. Oktober das bereits erwähnte Gespräch mit Ebert führte, teilte er dem SPD-Politiker vorsichtshalber noch nichts über das Waffenstillstandsgesuch mit. Er gewann in dem Gespräch den Eindruck, sich mit Ebert verständigen zu können. »Ich sagte Ebert, daß ich keine Regierung bilden würde, der die Sozialdemokraten fernblieben. Er war erleichtert, als ich die Gedanken eines Koalitionsministeriums [Allparteienregierung] verwarf und die Begründung gab, eine Regierung, die sich auf die Majorität stütze, brauche die Opposition der Rechten.«[133]

Noch am gleichen Morgen klärte Payer in einer Besprechung mit den Fraktionsvorsitzenden die Abgeordneten über die tatsächliche militärische Lage auf. Die Nachricht wirkte wie ein Schock: Damit hatte niemand gerechnet.[134] Da auch Hugo Haase an der Besprechung teilgenommen hatte, ging die Meldung – das Eingeständnis der Niederlage – wie ein Lauffeuer zu den Unabhängigen. Inzwischen kämpfte Baden weiter gegen die sofortige Absendung des Waffenstillstandsangebots, sprach mit Wilhelm II., der soeben in Berlin eingetroffen war, erhielt aber nur eine Abfuhr. Auch Payer hatte aufgesteckt. Schließlich verlangte Baden (am 3. Oktober) telegrafisch eine begründete Auskunft von Ludendorff.[135] Ludendorff antwortete telefonisch, ausweichend und unverbindlich. Die Antwort wurde in der ersten Zusammenkunft der neuen Staatssekretäre am 3. Oktober verlesen. Baden hatte gehofft,[136] bei Scheidemann Unterstützung zu finden, aber für den künftigen Staatssekretär war die neue Rolle noch ungewohnt. Zudem war er auf die Brisanz der Situation nicht vorbereitet, neigte auch zu einer Respekthaltung vor der Fachkompetenz der Militärs.[137] Der einzige Staatssekretär, der sich in diesen Tagen nicht von dem Spruch aus Spa hinwegreißen ließ, war der 56jährige Wilhelm Solf. Er unterstützte Baden.[138]

So wurde bei dem ersten Zusammentreffen der Mitglieder des neuen Kabinetts ausschließlich die Frage der Formulierung der Note besprochen. Erzberger war nicht beteiligt: Man hatte ihn wohl absichtlich nicht eingeladen, hoffte auch noch, seine Ernennung zu verhindern.[139] Baden, der die Sitzung eröffnet hatte, hielt sich zurück. Hatte er zunächst noch vorsichtig davon gesprochen, daß man über den »Schritt«, den die Regierung zum Frieden unternehmen wolle, sprechen werde, so lenkte Bussche vom Auswärtigen Amt die Dinge sofort auf ein anderes Gebiet: Die OHL habe mitgeteilt, es sei »absolut notwendig«, zum Waffenstillstand zu kommen. Er legte eine schriftliche Erklärung Hindenburgs vor.[140] Jeder »versäumte Tag« koste »tausenden Soldaten« das Leben. Wer wußte von den Anwesenden, daß Ludendorff als Generalstabschef weitaus zurückhaltender – mündlich – geantwortet hatte?[141] Die von Hintze vorformulierte Note an Wilson wurde verlesen. Solf erhob sofort Einwände: Die Note müsse an alle der (17) kriegführenden Länder geschickt werden. Denn Wilson als einziger Adressat bedeute ja einen »Einbruch in die Solidarität der Alliierten«.[142] Hintze spekuliere, so Solf, auf die »Eitelkeit« des US-Präsidenten: Doch davon lasse sich Wilson nicht leiten. »Wir dürfen die Engländer nicht kränken.« Man müsse die Sorge der Briten vor dem Anwachsen der amerikanischen Macht sehen. Auch werde ein solcher Schritt von vornherein die ganze Politik des neuen Kanzlers umwerfen. Solf hatte recht. Das Kabinett hatte sich noch gar nicht konstituiert, obwohl man schon dabei war, die Weichen der künftigen Außenpolitik zu stellen: Die Staatssekretäre der alten Regierung berieten gemeinsam mit den (noch nicht ernannten) Staatssekretären der neuen Regierung der Reichstagsmehrheit. Baden und Solf konnten nicht einmal durchsetzen, die Note an alle kriegführenden Länder zu schicken.[143] War man sich überhaupt darüber im klaren, daß man durch den Adressaten der Note die Amerikaner zu den »Siegern« dieses Krieges erklärte, die britischen und französischen Politiker damit vor den Kopf stieß?

Die Note ging in der Nacht vom 3. zum 4. Oktober über Bern hinaus.[144] Für den Nachmittag des 5. war eine Rede des neuen Kanzlers im Reichstag geplant. Die jüngsten Entscheidungen waren gleichsam über die Köpfe der Politiker der neuen Regierung hinweggerollt. So zeigte sich auch in der Beratung des interfraktionellen Ausschusses am 4. Oktober Unsicherheit über das weitere Handeln. Erzberger riet, erst einmal die nächsten Tage abzuwarten.[145]

Am 4. Oktober stand das neue Kabinett fest. Conrad Haußmann wurde zwei Wochen später, auf Wunsch Badens, zusätzlich noch berufen. In die Reichskanzlei berief Baden, neben dem neuen Leiter Wahnschaffe Simons, einen Juristen, bis dahin Beamter des AA, der ihm durch sein kritisches Urteil gegenüber der bisherigen Politik bekannt geworden war. Simons gewann durch seine Erfahrung, Kenntnis des Apparats und seine Art des Umgangs wachsenden Einfluß auf die Entscheidungen des Prinzen, der ihn persönlich schätzte.[146] Das engere Kabinett tagte in der Regel viermal in der Woche.[147] An den Beratungen des Gesamtkabinetts nahmen bis zu 30 Teilnehmer teil. Obwohl das Kabinett nur fünf Wochen lang die deutsche Politik leitete, alle Beteiligten sich erst eingewöhnen mußten, gelang doch bei allen menschlichen Schwächen, die sichtbar wurden, eine bis dahin nicht gekannte Konzentration der politischen Beratung und Entscheidungen, jedenfalls anfangs.

Am Nachmittag des 5. Oktober begrüßte Fehrenbach den Prinzen, seinen badischen

Landsmann, im Reichstag betont herzlich. Badens Rede war als Bekenntnis des guten Willens gestaltet, berief sich auf den »kaiserlichen Erlaß vom 30. September« und nahm die jüngsten Forderungen des Mehrheitsprogramms, »auf das ich mich stütze«, auf und legte es dar: Bekenntnis zur Friedensresolution, Beitritt zu einem Völkerbund, völlige Wiederherstellung Belgiens, Absetzung von dem Vertrag von Brest; zur Innenpolitik: die Aufnahme der Führer der Mehrheitsparteien in die Regierung, dauernde Parlamentarisierung der deutschen Politik, verbindliche Zusage der preußischen Wahlrechtsreform, Lockerung des »Belagerungszustandes«. Die jüngste deutsche Note an Wilson wurde bekanntgegeben und begründet: »Ich glaube, daß die auf das künftige Glück der Völker gerichteten Gedanken, die Herr Wilson verkündet, sich völlig mit den allgemeinen Vorstellungen in Einklang befinden, in denen sich auch die neue deutsche Regierung und mit ihr die weit überwiegende Mehrheit unseres Volkes bewegt.«[148] Die letzte Formulierung hatte man dem Prinzen einen Tag zuvor nahegelegt: Er selber wäre lieber auf Distanz gegangen, hätte stärker die deutsche Souveränität betont. Durch die Endformulierung »unterwarf« man sich nur unter die Prinzipien der 14 Punkte und der jüngsten Rede Wilsons vom 27. September in New York, aber nicht unter die Macht der Sieger: Ein wichtiger Unterschied.[149] Baden sprach von einer »neuen Epoche«, die in der inneren Geschichte Deutschlands begonnen habe. Das war hochgegriffen, traf aber einen Kern. Die deutsche Politik schien Züge anzunehmen, in denen sich Vorstellungen und Wirklichkeit einander annäherten, nicht nur in der Innen-, sondern auch in der Außenpolitik. Man hatte wieder einen Sinn für Grenzen: nicht nur die sichtbar-territorialen, sondern auch für die unsichtbaren, nicht minder wirksamen der Politik wiederentdeckt. Das war ein Fortschritt. Der Reichstag vertagte sich und kam erst wieder am 22. Oktober zusammen.

Eine Stunde vor Beginn der Reichstagssitzung hatte Baden mit Vertretern des Bundesrats gesprochen, um wenigstens formell die Regierungen der Bundesstaaten über sein Programm zu informieren. Dort war man nicht sehr glücklich, übte aber nur äußerst zurückhaltend Kritik, auch an der Reform des Wahlrechts.[150] In der ersten regulären Kabinettsitzung am 6. Oktober brachte Baden noch einmal das Verfahren um die Entsendung der Note zur Sprache. Er habe dagegen gekämpft, sie sei verfrüht gewesen und hätte sich an alle Gegner richten müssen. Man müsse die Konsequenzen jetzt in Ruhe überlegen. Er brachte einen neuen, für die bisherige Praxis ungewöhnlichen Vorschlag ein: Er wolle genau über die militärische Lage unterrichtet werden, auch von anderen Militärs als Ludendorff. Solf, Payer und Erzberger unterstützten Baden sofort. Man erwog eine Amnestie für Streikende zur Besserung der innenpolitischen Stimmung. Die Lage in den von deutschen Truppen besetzten Gebieten in Ost und West wurde erörtert. Erzberger drängte auf die Errichtung einer Völkerbundkommission.

In der Kabinettssitzung am 7. Oktober tauchte die Frage auf, was geschehe, wenn die Antwort Wilsons ungünstig ausfalle. Das Stichwort Monarchie fiel. Wie werde die Bevölkerung reagieren, fragte Baden, wenn das Ausland die Absetzung der Hohenzollern fordere? Die Frage war verfrüht. Payer versuchte, von dem Thema abzulenken. Scheidemann riet zur Verfassungsänderung. Die Entscheidung über Krieg und Frieden, bisher formell durch den Kaiser, müsse zum Schutz der Monarchie abgeändert werden. Am 8. Oktober traf die Antwort Wilsons ein. Darauf wurde eine Sitzung einberufen, um die Antwort gemeinsam mit Ludendorff zu beraten. Zum ersten Mal berieten die Politiker der Reichstagsmehrheit gemeinsam mit der OHL.

Ludendorff gab auf dieser Sitzung eine Übersicht über die Entwicklung während des Krieges. Das Bild, das er zeichnete, sah so aus: 1914 sei wegen der Überlegenheit der gegnerischen Kräfte eine schwierige Lage eingetreten. Sie habe auch 1916 bei seiner und Hindenburgs Berufung in die OHL bestanden. Es gab trotz der Siege im Osten erhebliche Munitionsnot. Zu deren Bekämpfung sei das Hindenburg-Programm (die Zusammenfassung aller wirtschaftlichen Kräfte zur Belieferung des Heeres, Dezember 1916) durchgeführt worden und habe Abhilfe geschaffen. Die Dienstpflicht sei weiter ausgedehnt worden. Wegen der Überlegenheit der gegnerischen Seite habe es nur ein Mittel gegeben, die Westfront zu halten: den U-Boot-Krieg. Der russische Zusammenbruch habe die Situation erleichtert. Zuvor habe man sich im »Osten den Rücken freihalten« müssen. Eine englisch-bolschewistische Ententefront – so die Sicht des Generals – habe verhindert werden müssen. Im Februar 1918 habe man sich bei der Homburger Besprechung entschlossen, weiter im Norden, »nach Finnland« vorzugehen, um »England von Petersburg« fernzuhalten. Auch die Verpflegungsnot habe zum Vorgehen nach Osten gezwungen. Die Ukraine habe wertvolle Rohstoffe geliefert.

Zum ersten Mal erfuhren die demokratischen Abgeordneten von der »Kriegspartei« aus deren eigenem Mund, welche Politik jene bisher angestrebt hatte – gegen die außenpolitischen Ziele der Mehrheit des Reichstags. Die Bildung einer Front gegen den Bolschewismus, erklärte Ludendorff, habe sich verzögert. Im Frühjahr 1918 hätten 32 Divisionen im Osten und 205 Divisionen im Westen gestanden. Dennoch sei die Front im Osten »ganz dünn«. Es sei auch nicht sicher, ob der Bolschewismus von den von deutschen Truppen besetzten Gebieten ganz ferngehalten werden könnte. Im Westen habe man bis zum Juni gehofft, den Gegner durch eine Offensive friedenswillig zu machen. Diese Hoffnung sei jedoch unerfüllt geblieben. Die Gründe seien in den Massenverwendungen der Tanks durch die Alliierten zu suchen. Die (spanische) Grippe und der Kartoffelmangel »bei uns« kamen hinzu. Bis zum 8. August sei die Kriegslage trotzdem »gut« gewesen. »Da aber 6–7 Divisionen in 2–3 Stunden im Nebel überrannt. Empfindliche Bruchstelle. Hartnäckige weitere Angriffe.«[151] In den letzten Monaten hätten monatlich 70000 Mann gefehlt. Bei den Offizieren und Mannschaften herrsche höchste Tapferkeit vor. Es gäbe Berichte »tiefster Rührung«. Am 8. August hätte die OHL dem Reichskanzler erklären müssen, daß sie nicht mehr in der Lage sei, den Krieg »positiv« zu beenden. Anfang September habe die OHL daher eine neutrale Friedensvermittlung angeregt. Dann aber sei es zu dem Zusammenbruch Bulgariens gekommen, das noch im Juni einen »glänzenden Eindruck« gemacht hätte. Dort sei aber dann das Heer »verheizt« worden. Die bulgarische Regierung habe sich schließlich an die Entente gewandt.

In dieser Situation sei die OHL gezwungen gewesen, 5 Divisionen zur Deckung der Südfront Österreich-Ungarn abzusetzen. Es sei damit zu rechnen, daß auch die Türkei ausfallen werde. Doch könne die Südfront der österreichisch-ungarischen Monarchie gehalten werden. Die Donau und Rumänien könne man nicht mehr sichern. Im Westen entscheide der Mannschaftsmangel. Alle Pläne der Entente seien dort erfolglos geblieben, aber die deutsche Seite habe zurückgehen müssen. »Die Divisionen sind nicht mehr kampffähig.« Ludendorff erläuterte die Lage an einer aufgestellten Karte und kam zu dem Schluß: »Wir wollen lieber zurückgehen, als uns schlagen zu lassen. Wir ziehen uns immer mehr zusammen.«[152]

In der »Vossischen Zeitung« war von Walther Rathenau der Vorschlag einer »levée en masse« gemacht worden. Ludendorff erklärte, darauf angesprochen, davon verspreche er sich nichts. Es sei auch nicht notwendig, noch andere Generäle zu hören. In der Frage des Friedensschrittes habe er mit den Generälen Kuhl, v. Loßberg und v. der Schulenburg gesprochen. Sie hätten zugestimmt. Der Entschluß sei sehr schwer geworden. Doch habe man seine Pflicht erkannt.[153]

Nach dem Auftritt Ludendorffs vor dem Kabinett folgte gleich am folgenden Tag eine erneute Lagebesprechung. Payer riet, die Erklärung Ludendorffs über seine Absprache wegen des Friedensangebots im Einvernehmen mit den anderen Generälen schriftlich zu fixieren, sicherheitshalber. Es wurde verlangt, politisierende Generäle und Soldaten zurückzuziehen. Die Kompetenz Ludendorffs wurde in Frage gestellt. Es hieß, daß Ludendorff selbst loyal sei, seine Umgebung aber »verhängnisvoll«. Man erwäge bei der OHL dennoch eine »levée en masse«, also einen letzten nationalen Verzweiflungskampf. Die Antwort auf die Note Wilsons vom 8. 10. wurde beraten. Man stand unter Druck, da Ludendorff tags zuvor die Frage, ob die Front noch drei Monate zu halten sei, mit »Nein« beantwortet hatte. Payer drängte darauf, den General bei der zweiten Note an Wilson mit einzubeziehen. Ludendorff hielt sich am 10. 10. noch in Berlin auf. »Wir dürfen die OHL nicht von der Verantwortung entlassen.«[154] Der Erlaß der politischen Amnestie wurde erneut beraten. Lewald, beamteter Staatssekretär im Innern, riet, den Kaiser als »Gnadenspender« erkennen zu lassen. Im übrigen sollten die Strafen (die Betroffenen waren meist Unabhängige und Spartakusanhänger) in Festungshaft umgewandelt werden. Scheidemann empfahl eine Freilassung und wurde darin von Erzberger unterstützt. Baden wollte von Scheidemann wissen, ob er nicht auf Liebknecht »mäßigend« einwirken könne. Antwort: »Nein, er ist nicht zu beeinflussen.« Man befürchtete natürlich, daß Liebknecht die Arbeiterschaft radikalisieren werde. Baden fragte Scheidemann, ob er die Verantwortung übernehmen werde, wenn es zu Unruhen komme? Scheidemann darauf: Dazu werde es nicht kommen. Gröber und Payer rieten, Liebknecht freizulassen.[155]

In der Kabinettssitzung am 10. Oktober stand auch die Frage der Verfassungsänderung wieder zur Beratung (Entscheidungsrecht des Kaisers über Krieg und Frieden). Roedern riet: erst nach dem Krieg. Im Hintergrund der Beratungen stand aber schon die letzte Wilson-Note. Der 64jährige Gröber und Baden versuchten, die Frage der Verfassungsänderung – die das monarchische System in Frage stellte – hinauszuschieben. Ein Aufruf Haases und Ledebours vom 5. Oktober »An das werktätige Volk Deutschlands« wurde beraten.[156]

Inzwischen löste die jüngste Wilson-Note in Deutschland Debatten über die Kaiserfrage aus. Während sich die Vertreter der Mehrheitsparteien darüber Gedanken machten, die Verfassung zu ändern, die kaiserlichen Befugnisse einzuschränken, begann man – vor allem in der »bürgerlichen« Presse – die Abdankung Wilhelms II. zu diskutieren. Der bayerische Gesandte in Berlin bezeichnete in einem Schreiben an den Münchner Ministerpräsidenten dieses »Treiben« als »rücksichtslos« und hob hervor, daß sich selbst Scheidemann gegen das Verlangen stelle, weil »es vom Feinde komme«.

Die neue Regierung hatte ihre Beschlüsse schnell treffen müssen. Folglich waren ihre Ziele – auch in der Beamtenschaft – noch kaum bekannt. Um den Einfluß der bisher von den Militärs betriebenen Öffentlichkeitsarbeit zurückzudrängen, drängte Erzberger auf eine Neuregelung des inneren Informationswesens. Er war, wie häufig, gut informiert: Die Landräte seien »ahnungslos«. Gerüchte würden verbreitet, daß die OHL nur eine neue Regierung, aber keinen Waffenstillstand haben wolle.[157] Am nächsten Tag wurde die Zusammenfassung aller Informationsstellen beim Reichskanzler beschlossen und damit unter politische Kontrolle gebracht. Gröber und Payer rieten, die Nationalliberalen mit zur politischen Verantwortung heranzuziehen. Vom 12. Oktober an nahmen sie wieder an den Beratungen des interfraktionellen Ausschusses teil.

In diesen Tagen kam es zur ersten Kabinettskrise. Ein schweizerisches Blatt, die »Freie Zeitung« (Bern), hatte am 9. Oktober 1918 einen privaten Brief des Prinzen Max vom 12. Januar 1918 publiziert, der abwertende Bemerkungen zur Friedensresolution enthielt.[158] Nun war aber die Resolution der einzige gemeinsame Halt, an den sich die Mehrheit, zumal die Sozialdemokraten, in den deprimierenden Monaten des Winters und Sommers 1917/18 geklammert hatten. Zudem: Sollte das politische Kapital, das Vertrauen der neuen Regierung im eigenen Volk wie auch gegenüber Wilson schon nach einer Woche verspielt sein?[159]

Scheidemann dramatisierte in der interfraktionellen Besprechung am 12. Oktober. Der Brief, einmal bekannt, werde in den USA eine Katastrophe auslösen, da Wilson, wie ihm mitgeteilt worden sei, »zu verhandeln ablehnen« werde;[160] dann die Koinzidenz der Briefaffäre mit der neuen deutschen Note, die noch am selben Tag abgehen sollte. Baden müsse zurücktreten, jemand anders müsse die Note unterzeichnen. Tatsächlich übergaben Scheidemann und Bauer noch am gleichen Tag eine ausgeschriebene Rücktrittserklärung an Payer. Adolf Gröber besänftigte: Der Prinz habe immerhin eine »sehr ideale Auffassung des Lebens und der politischen Aufgaben«. Die Sorge der Sozialdemokraten sei übertrieben.[161] Erzberger reagierte geschickter: »Furchtbare Lage. Darin unterschreibe ich Scheidemann. Aber Konsequenzen sollten Sie nicht ziehen.«[162] Ein Kanzlerwechsel wie ein Austritt der SPD aus der Regierung bedeute in der jetzigen Situation den »Ruin des Vaterlandes«. Die Folgen seien zu bedenken. Schon den jetzigen Regierungswechsel habe das Volk nicht einmal verstanden, weil es politisch nicht aufgeklärt sei, was aber bei einem zweiten? Werde es das Ausland nicht als eine Revolution werten, werde sich nicht auch daraufhin Wilson zurückhalten? Zudem habe sich der Prinz bisher bewährt.[163]

Aber auch Ebert fühlte sich getroffen: »Es scheint ein furchtbares Schicksal über unserem Land zu walten.«[164] Bis jetzt bewahrten die Arbeiter überall im Lande Disziplin: »Wir haben eine glänzende Stimmung im Lande. Wir werden Ruhe halten und werden den Frieden vernünftig bergen können.« Aber werde die neue Nachricht in die Arbeiter »hineingeschrien« – gemeint war die Propaganda der Spartakus-Gruppen – dann »ist unser ganzer Einfluß verloren«. Stresemann, der jetzt an der Sitzung teilnahm, riet den SPD-Politikern, zunächst im Kabinett zu bleiben, man solle in Ruhe überlegen. Haußmann versuchte einzulenken: In der Tendenz sei der Brief »geradlinig«, in Einzelheiten »salopp«. Man solle den Prinzen selbst zum Ausschuß laden. David schlug vor: Solf solle die Note unterzeichnen, nicht Baden, ein Kompromiß zur Überbrückung der Situation. So wurde auch verfahren,[165] und Scheidemann nahm seine Rücktrittserklärung zu den Privatakten und holte sie erst Jahre später bei der Niederschrift seiner Erinnerungen wieder hervor.[166]

Am nächsten Tag kam Baden vor den Ausschuß, begrüßte jeden Abgeordneten mit Handschlag und verlas eine persönliche Erklärung, die ihren Eindruck nicht verfehlte, und zog sich wieder zurück. Man vereinbarte eine Zusammenkunft am nächsten Tag. Die Spannung war gewichen. Solf berichtete über die Reaktionen der Auslandspresse. Die Amerikaner seien es gewohnt, »daß prominente Männer mit Schmutz beworfen« würden, bemerkte Solf lakonisch. Die Briefaffäre sei doch nur eine »Stinkbombe«, die den Frieden hintertreiben solle. Ebert bohrte nach: Entscheidend sei, wie der Brief auf die Friedensmöglichkeiten im Ausland wirke. Am gleichen Tag notierte Erzberger, daß die Krise beendet sei.[167] Die erste Krise des Eingewöhnens der Sozialdemokraten in die politische Verantwortung war überstanden. Am 8. Oktober hatte das US-State-Department die deutsche Note an Wilson beantwortet. Sie war dilatorisch gehalten, fragte genauer nach den deutschen Intentionen: Würden die 14 Punkte vom 8. Januar anerkannt? Werde Deutschland seine Truppen zum Zeichen guten Willens aus den besetzten Gebieten zurückziehen? Spreche der Kanzler nur »für diejenigen Gewalten des Reiches, die bisher den Krieg geführt haben?«[168] Die Situation verlangte jetzt in Berlin eine Festigung und Klärung des Schritts vom 3. Oktober. Es ging natürlich auch darum, ob alle Beteiligten zu ihrem Wort standen. Das galt zunächst für die OHL. Bereits am 8. Oktober hatte Baden Ludendorff telegraphisch 8 Fragen zur militärischen Lage gestellt, um den General zu binden; Ludendorff sollte sie in der Aussprache am 9. Oktober beantworten. In der Kabinettsitzung am 11. Oktober stand die Beantwortung der Note an. Max von Baden hielt noch einmal fest, daß die 1. (deutsche) Note gegen seine eigenen Bedenken[169] wie die Solfs und Payers durchgesetzt worden sei. Folglich handele es sich jetzt »um die Konsequenz des ersten Schritts«.[170] Ähnlich äußerte sich Gröber.

Das Kabinett hatte an diesem 11. und 12. Oktober ein doppeltes Problem zu lösen: einmal die innerdeutsche Sicherung des Waffenstillstandsangebots, um sich vor möglicher späterer Kritik zu schützen, andererseits die sorgfältige Analyse der Chancen des Friedens wie der Ziele und Möglichkeiten der Gegenseite. Zur Sicherung des ersten Punkts wurde auf Einstimmigkeit aller Staatssekretäre gedrängt. Tatsächlich stimmten schließlich am 12. Oktober alle, einschließlich der Marineleitung und der OHL der Fassung der 2. deutschen Note zu. Zum anderen hielt man daran fest, weiter auf die »Karte Wilson« zu setzen. Man erhoffte sich hier die besten Friedenschancen. Das entsprach nicht nur einem Opportunitätsdenken. Denn wie die Reichstagsmehrheit schon seit einem Jahr, vor allem die Sozialdemokraten und der demokratische Flügel des Zentrums, »Friedensziele« entwickelt hatten (vor der Wilson-Botschaft vom 8. Januar), sich also schon seit Monaten ein tendenzielles Einvernehmen zwischen den deutschen Demokraten und den »Wilsonianern« in der USA – was die Grundsätze der künftigen internationalen Politik betraf – abgezeichnet hatte, das durch die Ereignisse in Rußland, zumal der Sprengung der russischen Nationalversammlung im Januar noch verstärkt worden war, so begann jetzt auch in manchen deutschen Kreisen, die bis dahin noch eher imperialen Gedanken nachgehangen hatten, ein Umdenken. Das galt vor allem für die »aufgeklärt-bürgerlichen« Gruppen in der Publizistik und in den Hochschulen und wurde deutlich an Personen wie Friedrich Naumann, Max Weber, Ernst Troeltsch, Theodor Wolff, dem Redakteur des Berliner Tageblatts. Der Lernprozeß war schmerzhaft, aber man nahm ihn bewußt auf sich.[171]

Auch manche leitenden Beamten in Berlin wie Solf vollzogen diesen Schritt bewußt. So gewann die Entscheidung jetzt eine neue politische Perspektive: Deutsche und amerikanische Politiker versuchten, tastend, ihre beiden Länder aus der politischen Isolation herauszubringen. Aber in beiden Ländern bestanden, wenn auch jeweils anders gelagert, doch ähnliche Schwierigkeiten: Würde es gelingen, die eigene, in die Kriegspsychose hineingetriebene Bevölkerung für diese Öffnung zu einer aufgeklärteren internationalen Politik zu gewinnen? Oder blieb es nur bei der Erkenntnis einer, wenn auch führenden, Minderheit?

Solf legte dem Kabinett am 11. Oktober den Textvorschlag vor. Das Konzept war kühn: Die Botschaft des amerikanischen Präsidenten vom 8. Januar über einen allgemeinen Rechtsfrieden sei Ausgangsbasis, nicht mehr Verhandlungsgegenstand. Man ging am 12. Oktober noch einen Schritt weiter, indem ein Passus aufgenommen wurde, der als gegeben ansah, daß auch die anderen (gegnerischen) Regierungen sich auf den »Boden der Kundgebung stellen«.[172] Der Sinn des Zusatzes war klar: Abwehr französischer und britischer chauvinistischer Stimmungen. Zugleich sollte damit auch der Gegner in eine schwierige Lage gebracht werden. Die englische und französische Politik hätte diesen Punkt doch nicht akzeptiert. Aber man blieb realistisch: Im Kabinett wurde offen ausgesprochen, daß die jetzige Zustimmung zur Note den Verlust Elsaß-Lothringens – dem Gewinn von 1871 – und der polnischen Landesteile bedeuten könne, man dürfe sich darüber keine Illusionen machen. Trimborn wies darauf hin, daß man nach der Absendung der Note wohl auch nicht mehr zu den Waffen greifen könne: Die Bereitschaft zur Räumung würde ja zugesagt. Der bewußt knapp gehaltene Text der Note wurde von Solf am 12. abgeschickt. Die deutsche Regierung handele, so hieß es darin, in »Übereinstimmung mit der großen Mehrheit des Reichstags«.

Tatsächlich hatte man – was die Person Wilsons betraf – durchaus die Intentionen des US-Präsidenten getroffen. Wilson war, wie aus seinen persönlichen Aufzeichnungen hervorgeht, von der Ehrlichkeit der deutschen Absicht überzeugt, befürchtete zudem auch in den kriegführenden europäischen Völkern den »spirit of the Bolschewiki«, neigte von daher, wenn auch mit Mißtrauen, zum Entgegenkommen. Andererseits sah er aber auch nationalistische Stimmungen im eigenen Land, die – es standen Zwischenwahlen zum Kongreß an – gerade in diesen Tagen virulent wurden: Wilsons Wahlkampfberater drängten den Präsidenten und Vorsitzenden der demokratischen Partei zu schärferen Formulierungen in seiner Note, um die Wählergunst nicht an die Partei der Republikaner zu verlieren.[173] Ein Bedenken blieb bei Wilson: Würden nicht möglicherweise die Deutschen das amerikanische Entgegenkommen ausnutzen, um selbst wieder Mut zu gewinnen?

Zum Verständnis der Situation muß die durchgreifende Veränderung der deutschen Politik in diesen Oktobertagen berücksichtigt werden. Die Nebenregierungen, zumal der OHL und des Kronrats, waren tatsächlich eliminiert worden. Sämtliche Entscheidungen fielen jetzt in politischer Verantwortung im Kabinett. Das hatte es während des gesamten Krieges überhaupt noch nicht gegeben, und, Baden war geschickt genug, für alle Entscheidungen die Zustimmung Wilhelms II. zu finden. Aber es gab einen schwierigen, sehr gefährlichen Punkt: Die deutsche Bevölkerung wußte nichts von den tiefgreifenden Veränderungen, die sich in der Politik des eigenen Landes vollzogen hatten. Auch Wilson etwa ging in diesen Tagen von der Tatsache aus, es in Berlin noch mit der alten »kaiserlichen« Regierung und den alten »Machthabern« zu tun zu haben.[174]

So spiegelte die Antwortnote der Amerikaner, die schon am 14. Oktober von Washington abging, das Mißtrauen in die deutsche Politik, Unkenntnis der in Berlin eingetretenen Veränderungen und amerikanische Wahlkampfstimmung wieder. Sie war auch nur an die deutsche Regierung gerichtet, während die deutsche Note vom 12. auch die österreichisch-ungarischen Interessen vertrat: Die amerikanische Politik lief auf eine Trennung der beiden bisherigen Bündnispartner hinaus.

Die (2.) amerikanische Antwortnote vom 14. Oktober verlangte vor allem Bürgschaften, politische Bürgschaften, einmal für die Sicherung der militärischen Überlegenheit der westlichen Alliierten und zum anderen für eine verhandlungsfähige deutsche Regierung. Hier wurde man sehr deutlich. Die US-Note spielte auf die Rede Wilsons vom 4. Juli (Mount Vernon Speech) an, verlangte von der »deutschen Nation« eine Veränderung ihrer politischen Machtverhältnisse[175] gleichsam als Garantie der eigenen Friedensbereitschaft.[176] Der Wortlaut war weitläufig, aber eben deswegen interpretierbar. Er mußte zwangsläufig in der deutschen Öffentlichkeit geradezu wilde politische Spekulationen auslösen, zumal dort, wo man in Deutschland – wie auch immer – vertrauensvoll, wenn nicht sogar naiv-unkritisch zu den eigenen »Oberhäuptern« und Feldmarschällen aufgeschaut hatte: Von dieser Mentalität waren im Zuge des immer noch vorherrschenden innerdeutschen »Burgklimas« auch manche Sozialdemokraten nicht frei, Wähler wie Abgeordnete. Die US-Note mußte so zwangsläufig eine politische Loyalitätskrise auslösen, wenn sie nicht souverän behandelt wurde. Würde zudem das aus dem Zwang des Augenblicks am 3. Oktober entstandene innerdeutsche Not- und Hilfsbündnis von OHL, Reichsämtern, Reichstag und Reichsregierung Bestand haben?

Es schien nicht so. Denn am 14. Oktober traf ein Telegramm Hindenburgs bei dem Kanzler ein, das die dringende Stärkung der »vaterländischen Stimmung« forderte, wo auch immer: in Presse, Parteien, Berufsverbänden, Gewerkschaften, Kirchen, Schulen, Theatern und Kinos. Appelle an »jeden Deutschen« seien notwendig.[177] Das bedeutete Einheitspropaganda, alldeutsche Ideologie. Und es konnte bedeuten: Wiederaufnahme des politischen Kampfes gegen die Reichstagsmehrheit.[178]

Unabhängig davon ging aber die innere Liberalisierung der deutschen Politik weiter. Am 15. Oktober traten weitere Abgeordnete in die Regierung ein, meist als Unterstaatssekretäre, d.h. praktisch als parlamentarische Staatssekretäre.[179] Am 15. Oktober wurden die Militärbefehlshaber der Reichskanzlei unterstellt. Zuständig war Adolf Gröber. Am gleichen Tag verabschiedete der Bundesrat die Änderung des Art. 11, Abs. 2 der Reichsverfassung: Entscheidungen über Krieg und Frieden wurden an die Zustimmung von Bundesrat und Reichstag gebunden und dem Kaiser genommen: einer der Zentralpunkte der Verfassung von 1871, der u.a. auch die Auslösung des Kriegs 1914 verfassungstechnisch ermöglicht hatte. Der Entwurf wurde dem Reichstag zugeleitet. Die Veränderungen kamen jetzt sehr schnell.[180] Wie immer Max von Baden auch eingeschätzt wurde: Er hatte bis dahin eine glückliche Hand.

Am 15. Oktober beriet das Kabinett personelle und grundsätzliche Änderungen in der Politik im Baltikum: die Zusammenarbeit mit den dortigen Bevölkerungen und Beendigung der deutschen Militärherrschaft, eine Maßnahme, die aber für Litauen, Estland und Lettland schon zu spät kam. Denn dort hatten Landespolitiker, teilweise vom Ausland aus, eigene politische nationale Bewegungen in Anlehnung an die westlichen Alliierten in Bewegung gesetzt, aus denen einen Monat später die neuen baltischen Staaten mit ihren Hauptstädten Wilna, Reval und Riga hervorgingen.

Eine Kraftprobe der neuen Regierung aber stand noch bevor: die eindeutige Unterordnung der OHL unter die politischen Ziele der Regierung. Der Kampf wurde durch die Aufforderung der OHL, nun doch entgegen früheren Meinungen einen nationalen Endkampf vorzubereiten, unvermeidlich. Die OHL hatte ihre Vorstellung inzwischen mit einem neuen Schlagwort untermauert: Abwehr des »Bolschewismus«. Baden wollte jetzt Klarheit. Das geht aus einem Konzept hervor, das er sich am 16. 10. für die Kabinettsitzung am nächsten Tag zurechtgelegt hatte.[181] Er wollte vor allem verbindliche Aussagen der Militärs zur Lagebeurteilung. Es wurde überlegt, auch Wilhelm II. hatte dazu angeregt, außer Ludendorff auch noch andere Generäle anzuhören. Als Baden Ludendorff davon unterrichtete, stieß er sofort auf schroffste Ablehnung. Die Kronratsszene vom 2. Januar schien sich zu wiederholen. Ludendorff sprach von einem »Mißtrauensvotum« gegen seine Person, drohte mit dem Rücktritt, einschließlich Hindenburgs, doch Baden zeigte sich davon wenig berührt.[182] Das Kabinett stimmte Badens Haltung am 17. Oktober zu, auch von den Nationalliberalen, so hieß es, würde dieser Weg befürwortet. Wie werde Ludendorff bei den »breiten Volksmassen« beurteilt, wollte Baden von Scheidemann wissen. Darauf kam die Antwort, daß Ludendorffs Ansehen in der Arbeiterschaft »nicht nur erschüttert sei«, sondern schon »seit Jahr und

Tag« fehle: »nicht so sehr militärisch als vielmehr politisch, da habe er einen ganz schlechten Ruf«.[183]

Noch am gleichen Tag kam eine gemeinsame Aussprache mit den Generälen Ludendorff und Hoffmann, den beiden Antagonisten vom 2. Januar, im Kabinett zustande. Baden erläuterte die jüngste US-Note: Wilson sei offensichtlich unter dem Druck »amerikanischer Chauvinisten und dem Druck Frankreichs und Englands in eine schwierige Lage geraten«. Doch müsse man annehmen, daß Wilson hoffe, von der deutschen Seite werde ihm die Möglichkeit zum Weiterverhandeln gegeben, um den Widerstand in den eigenen Reihen zu überwinden: »So stelle ich mir die Lage vor.«[184] Zuvor aber brauche man die Beantwortung einiger Fragen durch das fachliche Urteil der OHL, als erstes: Könnten Divisionen aus dem Osten nach dem Westen verlagert werden? Ludendorff stellte die Gegenfrage: Wie viele Divisionen könne man aus dem Osten (insgesamt 24) wegziehen? Könne und wolle man die Ukraine aufgeben? Baden nahm seine Frage wieder auf: Würde die Verstärkung der Westtruppen mit Divisionen aus dem Osten ausreichen, um die Front zu halten? Ludendorff bejahte mit der Einschränkung: Was die militärische Seite betreffe; er habe aber große Bedenken wegen wirtschaftlicher und politischer Auswirkungen auch im Innern. Baden erneut: Ließe sich die Stoßkraft der westlichen Truppen so stärken, »daß die Feinde an den Verhandlungstisch gebracht würden?«[184] Ludendorff verneinte: »Stoßkraft haben diese Truppen nicht mehr. Wir haben alles Gute schon herausgenommen.« Sie hätten wohl eine gewisse Abwehrkraft. Allerdings, die Truppen im Osten hätten nicht mehr den »Geist« wie die im Westen. Darüber könne aber General Hoffmann besser Auskunft geben. Baden faßte noch einmal zusammen: »Es würde also durch die Zuziehung der Truppen aus dem Osten nur der Zeitpunkt hinausgeschoben werden, den wir Anfang Oktober für gekommen glaubten, und dann die Lage wieder eintreten, die uns gezwungen hat, den Friedensschritt zu tun?« Jetzt war Ludendorff gefangen. Er antwortete ausweichend: »Es kommt darauf an, was uns die Heimat noch gibt. Es ist eine Menschenfrage.«[185]

Baden bat Hoffmann, das Wort zu nehmen. Hoffmann gab einen kurzen Überblick. Die Soldaten im Osten stünden im Alter zwischen 35 und 45 Jahren. In den letzten Monaten hätten »bolschewistische Ideen« unter ihnen »überhandgenommen«.[186] Man könne 10 Divisionen abgeben. Sie seien aber für einen Angriff gegen den Westen nicht mehr zu verwenden. Aber dann, ergänzte Ludendorff, müsse man auf die Ukraine verzichten: Immerhin habe man von dort 140000 Pferde geholt. Baden fragte, ob eine reale Bedrohung durch die Rote Armee bestehe. Hoffmann verneinte. Es gebe wohl eine »geistige Bedrohung«.

Ludendorff brachte ein neues Stichwort ein: die Stimmung unter den Mannschaften. Es herrsche dort ein »Gefühl der Vereinsamung« vor.[187] Baden stellte die Gegenfrage nach der Stimmung im Innern, bat Gröber, Scheidemann und Haußmann um eine Beurteilung. Der Zentrumspolitiker nannte die Stimmung »schlicht schlecht«. Scheidemann sprach von den Enttäuschungen der Arbeiterschaft: durch die Niederlagen und durch die »Not im Innern«, durch die Berichte der Urlauber aus dem Heer. Man sage jetzt: »Lieber ein Ende mit Schrecken als ein Schrecken ohne Ende.«[188] Haußmann meinte, daß der Bevölkerung erst durch die jüngste US-Note der Ernst der Lage bewußt geworden sei, Payer dagegen, man müsse nicht ganz so schwarzsehen. Bei der ersten Note hätten die Leute gefragt: »Was ist los? Es scheint doch nicht so gut zu sein.« Das Bild habe sich aber inzwischen verändert. Friedberg[189] erläuterte für Preußen, daß man dort überhaupt nicht unterrichtet sei: Die Oberpräsidenten hätten sich kürzlich versammelt, sämtliche Pastöre Berlins seien zusammengetreten, die Parteien hätten ihre Fraktionssitzungen abgehalten: »Kein Mensch weiß, woran er ist, und alle fassen sich an den Kopf, wie man plötzlich vor einer solchen Katastrophe stehen kann.«[190] So die Situation in der Reichshauptstadt.

Die Behandlung der inneren Stimmung erwies sich als weitläufig. Baden lenkte auf die militärischen Fragen zurück. Werde es wieder aufwärts gehen? Habe sich die Situation seit Anfang Oktober, wo man ihm selbst gesagt habe, jede Stunde sei kostbar, wieder geändert? Ludendorff konnte keine sicheren Angaben machen. Wenn Konstantinopel falle, werde möglicherweise die Ölzufuhr aus Rumänien gestoppt. Nochmals wollte sich Baden vergewissern, ob die russische Armee eine ernsthafte Gefahr darstelle. Ludendorff verneinte: »Militärisch glaube ich nicht daran.« Und die Stärke der Amerikaner? Man rechnete mit 2,3 Millionen Soldaten im Frühjahr. Unabwägbar blieben dabei die Tanks und das Material. Könne der Krieg im nächsten Jahr unter besseren als den jetzigen Bedingungen beendet werden, wollte Baden wissen. Es gab keine klare Antwort. Es kam der wichtigste Punkt: Solle man Wilsons Bedingungen akzeptieren? Ludendorff schreckte zurück. Notfalls lieber kämpfen als zu harten Bedingungen akzeptieren. Aber werde Wilson danach nicht noch schlechtere Bedingungen stellen, warf Baden ein:

Ludendorff: »Schlechteres gibts nicht.«
Reichskanzler: »O ja, sie brechen in Deutschland ein und verwüsten das Land.«
Ludendorff: »So weit sind wir noch nicht.«[191]

Solf griff ein. Leider sei er durch die jetzigen Informationen für die Beratung des Kanzlers nicht besser vorbereitet als vorher. Man habe den Kanzler gezwungen, gegen seinen Willen die erste Note zu schicken, jetzt sei die amerikanische Antwort gekommen: Sofort ändere sich das Bild der militärischen Lage. Er stehe vor einem Rätsel. Baden erkundigte sich, ob denn die OHL nicht selbst mit dem amerikanischen Oberkommando einmal Verbindung aufnehmen könne. Ludendorff wehrte ab: Zuständig sei der französische General Foch; und wäre es nicht besser, wenn die Regierungen weiter miteinander verhandelten?

Das Kabinett schien nach dieser zweiten Aussprache mit Ludendorff der Ansicht, daß ein generelles Einverständnis über die Absendung der neuen Note bestehe, vor allem hatte Max von Baden selbst diesen Eindruck. Der General, so glaubte man, werde der Weiterführung der Verhandlungen nichts in den Weg stellen.[192] Ludendorff aber hatte, wie aus seinen Erinnerungen hervorgeht, einen ganz anderen Eindruck: Die Berliner Politiker seien bereit, die Widerstandskraft im Lande zu stärken und den Kampf fortzuführen. Tatsächlich scheint es sich dabei nicht um gegenseitige bewußte Täuschung oder Irreführung gehandelt zu haben: Offensichtlich hatten beide Seiten sich jeweils ein falsches Bild von der anderen gemacht. Ludendorff glaubte immer noch, wie bisher auf den politischen Kurs einwirken zu können und betrachtete das Kabinett nicht als politische Weisungsinstanz. Das Mißverständnis mußte zu einer neuen Konfliktsituation führen. Bei der abschließenden Beratung im Kabinett entschloß man sich, die Aussprache mit Wilson fortzuführen. Die Note sei zwar in einem scharfen Ton gehalten, aber an den Grundsätzen halte sie fest, so Solf. Der U-Boot-Krieg sollte beendigt (Gröber) oder gemildert (Payer) werden.[193] Als Scheidemann am 18. Oktober dem interfraktionellen Ausschuß berichtete, drängte Ebert, zu einem Abschluß des Krieges zu kommen. Denn was komme in den nächsten Monaten? Kein günstigeres Ergebnis. Was die Stimmung angehe, so sei das Kernproblem die Person Wilhelms II. Auf seine Person würde sich aller Haß richten, auch der anderer Völker. Werde hier keine Regelung gefunden, komme man nicht weiter.[194]

Während die Antwort vom Kabinett vorbereitet und bis zum 20. Oktober fertiggestellt wurde, kam es zum neuen Eklat: Die OHL gab telefonisch an die Reichskanzlei durch, daß die amerikanischen Bedingungen nicht angenommen werden könnten. Es gehe um die Ehre des deutschen Volkes, um Widerstand oder Kapitulation. Die Bereitschaft zur Einstellung des U-Boot-Krieges sei aber das Eingeständnis der Niederlage. Das war eine politische Drohung. Das Kabinett – es tagte am 20. Oktober unter dem Vorsitz Payers – war entrüstet. Payer erklärte erregt, daß dadurch ausgerechnet diejenigen, die sich gegen die erste Note gewandt hätten, jetzt vor der Geschichte verantwortlich gemacht werden sollten.[195] Auch Erzberger geriet ins Harnisch: »Wir ändern unsere Ansicht nicht.« Die OHL müsse sich »vorbehaltlos« auf den Standpunkt der Note stellen. Man fühlte sich von der OHL politisch überrumpelt. Auf keinen Fall dürfe es jetzt zu einer Spaltung der deutschen Politik in zwei Meinungen kommen. Max von Baden, der später kam, stimmte zu. Man war erleichtert.[196] Wenn man schon früher so gedacht hätte, stünde es jetzt besser, meinte Payer. Meldungen neuer geplanter Großoffensiven der Alliierten trafen ein. In den letzten Tagen waren bereits Lille, Ostende, Douai verlorengegangen. Dazu bestand die Gefahr einer innenpolitischen Spaltung, die die Politik der Einleitung des Waffenstillstands blockierte. Dem Kabinett war ein neuer – innenpolitischer – Gegner entstanden.

In der – 3. – deutschen Note vom 20. Oktober an Washington wurde auf die inzwischen angelaufenen Verfassungsänderungen verwiesen. Die Entscheidung über Krieg und Frieden liege in Deutschland jetzt bei der Volksvertretung. Die politische Verantwortung des Kanzlers gegenüber der Volksvertretung werde gesetzlich ausgebaut. Die große Mehrheit der deutschen Bevölkerung stünde hinter diesen Reformen.[197] Aber ließ sich die neue Haltung auch glaubwürdig vertreten? Tatsächlich hatte die Regierung Baden bisher wohl für das Volk gedacht, aber wenig an das Volk. Es gab bis dahin keine Erklärung des Kanzlers oder der Regierung, aus der zu spüren war, daß man sich der Sorgen der Bevölkerung annahm, ihnen Abhilfe zu schaffen suchte, kein Wort, das der Kriegsmüdigkeit gerecht wurde, das eine Verbindung zwischen Bevölkerung und Regierung herstellte.

Immerhin unternahm man jetzt einen Versuch, die Verfassungsänderungen mit dem notwendigen rhetorischen Gewicht im Reichstag durchzubringen. Der Reichstag tagte vom 22. bis 26. Oktober. Am 21. hatte der Kaiser das neue Kabinett empfangen, ein Akt, der nur begrenzt eine positive Wirkung nach außen haben konnte, eher vielleicht eine negative. Baden erläuterte am 22. Oktober im Reichstag die Friedensbemühungen und die inzwischen eingeleiteten Schritte zur inneren Reform: preußische Wahlreform, parlamentarische Regierungsweise, Mitbestimmung des Reichstags über Krieg und Frieden, die Überwindung des Obrigkeitsstaats, die »politische Mündigkeit« des Volkes. Allerdings wünschte das Volk in diesen Tagen weit mehr als Mündigkeit. Hier fand der Kanzler nicht die passenden Worte. Es ging auch um die Müdigkeit am Krieg. Weitaus einfühlsamer sprach Friedrich Ebert: Man gehe keinen herrlichen Zeiten entgegen. Das Gesuch um Waffenstillstand und Frieden sei sachlich gewesen. Er hoffe, daß der amerikanische Präsident seinen Grundsätzen treu bleibe und sich nicht vom Übermut der Sieger hinreißen lasse. Die mutwilligen Zerstörungen in den besetzten Gebieten seien von den Sozialdemokraten immer bekämpft worden. Die Demokratie – Ebert brauchte in dieser Debatte als erster dieses Wort –, die jetzt in Deutschland entstanden sei, komme nicht von außen, sondern sei der »Initiative des eigenen Volkes« entsprungen, in seiner eigenen Gesinnung verwurzelt: »Niemand in der Welt braucht daran zu zweifeln, daß unser Volk das Recht der Selbstbestimmung sich nicht mehr entwinden lassen wird.« Den 5. Oktober feierte Ebert als einen »Wendepunkt in der Geschichte Deutschlands«, den »Geburtstag der deutschen Demokratie«. Bisher seien Klassen, Nationen, Konfessionen in Deutschland von der politischen Mitwirkung ausgeschlossen gewesen. Das habe sich geändert. Ein großes Volk könne nicht auf Dauer von einer dünnen Oberschicht, »von kleinen Gruppen auf Grund ererbter Vorrechte«, regiert werden.[198]

Auch die verhängnisvolle Stellung des Großen Generalstabs sei unhaltbar geworden: »Meine Herren, täuschen wir uns nicht. Für das persönliche Regiment und für die Politik der geballten Fäuste ist kein Raum mehr in Deutschland.« Erregt begann Ebert abzurechnen: »Engstirniger Polizeigeist, frivoles Säbelrasseln und provozierender Junkerübermut haben Haß und Verderben über uns gebracht.« Die Mehrheit des Volkes habe seit langem die Verständigungspolitik gewollt, den »mit allen Mitteln geführten Machtkampf unserer Gewaltpolitiker« abgelehnt.[199] Man werde nicht vergessen, wer das Land in das Unglück gestürzt habe. Und dann, eruptiv: »Der Tag der Abrechnung mit diesen Katastrophenpolitikern wird kommen und dabei wird ihnen nichts, aber auch gar nichts geschenkt werden.«[200] Hinter dieser leidenschaftlichen Anklage stand die Erfahrung des letzten Jahres. Ebert lehnte auch einen letzten Verzweiflungskampf ab. Die erste Regierung, in der Sozialdemokraten säßen, sei eine Friedensregierung.[201]

Friedrich Naumann sprach für die Fortschrittler. Er interpretierte die Reform. Bisher habe das Volk in der deutschen Politik nie das Gefühl gehabt, »wir sind es selbst«. Schon 1848 sei Deutschland ein »gespaltenes Volk« der Kleinstaaten, der Monarchien, der unfertigen politischen Gebilde gewesen. Die Gedanken von 1848 seien nicht realisiert worden. Bismarck habe das Land – eine Erinnerung an die Vergangenheit – »diktatorisch zusammengefaßt«, aber schon während des Krieges von 1871 habe es sich gezeigt, daß es ein Staat ohne Volk sei. Eine geschickt regierende Bürokratie habe es seitdem verstanden, »die Karten immer neu zu mischen, abheben zu lassen und dann wieder frisch auszugeben«. Das aber sei kein Zustand auf Dauer gewesen. So seien nicht erst seit 1914 in der deutschen Politik und Verwaltung zwei »kämpfende Köpfe« entstanden, zwei Apparate mit eigenen Pressebüros und Zensurbehörden – gemeint waren Regierung und OHL –, die sich gegenseitig befehdeten. Jede der beiden Seiten habe begonnen, eigene Grundsätze zu formulieren und durchzusetzen. So habe man seit dem Juli 1917 in der deutschen Politik mit gespaltener Zunge geredet. Niemand habe gewußt: »Wer ist der Koch, und wer ist Kellner?«

Aber die Deutschen waren nicht, wie es schien, unehrlich gewesen, sondern sie waren politisch unorganisiert. Es habe keine einheitliche Willensbildung gegeben. So suchte Naumann zwischen den Fronten zu mildern, verwies auf positive Leistungen, eine befähigte Beamtenschaft. Für die neue politische Einstellung in Deutschland, die Ideen des Völkerbunds, der Zusammengehörigkeit aller Völker nannte Naumann Beispiele aus der deutschen Geistesgeschichte: Lessings »Erziehung des Menschengeschlechts« und Kants »Vom ewigen Frieden«. Der Redner erntete den Beifall der Linken für sein geschichtliches Interpretament.

In düsteren Farben malte Westarp die neu eingeschlagene Politik, zog eine Verbindung von »Radikalisierung«, »Demokratisierung« und »Massenherrschaft«. Aus dem monarchisch-konstitutionellen Reich sei eine parlamentarische Demokratie nach westlichem Muster geworden. Haase schlug einen scharfen Ton an, sprach von den rollenden Königskronen ringsum in Europa: der Zar, Bulgarien und nannte auch Österreich-Ungarn. Überall entstünden Republiken, »und da soll Deutschland allein, umgeben von Republiken, noch einen Kronenträger haben oder Träger vieler Kronen und Krönlein!« rief er zum Zorn der Rechten.[202]

Als die Reichstagsdebatte am 26. Oktober endete, hatten die späteren Reden durch ihren ständigen Rekurs die jüngste Vergangenheit schon wieder viel von dem Schwung des Anfangs verloren. Auch aufmerksamen Zeitungslesern mußte es schwerfallen, das ganze Gewicht der eingetretenen Veränderungen zu erfassen. Und während der Reichstag tagte, spielte sich hinter der offenen Szene weiter das Drama der Auseinandersetzung zwischen Regierung und OHL ab. Das Verhältnis war seit dem 20. Oktober zum Reißen gespannt. In der Kabinettsitzung am 21. Oktober verlangten Payer und Erzberger übereinstimmend, man müsse jetzt Konsequenzen ziehen, der politische Generalstab müsse »verschwinden«. Notfalls sei die Öffentlichkeit aufzuklären.[203] Tatsächlich wurde nach wie vor an einigen Stellen eine politische Zensur durch Militärbehörden ausgeübt, selbst der Abdruck der Reichstagsreden wurde verhindert![204] Am 24. Oktober warf Erzberger im Kabinett die Frage auf, ob man überhaupt noch die militärische Autorität hören solle. Man habe jetzt die Verantwortung allein zu tragen. Inzwischen war, am 23. Oktober, die neueste (3.) Antwortnote aus Washington eingetroffen. Sie verlangte Sicherheiten, daß die Systemveränderungen in Deutschland dauernd seien. Es war die Rede von der »Macht des Königs in Preußen«, von dem mangelnden

Vertrauen der Völker der Welt in die bisherigen Herrscher in der deutschen Politik. Es waren wieder Formulierungen, die der amerikanischen Wahlkampfstimmung entgegenkamen. In Deutschland konnten sie angesichts der nach wie vor zu großen Teilen unaufgeklärten Bevölkerung, einmal bekanntgeworden, unvorhergesehene Wirkungen auslösen. Solf interpretierte die Note: Wilson müsse auf die Strömungen im eigenen Land Rücksicht nehmen, auf die Militärs der Entente ebenso. Als Beleg für die politische Veränderung in Deutschland schlug Solf die Abdankung Ludendorffs und die Unterordnung der Militärgewalt vor. Man könne allerdings auch nicht, bemerkte Erzberger zu dem Komplex, nach jeder neuen Wilson-Note, Verfassungsänderungen vornehmen.[205]

Inzwischen traf Baden von sich aus eigene Entscheidungen. Als er am Morgen des 25. Oktober erfuhr, daß Ludendorff und Hindenburg – zur Beratung der 3. Wilson-Note – gegen den ausdrücklichen Wunsch des Kanzlers auf dem Weg von Spa nach Berlin seien, handelte er. Entscheidend für ihn war, schrieb er später in seinen Erinnerungen, »das verlorene Vertrauen«. Der Prinz verfaßte ein kurzes Schreiben an Wilhelm II.:[206] Er habe sein Amt übernommen, um Reich und Krone zu erhalten. Das sei nur mit einer parlamentarischen Regierung möglich. Eine Doppelregierung scheide aus. Die OHL habe sich erneut in die politischen Fragen eingeschaltet. Durch die Reise der beiden »Heerführer« nach Berlin werde auch die jetzige Antwort auf die Wilson-Note gefährdet. Solle es zum Scheitern des Verständigungsfriedens kommen, würden Reich, Heer und Thron gefährdet. Er bitte um die Entlassung, falls ein Wechsel in der OHL nicht möglich sei. Am nächsten Morgen wurde Ludendorff nach einer Aussprache mit Wilhelm II. in Schloß Bellevue entlassen. Der alte Hindenburg blieb: auf Befehl des Kaisers. Max von Baden selbst war in diesen Tagen durch die Grippe ans Bett gefesselt und hatte nur von dort aus die Geschäfte führen können. Die Entlassung Ludendorffs war ein wichtiger Schritt: Die eiserne Zange, die bis dahin die deutsche Politik zusammengehalten hatte, war gelockert worden.

Am 28. Oktober traten die inzwischen vom Reichstag und Bundesrat beschlossenen Verfassungsänderungen in Kraft. Aber durch den Zugzwang des Notenwechsels kam das Kabinett nicht zum Planen und Handeln, es konnte meist nur reagieren. Hinzu kam, daß inzwischen auch die Abdankungsfrage die Kabinettsberatungen beherrschte, so am 31. Oktober, diesmal wieder unter dem Vorsitz Badens. Scheidemann berichtete, die Mißstimmung gegen die Person des Monarchen nehme ständig zu. Man neigte im Kabinett dazu, dem Kaiser nahezulegen, freiwillig zurückzutreten, ohne auf ihn Druck auszuüben. Man beobachtete partikularistische Strömungen in Bayern: »Los von den Preußen!», die irgendwie alle auch mit der Personenfrage des Kaisers emotional verknüpft waren. Die Debatten in Berlin in jenen Tagen sind rational schwer zu beschreiben. Das Kabinett wurde durch sie gelähmt. Die Zentrumspolitiker Gröber und Erzberger rieten von der Abdankung ab. Sie befürchteten zunehmenden politischen Autoritätsverlust: im Heer, aber auch in den süddeutschen Ländern. Auch bei ungewöhnlich harten Friedensbedingungen würde die Abdankung die Lage eher verschlechtern als verbessern. Im übrigen sei es, so Erzberger, für eine Abdankung und eine vorübergehende Regentschaft vielleicht schon zu spät. Von England werde keine Abdankung verlangt: Dort befürchte man die Gefahr des »Bolschewismus« in Deutschland.

Die Regierung der Reichstagsmehrheit, das Kabinett Max von Baden, war noch nicht vier Wochen im Amt. Doch die interne Bilanz der bisherigen Leistungen war zweifellos gut: Die Liberalisierung des politischen Systems, die Verfassungsänderungen, die Entlassung Ludendorffs, die Rückgewinnung des Vorrangs politischer über militärische Entscheidungen waren in kurzer Zeit erreicht worden. In keinem anderen der kriegführenden europäischen Länder war Ende Oktober die Dominanz der Politiker über die Generäle soweit wiederhergestellt wie in Deutschland.

Samstag, der 9. November 1918: Revolution

Am 2. November mußte sich das Kabinett mit neuen Unglücksbotschaften befassen. Die Mannschaften der Kreuzer »Thüringen« und »Friedrich der Große« hatten sich geweigert, die Anker zu lichten. Sie begründeten den Schritt damit, daß sie den Eindruck hätten, die Offiziere und das Flottenkommando wollten nicht den Frieden. Am 3. November hieß es, die österreichische Monarchie befände sich im Zustand der Auflösung. In Ungarn und der Tschechoslowakei würden Nationalstaaten gegründet. Erzberger berichtete, in Österreich sei der »Bolschewismus« obenauf. Er befürchte Rückwirkungen auf Deutschland. Man dürfe jetzt nicht in Österreich und Böhmen »alles laufen lassen«. Das Auswärtige Amt solle mit den neuen Staaten wirtschaftliche und politische Vereinbarungen treffen. Man entschloß sich, die deutschen Truppen aus der Ukraine abzuziehen. Die vorherrschende Tendenz im Kabinett war: sich nach Möglichkeit aus allen Verwicklungen in Osteuropa zurückzuziehen. Das Hemd, so hieß es jetzt wörtlich, sei »näher als der Rock«.

Am 4. November befaßte sich das Kabinett mit dem Anwachsen der Unruhen im eigenen Land. Scheidemann berichtete über München, Kiel und Berlin. Die Unruhen seien auf die öffentliche Erörterung der Abdankungsfrage zurückzuführen. Der Vertreter der Marineleitung, von Mann, berichtete: Bei den Mannschaften heiße es, danke der Kaiser ab, so seien sie ihren Treueid los, brauchten nicht mehr zu »gehorchen« und »könnten machen, was sie wollten«. Auch führende Militärs schienen jetzt den Kopf zu verlieren. So wurde in der OHL erwogen, zur Absicherung Österreichs vor italienischen Truppen in Tirol einzumarschieren und die Pässe zu sprengen. Payer und Erzberger rieten von solchen Abenteuern dringend ab. Österreich sei, so deutete Payer die rechtliche Lage, wenn es einen eigenen Waffenstillstand abschließe, ein neutrales Land geworden. Andererseits müsse man darauf achten, daß Bayern keinen Sonderfrieden abschließe.

Am 5. November hieß es in der Reichskanzlei, die Lage in Kiel sei »ernster« geworden. Truppen, die zur Niederwerfung der Unruhen mit der Bahn nach Kiel geschickt worden waren, waren gleich am Bahnhof entwaffnet worden. Nach der inzwischen geänderten Verfassung war nicht mehr das Militär, sondern das Kabinett zuständig. Während die Militärs darauf drängten, Kiel gewissermaßen unter »Quarantäne« zu stellen, lehnte das Kabinett ab: Dadurch werde man nur die Kieler Bürger gefährden. Inzwischen hatte das Kabinett auf einen eher listigen Vorschlag Scheidemanns hin einen Weg gefunden, die propagandistisch-revolutionäre Tätigkeit der russischen Botschaft in Berlin zu unterbinden. Am 5. November war eine Kiste mit Propagandamaterial aus Moskau durch »Zufall« beim Ausladen am Bahnhof Friedrichstraße beschädigt worden, so daß der Inhalt offen dalag. Die darin enthaltenen Flugblätter hatten die deutschen Arbeiter zum Umsturz aufgefordert. Erzberger konstatierte in der Sitzung des interfraktionellen Ausschusses am 5. November 1918, daß man jetzt wohl mit der bolschewistischen russischen Regierung brechen könne, denn das Material sei inzwischen bekannt und in deutschem Gewahrsam.[207]

Scheidemann berichtete über den Zustand an der Westfront. Man sei wohl genötigt, »die weiße Flagge« zu hissen: »Die Mannschaften bewegen sich nicht mehr. Es ist nichts mehr da, was in den Kampf geht. Auch die Franzosen kämpfen nicht mehr.«[208] Ganz offensichtlich hatten die Soldaten beider Länder eine einfache Lösung gefunden, den Krieg zu beenden, nachdem ihre Politiker sich noch zu keinem Ergebnis durchgerungen hatten. Der Krieg war am 5. November beendet, ohne formellen Beschluß, weil die Soldaten die Kriegshandlungen einstellten. Es bleibt die Frage, warum man diese Lösung nicht schon eher gefunden hatte.[209] David drängte darauf, schleunigst einen Waffenstillstand abzuschließen. Der Gedanke der »nationalen Verteidigung« müsse aus der Öffentlichkeit verschwinden. Dieses Thema habe den Revolutionären Vorschub geleistet. Aus taktischen Gründen sei das Hochspielen dieser Frage der Entente gegenüber vielleicht sinnvoll, dem eigenen Volk gegenüber jedoch verderblich gewesen. In einer Ausgabe der »Deutschen Tageszeitung« sei berichtet worden, daß alle, mit Ausnahme der Sozialdemokraten, zum Endkampf entschlossen seien. Solche Meldungen müßten schnell verschwinden. Sie hätten keinen Sinn mehr.

Es zeigte sich, daß die Bevölkerung, vor allem die Arbeiterschaft, über die politischen Veränderungen, die in Berlin stattgefunden hatten, nicht unterrichtet war und ihre Bedeutung nicht verstand. Politisch unkritisch und wenig informiert war für sie die Regierung noch eine Gewaltregierung. Auch Erzberger verlangte in Kenntnis der Meldung von weiteren Bewegungen in Kiel, Stuttgart und München, sofort den Waffenstillstand herbeizuführen. Jedes weitere Verzögern werde das Volk »zermürben«. In 24 Stunden könne die Bewegung einen Umfang annehmen, den niemand voraussehen könne. Die Bedingungen des Gegners seien weniger schmerzlich als die innere Zerrissenheit des eigenen Volkes. Er sah die Gefahr »russischer Zustände«. »Das dürfen wir nicht zulassen.«[210]

Als Grundlage der Friedensverhandlungen sollten die 14 Punkte angenommen werden. Die Frist für die Unterhändler sei kurz zu bemessen, da die späteren Friedensverhandlungen wichtiger seien. Erzberger schlug den neuen Vertreter der OHL beim Reichskanzler, von Winterfeldt, den Chef der politischen Abteilung beim Generalgouvernement in Belgien, von Lancken, und den bisherigen Botschafter in Konstantinopel, von Bernstorff, für die deutsche Delegation vor, ferner einen parlamentarischen Staatssekretär. Er dachte wohl an Haußmann.

Der Fortschrittler Wiemer riet, alle Gedanken einer »nationalen Verteidigung« fallenzulassen. Er meinte: »Damit ist nichts zu machen. Wir opfern unser Volk und unser Land.« Er setzte die Hoffnungen darauf, daß die 14 Punkte tatsächlich eingehalten würden. Die Vorgänge in Bayern müsse man sehr ernst nehmen. Man wolle dort einen Separatfrieden schließen und einen Pufferstaat gründen. Allerdings erklärten sich auch weite Kreise in Bayern gegen solche Pläne. Am wichtigsten sei es, den »Reichsgedanken« aus der Katastrophe zu retten. So habe man die Möglichkeit zum späteren Wiederaufbau. Falle aber das Reich zusammen, dann sei »alles verloren«.[211]

Auch Stresemann plädierte für den sofortigen Waffenstillstand, sah die Gefährdung Münchens. Ferner sei die Frage zu stellen, was der neue Nationalrat nach dem Sturz der österreichischen Monarchie in Österreich anstrebe. Falls er ein Zusammengehen mit dem Reich wünsche, könne sich dies bei den Friedensbedingungen nur negativ auswirken. Man solle daher die Botschaft in Wien verstärken und obendrein Parlamentarier nach Wien schicken.[212] Man einigte sich, die Gesandtschaften den neuen Verhältnissen entsprechend zu ändern und ihnen Parlamentarier beizugeben. Der Sozialdemokrat Landsberg versuchte, die neu eingetretene Situation politisch zu deuten. Das bisherige politische System, erklärte er, sei vollkommen zusammengebrochen. Es sei »auf Gehorsam und Furcht« aufgebaut gewesen. Jedenfalls hätte man Vorgänge wie in Kiel bis vor kurzem noch für unmöglich gehalten.[213] Ein Hindernis bei allen Plänen bilde nach wie vor die Person des Kaisers. Indem er nach Spa gegangen sei, habe er sich unter den Schutz der Generäle gestellt. Das wirke wenig vertrauensvoll auf das Volk. Es sei auch zu bezweifeln, ob jemand an der Schwelle der Sechziger noch einmal umlernen werde. »Dieser Mann kann nicht mehr umlernen. Gottesgnadentum! Wir müssen ihn absetzen.«[214] Landsberg riet, auf die deutschfreundlichen Stimmen im neutralen Ausland zu hören. Ob denn auch nur ein einziger Monarchist es verantworten könne, daß das Volk für den Kaiser leide? Selbstverständlich müsse auch der Kronprinz gehen. Wenn dann der älteste Sohn des Kronprinzen, das zwölfjährige Kind, Kaiser werde, so sei dies ein Beweis für die Unbedeutendheit der Monarchie in Deutschland und ein Zeichen der Stärke der Volksregierung. Das Kind werde dann in »den Anschauungen der neuen Zeit« erzogen werden. Die Sozialdemokraten wollten keine Diktatur des Proletariats, betonte Landsberg.[215] Er sah die Dinge nicht ganz so pessimistisch.

Naumann riet, dem Kaiser die Freiwilligkeit des Rücktritts zu lassen, sonst werde er der Mittelpunkt einer Konterrevolution.[216] In den Verfassungsfragen neigte man jetzt nicht mehr zu Skrupeln. Notwendig sei eine ausreichende Erwerbslosenfürsorge. Dazu brauche man ein Ermächtigungsgesetz. Ebert drängte: Es sei jetzt kein Platz für formale Erwägungen. Es müsse schnell etwas geschehen. Am energischsten verlangte Scheidemann die Abdankung des Kaisers: Der Wunsch sei bis in weite Kreise des Volkes, auch in der Regierung und im Beamtenapparat vorhanden. Es sei möglich, daß die jetzige Regierung gesprengt werde, noch bevor der Reichstag zusammentrete. Man solle aber keinen Druck auf den Kaiser ausüben. Er müsse aus eigener Entschließung gehen. »Anders kommen wir aus der gegenwärtigen Lage nicht mehr heraus.« Gehe der Kaiser nicht, falle auch die Monarchie.[217]

Demgegenüber hielt Gröber einen Rücktritt für verfehlt. Man solle sich die Entscheidungen nicht von wechselhaften Stimmungen aufdrängen lassen. David widersprach. Die Unsicherheit des Systems, seine Schwäche und Zerfahrenheit, der Zusammenbruch hänge mit der Person zusammen. Der Kaiser sei nicht für die Einigkeit und Klarheit der Regierung eingetreten, ihn treffe die Hauptschuld dafür, daß sich das System im Innern nicht gehalten habe. Er habe den Militärs den Einfluß gelassen, er habe dem Frieden im Osten stattgegeben, habe Kriegszielpropaganda getrieben, die U-Boot-Kriegsführung propagiert. Erst nach großem Druck habe er nachgegeben. Auch für die militärisch verfehlte Offensive im Sommer 1918 trage er die Verantwortung. Wenn man jedoch, wie Gröber es vorschlage, verfahre, komme es zur Revolution. »Der Versuch, den Kaiser zu retten, bringt uns in den Abgrund hinein.«[218] Der Kaiser sei nicht mehr das Band der Armee, sondern der auseinandertreibende Faktor. Nur die höheren Offiziere fühlten sich mit der Monarchie verbunden, doch sei diese Haltung nicht weit verbreitet. Was den Waffenstillstand betreffe, so sei keine Verzögerung mehr erlaubt. Danach werde eine Entlastung eintreten. David erwähnte auch den Vorschlag des sozialdemokratischen Reichstagsabgeordneten Quarck, eine Nationalversammlung einzuberufen, lehnte ihn jedoch ab, weil er für Deutschland nicht in Frage komme.[219]

Stresemann war anderer Meinung. Davids Anklagen hätten sich gegen die Umgebung des Kaisers, nicht gegen dessen Person zu richten. Die Erregung in der Bevölkerung sei auch nicht durch die Kaiserfrage, sondern durch erneute Einziehungen ausgelöst worden. Auch im Ausland werde ein Verzicht noch wenig bewirken. Falle aber das Symbol des »Kaisertums«, so drohe die Gefahr der Auflösung des Reichs, man solle sie nicht unterschätzen.[220] Dove kritisierte die »törichte Flucht« des Kaisers an die Front. Dadurch habe er Befürchtungen hervorgerufen, daß er einen Umschwung vorbereite. Im übrigen, was solle das Gerede über die Abdankung, wo man doch genau wisse, daß der Kaiser nicht wolle? Als einziges Druckmittel ließe sich die Kabinettsfrage stellen, da spräche doch vieles gegen. Viel wichtiger sei es, die Bevölkerung über die tatsächliche militärische Lage aufzuklären, denn darüber wisse sie wenig. Die Enttäuschung werde »fürchterlich« sein. Der Fortschrittler sah die Gefahr eines Bürgerkriegs, wenn sich die militärischen Kreise nicht unterstellten. Er selbst halte die Republik für die beste Lösung, aber sie sei zur Zeit nicht in Sicht.

Ebert griff in die Aussprache ein: Der freiwillige Rücktritt des Kaisers müsse in »vernünftiger Form« bekannt gemacht werden. Auch wenn einige Generäle zurückträten, sei das nicht tragisch zu nehmen. »Dann halten wir das Heer zusammen«,[221] sagte er selbstbewußt. Das Kaisertum sei nicht mehr das einigende politische Band in Deutschland, sondern die Demokratie. Es sei noch nicht zu spät für einen freiwilligen Rücktritt. »Allerdings muß noch etwas nachgeholfen werden. Die Lage erfordert es.«[222] Wenn man jedoch die Dinge laufen lasse, gehe man dem Untergang entgegen. Er, Ebert, dürfe die anderen Kollegen auch nicht im Zweifel über die Haltung seiner eigenen sozialdemokratischen Fraktion lassen. Beharre die Mehrheit auf ihrem Standpunkt, dann müßten die Sozialdemokraten aus der Regierung austreten. Die Stimmung in der Arbeiterschaft sei in dieser Frage nahezu einheitlich, auch im Bürgertum. Maßgebend sei: »Wie halten wir das Reich und die Wirtschaft aufrecht?«[223]

Die Sozialdemokraten hatten in der interfraktionellen Beratung am 5. November eine deutliche Sprache geführt, wie man es von ihnen bisher nicht gewohnt war. Sie sahen sich unerwartet auf dem Kamm einer Woge von Erwartungen getragen, nicht nur der Arbeiterschaft, sondern auch bürgerlicher Schichten, so der Beamtenschaft. Sie machten sich, wenn auch zunächst zögernd, die Bewegung zu eigen. Sie traten dabei in verteilten Rollen auf. Während Scheidemann den Schreck vor einer Revolution ausmalte, erschien Friedrich Ebert als der ruhende Pol im Hintergrund, gleichsam als letzter Halt vor der eintretenden Flut des »Bolschewismus«, den russischen Zuständen.[224] Die Szene verfehlte nicht ihre Wirkung.[225]

Am 5. November nahm der neue Nachfolger Ludendorffs, General Groener, zum ersten Mal an einer Sitzung des Gesamtkabinetts teil.[226] Groener meinte, das meiste »Unglück« komme von dem schlechten Einfluß der Presse. Scheidemann hielt ihm entgegen, daß sich darin nur die schlechte Stimmung im Lande widerspiegele. Auch der »Bolschewismus« könne nur bekämpft werden, wenn man den Leuten sage, daß der Krieg nicht eine Minute länger fortgeführt werde als notwendig. Denn es sei allgemein der Eindruck entstanden, daß wohl die Regierung »Schluß machen«, die OHL dagegen den Krieg fortsetzen wolle. Man dürfe nicht über die jüngsten Vorgänge in Kiel, München und Stuttgart hinwegsehen. Falls sich der Krieg noch wochenlang hinziehe, würde Kiel kein Einzelfall bleiben. Größten Unmut übe die Einziehung neuer Truppen aus, darunter sogar des jüngsten Jahrgangs, noch »reine Kinder«. Warum wolle man diese jungen Menschen an die Front bringen, »wenn wir der Überzeugung sind, daß wir in kürzester Frist zum Waffenstillstand kommen müssen?«[227] Groener betonte, daß er großen Wert auf eine enge Verbindung mit der Reichsleitung lege. Gemeinsam müsse man versuchen, Zeit, zumindest eine kurze Frist, für die bevorstehenden Verhandlungen mit dem Gegner zu finden. Skeptisch warf Erzberger ein, was er, Groener, unter einer »kürzesten Frist« verstehe. Was wäre, wenn tatsächlich alle ungünstigen Umstände zusammenfielen? Die Reichsleitung wolle nicht noch einmal in Verlegenheit gebracht werden. Groener schlug vor, eine »großzügige Rückzugsoperation« einzuleiten.

Am späten Nachmittag des 5. November kam Konrad Haußmann, der vom Kabinett nach Kiel geschickt worden war, nach Berlin zurück. Er berichtete dem Kabinett über die Kieler Vorgänge. Der Ursprung der Unruhen liege in der Sorge der Mannschaften begründet, daß die Schiffe noch einmal zu einer nutzlosen Todesfahrt nach England geschickt würden. Das Mißtrauen sei durch vereinzelte Äußerungen von Offizieren, ein ungewöhnlich starkes Kohlenehmen und negative Äußerungen von Offizieren über die neue Regierung hervorgerufen worden. Die »Aufständischen« ständen im Prinzip auf seiten der neuen Regierung, befürchteten aber, daß diese von den »alten Kräften« überholt würde. Im übrigen, fuhr Haußmann fort, habe die Erregung nur die Mannschaften der größeren Schiffe ergriffen. Die Mannschaften der U-Boote und Torpedoboote hätten sich ruhig verhalten. Verstimmungen habe die Verhaftung von Rädelsführern und die unterschiedliche Verpflegung von Offizieren und Mannschaften ausgelöst. Die Unruhe hätte mit einer Versammlung von 500 Personen, darunter dreiviertel Matrosen, begonnen, auf der man die Befreiung der Gefangenen verlangte. Als der örtliche Militärgouverneur den Meuterern Truppen entgegenstellte, kam es zu blutigen Zusammenstößen mit 11 Toten. Daraufhin hätten sich auch die Garnisonstruppen am Lande mit Ausnahme der Ingenieur- und Bahnschutz-Kompanien der Bewegung angeschlossen. Truppen aus den nahegelegenen Orten seien zu den Meuterern übergegangen. Ankommende Truppen seien gleich auf dem Bahnhof entwaffnet worden. Ein örtlicher General- und Sympathiestreik sei erklärt und ein Arbeiter- und Soldatenrat gebildet. Die Gewerkschaften versuchten, mäßigend zu wirken. Dagegen führe die USPD »das große Wort«. Der sozialdemokratische Abgeordnete Noske sei bei seiner Ankunft in Kiel mit Beifall begrüßt worden. Aufschlußreich waren die Forderungen der »Aufständischen«. Sie verlangten außer der Freilassung von Untersuchungsgefangenen die Abdankung aller Monarchen, die Einführung des Frauenwahlrechts und des Verhältniswahlrechts anstelle des bisherigen Mehrheitswahlrechts, die Verhinderung von Verzweiflungsfahrten gegen England, Rückkehr der bereits auf See gegangenen Schiffe, Einrichtung von Matrosenausschüssen. Weiter werde die Entsendung unabhängiger Reichstagsabgeordneter wie Haase und Ledebour verlangt. Es bestehe Mißtrauen gegenüber den Mehrheitssozialisten, das den Unabhängigen zugute käme. Insgesamt, berichtete Haußmann, habe das Bestreben vorgeherrscht, Ordnung zu bewahren, größere Störungen seien nicht vorgekommen.

Haußmann schlug vor, den Verkehr der Züge nicht einzustellen, keine Militärs hinzuschicken, »wegen der Ansteckungsgefahr«. Wenn die Lage überhaupt zu halten sei, dann nur durch die Sozialdemokraten und die Gewerkschaften. Wenn sich der »Staat« noch behaupten wolle, könne man die Sozialdemokraten nicht entbehren. In der gleichen Sitzung erfuhren die Kabinettsmitglieder aus einem Telegramm, das Simons bekanntgab, daß Gustav Noske in Kiel zum »Kommandanten« ernannt worden sei und Haase, Ledebour und der inzwischen freigelassene Reichstagsabgeordnete Karl Liebknecht in Kiel eingetroffen seien. Die Entwicklung in Kiel schien in unterschiedliche Richtungen zu laufen. Baden war unsicher, wich Entscheidungen aus und riet, die »Kieler Angelegenheit« an die unmittelbar beteiligten Kabinettsmitglieder zu delegieren. Er schlug vor, über die Rückführung der Truppen aus der Ukraine und Polen zu verhandeln. Die antibolschewistische ukrainische Regierung habe allerdings darum ersucht, die deutschen Truppen dort zu belassen und ein gleiches Hilfegesuch an die Entente entsandt.

Aus dieser Sicht entstand ein ganz neues Problem. Sollten sich die bisher gegeneinander kämpfenden europäischen Länder in der Abwehr der revolutionären Bewegung in Rußland vereinigen? Die Frage tauchte auf, wurde aber nicht weiter besprochen. Groener drängte darauf, die deutschen Truppen nach Möglichkeit in der Ukraine zu belassen. Dem schloß sich auch General Hoffmann an, der gleichfalls geladen war. Auch Polen müsse noch eine Zeitlang besetzt gehalten werden, um die Eisenbahnlinie für einen deutschen Rückzug zu erhalten. Allerdings sei die Besetzung ganz Polens nicht mehr möglich. Der polnische Eisenbahnbetrieb unterstand im Oktober 1918 noch der deutschen Verwaltung. Die Militärs machten sich Sorgen um den Verlust polnischer Kohle. Es wirkt im nachhinein schon fast skurril, wenn man bedenkt, mit welchen Problemen aus der Hinterlassenschaft des alten Systems sich das neue Kabinett zu befassen hatte. Während die Unruhen im eigenen Lande ständig wuchsen, debattierte das Kabinett die Polenfrage! Friedberg berichtete, daß die preußische Regierung, die am ehesten betroffen war, einen baldigen Rückzug aus Polen wünsche. Man solle lieber eine eigene polnische Armee schaffen. Eine weitere strategische Frage wurde von dem Kabinett behandelt. Baden lenkte die Aufmerksamkeit erneut auf die Frage der Verteidigung der bayerischen Grenze. Dabei sah der Prinz nicht, daß es sich auch hier bereits um Randprobleme handelte und registrierte wohl auch nicht, wie sich die europäische politische Landkarte in diesen Tagen veränderte. So bat, auf die Anregung Badens, Groener um die Erlaubnis, die (österreichischen) Tiroler Berge besetzen zu dürfen, um einen Einmarsch der Entente aus Italien zu verhindern! Ein Alpenkorps sei schon in Bewegung gesetzt. Der Gegner müsse am Brenner abgefangen werden. Die Situation erinnerte etwas an Schulgeschichtsbücher: »Hannibal ante portas.«

Noch einmal stand die Frage der russischen Botschaft an. Scheidemanns List, die Kiste aus Moskau an den russischen Botschafter Joffe in Berlin platzen zu lassen, hatte sich als erfolgreich erwiesen. Die Auseinandersetzung mit dem »Bolschewismus« wurde auf dieser Weise von dem Kabinett relativ pragmatisch, ja gewissermaßen schlitzohrig gelöst. Die Propagandatätigkeit der russischen Botschaft war jetzt offenkundig. Man erwog, ob der Botschafter abgeschoben werden solle. Haußmann gab zu bedenken, daß die Maßnahme möglicherweise negative Folgen nach sich ziehe. Erzberger riet zu einem Abbruch, damit »dem Volk klar werde, wir hätten abgebrochen«.[228] Nach längerem Abwägen wurde auf Vorschlag Payers beschlossen, Joffe am Abend des gleichen Tages um 23 Uhr mitzuteilen, daß er am kommenden Morgen Berlin zu verlassen habe. Er solle zuvor unter polizeilichen Schutz gestellt werden, um »uns gegen weitere Umtriebe« zu sichern. Scheidemann drängte auf Eile, glaubte aber nicht, daß die Aktivität des russischen Botschafters unmittelbar einen Putsch auslösen werde.[229] Bevor die Kabinettsitzung am späten Nachmittag und Abend des 5. November endete, mußte noch einmal das Problem Kiel erörtert werden. Man befürchtete allgemein ein Ausgreifen auf das gesamte Land. Die vorgeschlagenen Rezepte waren unterschiedlich. Scheuch warnte vor einer zu milden Behandlung der Rädelsführer, Scheidemann befürchtete, daß bei einem zu scharfen Vorgehen sich auch andere Städte solidarisierten. Es sei schon klüger, wenn man den Leuten sage, wir »reden mit Euch über Eure Forderungen«.[230] Ganz schlüssig war man sich nicht. Max von Baden hielt sich bei dieser Frage zurück. Die Beratungen des Kabinetts verliefen recht schleppend. Baden war eine Zeitlang krank gewesen, hatte also nicht regelmäßig an den Beratungen teilgenommen. Zudem war er mit vielen Details nicht genügend vertraut. So beschränkte er sich auf grundsätzliche Entscheidungen. Vorläufig beschloß das Kabinett für die in Kiel politisch Inhaftierten eine Amnestie.[231]

Am 5. November war die – letzte – amerikanische Note auf die kurz gehaltene deutsche Note vom 27. Oktober eingetroffen. Der deutsch-amerikanische Notenwechsel ging seinem Ende entgegen. Die letzte US-Note enthielt zwei wichtige Einschränkungen der 14 Punkte, die von Paris und London verlangt worden waren: Einschränkung des Begriffs der »Freiheit der Meere« – eine britische Forderung – und Wiederherstellung und Entschädigung für zugefügte Schäden in den angegriffenen und besetzten Gebieten – primär eine französische Forderung –, das hieß: Reparationen. Damit hatte aber auch Wilsons Politik – die Note referierte in Form eines Zitats die Einwände der europäischen Bündnispartner – eine Einbuße erlitten. In einem weiteren Punkt hatte Wilson nachgegeben: Die alliierte Verhandlungsleitung für die jetzt beginnenden Waffenstillstandsverhandlungen war dem französischen General Foch übertragen worden, dem Leiter der alliierten Verbände in Europa. Damit hatte man in Washington den Gang der Dinge in Europa nicht mehr fest in der Hand. Aber auch die ursprünglichen deutschen Hoffnungen, mit Wilson, möglicherweise unter weitgehendem Ausschluß der europäischen Gegner zu Ergebnissen zu kommen, hatte sich als trügerisch erwiesen. Sie waren aber nicht ganz aussichtslos gewesen. Tatsächlich hatte Wilson gelegentlich an einen Sonderfrieden gedacht. Allerdings hatte sich sein politischer Berater, Colonel House, der sich seit Oktober in Paris aufhielt und Gespräche mit den europäischen Politikern führte, am 29. Oktober gegenüber seinen Gesprächspartnern – was die 14 Punkte betraf – nachgiebig gezeigt, so daß auch die härter von dem Krieg betroffenen Regierungen zu der Ansicht kamen, sie könnten – so der Eindruck Lloyd Georges, wie er später schrieb – die Bedingungen des Waffenstillstands und des Friedens beliebig festsetzen.[232] Am 15. November traf die letzte amerikanische Note in Berlin ein. Der deutsch-amerikanische Dialog über den Ozean war beendet. Von jetzt ab verhandelten alle »Sieger« mit Deutschland.[233]

Die Wirkungen, die von diesem dreifachen Notenwechsel (bis zum 5. November) ausgingen, sind schwer zu ermessen. Prinzipien, Interessen, Behauptungen von Machtpositionen, Wahlkampfstimmung (in den USA) und Kriegsmüdigkeit (in Deutschland) verbanden sich zu einem im einzelnen nicht genau aufschlüsselbaren Amalgam. Doch die Wirkungen waren unverkennbar, zumal durch die publizistische Interpretation und Überbewertung des Notenwechsels in Deutschland, die innerhalb weniger Wochen die monarchischen und militärischen Autoritäten und die politische Kultur des 1871 geschaffenen Reichs ins Wanken brachten, ja schließlich auflösten. »Hang the Kaiser«, lautete eine populäre Wahlkampfparole in den in England und den USA angelaufenen Wahlkämpfen. Sie wurde, allerdings in einer politisch-symbolischen Abwandlung, von breiten Schichten in Deutschland bereitwillig übernommen. Schon Gustav Stresemann hatte in seiner Reichstagsdebatte am 22. Oktober darauf hingewiesen, daß die Nationalliberalen, auch als Monarchisten, nie das »Gottesgnadentum« akzeptiert hätten, sondern in dem Fürsten nur den »nach Geburt und Rang an erster Stelle stehenden Bürger des Staates« gesehen haben, eine eher nüchterne, wenn nicht zweckmäßige Begründung.[234] Was aber war, wenn sich die Monarchie als »unzweckmäßig« erwies?

Wie reagierte dann das auf Nützlichkeit abgestellte bürgerlich-liberale Kalkül der Politik?

Wenn auch im Detail nicht auslotbar, bewirkte der Notenwechsel zwischen den beiden »modernsten« Nationen der alten und der neuen Welt, Deutschland und den USA, eine Umschichtung politischer Gefühle und Erwartungen, eine, wenn auch etwas ungewöhnliche Annäherung, ja Entdeckung von Gemeinsamkeiten. Es gab, so dachte mancher hüben und drüben, wahrhaftig andere Sorgen als dynastische. So neigte sich die seit elfhundert Jahren in Deutschland bestehende politische Feudalität ihrem Ende entgegen.[235]

Am 5. November beschwerte sich Solf in einem Brief an den Kanzler, daß unter den herrschenden Zuständen im Gesamtkabinett sinnvolles Planen und Handeln des Auswärtigen Amts nicht möglich sei. Das Kabinett befasse sich mit allen Einzelheiten, statt klare Direktiven zu erteilen. Hinzukomme, daß durch die ständige Verzögerung – etwa bei der Entscheidung über die Wilson-Note – die Presse die Möglichkeit erhalte, mit sensationellen Kombinationen die Beratungen im Kabinett genauestens zu verfolgen. Diese Tatsache erzeuge im Inland Unmut und werde im gegnerischen Ausland »mit Freude und Nutzen« vermerkt. Wenn ein Mindestmaß an Sachlichkeit gewährleistet werden solle, dann müßten die Beratungen des Kabinetts gestrafft werden. Es sei zu bedenken, daß in der gegenwärtigen Lage jede Verzögerung und jede Fehlentscheidung Konsequenzen habe.[236]

Am 6. November befaßte sich das Kabinett wieder mit den Kieler Vorgängen. Ein Bericht Noskes aus Kiel an Payer lag vor. Payer und Noske hatten sich telefonisch verständigt. Auf Drängen Noskes, der zum »Stadtkommandanten« – eine etwas seltsame Bezeichnung – ernannt worden war, hatte Payer zugesichert, daß kein Angriff auf die 40000 in der Stadt rebellierenden Soldaten und Matrosen stattfinden werde. Noske selbst war es gelungen, eine gewisse Beruhigung zu erzielen. Jedenfalls seien, so hieß es, die Matrosen auch weiterhin bereit, die Küste vor möglichen Vorstößen britischer Schiffe zu sichern. Sorge hatte Noske um die Versorgung Kiels mit Nahrungsmitteln. Für den nächsten Tag, so berichtete er, sei die Versorgung mit Milch noch gesichert. Falls aber Berlin die Bahnverbindungen nach Kiel abbinde, drohe die Gefahr einer Hungersnot.

Die revolutionäre Welle, die 1918 in Kiel einsetzte und sich bald ausdehnte, ist nur zu erklären, wenn man sich die Bedeutung des Eisenbahnnetzes vor Augen hält: Private Automobile gab es noch wenig (geschweige denn ein Autobahnennetz). Das einzig bedeutende Verkehrsmittel war die Bahn, durch die alle größeren deutschen Städte über die Landesgrenzen hinweg zu einem Verbund zusammengeschlossen waren. Während des Krieges hatte das Bahnnetz dazu gedient, den Transport und die Versorgung der Truppen zu sichern, jetzt im Oktober/November 1918 bot es sich als ein leichtes Instrument an, die revolutionäre Bewegung sofort von Stadt zu Stadt zu transportieren. Hatten die örtlichen Behörden erst einmal ihre Autorität verloren, so war es nicht schwer, die Revolution per Bahn durch Deutschland zu befördern.

Am 6. November beriet das Kabinett den bevorstehenden Abschluß des Waffenstillstands: Man hatte den Eindruck gewonnen, daß Wilson gegenüber den Forderungen der Briten unterlegen sei. Als deutscher Verhandlungsleiter wurde jetzt Matthias Erzberger vorgeschlagen. Der Betroffene war darüber nicht gerade glücklich: »Wenn ichs nicht machen müßte, wäre mir lieber.«[237] Das von Erzberger entwickelte Verhandlungskonzept wurde im Protokoll nur stichwortartig aufgenommen: »Friede«, »Demobilisierung«, »gegen Bolschewismus« und »Wegnahme des ganzen Kriegsgewinnes im Weg der Steuer«.[238] Die knappen Formulierungen enthielten den Kern des Programms, an das sich Erzberger in den nächsten beiden Jahren tatsächlich konsequent hielt.

In Kiel hatten sich die Dinge inzwischen wieder gewendet. Von Gustav Noske hieß es, daß er »fast zusammenbreche«.[239] Auch Hamburg und Lübeck seien jetzt »in der Hand der Aufrührer«.[240] Erzberger regte an, öffentlich bekanntzugeben, daß die Waffenstillstandskommission abgereist sei. Er erhoffte sich davon eine beruhigende Wirkung. Auf dem Hintergrund der gespannter werdenden inneren Lage kam am Mittwoch, dem 6. November, eine Aussprache zwischen dem neuen Leiter der OHL, Groener, und Vertretern der sozialdemokratischen Reichstagsfraktion sowie der Generalkommission der Gewerkschaften zustande. Beteiligt waren Ebert, Scheidemann, David, Südekum, der Vorsitzende der Generalkommission und SPD-Reichstagsabgeordnete Carl Legien.[241] Die Gewerkschaftsführer hatten während des Kriegs durch Verzicht auf Streikaktionen die Aufrechterhaltung der Produktion ermöglicht. Sie erwarteten dafür als Gegenleistung, von der Verwaltung in Reich, Ländern und Gemeinden als gleichberechtigter Verhandlungspartner anerkannt zu werden. Seit 1917 war in einigen Einzelgewerkschaften, vor allem im Metallarbeiterverband, eine innere Opposition gegen die Politiker der Generalkommission entstanden. Die Oppositionellen standen der USPD und zum Teil dem Spartakusbund nahe.[242]

Vorrang hatte jetzt, gegen Ende des Krieges, für die Gewerkschaftler das Ziel der Wiederherstellung eines geordneten wirtschaftlichen Lebens. Die meisten anderen Fragen waren für die Gewerkschaftsführer sekundär. Aus dieser Einstellung wünschten sie im Herbst 1918 die drohenden politisch-sozialen Unruhen zu vermeiden, da sie von ihnen nichts Gutes erwarteten. Ihre – nicht unumstrittene – Politik war eher auf »Ordnung« und nicht auf politische Experimente angelegt. Andererseits mußten sie sich gegenüber der Opposition behaupten. In der Aussprache mit Groener forderte Ebert die Abdankung des Kaisers. Das Volk sehe in seiner Person den Schuldigen, ob zu Recht oder zu Unrecht, das sei gleichgültig.[243] Doch Groener lehnte ab. Man könne dem Heer nicht den »Obersten Kriegsherren« nehmen, es werde jeden autoritativen Halt verlieren. David und Südekum versuchten, den General mit allgemeineren Überlegungen über die Beziehungen zwischen Monarchie und parlamentarischem System von der Notwendigkeit eines Personenwechsels zu überzeugen. So standen sich an diesem 6. November die Spitzen zweier Führungen großer sozialer Gruppen, die um ihre jeweilige Autorität und um den loyalen Zusammenhalt ihrer Gruppen fürchten mußten, gegenüber.

Scheidemann brachte plötzlich die Nachricht aus einem Telefongespräch in die Besprechung ein, daß die Kieler Matrosen inzwischen in Hamburg und Hannover angekommen seien, dort die Verwaltung und, wie er sagte, die »politische Gewalt« übernommen hätten. Er sprach erregt von der Revolution, die eingetreten sei.[244] Ebert selbst zeigte sich weniger erschüttert und führte das Gespräch über die Abdankung weiter. Sie sei der einzige Weg überhaupt, die Monarchie noch zu retten. Er selbst und Scheidemann seien zwar überzeugte Republikaner, doch sei diese grundsätzliche Frage jetzt von untergeordneter Bedeutung. Groener solle Wilhelm II. zur Abdankung bewegen. Den gleichen Rat gab Legien.[245] Die Szene verlief, nach der Aufzeichnung des anwesenden von Haeften, in einer gewissen Dramatik ab. Man übernahm Rollen: Groener wies scharf den Vorschlag als »indiskutabel« zurück. Ebert beendete die kurze Aussprache mit dem Satz: »Wir danken Ihnen, Exzellenz, für die offene Aussprache und werden uns stets gern der Zusammenarbeit mit Ihnen während des Krieges erinnern. Von nun an trennen sich unsere Wege. Wer weiß, wo wir uns je wiedersehen werden.«[246] Man habe sich, notierte von Haeften, wortlos und tiefernst mit einem »feierlichen Händedruck« verabschiedet.[247]

Drohte jetzt jede politische Autorität, auch die der Sozialdemokratie, verlorenzugehen? Das Kabinett selbst handelte, durch die Situation wie gelähmt, weniger als zuvor. Auf der Sitzung des Gesamtkabinetts am Nachmittag des 6. November berichtete Haußmann, »daß es morgen in Berlin losgeht«. Man überlegte, ob Berlin militärisch geschützt werden könne.[248] Aus dem Protokoll der Sitzung spricht Irritation und Ratlosigkeit. Der Kanzler selbst war nicht anwesend. In der Besprechung des interfraktionellen Ausschusses am Donnerstag, dem 7. November 1918, tauchte ein eigenartiger Vorschlag auf. Der Industrielle Rathenau, der christliche Gewerkschaftler Stegerwald und Legien sollten gemeinsam angeregt haben, Ludendorff mit der Demobilisierung zu beauftragen, weil er ein Mann sei, der »einfach dekretieren« kann.[249] Dagegen erhoben sich aber Bedenken. Man solle den Bundesrat einschalten: Überall drohe nach der Rückführung Arbeitslosigkeit. Bei Krupp in Essen, berichtete Scheidemann, würden 90 000 bis 118 000 Mann arbeitslos werden. Im Reichswirtschaftsamt, das für die Organisation der Wirtschaft zuständig war, solle ein »fürchterlicher Zustand der Unordnung« herrschen. Man habe dort mit dem Sieg gerechnet und sei auf den jetzigen Ausgang des Krieges nicht vorbereitet.[250]

Die Wahlrechtsfrage wurde erneut angesprochen, das Frauenwahlrecht sowie das Verhältniswahlrecht für Preußen gefordert. Stresemann sprach von der Gefahr, daß sich »ganze Städte« vom Reich lösen und »in die Hand der Bolschewisten kommen«. Dem Verhältniswahlrecht stimmte er zu, das Frauenwahlrecht lehnte er ab.[251] Dem Zentrumssprecher im Ausschuß, Herold – Erzberger war schon zu den Waffenstillstandsverhandlungen abgereist –, wurde die mangelnde Entschlußfähigkeit seiner Partei vorgeworfen: Das Zentrum verzögere durch seine Haltung in der Abdankungsfrage jede Entscheidung und ein energisches Handeln, so Gothein.[252] Ähnlich kritisierte Ebert den Koalitionspartner: »Das Zentrum übernimmt eine Verantwortung, die es nicht tragen kann. Die Dinge sind nicht mehr aufzuhalten. Hannover ist gefallen. Auch in das Kohlegebiet schlägt das hinüber. Wenn das geschieht, dann ist es nicht mehr aufzuhalten. Magdeburg und Braunschweig werden folgen.«[253] Man müsse handeln. Wäre die Kaiserfrage erst einmal gelöst, so würde das eine Erleichterung bringen. Stresemann hoffte, daß wenigstens Berlin von der Bewegung freigehalten und die Unruhen lokalisiert werden könnten.[254]

Am 7. November sah sich das Kabinett mit der Situation konfrontiert, daß sich überall »Arbeiter- und Soldatenräte« gebildet hatten. Der Versuch eines örtlichen Oberkommandos, die Bildung von Räten zu »verbieten«, so erzählte Scheidemann, habe allgemeine »Heiterkeit« erregt. Man könne, bemerkte er, genauso gut verbieten, daß es »morgen nicht regnen soll«. Nur durch das geschickte Eingreifen Friedrich Eberts[255] in den letzten Tagen – Ebert hatte abendliche Betriebsversammlungen in Berlin besucht – sei es gelungen, die Massen der Hauptstadt noch einmal ruhig zu halten.

Seit Oktober hatte die Fraktion der Sozialdemokraten wieder regelmäßig, häufig sogar täglich, beraten und sich über die Verhandlungen im Kabinett berichten lassen. Am 6. November beriet man die Schritte, die sich aus der jüngsten amerikanischen Note ergaben. Eine große Mehrheit drängte auf die Abdankung des Kaisers. Eine Resolution verlangte einstimmig die »schnelle Regelung« dieser Frage. Dann ging man einen Schritt weiter, verlangte die »unverzügliche Demokratisierung« der preußischen Regierung und Verwaltung, das hieß Mitwirkung der Sozialdemokraten in dem mächtigsten Bundesstaat, der für sie bis dahin unzugänglich gewesen war. Man hatte sich am 7. November interfraktionell auf die Einführung des gleichen Wahlrechts (einschließlich des Frauenwahlrechts) in Preußen und in allen Bundesstaaten sowie auf die »Parlamentarisierung« Preußens als einer Regierung der Mehrheitsparteien auch in Preußen geeinigt.[256]

In der Kabinettsitzung des gleichen Tages stellten die SPD-Staatssekretäre Scheidemann und Bauer ein auf drei Tage befristetes Ultimatum. Die Kernpunkte waren: die Abdankung, Verstärkung der sozialdemokratischen Regierungsbeteiligung, Regierung der Mehrheitsparteien in Preußen. Lasse sich keine befriedigende Lösung finden, würden die Sozialdemokraten aus der Reichsregierung austreten.[257] Scheidemann erläuterte die Forderungen. Es habe sich in den letzten Tagen gezeigt, daß die Militärs – durch Versammlungsverbote – wieder in die »andere Richtung« arbeiteten. In Berlin habe man Maschinengewehre am Lehrter Bahnhof aufgestellt. Das habe verbitternd gewirkt. Die Ereignisse überstürzten sich. Die Gesamtsituation verlange schwerste Entscheidungen. Die Sozialdemokraten handelten jetzt unter dem äußeren Druck der Verhältnisse. Payer, der die Sitzung leitete, erklärte: »Die Sozialdemokratie hat eine ungeheure Verantwortung auf sich geladen.« Könne man zusehen, wie die revolutionäre Bewegung um sich greife? Scheidemann korrigierte: Die schwerste Verantwortung trage der Kaiser. Haußmann darauf: Er fühle sich durch das sozialdemokratische Vorgehen verletzt, so werde die Mehrheit gebrochen. Scheidemann: »Wir konnten im Interesse des Reichs nicht anders handeln.«[258]

Unsicherheit beherrschte die Kabinettsitzung am Freitag, dem 8. November. Solf berichtete über die innere Lage in den anderen Ländern: »Italien und Frankreich seien

»vollständig unterminiert« – das war übertrieben – »England weniger« und »Amerika fast gar nicht«. Die Turbulenz der Berliner Situation verdunkelte das Bild von der Außenwelt. Die Unruhen in Berlin irritierten offensichtlich auch den Regierungsapparat. Scheidemann berichtete, daß ihn der Kölner Oberbürgermeister Adenauer telefonisch um eine allgemeine Amnestie für politisch Verurteilte gebeten habe: Anders könne man weitere Unruhen nicht verhindern. Simons teilte mit, daß die Beamtenschaft weiterarbeite. Scheuch berichtete, daß ständig neue Matrosen in Berlin einträfen. Von Kiel hieß es, daß dort Noske wieder Herr der Situation sei.

In der interfraktionellen Besprechung am 8. November verteidigte Ebert den jüngsten Vorstoß seiner Fraktion gegenüber der Kritik aus den anderen Parteien. Sie habe, auch in der Koalition, das Recht der Handlungsfreiheit. Man solle der Sozialdemokratie dankbar sein, daß sie durch ihre Kontakte zu den Berliner Betrieben bis dahin »die Hauptstadt ruhig gehalten habe«.[259] Man habe Nacht für Nacht Flugblätter ausgegeben. Der sozialdemokratische Vorstand habe aber jetzt einen Aufruf zu einer allgemeinen Arbeitseinstellung vorbereitet. Die Arbeitsniederlegung würde, informierte Ebert den Ausschuß, wohl noch am Nachmittag des gleichen Tages einsetzen. Das Ultimatum selber könne noch einmal verlängert werden.[260]

Am Samstagmorgen (9. November) empfing der sozialdemokratische Parteivorstand in der Lindenstraße eine Abordnung der Arbeiterschaft Groß-Berlins. Sie drängte auf eine sozialdemokratische Regierungsübernahme – »ähnlich wie in München«, wo am 7./8. November eine provisorische Regierung unter Eisner (USPD) gebildet worden war, aber »ohne Blutvergießen«. Aktionen sollten gemeinsam mit den Unabhängigen durchgeführt werden. Ebert stimmte zu.[261] Die tagelangen Aussprachen in Berlin über die Abdankungsfrage mit allen damit verbundenen Kombinationen über mögliche Alternativen – der Kronprinz wurde gleichfalls abgelehnt, so blieb nur dessen Sohn, ein Kind, also eine Regentschaft übrig – waren bis dahin ergebnislos geblieben.

Der unmittelbar betroffene Wilhelm II. befand sich seit dem 29. September wieder in Spa, war also auch nicht in einer persönlichen Aussprache zugänglich. Jetzt riet ihm dort auch Groener – am 9. November – zum Rücktritt. Das Heer würde nicht mehr gehorchen. Doch der Monarch zögerte und suchte noch nach Auswegen.[262] Am Morgen des 9. November brachte Wahnschaffe, der Chef der Reichskanzlei, die Morgenpost, die die Rücktrittserklärungen der SPD-Staatssekretäre enthielt, in das Büro. Er öffnete sie vorsorglich nicht. Inzwischen war in Berlin die Parole des Generalstreiks ausgegeben worden.[263]

Zuerst waren die Berliner Arbeiter, später auch die Soldaten auf die Straßen gegangen, darunter das 4. Jägerbataillon, das man eigens zum Schutz der Monarchie aus Naumburg nach Berlin geholt hatte. Die »Maikäferkaserne« war zunächst schwach verteidigt worden, doch hatten sich die Soldaten bald den Massen angeschlossen. Das bedeutete: Gegenmaßnahmen wären illusorisch gewesen.[244] Das Berliner Polizeipräsidium teilte der Reichskanzlei mit, daß »aufrührerische Züge« anrückten. Doch handelten die Beamten, Wahnschaffe und Walter Simons, ruhig und überlegt. Simons hatte noch am 8. im Auftrag des Prinzen mit Friedrich Ebert gesprochen und erkannt, daß

Ebert nicht mehr verhandlungsbereit war. Am 9. November nahm Wahnschaffe die telefonische Nachricht von Hintzes aus Spa auf, daß man den Kaiser unterrichtet habe, daß die Armee nicht mehr hinter ihm stehe. Daraus hatte man, allerdings irrtümlich, in der Reichskanzlei auf die Abdankung geschlossen.

Simons bereitete die formelle Abdankungserklärung vor. Er war persönlich überzeugt, daß nun Ebert die Fortsetzung der Politik gewährleisten und eine Revolution verhindern könne.[265] Simons änderte noch im Laufe des Morgens den ersten Entwurf und fügte der Abdankungserklärung einen Passus bei, daß der Prinz Ebert die Kanzlerschaft übergeben habe. Er besprach sich noch einmal mit Baden. Aus Spa waren immer noch keine sicheren Nachrichten eingegangen. Baden stimmte der Lösung grundsätzlich zu, hatte aber doch Bedenken. Simons riet, sich in einer Situation, wo die Monarchie auf dem Spiel stehe, über formale Bedenken hinwegzusetzen. Gegen ½12 Uhr unterzeichnete der Prinz.[266] Die Erklärung ging an die Presseabteilung, deren Chef Deutelmoser sie an die Nachrichtenagentur, das »Wolffsche Telegraphenbureau«, weitergab. Die Meldung erschien in der Morgenausgabe der »Norddeutschen Allgemeinen Zeitung«, dem regierungsoffiziösen Blatt, und wurde gegen Mittag in allen Berliner Blättern verbreitet.

Die Abdankungserklärung – »Der Kaiser und König habe sich entschlossen, dem Throne zu entsagen« – enthielt außer der Mitteilung über den Thronverzicht und der Absichtserklärung, daß Max von Baden die Ernennung Friedrich Eberts zum Reichskanzler vorschlagen werde, die Ankündigung, daß sofort allgemeine Wahlen für eine verfassungsgebende Nationalversammlung, die über die künftige Staatsform beschließen sollte, ausgeschrieben würden.[267] Damit erhielt die deutsche Innenpolitik eine neue Richtung. Das Stichwort Nationalversammlung war in den letzten Tagen wohl gelegentlich gefallen, aber nicht aufgegriffen worden. Jetzt war daraus ein politisches Programm geworden. Es erinnerte an die Nationalversammlung von 1848, den ersten Versuch zur Schaffung einer liberalen demokratischen Verfassung in Deutschland, und wies in der aktuellen Situation des 9. November nicht auf eine Einheitsparteienregierung, sondern auf die Fortsetzung und Erneuerung der Politik der Reichstagsmehrheit hin – vorausgesetzt, daß sich das Programm durchsetzte. Die Selbständigkeit, mit der Walter Simons in dieser kritischen Situation handelte, zeigt, daß keineswegs alle Beamten obrigkeitlich dachten.[268]

Am Mittag des 9. November zwischen 12 und 13 Uhr erschien die Delegation des sozialdemokratischen Parteivorstands, Friedrich Ebert, Philipp Scheidemann, Paul Hirsch und Heinrich Schulz, in der Reichskanzlei, um die Übergabe der Regierung zu verlangen. Max von Baden, auf die Situation vorbereitet, empfing Ebert in Begleitung von Haußmann, Solf und von Roedern und übergab ihm nach einer Aussprache, die Regierungsgeschäfte. Simons und Haußmann fertigten am Abend des 9. November eine Aufzeichnung an:

»*Reichskanzler:* Sie wissen, daß der Kaiser bereit ist, abzudanken? *Ebert:* Ja, ich habe die Veröffentlichung gesehen. *Reichskanzler:* Wir müssen die Regentschaftsfrage lösen. *Ebert:* Es ist zu spät. *Reichskanzler:* Da wir nicht die Macht in den Händen haben, da die Situation so ist und die

Truppen versagt haben, schlage ich vor, daß der Abgeordnete Ebert den Posten des Kanzlers übernimmt. *Ebert:* Nach einem Moment des Bedenkens: Es ist ein schweres Amt, aber ich werde es übernehmen.«[263]

So wechselte die Kanzlerschaft von einem Mitglied des deutschen Hochadels auf den Führer der deutschen Arbeiterbewegung. Baden hatte den verfassungsmäßig zuständigen Kaiser zuvor nicht unterrichtet. Er handelte in eigener Verantwortung.[270] Wenig später verließ er Berlin.

Ebert nahm noch am gleichen Tage – das Bibliothekszimmer der Reichskanzlei war ihm zur Verfügung gestellt worden – die Arbeit auf. Zusammen mit Simons und Haußmann wurden zwei Erklärungen entworfen, eine »An die deutschen Bürger«, eine andere »An alle Behörden und Beamten«. Die erste forderte die »Mitbürger« – eine neue Form der Ansprache – zur Zusammenarbeit auf, die zweite die Beamten zur »unverdrossenen Weiterarbeit«. Um 14 Uhr, man war inzwischen, um zu Mittag zu essen, zum Reichstag hinübergegangen, trat Philipp Scheidemann, an die draußen wartende Menge gewandt, auf den Balkon und rief von dort ohne Absprache mit Ebert und selbst wohl auch von der Situation mitgerissen, nach einer kurzen Ansprache, »Es lebe die Republik!« Ebert war verärgert. Doch brachte Scheidemann eine weitverbreitete Stimmung unter der Arbeiterschaft zum Ausdruck. Um 17 Uhr rief Karl Liebknecht vom Berliner Schloß aus seinerseits eine »sozialistische Republik« aus. Die spontane Bewegung der Berliner Bevölkerung, vor allem der Arbeiterschaft, hat nur wenige Stunden gedauert. In den folgenden Tagen orientierte sich die öffentliche Stimmung wieder stärker an den beiden Parteien, der SPD und USPD[271] und ihren Zeitungen, dem »Vorwärts« und der »Freiheit« (USPD) und der »Roten Fahne«, dem neuen Blatt des Spartakusbundes, aus dem in den nächsten Wochen die KPD hervorging. SPD und USPD-Politiker bereiteten eine gemeinsame Regierung vor, die am 10. November zusammentrat. Die wichtigsten Programmpunkte, die am gleichen Tag bekanntgegeben wurden, waren: Einberufung einer Nationalversammlung, Wahlrecht für Männer und Frauen, die Rückführung des Heeres, Wiederaufnahme des friedlichen Lebens, Schutz des Eigentums.[272]

Unabhängig von der Regierungsbildung hatte sich um 10 Uhr im Gebäude des Reichstags ein Vollzugsrat, der Berliner »Arbeiter- und Soldatenrat«, konstituiert, der in eine gewisse Konkurrenz zu der Regierung trat und von den »revolutionären Obleuten« in den Berliner Großbetrieben unterstützt wurde. Die Koalition der Reichstagsmehrheit war beendet. Der Reichstag trat nicht wieder zusammen, doch rissen die Fäden zwischen den Politikern der SPD, FVP (seit Dezember: DDP), des Zentrums und der Nationalliberalen (seit Dezember: DVP) nicht ab. Vorläufig hing vieles von dem persönlichen und politischen Geschick Eberts ab.

Ein Politiker der Mehrheit aber war, wenn auch nicht selbst in Berlin anwesend, gleich in der Regierung geblieben: Matthias Erzberger, der am Freitag, dem 8. November mit Marschall Foch im Wald von Compiègne in einem Eisenbahnwagen – so das Arrangement – die Waffenstillstandsverhandlungen aufgenommen hatte. Erzberger war praktisch der nicht ernannte Außenpolitiker der neuen sozialdemokratischen Regierung geworden. Allerdings, ohne direkten Kontakt mit Berlin[273] war der Zentrumspolitiker über die jüngsten Ereignisse in der Hauptstadt kaum unterrichtet, die deutschen und französischen Generäle und Offiziere, mit denen er verhandelte, noch weniger. Vor der Abfahrt nach Frankreich hatte Erzberger mit der OHL in Spa gesprochen und von dort militärische Begleiter mitgenommen.[274] Die deutsche Waffenstillstandsdelegation passierte in mehreren Wagen – mit einer gehißten weißen Fahne ausgestattet, ein Trompeter gab Signale – die Frontlinie.[275] Von da aus fuhr man in einem Sonderzug weiter. Erzberger gewann bei der Fahrt einen Eindruck von den angerichteten Zerstörungen. Die Fahrt endete im Wald von Compiègne.[276]

Die Verhandlungen begannen am Freitag, dem 8. November, morgens. Der 67jährige Foch verlas die bereits ausgearbeiteten Waffenstillstandsbedingungen. Für die Annahme wurde ein Ultimatum von 72 Stunden gesetzt, eine Fristverlängerung abgelehnt. Verhandlungen seien nicht möglich, es gebe nur Annahme oder Ablehnung.[277] Der Marschall sei durch die Aufträge der verbündeten Regierungen gebunden. Doch brachte die deutsche Delegation Gegenvorschläge vor und suchte Verbesserungen. Am gleichen Tag telegraphierte Erzberger nach Spa, daß die Bedingungen als verbindlich angesehen würden. Groener riet daraufhin dem Kriegsministerium in Berlin zur Unterzeichnung, auch für den Fall, daß keine Verbesserung möglich sei.

Währenddessen verhandelte Erzberger weiter. Er verwies auf drohende innenpolitische Gefahren der »Anarchie«, ohne dabei bei den französischen und britischen Offizieren, mit denen er verhandelte, auf entsprechendes Verständnis zu stoßen. Die beabsichtigte Fortsetzung der Blockade gegen Deutschland, die die Rohstoff- und Lebensmittelzufuhr abschnitt, nannte Erzberger nicht »fair«. Darauf kam die erregte Gegenfrage von einem britischen Seeoffizier, ob die wahllose Versenkung »unserer Schiffe« durch U-Boote fair gewesen sei.[278] Erzberger erreichte schließlich die Versorgung der deutschen Bevölkerung mit Lebensmitteln aus amerikanischen Beständen für die Dauer des Waffenstillstands (Art. 26).[279] Am Sonntag, dem 10. November, traf in Compiègne die chiffrierte Nachricht ein, daß Regierung und OHL der Unterzeichnung zustimmten. Bei einem Spaziergang an diesem Morgen hielten französische Soldaten Erzberger strahlend Zeitungen mit der Meldung entgegen: »Der Kaiser hat abgedankt.«[280] An den Verhandlungen waren keine Vertreter der USA beteiligt, obwohl die Amerikaner die Mehrheit der Truppen stellten.[281] Als besonders »hart« wurden von der deutschen Seite zwei Bedingungen empfunden: die Abgabe der Verkehrsmittel und die Verpflichtung zur Unterhaltung von ausländischen Besatzungstruppen in der linken Rheinzone. Von Berlin aus telegraphierte Solf am 10. November nach Washington und bat um Milderung dieser Bedingungen.[282]

Vor der Unterzeichnung am 11. November gab Erzberger noch eine kurze Erklärung ab: Die Durchführung des Abkommens werde Deutschland in »Anarchie und Hungersnot« stürzen. Er fügte hinzu: »Ein Volk von 70 Millionen leidet, aber es stirbt nicht«, worauf Foch kommentierte: »Très bien.«[283] Noch am gleichen Tag forderte Hindenburg die deutschen Soldaten zum Rückmarsch in die Heimat auf.[284] Erzberger reiste über Spa und Aachen nach Berlin zurück. Hier hatte sich die politische Landschaft inzwischen erheblich verändert: »In das Vaterland zurückgekehrt, fand ich dieses vollkommen verändert; selbst mein Dienstauto trug die rote Flagge, die ich sofort durch schwarz-rot-gold ersetzen ließ.«[285] Am Mittwoch, dem 13. November, berichtete er dem »Rat der Volksbeauftragten«. Ebert dankte ihm. Erzberger blieb in der neuen Regierung[286] der Volksbeauftragten – unwidersprochen – Staatssekretär und leitete weiter die Waffenstillstandskommission, die für die Durchführung des Waffenstillstands zuständig war. Die Waffenstillstandsbedingungen wurden in der Öffentlichkeit als »untragbar« empfunden, aber schwerer wog wohl die Erfahrung, daß der Krieg verloren war, die aus der Erkenntnis der neuen Lage resultierte.

Inzwischen hatten sich in allen größeren, aber auch manchen kleineren Städten Deutschlands, »Arbeiter- und Soldatenräte« gebildet. Sie traten neben die kommunalen Behörden: Gelegentlich setzten sie die Oberbürgermeister und Magistrate ab, häufig arbeitete man aber gemeinsam nebeneinander, so wie etwa in Köln mit dem dort seit einem Jahr amtierenden Oberbürgermeister Adenauer (Zentrum).[287]

In den 17 Bundesländern wurden meist provisorische Regierungen, teilweise nach dem Modell des Rats der Volksbeauftragten, teilweise in Koalition der Mehrheitsparteien, gebildet. Überall übernahmen jetzt sozialdemokratische Politiker Regierungsfunktionen, so Hirsch, Ströbel und Braun in Preußen, Wilhelm Blos in Württemberg, Anton Geiß in Baden, Ullrich in Hessen, die Fürsten und Großherzöge dankten ab. In München hatte Kurt Eisner bereits am 7. November die Republik ausgerufen. Vereinzelt kamen auch bis dahin unbekannte Persönlichkeiten zum Zuge. In Bremen und Hamburg wurden die Senate vorübergehend von radikalen Arbeiter- und Soldatenräten verdrängt. Unverkennbar gewannen die Städte politisch an Gewicht. Die städtische Beamtenschaft arbeitete weiter, so daß die Verwaltung insgesamt intakt blieb.[288] Die monarchische Szene war in Deutschland durch die Republiken ersetzt worden. Eines hatten die Republiken von den Dynastien übernommen: die Anhänglichkeit an die föderalen Strukturen des Reichs, die weiter bestehen blieb. Man sprach jetzt von einer »neuen Zeit«, die angebrochen sei.[289]

Am 12. November hob die neue Regierung den Belagerungszustand, die Einschränkung des Vereins- und Versammlungsrechts, die Zensur (einschließlich Theaterzensur) auf, gewährte die Meinungs- und Gewissensfreiheit, verkündete die Amnestie für politische Straftaten, setzte die Zwangsverpflichtung des »vaterländischen Hilfsdienstgesetzes« von 1916 und die Gesetze über die Gesindeordnungen außer Kraft, kündigte die Einführung einer Erwerbslosenunterstützung und das allgemeine, gleiche und geheime Wahlrecht für Männer und Frauen ab 20 Jahre für alle politischen Körperschaften an. Damit waren die wichtigsten Programmpunkte, um die die Reichstagsmehrheit bisher gekämpft hatte, realisiert: Die Demokratisierung war durchgeführt. Auf die Mehrheit der Bevölkerung wirkten die Neuerungen befreiend, auf eine Minderheit bedrückend, die meisten stellten sich bald um. Die Rechte hielt sich zurück.

Das neue Kabinett handelte zügig. Am 14. November kamen die Reichsregierung (Volksbeauftragten) und die neue preußische Landesregierung zusammen. Unter dem Vorsitz Eberts wurde die Auflösung des preußischen Abgeordnetenhauses, das die

Wahlreform blockiert hatte, und die Abschaffung des Herrenhauses beschlossen. Der Erlaß war verbal knapp gehalten: Er bestand nur aus zwei Sätzen.[290] Das Kabinett ermächtigte Ebert am gleichen Tag, mit dem Fortschrittler, Hochschullehrer und Berliner Kommunalpolitiker Hugo Preuß wegen der Übernahme des Staatssekretariats des Innern zu verhandeln. Er sollte den Entwurf der neuen Verfassung ausarbeiten, die der künftigen Nationalversammlung vorgelegt werden sollte. Preuß wurde am 15. ernannt.[291] Bei den Personalvorschlägen für das Staatssekretariat wurde auch Max Weber genannt, der seit Dezember in der von Preuß einberufenen Kommission für den Verfassungsentwurf mitarbeitete. Über die Arbeiten an der Verfassung blieben die Fortschrittler, Demokraten wie sie sich jetzt nannten, im engeren Kontakt mit den Volksbeauftragten. Die Fortschrittler griffen in ihren verfassungspolitischen Konzepten, vor allem Preuß selbst, auf die Traditionen der Paulskirche von 1848 und noch weiter auf die Idee der Selbstverwaltung und ihre Wiederbelebung durch Freiherr von Stein zu Beginn des 19. Jahrhunderts zurück.[292]

Am 15. November beschloß das Kabinett das Abkommen über die Zentralarbeitsgemeinschaft – das sogenannte Stinnes-Legien-Abkommen –, das zwischen den Gewerkschaften und der Industrie am gleichen Tag abgeschlossen wurde, im Reichsgesetzblatt zu veröffentlichen. Damit waren die Tarifparteien öffentlich und offiziell anerkannt und – gegenüber der Verwaltung – auf eine gleiche Ebene gestellt. So lösten sich in der äußeren Turbulenz des Novembers 1918 nicht nur die alten gesellschaftlichen und politischen Formen auf, sondern gleichzeitig wurden bereits die neue, moderne Industriegesellschaft des 20. Jahrhunderts »vereinbart«.[293]

Konstantin Fehrenbach fragte am 14. November an, ob Bedenken gegen eine Einberufung des Reichstags (in den nächsten Tagen) bestünden. Das Kabinett lehnte am 15. November ab: Die Institutionen des »Kaisertums«, so der Bundesrat, seien durch die »Umwälzung« beseitigt. Folglich könne auch der 1912 gewählte Reichstag nicht mehr zusammentreten.[294] Der von Tragik umflorte Abschied zwischen Groener und Ebert am 6. November war nur von kurzer Dauer gewesen: Schon am 10. November trafen beide telefonisch eine Übereinkunft auf gegenseitige Anerkennung. Die OHL erklärte sich bereit, die neue Regierung zu unterstützen, Ebert, seitens der Regierung, das Offizierskorps zu respektieren.[295]

Am 16. November berichtete Erzberger im Kabinett über seine Eindrücke und die Ergebnisse von Compiègne. Das Ergebnis sei, auch nach dem Urteil Groeners, »besser, als man hätte erwarten können«.[296] Ebert dankte der Delegation: Die Bedingungen seien hart, aber in mehreren Punkten seien wesentliche Erleichterungen erzielt worden. Überlegungen Scheidemanns und Erzbergers, gegen den Waffenstillstand eine »Volksbewegung« zu entfachen, wurden abgelehnt. Eine solche Aktion, erläuterte Preuß sarkastisch, könne leicht zur Folge haben, daß sie sich nicht gegen das Ausland, sondern gegen die eigene Regierung richte: »Die Feinde sind weit, und die Regierung ist nahe.«[297] Sorgen machte man sich über die ausreichende Versorgung der Bevölkerung mit Lebensmitteln und über die wirtschaftliche Integration der zurückflutenden Truppen.

Das Kabinett hatte in dem Vollzugsrat der Arbeiter- und Soldtenräte Groß-Berlins, der sich am 10. November gebildet hatte, einen Gegenspieler, der die Zusammenarbeit mit der leitenden Beamtenschaft der Reichsämter kritisch beobachtete. Die Spannungen zwischen Vollzugsrat und Kabinett zwangen die Volksbeauftragten, eine Tuchfühlung mit den Räten zu behalten, obwohl man keine große Neigung hatte, eine neue Form der Nebenregierung zu dulden.[298] Andererseits gab die Existenz der Räte der neuen Regierung auch die Chance, ihre Reformen schnell und zügig durchzusetzen. Die politische Rechte hatte in diesen Tagen wenig Einfluß und verhielt sich abwartend. Die Volksbeauftragten leiteten die deutsche Politik bis zum 10. Februar als provisorische Regierung, bis sie von dem neuen, durch die Nationalversammlung gebildeten Kabinett der Mehrheitsparteien, jetzt der »Weimarer Koalition«, abgelöst wurden.[299]

Als am 25. November im Kongreßsaal des Reichskanzlerpalais eine mit 110 Teilnehmern besetzte Reichskonferenz aus Mitgliedern der Reichsregierung, Vertretern der 21 neuen Landesregierungen – darunter auch die Räteregierung der Stadt Bremen – und, als Gast, einem Gesandten des neuen Österreichs zusammenkamen, hatte der Alltag der Republik nach Niederlage und Revolution schon begonnen. Ebert leitete die Aussprache, sprach einleitend von den »vier Jahren wahnsinnigen Krieges«, seinen Opfern und Zerstörungen an kulturellen Werten. Man habe vor einem Trümmerhaufen gestanden, »als wir die politische Macht des Reichs« übernahmen. Er konstatierte das Ende der Monarchien im Reich und in den einzelnen Ländern, beschrieb die Regierung als »Beauftragte der Arbeiter und Soldaten des Reichs«,[300] lenkte über zu dem Waffenstillstand, dankte der Kommission für die »Energie und das Geschick«, das sie bewiesen habe. Dem Waffenstillstand müsse bald der Frieden folgen, um die Ernährung zu sichern und das Wirtschaftsleben weiterzuführen. Er appellierte an die Arbeiter und Soldaten, ihre Kräfte für das Wiederaufleben einzusetzen. Dann folgten einige bemerkenswerte Sätze: »Die politische Freiheit hat sich im ganzen Reich mit Wucht durchgesetzt. Jeder Versuch, diesen Erfolg streitig zu machen oder zu beseitigen, wird scheitern an dem entschlossenen Willen der Arbeiter und Soldaten.[301] Die Freiheit allein kann uns aber nicht nützen, wenn wir nicht Brot und Arbeit haben.« Man müsse wieder arbeiten.

Ebert beschwor den Zusammenhalt des Reiches: »Dazu bedarf es der Einsicht des guten Willens und der Kraft aller, in Süd und Nord, in Ost und West. Nichts wäre in dieser Situation verhängnisvoller als ein Auseinanderstreben des Reichs.«[302] Die endgültige Regelung der Beziehungen der einzelnen Länder (sie hießen noch Einzelstaaten) im Reich werde die Nationalversammlung finden müssen. Die Ansprache enthielt ein Programm: die nächsten Aufgaben der neuen Demokratie, die aus den Wehen dieser Novembertage geboren war. Diese junge Demokratie war nicht, was ihre politische Ästhetik betraf, besonders schön, aber sie war vital, formbar und bildungswillig, offen – und enttäuschbar, nämlich dann, wenn Welt und Umwelt den jugendlichen Erwartungen nicht entsprachen. Es war nicht leicht, das wurde aus der Rede Eberts deutlich, den richtigen, sachlich und psychologisch richtigen, politischen Kurs zu steuern. Noch etwas anderes sprach aus dieser Rede. Der Rausch weltpolitischer Ambitionen und Träume der letzten zwanzig Jahre verflogen. Die deutsche Politik bewegte sich nach den Erschütterungen der Novembertage wieder auf soliderem Boden.

Anmerkungen

1 IFA II, S. 350. Stresemann beurteilte in dem Brief die »Gesamtlage« optimistisch: »Unsere militärische Lage im Westen wird als sehr gut angesehen. Unsere Operationen sind allerdings in den letzten zehn Tagen durch die unaufhörlichen Regengüsse einigermaßen erschwert worden.« (A.a.O.)

2 Im Juli 1918 notierte General Hoffmann nach einem Besuch in Berlin in seinem Tagebuch: »Allgemeine Stimmung im Auswärtigen Amt der verschiedenen Ressorts nicht erfreulich. Leute sind alle so unsicher. Kein Mensch traut sich, etwas zu tun oder zu sagen, ehe er nicht weiß, wie sich die OHL dazu stellt. Das hat ja in mancher Beziehung sein Gutes, führt aber zu einer gewissen Unsicherheit. Da wäre schon das Beste, Ludendorff würde Reichskanzler, dann wären klare Verhältnisse.« (Nowak, Hoffmann Bd. 2, S. 201)

3 IFA II, S. 353.

4 IFA II, S. 355.

5 IFA II, S. 356.

6 IFA II, S. 357.

7 IFA II, S. 358f.

8 Am 28. 4. 1918 forderte der »Preußentag« der Nationalliberalen die Einführung des gleichen Wahlrechts in Preußen, ein Entgegenkommen an die Linke. Initiatoren des Beschlusses waren Stresemann und Friedberg. (Schulthess NF 34 (1918), S. 158)

9 IFA II, S. 362.

10 IFA II, S. 363.

11 IFA II, S. 365.

12 Durch Beschluß des Kabinetts Max von Baden.

13 Aufruf »An die Partei«: »Die sozialdemokratische Partei hat seit vielen Jahren für das gleiche Wahlrecht in Preußen gekämpft. Die zum Himmel schreiende Ungerechtigkeit des preußischen Wahlrechts trat im Laufe des Krieges so offenkundig für alle Welt zutage und löste einen so großen Unwillen im Volk aus, daß schließlich nicht nur der König von Preußen, sondern auch das preußische Staatsministerium sich für das gleiche Wahlrecht einsetzten und seine Durchführung feierlich ankündigten. Trotzdem hat das preußische Abgeordnetenhaus das gleiche Wahlrecht wiederholt abgelehnt... Statt in absehbarer Zeit das gleiche Wahlrecht zu erhalten, wird das deutsche Volk zunächst mit einer Verkürzung der Brotration zu rechnen haben. Die Ankündigung der Regierung, daß vom 16. Juni an die Brotration verkürzt werden soll, wird unter allen Umständen durchgeführt werden.« (Schulthess NF 34 (1918), S. 184)

14 A.a.O., S. 188.

15 Reichstag Bd. 313 (1918), S. 5610.

16 Reichstag Bd. 313 (1918), S. 5617. – Wörtlich: »Es sind entweder aus Ostelbien direkt stammende – das ist die große Mehrheit – oder es sind hohe Militärs, die in das Milieu, in der Denkart Ostelbiens, des in Preußen-Deutschland regierenden Junkertums so sich hineingelebt haben, daß sie von den anderen, geborenen Ostelbiern nicht mehr zu unterscheiden sind (Sehr richtig! bei den Sozialdemokraten). Sie betreiben die ostelbische Methode. (Erneute Zurufe von rechts) – Herr Kollege, die politische Leitung hat in diesen Ostgebieten so wenig Einfluß wie der Deutsche Reichstag; die Militärautokratie entscheidet dort.«

17 Reichstag Bd. 313 (1918), S. 5634. Eine ähnliche Formulierung findet sich in einer Rede Wilhelms II. vom 15. Juni zu seinem 30jährigen »Regierungsjubiläum«: Es handelte sich nicht um einen strategischen Feldzug, es handelte sich um den Kampf zweier Weltanschauungen:

Entweder soll die preußisch-germanisch-deutsche Weltanschauung – Recht, Freiheit, Ehre und Sitte – in Ehren bleiben, oder die angelsächsische, das bedeutet: Dem Götzendienst des Geldes verfallen.« (Schulthess NF 34 (1918), S. 198) Diese Mentalität politischer Unterscheidung nach »Rassen« und »Weltanschauungen« war in breiten Schichten des deutschen Bürgertums verbreitet: aber nicht nur des deutschen. Es handelte sich vielmehr um eine gesamteuropäische Mentalität der jeweiligen nationalen bürgerlichen Schichten (mit unterschiedlichen Zielen).

18 Reichstag Bd. 313 (1918), S. 5640.

19 Reichstag Bd. 313 (1918), S. 5661.

20 Die Bemerkung bezog sich auf eine Beratung des »Kronrats« am 1. Juli, auf der sich Hertling für die Äußerung des Staatssekretärs hatte »entschuldigen« müssen, wie »ein Lehrer den schlechten Aufsatz eines Schülers vor dem Schulrat verteidigt«. Im einzelnen führte Hertling an: »Bei der Rede des Staatssekretärs haben unglückliche Umstände mitgewirkt. Ermüdung und fehlende Zeit zur Vorbereitung wegen vorausgegangener Sitzung des Hauptausschusses. Keine Zeit zum Frühstück, daher matter Tonfall und Eindruck, als verliere Kühlmann im zweiten Teil der Rede den Faden, während gegen den ersten Teil der Rede nichts einzuwenden war.« Der alte Hindenburg antwortete: »Der Staatssekretär muß Zeit finden, sich auf so wichtige Reden vorzubereiten.« (Wortlaut in: A. Rosenberg, Entstehung der Weimarer Republik, Frankfurt 1955, S. 200)

21 IFA II, S. 420.

22 IFA II, S. 426.

23 IFA II, S. 427.

24 IFA II, S. 427.

25 IFA II, S. 427.

26 A. a. O., S. 428.

27 IFA II, S. 426.

28 IFA II, S. 430.

29 A. a. O.

30 IFA II, S. 430.

31 IFA II, S. 431.

32 IFA II, S. 431.

33 IFA II, S. 431.

34 A. a. O.

35 IFA II, S. 433.

36 A. a. O.

37 IFA II, S. 434.

38 IFA II, S. 437.

39 IFA II, S. 437.

40 IFA II, S. 438. – Dr. Müller (1866–1944) war Oberlandesgerichtsrat in München, seit 1905 Mitglied, seit 1906 Fraktionsvorsitzender der Fortschrittler in der bayerischen Abgeordnetenkammer. Er gehörte dem Reichstag von 1898 bis 1918 an (Wahlkreis: Sachsen-Meiningen).

41 IFA II, S. 447.

42 IFA II, S. 447.

43 HA IV, S. 2286.

44 Hertling am 11. 7.: »Es seien also keine sachlichen, sondern persönliche Gründe gewesen, die StS. v. Kühlmann veranlaßt hätten, um seine Entlassung zu bitten. Er habe sich trotz der hervorragenden Fähigkeiten des Herrn v. Kühlmann von ihm trennen müssen, da das notwendige Vertrauensverhältnis zwischen ihm und anderen Faktoren nicht bestanden habe, das zur reibungslosen Führung der Geschäfte unentbehrlich ist.« (HA IV, S. 2280).

45 Nüchtern, realistisch, in der Sprache etwas salopp, schrieb der Fortschrittler Gothein an Haußmann am 13. 7. 1918: »Was ich von den Zuständen und Stimmungen dort [in Österreich]

höre, ist trostlos! Und ebenso, wenn nicht noch schlimmer, ist's in der Türkei. Dazu die Mißernte in Rumänien und das Chaos in Rußland. Auch in der Ukraine scheinen die Zustände nicht besser, sondern schlimmer geworden zu sein. Und was wir dort herauskriegen ist mehr als unsicher, ganz abgesehen von den blödsinnigen Preisen, die wir dafür anlegen und die unsere Valuta immer mehr ruinieren. Dazu das scheußliche Erntewetter! Hier vergeht kein Tag ohne schwere Regengüsse. Wir werden, wenn wir im Oktober zum Hauptausschuß [des Reichstags] zusammentreten, schwer zu tun haben, den Block [der Mehrheitsparteien] zusammenzuhalten. Die Sozis werden nicht mehr leicht bei der Stange zu halten sein und Hertling und Payer werden sich sagen müssen, daß sie mit dem Block stehen und fallen.« (IFA II, S. 469f.)

46 Brief an Gugelmeier (Lörrach) (IFA II, S. 473–476). – Kritisch beurteilte Stresemann Scheidemann: Er sei ein »Demagoge«, ließe sich nur von der Besorgnis leiten, im Wettbewerb mit den Unabhängigen um die Stimmen der Arbeiterschaft nicht zu kurz zu kommen.

47 IFA II, S. 477.

48 Am 6. 7. war der deutsche Botschafter in Moskau, Graf Mirbach, einem Attentat zum Opfer gefallen.

49 General Hoffmann, der an der Ausarbeitung des Ergänzungsvertrags mitgearbeitet hatte, notierte am 14. 8. 1918 in seinem Tagebuch: »Bei uns ist die Lage unverändert. Der Vertrag mit Rußland ist soweit fertig, daß Genosse Joffe nach Moskau gefahren ist, um ihn unterschreiben zu lassen. Ich bin neugierig, wie sich die Sache dann weiter entwickelt... Im Westen scheint die Sache ja abzuflauen. Das einzig Gute ist, daß der Reichstag nicht zusammen war. Die ... hätten natürlich wieder die Nerven verloren und furchtbar viel Unsinn geredet. Das merkt man schon daran, daß das Berliner Tageblatt den Zusammentritt des Ausschusses fordert.« (Nowak, Hoffmann Bd. 2, S. 204)

50 (IFA II, S. 476, Anm. 3) – Hintze vertrat in der Rußlandpolitik eine ungewöhnlich rücksichtslose Linie (Schreiben an Ludendorff vom 6. 8. 1918, in: W. Baumgart, Deutsche Ostpolitik 1918, Wien-München 1966, S. 394).

51 IFA II, S. 480f.

52 Status der Unabhängigkeit. Am 15. Okt. 1918 bildeten Thomas Masaryk und Eduard Benesch den »tschechischen Nationalrat« in Paris.

53 IFA II, S. 485.

54 Zur Ukraine hieß es: Es sei verhängnisvoll, daß die deutsche Regierung dort die Politik der Großgrundbesitzer unterstütze. Es drohe ein ukrainischer Aufstand.

55 IFA II, S. 486f.

56 Die Gesamtsituation wurde wohl von Südekum – was die Beurteilung der deutschen Situation durch das Ausland betraf – etwas dramatisiert.

57 IFA II, S. 522.

58 IFA II, S. 522.

59 IFA II, S. 254.

60 IFA II, S. 528.

61 Vgl. S. 89ff. – Von der britischen Regierung war bereits der Entwurf einer Völkerbundsatzung in die Öffentlichkeit gebracht worden.

62 IFA II, S. 530.

63 IFA II, S. 531.

64 IFA II, S. 542.

65 IFA II, S. 542.

66 IFA II, S. 551.

67 IFA II, S. 552.

68 Einen Tag zuvor, am 10. Sept., hatte Wilhelm II. vor einer Versammlung von 500 Werksangehörigen der Krupp-Werke in Essen gesprochen. Die Rede enthielt ein Bekenntnis, ja fast eine Art Rechenschaftsbericht und eine Aufforderung zum Durchhalten zugleich. Er sprach als »Landesvater«, nahm auch zu Mißstimmungen Stellung: »Aber wem verdanken wir dies letz-

ten Endes?« Es sei der Vernichtungswille und der Haß des Feindes, der auf das deutsche Friedensangebot vom Dez. 1916 nur mit »Hohn und Spott« geantwortet habe. Zum Friedenmachen gehören »zwei«: »Wenn nicht beide wollen, kann der eine nicht.« So habe man weiter kämpfen müssen, gegen »die Verneinung der Existenzberechtigung des deutschen Volkes«. (Schulthess NF 34 (1918), S. 276–280) Die Rede dauerte eine Stunde, die Aufnahme durch die Zuhörer war kühl. Eine Rede Scheidemanns in Essen war von dem örtlichen Generalkommando untersagt worden.

69 IFA II, S. 567.

70 IFA II, S. 582.

71 IFA II, S. 586.

72 IFA II, S. 588.

73 IFA II, S. 604.

74 IFA II, S. 626.

75 IFA II, S. 630.

76 Bei dem nächsten Zusammentritt des Reichstags am 5. Okt. standen die innen- und verfassungspolitischen Veränderungen im Vordergrund.

77 IFA II, S. 678.

78 IFA II, S. 672.

79 IFA II, S. 694–696.

80 IFA II, S. 673f.

81 IFA II, S. 679f.

82 Hertling: »Unsere Feldherren, Hindenburg und Ludendorff, werden sich wie jeder früheren so auch der jetzigen Lage gewachsen zeigen.« (Schulthess NF 34 (1918), S. 294).

83 Hertling: »Man berauscht sich an dem Gedanken, daß Amerika den geknechteten Völkern Mitteleuropas die Segnungen moderner freiheitlicher Kultur bringen müsse, und erfreut sich zugleich der vielen Millionen, welche die Kriegsrüstungen in die Taschen der Geschäftsleute fließen lassen. Theorie und Praxis sind eben verschiedene Dinge, und auch das alte Wort von dem Splitter im fremden und dem Balken im eigenen Auge bewährt sich immer wieder in den Machenschaften der Entente.« (Schulthess NF 34 (1918), S. 296)

84 A.a.O.

85 In der Einschätzung der Ziele der USA beobachtete Hertling die Dinge nicht ganz falsch, denn dort hatte sich inzwischen zunehmend der »konservative« Beraterstab Wilsons und der Staatssekretär Lansing durchgesetzt, die an machtpolitischen Lösungen in Europa Interesse fanden. Andererseits waren Hertlings Erklärungen wenig geeignet, die amerikanische »Linke« und auch Wilson selbst zu stärken (vgl. K. Schwabe, Deutsche Revolution und Wilson-Friede, 1971, S. 74). In seiner letzten Rede vor Kriegsende in New York, am 27. 9., sprach Wilson, ähnlich wie Hertling am 24. Sept. von einem »Frieden der Gerechtigkeit« (Schwabe, S. 84).

86 Über den Bankier Max Warburg und den Deutschamerikaner Jakob Noeggerath in Den Haag.

87 Scheidemann: »Wir leiden an einer Unterschätzung der Gegner, die uns militärischerseits mit suggestiver Gewalt beigebracht worden ist.« (Schulthess NF 34 (1918), S. 305)

88 A.a.O.

89 Schulthess NF 34 (1918), S. 311.

90 Schulthess NF 34 (1918), S. 313.

91 Scheidemann: »Mittlerweile war auch bekannt geworden, wie die Lage im Westen war – schlimmer konnte sie gar nicht sein. Das einzig Erfreuliche war der Zusammenbruch der großschnäuzigen Schwätzer, der Alldeutschen.« (IFA II, S. 420)

92 IFA II, S. 428.

93 IFA II, S. 429.

94 IFA II, S. 429.

95 IFA II, S. 436.

96 Noske: »Was denken denn eigentlich unsere Leute, Männer und Frauen? Von einer wirklich

revolutionären Stimmung ist bei den meisten Leuten nichts zu verspüren. Unter den Frauen ist eine geradezu bolschewistische Stimmung. Gefährlicher ist das Gefühl absoluter Wurstigkeit gegenüber dem Schicksal des Reiches und unseres Volkes. Es wird ganz offen diskutiert, daß die Herrschaft der Engländer nichts Schreckendes habe. Sie verkennen, was ein Friede um jeden Preis für sie bedeutet. Wenn die Hohenzollern ein Friedenshindernis sind, dann jagt sie doch zum Teufel, sagen viele Bürgerliche, und dann schieben sie uns großmütig die Rolle der Aktoren zu.«, (IFA II, S. 433f., Anm. 48).

97 Ebert: »Ich gebe zu, es besteht in der politischen Geschichte kein Fall, wo eine sozialistische Gruppe mit einer ausgesprochen klerikalen Gruppe eine Koalitionspolitik gemacht hätte. (IFA II, S. 439)

98 Ebert: »Wir müssen Rücksicht nehmen auf die Politik des Zentrums und auf die entscheidenden Persönlichkeiten, wir müssen sie soweit wie möglich auf unsere Linie zu drängen suchen, und das ist geschehen in den hinter uns liegenden Wochen. Wir dürfen keine Forderung stellen, die sich nicht durchführen läßt. Aufhebung der Kommandogewalt des Kaisers ist eine sehr schöne und populäre Forderung, aber glaubt einer von uns, daß wir die bürgerlichen Parteien und die Regierung dafür gewinnen? Das halte ich für ausgeschlossen. Viel wichtiger ist es, die Militärs aus der Politik auszuschalten. Es muß die Leitung der Politik unter allen Umständen sichergestellt werden in den Händen der Zivilregierung. Das ist ein Standpunkt, der sich vertreten läßt und den wir unter allen Umständen durchsetzen müssen, und wenn das nicht gelingt, können wir nicht mitmachen.« (IFA II, S. 439)

99 IFA II, S. 460.

100 In der Aussprache waren die folgenden Redner zu Wort gekommen: Gustav Hoch (MdR, Kassel), Wolfgang Heine (MdR, Berlin), Hermann Beims (Marburg, Parteiausschuß), Jean Meerfeld (MdR, Köln), Max Cohen (MdR für den Wk Reuß), Carl Haberland (MdR, Düsseldorf), Max Quarck (MdR, Wiesbaden), Robert Leinert (Mitglied des preuß. Abgeordnetenhauses), Albert Südekum (MdR, Berlin, Wk Mittelfranken), Otto Landsberg (MdR, Magdeburg), Heinrich Peus (MdR, Potsdam), Wilhelm Keil (MdR, Ludwigsburg), Erhard Auer (Vizepräsident des bayer. Landtags), Otto Braun (Mitglied des preuß. Abgeordnetenhauses, Königsberg) Hans Vogel (Mitglied des bayer. Landtags), Paul Löbe (Mitglied des schlesischen Provinziallandtags, Breslau), Josef Emmel (MdR, Wk 2 Elsaß-Lothringen), Adolf Geck (MdR, Offenburg), Gustav Noske (MdR, Chemnitz).

101 IFA II, S. 460.

102 Gröber warf bedächtig ein, dem würde der Bundesrat kaum zustimmen, darauf Erzberger lakonisch: »Das könne man in der jetzigen Situation ruhig abwarten.« (IFA II, S. 708)

103 Die Nationalliberalen hatten bereits 4 Vertreter in verschiedenen Funktionen in der Regierung Hertling.

104 Aufzeichnung Erzbergers (IFA II, S. 709).

105 Erzberger: »Die Regierung stellen wir.« (IFA II, S. 767)

106 E. Matthias-R. Morsey: Die Regierung des Prinzen Max von Baden, Düsseldorf 1962, S. 17–24. – Der Quellenband im folgenden zitiert als: RPM.

107 Fischbeck berichtete später den Abgeordneten, er habe den »denkbar ungünstigsten Eindruck« von dem Chef des Zivilkabinetts gehabt: Er sei »in Uniform mit langen Stiefeln im Zimmer auf und ab gelaufen und habe an die Wände hinaufgeredet, und zwar im Gardeleutnantston. Er habe von einem Koalitionskabinett gesprochen, das die Konservativen mit umschließen müsse.« (RPM, S. 15) Ähnlich der Eindruck Eberts: »Er habe nun genug von der Sache. Der Kabinettschef sei im Paradeschritt auf und ab gelaufen und habe im Gardeleutnantston gesprochen. Er habe gesagt, die Mehrheit müsse nicht glauben, daß sie diktieren dürfe.« (RPM, S. 16).

108 RPM, S. 17.

109 Bis dahin waren nur die konservativen Abgeordneten unterrichtet worden.

110 RPM , S. 30.

111 »Wir haben keinen parlamentarischen Kanzler.« (RPM, S. 31)
112 »Das ist die alte Politik, die wir bekämpft haben, das können wir nicht mitmachen.« (RPM, S. 32)
113 IFA II, S. 463–468. – In der SPD-Fraktionssitzung fiel auch der Vorschlag, Erzberger zum Kanzler zu machen: Sein Name sei ein Programm.
114 IFA II, S. 465.
115 Vgl. Ph. Scheidemann, S. 189.
116 Ein weiterer UStS wurde später benannt.
117 Die »Hemmungen« der SPD-Politiker vor dem Regierungseintritt waren nicht nur ideologischer und politischer Natur, sie kamen auch daher, daß bis dahin Sozialdemokraten weder im Reich, den Bundesstaaten noch den Gemeinden exekutive Aufgaben ausgeübt hatten. »Regieren« war bis dahin für die SPD nicht selbstverständlich. So brachte die neue Situation zwangsläufig auch latente innerparteiliche Mißgunst und Kleingeist hervor.
118 RPM, S. 38f.
119 Das Auswärtige Amt wurde dem früheren Kolonialstaatssekretär Solf übertragen, die anderen Staatssekretariate wurden weiter von den beamteten Leitern der Reichsämter geführt.
120 Zu dem Konzept Hintzes vgl. Schwabe, S. 98.
121 G. Ritter nannte die Denkschrift Hintzes einen »ungewöhnlichen Schritt«. Er habe – als Staatssekretär – darin »den Rücktritt seines Chefs, des Kanzlers, als gegebene Tatsache vorausgesetzt, ohne diesen auch nur zu informieren.« (Ritter, Staatskunst IV, S. 419)
122 Teilnehmer: von Hertling, von Hintze, von Roedern (StS des Reichsschatzamtes), von Hindenburg, Ludendorff, der Kronprinz Wilhelm, Wilhelm II.
123 Die Entscheidung über den »Adressaten« scheint aber endgültig in Berlin getroffen worden zu sein. Hintze sah darin die für Deutschland günstigste Lösung. Kurz darauf trat er von seinem Amt zurück.
124 Friedrich Matthias Graf von Galen (1865–1918), Mitglied des Reichstags seit 1907 für den Wahlkreis Oldenburg 3.
125 IFA II, S. 790.
126 IFA II, S. 790.
127 IFA II, S. 796.
128 Conrad Haußmann (1860–1940) studierte in Zürich, München, Berlin und Tübingen Jura, seit 1883 Rechtsanwaltpraxis in Stuttgart, MdL seit 1889, MdR seit 1890, pflegte die Bekanntschaft mit Eugen Richter, Th. Barth, August Bebel, von Bethmann Hollweg, Robert Bosch. 1907 hatte er gemeinsam mit Ludwig Thoma, Albert Langen und Hermann Hesse die literarische Zeitschrift »März« herausgebracht. 1919 leitete er mit großem Geschick den Verfassungsausschuß der Nationalversammlung.
129 Den Aufzeichnungen Haußmanns verdanken wir einen großen Teil des Quellenmaterials über die Geschichte der Reichstagsmehrheit. (IFA und RPM) Vgl.: C. Haußmann, Schlaglichter, Reichstagsbriefe und Aufzeichnungen, hrsg. U. Zeller, 1924.
130 M. v. Baden, Erinnerungen und Dokumente, hrsg. G. Mann u. A. Burckhardt, Stuttgart 1968, S. 322.
131 A.a.O., S. 323.
132 A.a.O., S. 323. – Oberst von Haeften war seit Mai 1917 politischer Berater Ludendorffs.
133 A.a.O., S. 328.
134 »Zeugen haben mir später den Eindruck geschildert: Die Abgeordneten waren ganz gebrochen; Ebert wurde totenblaß und konnte kein Wort herausbringen; der Abgeordnete Stresemann sah aus, als ob ihm etwas zugestoßen wäre; einzig und allein Graf Westarp begehrte auf gegen die vorbehaltlose Annahme der 14 Punkte.« (Baden, S. 328f.)
135 Telegramm vom 3. 10. Die Frage 5: »Ist die OHL mit der Absendung des vorliegenden Notenentwurfs einverstanden?« (Wiedergabe in: Ursachen und Folgen Bd. 2, Berlin o.J., S. 330), blieb unbeantwortet. Zu 134: Payer berichtete in seinen Erinnerungen: »In der Be-

sprechung teilte ich schweren Herzens den Parlamentariern nach wenigen vorbereitenden Worten mit, was die OHL verlangte, und gab ihnen Kenntnis von dem ungefähren Inhalt der beabsichtigten Note. Sie saßen entsetzt, nur Graf Westarp und Stresemann erklärten es für unmöglich, daß wir in einer so verzweifelten Lage seien.« Darauf ließ Payer von dem Bussche den Militärbericht vorlesen: »Nicht die Details der Ausführungen oder gar die Art des Vortrags war es aber, die die Parteiführer einen Augenblick geradezu fassungslos machten, sondern das Bild unserer ganzen Lage, das sich aus den vorgetragenen Tatsachen mit schonungsloser Deutlichkeit ergab, und die Folgerungen, die von jedem mit Notwendigkeit für unsere Zukunft daraus gezogen werden mußten. Der Schlag traf die Herren, die sich ihr Urteil über die Sachlage bisher aus den Tagesberichten der OHL gebildet hatten, ebenso unvorbereitet wie uns zwei oder drei Tage zuvor.« (Payer, Von Bethmann bis Ebert, Frankfurt 1923, S. 103) – Die Besprechung fand am 2. 10. um 9 Uhr im Reichstagsgebäude statt.

136 Baden, S. 335.

137 Vgl. Baden, S. 335.

138 Solf (1862–1936) war seit 1911 Staatssekretär des Kolonialamts, seit dem 4. Oktober StS. des Auswärtigen (bis Dezember). Solf war während des Krieges für eine Verständigungspolitik eingetreten; 1920–28 Botschafter in Tokio, bildete in der NS-Zeit einen informellen Widerstandskreis. Vgl.: E. von Vietsch, Wilhelm Solf. Botschafter zwischen den Zeiten, 1961.

139 Epstein, Erzberger, S. 295.

140 Vgl. Baden, S. 334.

141 Telefonische Antwort Ludendorffs nach einer Aufzeichnung Bussches; u. a.: »Gegenwärtig steht das deutsche Heer fest, gezwungen wird es von Abschnitt zu Abschnitt, sich zäh an den feindlichen Boden zu klammern, auszuweichen. Die Dauer solcher Rückbewegungen ist nicht genauer vorher zu bestimmen. Man kann aber hoffen, daß sie bis zum nächsten Frühjahr deutsches Gebiet schützen werden.« (Ursachen und Folgen Bd. 2, S. 331)

142 RPM, S. 66.

143 Endformulierung: »Die deutsche Regierung ersucht den Präsidenten der Vereinigten Staaten von Amerika, die Herstellung des Friedens in die Hand zu nehmen, alle kriegführenden Staaten von diesem Ersuchen in Kenntnis zu setzen und sie zur Entsendung von Bevollmächtigten zwecks Anbahnung von Verhandlungen aufzurufen. Sie nimmt das von dem Präsidenten ... in der Kongreßbotschaft vom 8. Januar und in seinen späteren Kundgebungen, namentlich der Rede vom 27. September, aufgestellte Programm als Grundlage für die Friedensverhandlungen an.« Ferner: Ersuchen um Waffenstillstand (Ursachen und Folgen Bd. 2, S. 379).

144 In seinen Erinnerungen schreibt M. von Baden: »Als ich am Morgen des 4. erwachte, war mir zumute wie einem Menschen, der zum Tode verurteilt ist und es im Schlaf vergessen hatte.« (Baden, S. 338)

145 Teilnehmer: Dove, Gothein, Müller-Meiningen, Fischbeck, Wiemer (FVP), Gröber, Erzberger, Herold (Ztr.), Scheidemann, David, Südekum, Ebert (SPD). (RPM, S. 70)

146 Vgl. Baden, S. 338f. – Weitere Personalentscheidungen fielen in den nächsten Tagen: die Ersetzung des preußischen Kriegsministers von Stein durch Heinrich Scheuch, der von den Gewerkschaften akzeptiert wurde, am 9. 10., und von Bergs als »Chef des Zivilkabinetts« am 11. 10. durch Clemens von Delbrück, einem Sozialreformer der Vorkriegsjahre.

147 Die Beratungen begannen montags, mittwochs, freitags um 9^{30}, donnerstags um 18 Uhr.

148 Reichstag Bd. 314, S. 6153.

149 Tatsächlich war man im Weißen Haus von der deutschen Note und ihrer Interpretation überrascht: Wilsons Rede am 27. 9. war nicht als Entgegenkommen an Deutschland gedacht gewesen. (Vgl. zu dem Gesamtkomplex: Schwabe, S. 84; John L. Snell, Wilson on Germany and the Fourteen Points, in: Journal of Modern History 26 (1954), S. 364ff.; ders. Die Republik aus Versäumnissen, in: Welt als Geschichte XV, (1955), S. 189ff.; N. G. Levin, Woodrow Wilson and World Politics, 1968.)

150 Von Dandl (bayerischer Staatsminister, Vorsitzender): »Allerdings ist hier über die bloße Personenwahl hinaus ein neues System eingeführt worden, und es wäre für die Bundesstaaten vielleicht erwünscht gewesen, vorher Stellung nehmen zu können. Aber nun ist es so gekommen.« Man wolle wegen des »Drangs der Ereignisse« keine Kritik ausüben. (RPM, S. 85)
151 RPM, S. 117.
152 RPM, S. 118.
153 RPM, S. 119.
154 RPM, S. 129.
155 Der Amnestieerlaß wurde von allen Bundesstaaten am 12. Oktober erlassen: Von den bekannteren Persönlichkeiten wurden Rosa Luxemburg, Wilhelm Dittmann (MdR, USPD) und Kurt Eisner (USPD München) sofort entlassen, Karl Liebknecht, neben Haase Führer der USPD, am 21. 10. »begnadigt«.
156 Der Aufruf kritisierte den Regierungseintritt der SPD-Politiker und deren bisherige Haltung als »Regierungssozialismus«: »Die Einigkeit des Proletariats kann sich ebensowenig unter dem Banner des Zentrums, der Fortschrittlichen Volkspartei, der Nationalliberalen, wie der Regierungssozialisten vollziehen.« Der Aufruf empfahl den Arbeitern stattdessen das »unbefleckte Banner« der USPD und forderte eine »sozialistische Republik«. (Schulthess NF 34, S. 332)
157 Erzberger: »Gesamter Regierungsapparat muß einschwenken auf den Regierungsstandpunkt.« (RPM, S. 134)
158 An den Vetter des Prinzen, Alexander von Hohenlohe.
159 Erörterung der »Krise« in einer interfraktionellen Besprechung am 11. 10. (RPM, S. 136f.)
160 RPM, S. 149.
161 Gröber: »Die Besorgnis der Sozialdemokratie ist doch wohl übertrieben und geht viel zu weit. Daß es unangenehm ist, gebe ich zu.« (RPM, S. 152)
162 RPM, S. 153.
163 Erzberger: »Ohne den Prinzen hätten wir nicht so viel in der inneren Politik erreicht, z. B. in der Frage der Begnadigung von Liebknecht und Dittmann. In der Frage der Umgestaltung der Reichsverfassung. Er hat eine ganze Reihe von Reformen durchgebogen. Wir bringen viel durch, weil der Prinz mit dem Kaiser gut arbeiten kann. Man muß auch mit der Gegenseite rechnen. Er hat den festen und ehrlichen Willen, das Programm durchzuführen.« (RPM, S. 154)
164 Ebert zu dem Baden-Brief: »Seine Bemerkungen über die Reichstagsresolution sind der reine Hohn. Angst, Hundstagsrechnung. Jeder weiß, daß das falsch war! Er höhnte über die Resolution. Damit ist der Mann gerichtet, damit ist unsere Politik gerichtet.« (RPM, S. 155)
165 Die Unterschriftlösung korrespondierte auch mit der Tatsache, daß der US-Staatssekretär Lansing die US-Note vom 8. 10. unterzeichnet hatte.
166 Ph. Scheidemann, Memoiren eines Sozialdemokraten, 1930, S. 209f.
167 RPM, S. 178.
168 Ursachen und Folgen, Bd. 2, S. 384f.
169 Baden: »Durchgesetzt hatten die OHL und der Staatssekretär von Hintze die Note an Amerika gegenüber Bedenken, die sowohl er selbst als die Herren von Payer und Solf hatten. So stark sei damals das Drängen der OHL gewesen.« (RPM, S. 139)
170 Baden: »Vielleicht sei jetzt etwas mehr Ruhe bei der OHL, aber sie halte doch fest an der Forderung eines sofortigen Waffenstillstands.« (RPM, S. 139) Der anwesende Oberst von Haeften bestätigte das.
171 Vgl. die Entwicklung Naumanns, S. 161ff.
172 Vorschlag von Haeftens, Solf, v. Krause (StS. des Reichsjustizamts, NL) und Erzberger stimmten im Kabinett zu.
173 Am 16. Oktober notierte Wilson: »The spirit of the Bolschewiki is lurking everywhere, and there is no more fertile soil than warweariness. There is grave unrest all over the world. There

are symptoms of it in this country ... We should consider, too, the condition of Germany. If we humiliate the German people and drive them too far, we shall destroy all form of government and Bolschewism will take its place. We ought not to ground them to power or there will be nothing to be built up from. I am alarmed of the temper of some of our people now. They want to devastate Germany in the same way Germany has devastated other countries. I should be ashamed to call myself an American if our troops destroyed one single town ... The people you hear shouting that we must dictate terms in Berlin are not the real Americans. Theirs is not the voice of America. I think the Germans want peace – I think even the present German Government wants peace – and I think it would be quite safe to meet them at a conference table now.« Aber Wilson befürchtete: »On the other hand, we must not fall into which may prove to be a German trap by allowing our answer to be used to stimulate their own war spirit and undermine ours.« (Aus: J. L. Snell, Wilson on Germany and the Fourteen Points, in: Journal of Modern History 26 (1954), S. 364–369)

174 Zur Politik Wilsons 1918 gegenüber Deutschland: H. Brogan, The Pelican History of the United States of America, Harmondsworth 1986, S. 495 ff.

175 »Vernichtung jeder militärischen Macht überall, welche es in den Händen hat, allein, geheim und auf eigenen Wunsch den Weltfrieden zu zerstören, oder, falls diese Macht gegenwärtig nicht vernichtet werden kann, wenigstens ihre Herabminderung bis zur tatsächlichen Ohnmacht.« (Abdruck der Note, in: Ursachen und Folgen 2, S. 394)

176 »Die Macht, welche bis jetzt das Schicksal der deutschen Nation bestimmt hat, ist eine von denjenigen, welche der Präsident in dieser Rede im Auge hat. Die deutsche Nation hat die Wahl, dies zu ändern.«

177 Ursachen und Folgen Bd. 2, S. 394.

178 Die deutsche Presse reagierte – ohne Interpretation der inneren politischen Hintergründe der US-Note vom 14. Oktober – scharf reserviert auf die Note, die rechte Presse scharf ablehnend: »Unerhört im Ton und im Inhalt.« Die liberale Frankfurter Zeitung sprach von einem veränderten Geist, der bei den Alliierten zum Zuge komme, der sozialdemokratische Vorwärts sprach von »Grenzen«, die nicht überschritten werden dürften. Die deutschen Journalisten nahmen die US-Note wörtlich.

179 David (SPD) im AA, der christliche Gewerkschaftler Giesberts (Mönchen-Gladbach, Ztr.) im Reichsarbeitsamt, August Müller (SPD) in das Reichwirtschaftsamt, Robert Schmidt (Generalkommission der freien Gewerkschaften) in das Kriegsernährungsamt (diese Funktion hatte seit August 1917 schon A. Müller wahrgenommen: das erste Zugeständnis an Gewerkschaften und Sozialdemokratie).

180 Die Beratungen des Bundesrats vom 15. 10. in: RPM, S. 190–193.

181 RPM, S. 216f.

182 Baden: »Es sei nicht nur der Wunsch Seiner Majestät, sondern auch der allgemeine Wunsch der Bevölkerung und eigentlich so selbstverständlich, daß niemand begreifen würde, wenn die Feldherren deshalb zurückträten.«

183 RPM, S. 219.

184 RPM, S. 222.

184 RPM, S. 223.

185 RPM, S. 223.

186 Hoffmann: »Die Truppe steht seit Monaten konstant in einzelnen Postierungen, wenig beaufsichtigt, und die bolschewistischen Ideen, verbunden mit Bestechung, haben sehr überhandgenommen.« (RPM, S. 223)

187 RPM, S. 227.

188 RPM, S. 229.

189 Robert Friedberg (1851–1920) seit 1887 Professor für Staatswissenschaft in Halle, gehörte als nationalliberales Mitglied dem preußischen Abgeordnetenhaus an, seit 1917 Vizepräsident des preuß. Staatsministeriums.

190 RPM, S. 230.
191 RPM, S. 239.
192 So auch die Zusammenfassung von Haeftens, nachdem Ludendorff die Sitzung verlassen hatte. (RPM, S. 247)
193 Ausgerechnet am 12. Oktober hatten deutsche U-Boote in der irischen See die »Leinster« mit 450 Passagieren, darunter auch Amerikaner, versenkt. Die Aktion hatte die Schärfe der US-Note beeinflußt.
194 RPM, S. 268.
195 RPM, S. 289.
196 Baden: »Es ist unmöglich in der Lage, zwei Meinungen zu haben.«
197 Ursachen und Folgen Bd. 2, S. 424.
198 Reichstag Bd. 314, S. 6161.
199 Reichstag Bd. 314, S. 6165.
200 Reichstag Bd. 314, S. 6165.
201 Ebert forderte in seiner Rede auch die Einführung des Frauenwahlrechts.
202 Reichstag Bd. 314, S. 6185.
203 RPM, S. 298.
204 Ausführungen Erzbergers und Scheidemanns in der Kabinettsitzung am 24. 10. (RPM, S. 321)
205 RPM, S. 334.
206 Baden, S. 470.
207 RPM, S. 510.
208 RPM, S. 510.
209 Das Gesamtkabinett hatte sich am 4. 11. mit den Vorgängen in Kiel befaßt. Es ging um die Verhandlungen mit den aufständischen Matrosen. Sie forderten die Freilassung ihrer Kameraden und die Abdankung des Kaisers, ferner, wie es hieß »irgendwelche Wahlrechtsforderungen« und die Rückberufung der noch auf See befindlichen Schiffe. Diese Forderungen waren in der Sache einleuchtend und gewissermaßen harmlos. Von sozialem Umsturz konnte eigentlich nicht die Rede sein. Allerdings wurden die politischen Autoritäten in Frage gestellt. Die Werften hatten die Arbeit eingestellt. Der örtliche Militärgouverneur war als Geisel festgenommen worden. Die Marineoffiziere hätten sich passiv verhalten. Einigen von ihnen seien die Uniformen abgerissen worden. Es wurde befürchtet, daß die Bewegung auf andere Orte übergreifen könne. (RPM, S. 504–507)
210 Erzberger: »Die Waffenstillstandsbedingungen müssen im Laufe dieser Woche uns bekannt werden. Spätester Termin. Erfolgen sie nicht, so muß ein anderer Weg beschritten werden. Clémenceau und Wilson kämpfen jetzt. Clémenceau rechnet auf Niederlage von Wilson. Dann Gewaltfrieden. Wilson rechnet anders. Sind im Laufe dieser Woche die Bedingungen nicht zu erreichen, dann weiße Fahne mit allen Konsequenzen, die sich daraus ergeben. Jedes weitere Zerschleppen zermürbt das Volk, und die Regierung bleibt nicht mehr Herr der Lage. Vorgänge in Kiel, Stuttgart, München. Aus dem Rheinland keine Nachricht zunächst da. Das kann in 24 Stunden einen Umfang annehmen, den niemand vorauszusehen vermag. Dann bricht die innere Front vollkommen zusammen. Die Bedingungen des Feindes sind weniger schmerzhaft als die innere Zerfleischung des Volkes. Russische Zustände. Das dürfen wir nicht zulassen!« (RPM, S. 513)
211 RPM, S. 514.
212 RPM, S. 514.
213 RPM, S. 515.
214 RPM, S. 516.
215 RPM, S. 516.
216 RPM, S. 516.
217 RPM, S. 517.

218 RPM, S. 519.
219 Der Vorschlag zu einer deutschen Nationalversammlung wurde aber von Beamten der Reichskanzlei aufgegriffen und am nächsten Tag weiter durchdacht.
220 RPM, S. 520.
221 RPM, S. 523.
222 A. a. O.
223 A. a. O.
224 Zur Entstehung des sozialdemokratischen »Antibolschewismus«: P. Löschke, Der Bolschewismus im Urteil der deutschen Sozialdemokratie 1905–1920, Berlin 1967.
225 Welche Hoffnungen man in diesen Tagen auf die Sozialdemokraten, besonders auf Friedrich Ebert, setzte, geht aus einer Erinnerung des Berliner Historikers F. Meinecke aus dem Oktober 1918 hervor. Meinecke hatte Ebert bei einem Gesprächsabend kennengelernt: »Er (Ebert) gehörte, obgleich er Parteiführer war, nicht dem Kabinett des Prinzen Max von Baden an. Es wurde geraunt, daß man ihm absichtlich diese freie Stellung gelassen habe, damit er in den zu erwartenden schweren Entscheidungsstunden unbelastet als rettender Mann hervortreten könne. In diesem Licht sah ich ihn an jenem Abend an. Aus meinem Gespräch mit Ebert ist mir ein Wortwechsel noch in Erinnerung: ›Glauben Sie, daß Deutschland vor dem Bolschewismus bewahrt werden kann?‹, fragte ich. Er antwortete ganz ruhig und sicher: ›Ich hoffe, ja.‹ (F. Meinecke, Werke Bd. 8, Stuttgart 1969, S. 300.) Meineckes Eindruck ist nicht untypisch für die Erwartungshaltung bürgerlicher Kreise gegenüber den Sozialdemokraten.
226 Der 51jährige württembergische General hatte sich als sogenannter Außenseiter, zunächst als Fachmann für die Eisenbahnverwaltung 1914, bewährt und als Mitglied des Generalstabs seine technischen Fähigkeiten bei der Vorbereitung des Aufmarsches zu Beginn des Krieges bewiesen. 1916, als Leiter des »Berliner Kriegsamts«, das für den Mannschaftsersatz und die Waffenproduktion zuständig war, hatte er die betrieblichen Verhältnisse genauer kennengelernt und sich auch bald ein gewisses Vertrauen bei den Gewerkschaften durch seine sachliche Einstellung erworben. Er war für Arbeiterschutzbestimmungen und gegen die maßlosen Kriegsforderungen der Alldeutschen auch im Offizierskorps eingetreten. Wegen der daraus entstandenen Gegensätze war Groener im August 1917 von Ludendorff als Generalstabschef der Heeresgruppe Kiew an die Front abgeschoben worden. Am 26. 10. setzte das Kabinett Groener an die Stelle des abberufenen Ludendorff. Zum ersten Mal hatte jetzt das Kabinett die Möglichkeit, von einem als vertrauenswürdig geltenden General über die militärische Lage unterrichtet zu werden. Allerdings unterschied sich Groener in seiner politischen Philosophie nicht so sehr von anderen deutschen Offizieren. (W. Groener, Lebenserinnerungen, hrsg. F. Hiller von Gaertringen, Göttingen 1957)
227 RPM, S. 534.
228 RPM, S. 542.
229 Was sollte aber mit dem beschlagnahmten Gepäck des russischen Botschafters geschehen? Solf hatte Joffe gesagt, er könne das Gepäck wieder mitnehmen. Die militärischen Spezialisten dagegen wünschten eine genauere Untersuchung, um zu erfahren, wo die Fäden zur russischen Botschaft verliefen. (RPM, S. 544)
230 RPM, S. 544.
231 In der gleichen Sitzung registrierte Baden Überlegungen zur Bildung einer neuen »antibolschewistischen Front«. Er erwähnte, daß die Ukraine nun England um Unterstützung »gegen den Bolschewismus« gebeten habe. Das müsse auch die eigene Linie sein, sowohl im Innern wie nach außen, zumal »nachdem wir Joffe weghaben«. Haußmann stimmte den Überlegungen Badens zu, aber auch im Innern müsse dem »Bolschewismus« das »Wasser abgegraben« werden. (RPM, S. 550)
232 Vgl. R. Butler, The Peace Settlement of Versailles 1918–1933, in: New Cambridge Modern History Bd. 12, Cambridge 1968, S. 210. – In der Nacht des 29. Oktober habe, schreibt R. W. Watt, Clemenceau bei den Besprechungen alle »Spitzfindigkeiten« vom Tisch gefegt und

Lloyd George gefragt: »Sind Sie eigentlich jemals gefragt worden, ob Sie die 14 Punkte annehmen? Ich nicht.« »Ich auch nicht«, erwiderte Lloyd George. Doch habe man am 30. eingelenkt. (R. W. Watt, Der Kaiser geht. Deutschland zwischen Berlin und Versailles, Frankfurt/M. 1971, S. 29.)

233 Vgl. Schwabe, S. 234. Zu den »Verlierern« des Wilson-Friedens vgl. die Zusammenfassung bei Schwabe, S. 664: Die »liberale Linke« diesseits und jenseits des Atlantiks: die liberalen, demokratischen, sozialdemokratischen Gruppen in Deutschland – bis zu den Unabhängigen – und die liberale Linke in den USA, die »Wilsonianer«, nicht zuletzt Wilson selbst.

234 G. Stresemann: »Aber, wie die Stellung des Monarchen auch in der Hohenzollerndynastie von dem 18. Jahrhundert Friedrichs des Großen bis zum 19. Jahrhundert Wilhelms I. Wandlungen erfuhr, so auch in der Gegenwart ... Die Idee des Gottesgnadentums hat niemals in der Idee des Liberalismus gewurzelt. Er konnte im Fürsten stets nur den durch Geburt und Rang an erster Stelle stehenden Bürger des Staates sehen.« (Reichstag Bd. 314, S. 6177)

235 Vgl. generell: Francis L. Carsten, Revolution in Mitteleuropa 1918–1919, Köln 1973. Ein kulturgeschichtlicher Vorläufer dieses gegen die überkommene (und als »verkommen« empfundene) europäische Feudalwelt gerichteten Amerikanismus findet sich in dem Roman von Henry James: »The American«, Boston 1877 (zuerst als Fortsetzungsroman im dortigen »Atlantic Monthly« erschienen). Der Roman beschreibt die Sehnsucht des »Amerikaners« »nach« und seine spätere Enttäuschung »von« Europa.

236 RPM, S. 545 f.

237 RPM, S. 553.

238 A. a. O.

239 RPM, S. 554.

240 So des preußischen Kriegsministers Scheuch. (A. a. O.)

241 Zur Politik der Gewerkschaftsführung: H. J. Varain, Freie Gewerkschaften, Sozialdemokratie und Staat. Die Politik der Generalkommission unter Führung Carl Legiens (1890–1920), Düsseldorf 1956.

242 In der Berliner Metallindustrie bestand seit längerem eine Gruppe der »Revolutionären Obleute«, die sich gegen die SPD-Politik wandte und die Bildung von »Arbeiter- und Soldatenräte« nach dem russischen Vorbild propagierte. Die Gewerkschaftsführer und die Reichstagsfraktion war natürlich über diese Bewegung genau unterrichtet, da man täglich mit ihr konfrontiert wurde. (W. Tormin, Zwischen Rätediktatur und sozialer Demokratie. Die Geschichte der Rätebewegung in der deutschen Revolution 1918/19, Düsseldorf 1954) – Der Berliner Metallarbeiterverband, das Zentrum der oppositionellen Gewerkschaftler, zählte Ende 1918 97873 Mitglieder (H. Potthoff, Gewerkschaften zwischen Revolution und Inflation, Düsseldorf 1979, S. 85 f.).

243 RPM, S. 560.

244 RPM, S. 560.

245 RPM, S. 561.

246 RPM, S. 561.

247 A. a. O.

248 RPM, S. 562.

249 RPM, S. 569.

250 RPM, S. 569.

251 Stresemann: »Für unsere Frauen trifft das nicht zu.« (RPM, S. 572)

252 RPM, S. 572.

253 RPM, S. 572.

254 RPM, S. 572.

255 RPM, S. 575.

256 RPM, S. 573.

257 Noch am 6. war in der SPD-Fraktion von einem Ultimatum abgeraten worden: Der Zusammenhalt mit der Mehrheit solle erhalten bleiben.

258 RPM, S. 579. – Am 8. 11. faßte die Fraktion des Zentrums mit 35 gegen 6 Stimmen den Beschluß, dem Kanzler zur Abdankung des Kaisers zu raten. Die Alternative, sagte Fehrenbach vor der Fraktion, sei der Bürgerkrieg. (RPM, S. 582)

259 Ebert am 8. 11. zur Frage: Monarchie oder Republik: »Es ist allgemein bekannt, daß wir Republikaner sind, aber wir sind auch Demokraten. Deshalb wollen wir die Republik nicht aufzwingen. Wir denken nicht daran, eine völlige Abdankung der Monarchie und der Hohenzollern zu beanspruchen.« (RPM, S. 597)

260 Matthias Erzberger war bereits zur Aufnahme der Waffenstillstandsverhandlungen nach Spa und von dort aus nach Compiègne gefahren, konnte also auf die Beratungen keinen Einfluß mehr nehmen. (Erzberger, Erlebnisse, S. 326f.)

261 Es solle die Parole herausgegeben werden: »Allgemeine Arbeitseinstellung, aber Ruhe und Ordnung bewahren.« (Reichstagsfraktion Sozialdemokratie II, S. 520)

262 Wilhelms II. Konzept: Abdankung als Kaiser, aber nicht als König von Preußen. In der Sitzung der SPD-Fraktion war der Vorschlag gemacht worden, mit Wilhelm II. persönlich, ohne Vermittlung des Kanzlers zu sprechen, doch war die Berliner Situation drängender.

263 RPM, S. 613, Anm. 11.

264 F. Bey-Heard, Hauptstadt und Staatsumwälzung, Berlin 1919, Stuttgart 1969, S. 72. – Zur Situation des 9. November schreibt Frank Bey-Heard: »Seit dem Morgen des 9. November strömten die Arbeiter Berlins und aller Vororte auf die Straßen. Aber es ist schwer zu beurteilen, ob die meisten spontan in den Streik traten, ob sie dem Aufruf folgten, den Liebknecht und die Spartakusgruppe schon am 8. November verteilt hatten – der allerdings nirgends von Streik und konkreten Maßnahmen spricht, aber sicher die revolutionäre Stimmung entfacht haben dürfte, – ob die um 8 Uhr von der SPD-Leitung ausgegebene Parole, ›heraus aus den Betrieben!‹ für viele erst das Signal war, oder ob es das Flugblatt der revolutionären Obleute war, das Emil Barth mit Eckerdt zusammen in der Nacht zum 9. November unterzeichnet hatten.« (F. Bey-Heard, S. 72)

265 Simons hatte am gleichen Morgen ein Gespräch mit einem Agenten aus Zürich geführt, der ihm gegenüber äußerte: Nur die Mehrheitssozialdemokraten können eine Revolution verhindern.

266 H. Gründer, Walter Simons als Staatsmann, Jurist, Kirchenpolitiker, Neustadt a. d. Aisch 1975, S. 34f. – Baden selbst schrieb über die Situation: »Wir versuchten einmal über das andere Mal, den Kaiser zu erreichen. Ein Telephon in der Villa Fraineuse war abgehängt, das andere besetzt. Ich sah mich vor die Wahl gestellt, entweder abzuwarten und nichts zu tun, oder auf eigene Verantwortung zu handeln. Ich wußte, daß ich formell nicht berechtigt war, ohne Einverständnis des Kaisers die Veröffentlichung vorzunehmen. Aber ich hielt es für meine Pflicht, den mir als feststehend mitgeteilten Entschluß des Kaisers bekanntzugeben, solange es noch einen Sinn hatte. Außer mit Simons sprach ich mit niemandem über mein Vorhaben.« (Baden, S. 599)

267 Ursachen und Folgen Bd. 2, S. 570.

268 Walter Simons kam aus einer wohlhabenden und gebildeten Elberfelder Seidenfabrikantenfamilie. Er war eine Persönlichkeit mit ausgeprägter religiöser Überzeugung. Simons hatte während seiner Studienzeit den Kontakt zu der »christlich-sozialen« Bewegung und dem Naumann-Kreis gesucht; später Richter, seit 1905 am Oberlandesgericht in Kiel. 1907 trat er in das Reichsjustizamt ein, wurde 1911 Justitiar im Auswärtigen Amt. Als juristischer Berater gehörte er der Delegation Kühlmanns in Brest an. Während er vor 1914 die Alldeutschen unterstützt hatte, entschied er sich im Verlauf des Krieges für die Politik des Verständigungsfriedens. Er blieb auch unter dem Rat der Volksbeauftragten, wie zuvor in der Regierung Baden, der Berater des Kanzlers, jetzt Eberts, und wirkte 1918/19 an den Waffenstillstandsverhandlungen mit; 1920 kurze Zeit Außenminister; 1922 Präsident des Reichsge-

richtshofs. Von 1925 bis 1936 leitete er den Evangelisch-sozialen Kongreß, wirkte in der beginnenden ökumenischen Bewegung, dem internationalen Zusammenschluß der Kirchen mit. (H. Gründer, Walter Simons als Staatsmann, Jurist und Kirchenpolitiker, Neustadt a. d. Aisch 1975; E. R. Huber, Walter Simons, Wuppertal 1970)

269 In: E. Matthias S. Miller, H. Potthoff, Die Regierung des Volksbeauftragten 1918/19, Teil I, Düsseldorf 1969, S. 5f. – Die Quellenedition im folgenden zitiert als: RdV

270 Baden hatte bereits am 7. 11. Wilhelm II. – vergeblich – um den Rücktritt gebeten.

271 F. Bey-Heard, Hauptstadt und Staatsumwälzung, S. 72.

272 Unterzeichnet von Ebert, Scheidemann und Landsberg. Die USPD-Politiker traten erst am 11. November in den Rat der Volksbeauftragten ein.

273 Eine anschauliche Beschreibung der Szene in Compiègne bei: Erzberger, Erlebnisse, S. 326ff.

274 General von Winterfeldt und Oberst Vanselow. – Hindenburg bei der Verabschiedung Erzbergers: »Reisen Sie mit Gott und suchen Sie das beste für unser Vaterland herauszuholen.« (Erzberger, Erlebnisse, S. 327)

275 Nach 150 Metern traf man auf die ersten französischen Soldaten, die die Deutschen mit der Frage bedrängten: »Finie la guerre?« Man klatschte in die Hände, bat um Zigaretten, aber Erzberger war Nichtraucher. (Erzberger, Erlebnisse, S. 328)

276 Erzberger: »Wir fuhren bis in die Nähe von St. Quentin, wo wir nachts gegen 1 Uhr in einem einsamen, durch die Beschießung schwer mitgenommenen Bauernhof eintrafen. Es war der Sitz eines französischen Oberkommandos, hier war das Abendessen für uns bereitet. Zwei französische Generäle, darunter General Depenay, eröffneten uns, daß Marschall Foch bereit sei, uns zu empfangen. Die Haltung dieser Offiziere war äußerst kühl. General Depenay bemerkte nicht ohne Seitenhieb, daß wir dasselbe Essen bekämen, (Suppe, Sülzfleisch und Erbsen) das in der französischen Armee jeder General und jeder Soldat habe.« – Der Verhandlungsort war zunächst der deutschen Delegation geheimgehalten worden. Die gesamte Inszenierung war etwas eigenartig.

277 Erzberger, Erlebnisse, S. 331.

278 Erzberger, Erlebnisse, S. 336.

279 Die wichtigsten Bestimmungen: Räumung Belgiens, Frankreichs, Luxemburgs, Elsaß-Lothringens (Art. 2), Übergabe von Kriegsmaterial (Kanonen, Maschinengewehre, 1700 Jagd- und Bombenflugzeuge) (Art. 4), Besetzung der linken Rheinseite durch die Alliierten (Art. 5), Abgabe von 5000 Lokomotiven und 150000 Eisenbahnwagen, 5000 Lastkraftwagen), Aufbringung der Unterhaltskosten für die Besatzungstruppen durch Deutschland, Auslieferung der Kriegsgefangenen, aber noch keine Regelung über die deutschen Kriegsgefangenen bei den Alliierten (Art. 11), Rückzug der deutschen Truppen aus dem Osten hinter die Grenzen vom 1. 8. 1914 (Art. 12), Annullierung des Vertrags von Brest-Litowsk und der Zusatzverträge, Abrüstung der deutschen Kriegsflotte (Art. 13), Aufrechterhaltung der alliierten Blockade gegen Deutschland (Art. 26), Stillegung der Luftstreitkräfte (Art. 26). – Die Bedingungen waren – verglichen mit den Verlusten, die der Krieg selbst gebracht hatte – nicht ganz so hart, wie sie später in Deutschland dargestellt wurden, andererseits für Frankreich und England auch nicht besonders ergiebig. Einige Bedingungen waren selbstverständlich (Demobilisierung, Annullierung der Ostverträge) andere »trotzig«: die hohe Zahl der abzuliefernden Lokomotiven und Waggons.

280 Erzberger berichtete eine andere Szene von diesem 10. November: »Als ich am Sonntag Vormittag den Wunsch äußerte, in die heilige Messe zu gehen, sagte mir der Schlafwagendiener, das ginge jetzt nicht mehr; ich hätte den Wunsch tags zuvor äußern müssen; der Marschall sei bereits in Rethonde in der Kirche gewesen, dort werde keine Messe mehr gelesen und ein anderer Geistlicher sei nicht in der Nähe. So wurde meine Vermutung bestätigt, daß der Treffpunkt der Wald von Compiègne sei.« (Erzberger, Erlebnisse, S. 330)

281 Anwesend war lediglich das Oberkommando: Foch und der Generalstabschef Weygand sowie der britische Lord of Admirality, Wymess, in Begleitung von Offizieren.
282 Ursachen und Folgen Bd. 2, S. 481.
283 Ursachen und Folgen Bd. 2, S. 488; Erzberger, Erlebnisse, S. 336.
284 Hindenburg: »Ein harter Prüfstein für den Geist und den inneren Halt der Armee. Im Kampf habt Ihr Euren Generalfeldmarschall niemals im Stich gelassen. Ich vertraue auch jetzt auf Euch.« (Ursachen und Folgen Bd. 2, S. 489)
285 Erzberger, Erlebnisse, S. 340.
286 Von den bisherigen Leitern der Reichsämter blieben unter den Volksbeauftragten im Amt: Solf (Auswärtiges Amt), v. Krause (NL, Reichsjustizamt), Bauer (SPD, Reichsarbeitsamt), Rüdlin (Reichspostamt), v. Mann (Reichsmarineamt), ferner General Scheuch als preußischer Kriegsminister, der an den Kabinettsitzungen der Reichsregierung teilnahm. Von den beamteten Staatssekretären schieden von Waldow (Kriegsernährungsamt), Graf Roedern (Reichsschatzamt) und Freiherr von Stein (Reichswirtschaftsamt) sowie der Kölner Zentrumspolitiker Trimborn (Inneres) aus, von den parlamentarischen Staatssekretären der Oktoberregierung Gröber und Haußmann sowie der Vizekanzler Payer. Politisch wurde die Regierung von dem 6-köpfigen Rat der Volksbeauftragten geleitet, die zu den Beratungen die Staatssekretäre hinzuzogen. Neu als Staatssekretäre in die Regierung kamen jetzt Schiffer (NL, dann DDP, Reichsschatzamt), August Müller (SPD, Reichswirtschaftsamt), Wurm (USPD, Reichsernährungsamt). Ferner wurden den einzelnen Ämtern verschiedene Beigeordnete, meist aus der SPD und USPD beigegeben. Eduard David blieb weiter im Auswärtigen Amt, in das jetzt auch Karl Kautsky (USPD) als Beigeordneter eintrat. Auch der bisherige UStS. Giesberts (Ztr.) wurde übernommen. Simons blieb als »Ministerialdirektor« in der Reichskanzlei, jetzt als politischer Berater Eberts wie zuvor Badens. Mit der Geschäftsführung vertraut, wurde er durch seine Koordination zwischen Volksbeauftragten und Beamtenschaft ein fester Halt »in den Fluten des Geschehens« (vgl. E. Matthias, in: RdV Teil I, Einleitung, S. L.).
287 In der benachbarten Industriestadt Düsseldorf ergriff der Oberbürgermeister Oehler vor den Räten die Flucht. – Deutschland zählte 1918 65 000 Gemeinden, darunter 50 Großstädte mit einer Einwohnerzahl von über 100 000, 45 Städte mit einer Einwohnerzahl zwischen 50 000 und 100 000, 470 Städte mit einer Einwohnerzahl zwischen 10 000 und 50 000. Zu der Gesamtzahl der Gemeinden zählen auch die Kleinstgemeinden mit einer Einwohnerzahl zwischen 100 und 500, von denen es in Preußen allein 17 000 gab. Die in Preußen noch bestehenden 12 000 Gutsbezirke, der Rückhalt der preußischen Konservativen, wurden 1925 von der demokratischen preußischen Regierung aufgelöst. (W. Ribhegge, Die Systemfunktion der Gemeinden. Zur deutschen Kommunalgeschichte seit 1918, in: Aus Politik und Zeitgeschichte B 74/73 (24. 11. 1973).
288 Vgl. W. Apelt, Geschichte der Weimarer Verfassung, München 1964.
289 Einen literarischen Einblick in die Mentalitäten der deutschen Bevölkerung und die Reaktionen auf die Geschehnisse 1918/19 wie sie sie selbst erfuhren oder aus der Presse entnommen wurden, vermittelt Alfred Döblins 4bändiger Roman »November 1918. Eine deutsche Revolution« (München 1978). Der Roman arbeitet nicht aus den Quellen, seine Leistung liegt darin, daß er versucht, in Form moderner Erzählung Stimmungen einzufangen. Der Roman wurde 1939–1943 geschrieben.
290 Die preußische Regierung verordnet wie folgt: »Das Haus der Abgeordneten wird hierdurch aufgelöst. Das Herrenhaus wird beseitigt.« (RdV I, S. 39)
291 Am 14. 11. erschien im liberalen »Berliner Tageblatt« ein Aufsatz Hugo Preuß' »Volksstaat oder verkehrter Obrigkeitsstaat«, in dem er sein Konzept einer nationalen parlamentarischen Demokratie entwickelte und die Aufgaben der künftigen Nationalversammlung umschrieb.
292 Die Arbeiten von Preuß an einer neuen Verfassung hatten schon 1917 begonnen. (W. Elben, Das Problem der Kontinuität in der deutschen Revolution. Die Politik der Staatssekretäre

und der militärischen Führung bis Februar 1919, Düsseldorf 1965, S. 47. – Zu Preuß: G. Gillessen, Hugo Preuß. Studien zur Ideen und Verfassungsgeschichte der Weimarer Republik, Diss. phil. Freiburg 1955.)

293 Die Arbeitsgemeinschaft wurde 1924 im Zuge wachsender Spannungen zwischen Gewerkschaften und Unternehmern wieder aufgelöst, nachdem der am 15. 11. 1918 vereinbarte 8-Stunden-Tag wieder abgeschafft worden war. Das Prinzip der Gleichberechtigung selbst blieb in der Weimarer Republik erhalten. Es setzte sich in fast allen Industrieländern durch. (L. Preller, Sozialpolitik in der Weimarer Republik, Stuttgart 1949; G. D. Feldman, Army, Industry and Labor in Germany 1914–1918, New Jersey 1960; G. Briefs, Gewerkschaftswesen und Gewerkschaftspolitik, in: HdW der Staatswissenschaften Bd. 4 ^{4}1927; ders. Die Wandlungen der Wirtschaft im Zeitalter des Kapitalismus, 1934). – Der Abschluß des Abkommens war durch ein wachsendes Mißtrauen sowohl bei den Gewerkschaften wie auch bei den Unternehmern (Hugo Stinnes) gegenüber den im Krieg ständig ausgeweiteten Eingriffsmöglichkeiten staatlicher Stellen in die Wirtschaft begünstigt worden. Die ZAG sollte auch der Sicherung des wirtschaftlichen Freiraums dienen, war insofern ein Zweckbündnis (vgl. P. Wulf, Hugo Stinnes. Wirtschaft und Politik 1918–1924, Stuttgart 1979, S. 105).

294 Wortlaut in: RdV, S. 47.

295 W. Sauer, Das Bündnis Ebert-Groener, Diss. phil. Berlin 1957.

296 RdV I, S. 50.

297 RdV, S. 61.

298 Der Vollzugsrat berief eine Versammlung aus Delegierten sämtlicher Arbeiter- und Soldatenräte Deutschlands nach Berlin, die einen Monat später, vom 16.–20. Dezember, zusammenkam und nach heftigen Debatten die Politik der Volksbeauftragten, vor allem die Einberufung der Nationalversammlung (Resolution vom 19. 12.) billigte.

299 Die Nationalversammlung wurde am 19. Januar gewählt und trat am 6. Februar zusammen.

300 Nicht: Als Beauftragte des – Berliner – »Vollzugsrats der Arbeiter- und Soldatenräte«, keineswegs nur eine verbale, sondern eine deutliche politische Unterscheidung: Der Vollzugsrat beanspruchte gleichsam als Kontrollorgan der Regierung zu fungieren. Diese Konzeption lehnte Ebert ab.

301 Ebert: »Unsere Eisenbahner dürfen nicht verzagen. Unsere Matrosen, Werft- und Hafenarbeiter an der Wasserkante müssen alle Kräfte einsetzen, um schnellstens unsere Schiffe flott zu machen. Von dem ungestörten Fortgang unserer Kohleförderung hängt es ab, ob wir unsere Güterbeförderung aufrechterhalten, ob wir die Arbeit in den Werkstätten und Fabriken fortsetzen und unser darbendes Volk vor Kälte schützen können. Nur solidarisches Zusammenwirken aller Arbeiter kann das Schlimmste abwenden.« (RdV I, S. 153)

302 RdV I, S. 154.

Die Nationalversammlung 1919

Am 13. November schrieb der Gewerkschaftsführer Gustav Bauer seinem sozialdemokratischen Parteifreund, dem Redakteur Paul Löbe in Breslau, über die jüngste Entwicklung in Berlin: »Die revolutionäre Umwälzung scheint sich in Breslau etwas ruhiger vollzogen zu haben als in Berlin. Es sah hier zeitweise äußerst kritisch aus, weil die in Berlin vertretenen verschiedenen Richtungen alle auf eigene Faust Revolution machten. Eine Verständigung mit den Unabhängigen wurde erst in der Nacht von Sonntag [10. 11.] zu Montag [11. 11.] endgültig erzielt. Am Sonnabendabend erschien eine Verständigung ausgeschlossen.«[1] Liebknecht »und seine Anhänger«, berichtete Bauer, hätten die Führung an sich gerissen. Man habe die Legislative den Arbeiter- und Soldatenräten vorbehalten, das Bürgertum von einer politischen Mitwirkung ausschließen und die Einberufung einer Nationalversammlung verhindern wollen. Zeitweilig habe es so ausgesehen, »als ob der Wirrwarr zum Chaos führen« werde. Dann aber habe sich das Blatt gewendet: »Den energischen Anstrengungen unserer Seite gelang es, die große Mehrheit der Soldatenvertreter auf unsere Seite zu bringen.« Auch Hugo Haase, der erst in der Nacht zum Sonntag (10. 11.) aus Kiel nach Berlin zurückgekehrt sei, habe sich mit anderen »vernünftigen Elementen« mit dem Plan des Zusammengehens in einer gemeinsamen sozialdemokratischen Regierung durchsetzen können. Die Spartakusgruppen hätten auf einer Veranstaltung im Zirkus »Busch« in Berlin noch einmal versucht, ihre Ziele durchzusetzen. Der anwesende Friedrich Ebert sei dabei beschimpft und bedroht worden, »so daß er den Zirkus verließ.«[2]

Schließlich fanden sich SPD- und USPD-Politiker noch zum gemeinsamen Handeln zusammen. Die neugebildete Regierung verstand sich als Übergangsregierung. Das gemeinsame Ziel war die Einberufung der Nationalversammlung.[3] So riet Bauer seinem schlesischen Parteifreund: »Um die Widerstände, die von unabhängiger Seite vorhanden sind, zu beseitigen, ist es notwendig, daß möglichst bald überall im Lande der Ruf nach schleuniger Einberufung der Nationalversammlung erschallt. Diese Forderung muß mit elementarer Gewalt zum Ausdruck kommen.«[4] Selbstverständlich belasteten die internen Spannungen in Berlin die Persönlichkeiten der führenden sozialdemokratischen Politiker, auch wenn sie einiges gewohnt waren. »Am schlimmsten geht es Ebert und Scheidemann«, berichtete Bauer. Sie seien »dem Zusammenbruch« nahe. Tatsächlich lastete fast die gesamte politische Verantwortung in diesen kritischen Wochen in Berlin auf den Schultern weniger Politiker. Von deren Kraft, Zielbewußtsein und Fähigkeit, die Krisensituation zu bewältigen, hing vieles ab. Die Richtung, die die deutsche Politik schließlich seit dem Januar 1919 einschlug, kam nicht automatisch zustande.

Inzwischen war in den Räten eine neue, zunächst nur lokale, bald auch regionale und überregionale politische Organisation entstanden, für die es keine Vorbilder gab und die ihren eigenen Stil und Formen politischen Handelns zu entwickeln begannen. Sie waren überwiegend, aber nicht nur, aus Arbeitern zusammengesetzt. In den Soldatenräten fanden sich neben den Arbeitern auch andere Berufe, gelegentlich Offiziere und Akademiker. Auf der Reichskonferenz der Räte, die vom 16. bis 21. Dezember in Berlin tagte – neben den radikalen Sprechern kamen auch führende Regierungsmitglieder zu Wort – gelang es, unter dem Einfluß des bisherigen SPD-Reichstagsabgeordneten Max Cohen, eine Mehrheit für die Einberufung der Nationalversammlung zu gewinnen.[5] Cohen warnte die Rätevertreter vor dem Traum einer weltweiten Revolution. Er sei unrealistisch. Cohen verwies auf das Ergebnis der jüngsten englischen Unterhauswahlen,[6] die wirtschaftliche Abhängigkeit der europäischen Länder, auch Frankreichs und Italiens von England und den USA. Nach Cohen riet der Unabhängige Däumig dem Kongreß zur Fortführung des Rätesystems. Der Kongreß entschied sich mit 400 gegen 50 Stimmen für die Nationalversammlung. Ein 27köpfiger Zentralrat (ausschließlich SPD-Mitglieder) wurde gewählt, der für die Übergangszeit neben die provisorische Regierung als politisches Kontrollorgan gestellt wurde. Vorsitzender dieses Zentralrats wurde Cohen, der in den großen Linien in den nächsten Wochen die Politik Eberts unterstützte. Kabinett und Zentralrat berieten häufig gemeinsam. Nach dem Zusammentritt der Nationalversammlung am 6. Februar 1919 stellte der Zentralrat sein politisches Mandat zur Verfügung, blieb allerdings noch weiter bestehen und warb für den Rätegedanken.

In einer weiteren Resolution hatte der Rätekongreß die Sozialisierung des Bergbaus verlangt. Die Regierung setzte darauf eine Sachverständigenkommission[7] zur Überprüfung des Komplexes ein, behandelte aber die Frage äußerst zurückhaltend: Die Einlösung des Beschlusses hätte eine direkte Machtprobe mit der Führung der Schwerindustrie bedeutet, wozu die Volksbeauftragten wenig Neigung verspürten. Die Sozialisierungskommission gab schließlich, da sie ihre Arbeit als vergeblich ansah, ihre Aufgabe am 3. Februar an die Regierung zurück. Das Sachproblem der Sozialisierung selbst bestand weiter und wurde in die Debatten der Nationalversammlung getragen. Der Ruhrbergbau barg seit den großen Streiks von 1889 und 1905 ein hohes Potential an sozialem Konfliktstoff.[8]

Der Rätekongreß hatte, einer weitverbreiteten Stimmung unter Arbeitern und Soldaten folgend, die Abschaffung der militärischen Rangabzeichen sowie die Unterordnung der Kommandogewalt im Heer und Marine unter den Rat der Volksbeauftragten und die Soldatenräte gefordert.[9] Der Beschluß traf das deutsche Offizierskorps, das soeben, in seiner sozialen Autorität arg angeschlagen, von der Front in die Heimat zurückkehrte, an einer sozialpsychologisch empfindlichen Stelle: Er bedeutete zugleich eine Kampfansage an die OHL, die sofort im Kabinett durch General Groener Einspruch erhob.[10] Auch hier vermied die Regierung, ähnlich wie gegenüber der Industrie, es zu einer Kraftprobe mit den Militärs kommen zu lassen.

Noch bestand ständig die Gefahr, daß die neue provisorische Regierung durch reine Zufälle und Willkürakte aus dem Gleis geworfen werden konnte. Es kam zu Auseinandersetzungen zwischen einer in das Berliner Schloß – eigentlich zum Schutz der Regierung – verlegten Matrosendivision, die dazu übergegangen war, örtliche Berliner SPD-Politiker, so den neuen Stadtkommandanten Wels, festzunehmen, weil ihnen die zugesagte Löhnung nicht gezahlt worden war. Es entstand die etwas groteske Situation, daß eine Delegation dieser Matrosengruppe am 23. Dezember in der Reichskanzlei mit den Volksbeauftragten über ihre Entlohnung verhandelte: in offenkundiger politischer Naivität, gleichsam von Du zu Du, unter Genossen.[11] Für die führenden Regierungspolitiker hatte diese Szene natürlich politische Implikationen: Es ging um ihre Autorität, die an solchen Lächerlichkeiten zu zerschellen drohte. Die Berliner Erfahrung im November und Dezember 1918 verfehlten nicht ihre Wirkung auf Ebert. Seit diesen Tagen drängte er im Kabinett beharrlich und beständig auf einen Punkt: fort von Berlin. Die übrigen Volksbeauftragten suchten ihn zu besänftigen. Schließlich fand Ebert am 14. Januar im Kabinett eine Mehrheit für Weimar als den Sitz der künftigen Nationalversammlung. Am 20. Januar, unmittelbar nach dem Wahltag, wurde endgültig für Weimar entschieden. Damit wurde auch der Sitz der Regierung von Berlin nach Weimar verlegt.

Angesichts dieser Schwierigkeiten und gelegentlichen Bedrohungen – bis dahin hatte (seit Bismarck) der Pförtner die Sicherheit der Reichskanzlei gewährleistet –, denen sich die Volksbeauftragten gegenüber sahen, war die Leistung beachtlich, die die provisorische Regierung erbrachte, um den Übergang in die parlamentarische Demokratie und die Wiederherstellung eines planvollen politischen Handelns herbeizuführen. Man hielt durch, äußerlich nicht glanzvoll, ja fast isoliert, aber tatsächlich. Und das war entscheidend. Mit dem Ausscheiden der Unabhängigen aus dem Kabinett am 29. nahmen auch die internen Spannungen ab. An die Stelle Haases, Dittmanns und Barths traten zwei weitere sozialdemokratische Politiker, Noske und Wissel. Von da ab, nicht zuletzt im engeren Kreis politisch vertrauter Freunde, gelang es Ebert, die Geschäftsführung fest in den Griff zu bekommen und den Gang der politischen Entwicklung zu steuern, auch wenn das äußere Bild des Reichs noch krisenerschüttert aussah: So war an der Ruhr eine Streikbewegung an verschiedenen Zechen, teilweise verbunden mit Sozialisierungsforderungen, entstanden. Man war in der Arbeiterschaft nicht bereit, so schnell die jüngsten Kriegserfahrungen zu vergessen.[12]

Am 14. Januar 1919 beriet das Kabinett zum ersten Mal den inzwischen fertiggestellten Entwurf der künftigen Reichsverfassung. Das Konzept war bereits auf einer Tagung vom 9. bis 13. Dezember von einer Gruppe von Wissenschaftlern und Sachverständigen, die Hugo Preuß eingeladen hatte, beraten und anschließend nach den Vorstellungen von Preuß im Reichsamt des Innern ausformuliert worden. Preuß selbst verfaßte eine zusätzliche Denkschrift.[13] Preuß' Verfassungskonzept war, was die politische Neugliederung des Reichs betraf, ebenso kühn wie vernünftig, vielleicht etwas zu vernünftig: Preuß ging davon aus, daß, nachdem die traditionellen Dynastien und fürstlichen Häuser durch die Revolution beseitigt waren, es keinen Grund mehr gebe, die bisherigen Bundesstaaten, deren Zuschnitt weitgehend historisch-zufällig in dynastischen Erwerbungen begründet lag, als politische Einheiten länger weiterzuführen. So schlug er das Kernstück seines Konzepts, die Aufgliederung Deutschlands in 16 Länder, »Freistaaten« und die Auflösung Preußens, vor.

Gegen den Verfassungsentwurf – ein Reich mit 16 kleineren Ländern – erhob sich sofort von vielen Seiten Protest. Gefühle, aber wohl mehr noch Interessen und überkommene politische Verkrustungen wurden sichtbar, die an dem Entwurf kritisierten, daß er die bisherigen Bundesstaaten zu reinen Selbstverwaltungsorganen degradierte – also eine Entwicklung avisierte, die bei den 12 Ländern der Bundesrepublik später eingetreten ist. Kulturelle und kulturpolitische Vorbehalte gegen die Überbetonung der Zentralität kamen wirksam mit ins Spiel. Doch sprachen die Einwände, auch wenn sie vehement vorgetragen wurden, nicht gegen die Vernünftigkeit des Konzepts, das ja durchaus der Regionalität Rechnung trug und sich dabei an leistungsfähigen Einheiten orientierte.

Der neue radikalsozialistische Regierungschef Bayerns, Kurt Eisner, trat, unterstützt von seiner Beamtenschaft, für weitgehende Eigenstaatlichkeit seines Landes ein und begünstigte die vor allem in Süddeutschland aufkommenden Tendenzen zur politischen Föderalität. Am 27. Dezember fanden sich in Stuttgart die süddeutschen Länder zu einer gemeinsamen Erklärung zusammen, die die Erhaltung des »bundesstaatlichen« Charakters des Reiches verlangte, der sich historisch nur aus dem »Deutschen Bund« des 19. Jahrhunderts, einem Fürstenbund, ableiten ließ.[14] Bereits im Januar 1919 konstituierte sich ein eigener »Staatenausschuß«, der – noch vor dem Zusammentritt der Nationalversammlung (am 6. Februar) – die Verfassungsfragen zu präfigurieren suchte. Seine Legitimität war ebenso »revolutionär« wie die der »Räte«, und er war gleichfalls aus der Situation geboren. Es gelang diesem Staatenausschuß, so auf einer gemeinsamen Reichskonferenz mit der Reichsregierung am 25. Januar und in weiteren Beratungen, einige seiner Forderungen auf politische Mitwirkung der Länder in das Gesetz über die vorläufige Reichsgewalt, das der Nationalversammlung gleich bei ihrem Zusammentritt vorlag, einzubringen. Die Länderbürokratien, geistig verbündet mit kulturellen Vorbehalten gegen »Berlin«, hatten ein Stück ihrer politischen Souveränität behauptet, zumal sie bis in die Reihen der Parteien Anhänger gefunden hatten. Der Beraterstab um Hugo Preuß fand sich in der Minderheit und mußte nachgeben. Die Regierung, die genügend Sorgen hatte, wollte es auch in dieser Frage nicht zum Konflikt kommen lassen.[15]

Die (2.) Reichskonferenz der Länderregierungen am 25. Januar unter Vorsitz Eberts bereitete das vorläufige Grundgesetz für die künftige Arbeit der Nationalversammlung vor. Es sollte, provisorisch, die Beziehungen zwischen der Nationalversammlung, Reichsregierung, Reichspräsident und – der strittigste Punkt – den Ländern regeln. Einige der – über 100 – Vertreter der Länderregierungen, vor allem wieder Kurt Eisner für Bayern, drängten, vorab, d.h. unter Umgehung der Nationalversammlung, ein »Notgesetz« zu beschließen. Doch Ebert wehrte ab: dadurch werde die Arbeit der Nationalversammlung präjudiziert. Dennoch erreichten die Länder, daß der Entwurf des vorläufigen Grundgesetzes die Mitwirkung des »Staatenhauses« neben der Reichsregierung bei der Einbringung von Gesetzesvorlagen vorsah. Schließlich gab das Kabinett, das zunächst nur eine »Anhörung« der Ländervertretung zugestehen wollte, in seiner Sitzung am 28. Januar nach, räumte der Ländervertretung ein weitgehendes Mitwirkungsrecht bei der Einbringung von Gesetzen ein.[15a] Auch Ebert und Scheidemann gaben nach.[16] Der Zentralrat unterstützte die von den Volksbeauftragten verfolgte »unitarische« Lösung, besaß aber bei weitem nicht das Gewicht der Ländervertretungen mit ihren nach wie vor bestehenden behördlichen Drähten nach Berlin.

Die Frage der föderalen Struktur erwies sich aber nicht nur als ein theoretisches, sondern nicht minder als ein praktisches Problem. Dem Kabinett lag am 28. Januar ein Bericht des Kölner SPD-Politikers Meerfeld über Aktivitäten bürgerlicher Kreise des Rheinlands zur Schaffung einer »Rheinischen Republik« vor. Diese Bewegung gehe, hieß es, von Aachen aus. »Die Drahtzieher legen Wert darauf«, erfuhr das Kabinett, »das Ganze als eine Volksbewegung zu markieren. Die Arbeiter zeigen heftigen Widerstand.«[17] Aber auch im Süden Deutschlands, ergänzte Ebert, seien die Schwierigkeiten »sehr groß«. In Hannover sei der Wunsch nach einem eigenständigen Staat laut geworden, auch bei Sozialdemokraten, fügte er hinzu.[18]

Aber neben diesen separatistischen Bewegungen, die sich aus dem mangelnden politisch-emotionalen Zusammenhalt der sozialen und kulturellen, geschichtlichen, aber auch sprachlichen Heterogenität des damaligen Reichs mit seiner Einwohnerschaft von 70 Millionen erklären lassen, zeigten sich auch andere Vorbehalte gegen die von Berlin ausgehenden – teilweise übrigens nur vermuteten – Tendenzen.

Das »Bürgertum«, also fast die Hälfte der politisch interessierten Bevölkerung, war durch die Bildung der Arbeiter- und Soldatenräte und der sozialdemokratischen Regierungen im Reich und in Preußen vorübergehend von einer direkten politischen Einwirkung ausgeschlossen. Das mußte natürlich auf die Dauer Protest auslösen. So kam jetzt gerade aus den »bürgerlichen« Bevölkerungsschichten – den Selbständigen, Rechtsanwälten, Akademikern, Ärzten, Unternehmern und Innungen – der »Schrei nach der Nationalversammlung«, wie es gelegentlich in der Presse hieß, obwohl insgesamt, vermutlich in den meisten Städten, Arbeiterräte und bürgerliche Vereine sich mit einer eher passiv-lethargischen Toleranz begegneten. Man akzeptierte überwiegend, daß die politischen Verhältnisse geändert werden müßten. Allerdings zeigte es sich in den späteren Monaten, daß die Fortexistenz der Räte die bürgerlichen Kreise und ihre sozialen und wirtschaftlichen Vereinigungen, so in Ostpreußen und Westpreußen, Bayern, Rheinland, Westfalen und Hannover zu politischen Aktionen anregte, die gegen das Reich gerichtet waren. Um dem entgegenzuwirken, begünstigten seit Anfang 1919 die sozialdemokratischen Politiker in der Reichs- wie in den Landesregierungen die Neuwahl demokratisch gewählter Kommunalvertretungen, die die Räte ablösen sollten.

Doch stellten die Räte nicht überall eine Form der »Klassenherrschaft« dar. Auch waren die meisten Arbeiter nicht im strengen Sinn »marxistisch«. Gelegentlich kam es zu einer Erweiterung der Räte in »Volksräte«, vornehmlich in Provinzstädten, wo auch das Bürgertum, das hier die Dinge nicht allzu prinzipiell nahm, von der Rätebewegung nicht ausgeschlossen sein wollte. Es kam auch zur Bildung von »Bauern- und Bürgerräten«. Das Spektrum der »Räte« 1918/19 ist weder sozial noch politisch ganz eindeutig zu kennzeichnen. Unmut und Unzufriedenheit gab es überall, in allen sozialen Schichten.[19]

Ende Januar 1919 waren die Vorentscheidungen für eine förderale Lösung gefallen. Die Nationalversammlung beriet den Entwurf über die »vorläufige Reichsgewalt« vom 8.–10. Februar und stimmte zu, trat also von vorn herein einen Teil der legislativen Rechte an die Staaten ab.[20] Allerdings wurde jetzt eine wesentliche Vorbedingung für die Mitwirkung der Länder in das vorläufige Grundgesetz eingefügt: Nur solche Länder konnten an der Gesetzgebung mitwirken, deren Vertretungen nach dem neuen, demokratischen Wahlrecht zustandegekommen waren.[21]

Die föderale Lösung setzte sich schließlich auch bei den weiteren Beratungen der Nationalversammlung gegen den Wunsch führender Politiker der Koalition, so Hugo Preuß, Konrad Haußmann, Friedrich Naumann, Philipp Scheidemann und Matthias Erzberger durch. Zudem waren inzwischen auch die neuen verfassungsgebenden Landesversammlungen aufgrund des neuen Wahlrechts gewählt worden, in Preußen, das zwei Drittel der Gesamtbevölkerung erfaßte, am 26. Januar, also eine Woche nach den nationalen Wahlen. Damit begannen die Länder, sofort ein – demokratisches – Eigenleben zu entfalten, das in eine andere Richtung zu lenken sich später in den 20er Jahren als praktisch unmöglich erwies.[22] Schließlich gelang es Erzberger als Finanzminister, 1919/20 wenigstens einen Teil des unitarischen Konzepts, das letztlich auf die Angleichung der allgemeinen Lebensbedingungen über die Regionen hinweg abzielte, doch noch parlamentarisch durchzusetzen.[23]

Bei der Vorbereitung des Verfassungsentwurfes hatte auch die Frage der Grundrechte angestanden. Preuß hatte ihnen nur wenig Raum gegeben, weil, wie er dem Kabinett erklärte, sich die Nationalversammlung 1848 – er hatte die Beratungen von 1848 studiert – zu lange, nämlich drei Monate, mit der Beratung der Grundrechte aufgehalten habe. Doch Ebert monierte im Kabinett am 14. Januar: »Vor allem vermisse ich in der Vorlage die scharfe, ins Auge fallende Betonung gewisser demokratischer Gesichtspunkte: persönliche Freiheit, Freiheit der Wissenschaft in ihrer Lehre, Gewerbefreiheit, Pressefreiheit, Versammlungsfreiheit, Koalitionsfreiheit usw. Aus politischen und taktischen Gründen muß das in prägnanter Form hervorgehoben werden, wenn es auch sachlich schon in der Vorlage steht.«[24]

Für die politische Leitung des Reichs hatte der Verfassungsentwurf die Einrichtung des Reichspräsidenten, eine an das Vertrauen des Reichstags (als dem zuständigen Parlament) gebundenen Reichsregierung und den Reichstag vorgesehen. Bei der Konzipierung der Funktion des »Reichspräsidenten« hatte Preuß einen Vorschlag des Soziologen Max Weber aus den Beratungen der Kommission vom 13.–15. Dezember aufgegriffen. Der Vorschlag sah danach die Wahl des Präsidenten durch das Volk – Preuß hatte zunächst, wie in Frankreich, an eine parlamentarische Wahl gedacht – und eine schiedsrichterliche Aufgabe des Präsidenten gleichsam über den politischen Kräften vor. Das war ideal gedacht. Bezeichnenderweise kritisierte Ebert, dem diese Aufgabe dann selbst zufallen sollte, diese Konstruktion des Reichspräsidenten, die sich bewußt oder vielleicht sogar unbewußt noch an der bisherigen Vorstellung eines »Kaisers« als Staatsoberhaupt orientierte, also etwas staatsautoritär gedacht war: »Die Machtbefugnisse des Präsidenten scheinen mir etwas zu weit zu gehen«, warf Ebert ein. »Wir haben doch den amerikanischen Präsidenten, dessen Rechten sie ähnelt, während des Krieges immer als einen absoluten Herrn hingestellt.«[25]

Am 15. Januar waren in Berlin Karl Liebknecht und Rosa Luxemburg von Mitgliedern der neugeschaffenen »Freikorps« ermordet worden, ein Ereignis, das sofort erhebliche Verbitterung unter der radikalen Linken auslöste und sie ihrer begabtesten Führer beraubte. Die Vorgänge nährten den Verdacht der Fortsetzung der »Gewaltherrschaft«. An der Jahreswende 1918/19 waren, vorwiegend an der Ruhr, Streikwellen entstanden, in denen sich die Mißstimmung über die Ernährungslage, aber auch das aus den Kriegsjahren aufgestaute Mißtrauen gegen die soziale Oberschicht an Rhein und Ruhr, die Familien Stinnes, Thyssen, Krupp, ausdrückte. Der Unmut richtete sich zum Teil auch gegen die Politik der eigenen Gewerkschaftsführer. Während des Krieges waren manche Fäden zwischen Gewerkschaftsführung und Gewerkschaftlern gerissen. Jetzt formierte sich neben den sozialdemokratischen und christlichen Gewerkschaften eine neue gewerkschaftliche Gruppe: die Kommunisten, die eine Politik des sozialen Arrangements, wie sie das Abkommen über die Arbeitsgemeinschaft vom 15. November enthielt, ablehnten.[26]

Im gleichen Zuge nahmen auch auf der Unternehmerseite wieder jene Stimmen zu, die, während der Revolutionstage stiller geworden, eine harte und unnachgiebigere Unternehmensführung gegenüber der Arbeiterschaft verlangten, die »Schuld« für die sozialen Unruhen der neuen (sozialdemokratischen) Regierung anlasteten. Es lag nahe, daß die neuen Parteien der bürgerlichen Rechten, DNVP und DVP, sich zum Sprecher dieser bürgerlichen Stimmungen und Ressentiments machten. Was daraus für den politischen Tageskampf entstehen konnte, war leicht vorauszusehen: scharfe politische Auseinandersetzungen als eine in die Parlamente verlagerte Fortsetzung des »Klassenkampfs«. Die anstehenden politischen Debatten drohten – unter dem wirtschaftlichen wie sozialpsychologischen Druck der Kriegsfolgelasten, die irgendwie umverteilt werden mußten, rauh und hart zu werden.

Auf der Linken hatte sich inzwischen auf einer Reichskonferenz am 29./30. Dezember in Berlin die neue KPD konstituiert.[27] Sie hatte, gegen den Rat Rosa Luxemburgs, beschlossen, sich nicht um Mandate in der Nationalversammlung zu bewerben. Mit der KPD war eine neue proletarische Partei entstanden. Das deutsche Parteienspektrum begann, sich zu verschieben. Die SPD rückte zur linken Mitte. Außenpolitisch zeichnete sich im Januar 1919 keine Entwicklung ab, die auf die Einlösung des »Wilson-Friedens«, auf den die Politiker der Reichstagsmehrheit seit Monaten gesetzt hatten, hinauslief. Zwar war Woodrow Wilson von der Bevölkerung in den Städten, durch die er nach seiner Ankunft in Europa fuhr, begeistert begrüßt worden, doch ging sein unmittelbarer Einfluß auf die anlaufenden Friedensverhandlungen zurück, möglicherweise gerade durch seine Anwesenheit. Er hatte sich selbst den Taktiken und Finessen seiner europäischen Kollegen ausgeliefert, ohne mit Hilfe des eigenen politischen Apparats den Gang der Dinge beeinflussen oder gar stoppen zu können. Den Hoffnungen, die mit seiner Person verbunden waren, folgten allmählich Enttäuschungen.

Die deutsche Politik konnte sich nur unzulänglich auf die bevorstehenden Auseinandersetzungen mit den bisherigen Gegnern vorbereiten. Die inneren Veränderungen hatten Kraft und Aufmerksamkeit absorbiert, auch waren Politiker wie Ebert und Scheidemann wenig mit dem politischen Stil der Politiker Frankreichs, Englands, der USA – ihren neuen Partnern und Kontrahenten – vertraut. Das einzige Kabinettsmitglied, das eigene Erfahrungen mitbrachte, war Erzberger als Waffenstillstandskommissar. Zu allem Unglück hatte das Kabinett auch den bisherigen Staatssekretär Solf im Dezember auf das Drängen Hugo Haases hin seines Amtes als Staatssekretär des Auswärtigen enthoben und zu seinem Nachfolger den bisherigen deutschen Gesandten in Kopenhagen, von Brockdorff-Rantzau, berufen. Rantzau kannte weder westliche Politiker noch die inneren Verhältnisse in den deutschen Parteien. Er hatte aber die Unterstützung Eberts und Scheidemanns, die ihn seit längerem persönlich kannten.[28]

Seit Dezember waren im Kabinett zwei Personen für die Außenpolitik zuständig: der Jurist, »Karrierediplomat« mit aristokratischen Umgangsformen, parlamentarisch unerfahren, Brockdorff-Rantzau, und der agilere und aktivere Parlamentarier, der bereits in unmittelbarer, wenn auch äußerst unangenehmer Tuchfühlung mit den bisherigen Gegnern stand, Erzberger.[29] Das Aufeinandertreffen dieser beiden ungleichen Naturen, zudem, wie sich zeigte, mit entgegengesetzten politischen Zielen, wobei Rantzau zudem zum prinzipiellen Denken, Erzberger zum pragmatischen Handeln neigte, erwies sich als äußerst problematisch.

Am 5. Januar stießen die beiden Kabinettsmitglieder in einem persönlichen Gespräch zum ersten Mal aufeinander, beschuldigten sich gegenseitig der Intrige. Die Differenz war zunächst nur persönlich.[30] Doch in der Kabinettssitzung am 21. Januar kam es schon zu politischen Meinungsverschiedenheiten. Es ging um die Formulierung der politischen Richtlinien gegenüber den Alliierten bei den bevorstehenden Verhandlungen. Erzberger riet, die Verbindungen zu den USA und England zu knüpfen,[31] hier fände sich das größte Entgegenkommen.[32] Während so Erzberger für eine Kooperation mit den Angelsachsen optierte, dabei auch neuerwachte französische Ambitionen berücksichtigte, warnte Rantzau seinerseits das Kabinett davor, »sich allzu sehr auf Amerika zu stützen und sich einem flachen Optimismus hinzugeben«.[33] Rantzau bewegte sich noch in dem außenpolitischen Freund-Feind-Denken der Kriegsmentalität. Erzberger aber hatte sich auf die neue Situation umgestellt und sich weit stärker auf den materiellen Aspekt in der Abwicklung der Nachkriegsfolgen konzentriert. Er war undogmatisch und realistisch. Seine Politik zielte darauf ab, die bisherigen, aus dem Krieg überkommenen internationalen Fronten aufzuweichen, zu verwischen, vor allem erst einmal das wirtschaftliche Leben in Deutschland zu sichern. Bereits in seiner Völkerbundschrift vom September 1918 hatte er sich, also unmittelbar vor Kriegsende, Gedanken über eine künftige Neuordnung der internationalen Beziehungen, einschließlich der Rolle Deutschlands, gemacht, sich damit auch von den eigenen nationalistischen Vorurteilen früherer Jahre völlig frei gemacht. Diese Anpassungsfähigkeit und

Wandlungsfähigkeit ging Rantzau ab. So versteifte er sich in den folgenden Monaten – Scheidemann übernahm Rantzau auch in sein neues, im Februar gebildetes Kabinett als Außenminister – auf eine betont »nationale« Außenpolitik und riet schließlich im Kabinett zum deutschen Widerstand gegen das »Friedensdiktat« der Alliierten. Das bedeutete statt Aufweichung der internationalen Fronten nationale Konfrontationen. Leider verfehlte Rantzaus zur Dramatisierung neigende Haltung nicht ihre Wirkung auf den Regierungschef, Scheidemann selbst. Die Folge war, daß sich das Kabinett Scheidemann in den Sommermonaten 1919 durch Grundsatzerklärungen in eine außen- wie innenpolitische Sackgasse hineinmanövrierte, aus der man nur noch auf dem Wege der Demission herauskommen konnte, was dann am 20. Juni 1919 geschah.[34] Damit war aber ein Teil des politischen Vertrauenskapitals, das sich die Sozialdemokraten bei den Wahlen am 19. Januar erworben hatten, verloren. Ebert, inzwischen Reichspräsident, konnte nur noch indirekt beratend einwirken und hatte seit Februar 1919 keinen unmittelbaren Einfluß mehr auf die politischen Entscheidungen im Kabinett.

Schließlich war es Matthias Erzberger, der sowohl in seiner eigenen Fraktion als auch in der Nationalversammlung, von Ebert und Friedrich Payer und den Gewerkschaften, aber nicht von Friedrich Naumann unterstützt, im Juli 1919 die Ratifizierung des Friedensvertrags durchsetzte. Er hatte in einer Denkschrift die politischen Alternativen einer Nicht-Ratifizierung aufgezeigt: separatistische Politik in Ostpreußen, Einmarsch gegnerischer Truppen in Deutschland und, möglicherweise, Auflösung der politischen Einheit Deutschlands. Gegen eine vermittelnde Haltung bäumten sich die »Berufspatrioten« auf, die den demokratischen Politikern ihre »Verzichtspolitik«, wie sie es formulierten, nicht verziehen.[35] Es gab im Sommer 1919 viel chauvinistisches Wehklagen und Maulen in Deutschland.

Nachdem die USPD-Politiker am 29. Dezember aus der Reichsregierung ausgeschieden waren, schied die USPD am 3. Januar auch aus der nach dem gleichen Muster gebildeten preußischen Regierung aus, so daß das preußische Kabinett nur noch aus SPD-Politikern, einem DDP-Politiker und zwei parteilosen Mitgliedern bestand.[36] In den nächsten Wochen begannen die Länder, ihre neuen Landtage aufgrund des allgemeinen Wahlrechts zu wählen, am 5. Januar in Baden, am 12. Januar in Bayern und Württemberg, am 26. Januar in Preußen, Hessen, Mecklenburg-Schwerin, Lippe-Detmold. Meist gingen die Sozialdemokraten als stärkste Partei aus der Wahl hervor, die Unabhängigen blieben eine starke Minderheit, und die bürgerlichen Parteien (einschließlich des Zentrums) hatten fast überall quantitativ die Mehrheit.

Die Wahlen zur Nationalversammlung am Sonntag, dem 19. Januar, verliefen ungestört. Die SPD gewann 163 Sitze, die USPD 22, das Zentrum (einschließlich BVP) 91, die DDP 75, die aus den Konservativen hervorgegangene DNVP 44 und die aus den Nationalliberalen hervorgegangene DVP 19 Sitze. Die Parteien der Reichstagsmehrheit und der Friedensresolution vom Juli 1917, SPD, DDP, Zentrum, waren sämtlich gestärkt aus diesen Wahlen hervorgegangen. Sie hatten 328 von 423 Sitzen gewonnen und verfügten über drei Viertel aller Stimmen in der Nationalversammlung. Das Ergebnis bedeutete eine nachträgliche Anerkennung ihrer bisherigen Politik. Doch gab es wenig Zeit zu triumphieren.

Mit dem Wahlergebnis vom 19. Januar stellte sich sofort die Koalitionsfrage. Seit dem 9. November hatte das Reich, dann auch Preußen, eine ausschließlich sozialdemokratische Regierung gehabt. Aber die SPD-Politiker hatten von vornherein die Zusammenarbeit mit den anderen demokratischen Gruppen gesucht und zu diesem Ziel die Wahlen zur Nationalversammlung in die Wege geleitet. Das Wahlergebnis hätte – theoretisch – eine Regierungsbildung ohne die Sozialdemokraten zugelassen. Jetzt aber bemühte sich die Koalition der Mehrheitsparteien von 1917, die sich zur gemeinsamen Regierungsbildung entschloß, um ein Koalitionsmodell, das sich auch bei der Bildung der preußischen Landesregierung am 25. März nochmals wiederholte. Da die Volksbeauftragten Hugo Preuß mit der Ausarbeitung der Verfassung beauftragt hatten, hatten SPD und DDP auch während der Revolution politisch zusammengearbeitet, wie ja auch Erzberger für das Zentrum im Kabinett geblieben war.

Im Zentrum begünstigte das Wahlergebnis vom 19. Januar den demokratischen Flügel. Die monarchistisch-konservative Gruppe schmolz zu einer großen Minderheit zusammen. So fiel es Erzberger nicht schwer, seine Fraktion für die Fortsetzung der Zusammenarbeit mit der SPD und DDP zu gewinnen. Sie entschied sich mit 65 gegen 5 Stimmen für das Regierungsbündnis. Damit war die Entscheidung für die »Weimarer Koalition«, wie sie später genannt wurde, gefallen.[37] Die sozialdemokratische Fraktion kam am 4. Februar zum ersten Mal in Weimar zusammen. Formell wurde bei der USPD angefragt, ob sie bereit sei, in eine Regierungskoalition einzutreten, die Antwort war, wie erwartet, negativ.[38] Die nächste Anfrage der Sozialdemokraten ging an die DDP-Fraktion, zu der wieder Naumann, Haußmann und Payer zählten. Sie erklärte sich unter der Bedingung bereit, daß auch das Zentrum an der Regierungskoalition beteiligt werde, damit in der Regierung auch, wie es hieß, die breiten Schichten der deutschen Bevölkerung vertreten seien.[39] Da die übrigen bürgerlichen Parteien der Rechten zudem quantitativ schlecht abgeschnitten hatten, kam die Koalition ohne größere Schwierigkeiten zustande.

Politisch bedeutete die Koalition die Bereitschaft zum Kompromiß bei allen Beteiligten. Darüber war man sich im klaren.[40] Sozialdemokraten, Katholiken und Demokraten hatten jetzt die volle politische Verantwortung übernommen, auf die sie seit dem Juli 1917 hingearbeitet hatten. Im Anschluß an die Regierungserklärung des neuen Kabinetts und die darauf folgende Aussprache trat die Nationalversammlung bereits in die Etatberatungen ein. Das Verfahren erinnerte etwas an den alten Reichstag. Am 24. Februar begann man in Weimar mit der Beratung des Verfassungsentwurfes, der von Hugo Preuß eingebracht und erläutert wurde.

In der Rede, die Friedrich Ebert am 6. Februar als Volksbeauftragter im Weimarer Nationaltheater zur Begrüßung der Nationalversammlung hielt, wurde noch einmal die Erregung der letzten Monate wach, aber auch die Entschlossenheit, die neugewonnenen demokratischen Rechte gegen möglichen aufkommenden Widerstand durchzusetzen und zu behaupten. Die Ansprache war in einem nüchternen Pathos gehalten, doch waren die Formulierungen bewußt gewählt. Die Reichsregierung begrüßte die Nationalversammlung, so Ebert einleitend, »als höchsten und einzigen Souverän in Deutschland«.[41] Diese Aussage enthielt nicht nur eine Bestätigung des Grundsatzes der Volkssouveränität,[42] sondern zugleich eine Absage an irgendeine Form von Räteregierung. Aber im gleichen Atemzug wurden auch die jüngsten politischen Veränderungen gerechtfertigt: »In der Revolution erhob sich das deutsche Volk gegen eine veraltete, zusammenbrechende Gewaltherrschaft.«[43] Diese Worte richteten sich gegen mögliche historische Legenden, wie sie ja tatäschlich bald von der nationalen Rechten propagiert wurden. Widerspruch auf der Rechten löste der Satz aus: »Mit den alten Königen und Fürsten von Gottes Gnaden ist es für immer vorbei.«[44] Man verwehre, so Ebert ironisch, »niemandem eine sentimentale Erinnerungsfeier«: »Aber so gewiß diese Nationalversammlung eine große republikanische Mehrheit hat, so gewiß sind die alten gottgegebenen Abhängigkeiten für immer beseitigt.«[45] Was aber, fragte Ebert, sei aus den letzten Jahren und Monaten gewonnen worden? Es war wenig und viel: die politische Freiheit. Sie sei »der einzige Trost, der dem deutschen Volk geblieben ist, der einzige Halt, an dem es aus dem Blutsumpf des Krieges und der Niederlage sich wieder herausarbeiten kann.«[46] Der verlorene Krieg, betonte Ebert, sei »keine Folge der Revolution«: »Meine Damen und Herren, es war die Kaiserliche Regierung des Prinzen Max von Baden, die den Waffenstillstand einleitete, der uns wehrlos machte. Nach dem Zusammenbruch unserer Verbündeten und angesichts der militärischen und wirtschaftlichen Lage konnte sie nicht anders handeln.« Die Revolution lehne die Verantwortung für die verfehlte Politik der alten Gewalten ab. Allerdings auch in der Abwehr der verfehlten Kriegspolitik zeigte die Rede Eberts eine bewußt nationalbetonte Haltung.

Aus diesem Nationalstolz, verbunden mit einem Gerechtigkeitsanspruch, erwartete Ebert – etwas postulativ – ein Entgegenkommen der Entente gegenüber der neuen deutschen Demokratie. Hatten die bisherigen Gegner nicht auch für Gerechtigkeit, Freiheit und einen dauerhaften Frieden gegen den »Kaiserismus« gekämpft?[47] Warum aber dann so verschärfte Waffenstillstandsbedingungen? Warum werde jetzt Elsaß »ohne weiteres als ein französisches Land« behandelt?, lautete Eberts rhetorische Frage. Warum werde versucht, die besetzten linksrheinischen Gebiete von Deutschland abzutrennen? Weiter, wolle man den Waffenstillstand zu einer »geldwirtschaftlichen Versklavung Deutschlands« nutzen? Das waren starke Worte. War sich Ebert dabei bewußt, daß er damit der öffentlichen Meinung eine bestimmte Richtung gab? Er berief sich auf die Proklamationen Wilsons von 1918 und forderte einen allgemeinen Frieden der Verständigung.[48]

Das entsprach den Vorstellungen der Reichstagsmehrheit bis zum Oktober des vergangenen Jahres. Doch hatte sich die politische Szene, nicht nur in Deutschland, merklich verändert. Es ging ja nicht mehr um die Prinzipien selbst, sondern um ihre praktische Einlösung. Das kam nicht automatisch. So war offensichtlich auch Ebert selbst nicht ganz vor außenpolitischen Illusionen gefeit. An der Rede Eberts wurde deutlich, daß die neuen demokratischen Politiker in Deutschland klare Vorstellungen darüber hatten, was innenpolitisch auf das Land zukommen werde.[49] Das politische Zukunftsziel wurde umschrieben als eine »starke Demokratie«, ein Land frei von Überresten des Militarismus im öffentlichen Leben. Ebert flocht ein Goethe-Zitat ein, offensichtlich mit einem ironischen Unterton an die Adresse der Unabhängigen, ihre »wankelmütige« Politik gerichtet, zugleich an den »Geist von Weimar« erinnernd:

> »Denn der Mensch, der zur schwanken Zeit auch schwankend Gesinnung ist,
> Der vermehrt das Übel und leitet es weiter und weiter.
> *(Unruhe bei den Unabhängigen Sozialdemokraten)*
> Und wer fest auf dem Sinne beharrt, der bildet die Welt sich aus.«[50]

Aus dieser Einsicht, riet Ebert, solle man jetzt an die gemeinsame Arbeit gehen.[51]

Die Ansprache schloß, ähnlich wie die Rede Eberts vor der Reichskonferenz am 25. November 1918, mit einem dringenden Appell, sowohl an die Arbeiter wie an Unternehmer, zu arbeiten, wieder zu investieren, Werte zu schaffen. Darum komme, auch wenn der Ausgang des Krieges trübe Stimmungen heraufbeschworen habe, niemand herum. Das Wichtigste sei vorerst, das wirtschaftliche Leben wieder in Gang zu bringen. Auch die Unternehmer könnten sich nicht mehr damit begnügen, nur von den überhöhten Gewinnen, die ihnen die Kriegsindustrie eingebracht habe, zu leben. Mit dem Zusammentritt der Nationalversammlung am 6. Februar, der Verabschiedung des vorläufigen Grundgesetzes am 10. Februar, der Wahl Eberts zum Reichspräsidenten und der Bildung des Kabinetts Scheidemann am gleichen Tag hatte die deutsche Politik wieder festere Konturen gewonnen.

Die bisherige Untersuchung rekonstruierte, auch in den Verwurzelungen und Verästelungen, den Vorgang der Entstehung der demokratischen Bewegung in Deutschland seit 1917. Der 9. November setzte einen vorläufigen Schlußstrich unter diese Politik. Die Demokratie hatte sich durchgesetzt. Es gab nur wenige in diesen Tagen des November und Dezember 1918, die wünschten, die Entwicklung wieder zurückzuschrauben. Deutschland war in den Kreis der westlichen Demokratien eingetreten. Die deutschen Parteien, deren Zusammenhalt meist erhalten blieb, hatten sich neue Namen gegeben: Die Fortschrittler nannten sich Demokraten, die Nationalliberalen »Deutsche Volkspartei«, die bisherige konservative Rechte stellte sich als »Deutschnationale Volkspartei« vor. Sozialdemokraten und Zentrum, letztere nach einigem Zögern – vorübergehend kam die Bezeichnung »Christliche Volkspartei« ins Spiel – beließen es bei ihren traditionellen Namen: Die neue Demokratie kam ihren Erwartungen am weitesten entgegen.

Die enge Zusammenarbeit zwischen Friedrich Ebert und Matthias Erzberger, die im Juli 1917 die Bildung der Reichstagsmehrheit eingeleitet hatten, bestand auch nach dem 9. November fort. Zielbewußt vertieften sie ihre Politik einer Demokratisierung, auch gegen erhebliche Widerstände. Widerstand kam nicht nur von den politischen Gegnern, sondern auch aus dem Unverständnis in den eigenen Reihen. Zudem bedurfte es eines außerordentlichen politischen Gespürs, um ein derart heterogen zusammengesetztes Land, wie es das Deutschland der Jahre 1918/19 darstellte, politisch zu leiten. Unverkennbar ging die stärkste stabilisierende Wirkung in den Plänen der Weimarer Republik von der bisherigen Partei der Arbeiterbewegung und der bisherigen katholischen Partei aus. Ihre Politiker konnten, über die regionalen Grenzen hinweg, immer mit einer festen und meist auch treuen Anhängerschaft rechnen. Das gilt vor allem von den Sozialdemokraten, die besonders auf den Erhalt der politischen Einheit des Reichs, auch in den Ländern und Gemeinden, bedacht waren und sich schon bald an dieser Aufgabe übernahmen. Sie waren, im Reich wie in Preußen, vorübergehend durch die Wahlen zur Nationalversammlung und zu den Landesversammlungen im Januar und Februar 1919 zur stärksten politischen Kraft geworden. Doch waren sie auf das, was seit dem 19. Januar 1919 auf sie zukam, wenig vorbereitet. Mit den neuen politischen Ämtern, Ebert als Reichspräsident, Scheidemann als Ministerpräsident, wurde ihnen ein hohes Maß an Verantwortung aufgeladen, während ihre politischen Gegner für einige Monate eine Verschnaufpause erhielten, die sie nutzten, um sich seit dem Sommer 1919 – im Zuge der Debatten um den Versailler Vertrag – wieder stärker und auch hemmungsloser zu Wort zu melden. Scheidemann legte im Zuge dieser Spannungen um die Ratifizierung des Friedensvertrages – die Aussprache war nicht ganz ohne seine Mitwirkung hochgradig emotionalisiert worden – sein Amt nieder, und der wenig profilierte Gewerkschaftsführer Gustav Bauer trat seine Nachfolge an.

An der Wende des Jahres 1918/19 verschob sich die gesamte politische Szene Europas. In England war die Labour-Party bei den Dezemberwahlen 1918 zur zweitstärksten Partei aufgestiegen und hatte die Liberalen auf den dritten Platz verdrängt. In Frankreich bahnte sich im Laufe des Jahres 1919 eine politische Entwicklung in zwei größere politische Blöcke, dem »Linkskartell« unter Herriot und dem zunächst erfolgreicheren »Nationalen Block« der französischen Rechten unter Clemenceau und Poincaré an. Die parteipolitische Entwicklung in allen drei großen Industrieländern Westeuropas, Deutschland, Frankreich und England, zeigte in dieser Gegenüberstellung von einer »bürgerlich«-konservativ-nationalen Rechten auf der einen und einer »kleinbürgerlich«-demokratisch-sozialistischen Linken auf der anderen Seite große Ähnlichkeiten auf – sieht man von den Besonderheiten der einzelnen Parteien und ihrer Persönlichkeiten ab. Anders als in Frankreich und England aber siegte in Deutschland bei den ersten Nachkriegswahlen im Januar 1919 die neue demokratische Linke der Friedensresolution von 1917: Sie hatte im Januar 1919 von 423 Sitzen 328 gewonnen. Die politische Szene war in Deutschland im Vergleich mit den Nachbarländern in Europa unverkennbar am weitesten nach links gerückt.

Die Leistung der äußerlich wenig eindrucksvollen, vielleicht etwas farblosen Nationalversammlung war groß. Durch die geschickte Regie von Hugo Preuß, der für die Ausarbeitung der Verfassung zuständig blieb, und Conrad Haußmann, der seine ausgleichenden Fähigkeiten als Vorsitzender des Verfassungsausschusses nutzte, setzte sie, unbeirrt von den äußeren Stürmen von Räten, Streiks, Freikorpseinsätzen und nationaler Enttäuschung über die Friedensbedingungen, die Arbeit an dem Verfassungswerk fort und brachte sie zu einem glücklichen Ende. Am 31. Juli 1919 wurde die Verfassung in der 71. Sitzung von der Nationalversammlung mit 262 gegen 75 Stimmen und einer Enthaltung verabschiedet.

Deutschland war eine parlamentarische Demokratie geworden, auf allen Stufen, vom Reich über die Länder zu den 65000 Gemeinden. Grundrechte betonten die persönlichen Freiheiten und sicherten soziale Bindungen, darunter die Familie, sowie die Selbstverwaltungen der Gemeinden. Die Kirchen hatten einen freien Status bekommen, das obrigkeitliche Kirchensystem war aufgehoben. Der Adel war als öffentlich garantierte, politisch-soziale Einrichtung abgeschafft, den Hochschulen war die Unabhängigkeit von Forschung und Lehre zugesichert worden, eine für alle Bevölkerungsschichten obligatorische gemeinsame Grundschule war eingeführt, im wirtschaftlichen Leben eine gemischte Lösung zwischen Sozialstaat und Marktwirtschaft gefunden worden. Die bismarcksche Reichsverfassung von 1871 und damit zugleich die fürstlichen Bundesstaaten waren aufgehoben worden. An ihre Stelle traten jetzt die Länder. Die Polarität von Zentralität (Reich) und Föderalität (Länder) allerdings blieb auch in der Weimarer Demokratie politisch wirksam. Deutschland wurde ein Land mit einer gemäßigten, ausgeglichenen politischen Verfassung, das außerordentliche Lebenschancen bot, vor allem: Es wurde ein freies Land, von einer politischen Liberalität, wie sie die bisherige politische Geschichte Deutschlands vielleicht nur im ausgehenden Mittelalter gekannt hatte.[52] Die Weimarer Demokratie war ein Land voller Gegensätze und Widersprüche. Die von der Nationalversammlung geschaffene Verfassung hatte nur den Rahmen des politischen, gesellschaftlichen, wirtschaftlichen und kulturellen Lebens abgesteckt. Die weitere Ausgestaltung des öffentlichen Lebens hatten die 423 Abgeordneten – darunter 37 Frauen – nicht festlegen wollen.[53] Die Darstellung der Debatten der Nationalversammlung über die neue Reichsverfassung wäre – wie die Beobachtung jedes schöpferischen politischen Handelns – faszinierend. Das wäre der Gegenstand eines weiteren Buchs. Dabei würden Spannungen zwischen Ideal und Wirklichkeit sichtbar werden.

1919 änderte sich die äußere politische Szene wie das gesamte Panorama des öffentlichen Lebens in Deutschland: Es wurde breiter und offener. Die für geduldige Leser dieser Studie fast einmalige Situation, gleichsam aus der »Kammerperspektive« eine politische Entwicklung verfolgen zu können – die Beratungen der Politiker der Reichstagsmehrheit 1917/18 fanden ja meist in den Zimmern des Reichstags und der Reichskanzlei, zudem im Zwielicht zwischen Öffentlichkeit und Vertraulichkeit statt – ist mit dem Ende der kaiserlichen Politik nicht mehr gegeben. Seit 1919 wurde die deutsche Politik von der Öffentlichkeit stärker ausgeleuchtet. Überhaupt verstand sie sich jetzt als eine öffentliche Angelegenheit. Ein neues Kapitel der Geschichte deutscher Politik hatte begonnen.

Anmerkungen

1 Abgedruckt in: W. Ruge, Friedrich Ebert am 10. November 1918, in: ZfG 26 (1978), S. 969.
2 A.a.O., S. 970. Der Text läuft weiter: »Infolge des allgemeinen Tohuwabohu erklärte nun Haase, daß er in die Regierung nicht eintreten könne. Als Ebert aus dem Zirkus in das Reichskanzlerpalais zurückkehrte, wo wir ihn erwarteten, standen wir unter dem Eindruck, daß das Schlimmste zu befürchten sei. Wir waren entschlossen, die Regierungsbildung allein in die

Hand zu nehmen und die unvermeidliche blutige Auseinandersetzung durchzufechten. In der zehnten Stunde erschienen Haase und Dittmann, um die Erklärung abzugeben, daß sie nun doch gewillt seien, mit uns gemeinsam die Regierungsbildung zu übernehmen.«

3 Dazu Bauer: »Die U[nabhängigen] sind, beeinflußt durch ihren hyperradikalen Flügel, bestrebt, die Einberufung der Nationalversammlung möglichst lange herauszuschieben. Die Ganzradikalen vertreten die Auffassung, daß erst die Sozialisierung der Produktionsmittel etc. durchgeführt werden müsse. Erst dann soll die Nationalversammlung berufen werden. Auch den Reichstag wollen sie ganz ausschalten, was meiner Ansicht nach falsch ist.« (A. a. O.)

4 A. a. O. – Bauer fügte hinzu: »Ich möchte Sie bitten, in der ›Volkswacht‹ [schlesische SPD-Zeitung] und wo es sonst möglich ist, die Forderung schnellstens zu erheben. Wenn sich die Verhältnisse weiterhin konsolidiert und die Entwicklung den erwünschten ruhigen Verlauf nimmt, bin ich bereit, an dem nächsten oder übernächsten Sonntag nach Breslau zu kommen, um in der Jahrhunderthalle zu reden. Eine Entschließung, die zur schleunigen Einberufung der Nationalversammlung aufforderte, müßte dort gefaßt werden.« (A. a. O., S. 971)

5 Cohen in seiner Rede am Donnerstag, dem 19. Dezember: »Parteigenossen, Kameraden, es gibt nach meiner festen Überzeugung nur ein einziges Organ, das diesen Volkswillen feststellen kann: Das ist die allgemeine deutsche Nationalversammlung, zu der jeder Deutsche gleichviel ob Mann oder Frau, in allen Gebieten, die zu Deutschland gehören wollen, wählen kann. Wie man auch über die A.- und S.-Räte denken mag – ich denke ziemlich günstig über sie und werde noch darauf zurückkommen –, in jedem Falle drücken die A.- und S.-Räte nur einen Teilwillen, niemals aber den Willen des ganzen Volkes aus. Diesen festzustellen, darauf kommt es an.« (Allgemeiner Kongreß der Arbeiter und Soldatenräte Deutschlands vom 16. bis 21. Dezember 1918 im Abgeordnetenhaus zu Berlin. Stenographische Berichte, hrsg. Zentralrat der sozialistischen Republik Deutschlands, Berlin 1919, Sp. 212.)

6 Cohen: »Jetzt bei den Wahlen hat Lloyd George eine Mehrheit von über 100 Stimmen erhalten, und da hoffen Sie auf eine Revolution in England und Amerika, die uns retten könnte?! Denn Frankreich und Italien würden ohne Hilfe von England und Amerika ebenso zugrunde gehen wie wir. Ich bitte Sie also, an diese Dinge mit der Kühle und Besonnenheit heranzugehen, die erforderlich ist, und nicht ein solches Hoffnungsgebäude zu errichten, das der nächste Windstoß wie eine Papierschachtel zerstören wird.« (A. a. O., S. 222)

7 Darunter die Sozialwissenschaftler Schumpeter und Lederer.

8 Am 15. Aug. 1919 führte der sozialdemokratische Bergarbeiterführer Otto Hue zur Begründung der Sozialisierung vor der Nationaversammlung aus: »Diese Maßnahmen fordern wir nicht wegen der gegenwärtigen Situation, wegen der Streiks. Wir fordern die Sozialisierung des Bergbaus schon seit Jahrzehnten. Wir fordern sie nicht, weil wir glauben, daß dadurch von heute auf morgen oder in einigen Wochen eine erhebliche Erhöhung der Förderung eintritt. Die Forderung der Sozialisierung des Bergbaus ist eine Forderung grundsätzlicher Natur, die man in jeder politischen und wirtschaftspolitischen Situation erheben muß.« (Nationalversammlung Bd. 329, S. 2480)

9 Der Punkt 2 dieser sogenannten »Hamburger Punkte« lautete: »Als Symbol der Zertrümmerung des Militarismus und der Abschaffung des Kadavergehorsams wird die Entfernung aller Rangabzeichen und des außerdienstlichen Waffentragens angeordnet.« (Abdruck der 7 Hamburger Punkte in: RdV I, S. 293 f.) – Die Forderungen waren zum ersten Mal am 14. 12. von den Hamburger Soldatenräten formuliert worden und von Hamburger Delegierten auf dem Rätekongreß in Berlin eingebracht worden.

10 Protokoll der Sitzung der Volksbeauftragten vom 18. 12. 1918: »Ebert teilt eine Meldung Groeners mit, daß die OHL den Kongreßbeschluß für das Schlimmste ansehe, daß der Feldmarschall und er nicht bleiben könnten, daß wahrscheinlich der ganze Stab dem Beispiel folgen werde. Ebert hat Groener gebeten, die Angelegenheit reiflich nach allen Seiten zu überlegen. Vielleicht könnte der Feldmarschall und er doch noch die Demobilisation zu Ende führen.« (RdV I, S. 396) – Am 21. Dezember kam es im Kabinett zu einer direkten Aussprache zwi-

schen Groener, von Mann (Marine), den Volksbeauftragten und dem Zentralrat. Die Reaktionen auf den Kongreßbeschluß trugen zu dem späteren Austritt der USPD-Politiker aus der Regierung bei.

11 Aus dem Protokoll: »*Peters (Matrose):* Warum sollen nur 600 Mann dableiben? *Ebert (Volksbeauftragter):* Wir wollen in aller Ruhe sagen: ›Wenn Sie Wels, Fischer und Bongard [die verhafteten SPD-Politiker] nicht sofort entlassen, dann ist kein Grund zu einer Einigung vorhanden. Wer gibt Ihnen denn das Recht, Beamte der Regierung zu verhaften?‹ *Schulz (Matrose):* Unsere Macht. *Landsberg:* Also dann übernehmen Sie die Regierung. *Ebert:* Ich mache Sie auf die Folgen Ihres Verhaltens aufmerksam. Der Waffenstillstand wird zu Ende sein. Die Ententetruppen werden einrücken. Sie werden die Schuld daran tragen, wenn das ganze deutsche Volk zugrunde geht. *Landsberg:* Wenn wir keine Macht haben, kann niemand von uns erwarten, daß wir als verantwortliche Leute in der Regierung bleiben. *Schulz:* Ich muß Ihre Auffassung achten. [Nachdem noch einmal die Absetzung des Berliner Stadtkommandanten Wels (SPD) angesprochen worden war.] *Schulz:* Ist denn das lumpige Geld so wichtig? *Landsberg:* Sehen Sie immer nur die finanzielle Sache. Wissen Sie nicht, daß man das räuberische Erpressung nennt?« (RdV II, S. 25)

12 Neben den Streikaktionen tauchten aber schon andere, ganz neue politische Pläne auf: Die Stadt Köln beantragte durch ihren tatkräftigen OB Adenauer (Ztr.) die Genehmigung einer Universitätsgründung. Die – noch revolutionäre – preußische Regierung gab am 4. 1. 1919 durch den neuen Kultusminister Konrad Haenisch die Zustimmung.

13 Willibald Apelt, der die »Geschichte der Weimarer Verfassung« schrieb (München [2]1964), war 1918/19 einer der Mitarbeiter im Reichsamt des Innern.

14 W. Apelt, S. 45f.

15 Dazu Ebert am 14. 1. 1919 im Kabinett: »Wenn ich auch theoretisch Landsberg zustimme [Landsberg hatte soeben gesagt: »Der deutsche Partikularismus entspricht ausschließlich dynastischen Interessen.«], so glaube ich doch, daß die Reichseinheit nur möglich ist auf föderativer Grundlage. Das lehren uns auch die Erfahrungen, die wir gerade während der Revolution gemacht haben. Wir müssen versuchen, innerhalb des Föderativstaates die Reichsmacht nach Möglichkeit wirtschaftlich zu stärken, und diesen Weg verfolgt der Entwurf. Wenn es uns gelingt, die Einheit in der Reichsgesetzgebung und Reichsverwaltung beim Postwesen, Eisenbahnwesen, Schulwesen, Steuerwesen usw. durchzusetzen, so ist das ein riesiger Erfolg; darüberhinauszugehen, wird die allergrößten Schwierigkeiten haben.« (RdV II, S. 239f.)

15a Text des Entwurfes in: Schulthess (1919), S. 24f.; RdV II, S. 334ff.

16 Ebert: »Der Gedanke eines einheitlichen Reichs ist unmöglich. Die föderalistische Verfassung ist notwendig, wenn es nicht zum Konflikt in der Nationalversammlung kommen soll. Der erste Entwurf, der die Bundesstaaten nur hören wollte, war nicht durchzubringen ... Aber es ist doch nicht ganz der alte Bundesrat.« (RdV II, S. 326) Scheidemann in der gleichen Sitzung: »Man wird den Kompromiß, wenn man ihn uns aufzwingt, eben schlucken müssen, aber wir können mit diesem Vorschlag [Mitwirkung der Ländervertretung bei der Einbringung von Gesetzen], den wir vor der Geschichte nicht verantworten können, unmöglich selbst vor die Nationalversammlung treten. Die Gegner haben ja gar nicht so viele hinter sich.« (RdV II, S. 328)

17 RdV II, S. 307.

18 RdV II, S. 308.

19 Im westfälischen Paderborn wurde der »Arbeiterrat« am 20. November 1918 in einen »Volksrat« umgebildet, dessen Volksversammlung aus 18 Arbeitern, 2 Beamten, je einem Vertreter der bischöflichen Akademie, der Bürger, der Finanzbehörde, der Geistlichkeit, der Justiz, der Rechtsanwälte, der Studenten, des Wirtevereins und je zwei Vertretern des Handels und der Industrie, zehn Handwerkern, drei Lehrern und drei Angestellten bestand. Die Mehrheit der Versammlung stand dem Zentrum, der traditionell stärksten örtlichen politischen Partei, nah: Intellektuelle Wortführer des Volksrats wurden zwei Professoren der örtlichen philosophisch-theologischen Akademie, Linneborn und Rosenberg. – (J. A. Cohausz, Die Novem-

berrevolution 1918/19 in Paderborn und das katholische Rätedenken, in: Westfälische Zeitschrift Bd. 126/127 (1976/77), S. 387–438). – In vielen anderen Provinzstädten mit ihren auch 1918/19 in Deutschland noch so ausgeprägten Formen von politischer Lokalität, verbunden mit einem etwas allgemeinen »Gerechtigkeitsgefühl«, wird die Entwicklung nicht viel anders verlaufen sein.

20 Die Mehrheit der Abgeordneten stimmte wohl auch deswegen diesem vorläufigen Grundgesetz fast unkritisch zu, um überhaupt die Politik wieder an ein Minimum verfassungsrechtlicher Normen zu binden. (Vgl. R. Rürup, Entstehung und Grundlagen der Weimarer Verfassung, in: E. Kolb (Hg): Vom Kaiserreich zur Weimarer Republik, Köln 1972, S. 230.)

21 Vgl. Apelt, S. 68ff.

22 Das Stichwort der Neugliederung lautete in den 20er Jahren: »Reichsreform«.

23 Vgl. die Erinnerungen des Reichstagsabgeordneten Georg Schreiber (Ztr.): »Der ursprüngliche Plan einer zentralistischen Formgebung, der Hugo Preuß, Konrad Haußmann, Friedrich Naumann, Matthias Erzberger und auch zum weiteren die sozialdemokratische Linke zuneigten, konnte nicht durchgehalten werden. Die reichseigene Finanzverwaltung und die Aufrichtung der Reichsverkehrspolitik, zum wesentlichen Erzbergers Werk, vollzogen sich leichter als die Weiterung kulturpolitischer Aufgaben. Ältere Bindungen machten sich gegen den Einheitsstaat und zugunsten der Länder geltend.« (G. Schreiber, Zwischen Demokratie und Diktatur. Persönliche Erinnerungen an die Kultur des Reichs von 1919–1944, Münster 1949, S. 54)

24 RdV II, S. 240.

25 Ebert fügte jedoch hinzu: »Allerdings gehören zu einer entschlossenen und kraftvollen Führung der Reichsgeschäfte gewisse Machtbefugnisse. Die Frage, ob Präsident oder Direktorialverfassung, möchte ich offen lassen.« (RdV II, S. 240) – Die Anregung zu einer »Direktorialverfassung wurde vom Kabinett allerdings sogleich abgetan. (A. a. O., S. 241)

26 Vgl. P. Wulf, Hugo Stinnes. Wirtschaft und Politik 1918–1924, Stuttgart 1979, S. 104.

27 H. Weber (Hg.), Der Gründungsparteitag der KPD. Protokoll und Materialien, Frankfurt 1969.

28 Solf war, nachdem er sich auf der Reichskonferenz am 25. Nov. für eine Zusammenarbeit mit Wilson ausgesprochen und vor den Auswirkungen der Revolution gewarnt hatte – »Er klage die Revolution nicht an, denn er glaube an eine glückverheißende Zukunft der neuen deutschen Republik, die die Revolution geschaffen habe. Ihm liege es fern, die Revolution um ihre Früchte zu bringen.« (RdV I, S. 151), von dem neuen bayerischen Regierungschef Eisner (USPD) in Unkenntnis der personellen Interna – übrigens gemeinsam mit Erzberger – als »Gegenrevolutionär« gekennzeichnet worden, ein verfehltes Verdikt, das sich aber bald auch andere USPD-Politiker zu eigen machten.

29 Zur Verlängerung des Waffenstillstands trafen sich die Waffenstillstandskommissionen am 12./13. Dezember, 15./16. Januar und 14./15. Februar in Trier unter Leitung Fochs und Erzbergers.

30 Epstein, Erzberger, S. 331.

31 Ähnlich argumentierte in derselben Sitzung August Müller (SPD): »Alles, was ich höre, bestätigt, daß die Amerikaner uns so gegenübertreten, daß man zu der Überzeugung kommen kann, daß man mit ihnen zuerst zu einem Verständigungsfrieden gelangen kann. Sie sollen uns gesagt haben, daß sie unser schnelles Eingehen auf den Waffenstillstand nicht billigen.« (RdV II, S. 294)

32 Erzberger: »Am nächsten steht uns der Amerikaner, dann der Engländer, dann der Franzose und dann der Belgier.« (RdV II, S. 295) – Groener argumentierte am 21. 1. im Kabinett ähnlich: »Bei der Entente denkt niemand daran, den Rhein zu überschreiten, aus Angst vor dem Bolschewismus. Man wagt nicht einmal, Düsseldorf zu besetzen, auch der Straßburger Brükkenkopf wird nicht ernstlich besetzt werden. Wir haben einen absoluten Verbündeten in der amerikanischen Armee. Diese ist fertig mit den Franzosen. Es sind Charaktere, die absolut

nicht zusammenpassen. Ein amerikanischer Offizier hat geäußert, mit den Franzosen sind wir für 200 Jahre fertig. Der Grund liegt darin, daß die Franzosen schmutzig sind und die Amerikaner Reinlichkeitsapostel. Ferner in der schlechten Unterbringung und Aufnahme der Amerikaner. Außerdem in der schlechten Behandlung der amerikanischen Kommandobehörden durch Foch. Die Deutsch-Amerikaner kommen jetzt mehr und mehr zur Geltung. In einzelnen Fällen haben die Amerikaner die Franzosen aus ihren Quartieren mit Waffengewalt vertrieben.« (RdV II, S. 293)

33 RdV II, S. 297. – Brockdorff-Rantzau faßte sein Konzept noch am gleichen Tag schriftlich zusammen: »Ich habe mich am Schluß der heutigen (Kabinetts-) Sitzung darauf beschränkt zu erklären, daß ich selbstverständlich bereit bin, jede politische Kombination und Konjunktur auszunutzen, und daß ich schon begonnen habe, Fühlung mit den einzelnen Ententemächten zu nehmen, daß ich aber dringend vor einem zu großen Optimismus warnen müsse, weil ich nicht glaube, daß die Koalition unserer Gegner jetzt gesprengt werden kann. Es liegen vielmehr Anzeichen dafür vor, daß unsere Feinde (sic!), insbesondere Frankreich, England und Amerika, nach dem Kriege den wirtschaftlichen Kampf gegen uns fortzusetzen beabsichtigen.« (RdV II, S. 300)

34 Aber die fast tragikomische Situation im Kabinett am 20. Juni 1919, als niemand die ausgefertigte Antwortnote auf das Ultimatum zur Unterzeichnung des Friedensvertrages unterschreiben wollte, notierte Brockdorff-Rantzau in einer persönlichen Aufzeichnung: »Unmittelbar anschließend an die Kabinettssitzung fand eine Beratung bei Scheidemann statt, der Erzberger, Dernburg, der Unterstaatssekretär Albert und außer mir auf meinen Wunsch auch der Ministerialdirektor Simons beiwohnten. Nach ewigem Hin und Her wurde der Wortlaut festgestellt, worauf Scheidemann plötzlich die Frage aufwarf, wer die Note unterzeichnen solle, indem er hinzufügte, selbstverständlich werde ich das wohl tun. Ich erinnerte ihn daran, daß ich ihm vor einer halben Stunde erklärt habe, ich weigere mich unbedingt, die Unterschrift zu vollziehen. Er antwortete darauf, er selbst denke auch nicht daran, sich noch mit dieser Blamage zu belasten.« H. Schulze, Das Kabinett Scheidemann 13. Februar bis 20. Juni 1919. (Akten der Reichskanzlei), Boppard a. Rh., 1971, S. 496f.

35 Vgl. K. Epstein, Erzberger und der Kampf um die Ratifizierung des Versailler Vertrags, in: Kolb, Vom Kaiserreich zur Weimarer Republik, S. 308–329.

36 Inneres: Hirsch; Wissenschaft, Kunst, Volksbildung: Haenisch; Finanzen: Südekum; Justiz: Heine; Landwirtschaft: Braun; Handel: Fischbeck (DDP); Kriegsministerium: Oberst Reinhard (parteilos); Öffentliche Arbeiten: Hoff (parteilos). (Schulthess (1919), S. 2) – In Sachsen schieden die Unabhängigen am 16. Jan. aus der Landesregierung aus. (A. a. O., S. 14)

37 Als Gründe für die Beteiligung des Zentrums nannte Erzberger in einem Schreiben an den Nuntius Pacelli vom 24. Februar 1919 u. a.: »Die innenpolitischen Gründe sind folgende: Würde das Zentrum in die Opposition gegangen sein, so würde das neue Kabinett auf sehr schwankendem Boden stehen. Die parteipolitischen Kämpfe würden sehr scharf werden. Unser Land käme nicht zur Ruhe ... Die Nationalversammlung würde bald zur Ohnmacht verurteilt werden und das Land der Anarchie zum Opfer fallen. Durch den Eintritt in die Regierung hat das Zentrum auf der anderen Seite bereits erreicht, daß der ursprüngliche Entwurf der künftigen Reichsverfassung, welcher die Trennung von Staat und Kirche obligatorisch für alle Bundesstaaten aussprach, geändert worden ist. In dem der Nationalversammlung zugegangenen Gesetzentwurf ist über die Trennung von Staat und Kirche nichts enthalten, wohl aber wird die Freiheit der Religionsausübung garantiert. Darin liegt ein gewaltiger Schutz, namentlich für die Katholiken in der Diaspora.« (Epstein, Erzberger, S. 329)

38 Das Antwortschreiben der Fraktion der USPD vom 6. 2. 1919, in: Bericht der sozialdemokratischen Fraktion in der verfassungsgebenden Nationalversammlung des Deutschen Reichs (in: Protokoll über die Verhandlungen des Parteitags der SPD, abgehalten in Weimar vom 10. bis 15. Juni 1919, Neudruck Berlin 1973, S. 56).

39 Vgl. Berichte der sozialdemokratischen Fraktion. A. a. O.

40 Mitglieder des neuen Kabinetts: Scheidemann (SPD, Ministerpräsident), Noske (SPD, Reichswehrminister), Wissel (SPD, Reichswirtschaftsminister), Bauer (SPD, Reichsarbeitsminister), Schmidt (SPD, Reichsernährungsminister), David (ohne Geschäftsbereich, SPD), Matthias Erzberger (Zentrum, ohne Geschäftsbereich), Johannes Bell (Zentrum, Reichskolonialminister), Johannes Giesberts (Zentrum, Reichspostminister), Preuß (DDP, Reichsinnenminister), Gothein (DDP, Reichsschatzminister), Schiffer (DDP, Reichsfinanzminister), Graf Brockdorff-Rantzau (parteilos, Außenminister).

41 Nationalversammlung Bd. 326, S. 1.

42 D. h. des Rousseauschen Staatsbegriffs.

43 Die Anerkennung der ausschließlichen Legitimität der Nationalversammlung sprach auch aus dem folgenden Satz: »Die Provisorische Regierung verdankt ihr Mandat der Revolution, sie wird es in die Hände der Nationalversammlung zurücklegen.« (Nationalversammlung Bd. 326, S. 1)

44 Nationalversammlung Bd. 326, S. 1.

45 A. a. O.

46 A. a. O.

47 A. a. O.

48 Ebert: »Im Vertrauen auf die Grundsätze des Präsidenten Wilson hat Deutschland die Waffen niedergelegt. Jetzt gebe man uns den Wilson-Frieden, auf den wir Anspruch haben.« (Nationalversammlung Bd. 326, S. 2)

49 Ebert: »Sorgenvoll blickt uns die Zukunft an. Wir vertrauen aber trotz alledem auf die unverwüstliche Schaffenskraft der deutschen Nation. Die alte Grundlage der deutschen Machtstellung ist für immer zerbrochen. Die preußische Hegemonie, das hohenzollernsche Heer, die Politik der schimmernden Wehr sind bei uns für alle Zukunft unmöglich geworden. (Nationalversammlung Bd. 326, S. 3)

50 Nationalversammlung Bd. 326, S. 3.

51 Die Rede enthielt auch eine Verteidigung der bisherigen Politik der Volksbeauftragten und des Zentralrats: »Die provisorische Regierung hat eine sehr üble Herrschaft angetreten. Wir waren im eigentlichen Wortsinn die Konkursverwalter des alten Regiments. Alle Scheuern, alle Läger waren leer, alle Vorräte gingen zur Neige, der Kredit war erschüttert, die Moral tief gesunken, wir haben, gestützt und gefördert vom Zentralrat der Arbeiter- und Soldatenräte (Lachen Rechts) unsere beste Kraft eingesetzt, die Gefahren und das Elend der Übergangszeit zu bekämpfen.« (A. a. O., S. 2)

52 Zu den Bewunderern des spätmittelalterlichen politischen Lebens der deutschen Städte hatte der Florentiner Politiker und Historiker Machiavelli gehört (Il Principe, 1513).

53 Unter den Politikern und Politkerinnen der Nationalversammlung finden sich zahlreiche Namen, an denen die Kontinuität der Politik aus dem Kaiserreich über die Weimarer Republik – sieht man von der 12jährigen NS-Herrschaft ab – sichtbar wird.

Literatur

Verzeichnis der in den Anmerkungen abgekürzt zitierten Literatur

Baden: Max von Baden, Erinnerungen und Dokumente, hg. G. Mann u. A. Burckhardt, Stuttgart 1968

Epstein: Klaus Epstein, Matthias Erzberger und das Dilemma der deutschen Demokratie, Berlin-Frankfurt 1962

Erzberger: Matthias Erzberger, Erlebnisse im Weltkrieg, Stuttgart-Berlin 1920

Fischer: Fritz Fischer, Griff nach der Weltmacht, Düsseldorf [3]1964

Hahlweg, Brest: Werner Hahlweg (Hg.), Der Friede von Brest-Litowsk. Ein unveröffentlichter Band aus dem Werk des Untersuchungsausschusses der Deutschen Nationalversammlung und des Deutschen Reichstags, Düsseldorf 1971

HA: Reinhard Schiffers u. a., Der Hauptausschuß des Deutschen Reichstags 1515–1518, 4 Bde., Düsseldorf 1981 ff.

Heuß, Naumann: Theodor Heuß, Friedrich Naumann. Der Mann, das Werk, die Zeit, Stuttgart [2]1949

Hertling: Richard von Hertling, Ein Jahr in der Reichskanzlei, Freiburg 1919

Hoffmann: Die Aufzeichnungen des Generalmajors Max Hoffmann, hg. K. F. Nowak, Bd. 1: Tagebuchaufzeichnungen, Bd. 2: Kriegserinnerungen, Berlin 1929

IFA: Der Interfraktionelle Ausschuß 1917/18, 2 Bde., hg. Erich Matthias u. Rudolf Morsey, Düsseldorf 1959

Kriegstagebuch: Das Kriegstagebuch des Reichstagsabgeordneten Eduard David 1914–1919, hg. Erich Matthias u. Susanne Miller, Düsseldorf 1966

Kühlmann: Richard von Kühlmann, Erinnerungen, Heidelburg 1948

Nationalversammlung: Stenographische Berichte der Deutschen Nationalversammlung (1919) Bd. 326–329, Berlin 1920

Reichstag: Stenographische Berichte der Verhandlungen des Deutschen Reichstags Bd. 309–311 (1917–1918), Berlin 1917/18

RdV: Die Regierung der Volksbeauftragten 1918/19, hg. Erich Matthias u. a., Düsseldorf 1969

RPM: Die Regierung des Prinzen Max von Baden, hg. Erich Matthias und Rudolf Morsey, Düsseldorf 1962

Scheidemann: Philipp Scheidemann, Memoiren eines Sozialdemokraten, 2 Bde., Dresden 1928

Schulze, Scheidemann: Das Kabinett Scheidemann 13. Februar bis 20. Juni 1919, hg. Hagen Schulze, Boppard a. Rh. 1971

Schulthess NF: Schulthess, Europäischer Geschichtskalender NF. Jg. 33 (1917) – 35 (1919), München 1920

Ursachen und Folgen: Ursachen und Folgen. Vom deutschen Zusammenbruch 1918 und 1945 bis zur staatlichen Neuordnung Deutschlands in der Gegenwart, hg. H. Michaelis u. E. Schraepler, Bd. 1 u. 2, Berlin 1958

Wheeler-Bennet: John Wheeler-Bennet, Brest-Litowsk. The Forgotten Peace, London 1956

A) Quellen

Quellenpublikationen, Autobiographien

Adenauer, K., Erinnerungen, Bd. 1: 1945–1953, Stuttgart 1965
Bradler, G. (Hg.), Friedrich Payer 1847–1931. Autobiographische Aufzeichnungen und Dokumente, Göttingen 1974
Bradler, G., Politische Unterhaltungen Friedrich Payers mit Theodor Heuß, in: Zeitschrift für Württ. Gesch. 32 (1973)
Bromme, M. Th. W., Lebenserinnerungen eines modernen Fabrikarbeiters. Nachdruck der Ausgabe von 1905, hg. B. Neumann, Frankfurt/M. 1971
David, E., Aus Deutschlands schwerster Zeit. Schriften und Reden aus den Jahren 1914–1919, 1927
David, E., Die Nationalversammlung zu Weimar und ihr Werk, in: Friedrich Ebert und seine Zeit, Berlin 1925
Deist, W., Militär und Innenpolitik im Weltkrieg 1914–1918, 2 Bde. (Quellen zur Geschichte des Parlamentarismus und der politischen Parteien, 2. Reihe), Düsseldorf 1970
Deuerlein, E. (Hg.), Briefwechsel Hertling – Lerchenfeld 1912–1917, Boppardt a. Rh. 1973
Ebert, F., Schriften, Aufzeichnungen, Reden, 2 Bde., Dresden 1926
Erzberger, M., Erlebnisse im Weltkrieg, Stuttgart-Berlin 1920
Hahlweg, W. (Hg.), Der Friede von Brest-Litowsk. Ein unveröffentlichter Band aus dem Werk des Untersuchungsausschusses der Deutschen Nationalversammlung und des Deutschen Reichstags (Quellen zur Geschichte des Parlamentarismus und der politischen Parteien, 1. Reihe), Düsseldorf 1971
Haußmann, C., Schlaglichter. Reichstagsbriefe und Aufzeichnungen von Conrad Haußmann, hg. U. Zeller, Frankfurt/M. 1924
Hertling, G. v., Erinnerungen aus meinem Leben, 2 Bde., München 1919
Hertling, R. v., Ein Jahr in der Reichskanzlei, Freiburg 1919
Heuß, Th., Erinnerungen 1905–1933, Tübingen 1963
Hiller v. Gaertringen, F. C. (Hg.), Groener, W., Lebenserinnerungen, Göttingen 1957
Hoffmann, M., Der Krieg der versäumten Gelegenheiten, München 1923
Kahlenberg, F. D. (Hg.), Die Berichte Eduard Davids als Reichsvertreter in Hessen 1921–1927, Wiesbaden 1970
Keil, W., Erlebnisse eines Sozialdemokraten, 2 Bde., Stuttgart 1947/48
Kühlmann, R. v., Erinnerungen, Heidelberg 1948
Lange, H., Kampfzeiten, 2 Bde., Berlin 1928
Lenin, Werke, Bd. 26, Berlin 1970
Lloyd George, D., War memoirs, 2 Bde., London ²1938
Löbe, P., Der Weg war lang, Berlin ²1954
Magnes, J. Z., Russia and Germany at Brest-Litowsk. A Documentary History of the Peace Negotiations, New York 1919
Mann, G. u. Burckhardt, A. (Hg.), Max von Baden. Erinnerungen und Dokumente, Stuttgart 1968
Matthias, E. u. Miller, S. (Hg.), Das Kriegstagebuch des Reichstagsabgeordneten Eduard David 1914 bis 1919 (Quellen zur Geschichte des Parlamentarismus und der politischen Parteien, 1. Reihe Bd. 4), Düsseldorf 1966
Matthias, E., Miller, S., Potthoff, H. (Hg.), Die Regierung des Volksbeauftragten 1918/19, (Quellen zur Geschichte des Parlamentarismus und der politischen Parteien, 1. Reihe Bd. 6 I u. II), Düsseldorf 1969
Matthias, E. u. Morsey, R. (Hg.), Der Interfraktionelle Ausschuß 1917/18, 2 Bde., (Quellen zur

Geschichte des Parlamentarismus und der politischen Parteien, 1. Reihe Bd. 1 I u. II), Düsseldorf 1959
Matthias, E. u. Morsey, R. (Hg.), Die Regierung des Prinzen Max von Baden, (Quellen zur Geschichte des Parlamentarismus und der politischen Parteien, 1. Reihe Bd. 2), Düsseldorf 1962
Matthias, E. u. Pikart, E. (Hg.), Die Reichstagsfraktion der deutschen Sozialdemokratie 1898 bis 1918, Teil II (Quellen zur Geschichte des Parlamentarismus und der politischen Parteien, 1. Reihe Bd. 3), Düsseldorf 1966
Meinecke, F., Autobiographien (Werke Bd. 8), Stuttgart 1968
Mirnye peregovory v Brest-Litovske s 22/9 dekabria 1917 do z marta s 18 febralja 1918 g. (Bd. 1), o. O. o. J.
Morsey, R. (Hg.), Die Protokolle der Reichstagsfraktion und des Fraktionsvorstands der deutschen Zentrumspartei 1926–1933, Mainz 1969
Naumann, F., Werke (6 Bde.), Köln-Opladen 1964–1969
Nowak, K. F., Die Aufzeichnungen des Generalmajors Max Hoffmann, 2 Bde., Berlin 1929
Oehme, W., Die Weimarer Nationalversammlung 1919. Erinnerungen, Berlin 1962
Payer, F., Neues Recht in Württemberg, Stuttgart 1874
Payer, F., Von Bethmann-Hollweg bis Ebert. Erinnerungen und Bilder, Frankfurt/M. 1923
Payer, F., Die Reichskanzlerschaft des Prinzen Max von Baden, in: Friedrich Ebert und seine Zeit, Berlin 1925
Plenarnye zacedanija politneskoj kommicii. Polny text stenogram pod redaktsiej c primesanijami A. A. Joffe (V. Koysogo) s predisloviem L. D. Trockogo, Moskau 1920
Scheidemann, Ph., Memoiren eines Sozialdemokraten, 2 Bde., Dresden 1928
Schiffer, E., Ein Leben für den Liberalismus, Berlin-Grunewald 1952
Schiffers, R., Koch, M., Boldt, H., Der Hauptausschuß des Deutschen Reichstags 1915–1918 (Quellen zur Geschichte des Parlamentarismus und der politischen Parteien, 1. Reihe), 4 Bde., Düsseldorf 1981 ff.
Schmid, C., Erinnerungen, Bern u. a. 1979
Schreiber, G., Zwischen Demokratie und Diktatur. Persönliche Erinnerungen an die Kultur des Reichs von 1919–1944, Münster 1949
Schulthess, Europäischer Geschichtskalender NF. Jg. 33 (1917) – 35 (1919), München 1920
Schulze, H. (Hg.), Das Kabinett Scheidemann 13. Februar bis 20. Juni 1919 (Akten der Reichskanzlei, Weimarer Republik), Boppard a. Rh. 1971
Severing, C., Mein Lebensweg, 2 Bde., Köln 1950
Stenographische Berichte der deutschen Nationalversammlung (1919), Bd. 326–329, Berlin 1920
Stenographische Berichte der Verhandlungen des deutschen Reichstags, Bd. 309–311 (1917–18)
Trotzki, L., Mein Leben, Frankfurt 1974
Ursachen und Folgen. Vom deutschen Zusammenbruch 1918 und 1945 bis zur staatlichen Neuordnung Deutschlands in der Gegenwart, hg. H. Michaelis u. E. Schraepler, Bd. 1: Die Wende des ersten Weltkriegs und der Beginn der innerpolitischen Wandlung, Berlin 1958; Bd. 2: Der militärische Zusammenbruch und das Ende des Kaiserreichs, Berlin 1958
Verhandlungen des Deutschen Bundestages. I. Wahlperiode 1949, Stenographische Berichte Bd. 1, Bonn 1950
Vierhaus, R. (Hg.), Das Tagebuch der Baronin Spitzenberg, Göttingen 1960
Wallraf, M., Aus einem rheinischen Leben, Berlin 1926

B) Darstellungen

Gesamtdarstellungen, Monographien, Zeitschriftenaufsätze, Biographien

Abosch, H., Jean Jaurès. Die vergebliche Hoffnung, München 1986
Adams, W. P., Die Vereinigten Staaten von Amerika (Fischer Weltgeschichte Bd. 30), Frankfurt 1978
Anderson, M. L., Windthorst. A Political Biography, Oxford 1981
Apelt, W., Geschichte der Weimarer Verfassung, München 1964
Aubert, R., Vom Kirchenstaat zur Weltkirche (Geschichte der Kirche V, 1), Köln 1971
Aurelius Augustinus, Vom Gottesstaat (De civitate Dei), München 1977
Bachem, K., Vorgeschichte, Geschichte und Politik der deutschen Zentrumspartei, 9 Bde., Köln 1927–1932
Balfour, M., Kaiser Wilhelm II. und seine Zeit, Frankfurt 1979
Bauer, C., Deutscher Katholizismus. Entwicklungen und Profile, Frankfurt/M. 1964
Baumgart, W., Deutsche Ostpolitik 1918, Wien-München 1966
Becker, W., Georg von Hertling 1843–1919, Bd. 1, Mainz 1981.
Bergsträsser, L., Geschichte der politischen Parteien in Deutschland, München 1960
Bermbach, U., Vorformen parlamentarischer Kabinettsbildung in Deutschland. Der Interfraktionelle Ausschuß und die Parlamentarisierung der Reichsregierung, Köln u. Opladen 1967
Bertram, J., Die Wahlen zum Deutschen Reichstag im Jahre 1912, Düsseldorf 1964
Besson, W., Friedrich Ebert. Verdienst und Grenze, Göttingen 1963.
Bettermann, K. A. u. Nipperdey, H. C., Die Grundrechte, 4 Bde., Berlin 1962/63
Beuys, B., Und wenn die Welt voll Teufel wär. Luthers Glaube und seine Erben, Reinbek 1982
Bey-Heard, F., Hauptstadt und Staatsumwälzung, Berlin 1919, Stuttgart 1969
Birke, Adolf M., Bischof Ketteler und der Liberalismus, Mainz 1971
Blackbourn, D. u. Eley, G., Mythen deutscher Geschichtsschreibung. Die gescheiterte Revolution von 1848, Frankfurt/M. 1980
Blos, W., Die deutsche Revolution 1848–1849, Berlin 1923
Boldt, W., Konstitutionelle Monarchie oder parlamentarische Demokratie: Die Auseinandersetzung um die Nationalversammlung in der Revolution von 1848, in: HZ Bd. 216 (1973)
Boldt, W., Die württembergischen Volksvereine 1848–1852, Stuttgart 1970
Bond, B., The first World War, in: Mowat, C. L. (Hg.), Shifting Balance of World Forces 1895–1945 (The New Cambridge Modern History Bd. 12), Cambridge 1968
Bond, B., War and Society in Europe 1870–1970, Leicester 1984
Borowski, P., Die »Bolschewistische Gefahr« und die Ostpolitik der Volksbeauftragten in der Revolution 1918/19, in: Stegemann, Wendt, Witt: Industrielle Gesellschaft und politisches System, Bonn 1978
Borsdorf, U., (Hg.), Geschichte der deutschen Gewerkschaften, Köln 1987
Botzenhart, M., Deutscher Parlamentarismus in der Revolutionszeit 1848–1950, Düsseldorf 1977
Bovery, M., Der Verrat im 20. Jahrhundert, Hamburg 1956
Bracher, K. D., Deutschland zwischen Demokratie und Diktatur, München 1964
Bracher, K. D., Zeit der Ideologien. Eine Geschichte politischen Denkens im 20. Jahrhundert, Stuttgart 1982
Brailsford, H. N., The Shaping of Middle Europa, in: Contemporary Review (1916)
Braudel, F., Ecrits sur l'histoire, Paris 1977
Bredt, J. V., Der Deutsche Reichstag im Weltkrieg, Gutachten Berlin 1926
Briefs, G., Die Wandlungen der Wirtschaft im Zeitalter des Kapitalismus, 1939
Briefs, G., Gewerkschaftswesen und Gewerkschaftspolitik, in: HdW der Staatswissenschaften, Bd. 4, 1927

Brogan, H., The Pelican History of the United States of America, Harmondsworth 1986
Bryce, J., Modern Democracies, 2 Bde., London 1921
Buchfink, E., Max Hoffmann, 1942
Buchheim, K., Geschichte der christlichen Parteien in Deutschland, München ²1966
Buchheim, K., Ultramontanismus und Demokratie. Der Weg der deutschen Katholiken im 19. Jahrhundert, München 1963
Bullock, H., The Life and Times of Ernest Bevin, Bd. 1: Trade Union Leader 1881–1940, London 1960
Butler, R., The Peace Settlement of Versailles 1918–1933, in: New Cambridge Modern History, Bd. 12, Cambridge 1968
Campbell, J., The German Werkbund. The Politics of Reform in Applied-Arts. Princeton 1978
Carr, W., A History of Germany 1815–1945, London ²1979
Carsten, F. L., Revolution in Mitteleuropa 1918–1919, Köln 1973
Cohausz, J. A. Die Novemberrevolution 1918/19 in Paderborn und das katholische Rätedenken, in: Westfälische Zeitschrift Bd. 126/127 (1975/77)
Conze, W., Kosthorst, E., Nebgen, E., Jakob Kaiser, 4 Bde., Stuttgart 1967–1972
Conze, W., Friedrich Naumann, in: NDB Bd. 2, Sp. 1999f.
Conze, W., Naumann, F., in: Staatslexikon Bd. 5 (1960), S. 991–995.
Craig, G. A., Deutsche Geschichte 1866–1945. Vom Norddeutschen Bund bis zum Ende des Dritten Reiches, München 1980 (Oxford ¹1978)
Craig, G. A., Deutsche Staatskunst von Bismarck bis Adenauer, Düsseldorf 1961
Craig, G. A., Der Historiker und sein Publikum, in: Fechtrup, H. (Hg.), Erster Träger des Historikerpreises der Stadt Münster, Münster (Juli) 1982
Craig, G. A., Die preußisch-deutsche Armee 1640–1945. Staat im Staat (Orig.: The Politics of the Prussian Army, Oxford 1955), Düsseldorf 1960
Dahrendorf, R., Gesellschaft und Demokratie in Deutschland, München 1968
Deuerlein, E., Georg Friedrich von Hertling, in: NDB Bd. 8, Berlin 1969
Deuerlein, E. Der Reichstag: Aufsätze, Protokolle und Darstellungen zur Geschichte der parlamentarischen Vertretung des deutschen Volkes 1871–1983, Bonn 1963
Deutsche Akademie d. Wiss. – Inst. f. Geschichte (Hg.), Deutschland im ersten Weltkrieg, 3 Bde., Berlin 1968/69
Dirks, W., Erbe und Auftrag, Frankfurt 1931
Döblin, A., November 1918. Eine deutsche Revolution [Romantrilogie], München 1978
Dorpalem, H., German History in Marxist Perspective. The East German Approach, London 1986
Dorpalen, A., Hindenburg in der Geschichte der Weimarer Republik, Berlin u. a. 1966
Düding, D., Der Nationalsoziale Verein 1896–1905, München-Wien 1972
Elben, W., Das Problem der Kontinuität in der deutschen Revolution. Die Politik der Staatssekretäre und der militärischen Führung bis Februar 1919, Düsseldorf 1965
Epstein, K., Der Interfraktionelle Ausschuß und das Problem der Parlamentarisierung 1917–1918, in: HZ 191 (1960), S. 562–584
Epstein, K., Matthias Erzberger und das Dilemma der deutschen Demokratie, Berlin-Frankfurt 1962
Epstein, K., Der ungeeignete Mann: Die Regierung des Prinzen Max von Baden, in: The Review of Politics 26 (1964), S. 215–245
Epstein, K., Die Deutsche Zentrumspartei 1917–1925, in: The Journal of Modern History 39 (1967), S. 160–165
Erdmann, K. D., Der Erste Weltkrieg (Gebhardt, Handbuch der deutschen Geschichte, Bd. 18), München 1980
Eschenburg, Th., Matthias Erzberger, München 1973

Evans, E. L., The German Center Party. A Study in Political Catholicism, Carbondale and Edwardsville 1981
Evans, J. R. (Hg.), Society and Politics in Wilhelmine Germany, London 1978
Eyck, E., Geschichte der Weimarer Republik Bd. 1, Stuttgart 1962
Felden, E., Eines Menschen Weg. Friedrich Eberts Leben, Bremen 1927
Feldmann, G. D., Army, Industry and Labor in Germany 1914–1918, Princeton 1966
Fenske, H., Der liberale Südwesten. Freiheitliche und demokratische Traditionen in Baden und Württemberg 1790–1933, Stuttgart 1981.
Fischer, F., Der deutsche Protestantismus und die Politik im 19. Jahrhundert, in: H. Böhme (Hg.): Probleme der Reichsgründung 1848–1877, Köln und Berlin 1968
Fischer, F., Griff nach der Weltmacht, Düsseldorf 1961 (^{3}1964)
Fogarty, M., Christliche Demokratie in Westeuropa, Freiburg 1959
Freund, M., Friedrich Ebert, in: Die großen Deutschen, Bd. 4, Berlin 1957, S. 436–454
Fricke, D., Die bürgerlichen Parteien in Deutschland 1830–1945, Berlin 1968/70
Fügen, H. N., Max Weber, Reinbek 1985
Fuhr, Ch., Die Schulpolitik der Weimarer Republik, Weinheim u. a. 1970
Gagel, W., Die Wahlrechtsfrage in der Geschichte der deutschen liberalen Parteien 1848–1918, Düsseldorf 1958
Geiss, J., Julikrise und Kriegsausbruch 1914. Eine Dokumentensammlung, 2 Bde., Hannover 1963/64
Gillessen, G., Hugo Preuß. Studien zur Ideen- und Verfassungsgeschichte der Weimarer Republik (phil. Diss.), Freiburg 1955
Gollwitzer, H., Europabild und Europagedanke, München 1964
Goodspeed, D. J., Ludendorff. Soldat, Diktator, Revolutionär, Gütersloh 1968
Great Sovjet Encyclopedia (Translation), Bd. 4, London 1974
Groethuysen, B., Die Entstehung der bürgerlichen Welt- Lebensanschauungen in Frankreich, 2 Bde., Halle 1927/30
Gründer, H., Walter Simons als Staatsmann, Jurist, Kirchenpolitiker, Neustadt a. d. Aisch 1975
Haase, E., Hugo Haase, sein Leben und Wirken, 1921
Habermas, J., Strukturwandel der Öffentlichkeit, Darmstadt u. Neuwied ^{10}1979
Hahlweg, W., Der Diktatfrieden von Brest-Litwosk 1918 und die bolschewistische Weltrevolution, Münster 1960
Haltern, U., Bürgerliche Gesellschaft – Theorie und Geschichte II, in: Neue Politische Literatur Bd. 20 (1975)
Hardach, G., Geschichte der Weltwirtschaft im 20. Jahrhundert, Bd. 2: Der Erste Weltkrieg, München 1973
Heckart, B., From Bassermann to Bebel, New Haven 1974
Heffter, H., Die deutsche Selbstverwaltung im 19. Jahrhundert, Stuttgart 1950
Helfferich, K., Der Weltkrieg, Karlsruhe 1925
Herzfeld, H., Der erste Weltkrieg, München ^{4}1976
Heß, J. C., Theodor Heuß vor 1933. Ein Beitrag zur Geschichte des demokratischen Denkens in Deutschland, Stuttgart 1973
Heuß, Th., Robert Bosch. Leben und Leistung, Tübingen 1946
Heuß, Th., Erinnerungen. 1905–1933, Tübingen 1963
Heuß, Th., Friedrich Naumann. Der Mann, das Werk, die Zeit, Stuttgart 1937 (^{2}1949)
Heuß, Th., Friedrich Payer, in: »Die Hilfe« 37 (1931)
Heuß, Th., Vorspiele des Lebens, Tübingen 1974
Hildebrand, K. H., Bethmann-Hollweg. Der Kanzler ohne Eigenschaften? Urteile der Geschichtsschreibung. Eine kritische Bibliographie, Düsseldorf 1970
Hirsch, F., Gustav Stresemann. Patriot und Europäer, Göttingen, Frankfurt, Zürich 1964

Holborn, H., Deutsche Geschichte in der Neuzeit, Bd. 3: Das Zeitalter des Imperialismus (1871–1945), München 1971
Holmsten, F., Freiherr v. Stein, Hamburg 1975.
Howard, M., Der Krieg in der europäischen Geschichte. Vom Ritterheer zur Atomstreitmacht, München 1981
Huber, E. R., Walter Simons, Wuppertal 1970
Hürten, H., Kurze Geschichte des deutschen Katholizismus 1800–1960, Mainz 1986
Hunt, J. C., The People's Party in Württemberg and Southern Germany 1890–1914, Stuttgart 1975
Istorija Diplomaticy, Bd. 3, Moskau [2]1965
Jaeckel, E. u. a., Deutsche Parlamentsdebatten, Bd. I: 1871, 1918; Bd. 2: 1919–1933, Frankfurt 1970/71
James, H., The American [Roman], Boston 1877
Janßen, K. H., Kriegszielpolitik der deutschen Bundesstaaten 1914–1918, Göttingen 1963
Jarausch, K. H., The Enigmatic Chancellor: Bethmann Hollweg and the Crisis of Imperial German, New Haven 1973.
Jeserich, K. A. u. a. (Hg.), Deutsche Verwaltungsgeschichte, Bd. 4: Das Reich als Republik und in der Zeit des Nationalsozialismus, Stuttgart 1985; Bd. 3: Das Deutsche Reich bis zum Ende der Monarchie, Stuttgart 1984
John, V., Brest-Litowsk (phil. Diss.), Bonn 1937
Johnson, P., History of Christianity, Hermondsworth 1978
Joll, J., Europe since 1870, Harmondsworth 1982
Kant, J., Zum ewigen Frieden (1795), Stuttgart 1983
Ketteler, W. E. v., Deutschland nach dem Kriege von 1866, Mainz 1867
Klass, G. v., Albert Vögler, Tübingen 1957
Klass, G. v., Hugo Stinnes, Tübingen 1958
Kluge, U., Die deutsche Revolution 1918/19, Frankfurt/M., 1985
Koch, M. J., Die Bergarbeiterbewegung im Ruhrgebiet zur Zeit Wilhelms II., Düsseldorf 1954
Kocka, J., Klassengesellschaft im Krieg 1914–1918, Stuttgart 1973
Kolb, E. (Hg.), Vom Kaiserreich zur Weimarer Republik (Neue Wissenschaftliche Bibliothek), Köln 1972
Koselleck, R., Preußen zwischen Reform und Revolution. Allgemeines Landrecht, Verwaltung und soziale Bewegung von 1791–1948, Stuttgart 1967
Kotowski, G., Friedrich Ebert. Eine politische Biographie, Bd. 1: Der Aufstieg des deutschen Arbeiterführers, 1871–1917, Wiesbaden 1963
Kratzsch, G., Kunstwart und Dürerbund. Ein Beitrag zur Geschichte der Gebildeten im Zeitalter des Imperialismus, Göttingen 1969
Kupisch, K. (Hg.), Quellen zur Geschichte des deutschen Protestantismus 1871–1945, München-Hamburg 1965
Langewiesche, D., Liberalismus und Demokratie in Württemberg zwischen Revolution und Reichsgründung, Göttingen 1974
Laqueur, W., Weimar. Die Kultur der Republik, Frankfurt 1977
Legien, C., Die deutsche Arbeiterschaft im vierten Kriegsjahr (Archiv der Hamburgischen Gesellschaft für Wohltätigkeit), Hamburg 1918
Lenin, W. J., Ausgewählte Werke (dt.), Bd. 2. Berlin 1970
Lepsius, M. R., Parteiensystem und Sozialstruktur: Zum Problem der Demokratisierung der deutschen Gesellschaft, in: W. Abel u. a. (Hg.), Wirtschaft, Geschichte und Wirtschaftsgeschichte, Festschrift zum 65. Geburtstag von Friedrich Lütge, Stuttgart 1966
Lewin, N. G., Woodrow Wilson and World Politics, New York 1968
Lochner, L., Die Mächtigen und der Tyrann. Die Industrie von Hitler bis Adenauer, Darmstadt 1955

Lönne, K.-E., Politischer Katholiszismus im 19. und 20. Jahrhundert, Frankfurt 1986
Lösche, P., Der Bolschewismus im Urteil der deutschen Sozialdemokratie 1903–1920, Berlin 1967
Loth, W., Katholiken im Kaiserreich. Der politische Katholizismus in der Krise des Wilhelminischen Deutschland, Düsseldorf 1984
Lübbe, H., Politische Philosophie in Deutschland. Studien zu ihrer Geschichte, Basel 1963
Ludendorff, E., Meine Kriegserinnerungen 1914–1918, Berlin 1919
Maier, H., Revolution und Kirche. Zur Frühgeschichte der Christlichen Demokratie, München 1973
Marwick, A., War and Social Change in the Twentieth Century, London 1974
Maser, W., Friedrich Ebert. Der erste deutsche Reichspräsident. Eine politische Biographie, München 1987
Matthias, E. u. Morsey, R., Das Ende der Parteien 1933, Düsseldorf 1966
Mausbach, Aus katholischer Ideenwelt. Gesammelte Aufsätze und Vorträge, Münster 1921
Mayer, H. G., Mitteleuropa in German Thought and Action 1815–1945, Den Haag 1955
Mayer, A. J., Adelsmacht und Bürgertum. Die Krise der europäischen Gesellschaft 1848–1914, München 1984
McClelland, Ch. E., The German Historians and England, Cambridge 1971
McClelland, Ch. E., State, society and university in Germany 1700–1914, Cambridge 1980
Mehnert, G., Evangelische Kirche und Politik 1917–1919, Düsseldorf 1959
Milatz, A., Der Frieden von Brest-Litowsk, (Diss.) Hamburg 1949
Milatz, A., Friedrich Naumann-Bibliographie, Düsseldorf 1957
Miller, S., Burgfrieden und Klassenkampf. Die deutsche Sozialdemokratie im Ersten Weltkrieg, Düsseldorf 1974
Mirkine-Guetzvitch, B., Le Paix de Brest-Liovsk, in: Revue d'Histoire de la Guerre mondiale, Paris (1929)
Mittmann, U., Fraktion und Partei. Ein Vergleich von Zentrum und Sozialdemokratie im Kaiserreich, Düsseldorf 1976
Mommsen, W., Größe und Versagen des deutschen Bürgertums, München 1964
Mommsen, W. J., Max Weber und die deutsche Politik 1890–1920, Tübingen ²1974
Mommsen, W. J., Das Zeitalter des Imperialismus (Fischer Weltgeschichte Bd. 28), Frankfurt 1969
Molt, P., Der Reichstag vor der improvisierten Revolution, Köln u. Opladen 1963
Morsey, R., Die Deutsche Zentrumspartei 1917–1923 (Beiträge zur Geschichte des Parlamentarismus und der politischen Parteien Bd. 32), Düsseldorf 1968
Morsey, R., Windhorst, in: Staatslexikon Bd. 8, Freiburg 1963
Müller, H. G., Friedrich Payer. Demokratischer Politiker 1847–1931, in: Lebensbilder aus Schwaben und Franken 11 (1969)
Nigg, W., Geschichte des religiösen Liberalismus, Zürich-Leipzig 1937
Nipperdey, Th., 1933 und die Kontinuität der deutschen Geschichte, in: HZ (1978), S. 87–111
Nipperdey, Th., Die Organisation der deutschen Parteien vor 1918, Düsseldorf 1961
Nürnberger, Th., Friedrich Naumann, in: HZ 170 (1950)
Oer, R. v., Die Säkularisation von 1803. Durchführung u. Auswirkungen, in: Säkularisation u. Säkularisierung im 19. Jahrhundert, München u. a. 1977
Oncken, H., Ferdinand Lossalle zwischen Marx und Bismarck, Stuttgart ⁵1966
Orlow, D., Weimar Prussia 1918–1925. The Unlikely Rock of Democracy, Pittburgh 1986
O'Shanohan, W., Der deutsche Protestantismus in der Sozialen Frage 1815–1970, München 1962
Palmade, G., Das bürgerliche Zeitalter (Fischer Weltgeschichte Bd. 27), Frankfurt 1974
Parker, R. A. C., Das Zwanzigste Jahrhundert 1918–1945 (Fischer Weltgeschichte Bd. 34) Frankfurt 1967
Peters, H. (Hg.), Handbuch der Kommunalen Wissenschaft und Praxis, Berlin 1956ff.

Plessner, H., Die verspätete Nation, Stuttgart 1959
Pollok, G., Vision of Central Europe, in: Nation (New York 14. 12. 1916)
Potthoff, H., Gewerkschaften zwischen Revolution und Inflation, Düsseldorf 1979
Prager, E., Geschichte der USPD, Berlin 1922 (Nachdruck Glashütten Ts 1976)
Preller, L., Sozialpolitik in der Weimarer Republik, Stuttgart 1949
Preuß, H., Volksstaat oder verkehrter Obrigkeitsstaat, in: Berliner Tageblatt (15. 11. 1918)
Ratz, U., Georg Ledebour, 1850–1947, Berlin 1969
Rathge, J., Die Welt des freien Protestantismus. Ein Beitrag zur deutsch-englischen Zeitgeschichte dargestellt am Leben und Werk von Martin Rade, 1952
Rauch, G. v., Geschichte der baltischen Staaten, München 1977
Rauh, M., Föderalismus und Parlamentarismus im Wilhelminischen Reich, Düsseldorf 1972
Rauh, M., Die Parlamentarisierung des Deutschen Reichs, Düsseldorf 1977
Renouvin, P., La Crise Européenne et là Première Guerre Mondiale (Peuples et Civilisation Bd. 19), Paris 1969
Ribbe, W. (Hg.), Geschichte Berlins Bd. 2: Von der Märzrevolution bis zur Gegenwart, München 1987
Ribhegge, W., Geschichte der Universität Münster. Europa in Westfalen, Münster 1985
Ribhegge, W., August Winnig. Eine historische Persönlichkeitsanalyse, Bonn-Bad Godesberg 1973
Ribhegge, W., Schwerindustrie, Gewerkschaften und Politik an der Ruhr im 19. und 20. Jahrhundert, in: Westfälische Zeitschrift Bd. 135 (1985), S. 123–177
Ribhegge, W., Die Systemfunktion der Gemeinden. Zur deutschen Kommunalgeschichte seit 1918, in: Aus Politik und Zeitgeschichte. Beilage zur Wochenzeitschrift ›Das Parlament‹ B73/74 (24. 11. 1973)
Ritter, G., Staatskunst und Kriegshandwerk, Bd. 3 u. 4, München 1964
Ritter, G. A., Die Arbeiterbewegung im Wilhelminischen Reich. Die Sozialdemokratische Partei und die Freien Gewerkschaften 1810–1900, Berlin ²1963
Ritter, G. A., E. David, in: NDB Bd. 3, S. 535
Roberts, J. M., History of the World, Harmondsworth 1980
Röhl, J. C. G., Germany without Bismarck, London 1967
Röhl, J. C. G., Higher Civil Servants in Germany 1890–1900, in: Journal of Contemporary History 2 (1967), S. 101–121
Roger, H. J. (Hg.), Congress of Arts and Science. Universal Exposition, St. Louis, Boston and New York 1906
Rosenberg, A., Die Entstehung der Weimarer Republik, Frankfurt 1961
Rößler, H., Weltwende 1917. Monarchie – Weltrevolution – Demokratie, Göttingen 1965
Rothfels, H., Bismarck. Der Osten und das Reich, Darmstadt ²1960
Rovan, J., Le catholicisme politique en Allemagne. Histoire de la Démocratie chrétienne, Paris 1956
Rovan, J., Geschichte der deutschen Sozialdemokratie, Frankfurt 1980 (Orig.: L'histoire de la social-démocratie allemande, Paris 1978)
Rürup, R., Entstehung und Grundlagen der Weimarer Verfassung, in: Kolb, E. (Hg.), Vom Kaiserreich zur Weimarer Republik, Köln 1972
Ruge, W., Friedrich Ebert am 10. November 1918, in: ZfG 26 (1979)
Runge, G., Die Volkspartei in Württemberg 1864–1871, 1971
Sauer, W., Das Bündnis Ebert-Groener (phil. Diss.), Berlin 1957
Schiffer, E., Ein Leben für den Liberalismus, Berlin-Grunewald 1951
Schiffers, R., Badische Einflüsse auf die Reichsverfassung von 1919, in: Zeitschrift f. Gesch. d. Oberrheins, Bd. 120 (1972)
Schiffers, R., Der Hauptausschuß des Deutschen Reichstags 1915–1918. Formen und Bereiche der Kooperation zwischen Parlament und Regierung, Düsseldorf 1979
Schmid, C., Erinnerungen, Bern u.a. 1979

Schnabel, F., Deutsche Geschichte im 19. Jahrhundert, Bd. 4: Die religiösen Kräfte, Freiburg 1955
Schnabel, F., Der Zusammenschluß des politischen Katholizismus in Deutschland im Jahre 1848, Heidelberg 1910
Schröder, H. C., Sozialismus und Imperialismus. Die Auseinandersetzung der deutschen Sozialdemokratie mit dem Imperialismusproblem und der ›Weltpolitik‹ vor 1914, Hannover 1968
Schröter, K., Böll, Reinbek 1982
Schulz, G., Deutschland seit dem ersten Weltkrieg 1918–1945 (Deutsche Geschichte Bd. 10), Göttingen 1976
Schulze, H., Otto Braun und Preußens demokratische Sendung. Eine Biographie, Frankfurt 1977
Schwabe, K., Deutsche Republik und Wilson-Friede. Die amerikanische Friedensstrategie zwischen Isolation und Machtpolitik 1918/19, Düsseldorf 1971
Schwabe, K., Woodrow Wilson. Ein Staatsmann zwischen Puritanertum und Liberalismus, Göttingen 1971
Schwarz, H. P., Adenauer. Der Aufstieg 1876–1952, Stuttgart 1986
Schwarz, M., MdB. Biographisches Handbuch des Reichstags, Hannover 1965
Schweitzer, A., Big Business and the Third Reich, Bloomington, Indiana 1964
Shand, J. D., Doves among the Eagles. German Pacifists and their Government during World War I., in: Journal of Contemporary History 10 (1975)
Shehan, J. J., Der deutsche Liberalismus, München 1983
Schwieger, G., Zwischen Obstruktion und Kooperation. Eduard David und der demokratische Sozialismus, phil. Diss., Kiel 1970
Simmons, M., Berlin. The Dispossessed City, London 1988
Simon, K., Die württembergischen Demokraten, Stuttgart 1969
Snell, J. L., Wilson and Germany and the Fourteen Points, in: Journal of Modern History 20 (1954)
Snell, J. L., Die Republik aus Versäumnissen, in: Welt als Geschichte XV (1955)
Spael, W., Friedrich Naumanns Verhältnis zu Max Weber, St. Augustin 1985
Steglich, W. (Hg.), Die Verhandlungen des 2. Parlamentarischen Untersuchungsausschusses über die päpstliche Friedensaktion von 1917, Wiesbaden 1974
Steglich, W., Die Friedenspolitik der Mittelmächte 1917/18, Bd. 1, Wiesbaden 1964
Steglich, W., Der Friedensappell Papst Benedikts XV. vom 1. August 1917 und die Mittelmächte, Wiesbaden 1970
Stegmann, D. (Hg.), Deutscher Konservatismus im 19. und 20. Jahrhundert, Bonn 1983
Stegmann, D., Die Politik der Industrieverbände am Ende des Kaiserreichs, in: Vjh. f. Ztg. 24 (1976)
Sternburg, W. v., Die deutschen Kanzler von Bismarck bis Schmidt, Königstein/Ts. 1985
Stevenson, J., British Society 1914–45 (The Pelican Social History of Britain), Harmondsworth 1984
Stolper, G., Deutsche Wirtschaft nach 1870, Tübingen [2]1966
Stone, N., Europe Transformed 1878–1919 (Fontana History of Europe), Glasgow 1983
Streisand, J., Deutsche Geschichte von den Anfängen bis zur Gegenwart, Köln 1972
Taddey, G. H. (Hg.), Lexikon der deutschen Geschichte, Stuttgart 1979
Theiner, P., Sozialer Liberalismus und deutsche Weltpolitik. Friedrich Naumann im Wilhelminischen Deutschland, Baden Baden 1983
Thimme, H., Die deutsche Sozialpolitik und der Bruch der großen Koalition im März 1930, Düsseldorf 1952
Thimme, R., Stresemann und die Deutsche Volkspartei 1923–1925, Lübeck 1961
Thönessen, W., Frauenemanzipation, Frankfurt 1969
Thomson, D., England in the Twentieth Century, Harmondsworth 1974
Thomson, D., The Transformation of Social Life, in: The New Cambridge Modern History Bd. 12, Cambridge 1968, S. 10–36

Thomson, D., Europe since Napoleon, London 1966
Thränhardt, D., Wahlen und politische Strukturen in Bayern 1848–1953, Düsseldorf 1975
Tormin, W., Zwischen Rätediktatur und sozialer Demokratie. Die Geschichte der Rätebewegung in der deutschen Revolution 1918/19, Düsseldorf 1954
Treue, W., Wirtschafts- und Sozialgeschichte Deutschlands im 19. Jh., in: Handbuch der dt. Geschichte Bd. 3, Stuttgart 1970
Troeltsch, E., Spektator-Briefe, Tübingen 1924
Trotzki, L., Rußland in der Revolution, Dresden 1909
Tsubarnjan, A. O., Brestig mir, Moskau 1964
Twellmann, M., Die deutsche Frauenbewegung. Ihre Anfänge und erste Entwicklung 1843–1889, Kronberg 1976
Umbreit, P., Die deutschen Gewerkschaften im Kriege, Stuttgart u. a. 1928
Valentin, K., Geschichte der deutschen Revolution 1848/49, 2 Bde., Berlin 1930/31 (Neudruck 1970)
Varain, H. J., Freie Gewerkschaften, Sozialdemokratie und Staat. Die Politik der Generalkommission unter Führung Carl Legiens (1890–1920), Düsseldorf 1956
Vidler, A. R., The Church in an Age of Revolution. 1789 to the Present Day, Harmondsworth 1971
Vierhaus, R., Die politische Mitte in der Weimarer Republik, in: GWU 14 (1964)
Vietsch, E. v., Wilhelm Solf, Botschafter zwischen den Zeiten, Tübingen 1961
Vietsch, E. v., Bethmann-Hollweg. Staatsmann zwischen Macht und Ethos, Boppard a. Rh. 1969
Visser't Hoft, W. A., Een leven in de oecumene, Amsterdam-Brüssel 1971
Vogel, B./Nahlen, D./Schulze, H., Wahlen in Deutschland, Theorie – Geschichte – Dokumente, 1848–1970, Berlin 1971
Volk, L., Das Reichskonkordat vom 20. Juli 1933, Mainz 1972
Wachenheim, H., Die deutsche Arbeiterbewegung 1844–1914, Köln-Opladen 1967
Watt, R. W., Der Kaiser geht. Deutschland zwischen Berlin und Versailles, Frankfurt/M. 1971
Weber, H. (Hg.), Der Gründungsparteitag der KPD. Protokoll und Materialien, Frankfurt 1969
Weber, M., Max Weber. Ein Lebensbild, Heidelberg 1950
Weber, M., Die Protestantische Ethik und der Geist des Kapitalismus (Archiv für Sozialwissenschaften Bd. 20), 1905
Webersinn, G., Eugen Schiffer (Schlesische Lebensbilder), 1968
Wehler, H. U., Das deutsche Kaiserreich 1871–1918 (Deutsche Geschichte Bd. 9), Göttingen [2]1975
Wheeler-Bennet, J., Brest-Litowsk. The Forgotten Peace, London 1956
Winkler, H. A., Von der Revolution zur Stabilisierung. Arbeiter und Arbeiterbewegung in der Weimarer Republik 1918–1924, Berlin u. Bonn 1984
Winnig, A., Heimkehr, Hamburg 1935
Winnig, A., Der Burgfrieden und die Arbeiterschaft, Berlin-Karlshorst 1915
Winnig, A., Der weite Weg, Hamburg 1932
Winnig, A., Zur Neuorientierung der deutschen Sozialdemokratie, Berlin-Karlshorst 1916
Wiskemann, E., Germany, Italy and Eastern Europe, in: New Cambridge Modern History, Bd. 12, Cambridge 1968
Witt, P. Ch., Friedrich Ebert. Parteiführer, Reichskanzler, Volksbeauftragter, Reichspräsident, Bonn 1987
Wolfe, B. D., Three Who Made a Revolution, New York 1948
Wulf, P., Hugo Stinnes, Wirtschaft und Politik 1918–1924, Stuttgart 1979
Zahn-Harnack, A. v., Die Frauenbewegung. Geschichte, Probleme, Ziele, Berlin 1928
Zeender, J. K., The German Center Party 1890–1906, Philadelphia 1976
Ziegler, Die deutsche Nationalversammlung 1919–1920 und ihr Verfassungswerk, Berlin 1932.

Personenregister

Michael Cornelius
Der schönste Moment

Michael Cornelius

Der schönste Moment

Roman

Karl Blessing Verlag

FSC
Mix
Produktgruppe aus vorbildlich
bewirtschafteten Wäldern und
anderen kontrollierten Herkünften

Zert.-Nr. SGS-COC-1940
www.fsc.org
© 1996 Forest Stewardship Council

Verlagsgruppe Random House FSC-DEU-0100
Das für dieses Buch verwendete FSC-zertifizierte Papier *EOS*
liefert Salzer, St. Pölten

1. Auflage

Umschlaggestaltung: Hauptmann und Kompanie
Werbeagentur, München–Zürich
Satz: Uhl+Massopust, Aalen
Druck und Einband: GGP Media GmbH, Pößneck
Printed in Germany
ISBN-10: 3-89667-300-9
ISBN-13: 978-3-89667-300-8

www.blessing-verlag.de

ERSTER TEIL

»Ist es möglich, dass man trotz
Erfindungen und Fortschritten, trotz Kultur,
Religion und Weltweisheit an der Oberfläche des
Lebens geblieben ist? Ist es möglich, dass man sogar diese
Oberfläche, die doch immerhin etwas gewesen wäre,
mit einem unglaublich langweiligen Stoff überzogen
hat, so dass sie aussieht wie die Salonmöbel
in den Sommerferien? Ja, es ist möglich.«

Rainer Maria Rilke

EINS

Es gibt einen Geruch, den ich seit meiner Kindheit liebe. Ich erzeugte ihn zuerst, indem ich mit dem Daumen ganz langsam auf den Rücken eines Maikäfers drückte. Der Tropfen gelber Saft, den das Tier zappelnd aus seinem Hinterteil herausquälte, verströmte einen wunderbar scharfen Duft, der mich glücklich machte. Mit einem Ruck presste ich den Rest des Elixiers aus dem kleinen Freund. Ich roch noch tagelang nach der klebrigen Soße an meinem Finger. Als ich älter wurde, nahm ich einen Hammer, das ging schneller und knackte auch den härtesten Panzer.

Die Dame, die ich knacken wollte, saß in ihrem Wohnzimmer und wartete auf mich. Sie wartete schon vierzig Minuten. Ich saß auf ihrer Toilette und dachte nach. Ich mache das immer so, bei jedem neuen Kunden. Nach der üblichen Begrüßung, Kuss links, Kuss rechts, gehe ich mit einer höflichen Entschuldigung aufs Klo. »Eine vorübergehende Übelkeit, habe die Nacht durchgearbeitet, es ist mir sehr peinlich, gerade jetzt.« Das funktioniert bei allen Prominenten, widerspruchslos führen sie einen sofort an ihren intimsten Ort. Gewöhnlich verbringe ich hier fünfzehn Minuten. Fünfzehn Minuten sind eine Provokation, fünfzehn Minuten sind eine Demütigung für jeden, egal, ob Showmaster, Manager des Jahres oder Bambipreisträgerin. Fünfzehn Minuten, das sind meine kleine Ewigkeit, mein Gottesdienst, mein Gebet.

Jetzt saß ich hier schon über vierzig Minuten und wusste nicht warum. Ich war am Ende, schon klar, aber das war ich schon von Anfang an. An jedem einzelnen Tag, in jeder einzelnen Nacht, seit ich mich zu diesem verdammten Job habe überreden lassen. Ich habe trotzdem immer weitergemacht. »Geh jetzt raus und reiß dich zusammen«, sagte ich zu mir, »wenn du jetzt nicht raus gehst, dann wird der Job platzen und der Vorschuss, den sie dir bezahlt haben, ist auch weg.« Ich habe in letzter Zeit häufiger Selbstgespräche geführt, und wenn ich mich dabei ertappe, fürchte ich mich ein wenig vor mir selbst.

Ich bin Ghostwriter. Ich war in Bädern, die sich in nichts von den Wohnzimmern unterschieden, mit echten Teppichen und Ölgemälden, ich kämpfte mit scharfen Sagrotangerüchen in weißen Marmortempeln und ich meditierte in düsteren, schwarz gefliesten Existenzialistennasszellen, deren einziger Stilbruch die goldenen Armaturen waren. Je länger ich diesen Job mache, desto mehr bin ich davon überzeugt, dass hier die Seele eines Menschen zu Hause ist. Und damit meine ich nicht die Art, wie jemand seine Schönheitslotionen auf dem Waschtisch dekoriert oder nicht dekoriert. In der Abwesenheit der Person spüre ich ihre Anwesenheit. Mir geht es genauso auf Beerdigungen oder in Räumen, in denen vor Kurzem jemand gestorben ist. Als ob ein Geist da wäre, der mich genauso beobachtet, wie ich ihn beobachte.

Alles war violett im Bad meiner Kundin. Ich starrte auf violette Kacheln, violette Handtücher und Vorhänge. Sogar der Buddha, der mir zulächelte, war violett, und verströmten nicht auch die Räucherstäbchen etwas Violettes?

Es klopfte an der Tür. »Hallo, alles in Ordnung?«

»Es geht schon wieder«, sagte ich, »mir war gerade schwindelig. Ich bin gleich bei Ihnen.«

Die ältliche Schauspielerin, deren Image seit einem halben Jahrhundert mädchenhafte Jugendlichkeit war, saß barfuß im Lotussitz auf dem weichen Ledersofa ihres Landhauses. Sie gab sich entspannt und wirkte doch auf mich, als hätte sie einen Stock verschluckt. Es gab Tee, und sie sprach mit einer bezaubernden Melodie und kicherte verlegen. Ich sollte ihre Autobiografie schreiben.

Ich blickte in ihre jungen Augen, die aus gut gepflegtem, aber doch altem Fleisch herauslugten. Weiches Fleisch von der Konsistenz eines Brotteigs. Ein Brotteig, in dem zwei blaue Murmeln steckten, mit dem winzigen Unterschied, dass irgendein Spaßvogel darüber wulstige Augenlider aus Hühnerhaut drapiert hatte. Für einen Moment glaubte ich, einem Vampir gegenüberzusitzen. Ja, vielleicht war diese Frau einige hundert Jahre alt, und ihr gestählter, geschmeidiger Körper sollte mich nur täuschen. Gleich würde sie mit einem Satz auf mich springen, mich am Hals erwischen und mein Blut trinken.

ZWEI

Das kleine Tonband lief, ich hatte es vorsichtig auf den Glastisch gestellt. Das alte Mädchen war bereit. Ein paar Fragen zur Auflockerung, dann kann es losgehen.

Ich bevorzuge simple Diktiergeräte mit Mikrokassetten. 60 Minuten passen auf jede Seite. Longplay. 30 Stunden Interviewzeit für ein Buch lasse ich mir vertraglich zusichern. Darunter mache ich den Job nicht. 30 Stunden, das sind 15 Mikrokassetten. Ein Durchschnittskunde passt locker auf 15 Mikrokassetten. Ich habe mir angewöhnt, meine Kunden in Mikrokassetten einzuteilen. Es gibt 5er-, 15er-, 25er-Typen und die gefürchteten 30-und-mehr-Typen. Sie bringen dir gerne auch noch im Sportwagen einen Kofferraum voller selbst aufgenommener Tonbänder vorbei, die sie in den letzten Jahren täglich mit ihren Erlebnissen besprochen haben. Politiker und Sänger sind oft 30er-und-mehr-Typen. 30 Mikrokassetten bedeuten 60 Stunden Wortmaterial. Das reicht bei anderen für drei Leben. Die ältere Schauspielerin schätzte ich als 5er-Typ ein, das sind solche, die auch beim zehnten Treffen nicht mehr erzählen, als schon aus Zeitungsartikeln oder Archiven bekannt ist.

In der ersten Sitzung verstummen die meisten nach zwanzig Minuten. Sie haben schon zu viele Interviews in ihrem Leben gegeben, über die zwei, fünf, zehn oder zwanzig Minutenstrecke. Ihr innerer Sprechautomat überbrückt nur die kurze Distanz, produziert Satz auf Satz, ausgeleiert, abgenutzt, ausgekotzt. Und dann, und dann, und dann. Geboren, in die Schule gegangen, die große Liebe, die Scheidung, noch mal die große Liebe, – und, natürlich, der Weg zum Erfolg. Kein normaler Weg, niemals darf es ein normaler Weg sein, immer ist es ein geheimnisvoller, von Legenden umwobener Weg. Alles ist, – Kassette rein, Aufnahmeknopf gedrückt – schnell erzählt und noch schneller vergessen. Nichts davon kann ich verwenden. Die ersten zwanzig Minuten lösche ich aus Prinzip. Ich spule die Kassette vor den Augen meiner Kunden zurück.

Klick.

Dann drückte ich die Aufnahmetaste.

Klick.

Nächster Versuch, einen Menschen zu knacken.

Ich suche nach einer Geschichte. Jeder Mensch hat eine Geschichte.

Ich bin kein Psychotherapeut, auch kein Beichtvater. Ich werde fürs Zuhören bezahlt, auch dafür, nicht alles zu schreiben, was ich weiß. Ich schreibe über ein Leben mit der Haltung eines Schönheitschirurgen, der Wangenknochen abfräst, Nasenhöcker begradigt, Tränensäcke absaugt und mit ein paar Schnitten Gesichter formt. Meine Interviews dauern pro Sitzung mindestens zwei Stunden, manchmal bis zu sechs Stunden. Wenn es nicht mehr weitergeht, schalte ich das Band ab. Wir essen, spielen Golf, gehen spazieren, schwimmen. Danach schalte ich das Band wieder ein. So geht das Tage, manchmal Wochen und Monate lang. Danach weiß ich, danach wissen 15 Mikrokassetten mehr über ein fremdes Leben als ich über mein eigenes.

Ich hatte mich nicht geirrt, die Schauspielerin redete und redete wie ein 5er-Typ, egal, welche Frage ich stellte, nach einem kurzen, wirklich bezaubernden Kichern machte sie weiter.

»Das erste Mal?«

»Es war toll, verstehen Sie, richtig toll.«

»Wie war Ihre Zeit in Hollywood?«

»Eine tolle Zeit.«

»Und die wilden siebziger Jahre in München?«

»Ganz toll.«

Ich hörte schon längst nicht mehr zu, ließ unauffällig meinen Blick durch ihr Landhaus streifen und zählte 23 Buddhastatuen in unterschiedlichen Größen, fünf mir unbekannte tibetische Gottheiten und ein Michelinmännchen. Aus einer Laune heraus fragte ich sie nach tantrischen Sexualpraktiken und beobachtete, wie sie errötete oder vielmehr wie gut sie es draufhatte, auf Knopfdruck zu erröten.

Das Band lief. Darauf konnte ich mich immer verlassen.

Obwohl sie redete, kam es mir vor, als ob ich redete. Ich sah, wie sie ihre Lippen bewegte, aber es war, als würde ein Wesen in mir ihre Stimme synchronisieren. Sie sprach jetzt in wunderbaren Sätzen von einem wunderbaren Leben. Es klang nach einer wirklich guten Story.

Es ging mir gut.

Ich bin schon nach dem ersten Job süchtig nach diesem Moment geworden. Nach diesem Déjà-vu-Gefühl, ein anderes Leben wie mein eigenes zu spüren. Bis ich aufhörte, mein eigenes Leben zu spüren. Ich war nicht mehr ich. Aber wer war ich dann?

Alkoholiker sehen nach einer gewissen Zeit weiße Mäuse und Spinnen. Überall Spinnen. Ghostwriter hören Geschichten, auch da wo keine sind.

In meinem früheren Leben als Reporter habe ich dieses Synchronisiergefühl schon einige Male erlebt. Ich war nach Indien gefahren, um den Dalai Lama zu interviewen, und als ich dann endlich dem Heiligen Mann gegenüberstand, fiel mir nichts anderes ein, als ihn nach seinen Socken und Schuhen zu befragen. Das Erstaunliche war, ich wurde nicht hinausgeworfen, im Gegenteil, der Heilige Mann antwortete auf meine Fragen, als hätte er sie erwartet. Auch seine drei Sekretäre, die hinter ihm auf drei winzigen Hockern kauerten, formten die Lippen bereits den Bruchteil einer Sekunde vorher zu genau jenen Worten, die der Heilige Mann gleich sprechen würde. Wie konnten sie schon vorher wissen, was jener sagen würde? Und warum bewegten sie auch bei meinen Fragen lautlos die Lippen? Es sah aus wie Vorbeten, aber was für ein Gebet sollte das sein, ein Gebet über Socken und Schuhe? Sprachen sie mit dem Gott der Buddhisten über eine Art kosmische Gegensprechanlage? »Welche Schuhgröße haben Sie?« *»Size, which size?«*, wiederholte er. Seine Heiligkeit lachte, und dieses Lachen brach sich auf den Lippen der Sekretäre. *»Size, which size?«*, echoten sie leise. Da zog der Dalai Lama einen Schuh aus und schaute ratlos hinein. Die Sekretäre taten es ihm gleich. *»Don't know«*, sagte er, *»don't know«*, murmelten die Sekretäre.

Während ich meinen Zivildienst bei einem kleinen privaten Fernsehsender machte, der ein Programm für Taube und Blinde produzierte, lernte ich von den Lippen zu lesen. Ich schrieb die Untertitel bei den Reportagen und Interviews für die Gehörlosen und sorgte bei den Dreharbeiten für den guten Ton, damit auch die Blinden die Sendungen verstehen konnten. Die Arbeit im Schneideraum war langweilig, zu später Stunde, wenn alle anderen gegangen waren, drehte ich den Ton weg und betrachtete die stumm plappernden Gesichter im Fernsehen. Dann schrieb ich meinen Text, und nach einiger Übung lag ich mit meinen Untertiteln gar nicht so weit entfernt von dem, was wirklich gesagt wurde. Nur wenn jemand im Dialekt oder in einer fremden Sprache sprach, konnte ich den Bewegungen der Lippen keinen Sinn zuordnen. Nachmittags saß ich gern in einem Café und trainierte das Lippenlesen über weite Entfernungen. Bald bildete ich mir ein, wirklich zu hören, was drei Tische entfernt gesprochen wurde.

Später sah ich mir im Filmmuseum Stummfilme an. Für mich waren sie nicht stumm. In Fritz Langs »Die Nibelungen« hörte ich die Schauspieler laut sprechen. Aber das waren keine Dialoge, ich sah, wie Margarete Schön als Kriemhild den Mund öffnete, aber sie sagte nur »Eins, zwei, drei, vier, fünf, sechs«. Und Siegfried antwortete ihr »Sieben, acht, neun, zehn, elf, zwölf«. Ich war verwirrt und verärgert. Später las ich, der Regisseur habe seine Schauspieler zum Zählen gezwungen, damit sie weniger vom Spiel abgelenkt werden.

Meine Fähigkeit ist mir selbst ein Rätsel. Manchmal bilde ich mir ein, so etwas wie einen telepathischen Zugang zu meinem Gegenüber zu haben. Aber worin fühle ich mich eigentlich ein? In die plappernde Schauspielerin, die auf mein Band sprach? Dann würde ich sie jetzt zählen hören wie Kriemhild, eins, zwei, drei, vier.

Von Michelangelo wird erzählt, dass er so lange auf einen Marmorblock starren konnte, bis er darin die fertige Skulptur erkannte. Was für ein Unsinn! Michelangelo hat nie stundenlang vor einem unaufhörlich quasselnden Menschen gesessen. Er hat nie erlebt, wie ein Mensch auf einmal nur noch aus einem großen Haufen aus Sätzen und Wörtern besteht.

»Komm näher, Michelangelo. Sieh dir die Schauspielerin an. Was siehst du?« Michelangelo sah, wie aus ihrem Mund Buchstaben um Buchstaben herausdrängten, die Buchstaben formten sich zu Wörtern, die Wörter zu Sätzen, die sich im Wohnzimmer des Landhauses Schicht um Schicht wie fein rieselnder Sand ablagerten. Der Sand legte sich auf die Buddhastatuen, die mir unbekannten tibetischen Gottheiten, auf das Michelinmännchen und auf mein Tonbandgerät.

Als ich schon knöcheltief im Sand versunken war, stand ich auf und ging nach Hause.

DREI

Wäre es nicht wunderbar, wenn man in einer Sekunde zum Millionär würde? Einfach so. Oder die Falten im Gesicht wären plötzlich weg. Wäre es nicht schön, wenn alles in der Welt so einfach wie Nescafé wäre? Ein bisschen Pulver, Wasser, umrühren und fertig. Wir hätten Antworten auf alle großen Fragen. Wer wir sind, warum wir leben, und weshalb unser Herz vor Freude klopft, wenn wir lieben.

Oder noch besser: Ich stelle mir vor, wie ich mal kurz an einer roten Ampel anhalten muss –, und eine Göttin steigt zu mir ins Auto. Sie räkelt sich auf dem Beifahrersitz und sagt: »Du hast drei Wünsche frei. Ein Augenzwinkern nur, und schon bekommst du genau das, was du willst.«

Seien Sie vorsichtig, wenn Ihnen ein Guru in einem Buch verspricht, Ihnen genau das zu geben, was Sie wollen. Es ist meist nur großer Mist. Lebensweisheiten, die sich irgendein armes Schwein aus den Fingern gesaugt hat. Ich war dieses Schwein. Ich war die Stimme hysterisch gut frisierter Motivationstrainer, kleinwüchsiger Großmeister und in Mondphasen denkender Schamaninnen. Ich schrieb Bücher wie »Du kannst, was Du kannst«, »Du bist, was Du bist«, »Lerne fliegen ohne Flügel« oder so ähnlich. Ich wurde reich. Kaufte ein Haus, noch ein Haus, heiratete Jasmin. So fing es an. Ich hätte dabei bleiben sollen.

Aber dann kamen die Autobiografien.

Ich brauche Ihnen in diesem Buch nichts vorzumachen. Sicher sind Sie ein Mensch, der schon alles ausprobiert hat. Der die Welt kennt, sich kennt, alles kennt. Oder wahlweise die Welt nicht kennt, sich nicht kennt, nichts kennt. Was ist es im Moment, was Sie am Leben hält? Ist es Sex, machen Sie Yoga, trainieren Sie bei Pilates, haben Sie einen neuen Therapeuten oder laufen Sie wieder dreimal die Woche?

Trotzdem sind Sie unglücklich. Sie haben alles, aber wissen nicht wofür. Aber Sie machen weiter. Nur noch diesen einen Tag. Und den nächsten noch. Als gäbe es irgendwo einen Knopf fürs Glücklichsein. Sie drücken einfach täglich mehrmals drauf und leben ein Leben wie im Paradies. Vielleicht finden Sie ja übermorgen den Knopf fürs Glücklichsein. Irgendwo hinter dem Regenbogen. Einfach draufdrücken, und alles ist wieder gut.

Ich beneide Sie darum. Ich war wie Sie. Ich machte immer weiter und wusste nicht warum.

Einmal hat mir jemand die Geschichte von dem Schwein erzählt, das glaubte, ein Hund zu sein. Es wuchs von klein auf nur unter Hunden auf. Hob wie ein Hund das

Bein und dachte beim Grunzen, es belle. Das ging solange gut, bis die anderen Hunde es nicht mehr ertrugen und einen dafür bestimmten, der dem Schwein endlich sagen musste, dass es kein Hund ist.

Auf den Seiten, die Sie bisher gelesen haben, kamen 85 mal das Wort »Ich« vor, 23 mal »Mein, meine, meiner, meinem«, gefolgt von 20 mal »Mir« und 12 mal »Mich«. Ich habe Sie außerdem 14 mal persönlich angesprochen. So verfahre ich sonst nur beruflich. Das »Ich« streife ich über wie ein »gefühlsechtes« Kondom, wie es eine Prostituierte bei Fremden macht. Nur bei Stammkunden läuft es ohne.

Betrachten Sie sich ab jetzt als Stammkunden.

Ich gehe das Risiko nicht ohne Zögern ein. Aber für das, was ich Ihnen sagen will, erscheint mir der autobiografische Tonfall am wenigsten verlogen.

Als ich mit diesem kleinen Roman über mein Leben begann, schrieb ich ein paar Probekapitel mit einem neutralen Erzähler, blendete mich kunstvoll in Gespräche ein, belauschte innere Monologe und setzte ein paar philosophisch klingende Gedanken dazu.

Ich fing in etwa so an:

Er musste immer schön schreiben. Er hasste das. Aber alles in allem war es das Einzige, was er wirklich gut konnte. Schön schreiben.

Nicht das Kindheitsschönschreiben, das war etwas anderes. In der Schule war er an dem geistlosen Abmalen von Buchstaben gescheitert. Er konnte es einfach nicht, so sehr er sich auch quälte. Seitdem vermied er es, mit der Hand zu schreiben, und wenn er es doch tat, konnte er seine eigene Handschrift kaum noch entziffern. Seine eigene Schrift war ihm fremd und unheimlich.

Schön zu schreiben, das hieß, im Namen anderer schöne Sätze zu schreiben. Aus dem Leben anderer formte er moderne Märchen. Er schrieb den Roman zu einem großspurigen Leben. Das gelang ihm so gut, dass die Beschriebenen die von ihm erfundene Autobiografie annahmen wie einen maßgeschneiderten Anzug, der die Vorteile eines Körpers betonte und die hässlichen Seiten gnädig kaschierte.

Er hatte sich angewöhnt, seine Auftraggeber als »Kunden« zu betrachten. Sie bestellten, Sonderwünsche inklusive, er lieferte.

Wenn seine Kunden dann das druckfrische Buch das erste Mal in Händen hielten, war das Lesen für sie oft wie die Probefahrt mit einem neuen Auto. Luxusklasse, Luftfederung, versteht sich. Einsteigen, losfahren und daran glauben, nie in einem besseren Wagen gesessen zu haben.

So war das mit einem guten Buch aus seiner Feder.

Er war diskret, nie war sein Name als Herausgeber oder Bearbeiter auf den Buchdeckeln zu sehen. Er war das Chamäleon fremder Gedanken.

Die Kunden fingen an zu glauben, dass sie selbst die Geschichte geschrieben hätten und nicht ein Ghostwriter. Einige wurden der Figur, die er sich für das Buch ausgedacht hatte, immer ähnlicher.

Das war Teil seines Konzepts. Und je besser er wurde, auch Teil des Problems. Je mehr er sich dem Leben Fremder annäherte, desto mehr entglitt ihm sein eigenes Leben.

In guten Momenten fühlte er sich beim Schreiben klug, schön und unsterblich, so wunderbar unangreifbar und mächtig wie ein kleiner Gott, der aus einer nichts sagenden Lebensgeschichte eine gute Story formte. Er konnte sogar aus einem Monster einen Philosophen machen.

An dieser rührseligen Stelle der Erzählung hatte ich mit Worten ein Geigensolo erklingen lassen und, ordentlich dick aufgetragen, den Ghostwriter zu einer Art geistigen Vampir stilisiert, der ein prominentes Leben nach dem anderen aussaugt, bis er, aufgedunsen von so viel Wichtigkeit, selber wichtig sein will. Nach einem kurzen Trommelwirbel ließ ich den Held des Romans aus seiner Schattenexistenz heraustreten. Aber das reichte noch nicht, es fehlten noch ein paar eingängige psychologische Klischees, ein mephistohafter Gimmick – und natürlich, die große Botschaft. Also ließ ich ihn das Leben mit dem Slogan einer Hautcreme vergleichen: *Your mask is you* – wenn Sie unser Produkt dünn genug auftragen, fettet nichts nach.

Aber diese Art zu schreiben, kotzte ihn an. »Er« kotzte mich an. Schließlich war *er* »ich«. Und *er* war lange nicht so gut, so souverän wie es klang, wenn ein netter Erzähler schön temperiert mein Leben erzählte und hie und da etwas Feinsinniges einstreute und zur Auflockerung einen Lacher für die Galerie einbaute.

Vergessen wir diesen »Er«, *er* war schon lange nicht mehr »ich«, *er* war ein anderer.

Aber ich wollte aufschreiben, was für einer ich mal gewesen bin.

VIER

Ich beginne ein neues Leben.

Mit jedem Buch beginne ich ein neues Leben. Ich kaufe mir zehn schwarze Hemden, einen beigen Anzug und bequeme Slipper. Das ist meine Kampfkleidung. Ein bisschen sehe ich darin aus wie ein Heiratsschwindler oder ein Zuhälter. Das ist mir egal.

Die Kleidung aus meinem vorigen Leben, zehn schwarze Hemden, einen beigen Anzug, bequeme Slipper, werfe ich weg. Ich möchte nicht die Kleidung eines Toten tragen. In diesem Fall war es die Kleidung einer Toten. Ich war darin drei Monate lang jene ältliche Schauspielerin mit einem sehr jugendlichen Körper gewesen. Am Ende kicherte ich so bezaubernd wie sie. Ich lernte Yoga, den Urschrei und trank Bachblütentee.

Ich arbeite allein und auf eigene Verantwortung. Während ich an einem Buch arbeite, nehme ich keine weiteren Aufträge an. Das ist eine reine Vorsichtsmaßnahme. Um nicht den Verstand zu verlieren, befolge ich strenge Regeln. Mein Vorbild sind die alten Wüstenmönche und die indischen Asketen. Der junge Buddha ging auf der Suche nach Erleuchtung in die Wälder zu den Bettelmönchen und Hungerkünstlern. Er nahm die Persönlichkeit eines

Hundes an, lief monatelang bellend auf allen vieren und fraß nur noch Abfall. Nachdem er lange genug Hundeasket gewesen war, versuchte er sich als Kuh und schloss sich dann den Fledermausasketen an. Er hing viele Wochen lang kopfüber an einem riesigen Ast und stellte sich nichts anderes vor, als eine Fledermaus zu sein.

Ich war noch nicht so weit. Ich bewegte mich noch auf einer Vorstufe und arbeitete hart daran, aus mir herauszutreten und in den Körper eines anderen Menschen zu schlüpfen.

Meine Askese war Strafe. Ich machte das mit einer strengen Diät. Ich aß nur noch Leberkäse. Ausschließlich Leberkäse. Ich wurde zum Leberkäse essenden Mönch. Bis ein Buch fertig ist, esse ich nichts anderes.

Zuerst veränderte sich meine Haut und dann der Geist.

Ich habe das schon früher einige Male gemacht. Wenn ich beim Schreiben nicht mehr weiterkam, zwang ich mich durch eine Diät zum Erfolg. Am Anfang trieb mich der Ekel vor der immer gleichen Speise an, dann lernte ich die beruhigende Kraft der immer gleichen Essroutine schätzen. Damals schrieb ich meine Magisterarbeit mithilfe eines Sackes roter Feuerbohnen. Jeden Abend weichte ich eine Schale Bohnen im Wasser ein und kochte sie am nächsten Morgen zu meiner Tagesration auf. Eine Schale Bohnen bedeutete jeden Tag zwei Seiten neuer Text.

Leberkäse war eine noch bessere Droge. Es gab keine Blähungen, und ich schaffte drei Seiten.

Ich stehe um sieben Uhr auf und schreibe bis 12 Uhr. Danach esse ich Leberkäse und schreibe noch zwei Stunden weiter.

Eine Beinamputation. Eine Ärztin beugt sich über mich. »Alles Gute zum Geburtstag«, sagt sie. Es ist nur eine Vorstellung, aber sie lässt mich nicht mehr los. Es begann beim Autofahren mit plötzlichen Gedanken an Unfälle und Verstümmelungen. Ich klopfte dann jeweils dreimal mit dem Knöchel meiner rechten Hand auf das Holz der Mittelkonsole. Es half immer und wehrte gefährliche Situationen ab. Auffahrunfälle, Massenkarambolagen, Stürze von Autobahnbrücken. Die Unfälle passierten nicht auf der Straße, sie waren in meinem Kopf. Aber jetzt verfolgte mich die Beinamputation auch außerhalb des Autos. Und so sehr ich auch klopfte, die Vorstellung ging nicht weg.

Ich wünschte, ich könnte mein Leben so gut organisieren wie Alexandre Dumas, der im Keller seines Hauses 70 literarische Kulis beschäftigte. Von ihm stammt das Motto aller Ghostwriter: »Einer gibt den Namen, viele schreiben.« Zu seiner Zeit hießen die Ghostwriter noch »Neger« und mit »Negerschweiß« entstanden damals Meisterwerke wie *Der Graf von Monte Christo* oder *Die drei Musketiere*. Die Mitarbeiter in Dumas Romanfabrik recherchierten die Geschichten im wahren Leben, in Archiven und Bibliotheken und kupferten so viele Plots ab, wie sie nur finden konnten. In einem Jahr veröffentlichte Alexandre Dumas einmal 60 Bücher, über 500 schaffte er in seinem Leben. Davon bin ich weit entfernt.

Kurz vor seinem Tod im Jahr 1870 gestand Alexandre Dumas seinem Sohn, er habe seine eigenen Werke noch niemals vollständig gelesen.

FÜNF

Andy Warhol hatte mich zur Cover-Besprechung für die Autobiografie der Schauspielerin eingeladen und ein paar Andeutungen über ein neues Buch gemacht. Andy Warhol, so nannte ich Eichel, den Verlagsleiter, der bleich war wie Warhol in seinen besten Jahren und von Weitem mit den weißblonden Haaren als sein Wiedergänger in einer Nachmittagstalkshow durchgehen würde. Er hatte das Vogelgesicht eines Schwindsüchtigen. Es erregte Mitleid und strahlte doch etwas Mütterliches aus. Mit diesem Gesicht hatte er mich schon viele Male zu einem neuen »Projekt«, wie er es nannte, überredet. Er war bester Laune. Auf dem Boden seines Büros lagen drei Entwürfe für das neue Buchcover. Die Schauspielerin war da, der alte Verleger war da und auch der parfümierte Artdirector. Er roch nach einem jener Damenparfüms, gegen die ich allergisch bin. Ich werde davon entweder aggressiv oder bekomme Erstickungsanfälle.

»Welches gefällt euch am besten?«, fragte Warhol. Keiner sagte etwas, die Schauspielerin schwitzte, der alte Verleger schwieg, der Artdirector verströmte seinen Duft. Warhol wartete, und ich musste husten. Dann tippte ich mit dem Fuß auf das Cover mit dem leicht erotischen Touch. *Forever young* war der Titel, der in der gleichen Farbe in Kirschrot gesetzt war wie die vollreifen Lippen der Schauspielerin. »Das ist gut«, sagte ich.

»Das ist überhaupt nicht gut«, sagte der Verleger und sah mich an.

Nach der Besprechung lud Warhol mich zum Mittagessen ein. Das Buch war abgegeben, ich konnte endlich wieder alles essen. Wir gehen immer in das bayerische Restaurant, in dem es als Spezialitäten Innereien gibt. Warhol liebt Innereien, besonders gerne isst er Stierhoden in Zwiebelsuppe. Das erwähnt er jedes Mal, wenn wir hierher kommen, und erzählt in exakt den gleichen Worten die Geschichte von seinem Freund, der ihn ins Krankenhaus begleitete und dem plötzlich schlecht wurde. ›Ruhen Sie sich doch hier kurz im Gang auf dem freien Bett aus‹, rät ihm eine Schwester. Der Freund legt sich hin und schläft ein. Er wacht im Operationssaal auf und sieht, wie sich ein Arzt mit einem Skalpell in der Hand über ihn beugt. Der Freund verkrampft sich, reißt die Beine nach oben und quetscht sich die Hoden. Er ist ernsthaft verletzt und bekommt in der Panik noch eine Herzattacke, die ihn beinahe das Leben kostet. Warum erzählt mir Warhol jedes Mal diese Geschichte? Ich träume schon von dem Krankenhaus und wache morgens im OP auf und male mir aus, wie das ist, wenn man sich kurz vor dem Tod die Hoden quetscht.

Warhol bestellte Weißbier für uns beide.

»Das neue Projekt wird dir gefallen. Du bekommst einen Chauffeur und darfst im Privatjet fliegen.«

Er duzte mich seit den Erfolgen von *Du kannst, was du kannst*, *Du bist, was du bist*, *Lerne fliegen ohne Flügel* oder so ähnlich, die monatelang auf den Bestsellerlisten standen. Er behandelte mich wie seinen besten Freund. Verlagsleiter sind gut darin, sie geben einem das Gefühl einer Heimat, das Gefühl, wichtig zu sein, als gäbe es unter all den Tausenden von Neuerscheinungen und Abertausenden Autoren in diesem Moment nur das eine Buch und den einen Autor.

»Dein Garantiehonorar wird verdoppelt.«

Jetzt fing er an zu übertreiben. Chauffeur und Privatjet klangen schon verdächtig nach einem komplizierten Job, aber wenn das Honorar ohne Verhandlung verdoppelt wird, ist meist ein anderer Ghostwriter kurz vor der Abgabefrist abgesprungen, die Kataloge sind schon gedruckt, die Pressetermine gebucht und das Buch überall angekündigt.

»Ich bin dabei, aber nach Tokio fliege ich nicht!«, sagte ich. »Um wen geht's?«

Warhol konnte so charmant lächeln.

»Konnichi Wa? Moshi-Moshi?« Er verneigte sich.

»Tokio« war unser Runninggag. Tokio, war unser Code für delikate Angelegenheiten.

Einmal hatte er mich auch mit dem Versprechen auf doppeltes Honorar geködert und nach Japan geschickt. Ich sollte einen berühmten 98-jährigen Zenmeister besuchen und aus seinen Gedanken ein Buch machen. Arbeitstitel: »Geschmack von grünem Tee über Reis«. Der alte Mann empfing mich in seinem Kloster in Kyoto. Er freute sich, mich zu sehen. Er war ein kleiner drahtiger Mann mit einem Kugelbauch.

»Haben Sie gut gekackt?«, fragte er mich zur Begrüßung. Der japanische Übersetzer sagte wirklich gekackt. Ich tat so, als hätte ich ihn nicht verstanden und verneigte mich.

»*The cloud is the message of the sky, you know! The shit is the message of our body*«, sagte er plötzlich auf Englisch.

»Die Wolke ist die Botschaft des Himmels?«

»Er sagt, die Kacke ist eine Botschaft unseres Körpers«, wiederholte der Übersetzer.

Meister Otaka erläuterte mir mehrere Stunden lang seine Philosophie der menschlichen Ausscheidungen. Er wollte nicht über sein Buch reden. Er hielt Bücher für Zeitverschwendung. Er lese lieber in der Form, der Farbe und der Beschaffenheit der menschlichen Wurst. Der Stuhlgang verrate alles über Persönlichkeit, Krankheit und Lebensdauer eines Menschen. Außerdem könne er dank jahrzehntelanger Studien damit den Charakter verschiedener Nationen bestimmen.

»In Neuguinea wiegt die Wurst ein Kilo, in Japan nur 100 Gramm, in Deutschland 300 Gramm. Was bedeutet das?«

Ich wusste es nicht.

»Kein Tokio«, sagte Warhol. »Ich möchte, dass du die Autobiografie von Andreas Hopf schreibst.«

Ich stutzte einen Moment, bevor es mir einfiel: Hopf war Manager des Jahres und Gründer einer börsennotierten Internetfirma. Er war das Wunderkind des Neuen Markts und hatte viele Aktionäre zu Millionären gemacht. Die Aktien seiner Firma SETHSeth-TV waren in nur einem Jahr um das 1000-fache gestiegen. Hopf war der Guru des schnellen Geldes. Hopf hatte noch kein Buch. Hopf brauchte mich.

»Wir haben nur noch fünf Jahre«, sagt mein Freund Thomas, der Journalist, abends bei einem Bier. Er sagt es so, als wäre danach unser Leben vorbei. »Fünf Jahre, um gut zu leben, etwas Großes zu tun.« Das ist seine persönliche Art, mir zu meinem 40. Geburtstag zu gratulieren. An einem kühlen Winterabend im Dezember 1999.

Kurz nach Mitternacht gehe ich allein nach Hause. Zu Jasmin.

Ich denke an Hopf. Vielleicht sollte ich mir Aktien kaufen. Mein Mobiltelefon klingelt. Es ist Hopf, Warhol hat ihm meine Privatnummer gegeben. Er kommt gleich zur Sache.

»Sie werden morgen früh abgeholt. Sieben Uhr. Mein Chauffeur nimmt Sie mit. Wir fliegen nach London.« Seine Stimme klingt so wie im Fernsehen, als würde er nicht zu mir sprechen, sondern zu einem großen Publikum.

»Kennen Sie meinen Spruch?«

»Nein«, sagte ich müde.

»Egal, was du erreicht hast, egal, was du tust, es gibt immer einen Jüngeren, Schnelleren und Stärkeren, der nur auf seine Chance zum Überholen wartet.«

Dann lachte er. »Ist nicht von mir«, sagte er, »aber er könnte von mir sein.«

Es war ein Satz aus einem Al-Pacino-Film. Die Wahrheit, mit der der Football-Trainer Tony D'Amato am Wendepunkt seines Lebens fertig werden muss.

SECHS

Lese vor dem Einschlafen eine Geschichte über zwei Nachbarn. Der eine heißt Hammer, der andere Nagel. Nagel fährt jeden Tag mit der Bahn zur Arbeit. Er schluckt Pillen gegen seine Angst vor dem Zugfahren, die ihm ein verrückter Arzt verschrieben hat. Er weiß nicht, dass die Pillen seine Angst nur vergrößern, und er braucht immer mehr von diesen Pillen, die es nirgends legal zu kaufen gibt. Nagel kauft sie jetzt von einem Dealer, den er auf Friedhöfen und Bahnhofklos trifft.

Hammer hat einen Sohn, der eines Morgens nicht mehr aufstehen will. Immer neue Ärzte werden an das Krankenbett gerufen. Auch Quacksalber und Wunderheiler. Aber der Sohn ist nicht krank, er will einfach nur nicht aufstehen. Ihm gefällt es, im Bett zu liegen und an die Decke zu starren. Er ist glücklich so.

Seit der Trennung von Jasmin ist mein Leben übersichtlicher geworden. Jasmin hatte zu viele Fragen. Und ich keine Antworten. Jasmin war Chinesin. Ich liebte ihre Kinderfüße. »Was willst du vom Leben?«, fragte sie oft. Sie war aus Shanghai. Sie wollte Kinder, eine Familie und keinen Leberkäsmönch.

Ich hatte Jasmin während einer Reise durch Indien kennen gelernt, als ich drei Tage lang an einer verlassenen Bahnstation auf einen Zug wartete, der nicht kam. Aber niemand störte sich daran. Am ersten Tag fragte ich noch alle paar Stunden einen Inder, der neben mir auf dem Bahnsteig saß, nach der Ankunft. Gleich würde er kommen, der Zug, sagte er mir jedes Mal, *»trust me«*. Der Himmel würde bald aufhören zu weinen, *»monsoon, you know«*. Dann versank er wieder in einen tiefen Schlaf. Er war ein Pilger, der wie ich nach Gaya wollte und von dort aus zu Fuß weiter nach Bodh Gaya, um den Baum zu sehen, unter dem der Legende nach Buddha die Erleuchtung fand.

Jasmin war mir durch ihr trauriges Gesicht aufgefallen. Ich verliebte mich in diese starre chinesische Maske, die vollkommen abwesend war und so gar nicht zu dem beweglichen Körper eines jungen Mädchens passte. Sie hatte schöne Lippen und kleine feste Brüste, und ihre Haut war weich und schimmerte weiß. Jasmin war 21 und träumte von einem Leben im Westen. Sie konnte kaum Englisch und ich nicht Chinesisch. Aber ich glaube, wir haben uns nie wieder so gut unterhalten wie auf dem Bahnsteig in Indien.

Beim ersten Kennenlernen zeichne ich gewöhnlich ein möglichst abschreckendes Bild von mir. Wahlweise bin ich dann Totengräber oder Croupier aus Baden-Baden, manchmal auch FDP-Abgeordneter. Die meisten Mädchen fallen darauf rein und wenden sich höflich von mir ab. So vermeide ich die »Was-machst-du-und-wie-dick-ist-dein-Geldbeutel-Konversation«. Für ein Mädchen aus Shanghai wäre ein FDP-Abgeordneter womöglich etwas Erstrebenswertes, also entschied ich mich für die Croupiervariante und erzählte ihr von meinem Leben als Spielbankangestellter, von alten Damen, die auch im Sommer ihren Pelzmantel nicht ausziehen, von reichen Witwen, die ich gerne nach Dienstschluss in ihrer mondänen Villa verwöhne. Ich weiß nicht, was Jasmin davon verstanden hat, aber ich brachte sie zum Lachen. Sie sei Schriftstellerin, sagte sie, sicher würde ich ihre Werke kennen. Sie hob ihren Pullover hoch. Ich las *Fuck me like you hate me*, in goldenen Lettern genau auf Höhe ihrer Brüste. »*I write T-Shirts*«, sagte sie. »Von mir sind die Slogans *Fuck me, I'm famous*, *Fuck me quick – the aliens are coming* und *Well, aren't you a ray of fucking sunshine?*«

Der Zug, auf den wir warteten, kam nie.

Wir mieteten uns einen Fahrer, der mit der Hupe zu uns, zur Welt, zum Universum sprach. Der mit der Hupe fühlte, dachte, träumte. Wir waren nur ein paar Meter gefahren, als er mitten auf einer Kreuzung eine Vollbremsung machte. Er hupte und hupte. Der Lastwagen hinter uns hupte auch, er war so dicht aufgefahren, dass ich das Keuchen des Motors im Nacken spürte. Jasmin fing an zu schwitzen. »Was ist los?«

»Wolke«, sagt der Fahrer.

»Welche Wolke?« Er zeigt nach oben, zum Himmel. »Die Wolke. Schön oder?«

Ich nicke. Er fährt weiter. »Very nice«, sagt er wenig später und hupt. »Baum.« Und freut sich über das goldene Licht auf den Blättern eines Eukalyptus. Riskiert einen Auffahrunfall, um eine Kuh auf dem Mittelstreifen zu preisen. »Buffalo.« Er hupt, weil es zwölf Uhr mittags ist. »Eat?« Hupt, wenn er eine schöne Frau sieht. Oder einfach so, weil sein Onkel gestern geheiratet hat.

In Indien lernte ich, dass das Leben genau wie das Autofahren die Kunst ist, nirgendwohin zu fahren und nirgendwo anzukommen. Und trotzdem glücklich zu sein. Ich wollte mit Jasmin nach Neu-Delhi und von dort den Taj Mahal besuchen, ein paar Autostunden im Süden, aber wir kamen nie dort an. Wir blieben im Stau kleben, als hätte uns eine riesige Spinne im Straßennetz eingefangen. Der Fahrer hupte vor Freude und entspannte sich. »Wolke«, sagte er wieder und lachte. Er meinte die Hitze, die von der Motorhaube aufstieg und sich mit dem braunen Qualm der Auspuffrohre mischte. In Indien ist das Verkehrschaos eine Naturgewalt wie der Monsun. Da hilft nur Hupen, was im Grunde die modernste Form des Stoßgebets ist.

Seitdem liebe ich den Stau. Früher bin ich ans Meer gefahren, um die Wellen zu spüren, heute suche ich die Brandung im Verkehr. Das Rauschen kilometerlanger Blechkolonnen in Tokio. Das Tosen der Rushhour in Shanghai. Das Wolfsheulen der Polizeisirenen in Los Angeles, wenn die Abendflut des Verkehrs steigt.

In den ersten Jahren unserer Ehe reisten wir viel durch Asien, und ich lernte Städte wie Bangkok und Taipeh kennen, die sich schon seit so vielen Jahren im Dauerstau befinden, dass die Menschen vergessen haben, wie es je anders war. In Taipeh saßen Jasmin und ich einmal ein paar Stunden in einem Taxi fest und hörten auf einem populären Stausender Musik von Schubert und Mendelsson-Bartholdy. Während im Hintergrund eine süßliche Klaviermelodie erklang, beschwor eine weibliche Moderatorenstimme hypnotisch die Schönheit des Moments: »Lasst uns auf den Flügeln dieser Klänge zum Paradies gleiten.« Und ich schaute durch das gläserne Schiebedach nach oben und träumte vom Himmel, der sich hinter einem Schleier grauen Dunstes verbarg.

Der Taxifahrer holte mich zurück. Zuerst hielt er mir einen Vortrag über seinen Gott, der als kleines Plastikmännchen vom Rückspiegel baumelte. »Die Welt geht unter«, sagte er. Ich war nicht interessiert. Dann gab er sich als Versicherungsmakler zu erkennen. Eigentlich aber sei er Apotheker und das Auto sein Laden. Er kramte ein paar Schachteln hervor und liebkoste mit halb geschlossener Hand die Gangschaltung. Er zwinkerte dabei im Rückspiegel Jasmin zu. »Tiger-Penis-Pulver, sehr stark«, sagte er.

Später lernte ich einen Mönch mit einem Moped kennen, der mir anbot, mich überall hinzufahren. »Wohin willst du?«, fragte er.

»Egal, ans andere Ende der Stadt.« Ich stieg auf. Er wendete und fuhr Vollgas gegen den Verkehrsstrom. Hielt direkt auf einen Bus zu, der in letzter Sekunde zur Seite wich, pflügte sich durch ein Rudel entgegenkommender Motorroller, die links und rechts an uns vorbeischossen. Fand überall einen engen Spalt und stach einfach mitten durch. Ich zitterte. Ob sich Moses so gefühlt hat, als er das Meer teilte? Es war, als ginge von dem Moped eine Kraft aus, die den Verkehrsstrom durchschneiden konnte. Ich hatte mal von Mönchen gelesen, die fliegen, von großen Meistern, die Energie abstrahlen konnten, und darüber gelacht. »Wie haben Sie das gemacht?«, wollte ich später wissen. Er lächelte und malte einen Berg in die Luft. Und schaute unbeweglich auf das Brausen des Verkehrs. Die Rushhour heißt in Taiwan Berggipfelzeit. Ein magischer Moment höchster Kraftansammlung, majestätisch und geheimnisvoll wie der Himalaja.

Ich musste an Los Angeles denken, meine Lieblingsstadt, so groß wie halb Bayern und mit genug Autos, um jeden Highway zu verstopfen. Über die Hälfte der verbauten Fläche besteht aus nichts anderem als aus Straßen, aus einem Netz gewaltiger Freeways. Einer der ältesten, der Pasadena Freeway mit atemberaubend scharfen Kurven und Art-Deco-Tunneln ist heute noch in Betrieb. In den vierziger Jahren träumte man von einem gigantischen »stop free express system«, das bis heute auf 1100 Kilometer Länge ausgebaut wurde. Die Idee mit der Freiheit hat so leider nie funktioniert. War immer Fiktion. Die Freeways wurden immer breiter, die Autoschlangen immer länger. Achtspurig ist heute der schöne, futuristisch gestaltete Century Freeway in der Nähe des Flughafens und schluckt 300000 Autos täglich – für mich das reinste Stau-Eldorado. Schon 1940 witzelte der Komiker Bob Hope bei der Eröffnung des Hollywood Freeway, der Downtown mit dem San Fernando Valley verbindet, über »Amerikas größten Parkplatz«.

Nirgends hat es etwas so Wunderbares und Sinnloses gegeben wie das Cruisen auf den Freeways. Das ziellose Durch-die-Gegend-brettern auf gewaltigen Asphalttrassen. Das Auto war der große Mythos der Freiheit. Und der Stau ist ihr Endpunkt und ihre Hoffnung.

In L. A. bekam ich eine Vision der Zukunft. Ich stand ein paar Stunden am Knotenpunkt aller Freeways, der »Interchange«, einem mehrstöckigen Kreuzungsplateau, wo drei Dutzend Freeways aufeinander treffen, wo die Verkehrslawine in einem Laokoon aus Beton verschwindet und wieder ausgespuckt wird, um in alle Himmelsrichtungen zu verströmen. Ich träumte davon, dass endlich der ganze Globus motorisiert werde. Wenn nur jeder Zweite der 1,2 Milliarden Chinesen und auch die Menschen in Indien und Afrika endlich ein Auto besäße, käme es zum weltweiten Monsterstau. Zwei, drei, vier Mal um den Erdball. Paradiesische Zustände wären das. Langsam wüchse auf allen Blechdächern Gras und Moos, und ich wanderte darauf barfuß nach Hause.

Im Grunde war mein Leben ein nicht enden wollender Stau. Es ging nicht voran, obwohl es immer weiterging.

Meine Ehe bestand bald nur noch aus Warten. Jasmin wartete auf etwas, und ich muss wohl auch auf etwas gewartet haben.

»Du bist nur scheinbar mein Mann«, sagte Jasmin, die schon sehr bald sehr gut deutsch sprach. Mir gefiel die Idee, ich hätte sie nur scheinbar geheiratet. Als wäre ich immer noch allein und spielte nur das Ehemannsein. Ich liebte dieses scheinbare Leben. Ging morgens zur Arbeit in mein kleines Büro und kam abends nach Hause. Ich genoss die Scheinbarkeit dieser Existenz, die gebügelten Hemden, das regelmäßige Essen und die aufgeräumte Wohnung. Ich glaube, ich war der perfekte Darsteller für diese Rolle. »Du bist wie eine russische Schachtelpuppe«, sagte Jasmin, »wenn man eine Matroschka hochhebt, steckt darunter ein neues Ich und immer wieder ein neues Ich.«

Als ich unser gemeinsames Haus in der Vorstadt verließ, ging ich von ihr fort wie ein Mann, der sagt, er hole nur schnell Zigaretten. Für einen Augenblick, als ich den Türrahmen durchschritt, stellte ich mir vor, dies wäre ein Tor zu einem anderen Leben, und ich würde auf der anderen Seite als anderer Mensch herauskommen.

Ich zog in mein Büro in der Stadt, in das kleine dunkle Appartement im Erdgeschoss, das ich mir wie ein Hotelzimmer eingerichtet hatte. Ich hatte dort schon früher übernachtet, wenn ich allein sein wollte mit meinen Mikrokassetten. Ich bewahrte sie in kleinen Schachteln auf. In jenen Schachteln, in die ich als Kind meine Käfer gelegt hatte.

Ich habe die Interviews zwar aufgenommen, aber noch nie angehört. Wenn ich an einem Buch arbeite, hole ich die Kassetten heraus, nehme sie in die Hand und betrachte sie. Dann schreibe ich.

Ich hatte keinen Nachbarn, der Nagel hieß oder Hammer. Mein Nachbar war der Turm. Wenn ich aus dem Fenster sah oder auf den Balkon trat, blickte ich auf eine Wand von verspiegelten Fenstern, die von meiner Perspektive aus bis zum Horizont reichten. Das Hinterhaus, in dem sich mein Appartement befand, hätte eigentlich abgerissen werden müssen, aber der Eigentümer hatte sich geweigert. So stand es nun wie eine Anklage viel zu dicht im Schatten eines Büroturms aus den sechziger Jahren, dessen stählerne Waben zu schweben schienen und der für mich ganz und gar unsichtbar war. Der Spiegelturm war wie ein Chamäleon und nahm die Farbe des Himmels an. Er schluckte die Sonne, die Wolken, die Sterne, und wenn ich an meinem Schreibtisch saß, war der Himmel bis vor meine Füße heruntergeklappt. Ich liebte diesen Ozean der Reflektionen, ich konnte Stimmungen darin lesen, den schwarzen Zorn der Wolken vor dem Unwetter, den Leichtsinn des Abendrots und meine Sehnsucht. Ich blickte nach draußen in den Spiegel, und der Spiegel blickte mit mir in die Ferne.

Der Chauffeur mit der zitronengelben SETHSeth-TV-Kappe hielt mir die Tür auf. Im Wagen, mit laufendem Motor, saß ein Mann in tadellos geschnittenem Anzug. »Andreas Hopf, willkommen in der S-Klasse«, sagte er und gab mir seine Hand. Es war eine zarte, feminine Hand mit weicher Haut, die so gar nicht zu dem gedrungenen Körper des Mannes passte. Er zog mich in den Fond des schwarzen Mercedes. Jetzt schloss der Chauffeur die Tür hinter mir. Hopf sagte nicht: »Grüß Gott« oder »Hallo«, sondern fragte mich, welches Auto ich denn fahre. »Jaguar«, antwortete ich gequält, »einen alten XJ. Wieso?«

»Das ist kein Auto, das ist eine Krankheit.« Er ließ endlich meine Hand los. »Sie denken nostalgisch, das ist Ihr Problem.« Er sah mich an, als wollte er mich hypnotisieren. Er hatte die lauernden Augen einer Echse. Ich fragte mich, ob die braunen Ledersitze der Limousine mit dem gleichen Material bespannt waren wie sein Gesicht.

»Jeder Mensch braucht eine Struktur. Sie haben keine Struktur. Das sehe ich an Ihrem Hemd, an Ihrem Anzug. Sie tragen keinen Schlips. Wenn Sie mit mir unterwegs sind, tragen Sie in Zukunft Schlips! Was wollen

Sie mir eigentlich verkaufen? So bleich wie Sie sind, junger Freund, würde ich Ihnen noch nicht mal einen Sarg abkaufen.« Ich war nicht jung und ich war auch nicht Hopfs Freund. Warhol war mein Freund und das doppelte Honorar.

Hopf klopfte mir auf die Schulter. »Ich mag Sie, wirklich, Sie erinnern mich an mich. An den jungen, dummen Hopf.«

Früher oder später kommt jeder auf seine Kindheit zu sprechen. Ich zog mein Tonband aus der Jacketttasche und schaltete innerlich auf Automatik. »Erzählen Sie mir vom jungen, dummen Hopf.«

»Was, denken Sie, ist meine Story?«

Ich hatte noch nicht darüber nachgedacht. Im Moment fragte ich mehr, was eigentlich meine Story ist.

»Es ist Ihr Buch, nicht meines«, sagte ich. »Was ich denke, spielt keine Rolle.« Ich dachte an die Autobiografie, die ich für einen alten Mönch geschrieben hatte. Der Mönch war Gott begegnet und den Engeln. Aber er wollte nicht darüber reden. Ich lebte damals einige Monate im Kloster. Der helle Klang der Glocke machte den Rhythmus des Tages so einfach. Nachts schlich ich mich aus dem Kloster ins Dorf und schlief mit einer 19-Jährigen. Aber es half nichts. Ich fühlte mich dabei wie ein Mönch. Ich litt unter Verfolgungswahn. Ich hatte Angst, die anderen Mönche könnten beim Frühgebet den Geruch der Frau an mir wittern und mich beim Abt melden.

»Halten Sie an«, Hopf gab dem Chauffeur Anweisung, mitten auf der Überholspur zu bremsen. Die Limousine stoppte und wurde beinahe von einem Laster gerammt. Wir hatten den Flughafen fast erreicht und standen auf der zweispurigen Zufahrtsstraße. Das frühe Licht des Morgens hatte sich in dem großen Buchstaben M verfangen, den die Erbauer des Flughafens als rätselhafte Stele am Straßenrand aufgestellt hatten.

Hopf stieg aus und ignorierte die hupenden Autos. »Kommen Sie schon«, sagte er. Wir spazierten den Seitenstreifen entlang. Die Limousine folgte uns mit Abstand.

»Ich schlage Ihnen ein Experiment vor.«

»Ein Experiment?«

»Sie bekommen von mir einen neuen Mercedes, und mein Schneider macht Ihnen ein paar vernünftige Anzüge.«

»Was soll das?« Ich prüfte, ob das Tonband noch lief, und war mir nicht mehr sicher, ob er das gesagt oder ob ich es nur gehört hatte.

»Betrachten Sie es als eine Art Test. Wenn Sie ihn bestehen, dürfen Sie meine Autobiografie schreiben.«

SIEBEN

Der Mercedes passierte die Schranke zum Rollfeld und parkte direkt an der Gangway. »Hopf II« war auf die weiße Challenger 604 gemalt. Auf dem kleinen Flughafen für Privatflieger hielt sich niemand mit Formalitäten auf. Der Pilot kam die Treppe herunter, um Hopf zu begrüßen. Oben wartete eine sehr blonde Stewardess mit zwei Glas Champagner auf uns. Ich konnte meinen Blick kaum von ihren unfassbar großen Lippen lösen, die beinahe ihr halbes Gesicht ausmachten. »Darauf möchte ich nie mehr verzichten«, sagte Hopf.

»Ich auch nicht«, dachte ich.

Sein Privatjet war im Stil eines alten englischen Zigarrenclubs eingerichtet. Wurzelholzgetäfelte Wände, ein Tigerfell mit ausgestopftem Kopf vor einer Kaminattrappe, ein paar Ohrensessel. Ich versank tief in weichem Leder. »Zigarre?« Die großen Lippen sprachen zu mir. »Hi, ich bin Heather, wenn Sie einen Wunsch haben …« Heather beugte sich, während sie einen geöffneten Humidor auf der Handfläche balancierte, ein wenig zu tief zu mir und ließ mich ihre Brüste sehen. Sie trug ein weißes, durchsichtiges Kostüm, das außer einem roten, mit Spitzen besetzten Slip nichts verbarg.

Ich musste an Gott denken und an einen privaten Fernsehsender, für den ich zwei Jahre lang Pornofilme beurteilt hatte. Ich saß in einem Büro auf dem Gelände der Bavaria Filmstudios und wurde gut dafür bezahlt, täglich etwa 100 Videokassetten zu sichten. Ich war Programmplaner. Zuständig für Brüste. Es gab damals viele Heathers in den Filmen und bald auch in meinem Kopf. Die Heathers waren grundsätzlich blond, waren Sekretärinnen, Krankenschwestern oder eben Stewardessen. Immer hatten sie diesen Mund gehabt und immer hatten sie sich über sitzende oder liegende Männer gebeugt. Um nicht verrückt zu werden, sah ich mir jeweils nur die ersten Minuten der Videos an und spulte dann vor. Während der Film stumm vor meinen Augen lief, schrieb ich meine Beurteilung und erfand eine gut klingende Story zur immer gleichen Geschichte, *boy meets girl, boy fucks girl.* Das war die Story, und die Story war wichtig für die Einschaltquote. Die Quote für diese Filme vorauszusagen, war mein Job. Und ich war sehr gut in diesem Job. Damals hatte ich mich oft gefragt, ob es möglich war, dass Gott aus Versehen oder mit Absicht eine Baureihe von menschenähnlichen Wesen produziert hatte. Vielleicht hatte ich zu viele Filme gesehen, aber mir schien es, als ob die Pornodarsteller so etwas wie grotesk vereinfachte Prototypen von Menschen waren, die in nur leicht verfeinerter Version als Serienmodelle auf die Welt kamen. Stimme, Frisur, Gesicht, anatomische Details: Ich entdeckte plötzlich unter meinen Freunden, oder bei wildfremden Menschen, auffällige Übereinstimmungen mit den Doppelgängern aus den Filmen. Manchmal genügte eine Geste, ein Blick oder eine Bewegung, und schon verfolgten mich die Stereotypen meiner Erinnerung. Ich hatte Jahre gebraucht, um diese ständigen Porno-Déjà-vus wieder aus meinem Hirn zu bekommen.

Jetzt waren die Gespenster wieder da. Vor mir saßen »The Hengst«, so hätte ich Hopf wohl früher getauft, und »The Unterleib«, das war für mich die blonde Heather. Und ich war plötzlich alles andere als »The Kopf«, der seinen »George« unter Kontrolle hatte. Menschen, Körperteile, Gegenstände waren »The Mensch«, »The Hintern«, »The Seidenstrümpfe«. Das »The« machte sie für mich zu austauschbaren Objekten.

»Was machen wir in London?«, fragte ich, um mich abzulenken.

»Das Mammut besuchen.«

»Mammut?«

»*Hey pal*, schon mal was gehört von den großen Elefanten, die sie manchmal in Sibirien im ewigen Eis finden.«

Ich nickte und wusste nicht, warum Hopf mit mir sprach wie Don Johnson als Detektive Crocket in *Miami Vice* mit seinem farbigen Partner Tubbs.

»*Hey buddy*«, antworte ich, »*what's shaking*?«

Hopf nahm eine Zigarre. Das Mammut sei von der seltenen Spezies der Filmhändler, die schon seit der Steinzeit im Geschäft waren. »Ich mag das Mammut«, sagte Hopf. »Wie einen Freund, der in Eis gefroren ist.« Andreas Hopf kaufte Lizenzen für Kinderprogramme und Videospiele vom Mammut. Und verkaufte sie dann weiter. Mit Plastiksauriern, Fabeltieren, Puppen, Kugelschreibern, Zahnbürsten, T-Shirts und bedruckten Kaffeetassen verdiente Hopf das meiste Geld. »Merchandising, mein Freund, Big Business.« Er fing wieder von seiner Story an. »Was, glauben Sie, ist meine Story?«

Ich wusste es immer noch nicht.

Ich dachte an »The Unterleib« und musste mich beherrschen, um nicht mit »The-Geile-Hand« nach ihrem Arsch zu greifen. »The Hengst« sprach weiter: »In einer Illustrierten habe ich neulich gelesen, dass meine Geschichte die eines Milliardärs ist, der am Wochenende auf Partys mit Ferrarischlüsseln um sich schmeißt. Und der seinen Mitarbeitern statt eines Blumenstraußes lieber einen Porsche vors Büro stellt – einfach so.« Warum erzählte er mir das alles? Gehörte das schon zu dem Test, den er mit mir machen wollte?

»Tatsächlich gibt es in allem, was wir tun, eine Story. Und die Story lautet: Wir müssen verkaufen. Wir müssen alle verkaufen. Jeden Tag, jede Minute, jeden Augenblick.«

Ich wusste nicht, was ich außer Geilheit gerade zu verkaufen hatte.

Hopf erinnerte mich an einen Mantras sprechenden indischen Guru, dem ich vor Jahren neben einem ausgetrockneten Flussbett bei Uruvela begegnet war. Er saß neben einem Hinduschrein an der Stelle, an der Buddha kurz vor seiner Erleuchtung wochenlang gesessen haben soll, bis er erkannte, dass seine Askese ein Irrweg war. Aus dem Mund des Gurus ragte ein Faden, auf dem er Gebete sprechend herumkaute. Ich recherchierte damals für ein Buch über Buddhas Lebensweg, reiste quer durch Indien und suchte nach historischen Spuren. Der Mann erzählte mir von seiner Faden-Askese. Er hatte vor ein paar Monaten einen etwa 20 Meter langen Strick verschluckt und geduldig darauf gewartet, bis dieser auf dem ganz normalen Weg der Verdauung seinen Körper durchwanderte. »*You see*«, sagte er und lüftete seinen Umhang. Tatsächlich ragte aus seinem Hintern das andere Ende des Fadens, welches der Guru nun mit der einen Hand packte, während er mit der anderen den Faden, der aus seinem Mund kam, umfasste. Er zog abwechselnd an beiden Enden wie an einem Pfeifenreiniger. Dann reichte er mir das Stück Seil, das aus seinem Hintern entsprang. »*Come Mister, you want to feel the wheel of life*?«

Andreas Hopf redete immer noch, als wäre er ein Geschöpf aus einem meiner Bücher: »Es ist völlig egal, wer wir sind, Bäcker, Rennfahrer, Nutte oder Ghostwriter. Am Abend zählt nur, was wir getan haben. Nicht was wir hätten tun können. Das Ergebnis bringt die Punkte.« Erwartete er von mir eine Antwort? Sollte ich sagen: Ja, Meister? Hopf nahm mein Schweigen als Zustimmung.

»Verkaufen, verkaufen, verkaufen. Diese Story zieht sich wie ein roter Faden durch mein Leben«, sagte er.

Die Challenger 604 landete auf Londons Stadtflughafen und parkte neben einem Learjet 60, der dem Mammut gehörte. Hopf stieg alleine um in den anderen Flieger, um ein paar Verträge zu unterschreiben. Der Pilot ging zum Essen von Bord.

»The Unterleib« und »The Kopf« waren endlich allein.

Ficken, ficken, ficken. Das war die Story, die ich mit Heathers roten Lippen schrieb.

ACHT

Am nächsten Morgen wachte ich allein in Heathers Wohnung auf. Kurz vor Sonnenaufgang hatte sie sich wieder angezogen und war, ohne sich umzudrehen, gegangen. Ich mag unsentimentale Frauen, die einfach nur ihren Job machen. Ich schaute aus dem Fenster ihres Penthouses im Olympiazentrum und stellte mir vor, wie »The Unterleib« irgendwo über den Wolken zwischen München, Moskau oder Miami irgendwelchen Geschäftspartnern von Hopf an Bord des fliegenden Zigarrenzimmers ein paar kühle Drinks servierte. »Hallo, ich bin Heather, wenn Sie einen Wunsch haben ...« Ich hatte keine Wünsche mehr und beobachtete einen Schwarm verirrter Möwen, der über den stumpf gewordenen Wabendächern des Olympiastadiums kreiste. Von hier oben erinnerte die Anlage an die verfallene Tempelanlage einer untergegangenen Zivilisation. Das Relikt einer vergessenen Zeit, als die Moderne für einen kurzen Moment nach München gekommen war. Damals hatte ein Architekt für die Wohnungen des Olympiadorfs Bäder entworfen, die wie begehbare, riesenhafte Yoghurtbecher aussahen. Keine Kacheln, keine Dübel, keine Schrauben. Das komplette Bad bestand aus einem Stück

Plastik, das Waschbecken wuchs einfach aus der Wand heraus, sogar die Toilette und die Badewanne wölbten sich aus einem Guss aus dem Fußboden hervor. Ich war vor vielen Jahren als Student das erste Mal in einem dieser Bäder gestanden und hatte wohl damals meine Vorliebe für diese Orte der menschlichen Intimität entdeckt. Ich blieb eine Stunde in dem Yoghurtbecher sitzen und dachte über einen Satz von Heather nach, den sie mir über Hopf erzählt hatte. Über das Geheimnis seines Erfolgs. »Du musst die Seele jeden Tag wie mit einer Zahnbürste reinigen.« Vielleicht fand ich deshalb in Heathers Wohnung keinen Hinweis auf Persönliches. Keine Fotografien oder Bilder an den Wänden. Kein Staub auf dem Glastisch im Wohnzimmer. Nicht einmal Experten der Mordkommission hätten hier außer meinen Fingerabdrücken irgendwelche Spuren menschlichen Lebens finden können.

Auf der Mailbox war Hopfs Stimme. Ich sollte ihn in »der Zentrale« besuchen und mich am frühen Abend gegen sechs bei seiner Sekretärin melden. Der Wagen sei jetzt da. Ich hätte den S-Klassen-Test schon beinahe bestanden. »Nur noch eine letzte Prüfung.«

Ich ließ meinen alten Jaguar in der Tiefgarage stehen und nahm die S-Bahn. S-Bahnfahren kann ich nur im Zustand höchster Konzentration. Ich nehme mir vor zu schweigen, egal, was passiert. Wie der Mönch Agathon, der sich vor 1700 Jahren in die ägyptische Wüste setzte, mit einem Stein im Mund. Drei Jahre lang behielt er den

Stein im Mund, bis er das Schweigen beherrschte. S-Bahnfahren ist eine Übung in Demut. S-Bahnfahren ist unsichtbares Theater, für das man sich ein lächerlich günstiges Ticket kauft, und sobald man eingestiegen ist, beginnt eine Vorstellung, bei der man nie weiß, wie das Stück enden wird.

Der frühe Abend ist eine gute Zeit für das S-Bahn-Theater. Ich folgte dem Strom der Büroangestellten in den Untergrund und stellte mir vor, für ein großes Unternehmen zu arbeiten.

Ich trug zum ersten Mal den Anzug, den mir Hopfs Schneider angefertigt hatte. Ich fühlte mich gut, wie eine verbesserte Version meiner selbst. Ich atmete ruhig und gleichmäßig und wartete in einer Gruppe anderer Theaterbesucher am Bahnsteig auf den Einlass. Jetzt galt es, innerlich auf Automatik zu schalten und alles geschehen zu lassen. Mit einem Ruck ließ ich mich in die S-Bahn schieben und einschließen. Die Übung konnte beginnen. Offenbar war für mich ein Platz in der Nähe des Eingangs vorgesehen, auf den ich mehr geschoben wurde, als dass ich dort freiwillig zum Sitzen kam. Nicht, dass ich undankbar gewesen wäre, aber ausgerechnet diesen Platz, entgegengesetzt zur Fahrtrichtung, hatte ich bislang immer gemieden. Denn er zwingt einem früher oder später körperlichen Kontakt mit fremden Menschen auf. Wollten die anderen Passagiere mich heute dazu bringen, ausgerechnet hier zu sitzen? Krampfhaft vermieden die Umstehenden, die mir schon fast auf den Schuhen standen, mich anzusehen. Drei Stationen lang gelang es mir, den wechselnden Fahrgästen geschickt auszuweichen, wobei ich schier akrobatische Kunststücke vollbrachte. Der Fahrer der S-Bahn hatte es auf mich abgesehen, er wusste wohl, dass ich auf diesem Platz saß. Hatte die Stimme, mit der er die nächste Haltestelle ankündigte, nicht einen sarkastischen Unterton? Kaum hatte er »Englschalking« ausgesprochen, bremste er ruckartig sein Gefährt. Aber noch hatte ich alles unter Kontrolle. Ich wischte mir unauffällig Schweiß von der Stirn, es war wärmer geworden und die Luft stickig. Seit einigen Stationen war mir eine fette ältere Frau aufgefallen, die sich am anderen Ende des Waggons befand und die sich, von der Menge offenbar unterstützt, Meter um Meter in meine Richtung vorarbeitete. Mir war klar, was dies bedeutete, und ich bereitete mich innerlich darauf vor. Jetzt stand sie vor mir, und ich konnte ihr Keuchen hören, sie schleppte schwer an zwei Plastiktüten. Ich hörte die höhnische Stimme des Fahrers, der die Station ankündigte, und sprang zur Seite, gerade noch rechtzeitig, denn eine Vollbremsung ließ die Frau eine tiefe Verbeugung machen, bevor sie auf dem Platz landete, auf dem ich eben noch gesessen war. Aus den Plastiktüten rollten ihre Einkäufe. Die bücklingshafte Hilfsbereitschaft der Umstehenden war widerwärtig und verriet mir, dass alles schon lange vorher geprobt worden war. Auf dem mir gegenüberliegenden Platz saß plötzlich ein etwa 35-

jähriger Familienvater mit zwei Erdbeereis essenden Kindern. Mühsam wich ich ihren klebrigen Fingern aus, die, wie alle Drei- bis Fünfjährigen, alles anfassen müssen. Ihre Münder glänzten, geschmolzenes Eis und Speichel liefen über ihre Wangen. Der Vater wischte mit einem Papiertuch ständig in den kleinen Gesichtern herum. Warum lächelten alle in der S-Bahn so dämlich? Mir wurde übel von der plumpen Freundlichkeit, die den Waggon bis in die letzte Ritze ausfüllte. Ich kämpfte mit dem Erbrechen und hatte eine Sekunde lang nicht aufgepasst, als der Mann aufgestanden war, um auszusteigen. Die S-Bahn bremste, und das Entsetzliche, das ich schon beim Einsteigen geahnt hatte, geschah:

Der Familienvater landete auf meinem Schoß. Ich spürte seine durchgeschwitzten Arschbacken, roch seinen Achselschweiß. Er hielt sich an meinem Gesicht fest und kratzte mir mit dem Daumen am Kinn entlang. Ich blieb ruhig, ließ mir den Ekel nicht anmerken. Es verging eine Ewigkeit, bis der Mann aufstand, nicht ohne mir beim Aufstehen mit aller Kraft auf die Zehen zu treten. Er nahm seine Kinder und drehte sich kurz vor dem Aussteigen zu mir um: »Tschuldigung.«

War das alles schon Teil von Hopfs Prüfung?

NEUN

Konnte es sein, dass alle um mich herum lebten, und ich schon tot war?

Es konnte sein.

Konnte es sein, dass ich lebte, und alle anderen um mich herum schon tot waren?

Es konnte sein.

Ich habe immer versucht, späte Nachmittage in der Vorstadt zu meiden. Es waren nicht so sehr die Menschen, die mir Angst machten, es waren die Häuser. Die Menschen sahen so aus wie überall in der Peripherie der Vorstädte. Sie hatten Gesichter, Hände, Füße und Kleider, die niemandem wehtaten. Die Gesichter sagten, ich wohne nicht hier, ich arbeite nur, ich bin auf der Durchreise, der Durchreise zu einem anderen, besseren Leben, ich bin eigentlich gar nicht da und gleich schon wieder weg. Die Hände schwiegen und hingen einfach nur herunter. Die Füße sangen nur, ich hab es eilig, ich gehe diesen Weg jeden Tag, ich hab keine Zeit, ich bin schon zu spät, zu spät zur Arbeit, zu spät nach Hause. Die Kleidung flüsterte nur, ich bin beige, ich bin grau, ich bin blau. Bist du okay? Ich bin okay. Okay?

Aber die Häuser, das waren keine Häuser, das waren

keine Bürotürme, Wolkenkratzer oder Kathedralen aus Glas, Stahl und Beton. Ich sah nur Löcher, riesige gewaltige Löcher mit den Umrissen von Gebäuden. Wenn Gott ein Friedhofsarchitekt geworden wäre, hätte er Büros wie diese als Massengräber gebaut. Ich sah die Umrisse der Löcher wie übereinander gelegte offene Gräber. Die Löcher saugten die Menschen mit den Gesichtern, Händen, Füßen und Kleidern morgens ein und spuckten sie nun am Abend wieder aus.

Büroschluss. Ich sah lebende Tote, die sich eine Spur zu langsam, zu steif und leicht ruckartig bewegten, wie in einem der alten Zombiefilme, die mir immer wie Dokumentarfilme über mein eigenes Leben vorgekommen sind. Der Tod kam mir von überall her aus den Löchern entgegen. Die Angestellten wurden nur über Nacht entlassen, am nächsten Tag durften sie weitersterben.

War ich auch hier um zu sterben?

Ich war hier, um zu sterben. Hopf wartete auf mich.

Sein Leben wartete auf mich. Ich lebte, weil ich sein Leben leben würde. Ich lebte jede verdammte Seite in diesem Buch. Ich lebte in jedem Wort. Und doch war ich tot, sobald ich das letzte Wort geschrieben hatte. Ich lebte nur, solange ich ein anderes Leben erfand. Und ich starb mit der letzten Seite des Buches.

Ich habe Hunger auf fremdes Leben. Ich werde nicht satt davon.

Hopf wartete auf mich in einem dieser neu gebauten Löcher am Rande der Stadt. Schon als ich die S-Bahnstation in Unterföhring verließ, sah ich die Umrisse einer schwarzen Pyramide in der Ferne die anderen Büros überragen. Andreas Hopf hatte mit dem Geld der ersten Börsengewinne die Cheopspyramide aus Glas maßstabsgetreu nachbauen lassen. In Las Vegas wäre das hier ein Hotel, mit einer Spielbank gleich hinter der Lobby und einem Swimming-Pool in der Spitze der Pyramide. Im alten Ägypten wäre hier das Grab des Pharao mit ein paar zugemauerten falschen Gängen und einer geheimen Grabkammer. In Hopfs Welt war hier die Zentrale eines erstaunlich erfolgreichen Unternehmens, von dem niemand so genau wusste, womit es eigentlich diesen sagenhaften Reichtum verdiente. Und anstelle der Grabkammer war hier nur eine leere Halle mit Monitoren, die Lobby eines Toten-Hotels mit ein paar schwarzen Ledersesseln und einer auffallend hübschen Empfangsdame, die wie eine jüngere Version der blonden Heather aussah.

Stellte Hopf Mädchen her? War die Pyramide nichts weiter als eine Fabrikhalle für blonde Puppen? Ich hatte zu lange auf diese Lippen gestarrt und die Größe der Brüste mit Heathers verglichen. Es stimmte alles. Ich fragte mich, wo die Mädchen ihre Seriennummer verborgen hatten. Heather II errötete.

»Sie sind…?«, sie musterte meinen Anzug, »Ja, Sie sind… Sie müssen der Neue sein.«

Der Neue? War das Hopfs spezieller Humor?

»Kaffee? Es wird eine Weile dauern.«

Ich folgte Heather II zu einem der Sessel. Sie sah mich an, als wollte sie mich küssen.

»Geh nicht zu deinem König, wenn du nicht gerufen wirst.« Sie sagte das ernst. »Das ist eine der wichtigen Regeln hier im Haus.« Ich setzte mich und schaute mich um.

Verkaufen. Verkaufen. Verkaufen. In der Lobby war Hopfs Motto in den grünen Marmor vor dem Fahrstuhl gemeißelt. Es sah aus wie eine Grabplatte. Ich las stattdessen: »Sterben. Sterben. Sterben.« Ich hörte die Sätze, die Hopf mir in London gesagt hatte, noch einmal anders: »Tatsächlich gibt es in allem, was wir tun, eine Story: sterben. Wir müssen alle sterben.«

War Hopf ein moderner Pharao? Und ich der Diener des Pharaos? Auf den Monitoren in der Lobby lief stumm die Übertragung eines Formel-1-Rennens, das aus verschiedenen Kameraperspektiven gezeigt wurde. Es kam mir wie ein rätselhaftes Begräbniszeremoniell vor, und immer, wenn die Übertragung auf die Kamera im Cockpit umschaltete und nur das Lenkrad, die Straße und die Erschütterungen der ungebremsten Beschleunigung zu sehen waren, stellte ich mir vor, wie ich mit einem Ferrari direkt ins Reich der Osiris katapultiert würde.

Die gläsernen Wände der Lobby ließen mich in die Büros schauen. Sie waren trotz der Abendstunde voll besetzt. Männer in blauen Anzügen saßen vor Computern, mit Kopfhörern und Mikrofonen. Auf jedem Schreibtisch stand eine Handglocke. Immer wenn ein Mitarbeiter etwas verkauft hatte, läutete er mit seiner Glocke. Und die anderen applaudierten.

Ich saß ein paar Stunden und starrte auf das Rennen und auf das Läuten der Glocken hinter Glas. Ich schlief ein und träumte mich nach Ägypten. Ich wachte dort als Mumie auf, in vollkommener Dunkelheit. Meine Augen waren zugeklebt. Es roch nach Weihwasser und Eukalyptus. Gleich würde sich ein Priester über mich beugen und mit einem Skalpell meine Augen und meinen Mund öffnen, damit ich im Jenseits sehen und sprechen konnte. Gleich würde ich durch ein düsteres Reich der wandernden Schatten hindurch, vorbei an menschlichen Hüllen ohne Köpfe, in den großen Saal der Osiris geführt werden. Ich würde vor der großen Stufenpyramide in der Mitte stehen. Auf der obersten Plattform warteten die vier obersten Richter auf mich und Osiris. Zu Füßen des Gottes war eine riesige Waage. Osiris würde mein Herz und meine Seele in die eine Waagschale legen und in die andere Waagschale eine Feder der Göttin Maat, die Feder der Wahrheit. Nur wenn meine Seele leichter wäre als die Feder, hätte ich die Prüfung bestanden und dürfte nach einem Bad in einem See voller blauer Lotusblumen ins Paradies. Wenn aber mein Herz schwerer als die Feder wäre, käme ein Ungeheuer, um meine Seele zu verschlingen.

ZEHN

Heather II weckte mich auf. »Der König ruft.« Sie hielt mir die Fahrstuhltür auf, und ich fuhr, leicht benommen, nach oben.

Wie sieht das Büro eines Pharaos aus? Brauchte ein Halbgott einen Schreibtisch, ein Telefon, eine Sekretärin? Müsste ich mich zur Begrüßung dreimal der Länge nach auf den Boden werfen? Würde er auf einem goldenen Thron sitzen?

Hopf saß nicht, er hatte sich auf einer Liege hinter einem gläsernen Schreibtisch ausgestreckt und jonglierte mit vier Billardkugeln. Er sah mich nicht an.

»Wussten Sie, dass beim Jonglieren die Gehirnmasse wächst?«

Ich wusste es nicht. Ich wollte nur weg, konnte meinen Blick jedoch nicht von den Kugeln lösen, die Hopf in immer größerer Geschwindigkeit in die Luft warf.

»Warum, glauben Sie, habe ich Sie kommen lassen?«

»Sie wollten über das Buch sprechen.«

»Falsch.«

Kunden mit Sendungsbewusstsein sind besonders sensibel. Sie wollen unbedingt ein Buch haben, sich selbst lesen, um jeden Preis, aber sie tun am Anfang so, als wäre es eine Gnade, als müsste man sie zum Buch erst überreden. Ich war plötzlich gelangweilt wie eine Prostituierte, die vor einem Mann mit erigiertem Penis steht, der ihr erzählt, er wolle nur reden. Endlich einmal mit jemand reden. Ich schaltete mein Tonband ein und spulte innerlich mein Standardrepertoire ab. Wollte Hopf wirklich erst einen Blow Job?

»Wir können uns ja erst mal kennen lernen«, begann ich. »Ich schreibe ein paar Seiten, und dann sehen wir weiter.«

Hopf unterbrach sein Jonglieren und schaute mich an.

»Kommen Sie mir nicht mit ›kennen lernen‹. Wenn ich ein Haus baue, will ich Mauern haben. Ich will etwas Gerades, Tragfähiges. Schon Querbalken einzuziehen, halte ich für ein Risiko. Sie schreiben das Buch oder Sie lassen es. *Finito*. Was, meinen Sie, denkt der Henker, kurz bevor er das Fallbeil auslöst? Ach, heute probier ich die Guillotine nur aus? Und der Mensch, der vor ihm bäuchlings auf einen Tisch geschnallt ist, hat seinen Kopf nur einfach so zum Kennenlernen durch die Lünetten gesteckt?«

Ich stellte mir den Henker immer als glücklichen Menschen vor. Er tat, was er tun musste. Er war in gewisser Weise mit einem Zenmeister zu vergleichen, der auf der höchsten Stufe der Klarheit von sich sagen konnte, er atme nur ein, er atme nur aus.

Wenn das Beil aus zwei Metern Höhe herunterraste, war der Henker zu beneiden. Nichts konnte den Tod jetzt noch stoppen. Noch nicht mal Gott. Für die Dauer eines Wimpernschlages, der zwischen dem Auslösen der Sperre und dem Abtrennen des Kopfes lag, war der Mann an der Guillotine selbst zum Fallbeil geworden. Er und die sonderbare Köpfmaschine waren eins geworden.

Hopf richtete sich auf und blickte über mich hinweg. Er sprach mit mir, als wären da noch hundert andere, die uns zuschauten. Als müsste er einen Saal voller ungläubiger Aktionäre von einer Dividendenkürzung überzeugen.

»Die Guillotine ist für mich die Musik, die ich bei allem, was ich tue, im Hintergrund höre. Ich kann nicht auf Probe leben. Ich kann nicht auf Probe lieben. Ich kann nicht auf Probe sterben. Wussten Sie, dass die Guillotine von einem deutschen Cembalobauer konstruiert worden ist? Sie ist eigentlich ein Musikinstrument. Ein kurzes Singen der Klinge und dann Plopp. Das ist die Musik, die Sie überall hören müssen: Sing! Plopp!«

Hopf schlug mit der Handkante auf den Tisch.

»Plopp! Deshalb mag ich keine ungefähren Sachen. Erfolg haben Sie nur, wenn Sie gerade sind. Und Sie können nur gerade sein, wenn Sie jeden Tag aufräumen. Aufräumen, verstehen Sie, nicht nur den Schreibtisch, da darf bei mir nichts mehr am Abend liegen bleiben, nein, Ihr Leben müssen Sie aufräumen. Die Köpfe müssen rollen. Und was Sie nicht aufräumen können oder was nicht funktioniert, müssen Sie wegschmeißen. Wenn Sie nicht aufräumen, wenn Sie nachlässig werden und irgendeine Sache schleifen lassen, schleicht sich das Virus des Misserfolgs in Ihr Leben ein.«

Dann hörte ich, was mir schon Heather ins Ohr geflüstert hatte, bevor mir ihr Kuss beinahe meine Zunge aus dem Kopf gesaugt hatte.

»Man muss seine Seele jeden Tag wie mit einer Zahnbürste reinigen.«

Ich war nicht »gerade«, mein Leben war nicht »gerade«. Ich stand nicht jeden Abend vor dem Spiegel, um meine Seele mit einer Zahnbürste zu reinigen. Ich wusste noch nicht einmal, wo meine Seele war. Aber manchmal glaubte ich, die Seele anderer Menschen zu spüren. Deswegen habe ich in vielen hundert Toiletten fremder Menschen gesessen. Später habe ich Bücher über Totenkulte studiert. Aber meine eigene Seele ist mir noch nicht begegnet.

»Es gibt zwei unterschiedliche Typen von Managern. Der eine ist ein Fuchs, der andere ist ein Hase. Was, glauben Sie, bin ich?«

»Sie sind der Fuchs.«

»Falsch. Ich bin der Hase. Der Hase rennt immer schneller als der Fuchs, denn er rennt um sein Leben. Der Fuchs, der rennt nur für schnelle Beute. Wenn er satt ist, legt er sich schlafen. Der Hase dagegen bleibt immer wach, weil er Angst hat, gefressen zu werden. Weil er Angst hat zu verhungern. Wer keine Angst hat, der hat auch keinen Erfolg.«

Hopf starrte mich jetzt an und sprach mit unbewegtem Gesicht weiter. Er zuckte dabei nicht ein einziges Mal mit den Wimpern, ja er bewegte seine Wimpern überhaupt nicht. Seine Augen ruhten auf mir und schauten doch durch mich hindurch. Ich hatte solche Augen schon einmal in Indien gesehen. Auch Baghwan sprach zu den Menschen, als wären seine Augenlider festgeklebt. In Poona projizieren sie heute für Touristen auch viele Jahre nach seinem Tod die alten Ansprachen des Meisters als Videobotschaften an die Wand. Ich saß stundenlang vor dem überlebensgroßen Osho, der wie aus dem Jenseits zu mir sprach.

»Ich möchte, dass Sie etwas für mich tun. Gehen Sie in das Zimmer nebenan und schreiben Sie für mich Ihr Leben auf. Schreiben Sie Ihre Biografie in einer Stunde. Wie war Ihr Leben? Erklären Sie mir, wer Sie sind. Warum möchten Sie für mich arbeiten? Lassen Sie Ihre Biografie mit dem Satz enden: Die bedeutendste Sache, die ich von mir erzählen kann, ist …«

Hopf lehnte sich wieder zurück und begann wieder mit den Kugeln zu jonglieren. Er rief seine Sekretärin herein, die mich in ein kleines Arbeitszimmer führte.

Das Bedeutendste, was ich von mir erzählen kann, ist,

dass es nichts zu erzählen gibt. Das hatte ich erst vor ein paar Tagen einem Filmproduzenten gesagt. Der Mann war auf der Suche nach Geschichten, die er »Stoffe« nannte. Er wollte mich zu einem Drehbuch überreden.

»Schreiben Sie was Frisches«, sagte der Produzent, »schreiben Sie einfach auf, was Ihnen auf den Nägeln brennt. Das sind die besten Stoffe.«

Der Gute, in welcher Welt lebte er? Wollte irgendjemand wissen, wie die Welt ist? Furchtbar. Schön. Kalt. Reichten dafür die Adjektive einer Sprache?

»Ich gehöre zu der Generation, der nichts auf den Nägeln brennt«, sagte ich. »Wir funktionieren nur. Ich schreibe für Geld, auf Auftragsbasis, das ist ehrlicher.«

»Aber irgendetwas muss Ihnen doch auf den Nägeln brennen?«

Der Produzent schaute mich traurig an, wie einen Bettler, der dem edlen Spender einen Hundert-Mark-Schein mit den Worten zurückgibt:

»Danke, aber mir gefällt Ihr Gesicht nicht.«

Ich legte meine Armbanduhr ab und betrachtete die Sekundenanzeige. War es die Zeit, die mich am meisten faszinierte? War meine Wahrnehmung der Zeit, die bedeutendste Sache, die ich von mir erzählen konnte? Ich habe Tagträume. Ich lebe mit einer sonderbaren Schlaftrunkenheit. Die Welt verschwindet für einen kurzen Augenblick, und ich versinke in der Zeit. Erst langsam kommen die Umrisse der Gegenwart zurück, aber darüber, darunter, daneben scheinen fremde Orte und Personen durch, als wären sie Überblendungen in einem Film, der mein Leben als Wachtraum zeigt. Hier, an diesem Schreibtisch in Hopfs Büro, hatte ich wieder dieses Gefühl, in eine unendlich tiefe Zeit gefallen zu sein. Wanderer in der Wüste erleben die Fata Morgana, eine Luftspiegelung des Himmels täuscht ihnen Wasser vor. Ghostwriter haben während der Arbeit Déjà-vus. Sie sehen das fertige Buch vor sich. Sie blättern in Gedanken darin und jede Seite kommt ihnen bekannt vor.

Hopfs Sekretärin klopfte an.

»Alles in Ordnung? Noch eine halbe Stunde«, sagte sie.

Ich hatte noch keine Zeile geschrieben. Immer noch betrachtete ich meine Armbanduhr. Es war eine Casio aus den frühen achtziger Jahren, wie sie Roy Scheider als Hubschrauberpilot in dem Film »Das fliegende Auge« getragen hatte. Es gab einen Knopf, der einen Countdown auslösen konnte. Dann erschien das Bild einer grob gepixelten Spirale auf der Uhr. Ich startete den Countdown und verfolgte, wie die Spirale von Sekunde zu Sekunde weiter erlosch. Vor jeder Sekunde gab es ein Zögern, so als wüsste die Digitaluhr für den verdammten Augenblick einer Hundertstelsekunde nicht mehr genau, ob sie noch lebte oder ob sie schon tot war.

Als Kind hatte ich oft viele Stunden damit zugebracht, den Zeitpunkt abzuwarten, wann eine Uhr stehen bleibt. Ein Onkel hat mir einmal eine merkwürdige blaue Uhr geschenkt, die angeblich aus einem russischen U-Boot stammte. Es war ein schweres, rundes Ding von der Größe eines Weckers, eine Armaturenuhr für die Gefechtsstation an Bord. Wind und Wetter. Einmal aufgezogen, lief sie auf die Sekunde genau 14 Tage lang. Mein Onkel erzählte mir, das wäre genau die Zeit, die eine Schicht an Bord dauerte.

»Ein einfaches System. Wenn die Uhr stehen bleibt, heißt es auftauchen.« Als Kind spielte ich U-Boot, zog die Uhr auf und kontrollierte Tag für Tag das Zifferblatt, wie ein Matrose an Bord, der im U-Boot durch das Meer glitt, ein Sklave der Zeit, über ihm, neben ihm und unter ihm kilometerweit Wasser. Wie er wartete ich auf den erlösenden Moment, wenn der Sekundenzeiger stillsteht.

»Wie war Ihr Leben? Erklären Sie mir, wer Sie sind.« Das waren eigentlich Fragen, die ich meinen Kunden stellte. In der Regel schaltete ich dann mein Tonband an und war froh, nicht selbst antworten zu müssen. Ich war Experte für das Leben von anderen. Ich machte daraus eine Rolle, die sich gut spielen lässt. Vielleicht liebte ich deshalb Automaten. Automaten sind ehrlich. Automaten spielen weder einen anderen noch sich selbst. Ich wäre gern ein Automat. Als Automat beobachtete ich dann das Automatische der anderen Automaten.

Ich wollte einmal eine Geschichte über den Automatismus des Menschen schreiben. Über die Momente des

Lebens, in denen an die Stelle des Schauspiels, des So-tun-als-ob der rohe Automatismus der Instinkte tritt. Die weit aufgerissenen Augen des Amokläufers im Blutrausch, die Gier in den Gesichtern von Verhungernden, die Lust und das Schreien während des Orgasmus. Wenn all die einstudierten Gesten und Haltungen ausgelöscht sind.

Mich interessierte auf der anderen Seite die pure Mechanik von Bewegung und Sprechen im Alltag. Ich stellte mir vor, ein Automat zu sein, der nur 30 Worte sprechen konnte. Ich probierte es eine Woche lang aus, und es funktionierte. Ich sprach am ersten Tag: »Guten Morgen, Entschuldigung, Tag, Komme gleich. Ja. Ja. Mahlzeit. Eine Cola. Pizza, sehr gut. Die Rechnung bitte. Stimmt so. Wie spät ist es? Danke. Ach so. Nein. Nein. Auf Wiedersehen. Bis morgen.« Mit jedem Tag lernte ich, mit noch weniger Worten auszukommen. Am siebten Tag sprach ich: »Ja. Nein. Ja.«

Die Stunde war vorüber, und ich hatte kein Wort über mein Leben geschrieben. Ich dachte darüber nach, welches Wort ich, seit ich sprechen gelernt hatte, an jedem Tag meines Lebens benutzt hatte. Vielleicht sollte ich dieses einfach mehrmals auf ein Stück Papier schreiben, immer schön untereinander. Ein Lebenslauf aus Worten. Für jedes Jahr, das ich gelebt hatte, ein »Ja«. Ja, Ja, Ja. Oder war es eher »Nein«. Nein. Aber mir fiel kein Lieblingswort ein, von dem ich mir ganz sicher war, es an jedem Tag meines Lebens auch gesprochen zu haben. Am Ende kam ich für 40 Lebensjahre auf folgende sechs Worte: »Mama, Hunger, ficken, Gott, Scheiße, Geld.«

Ich nahm ein Blatt Papier und schrieb: »Ich bin Ghostwriter. Mehr brauchen Sie nicht von mir zu wissen.«

Hopf war gegangen. Unmittelbar nach unserem Gespräch. Die Sekretärin schaute mich wissend an. Er hatte ein Spiel mit mir gespielt.

»Er will nicht lesen, was Sie geschrieben haben. Er will es von keinem seiner Mitarbeiter lesen.«

Sie gab mir einen Umschlag. Darin war ein Autoschlüssel und ein Firmenausweis mit meinem Foto darauf. Hopf hatte mich zu seinem persönlichen Assistenten gemacht.

»Willkommen in der S-Klasse. Ihr Wagen steht im Parkhaus.«

ZWEITER TEIL

»Die schrecklichste der acht Höllen
wird die ›Ewige Hölle‹ genannt.
Dies bedeutet ›Immerwährendes Leid‹.
Daher der Name.«

Nirwana Sutra, Kap. 19

EINS

Ich hatte Kopfweh und lag in meinem neuen Wagen. Ein schwarzer Mercedes mit roten Ledersitzen. In Autos zu liegen machte mir mehr Freude, als in ihnen zu fahren. Der schönste Ort dafür waren Tiefgaragen. Ich verbrachte viel Zeit in Tiefgaragen von Flugplätzen, Einkaufszentren, Hotels und Parkhäusern. Für meinen alten Jaguar hatte ich in der Nähe meiner Wohnung einen Platz im zweiten Untergeschoss einer Parkgarage gemietet. Für die Dauermieter gab es neben einer Toilette sogar eine Dusche. Meinen alten Jaguar hatte ich oft Monate nicht bewegt, dennoch war ich täglich in die Tiefgarage gekommen, hatte im Fond gesessen oder auf dem Beifahrersitz gelegen. Ich mochte den modrigen Geruch der alten Ledersitze, ich roch Motorenöl, und da war auch ein Hauch von den anderen Menschen konserviert, die schon vor mir in dem Auto gewesen waren. Unter all diesen Gerüchen war auch Jasmins Geruch.

Der neue Mercedes stand jetzt an der Stelle des Jaguars und hatte noch nicht den Geruch eines anderen Lebens angenommen. Ich wollte nicht aussteigen. Die wunderbare Stille hier wirkte umso stärker auf mich, als sie immer wieder unterbrochen wurde vom Kommen und Gehen, vom Anfahren und Einparken, vom Türöffnen und Schließen und vom Starten und Absterben der Motoren. Danach war wieder diese Stille da. Das große Warten. Etwas wartete hier mit mir.

Mein Kopf fühlte sich an, als würde von innen jemand mit einem spitzen Stein ein Loch nach draußen schlagen wollen. Im Mittelalter gab es die Vorstellung, dass im Kopf eines verrückten Menschen ein Stein wäre, »der böse Stein der Fallsucht«. Fahrende Wunderheiler, Quacksalber, die sich Bruch- und Steinschneider nannten und nichts anderes als raffinierte Gauner waren, boten reichen Leuten gegen Bezahlung an, den Stein aus dem Schädel zu operieren, um sie von der Verrücktheit zu befreien.

Ich träume manchmal von einem surrealen Gemälde von Hieronymus Bosch, »Der Steinschneider« aus dem Jahr 1485, das ich in Madrid gesehen habe. Ich bin der Patient, dem gerade ein Scharlatan, der einen umgekehrten Weisheitstrichter als Kopfbedeckung trägt, ein Loch in den Schädel gebohrt hat. Statt eines Steins zieht er eine Blume aus meinem Kopf. Ein Mönch mit bösem Gesicht und eine seltsame Nonne, die ein Buch auf ihrem Kopf balanciert, schauen zu.

Angeblich soll sich Hieronymus Bosch selbst Löcher in den Kopf gebohrt haben, weil er glaubte, sich auf diese Weise in einen Schaffensrausch katapultieren zu können. Er bedeckte die Löcher nur notdürftig mit Lederlappen. Manche glauben, die Redewendung »einen

Stich haben« ginge direkt auf Hieronymus Bosch zurück.

Ich brauchte keinen Stich. Ich war Ghostwriter.

Wenn Menschen extreme Dinge tun, verändert sich ihr Körper und manchmal auch ihr Geist. Nicht immer sind solche Veränderungen scheinbar so leicht zu erklären wie der Tennisellbogen, der Computerdaumen oder das durch Schläge deformierte Blumenkohlohr der Wrestler oder Boxer. Könnte es sein, dass dies keine Krankheiten, sondern Anomalien sind? Vielleicht sind sie Zeichen einer geheimen Mimikry des Menschen.

Warum wachsen kalifornischen Surfern die Ohren zu? Bei Surfern, die über viele Jahre fast jeden Tag ein paar Stunden auf den Brettern verbracht haben, beginnen die Knochen unaufhaltsam zu wuchern. Bis sich die Ohren wasserdicht geschlossen haben. Dann hilft nur noch das Aufbohren der Gehörgänge. Das »Surfer's Ear« ist vielleicht mehr als nur eine Zivilisationskrankheit. Vielleicht, weil das Surfen mehr ist als nur ein Sport. Niemand käme auf die Idee, den Golferellbogen mit irgendwelchen mythologischen Erklärungen in Zusammenhang zu bringen. Beim Surfen ist das anders. Das Reiten auf den Wellen, das Balancieren auf einem Brett inmitten eines tosenden Ozeans faszinierte schon vor Tausenden von Jahren die Bewohner der Südsee. In Hawaii war das Surfen nur den Königen vorbehalten. Es war eine Form der Meditation, das Einswerden mit der Welle.

The spirit of surfing: Heute noch leben fanatische Surfer überall auf der Welt für diese Sehnsucht, für das Gefühl, auf der größten, schönsten und gefährlichsten Welle zu reiten – und dann zu sterben. Warten auf die letzte Welle. *Tapping the source*, sagen kalifornische Surfer, was so viel heißt wie »die Quelle anzapfen«. Hinter dieser Sehnsucht steht vielleicht der Wunsch, wieder dahin zu gehen, woher alles Leben kam: in den Ozean. Da ist es nur konsequent, dass die Ohren der Surfer zuwachsen. Vielleicht werden in Kalifornien schon bald Kinder geboren mit Schwimmhäuten zwischen Fingern und Zehen. Mit fischähnlichen Köpfen und verkümmerten Ohren. Und wer genau hinschaut, sieht hinter den Ohrmuscheln kleine rosa Kiemen, die an Schönheit noch Korallen übertreffen.

Kürzlich hat ein Neurologe acht besonders erfahrene Mönche des Dalai Lama nacheinander in eine Magnetröhre geschoben. Er wollte wissen, was in Gehirnen vor sich geht, die schon mehr als 10000 Stunden meditiert haben. Der Blick auf die Messwerte der Hirnströme schockierte den Forscher. Noch nie hatte er Menschen gesehen, die einen solchen Grad an Klarheit des Bewusstseins hatten. Gemessen an den Gammawellen, die ein Ausdruck für höchste Konzentration und Wachheit sind, wurden in den Hirnen der Mönche Frequenzen gemessen, die, so der Forscher, »jenseits von gut und böse« waren.

Ich wüsste gern, was passiert, wenn sie mein Gehirn

in die Röhre schöben. Würden die Frequenzmesser auch meine Unklarheit abbilden können?

War ich es noch, der in mir dachte, oder dachte ein anderer. Ein Teil von mir hatte es geschafft, alle Erinnerungen und Gefühle abzutöten. Ich war eigentlich gar nicht mehr da. Es gab Momente, in denen ich große Angst vor mir selbst hatte. Wenn mein Bewusstsein nur noch funktionierte wie das eines Autofahrers, der durch die Nacht fährt. Der Blick ist nur nach vorn gerichtet, er sieht nur, was die Scheinwerfer vor ihm beleuchten. Hinter sich schleppt er die Dunkelheit mit sich und alles, was er eben noch gesehen hat, taucht ein in die Finsternis, verglüht dort in Bruchteilen, wie der Lichtschweif eines Kometen in der Monotonie des Vergessens.

Einmal wollte ich die Autobiografie eines legendären deutschen 100-Meter-Läufers schreiben. Die Geschichte jenes Mannes, der 1960 in Zürich als erster Mensch die Strecke in 10,0 Sekunden gelaufen war. Eigentlich war er sie sogar zweimal gelaufen, weil die Kampfrichter beim ersten Start ihren Uhren misstrauten, die noch unglaublichere 9,8 Sekunden anzeigten und einen Fehlstart reklamierten. Armin Hary war vermutlich der einzige Mensch, der das Zeug hatte, die magische Zehnsekunden-Schallmauer zu durchbrechen, lange bevor ein Carl Lewis oder ein Maurice Greene sich in diese Dimension wagten. Heute ist der deutsche Sensationssprinter, der sich über die Gesetze der Schwerkraft erhob und bei seinen Rennen über den Boden zu fliegen schien, fast vergessen.

Ich traf ihn zum Interview in einem alten Café in Landshut. Mich interessierte die Frage, wie schnell ein Mensch aus eigener Kraft rennen kann. Ich sprach mit ihm über die merkwürdige Zeitgrenze, an die auch er gestoßen war. 1912 hatte der Amerikaner Donald Lippincott den Weltrekord im 100-Meter-Lauf mit 10,6 Sekunden aufgestellt. Die Sprinter der Gegenwart sind mit 9,8 Sekunden nur unwesentlich schneller. Seit rund 90 Jahren spielen sich die Rekorde im Bereich von Zehntelsekunden ab. Selbst wenn man einen Läufer dopen würde und ihm die besten Turnschuhe gäbe: Nach mathematischen Berechnungen und biomechanischen Untersuchungen gibt es ein Limit für den menschlichen Körper, das zwischen 9,48 und 9,60 Sekunden liegt. Schneller kann kein Mensch laufen. Jenseits dieser Zeit bräche der Körper auseinander und die Sehnen rissen von den Knochen. Es sei denn, man setzte künstliche Gelenke ein, die über halbsynthetische Sehnen von genetisch veränderten Muskeln angetrieben würden.

Der sympathische alte Mann, der mir gegenübersaß und Kakao trank, hörte meinen Theorien höflich zu. Dann schüttelte er den Kopf. »Sie wollen ein Buch aus zehn Sekunden machen? Ein Buch ist nicht genug«, sagte er. »Warum machen Sie nicht zehn Bücher daraus? Das klingt wie eine verrückte Idee, glauben Sie? Aber es hat doch noch niemand versucht!«

Ich habe das Buch nie geschrieben. Aber seit jener Begegnung mit Armin Hary frage ich mich, ob es nicht auch in meinem Leben so etwas wie eine Schallmauer gibt. Ich laufe ständig dagegen. Als ob es eine unsichtbare Wand gäbe, durch die ich nicht hindurchkomme.

ZWEI

Die Tage vor dem Schreiben verbringe ich wie ein Notarzt, der in sicherer Entfernung zu einer unübersichtlichen Kreuzung auf einen Unfall wartet. Ich weiß, ich werde früher oder später gebraucht. Meine Kunden sind wählerisch und kompliziert. Sie wollen unbedingt ein Buch über ihr Leben, aber sie haben nie Zeit, darüber zu reden. »Morgen, ja, morgen ist gut. Ach nein, besser doch Mittwoch, oder warten Sie, am Wochenende. Rufen Sie übermorgen meine Sekretärin an, und lassen Sie sich einen Termin geben.« So geht das wochenlang. Früher habe ich den Fehler gemacht und bin ihnen nachgereist. Dem Politiker auf Wahlkampfveranstaltungen, der Moderatorin bei Dreharbeiten, dem Konzernboss bei der nationalen Übernahmeschlacht, dem Sänger auf Tournee. Ich saß in Privatflugzeugen, Helikoptern, Dienstlimousinen, Taxis und in der deutschen Bundesbahn. Ich verbrachte Tage in Vorzimmern, Seminarräumen, Hallen, Bierzelten, Fernsehstudios, Flughäfen und Hotelbars, immer wieder Hotelbars. Reine Zeitverschwendung. In meiner Erinnerung verschmelzen alle diese Tage zu einer einzigen Szene. Als hätten all diese Tage, Wochen, Monate auf der Jagd nach ein paar Minuten Interview in immer der gleichen Hotelbar geendet. Es ist kurz vor Mitternacht. Aus einem schnellen Bier werden fünf Pils. Ein betrunkener Pianist spielt in einer Endlosschleife ein Potpourri aus »My Way«, »As time goes by« und der deutschen Nationalhymne. Jetzt kommt unweigerlich der Moment für die Das-bleibt-jetzt-aber-unter-uns-Gespräche. In der Regel eine peinliche Konversation nach folgendem Muster. »Ach, am liebsten würde ich alles hinschmeißen und ins Kloster gehen«, sagt der Manager und vermutlich glaubt er das für eine Sekunde lang auch wirklich selbst. Er macht eine Pause. Ich nicke verständnisvoll und bestelle zwei Whiskeys. Der Manager legt den Arm vertraulich um mich. »Aber die Nonnen würden mich verrückt machen. All diese Jungfrauen mit ungeküssten Titten und Wahnsinnsärschen.« Oder umgekehrt, anstelle des Managers sitzt jetzt ein Priester mit mir an der Bar. »Worum geht es im Leben?«, fragt er. Ich habe keine Ahnung. »Wir wollen alle glücklich sein«, sagt er und sieht mit einem Mal sehr unglücklich aus. Auch ihm bestelle ich einen Whiskey, auch er legt jetzt vertraulich seinen Arm um mich. Er stiert dabei auf den breiten Arsch einer Stewardess, die, ein paar Barhocker weiter, alleine vor einem Cocktail sitzt. »Bevor ich ins Priesterseminar ging, gab es Tage, da glaubte ich, es ginge im Leben nur darum, den schönsten Arsch der Welt zu sehen und ihn dann zu ficken.«

In solchen Momenten drückte ich auf die Stopptaste und dann spulte ich das Band auch innerlich zurück, und mein Wissen von dieser Person stand wieder bei null. Ich war damals noch unerfahren und lebte mit dem ständigen Druck, das Buch könne bis zum Abgabetermin niemals fertig werden. Einmal, als ich auch nach einem halben Jahr, in dem ich einen Prominenten kreuz und quer durch Deutschland begleitete, keinerlei brauchbares Material auf dem Band hatte, überlegte ich ernsthaft, meinem Verlag anstelle der Autobiografie ein soziologisches Buch über Hotelbars in der Provinz vorzuschlagen. Ich hätte darin in der Einleitung die Behauptung aufgestellt, dass es im Grunde in ganz Deutschland nur ein Grundmodell der Hotelbar gibt, welches dann überall mit nur marginalen Variationen nachgebaut wurde. Meine These war, dass die Hotelbar eine Insel des Gewöhnlichen darstellte, ein Stück Heimat in einem zerrissenen Land. Die provozierend hässliche Uniformität der Hotelbar war so gesehen vielleicht das einzig gelungene Beispiel einer Architektur der Wiedervereinigung. Sogar im mir unheimlichen Osten Deutschlands gibt es vertrauenswürdige Hotelbars, sogar an Orten, deren Städtenamen im merkwürdigen Dialekt der Einheimischen noch alberner klangen, als sie waren.

Ich gehe seitdem nicht mehr in Hotelbars und vermeide es, einem Kunden hinterherzureisen. Ich habe das Warten gelernt. Währenddessen halte ich mich fit, ernähre mich gesund und schlafe viel. Ich liege gern auf dem Sofa und starre an die Decke. Es ist eine glatte, sehr gut verputze Decke. Es macht mir nichts mehr aus, wenn tagelang kein Anruf kommt, ich warte. Ich habe meine Decke, meine wunderschöne weiße, sehr gut verputzte Decke. Als ich noch mit Jasmin zusammenlebte, kam sie manchmal an das Sofa, beugte sich über mich und sprach mit mir. »Was machst du?«, fragte sie. Ich schaute an ihr vorbei auf die Decke und überlegte. In diesem Moment verstand ich, was Zenmeister meinen, wenn sie sagen: ›Ich trinke Tee, wenn ich Tee trinke.‹ Sie haben das Grauen gesehen, das Nichts, die Leere. Da wo Gott, Buddha oder sonst eine Aufsichtsperson sein sollen, ist nichts weiter als eine weiße Wand. Ich bewundere die Gelassenheit, mit der große Meister Tee trinken. Sie verschütten nichts, und ihre Hände zittern kaum dabei. »Ich starre an die Decke«, sagte ich. Aber da war Jasmin schon lange aus dem Zimmer gegangen.

Neulich habe ich auf der glatten, verputzten Wand verborgene Muster entdeckt. Es könnte sich um Keilschrift handeln. Das war in der dritten Woche des Wartens auf Hopf. Nach meiner Einschätzung würde es nicht mehr lange dauern. Je größer die Eitelkeit, desto länger muss ich warten. Doch irgendwann ist jeder Mensch reif.

Einer hat sich mal ein Jahr nicht gemeldet, na und, da hatte ich längst die Ewigkeit gesehen, auf meiner glatten, weißen Wand. Wenn dann das Telefon klingelt, ist alles ganz leicht. Ich kann verlangen, was ich will. Ich sagte:

»Machen wir etwas zusammen, das Ihnen Spaß macht.« Ich will den privaten Menschen entdecken, ich habe immer noch die Illusion, dass hinter jedem Mensch ein anderer steht. Einer, über den es sich lohnen würde, ein Buch zu schreiben, einer, mit dem man gern befreundet wäre. Doch immer lerne ich nur Hobbymenschen kennen. Manager sind Marathonmenschen, Schauspielerinnen Yogamenschen, Mönche Bergsteigermenschen, Sänger Mountainbikemenschen und Fußballer Golfmenschen. Momentan liegt mein Handicap bei 22. Aber ich werde mit jedem Buch besser. Auch wenn eine alte Golfweisheit behauptet, dass für den, der besser wird, das Besserwerden immer schwerer wird. Mein Ziel ist ein Handicap von 15. Noch drei Bücher, dann bin ich bei 15. Jean-Paul Belmondo hat ein Handicap von 15. Franz Beckenbauer liegt bei 8. Sollte ich noch so lange wie er leben, eröffne ich eine Sportschule.

Ich weiß nicht, warum sich das Klischee vom bleichen, ausgemergelten Schreiber so lang gehalten hat. Mein Kreislauf ist gut, und mein Körper ist in Wettkampfform. Ich habe bald alle Sportarten durch. Sogar Segeln habe ich gelernt.

Ein Kabarettist wollte einmal unbedingt mit mir Segeln gehen. Es wurde ein Jahr daraus. Wir umrundeten an jedem Wochenende zweimal den Starnberger See. Immer die gleiche Route, ganz nah am Ufer entlang. Der Kabarettist wollte nicht mehr lustig sein, er verstand nicht, warum die Leute über ihn lachten. Er meinte das wirklich ernst und wollte in einem Buch das Missverständnis aufklären. Gesprochen haben wir darüber nur, während wir das Segel hissten. Sobald wir ablegten, verstummte er. Am Anfang dachte ich, es sei eine Art Wettbewerb, und er wollte nur testen, wer von uns zuerst das Schweigen brechen würde. Also schwieg ich. Er schwieg. Ich schwieg zurück. Es gab nur das Boot, das Wasser und die Berge. Und über uns dieser unwahrscheinliche Himmel. Der Himmel über dem Starnberger See ist nicht blau. Es ist unsere Seele, die blau ist, und der Himmel hier spiegelt diese Farbe nur besonders gut wider. Vom Ostufer, von Ambach aus, segelten wir in Richtung Berg, an der Stelle vorbei, wo König Ludwigs Leiche und die des Irrenarztes Dr. von Gudden am 13. Juni 1886 gefunden worden waren. Ein Kreuz ragt dort aus dem Wasser, unweit des Ufers. Der Himmel ist hier ganz besonders blau, königludwigblau. Wir glitten schweigend am Kreuz vorbei, und es war, als schwiege Ludwig II. mit uns.

Aus dem Buch ist nie etwas geworden, der Kabarettist wurde unter mysteriösen Umständen tot in seiner Villa in Ammerland aufgefunden. Er hatte seine Zunge verschluckt.

DREI

Vier Wochen vor dem Abgabetermin des Manuskripts rief Hopf an. »Fahren wir Auto«, sagte er. »Was ich wirklich liebe, sind Autobahnen.« Hopf wollte nur fahrend interviewt werden. Seine Streckenvorgabe: die A9 München–Nürnberg, Nürnberg–München. Er schlug eine Gewaltaktion vor. »Drei Wochen«, sagte er, »Sie holen mich jeden Abend um elf ab, und in drei Wochen ist das Buch fertig, okay?«

»Okay«, sagte ich freundlich.

Es war die Freundlichkeit meines Weiße-Wand-Ichs. Die Freundlichkeit eines Menschen, der vom Nichts durchdrungen war. In diesem Zustand wäre ich mit Hopf auch zum Boxen gegangen. Ich hätte mir das Gesicht von ihm zu Brei schlagen lassen und dabei noch gelächelt.

Eine Stunde vor Mitternacht parkte ich mit dem neuen Mercedes vor seinem Bürogebäude. Um diese Zeit waren nur noch die Spitze der Pyramide und der gläserne Fahrstuhlschacht im Inneren des Gebäudes beleuchtet. Ich hupte wie vereinbart. Ein Mann trat ans Fenster und schaute kurz zu mir herunter. Das musste Hopf sein, denn bald darauf erlosch das Licht in der

Spitze der Pyramide. Der Fahrstuhl setzte sich in Bewegung, beim Abwärtsfahren sah es aus, als schluckte die Kabine Stockwerk für Stockwerk das Licht. Bis die Pyramide nur noch ein dunkler, böser Klotz war. Hopf tauchte ganz plötzlich vor dem Auto auf und stieg hinten rechts ein. Er stieg immer hinten rechts ein, Abend für Abend.

Ich fuhr los. Hopf schloss die Augen und sprach. »Schalten Sie Ihr Band ein.« Im Rückspiegel sah ich, wie er beim Reden die Augen unter den Lidern bewegte, als träume er. Ich bog ein auf die A9, Richtung Nürnberg, eine schöne, dreispurige Autobahn. Ich kann sie jedem empfehlen, der ein Buch schreiben muss. Die Raststättendichte liegt über dem Bundesdurchschnitt von 35 Kilometern. Auf der 178 Kilometer langen Strecke zwischen München und Nürnberg-Flughafen habe ich neun Raststätten gezählt, es gibt hier statistisch gesehen alle 19,7 km eine Raststätte. In drei Wochen würden Hopf und ich auf der Strecke München–Nürnberg und Nürnberg–München rund 7500 Kilometer zurücklegen. 400 Seiten sollte das Buch lang werden. Das sind 7500 Kilometer für 400 Seiten. Pro Seite waren das 18,75 Kilometer. Nach meinen Berechnungen entsprach das in etwa der Entfernung von einer Raststätte zur anderen. Fürholzen West lag schon hinter uns und auch In der Holledau. Das waren schon zwei Seiten. Aber Hopf war noch nicht mal bei seiner Kindheit, er war noch nicht mal geboren, er erzählte von seinen Eltern. Ich fuhr 180 und zu schnell für sein Leben, oder er sprach zu langsam. Ich drosselte das Tempo und wechselte auf die Kriechspur. Augenblicklich sprach Hopf schneller. Sobald ich wieder beschleunigte, wurde er langsamer. Ich war zu ungeduldig. Erst allmählich begriff ich den Zusammenhang zwischen Schreiben, Sprechen und Fahren. Hopfs Erzählgeschwindigkeit pendelte sich bei 80 ein. Mit 80 Kilometern in der Stunde fuhren wir durch sein Leben. 80 ist ein gutes Tempo. Mit 80 bleibt einerseits genug Zeit, um die Dinge anzuschauen, die die Menschen für ein Leben halten – die Penislänge der anderen, die eigene Penislänge, wahlweise die Körbchengröße, der Kontostand, die Immobilien, die Fernreisen –, und andererseits kommt man schnell genug davon wieder weg, bevor die Sache zu stinken anfängt.

Wir näherten uns der Raststätte Köschinger Forst, als der Vater endlich aus der französischen Kriegsgefangenschaft zurückkehrte. Er hatte dort das Backen gelernt, und mit dem Wissen um das Geheimnis eines perfekten Baguettes startete er eine Nachkriegskarriere. In Höhe der Raststätte Greding hatte der Vater sein Backimperium bereits auf ganz Deutschland ausgedehnt. Drei Seiten.

In Nürnberg-Feucht war Hopf beim Unternehmertum in Deutschland angelangt. Vier Seiten. Er beschwor den Unternehmergeist und das Gründungsfieber. Sein Buch solle jungen Menschen Mut machen, sich mit einer

Idee selbstständig zu machen, sich durchzuboxen gegen alle Bedenkenträger und Widerstände. Ich schaute auf den Tacho. Fünf Seiten.

Dieses Land brauche ein neues Klima. Er brachte ein Beispiel. »Wenn sich in Kalifornien ein Nachbar einen größeren Swimming-Pool baut und ein neues Auto vor die Einfahrt stellt, führt das bei den anderen nicht zu neidvollem Verkrampfen, sondern eher zum Gegenteil. Kompliment, dass du's geschafft hast! Vielleicht kann ich von deinem Erfolg etwas lernen.«

Deutschland sei ein krankes Land. Vor uns lag die Raststätte Fränkische Schweiz. Im farbigen Neonlicht sah sie aus wie ein gestrandetes Raumschiff, aus dem Menschen ein Puff gebastelt hatten. Die Preise für einen galaktischen Fick waren auf einer großen Tafel angeschrieben. Super war mit 1,80 der teuerste, Normal kostete 1,62, und die Billignummer nannten sie Diesel. Hopf war immer noch beim Neid. Sechs Seiten. Sieben Seiten, ich war an Nürnberg vorbeigefahren und wendete an der nächsten Ausfahrt.

»Was sich hierzulande an der Einstellung ändern muss: Wir müssen lockerer werden. Neid macht krank. Warum sollte sich ein junger Unternehmer für das Geld schämen, das er verdient hat? Warum sollte er nicht sagen: ›Geld ist sexy‹ – und das für sich als Ansporn nehmen?«

Auf dem Weg von Nürnberg nach München erzählte Hopf mir die Schlüsselerlebnisse seiner Kindheit. 170

Kilometer sind für eine Kindheit lang genug. Nürnberg-Feucht. Er wird in der Schule ausgelacht, er bleibt sitzen. Raststätte Greding. Ein Nachhilfelehrer motiviert den 16-jährigen Versager durch eine ungewöhnliche Lernmethode: fahren und ficken. Der Unterricht findet nur im Auto statt. Sie fahren von Freitag Mittag bis Montag früh quer durch Europa. Jedes Wochenende ist das Ziel eine andere Stadt: Rom, Paris, London, Stockholm, Prag, Budapest. Zur Belohnung führt der Lehrer den jungen Hopf in die besten Bordelle.

Köschinger Forst. Ein Exkurs über die Huren von Stockholm. Gefolgt von einer 25 Kilometer langen anatomischen Beschreibung der Vagina eines Mädchens namens Annika.

Raststätte In der Holledau. Die Noten werden wie durch ein Wunder besser. Raststätte Fürholzen. Nur noch 20 Kilometer nach München. Hopf braucht dringend Geld für die Annikas, die in jeder Stadt Europas auf ihn warten. Er ist jetzt 18 und hat seine erste Geschäftsidee. Er gibt eine Schülerzeitung heraus und kassiert die Anzeigenerlöse. Er organisiert Klassenfahrten in die Städte seiner Lieblingshuren, immer wieder Stockholm, immer wieder Annika. Die Sucht nach ihr treibt ihn zu unternehmerischen Höchstleistungen. Dann der Durchbruch. Er besorgt sich Schrottautos, repariert sie nach der Schule und verkauft sie mit Gewinn. Er hat jetzt genug Geld.

Wir sind am Autobahnende in Nordschwabing, als

der junge Hopf vor dem Schreibtisch des Schuldirektors steht. Er will kein Abitur mehr machen. Er will Verkäufer werden. Autoverkäufer. »Ich kündige«, sagt er zum Schuldirektor.

VIER

Am nächsten Tag nahm ich an einem Motivationskurs teil. »Alles Frischfleisch«, sagte Hopf, als wir den Seminarraum betraten. Zwölf sehr junge, sehr braun gebrannte Marketinggesichter sahen uns an. Ich roch sieben verschiedene Deodorants und konnte fünf Aftershaves eindeutig zuordnen. Zwei Mädchen in der ersten Reihe hatten außerdem ein auffallend süßliches Parfüm aufgelegt, das ich noch nicht kannte. Trotzdem roch es nach Angst.

Hopf stellte mich den Teilnehmern scherzhaft als neuen Musterschüler vor. »Gestern noch ein Loser, aber schauen Sie sich ihn jetzt an, schöner Anzug, neue Schuhe.« Hopf klopfte mir auf die Schulter, ich setzte dazu ein Lächeln irgendwo zwischen Serienkiller und Schwiegersohn auf. »Der Junge sieht nach Erfolg aus.« Hopf machte ein paar Schritte auf eins der Mädchen zu, das in der ersten Reihe saß. »Manuela, was ist für dich Erfolg?« »Vielleicht, ähm, Geld?«, sagte sie undeutlich. Hopf kam jetzt ganz dicht an sie heran. »Vielleicht?«, wiederholte er laut und dehnte dabei angewidert das ei. »Viell-ei-cht, viell-ei-cht. Und für dich Thorsten?« Er wandte sich an ihren Nachbarn. »Geld«, sagte der, »und

Macht.« »Falsch, alles falsch«, Hopf ging jetzt von Bank zu Bank und fragte jeden Einzelnen ab. Keine der Antworten überzeugte ihn.

Auch ich wusste nicht, was Erfolg war. Aber Hopfs Unterrichtsmethode erinnerte mich an den Religionsunterricht in den späten Sechzigern in einem abgelegenen bayerischen Dorf. Der Lehrer, der zugleich der katholische Pfarrer am Ort war, schritt auf die gleiche Weise durch die Reihen meiner Klassenkameraden und stellte sie zur Rede. »Was wollt ihr von Gott?«, fragte er. Er schaute in stumme, ängstliche Kindergesichter. Wir wussten noch nicht mal, was Gott von uns wollte. »Liebe?«, sagte einer mutig und bekam dafür eine Ohrfeige.

Ich wollte nichts von Gott, ich war der einzige Evangelische in unserer Klasse und daher eigentlich vom Religionsunterricht befreit. Nur aus Neugierde nahm ich teil. Die Neugier bezog sich vor allem auf einen bizarren Teil des Unterrichts: die Beichte. Jeder Schüler musste öffentlich seine Sünden gestehen.

Der Pfarrer zog meinen Freund Johann am Ohr hoch. »Was möchtest du beichten, mein Sohn?«

»Ich habe unreine Gedanken.«

»Sehr interessant, er hat unreine Gedanken«, wiederholte der Lehrer.

Ich war stolz auf Johann, er hatte das schwierige Wort »unrein« richtig ausgesprochen, so wie ich es mit ihm geübt hatte.

Gegen Geld erfand ich Sünden für meine Mitschüler, ich dachte mir Texte für den Heiligen Geist aus. Das war mein erster Job. Weil Achtjährige nur zu wenig Sünden fähig sind, aber auf der anderen Seite der Pfarrer es keinem glaubte, wenn er sagte, er habe nicht gesündigt, gingen meine Geschäfte sehr gut. Für »unreine Gedanken« hatte ich von Johann zwei Pfennige verlangt, den Gegenwert einer Brausestange. Jetzt kam der schmerzhafte Teil, der Pfarrer wollte die Details wissen und drehte an Johanns Ohr wie an einer Schraube. »Ich«, stotterte Johann, »habe meiner Schwester beim Baden zugesehen.«

Der Pfarrer ließ das Ohr los und ritzte ihm mit dem Fingernagel ein Kreuz auf die Stirn. »Der Herr möge dir vergeben, bete einen Rosenkranz.«

Als nächsten Kandidaten holte er sich Georg. Er tat dies mit einem demütigenden Griff an die Nase, was Einheimische Nasenhakln nannten. Die Nase Georgs befand sich jetzt zwischen dem abgewinkelten Zeigefinger und dem Mittelfinger des Lehrers. »Und du Schorschi?«

Georg versuchte zu sprechen, aber es kam nur ein Tröten dabei heraus. »Getötet«, sagte er näselnd, »ich habe getötet.« Ich wusste, was er jetzt sagen würde, den Satz hatte ich mir mit fünf Pfennigen bezahlen lassen. »Den Goldfisch hab ich umgebracht«, sagte er. Für den Fall, dass der Pfarrer nach Details fragte, hatte ich Georg noch die komplette Ausführung der Sünde dazu erfunden. Er sollte erzählen, wie er den Fisch in einen Eimer Wasser getan und mit ihm in den Wald gegangen war. Wie er ihn auf einen Ameisenhaufen geworfen und dabei zugesehen habe, wie der Goldfisch hüpfend und zuckend vor seinem Auge getanzt hatte und auf einmal ganz schwarz wurde vor lauter Ameisen, die ihn bei lebendigem Leib auffraßen. Genau so hatte ich es mit einem Goldfisch meines kleinen Bruders gemacht.

Ich hatte auch noch andere Dinge getan. Aber der Pfarrer hat mich nie nach meinen Sünden gefragt. Meine Eltern hatten meinem Bruder einen neuen Goldfisch geschenkt und einen Roboter, den man aufziehen konnte. Es war der rote Blechroboter, den eigentlich ich mir zu meinem siebten Geburtstag gewünscht hatte, mit wunderschönen Zangenhänden und mit einem metallenen Brustkorb, auf dem *Machine Man* stand. Zur Strafe für das Goldfischtöten durfte ich in den Sommerferien nicht mit den Freunden ins Zeltlager gehen. Ich musste mit meinem nervenden dreieinhalbjährigen Bruder spielen, der mich bei jeder Gelegenheit verpetzte. Aus Rache wollte ich ihm Angst machen und überredete ihn zu einer Mutprobe.

Am frühen Nachmittag gingen wir tief in den Wald. Mein Bruder fürchtete sich vor den Wurzeln der alten Bäume, die er für schlafende Schlangen hielt. Er klammerte sich an seinen Roboter. An einer Lichtung blieben wir stehen. »Der Roboter wird auf dich aufpassen«, sagte ich und erklärte ihm die Spielregeln. Wir würden uns beide ein Versteck suchen und dann abwarten. »Du darfst auf keinen Fall rauskommen, egal, was passiert«, sagte ich, »wer aus seinem Versteck kommt, hat verloren.« Mein Bruder nickte, »kommt raus, verloren«, sagte er, drehte sich um und verschwand bald im Dickicht. Ich blieb noch eine Weile stehen und lauschte dem Knacken der Äste nach. Mein Bruder hatte zu singen angefangen. »Es tanzt ein Bi-Ba-Butzemann« war das Letzte, was ich von ihm hörte. Der Gesang riss so plötzlich ab, als hätte ihn jemand verschluckt. Ich schlich zu meinem geheimen Versteck, einer Höhle unter den Wurzeln eines mächtigen Baumes, in der Nähe eines Bachlaufs. Den Eingang hatte ich mit Ästen getarnt. Hier saß ich oft allein mit ein paar Schätzen, die ich vergraben hatte, wertvolle Steine, Muscheln und eine Barbiepuppe ohne Beine. Ich kroch in die Höhle und wartete. Ich war mir sicher, mein Bruder würde bald aufgeben und ängstlich nach mir rufen. Dann würde ich ihn noch eine Weile allein herumirren lassen, mich anschleichen und ihn erschrecken. Doch nichts geschah. Ich wartete eine Stunde, bevor ich aus meinem Versteck herauskam. Ich ging zu der Lichtung zurück und rief nach meinem Bruder. Keine Antwort. »Du kannst jetzt rauskommen«, rief ich wieder. »Du hast gewonnen.« Aber mein Bruder kam nicht heraus. Er blieb verschwunden.

Nur der Roboter tauchte wieder auf. Er lag im Bach, unweit meiner Höhle. Ich habe *Machine Man* bis heute aufbewahrt.

Meine Eltern haben mir gesagt, dass ich nicht schuld am Verschwinden meines kleinen Bruder sei. Es war doch nur ein Spiel. Doch sie gaben mich in ein Internat, das von Nonnen geführt wurde. Ich hatte Angst vor der strengen Oberin, die mich am ersten Tag zwang, mit einer Unterhose zu baden. Ich zog immer wieder den Stöpsel aus der Badwanne und versuchte, aus dem Waschraum zu fliehen. Die Oberin und zwei Schwestern brachten mich zurück in die Wanne. Sie ließen Wasser ein und zogen den Stöpsel heraus. »Siehst du die Augen?« Da waren tatsächlich Augen im Abfluss zu sehen, furchtbare Augen, die sich im Strudel des ablaufenden Wassers zeigten. »Das sind die Geister, die kleine Jungen holen«, sagte die Oberin. Von da an wagte ich es nie wieder, den Stöpsel herauszuziehen.

Am zweiten Tag gelang mir die Flucht aus dem Kloster, ich versteckte mich im Wald in meiner Höhle. Ich wollte hier auf meinen Bruder warten.

Ich weiß, dass mein kleiner Bruder noch immer auf mich wartet.

Als mich die Eltern fanden und mit Gewalt wegschleppten, bekam ich zum ersten Mal Herzrasen. Ich verlor kurz das Bewusstsein, und es dauerte Stunden, bis sich mein Herz wieder beruhigte.

Heute habe ich die Rhythmusstörungen unter Kontrolle. Ein japanischer Zenmeister brachte mir später bei, wie man durch Atmen das Herz für Sekunden stillstehen lassen kann. Danach schlägt es wieder im Takt.

»Das ist die Übung für den Sprung ins Grenzenlose«, sagte er.

Hopf ließ alle Teilnehmer des Motivationsseminars aufstehen. »Was wollt ihr?«, fragte er.

»Verkaufen«, antworteten zwölf Marketingstimmen. Er hielt die Hand an sein rechtes Ohr. »Ich kann euch nicht verstehen.«

»Verkaufen!«, wiederholten sie lauter, »Verkaufen!«

»Ich habe euch vorhin gefragt, was Erfolg ist. Ich glaube, Erfolg ist mehr als die Summe harten und zielgerichteten Arbeitens. Erfolg haben ist ein Instinkt. Es ist für mich wie Blut lecken, wer einmal davon geschmeckt hat, will immer mehr davon.«

Hopf drehte den Kopf zu mir und nickte. Wollte er mir ein Zeichen geben? Für einen Augenblick hatte ich eine Vision. Hopf hatte mich hierher gebracht wie ich damals den Goldfisch zu den Ameisen. Ich war der Goldfisch. Und gleich würde ich auf dem Ameisenhaufen liegen. Nach Luft schnappen. Ich spürte schon die Ameisen an meinen Beinen hochkriechen. Hopf sprach unbeirrt weiter. »Ich kann Erfolg riechen«, sagte er. »Dieser Geruch ist ansteckend. Es ist wie Sex. Je mehr Sie davon haben, desto mehr wollen Sie.«

FÜNF

Ich kann mich nicht mehr an alle Tage auf der A9 erinnern. Nachts verschwimmen die Erinnerungen auf der Autobahn und auch die Gewissheit, was das eigentlich ist, eine Autobahn. Ich war einmal Ureinwohnern auf einer Autobahn begegnet, nachts um zwei auf der tropischen Insel Hainan. Auf einer Autobahn ohne Autos. Auf einer Autobahn, die durch Reisfelder und mitten durch den Regenwald führte. Auf einer Autobahn für Fußgänger. Ich hatte eine Reifenpanne und wartete zusammen mit einem Dolmetscher schon seit Stunden vergeblich auf Hilfe, auf ein anderes Auto, das vorbeikäme in dieser mondlosen Nacht, als plötzlich aus der Dunkelheit Fußgänger auftauchten. Sie trugen Kisten und Stühle, Säcke und Vogelkäfige, es waren Frauen mit ihren Kinder, Männer, Greise, Hunde und Wasserbüffel, die schweigend an uns vorbeimarschierten.

Nachts kamen die Ureinwohner aus den Wäldern und Bergen mit all ihren Habseligkeiten auf die Autobahn, um ihren Göttern ganz nah zu sein. Die Menschen vom Stamm der Li glaubten, dass Autobahnen so etwas sind wie ins Riesenhafte vergrößerte Adern und Nervenbahnen der Götter. Ich arbeitete damals an einem

Buch über die Glücksvorstellungen der Völker und reiste durch die Welt, um die ältesten Menschen darüber zu befragen.

Der Stammesälteste war ein kleiner Mann mit einem traurigen Gesicht. Er war blind und schaute mich mit weißen, stumpfen Augen an. Sein Name war Grünes Blatt. Ich bat den Dolmetscher darum, ihn zu fragen, was Glück für ihn sei. »Das ist nur ein dummer Mensch«, sagte der chinesische Dolmetscher, »es hat keinen Sinn ihn zu fragen.« Der Dolmetscher, der ein paar Worte der Ureinwohnersprache sprechen konnte, weigerte sich zu übersetzen. Ich versuchte es mit der nächsten Frage: »Was ist nach dem Leben?« Der Dolmetscher übersetzte widerwillig. Der alte Mann lachte, als hätte ich einen besonders lustigen Witz erzählt. Er sagte: »Der Mensch stirbt, weißt du das nicht? Und nach drei Tagen verwandelt sich der Tote in ein Insekt.«

Ich weiß nicht mehr genau, ob es am zehnten oder elften Tag war, als Hopf kurz vor der Raststätte In der Holledau auf die S-Klasse zu sprechen kam. Deutschland müsse wieder S-Klasse werden. »Perfektion«, sagte er, »und Mut zur Größe, das sind die Schlüssel. Wir brauchen mehr S-Klasse-Menschen.« Hopf sprach jetzt wie der Autoverkäufer, der er früher einmal gewesen war. »Wer S-Klasse fährt, ist S-Klasse.« Hopf bat mich, einen Knopf auf dem Armaturenbrett zu drücken. Die »Airmatic«. Auf dem Knopf war ein Auto zu erkennen, das auf zwei Wellen surfte. Kaum hatte ich den Knopf gedrückt, erhob sich der Mercedes und schwebte auf Luftkissen über die Autobahn wie einst nur die Göttin, die Déesse, die Citroen DS. Die sanfte Federung glich alle Unebenheiten der Straße aus. »Erfolg ist wie dieser Airmatic-Knopf. Jeder Mensch kann sich erheben«, sagte Hopf. Da waren wir schon 2850 Kilometer in sein Leben hineingefahren. Die Donau ist genauso lang. Aber das ist ein Fluss, kein Mensch. Wir mussten weiter, ungefähr so weit wie von hier nach Peking, ungefähr so weit wie von St. John's auf Neufundland bis nach Victoria in British Columbia, als würden wir auf der längsten Autobahn der Welt, dem Trans-Canada Highway, fahren. Nach Nürnberg und dann wieder zurück nach München und dann wieder nach Nürnberg. 21 Tage und 7500 Kilometer für ein Buch, 7500 Kilometer für ein Leben.

Wir waren schon in Nürnberg, als Hopf mich aufforderte, einen Schalter am Lenkrad zu betätigen. Die »Distronic«. Das sei eine Art Distanzregler, sagte Hopf. Die Distronic umgebe den Mercedes mit einem unsichtbaren Schutzschild. Ein elektronisches Auge messe ständig den Abstand zu einem vorausfahrenden Fahrzeug und passe das Tempo automatisch an das des Vordermanns an. Verlangsamt der das Tempo, bremst auch der Mercedes ab, beschleunigt der andere, tut es der Mercedes auch. Wie nah man andere Autos an sich heranlassen will, lässt sich frei regeln. »Vom Fahren in der S-Klasse habe ich gelernt, auch die Nähe zu anderen Menschen mit einem inneren Distanzregler einzustellen«, sagte Hopf.

Mein alter Jaguar Baujahr 1987 hatte noch keinen Distanzregler, obwohl der Wagen bereits mit einem klobigen Bordcomputer ausgestattet war. Der überdimensionierte Bildschirm und die vielen Tasten und Hebel für die Bedienung erinnerten mich an das Wunderauto aus der TV-Serie »Knightrider« oder das Cockpit des Raumschiffs Enterprise. Ähnlich wie beim Angriff der Klingonen gab der Computer lautstark Alarm. Anscheinend griffen die Klingonen laufend an, denn im Jaguar herrschte Daueralarm. Laut der blinkenden Symbole auf dem Bildschirm funktionierte nichts, die Bremsen nicht, die Lenkung nicht und auch der Motor nicht. Mein Lieblingssymbol war das eines brennenden Autos, dazu erschienen zum Klang einer Feuerwehrsirene auf der Anzeige die Worte »Bitte verlassen Sie jetzt das Fahrzeug«. Ich ignorierte den Alarm und fuhr weiter. Aber bald stellten sich bei mir gewisse Nebenwirkungen ein. Wenn ich mit anderen Menschen zusammen war, löste das bei mir Daueralarm aus. Ich tat dann so, als wäre alles in Ordnung. Ich machte einfach weiter.

In der S-Klasse gab es keinen Fehlalarm. Aber es gab Distronic. Ich stellte sofort meinen inneren Distanzregler auf maximalen Abstand.

Hopf war eingeschlafen. Ich dachte an die Eiserne Jungfrau, als wir an der Raststätte Nürnberg Feucht vorbeifuhren. Ich hatte das Foltergerät einmal als Schüler in einem Museum gesehen. Der hohle Körper der Jungfrau hatte vorn eine Tür, die mit nach innen stehenden Dornen beschlagen war. Ich versuchte, mich an ihr Gesicht zu erinnern. Am letzten Tag, an dem ich mit Hopf nach Nürnberg fuhr, sagte die Eiserne Jungfrau zu mir: »Ich bin Annika aus Stockholm, steig ein, du musst ein Freund von Hopf sein.«

Ich habe vergessen, wie ich wieder nach München gekommen bin. Gegen drei Uhr morgens wachte ich allein im Mercedes auf. Der Wagen parkte in der Tiefgarage. Ich war müde und schlief sofort wieder ein. Im Traum sah ich kurz mein Leben vor mir, ich fuhr noch immer auf der Autobahn von München nach Nürnberg und ich hörte hinter mir ein kleines Kind singen. »Es tanzt ein Bi-Ba-Butze-Mann«, sang das Kind. Ich schaute in den Rückspiegel und entdeckte ein Kind in einem blauen Maßanzug, das im Fond saß. Es hatte die lauernden Echsenaugen von Hopf. Aber das Gesicht meines Bruders. Dann sah ich mich im Rückspiegel. Ich war ein Greis mit langen, weißen Haaren.

Ein Auto kam mir entgegen, und jetzt spielte es keine Rolle mehr, ob ich auf der falschen Seite fuhr oder der andere Wagen. Ich war in meinem Leben immer der Geisterfahrer gewesen, der die anderen für Geisterfahrer gehalten hat. Ich konnte schon den Fahrer erkennen, es war Hopf. Auf dem Rücksitz saß ich neben meinem Bruder. Und ich glaube, er hat mir zugewinkt.

SECHS

Warhol, der Verlagsleiter, rief an. Er wollte wissen, wie es mir geht.

»Ich werde sterben«, sagte ich.

Dann erzählte ich ihm von einer Studie, derzufolge, statistisch gesehen, die Lebenserwartung von Autoren zehn bis fünfzehn Jahre unter dem Durchschnitt läge. Warum? Weil das »Wiederkäuen von Emotionen« genauso viel Kraft koste wie die Tour de France. Mit jedem Buch würden drei Jahre meines Lebens verbrennen.

»Schreib das auf. Köstlich«, sagte er, »köstlich.«

Er wollte mich zum Essen einladen, vermutlich, um mich wie immer dabei zu einem neuen Buch zu überreden. Ich dachte an meinen Magen. Nach der Wiederkäuertheorie sah es für mich nicht gut aus. Ich hatte in den vergangenen Jahren rund zwanzig Bücher gemacht. Das wären sechzig Jahre verbranntes Leben. Wie bei jeder Theorie sah die Praxis anders aus. Wiederkäuen von Emotionen? Nein, es war ein Fressen, ein Schlingen, ein Würgen. Aber Emotionen? Die waren selten dabei.

Schreiben war *All you can eat*. Ich saß an meinem Schreibtisch wie an einem Laufband in einem jener japanischen Restaurants, in denen in Augenhöhe das Essen vorbeifährt. Ich begann mit einem Aperitif, einem Pflaumenwein, den ich mir als Erstes vom Band nahm. Daraus machte ich die ersten Sätze, die ich über ein fremdes Leben schrieb. Nicht zu schwer sollen die Sätze sein, aber auch nicht zu leicht. Pflaumenwein ist genau richtig, er liegt angenehm auf der Zunge und ist nicht zu süßlich. Als Nächstes nahm ich mir ein Stück rohen Lachs. Fleisch ist gut, ein Buch braucht Fleisch, das saftige Fleisch eines Fisches, das pralle Leben, ich schluckte es runter in einem Stück, ich nahm noch ein Stück, und noch eins, Thunfisch, Makrele und Lachs, immer wieder Lachs, kauen ist nicht nötig, das hält nur auf, nur nicht den Rhythmus verlieren, schreib es auf, schreib es einfach auf, schreib schneller, das Leben ist kurz, und auf dem Band steht noch so viel. Hier die Misosuppe, nimm sie, sie ist noch heiß, noch eine California Roll dazu, mit Fliegenfischkaviar, so ein bisschen Extravaganz macht sich gut in jeder Autobiografie.

Hab' keine Angst vor dem Reis, er stopft nicht, runter damit, jedes Leben braucht Reis, er klebt so schön, er macht satt, und Reis ist weiß, damit kann sich jeder identifizieren, das Gewöhnliche, verachte das Gewöhnliche nicht, schreib einfach und warte auf die Gelegenheit, schau auf das Band, schau dir die Gerichte genau an, nimm dir jetzt etwas Großes, deine Geschichte braucht jetzt etwas Großes, die Begegnung mit dem Schicksal, den Wendepunkt, den Anfang vom Anfang oder den Anfang vom Ende, nein, nimm nicht die Hähnchenspieße und lass auch die Finger von den gebratenen Nudeln, greif dir den geräucherten Aal, der ist schwer und schmeckt süß, riech daran, er riecht wie der Tod, schreib es auf, schreib vom Kampf und vom Leiden, warum der Mensch, über den du schreibst, wie der Aal gewesen ist, schreib ruhig vom Aas, aber nicht zu viel, sieh die positive Seite, schreib das ein bisschen netter, der Aal muss doch wachsen, er muss leben wie du und hey, die Toten, die er isst, spüren doch keinen Schmerz. So, und jetzt ist die Zeit gekommen für eine Prise Hoffnung, nimm einen Spritzer Soja und rühr ein wenig grünen Wasabe-Meerrettich dazu. Nicht zu viel, der ist scharf auf der Zunge, tauch ein paar Sushi-Rolls darin ein und runter damit. Nicht atmen dabei, auf keinen Fall atmen, sonst tränen dir die Augen, der Wasabe ist stark, viel zu stark. Jetzt die Muscheln, die sehen so positiv aus, nimm sie, lass sie nicht vorbeifahren und gleich dahinter steht der Sake, eine Schale Sake tut dir jetzt gut, tut dem Buch gut, schreib es auf, schreib von der Hoffnung im Leben, jedes Leben hat Hoffnung verdient, auch wenn dein Magen jetzt brennt, schreib von dem glühenden Ehrgeiz, vom Erfolg, vom Glück, aber mach es dir nicht zu einfach, du hast die Liebe vergessen, kein Happy End ohne Liebe, in jedem Leben muss doch Liebe gewesen sein, der Mensch hatte doch eine Mutter, eine Frau, eine Geliebte, wenigstens einen Hund, und wenn da nichts ist, musst du es erfinden, sei nicht wählerisch, nimm einfach, was auf dem Band steht, was noch übrig ist, die Frühlingsrollen sind perfekt, hol sie dir, mach daraus eine Romanze, nimm auch den Tintenfisch noch dazu und die Garnele, vergiss die Soße nicht, dann kannst du das Ganze besser schlucken.

Du hast es geschafft, du schaffst es immer, wisch dir den Mund ab und trink noch von dem Sake. Aber dann steh auf und geh, denn schon haben sie das Laufband wieder aufgefüllt, der Lachs fährt wieder vorbei, der Thunfisch und die Makrele. Die California Roll und die Misosuppe. Der Aal und der Tintenfisch. Geh zum Ausgang und dreh dich nicht um, auf dem Laufband steht dein Leben, dein nächstes Leben und dein übernächstes Leben, gleich hast du die Tür erreicht.

Aber du drehst dich um und schon sitzt du wieder da, nimmst ein rohes Stück Fleisch und schluckst es runter.

SIEBEN

Neulich habe ich meditiert. Ich bin in einen Wald gefahren. Vom Parkplatz aus ging ich so weit in das Dickicht hinein, bis mich keiner mehr sehen konnte. Ich stellte mich wie ein Baum hin und presste meine Handflächen zusammen, als wollte ich beten. Ich machte die Augen zu und blickte mit geschlossenen Lidern nach unten. Das ist der Trick, um das Denken auszuschalten. Ein chinesischer Großmeister hatte mir die Übung vor Jahren beigebracht. Das Verrückte daran war, dass die Sache mit dem Nichtdenken wirklich funktionierte. Zusammen waren der Meister und ich jeden Abend für zwei Stunden im Wald gestanden, schweigend, mit geschlossenen Augen. Zwei Statuen, die sich leicht im Wind bewegten. Die nichts dachten, die nichts fühlten. Der Meister nannte es Kampfmeditation. Gegen welchen Feind er kämpfte, hat er mir nie verraten, auch nicht dem Dolmetscher, über den wir miteinander kommunizierten. Er sprach überhaupt nur wenig, auch nicht mit den Krebskranken, die aus der ganzen Welt zu ihm kamen und fest daran glaubten, den Tod mit dieser Übung zu besiegen. Der Meister versprach ihnen nichts, er machte nur vor, wie man die Übung richtig macht, das

Reden überließ er anderen, seiner Frau, seinen Assistenten, dem Dolmetscher. In dem Buch *Gott hat nichts damit zu tun*, das ich später für ihn schrieb, ging es um das große Nichts: »Üben Sie das Nichts, und das Nichts wird Sie alles lehren.«

Seitdem mache ich die Kampfmeditation, denn mein Gehirn braucht ab und zu einen Neustart. Gott hat bei der Erschaffung des Menschen den Reset-Knopf vergessen. Ich stand also im Wald und stellte mich auf null. Mein Kopf war schon ganz leicht. Ich meditierte, bis er sich wie ein Luftballon anfühlte, der bis zum Platzen aufgeblasen war.

Es ging mir gut.

Eine sympathische Übung, die ich jedem empfehle. Uns allen bliebe eine Menge erspart, wenn weniger gedacht und gefühlt würde.

ACHT

Auf dem Weg zum Essen mit dem Verlagsleiter fuhr ich an der Werbetafel eines Heimwerkermarkts vorbei. Darauf war in gebückter Haltung eine barfüßige Rothaarige zu sehen. Das Plakat vergrößerte ihren Hintern auf geschätzte zwei Meter. Sie hielt mit beiden Händen eine sprechende Bohrmaschine fest. Der Bohrer, so stand es in der Sprechblase, sagte: »Nimm mich, wie du willst.« Mir gefiel der Slogan. Einer vagen Eingebung folgend, steuerte ich die nächste Filiale an. Um die Mittagszeit sind Heimwerkermärkte angenehm kühl und fast menschenleer. Ich kaufe selten etwas, ich komme wegen der beruhigenden Ordnung der Dinge hierher. Ich nahm mir einen Wagen und schob ihn an den Regalen mit dem Autozubehör, den Regalen mit den Schrauben und Dübeln, den Regalen mit den Farben und Pinseln vorbei. Wie so häufig endete mein kleiner Rundgang in der Bohrmaschinenabteilung. Eine Vorführung hatte gerade begonnen: Wir basteln uns eine Kinderschaukel in Katzen- und Hundeform. Außer einer gelangweilten, magersüchtigen Verkäuferin schaute nur noch ein älterer Mann mit einem blau angelaufenen Gesicht dabei zu, wie ein Mann in Jeans und Jeansjacke Löcher in zwei Bretter bohrte, die die groben Umrisse eines Katzen- und Hundekopfs hatten. Die Löcher sollten offenbar die Augen werden.

Bohrmaschinen üben seit meiner Kindheit eine große Faszination auf mich aus. Mein erstes Loch bohrte ich mit einem Schlagbohrer in den Panzer einer Schildkröte, die ich behutsam in einen Lappen gewickelt und in einen Schraubstock eingespannt hatte. Ich wollte das Tier davor beschützen, auf die Straße zu laufen und überfahren zu werden wie sein Vorgänger. An dem Loch wollte ich später eine Leine befestigen. Obwohl es nur ein kleines Loch war, dauerte es länger als erwartet. Ich musste immer wieder absetzen, weil mir beißender Qualm die Sicht nahm. Als ich den Panzer durchstoßen hatte, war die Schildkröte tot.

Der Jeansträger befestigte mit einem Akkuschrauber die beiden Tierköpfe an der Kinderschaukel. Die dürre Verkäuferin hatte mich erspäht und kam näher.

»Nimm mich, wie du willst«, sagte sie augenzwinkernd und hielt mir das Modell aus der Werbung vor die Nase. »Das ist er, der Bohrhammer XXL Plus mit Schlagstopp und gefühlvoller Gasgebelektronik für präzises Anbohren.«

»Ich suche etwas Kräftigeres«, sagte ich und ließ sie stehen. Gespräche in Bohrmaschinenabteilungen bekommen schnell etwas Anzügliches.

Warhol bestellte wie immer Stierhoden in Zwiebelsuppe und zwei Weißbier. Ich bestellte Leberkäse, denn ich war zu meiner alten Diät zurückgekehrt. Ich schrieb gerade an dem Schlusskapitel von Hopfs Buch. Der Verlagsleiter begann das Gespräch mit einer weiteren uninspirierten Nacherzählung der unvermeidlichen Hodenquetschgeschichte, in der ein Freund von ihm versehentlich in einem Operationssaal aufwacht. In der heutigen Version sieht der verdutzte Freund, wie sich eine Ärztin über ihn beugt: Sie will ihm seinen Penis abschneiden. Vor Schreck verkrampft er sich und quetscht sich die Hoden.

»Du siehst gut aus«, sagte Warhol und fischte ein Stück Hoden aus der Suppe.

Ich schwieg und bestrich den Leberkäse mit süßem Senf.

»Alpeneier«, sagte er, »in der Schweiz heißen die Stierhoden tatsächlich ›Alpeneier‹ und manchmal auch ›Glocken der Heimat‹. Wie läuft's mit dem Buch? Bald ist Vertretertagung.«

»Hopf versteht eine Menge von Vaginas, das wird die Buchvertreter sicher interessieren.«

»Köstlich«, sagte Warhol, »darauf trinken wir einen.« Er tupfte sich mit der Serviette den Mund. »Wenn du länger brauchst und das Buch später abgeben willst, sag es mir einfach. Ich gebe dir vier Wochen mehr Zeit, okay? Ach was, sechs Wochen.«

Ich ahnte schon, was diese Großzügigkeit bedeutete.

»Du könntest mir einen Gefallen tun«, sagte er und

setzte eine Leidensmiene auf. Die Leidensmiene gehörte zu dem Spiel, an dessen Ende er mir jedes Mal einen Job aufschwatzte, wobei es ihm gelang, diese Arbeit als reinen Freundschaftsdienst für mich aussehen zu lassen.

»Erinnerst du dich an Erik Glenewinkel?«, fragte er mich.

»War das nicht der Autor von *Der Tod ist nicht der Tod; Das Leben ist nicht das Leben* und *Jenseits des Jenseits*?« Ich erinnerte mich: Mit Büchern über Reinkarnation hatte Glenewinkel in den siebziger Jahren eine Millionenauflage erreicht. Seine Spezialität war die Rückführungstherapie. Er hatte durch Hypnose viele Menschen in ein angebliches früheres Leben zurückgeführt.

»Ich dachte, der wäre längst tot oder in einer Irrenanstalt«, sagte ich.

Warhol schüttelte den Kopf. »Erik Glenewinkel war jahrelang verschollen. Eines Tages hat er sich selbst in ein früheres Leben zurückgeführt und blieb einfach dort. Er ist jetzt eine Art Heiliger und nennt sich Guigo I.«

»Und ich soll mich mit Guigo I. treffen?«

»Nein, mit Erik Glenewinkel, er ist wieder da und versteht sich jetzt als Diener seiner Heiligkeit.«

»Was soll der Unsinn?«, sagte ich.

Der Verlagsleiter bestellte zwei neue Weißbiere.

»Sag nicht gleich Nein. Das Einzige, worum ich dich bitte, ist ein Treffen mit Glenewinkel. Es geht gar nicht so sehr um ein Buch, es ist mehr eine Idee, ein völlig neues Projekt. Glenewinkel ist bereit, eine bedeutende Summe Geld allein für die Recherche auszugeben. Ich will nicht, dass er damit zu einem anderen Verlag geht.«

Ich dachte an die Bohrmaschine, die ich nicht gekauft hatte. Irgendwann würde ich sie mir kaufen und damit Schrauben in Warhols Kopf drehen.

»Nur ein Gespräch, ich bitte dich.«

Ich wollte aufstehen und verschwinden, brachte es aber nicht fertig. »Okay«, sagte ich und machte ein passendes Gesicht dazu.

»Danke«, sagte Warhol. Den Rest seines Weißbiers trank er mit einem Schluck aus. Dann studierte er die Speisekarte und bestellte Kaiserschmarren. Auf einmal wurde er ganz zutraulich und legte seine Hand auf meinen Arm. »Weißt du eigentlich, dass ich dich sehr schätze?«

Ich reagierte nicht. Eine bedeutungsschwangere Pause verstrich. Für einen Moment fürchtete ich, Warhol würde gleich in Tränen ausbrechen. Aber er fing sich wieder. Mir sind solche Gefühlsausbrüche peinlich. Das letzte Mal, als jemand etwas Ähnliches zu mir sagte, ein Programmchef beim Fernsehen, fand man ihn am nächsten Tag im Wald in seinem Auto, erstickt und mit aufgeschnittenen Pulsadern. Ich habe gelernt, dass solche Sätze nicht an mich persönlich gerichtet sind, sondern nur eine Übersprungshaltung darstellen, so etwas wie einen Schluckauf der Seele, wenn die Einsamkeit versehentlich hochschwappt. Warhol erzählte von einem langen Urlaub, den er bald machen wolle. Er hatte sich vor Jahren ein Haus auf Mallorca gekauft. »Hast du nicht Lust, mich zu besuchen?«

Jedes Jahr lädt er mich dorthin ein und schwärmt von seinem einsamen Haus, das oben auf einem Berg steht. Im Sommer wird die Wasserversorgung zum Problem. Es gibt bei Hitze und Dürre zu wenig für die Felder, die Tiere und die Menschen. Auch heute muss ich mir wieder von ihm die alte Geschichte anhören, wie er morgens unter der Dusche stand und plötzlich das Wasser weg war. Die Bauern der Umgebung hatten die lange Leitung gekappt, die vom Fluss durch den Wald zu seinem Haus führt. Und jetzt standen sie mit Mistgabeln bewaffnet vor seiner Haustür, wild entschlossen, sein mallorquinisches Steinhaus zu stürmen und zu schleifen. Warum erzählte er mir immer wieder diese Geschichte?

Heute Nacht würde ich wieder träumen von diesem Haus auf dem Berg ohne Wasser, ich wachte morgens mit trockener Kehle auf und malte mir aus, wie das ist, wenn man ganz langsam verdurstet, in einem alten Haus, auf dem Berg, ohne Wasser.

NEUN

Nach dem Töten mussten die Käfer rasch genadelt werden, solange sie noch frisch waren. Wenn ich zu lange wartete, waren sie schon ausgetrocknet, und beim Aufspießen brachen schnell Körperteile ab. Als Kind benutzte ich ausschließlich Karlsbader Insektennadeln, Größe 3, aus schwarzem Stahl mit goldfarbenem Messingkopf. Ich hielt die Käfer mit einer Pinzette fest und stach senkrecht durch das vordere Drittel des Panzers. Die Schachteln, in denen ich die Käfer damals sammelte, habe ich heute noch. Ich bewahre darin meine Kassetten auf.

Im Gymnasium in der Stadt hatte ich meine Liebe zu Insekten entdeckt. Es begann mit Kakerlaken. Ich betreute die Kakerlakenzucht, die zu den schuleigenen Terrarien gehörte. Diese Schaben waren Futter für die Frösche, Salamander und Geckos. Manche Tiere wie das Chamäleon oder die Gottesanbeterin wurden von mir mit der Pinzette gefüttert. Die großen, rötlich-braunen amerikanischen Schaben und die etwas blasseren und kleineren deutschen Schaben waren in zwei voneinander getrennten Brutkästen untergebracht. Mein Vorgänger, der Sohn eines Gastwirts, hatte sie verwöhnt mit

Schweinebraten, Kartoffelknödeln, Ente und gerösteter Hühnerleber. Ich entschloss mich zu einem Experiment und fütterte die deutsche Kolonie ausschließlich mit Kaugummis und die amerikanische Kolonie mit Medikamenten aus dem Medizinschrank, deren Verfallsdatum abgelaufen war, hauptsächlich mit Aspirintabletten, mit Wundsalbe und einem Abführmittel. Die Diät irritierte nur die Tiere der ersten Generation. Die deutschen Kakerlaken wurden aggressiv und fraßen sich gegenseitig auf, während die amerikanischen sexsüchtig wurden. Ich stand vor dem Glas und beobachtete das seltsame Paarungsverhalten, bei dem sich das Männchen dem Weibchen rückwärtsgehend und mit angehobenen Flügeln näherte. Schon die zweite Generation der Kakerlaken zeigte keine Auffälligkeiten mehr, im Gegenteil, sie schienen die Diät aus Kaugummi und Medikamenten sogar zu genießen. Sie harrten oft stundenlang bewegungslos unter der Wärmelampe des Terrariums aus, als meditierten sie. Sie sahen zufrieden aus. Sie kannten nichts anderes als Kaugummi und Aspirin, als Wundsalbe und Abführmittel. Sie litten nicht unter dem Mangel, sie liebten den Mangel.

Ich entwickelte daraus in einem Deutschaufsatz in der sechsten Klasse die These, dass es auch für den Menschen gut sei, mehr einseitige Kost zu sich zu nehmen. Das gelte im Besonderen für seine spirituelle Nahrung, »wir brauchen mehr geistige Abführmittel und intellektuelles Kaugummi«, schrieb ich. Die kommenden Generationen hätten dann die Chance, den Mangel zu lieben.

Später waren es Regenwürmer, die durch einen Zufall mein Interesse weckten. Der Biologielehrer verteilte in der Klasse Strafpunkte. Einen Punkt für Schwätzen, zwei Punkte für vergessene Hausaufgaben, drei Punkte für Spicken. Doch ein Schüler konnte sich freikaufen, wenn er genügend Regenwürmer besorgte. Ein Punkt entsprach 50 Regenwürmern. Die Würmer wurden dringend als Futter für die Terrarien gebraucht. Und ich war der Junge, der die Würmer für alle besorgte, denn ich wohnte auf dem Land, und meine Eltern hatten einen Garten. Nach der Schule grub ich den Komposthaufen um und füllte heimlich die leeren Marmeladengläser meiner Mutter mit genau abgezählten Würmern. Pro Wurm verlangte ich einen Pfennig. Bald kam ich auf die Idee, aus einem Wurm zwei zu machen und ging nie ohne Schere oder Messer in den Garten.

Regenwürmer haben einen interessanten Kopf, es ist ein Kopflappen ohne Augen, der direkt über der Mundöffnung hängt, der Mund ist nichts anderes als der direkte Eingang zum Darm. Regenwürmer sind eine brillante Reduzierung dessen, was Leben ist: Verdauung. Sie sind nichts anderes als Gedärme. Lebende Gedärme, die zu Wesen geworden sind. Manchmal glaube ich, es wäre am besten, wenn der Mensch auch nur einen Kopflappen hätte statt eines Schädels und der Mund ginge nahtlos in den Darm über. So vieles wäre einfacher, wenn der Mensch nicht denken, sondern nur verdauen müsste.

Ich habe manchmal Kunden, die wie Regenwürmer behandelt werden wollen. Ich soll sie zerschneiden. Zuerst wollen sie eine Autobiografie über ihr Leben und schon zwei Jahre später bitten sie mich, noch eine Autobiografie über das gleiche Leben zu schreiben. Also schreibe ich »Mein Leben 1« und dann »Mein Leben 2«. Manche möchten auch einen Vierteiler: Zuerst »Mein Leben«, dann »Mein ganzes Leben«, gefolgt von »Mein ganzes Leben nach meinem ganzen Leben« und natürlich »Mein ganzes Leben nach meinem ganzen Leben nach meinem ganzen Leben«, Fortsetzung folgt. Menschen kann man, gemäß einer alten Foltermethode, aber nur vierteilen. Regenwürmer haben da dem Menschen vieles voraus. Ausgewachsene Exemplare kommen auf 160 Glieder, die man scheibchenweise abschneiden kann. Der Regenwurm verfügt als eines der wenigen Lebewesen über die Fähigkeit zur schadlosen Selbstverstümmelung. Wenn ihn ein Feind packt und schlucken will, dann amputiert sich der Wurm einfach selbst und schnürt sich freiwillig eine Reihe von Gliedern ab. Der Feind kann ruhig einen Teil auffressen. So eine Regenwurmidentität wächst immer wieder nach.

ZEHN

»Es gibt ein Leben bis zum Tod«, stand auf einem Wegweiser zur Auffahrt des weitläufigen Anwesens von Erik Glenewinkel am Chiemsee. Der Spruch war auf einen Grabstein in Granit gemeißelt. Es war die Variation des Titels seines ersten Bestsellers *Es gibt ein Leben vor dem Leben.* Der Hausherr schien ein Witzbold zu sein.

Er sah auch wie ein Witzbold aus. Der alte Mann trug die weiße Kutte der Kartäusermönche, auf seiner Schulter turnte eine blaue Katze. Sein winziger Kopf verschwand in einer übergroßen Kapuze. Er stand neben einem jüngeren Mann am Rande einer Pferdekoppel und tätschelte den Hals eines Schimmels. Sein Gesicht erinnerte mich an den Schauspieler Belmondo, allerdings nach einer Schrumpfkopfbehandlung. Dabei waren offenbar auch die Stimmbänder entfernt worden. Glenewinkel sprach nicht, zumindest nicht mit mir. Der junge Mann an seiner Seite fungierte als sein Sprecher.

»Er ist Ihnen dankbar, dass Sie kommen konnten«, sagte der Sprecher.

Glenewinkel ergriff meine Hände, als wollte er mich segnen.

»Sagen Sie ihm, dass es mich freut«, sagte ich.

»Oh, er kann Sie durchaus hören. Er darf nur nicht sprechen. Es ist wegen des Gelübdes. Vor Jahren hat Glenewinkel während einer Rückführung, wir sagen Reise dazu, seine Mönchsidentität entdeckt. Er ist die Widergeburt von Guigo I., dem fünften Prior der Grande Chartreuse. Der Kartäusermönch führte im Jahr 1120 das Gebot des ewigen Schweigens ein.«

»Schöne Pferde«, sagte ich, um überhaupt etwas zu sagen, ich wünschte, ich hätte das Schweigegelübde erfunden. Ich verfluchte Warhol, der mich dazu gebracht hatte, diesen Spinner zu treffen.

»Es sind Andalusier. Spanische Kartäuser waren begabte Pferdezüchter. Guigo glaubt, dass es Mönche aus seinem Kloster waren, die das Know-how nach Spanien brachten.« Ich beobachtete Glenewinkel alias Guigo I., der regungslos dastand und mir gütig zulächelte.

»Ich verstehe wirklich nichts von Pferdezucht«, sagte ich. »Wenn Sie mit mir über ein Buch über Rassepferde sprechen wollen, muss ich leider passen.«

»Pferde sind ein Zeichen«, sagte der Sprecher.

»Ein Zeichen wofür?«

»Nehmen wir Ihren Schlips«, sagte der Sprecher.

Auf einmal kam Bewegung in den alten Kartäusermönch. Guigo machte einen Satz und packte mich an der Krawatte.

»Wissen Sie, was das Tragen einer Krawatte ursprünglich einmal bedeutete?«, fragte sein Sprecher.

Ich bekam keine Luft mehr und schüttelte den Kopf.

»Ein kroatisches Reiterregiment von Söldnern im Dienste des französischen Königs Ludwig XIII. machte geknotete Halstücher, die ›cravate‹ populär. Krawattenträger waren Krieger. Die Krawatte war der Todesbringer. Verstehen Sie das?«

Ich nickte vorsichtshalber heftig, so als hätte ich ihn verstanden. Guigo ließ mich los. Sein Atem roch nach Katzenstreu.

»Auch die Terrakottakrieger im Grabmal des chinesischen Kaisers trugen verknotete Tücher als Todesboten am Hals. Und heute? Heute strahlt das Zeichen, das Sie um den Hals tragen, eine ganz andere Botschaft aus. Es steht für Macht, Erfolg, Geld.«

Der Sprecher nahm die Katze von Glenewinkels Schulter und streichelte ihr Fell. »Die Kartäuser züchteten blaue Katzen und weiße Andalusier als Zeichen für die Unsterblichkeit. Haben Sie mal in die Augen einer Kartäuserkatze geblickt?«

Ich schaute in die orangefarbenen Augen der Katze. Es waren ganz normale kalte Katzenaugen. Gott konnte ich nicht darin entdecken.

»Guigo möchte, dass Sie für ihn die ›unendliche Autobiografie‹ konzipieren. Über alle Leben, die er gelebt hat und die er noch leben wird. Zunächst einmal wird es um die Wahl des richtigen, des ewigen Papiers gehen. Oder einer anderen Form der Gedankenkonservierung. Seine Botschaft soll ja noch in vielen tausend Jahren verstanden werden.«

Ich wollte nichts von einer Botschaft hören, die nach Katzenstreu roch, ich wollte weg. Der Sprecher rückte meinen Schlips gerade.

»Das Problem mit Botschaften ist, dass sie, wie Sie bei der Krawatte gesehen haben, schon nach kurzer Zeit nicht mehr oder ganz anders verstanden werden. Stonehenge, die Pyramiden von Gizeh, wir wissen heute nicht mehr, was die Bauwerke einmal bedeuteten. Zeichentheoretiker, die sich mit dem Problem der Übermittlung von Botschaften über längere Zeiträume beschäftigt haben, glauben sogar, dass es ganz unmöglich ist, ein Zeichen oder eine Sprache zu entwickeln, die von späteren Generationen noch verstanden wird. Unser heutiger Wortschatz ist vermutlich schon in weniger als 20 Generationen vollkommen verschwunden. Eine ewige, eine unendliche Autobiografie muss also einen anderen Weg gehen. Der Schlüssel für das Problem ist Religion. Nur der mündlich überlieferte Glaube kann eine Botschaft weitertragen.«

Der Sprecher machte eine vielsagende Pause und kramte aus seinem Jackett einen alten »Atom-Kraft-Nein-Danke«-Sticker hervor. Er drückte ihn mir in die Hand.

»Es gibt die Studie eines europäischen Semiotikers, der im Auftrag der Regierung über die Möglichkeit nachgedacht hat, auch noch in vielen Jahrtausend Jahren vor der radioaktiven Strahlung von atomaren Endlagern zu warnen. Sein Fazit: Schon in wenigen hundert Jahren wird niemand mehr die Radio-Aktiv-Schilder oder Anti-Atomkraft-Buttons verstehen können. Dauerhaft vor der »teuflischen Strahlung« warnen könnte nur eine Atompriesterschaft von Nuklearmönchen, die ihr Kloster in der Nähe der Lagerstätten hätten.«

»Sie brauchen keinen Ghostwriter, Sie brauchen einen Priester«, sagte ich. »Außerdem bin ich evangelisch, ich verstehe nichts von Ihrer Religion.«

»Guigo möchte doch nur, dass Sie seine neue Religion dokumentieren. Eine Pferdereligion. Wissen Sie, was die ältesten Botschaften sind, die uns Menschen hinterlassen haben?«

»Ich habe keine Ahnung.«

»Pferde. Es sind die Pferdeporträts in der Grotte von Chauvet in Frankreich. Sie sind über 30000 Jahre alt. Aber warum malten unsere Vorfahren diese Tiere? Pferde, die aussehen wie die von den Kartäusermönchen gezüchteten Andalusier. Wollten Sie uns vor etwas warnen? Wollten Sie uns Mut machen? Wissen Sie, was Pferde bedeuten?«

Was Pferde bedeuten? Ich werde es nie erfahren, denn ich stieg in mein Auto und fuhr, so schnell ich konnte, zurück nach München.

DRITTER TEIL

Der Buddha sagt: »Wer in der Ewigen Hölle schmort, stirbt niemals. Das Ewige Sein ist die höchste Strafe in der Hölle.«

EINS

Im Inneren des Menschen wohnt die Wahrheit, hat Augustinus gesagt. Das, was wir »Ich« nennen, sei in Wirklichkeit nur eine Marionette, gesteuert von einem *magister interior*, einem inneren Lehrmeister, einem kleinen Männchen, das irgendwo in unserem Inneren in einer Kabine sitzt und unsere Seele mit einem Schaltknüppel lenkt. Mir gefiel dieser Gedanke, dass jeder Gedanke, den ich dachte, während ich ihn dachte, von dem kleinen Männchen gedacht wurde. Das Männchen dachte offenbar den ganzen Tag über die Wahrheit nach. Aber offenbar bestand die Wahrheit nur aus einer Menge Unsinn und einer Hand voll billigen Witzen über den Sinn des Lebens, den auch ich mitdenken musste. Ich muss deshalb immer lachen, wenn Menschen von der Wahrheit sprechen. Wenn sie gebetet haben oder meditiert und dann davon faseln, sich selbst begegnet zu sein. Vermutlich hat ihnen nur der kleine Mann einen Streich gespielt. Nur er weiß, was in unserem Innersten ist. Vermutlich ist da nur etwas feuchtes Glitschiges. Als Kind habe ich mal meinen Arm bis zur Schulter in einen Baumstumpf gesteckt. Ich glaubte, nach einem Schatz zu tasten. Doch dann berührte ich etwas, das sich nach Qualle, Sperma oder Gehirn anfühlte.

Atmen Sie tief ein, atmen Sie langsam wieder aus. Was fühlen Sie in Ihrem Inneren? Spüren Sie den kleinen Mann? Bei mir fühlt sich der gerade an wie ein geladener Revolver.

Mein *magister interior* dachte in diesem Moment über die verschiedenen Formen von Brüsten nach, nur weil er eine Frau mit einem eine Nummer zu großen ärmellosen T-Shirt gesehen hatte, dessen Ausschnitt immer wieder einen kurzen Moment lang den Blick auf ihre weißen Brüste freigab. Er stellte Berechnungen von Kurven an und kam zu dem Ergebnis, dass der leicht sichelförmige Bogen, den die Brüste nach oben beschrieben und nicht etwa die steil aufragenden kirschroten Brustwarzen der Grund für die unerwartete Erregung waren, die ich zu spüren begann.

Die Brüste gehörten einer Japanerin. Die Japanerin war wie ich Gast auf Hopfs Sommerfest. Ein Sommerfest mit der Stimmung eines Begräbnisses. Es war nur nicht klar, wer beerdigt werden sollte. Aber es wurde getrunken und getanzt. Ich hatte den ganzen Abend mit verschiedenen Abteilungsleitern diskutiert. Alles junge Menschen, prima Schwiegersöhne mit behaarten Armen und echten Rolex-Uhren, aber mit den Gesichtern von Greisen und seltsamen stahlblauen Augen. Ich glaube, die meisten von ihnen trugen gefärbte Kontaktlinsen. Ich habe vergessen, über was wir geredet haben, ich weiß nur noch, dass ich eine Rotweinflasche in der Hand hielt, die ich leer getrunken hatte. Wir standen unbeholfen auf dem Parkplatz vor der Pyramide, der für den Abend als Oase aus Tausendundeinernacht dekoriert worden war, mit künstlichen Palmen, aufgespannten Sonnensegeln und idiotischen Lichteffekten. Ich versuchte mit einem Marketingmenschen am Rand der Tanzfläche eine Konversation über Damenslips. Ich behauptete, dass statistisch gesehen, auf Bürofesten die meisten der weiblichen Angestellten keinen Slip trügen. Wie zur Demonstration meiner These gingen zwei Praktikantinnen vorbei, mit nichts als Wind unter dem dünnen Seidenkleidchen. Aber ich hätte genauso gut mit Grabplatten reden können. »Ja, eine Bepflanzung mit Thujen ist sehr dankbar«, sagte das eine, als Abteilungsleiter getarnte Grab, und das andere meinte: »Ich finde ewige Lichter geben jedem Grab eine besondere Note.« Mehr hörte ich nicht, denn augenblicklich erhob sich ein lautes Getrommel, und fünf als grüne Papageien verkleidete brasilianische Sambatänzerinnen stürmten das Sommerfest. Wie jede andere Bürofeier auch, auf der ich gewesen war, folgte auch diese einer geheimen Dramaturgie des garantiert falschen Timings.

Ich hatte die Japanerin erst entdeckt, als ich mich schon verdrücken wollte. Sie stand unter einer künstlichen Palme am Grillbüfett, neben Hopf, der ihr etwas ins Ohr brüllte. Japanerinnen sind normalerweise nicht mein Fall, zu kurze Beine, keine Hüften, zu kleiner Mund. Aber diese hier war anders. Sie hatte einen Mund und Beine. Und diese weißen Brüste. Irgendetwas an ihr kam mir vertraut vor. Sie hatte Ähnlichkeit mit einer jener Schauspielerinnen, die ich während meiner Zeit als TV-Pornoexperte »The weiße Brust« genannt habe. Aber ich war zu betrunken und müde, um zu unterscheiden, ob das nur wieder eines dieser verdammten Déjà-vus war. Hopf machte uns bekannt, soweit der Samba es zuließ.

»Mein Biograf«, brüllte er. – »Miko.«

»Hallo«, sagte sie und zog ihre kleine Nase spöttisch nach oben. Sie hatte ein sanftes Gesicht mit einem eigenartig schielenden linken Auge. Ich erkannte es sofort wieder. Ich hatte dieses Auge schon viele Male gesehen. In Großaufnahme. Es war das Auge, das hunderte Penisse gesehen hatte, es war das Auge, das hunderte Male befleckt worden war in Hunderten von surrealen japanischen Pornofilmen. Surreal auch, weil diese Pornos keine Penetration zeigten, das hatte die Zensur verboten. Deshalb hatte ein genialer Regisseur etwas erfunden, das sich »Bukkake« nannte. Bukkake bedeutet auf Japanisch ursprünglich so viel wie »wässern«, ein Begriff aus der Küche, den man benutzt, wenn Nudeln ins Wasser gegeben werden. In den Bukkakefilmen wurde daraus ein ganz einfacher Plot: Eine Gruppe von onanierenden Männern steht vor einer liegenden Frau, und sie ejakulieren auf ihr Gesicht. Es lag eine gewisse Poesie in der stumpfsinnigen Reduzierung dessen, was Menschen

Liebe nennen. Von Film zu Film variierten nur die Anzahl der Männer und die Schauplätze, mal waren es zehn, dann reichte ein Schlafzimmer, mal waren es Hunderte, die nach und nach ihre Penisse in Mikos Gesicht hielten, dann spielte die Szene in einer Turnhalle. Manchmal verschwand ihr Gesicht unter einer silbrig schimmernden Masse, nur das eine Auge schaute noch heraus. Es hatte nicht ein einziges Mal gezuckt, und einfach dabei zugesehen, mit einem Blick wie ihn sonst nur unschuldige Kinder haben. Schielende Frauen machen mich seitdem komplett irre.

»Er spricht offenbar nicht«, sagte sie. Ich musste sie angestarrt haben wie einen Geist. Was sollte ich sagen? »Ich bin ein intimer Kenner Ihres Werks?« Oder: »Die Szene, wo Sie, ohne abzusetzen, ein großes Glas Sperma trinken, hat mich tief beeindruckt?«

»Sie erinnern mich an jemanden«, sagte ich.

»Jemand, den Sie gemocht haben?«

»Ja«, sagte ich. Das war alles, was ich mit Worten ausdrücken konnte. Mein innerer Lehrmeister betrachtete ihre weißen Brüste aus der Nähe.

»Miko ist Schauspielerin«, sagte Hopf, »im Kinderprogramm.«

Die Sambatänzerinnen und die Trommler umringten Hopf und zogen ihn am Schlips auf die Tanzfläche.

»Verschwinden wir hier«, sagte Miko. Sie trug ein Hundehalsband mit metallenen Dornen wie in den Filmen, die ich kannte.

Ich war zu betrunken, um mit ihr zu schlafen. Wir waren in ihr Hotel gefahren, und mein innerer Lehrmeister hatte ihre Brüste berührt. Die Japanerin hatte mich dabei mit ihrem schielenden Auge angesehen und onaniert. Ihr Stöhnen war ein entsetzliches Lachen. Wenn mein Leben ein japanischer Pornofilm wäre, wäre dieses hysterische Ha-Ha-Ha der perfekte Soundtrack dazu gewesen.

ZWEI

Am Nachmittag besuchte ich mit Hopf die Vertretertagung des Kain & Abel Verlags in den Seminarräumen des Kempinski Hotels am Münchner Flughafen. Vertretertagungen von Verlagen unterscheiden sich genauso wenig von Staubsaugervertretertagungen, wie sich Staubsaugervertreter von Buchvertretern unterscheiden. Bevor ich anfing, Bücher zu schreiben, hatte ich die Ähnlichkeit noch nicht bemerkt. Aber als ich dann das erste Mal ein Buch auf einer Vertretertagung vorstellte, kam ich mir wirklich vor wie jemand, der die Saugkraft des neuesten Modells vom Typ Vampyr demonstrierte. Als würde ich aus einem mit 100 Gramm Staub und Asche präparierten Teppich alles heraussaugen und anschließend den Vertretern triumphierend den Staubsaugerbeutel zum Nachwiegen reichen.

»Zu leicht«, sagten sie, »die Saugkraft ist noch nicht richtig eingestellt.« Oder: »Das Modell ist viel zu unhandlich. Hausfrauen bevorzugen kleinere Geräte.« Also musste ich an der Saugkraft meiner Sätze etwas verändern, und das Buch wurde kleiner und griffiger. Ich habe kein Problem damit, wenn Bücher in Zukunft noch griffiger werden. Es hat keinen Sinn, das zu bedauern oder sich etwas vorzumachen. Eine reine Feststellung: In Wahrheit leben wir längst in einer Welt, in der die Griffigkeit alles andere dominiert. Alles ist handlicher geworden, ob das nun Silikonbrüste, Fernsehshows, Zeitschriften, Musik oder Filme sind. Was ich einzig vermisse, ist der Mangel an Mut, diesen Wahnsinn durch Wahnsinn erst zur Kunst zu machen. So wie der Filmproduzent Samuel Z. Arkoff, der Pionier des modernen Marketings, der Meister der Griffigkeit es getan hat. Bevor er einen Film drehte, ließ er wüste Plakate malen mit rattenfängerischen Titeln wie *I was a teenage werewolf*, »Der Mann mit dem Röntgenblick« oder »Das Biest mit den 1000 Augen«. Damit betrieb er dann Feldforschung bei dem jungen Publikum der Drive-Ins, der Autokinos Amerikas, wo die Leinwände fast so breit waren wie der Horizont. Erst wenn ein Titel gefiel, ließ er schnell übers Wochenende ein Drehbuch schreiben und drehte anschließend in wenigen Tagen einen Film, oft mit geborgtem Geld und oft in geliehenen Kulissen. Eigentlich waren es nur Billig-Filme für knutschende Teenager, so amerikanisch wie Fast Food, Popcorn und Coca Cola, die in den Autokinos wie die Filme in Massen konsumiert wurden. Trotzdem waren darunter bizarre Meisterwerke wie mein Lieblingsfilm »Ich war ein minderjähriger Werwolf«. »Für mich sind Filme Waren, die man unter die Leute bringen muss wie Autoreifen«, verriet mir Arkoff einmal in einem Interview. »Bei mir bekamen die Zuschauer immer genau das, was die Titel versprachen: *Blood, Breasts and Beasts.*« Als dann das Museum of Modern Art später einige der Filme in ihre Sammlung aufnahm, verstand Arkoff nicht, was so besonders an den Filmen sein soll. »Warum seid ihr überrascht?«, fragte ihn der Museumsleiter, »wenn Andy Warhol Kunst aus Suppendosen machen kann, warum können eure Filme dann nicht auch Pop-Art sein?« Ein Kritiker schrieb damals in den sechziger Jahren, als Autokinos noch eine große Sache waren: »Warum hat Gott die Drive-Ins erschaffen? Antwort: Als Schule fürs Leben. Um uns in Überlebensgröße zu zeigen, worum es auf dieser Welt geht: um *Blood, Breasts and Beasts.*«

Ich musste während der Vertretertagung daran denken. Die Buchvertreter sind für die Verlage so etwas wie die knutschenden Teenager in den Autokinos. Eine Art Testpublikum für die Bücher der nächsten Saison, von denen, wie einst bei Samuel Z. Arkoff, meist nur ein mehr oder weniger reißerischer Titel bekannt ist und der Entwurf eines vagen Buchumschlags, der mit einem Overheadprojektor an die Wand geworfen wird. Doch leider hatte die Lektorin des Kain & Abel Verlags, die an diesem Nachmittag den Vertretern die neuen Bücher vorstellte, weder Brüste vorzuweisen, noch konnte ihr blutloser Vortrag irgendwelche Monster herbeirufen. Sie klammerte sich an ein Mikrofon und sprach von einem Buch, das den hilflosen Titel *Kochen mit Katzen* trug und von einem sehr prominenten Fernsehkoch geschrieben worden war. Mein Gott, was hätte ein Samuel Z. Arkoff daraus gemacht. Er hätte mindestens dem Koch während des Vortrags ein Auge ausgestochen und dann mit 500 schwarzen Katzen ein Katzenrennen organisiert, so wie er das einmal getan hat, um Aufmerksamkeit für seine Verfilmung der Geschichte *Die schwarze Katze* von Edgar Allan Poe zu erregen.

Hopf und ich saßen etwas abseits hinter den etwa hundert geladenen Vertretern und bereiteten uns auf unseren Auftritt vor. Ich hatte für Hopf eine kleine Rede geschrieben. Aber Hopf wollte mehr, er wollte die meist männlichen Vertreter auch emotional überzeugen, oder wie er das ausdrückte: »Ich will sie an den Eiern haben.« Für die Eier war Miko zuständig, die eine Lolita spielte. Ihre weißen Brüste sahen, angehoben durch einen viel zu kleinen Push-Up-Bikini, aus, als würden sie gleich platzen. Auf dem Bikini in der grellen Firmenfarbe Gelb prangte das Pyramidenlogo von SETHSeht-TV und betonte geschickt die ungewöhnlich dunklen Brustwarzen der Japanerin, die nun zusammen mit dem Logo aussahen wie zwei dreidimensionale Pyramidenspitzen. Sonst trug sie nichts, es sei denn, man bezeichnete die Andeutung eines Minirocks, der ihre Hüften umschloss, als etwas anderes als nichts. Miko sah aus wie der Star in einem von Samuel Z. Arkoffs Strandbikinifilmen *How to stuff a wild Bikini*, *Bikini Beach* oder *Beach Blanket Bingo*, das den schönen Untertitel hatte: »Was passiert, wenn 5000 Jungs 5000 Mädels auf 5000 Handtüchern treffen?«

Beifall brandete auf, als die Lektorin mit stolzer Stimme Andreas Hopf, den Unternehmer, Börsenguru und Erneuerer, ankündigte. Sie hatte kaum ihren Satz beendet, da nahm Hopf ihr das Mikrofon aus der Hand und machte den entschlossenen Eindruck eines Mannes, der die Vertreter heiß machen wollte wie knutschende Teenager. Miko stand an seiner Seite, lächelte ins Publikum und hielt einen Korb voller gelber Bikinis in ihrer Hand.

»Vielen Dank für die Einladung. Sie fragen sich wahrscheinlich, wer die kleine Lolita an meiner Seite ist?«

Hopf nahm die Hand der Japanerin, die den Korb auf einen Tisch gestellt hatte, und ließ das Mädchen artig eine Pirouette machen.

»Aber ich frage lieber Sie: Was glauben Sie, warum ist sie hier?«

Er ging zu einem älteren Herren in der ersten Reihe, der Lolita dumpf anstierte. »Ihre, ihre«, er stotterte, »Sek-, Sek-, Sekretärin?« Gelächter.

»Nein, ich habe sie mitgebracht, um Ihre Aufmerksamkeit zu bekommen.«

Miko nahm jetzt den Korb und verteilte die gelben Bikinis an die Vertreter.

»Schauen Sie, wenn ich Ihnen einen Bikini verkaufen wollte und Sie hätten so ein Ding noch nie gesehen, dann würden Sie ihn mir auch nicht abkaufen. Ich könnte ihnen noch so viel von orthopädischer Stützfunktion erzählen, Sie würden mir nicht zuhören.«

Er trat hinter Miko und öffnete mit einer ruckartigen Bewegung ihren Bikini. Darunter kam ein weiterer Bikini zum Vorschein, der sehr durchsichtig war. »Warum sind wir hier?«, fragte Hopf und hielt den Bikini hoch.

»Ich möchte, dass Sie mein Buch verkaufen wie den heißesten Bikini, den Sie je gesehen haben.«

Miko hatte sich neben dem Overhead-Projektor positioniert. Sie spielte mit der Fernbedienung und bewegte dabei ihre Hüften. An der Wand erschien das Cover des Buches und der Titel: *Geld ist sexy, und wer dir was anderes erzählt, ist entweder ein Priester oder ein Penner.*

»Ich möchte, dass Sie an Sex denken, wenn Sie zu den Buchhändlern gehen. Ich möchte, dass Sie jeden verdammten Buchhändler, jede verdammte Buchhändlerin in Deutschland verführen. Ich will dieses Buch stapelweise in allen Buchläden sehen.«

Hopf trat hinter die Japanerin und öffnete mit einem Ruck einen weiteren Bikini und schleuderte ihn zu den Vertretern. Ihre Brüste waren jetzt nur noch mit einem hauchdünnen zartgelben Bikini bedeckt, die dunklen Brustwarzen hatten etwas Bedrohliches und bohrten sich durch den Stoff und den letzten Rest an Vertreterverstand. Die Lektorin des Kain & Abel Verlags fing den Bikini versehentlich auf und reichte ihn erschrocken an einen Vertreter zu ihrer Rechten weiter.

»›Was ist das Geheimnis Ihres Erfolgs?‹, werde ich fast täglich gefragt. So als hätte ich ganz allein die Formel fürs Gewinnen gefunden, die nun jeder mixen kann wie einen guten Martini. Ich muss Ihnen an dieser Stelle gestehen: Ich halte nicht viel von Erfolgsbüchern, die einem das Blaue vom Himmel versprechen: Wie man reicher, schöner und glücklicher wird – am besten im Schlaf. Darum habe ich lange gezögert, als der Kain & Abel Verlag bei mir anfragte: ›Schreiben Sie Ihre Story auf!‹ Was ist eigentlich meine Story? Ist es die wunderbare Legende vom Sunnyboy, der über Nacht an der Börse zu sagenhaftem Reichtum gekommen ist – einfach so? Oder ist es die klassische amerikanische Story vom Tellerwäscher, der sich aus eigener Kraft zum Millionär emporgearbeitet hat? In meinem Fall wäre das dann die Geschichte vom Schulabbrecher, der Autoverkäufer und Staubsaugervertreter wurde, eine Firma gründete und plötzlich ganz oben ist. Ich glaube, meine Story ist viel simpler. Sie ist vor allem eins: die Story des Nicht-Aufgebens, oder wie man in Deutschland gegen alle Widerstände doch noch ein erfolgreiches Unternehmen aufbaut. Tatsächlich gibt es in allem, was wir tun, eine Story. Und die Story lautet: Wir müssen verkaufen. Ich danke Ihnen für die Aufmerksamkeit.«

Die Vertreter erhoben sich von den Stühlen und klatschten frenetisch Beifall. Hopf hatte sie an den Eiern. Er hob gebieterisch die Hand. »Eines wollte ich Ihnen noch sagen. Wenn Sie Ihren Job nicht gut machen, kaufe ich ganz einfach den ganzen Laden hier.«

Die Vertreter hielten das für einen guten Witz und

klatschten noch lauter. Beim Rausgehen gab Hopf jedem die Hand. »Fünfhunderttausend! Und kein Exemplar weniger. Das garantiere ich!«, sagte er. »Ich weiß, ich kann auf Sie zählen.«

Er war der festen Überzeugung, dass sich sein Buch schon in der Startauflage eine halbe Million mal verkaufen würde.

DREI

Ich ging eine Treppe hinauf mit Worten.

Ich schleppte, ich weiß nicht wie viel Worte, eingepackt in große Tüten. In der linken Hand hielt ich die Tüten mit den leichten Worten, in der rechten waren die schweren, die bei jedem Schritt in meine Finger schnitten. Immer wenn ich glaubte, ein Stockwerk noch, nur noch ein Stockwerk, dann war da noch ein Stockwerk. Ich stieg die Treppe höher und höher hinauf, und es gab kein Ende.

Ich hatte alle Worte dabei in den Tüten, alle Worte die Hopf haben wollte, die Worte über das Wie, die Worte über das Was, die Worte über das Warum, die Worte über das Überhaupt und die Worte über die Worte aller Worte, das große Geldglückgeldding. Ich hatte jedes dieser Worte schon schön eingepackt und nummeriert, die zwölf Gebote Hopfs, für jedes Kapitel ein Du-sollst-Du-sollst-nicht-Du-sollst. Ich hatte die Worte für die Überschriften, die ersten und die letzten Worte und für die Worte dazwischen. Die Tüten wogen mehr als ein Menschenleben, und wenn ich an die Worte dachte, wurden sie mir bei jedem Schritt noch schwerer.

Ich war schon bis zum fünften Stock gekommen und

wollte die Tüten absetzen, nur einen Moment lang ausruhen. Es gab in jedem Stockwerk diese alten Bänke, diese alten bequemen Bänke mit dem abgewetzten Holz, auf denen schon so viele Menschen gesessen hatten, Menschen wie ich, die nicht mehr weiter konnten oder wollten, die ihre Worte hier kurz abstellten und einfach nur dasaßen. Aber das war der Fehler, das war die Falle, wer stehen blieb, hatte verloren.

Ich hörte schon vom Erdgeschoss die Schritte eines anderen Kunden kommen. Er rief nach oben, er wolle seine Worte selbst vorbeibringen. Es wären viele Worte, und er habe noch zwei Träger dabei für die vielen Tüten. Tüten voller Leben, Tüten voller gelebter, Tüten voller nicht gelebter und Tüten voller abgelebter Leben.

Und von oben her hörte ich eine Stimme nach mir rufen. Es war ein anderer Kunde, der nicht zufrieden war mit den Worten, die ich schon geschrieben hatte. Er hatte neue Worte in Tüten mitgebracht und wartete darauf, die neuen Worte mit mir auszupacken. So stand ich da im fünften Stockwerk mit all den Worten in den Tüten. Ich konnte nicht mehr nach oben gehen und nicht mehr nach unten.

VIER

Elf Uhr morgens. Kann nicht mehr schreiben. Vierzehn Uhr. Ich habe drei Buchstaben geschrieben. D E R. Es sind schöne Buchstaben. Denke eine Stunde darüber nach, einen guten Satz mit DER zu beginnen. Es fällt mir keiner ein. Gehe kurz Essen. Etwas mit DER, DER Leberkäse. Sechzehn Uhr. Recherchiere im Internet weiter über DER. DER ist ein gutes Wort, viele wichtige Menschen brauchen ein DER. DER Papst lese ich, DER Dalai Lama und auch DER Mensch. Ohne DER gäbe es sie alle nicht. Zwanzig Uhr. Immer noch online. Finde einen schönen Satz mit DER. »Der moderne Mensch ist die einzige bis heute überlebende Art des Homo.« Mitternacht, ich habe eine Webseite im Internet gefunden, die eine Rangliste der häufigsten Wörter veröffentlicht. Auf Platz eins in Deutschland liegt DER, gefolgt von DIE und UND. In England liegen auf den ersten drei Plätzen OF, TO und AND. In Frankreich sind es DE, LA und LE. Alle paar Minuten wird die Rangliste der Wörter aktualisiert. Eine Wortmaschine frisst sich pausenlos durch alle elektronisch verfügbaren Sätze, Briefe, Zeitungen, E-Mails. Vielleicht hört sie auch schon Telefongespräche ab, und was ist mit den Radio- und Fernsehprogrammen? Zwei Uhr nachts, in England ist seit zehn Minuten das häufigste Wort TO. In Deutschland keine Veränderungen. Nur auf Platz hundert gab es eine Verschiebung. Das Wort SAGTE steht jetzt auf Platz 99 und WAS rutschte ab auf hundert. Drei Uhr nachts. Viele Menschen haben offenbar gerade UND gesagt oder geschrieben. Für ein paar Sekunden springt UND von Platz drei auf Platz eins. Ich halte die Luft an. Dann ist die Welt wieder in Ordnung. DER ist wieder da. Ich atme aus.

Sehe mir im Nachtprogramm einen Stummfilm an. Ich glaube, der Titel war »Das verdunstete Gehirn«. Ein Wissenschaftler züchtet in einem Labor Gehirne auf Glasplatten. Unter einer gewaltigen Heizlampe wachsen sie zu vollständig ausgebildeten menschlichen Gehirnen heran. Eines Tages fangen die ersten Gehirne an zu zucken. Der Wissenschaftler hält es für Geistesblitze, aber die Gehirne schwitzen nur. Einige versuchen vor der Hitze aus dem Labor zu fliehen und klettern die Wände hoch. Aber der Wissenschaftler fängt sie alle wieder ein und steckt sie in gläserne Dosen. Er beobachtet, wie sie stundenlang in den Dosen gegen den Deckel springen. Er glaubt in dem Verhalten ein regelmäßiges Muster zu erkennen, das auf eine Zeichensprache hindeuten könnte. Er fragt sich, was sie ihm mitteilen wollen. Die ganze Nacht sitzt er an seinem Schreibtisch im Labor und analysiert Hüpffrequenz und Sprunghöhe. Dann schläft er ein. Er sieht nicht, wie die Gehirne aufgehört haben zu zucken und wie sie unter der Hitze ganz langsam anfangen zu schrumpfen. Als er am nächsten Morgen aufwacht, sind alle Gehirne verdunstet.

Ich war kurz vor dem Fernseher eingenickt. Als ich aufwachte, war mein Kopf weich geworden. Er fühlte sich an, als wären die Schädelknochen weggeschmolzen. Ich trat vor den Spiegel, aber ich sah aus wie immer, ein wenig grauer vielleicht. Ich schwitzte. Mein Blick hatte etwas Verwaschenes. Er schaute mich an. Mein Gehirn war endlich aufgeweicht und fing an zu verdunsten. Der Mann, der mich anschaute, war nur noch eine Hülle, sein Gesicht war tadellos, niemand, dem er gegenübertreten würde, würde den Unterschied bemerken. Äußerlich spielte der Mann meine Rolle gut, aber ich war nicht mehr da.

Ich schlafe auf dem Sofa ein. In meinem Kopf lebt jetzt ein Fisch. Ich mag ihn sehr gern, aber ich mache mir Sorgen um seine Gesundheit, er wächst zu schnell. Beim Schwimmen stößt er von innen gegen meine Stirn. Ich brauche Hilfe. In der Zoohandlung sagen sie, ich solle den Fisch weniger füttern. Mein Hausarzt sagt gar nichts, er schickt mich zu einem Psychiater. Der Psychiater hört mir sehr aufmerksam zu. Am Ende des Gesprächs bittet er mich, den Fisch zu zeichnen. Er gibt mir Buntstifte und ein Blatt Papier. Ich male in roter Farbe einen Kreis für meinen Kopf und fülle ihn mit einem großen Fisch in Blau aus. »Aha«, sagt der Psychiater. Dann überlegt er lange. Schließlich sagt er: »Sie haben ein Problem.« Er hat Recht, jetzt sehe ich es auch. Der Fisch hat nicht genug Platz in meinem Kopf.

FÜNF

Eine Journalistin rief mich an. Der Stimme nach zu urteilen, war sie erst fünfzehn Jahre alt. Sie wollte mich interviewen.

»Worüber denn?«

»Sie sind doch Ghostwriter. Ihr Verlag meint…«

»Glauben Sie an Geister?«

»Äh, nein.«

»Worüber sollen wir dann sprechen?«

Sie wusste es nicht. Ich hätte ihr gern etwas über den Fisch erzählt, von dem ich gestern geträumt habe. Es war ein Piranha. Aber sie fragte nicht danach. Sie überlegte, und es raschelte auf ihrer Seite der Leitung. Vermutlich blätterte sie gerade in einem Handbuch für Fragen, die Mädchen am Telefon stellen, deren Stimme wie fünfzehn klingt und die so tun, als seien sie Journalistinnen. W, unter dem Buchstaben W hatte sie etwas gefunden, mit W kommt man immer weiter.

»Wie Sie sich so fühlen? Was Sie so machen? Wer Sie sind?« Sie lispelte vor Aufregung.

Wer ich bin? Opladi Oplada, wenn ich ein Refrain wäre. Gesungen von Mephisto – und Faust müsste dazu tanzen. Aber Faust wäre nicht Faust und Mephisto nicht

Mephisto, sie wären in Wirklichkeit »Der Terminator 2«. Der chamäleonhafte Cyborg T-1000 aus dem Film hätte nur vorübergehend ihre Gestalt angenommen. Gleich würden Mephisto und Faust zu einem Quecksilberhaufen zerfließen und aus der silbrigen Schmelzmasse würde sich der Terminator in neuer Gestalt erheben. Sein autopoetisches Formprogramm kann sich in alles verwandeln, das er sieht oder hört. Auch in mich. Für einen Moment hatte er mich in einen Vampir verwandelt, der Märchen am Telefon erzählt.

»Ich bin ein Papagei«, sagte ich. »Wenn der Text fehlt, spreche ich im Tonfall eines anderen weiter. Keiner merkt den Unterschied.«

»Ach so«, sagte das Mädchen. »Und, worüber schreiben Sie gerade?«

»Über den Tod. Ghostwriter schreiben immer über den Tod.« Ich überlegte, mit welcher Geschichte ich sie loswerden könnte.

»Ich bin Bestatter. Spezialist für pompöse Beerdigungen. Meine Grabsteine sind wie Bücher. In memoriam. Die Kunden verlangen schöne Inschriften. Gern genommen wird bei Autobiografien der Klassiker ›Hier ruht in Frieden‹, Lebensbeichten verlangen mehr Tiefsinn, in der Art wie ›Was ihr seid, sind wir gewesen, was wir sind, werdet ihr sein‹. Memoiren brauchen die dramatische Pose a la John Keats, der auf sein Grab schreiben ließ: ›Hier liegt jemand, dessen Name ins Wasser geschrieben ward.‹ Niemand meißelt so schwungvoll den Vornamen und Nachnamen wie ich. Vorname und Nachname, Vorname und Nachname. Etwas kleiner darunter setze ich das Geburtsdatum. Das Sterbedatum lasse ich offen. Das ist mein Service, Unsterblichkeit ist bei mir all inclusive.«

»Noch Fragen?« Sie hatte aufgelegt.

Schade, ich hätte ihr gern noch eine kitschige Geschichte aus meinem nächsten Leben erzählt. Da werde ich Ghostwriter sein für all die unbekannten Seelen, die Namenlosen, die Vergessenen. Arbeitstitel meines ersten Buches wäre »Zucker für Zombies«. Im Vorwort des Buches würde ich ein Manuskript zitieren, das ich im Nachlass meines Urgroßvaters gefunden habe. Es geht darin um anonyme Leichen für die Anatomie und um die Bewohner eines Armenhauses, das direkt am alten Südfriedhof in München gelegen war. »Bettler wohnten dort, Verrückte, Heimatlose oder Leute«, wie mein Urgroßvater schrieb, »die durch Trunk, Faulheit oder Gebrechen sich nicht ernähren konnten.« Sehnsüchtig blickten sie auf den nahen Friedhof, es war die Sehnsucht, dort einmal begraben zu sein. Wenigstens im Tod zu Hause zu sein. Aber sie würden nie dort begraben sein. Ein Begräbnis war zu teuer, deswegen hatte der Besitzer des Armenhauses sie schon zu Lebzeiten an die Anatomie verkauft. Angetrieben von der panischen Angst vor dem Seziertisch versuchten einige Arme, ihr Schicksal zu wenden. »Einer«, so erzählte mein Urgroßvater, »war ein Mann, genannt Meseritz, Muschen Raz-

Raz – er hieß so, weil er zur Volksbelustigung für fünfzig Pfennig eine Maus – Raz-Raz – auffraß. Ein anderer Insasse des Armenhauses, genannt Ernst Tanzemal, suchte sich durch Tanzen einige Groschen zu verdienen. Wenn er sich auf der Straße sehen ließ, riefen die Kinder, »Ernst, tanz amal«, was er auch meistens gern tat. Er hüpfte erst auf einem Bein, und wenn er das dann mehrere Male gemacht hatte, dann hieß es, »Ernst, nun mal lang lang«, er hüpfte dann an der Friedhofswand entlang. War er damit fertig, sammelte er Geld ein. Man gab auch ohne zu zögern etwas, weil alle wussten, dass er das Geld nicht vertrank, sondern für die Beerdigung aufsparte.«

Die Ironie der Geschichte war, dass es nach dem Tod von Ernst Tanzemal keinen Platz für seinen Sarg gab. Denn nach einem neuen Gesetz durften plötzlich nur noch Prominente auf dem Südfriedhof beerdigt werden.

Die Ironie daran wiederum war, dass der im Mittelalter angelegte einstige Pestfriedhof Münchens jahrhundertelang eine Art Müllkippe für die Gebeine der Armen, Heiden, Protestanten und der »ungläubiger Berufe« wie Huren und Henkern gewesen war. Von Leuten wie Ernst Tanzemal und Raz-Raz, dem Mäusefresser. Doch jetzt thronten die prunkvollen Gräber der besseren Bürger der Stadt über den Massengräbern der Pesttoten und all der anderen namenlosen Toten.

Als ich fertig gedacht hatte, gingen mir meine Gedanken so richtig Raz-Raz zu Herzen. Rührend das Ganze.

SECHS

Die folgenden Wochen habe ich viel meditiert. Ich lag beinahe den ganzen Tag im Auto in der Tiefgarage. Nur so konnte ich dem Dauerregen entkommen. Auch der Buddha hatte während des Monsuns an einem anderen Ort Zuflucht gesucht. Ich floh hierher vor der deutschen Regenzeit, die, meiner Erinnerung nach, immer im Sommer war. Es war August, und ich glaubte zu ertrinken. Abgesehen von dem Personal in der Tankstelle, wo ich mir Essen kaufte, sprach ich mit keinem Menschen. Am späten Abend kehrte ich in mein Wohnbüro zurück, legte mich auf das Sofa und schlief sofort ein. Ich nahm Schlaftabletten gegen die Angst zu ertrinken. Der Keller unter meinem Apartment war feucht und füllte sich bei jedem Dauerregen mit Wasser, das Haus war zu nah an der Isar gebaut worden und schwamm im Grundwasser. Regelmäßig kam die Feuerwehr, um ihn auszupumpen, und der Eigentümer des Kellers beschäftigte das ganze Jahr über Arbeiter, die mit dem sinnlosen Abdichten der Wände beschäftigt waren. Ich bewunderte die Haltung der Arbeiter, die mit Presslufthämmern die Wände freilegten, neu verputzten, nur um sie anschließend wieder freizulegen und zu verputzen. Mit jedem

Tag sahen sie zufriedener dabei aus, so, als ob das Wissen um die Vergeblichkeit ihres Tuns, sie glücklich machte.

Ich fürchtete mich vor dem aufsteigenden Wasser, vor dem Schimmel an den Kellerwänden unter mir. Es würde nicht mehr lange dauern, und der Schimmel kröche die Wände hoch bis zum Boden meines Zimmers und auch das Wasser stiege bis zum Erdgeschoß. Der Tag war nah, an dem mich nur noch eine dünne Schicht Parkett vor dem Wasser trennte.

Um Mitternacht klingelte das Telefon. Es war mein Freund Thomas, der mich aus dem Tiefschlaf holte. Er klang betrunken und angespannt.

»Was gibt's? Endlich Chef geworden?«, sagte ich, um ihn zu ärgern.

»Können wir uns treffen?«

»Wenn es sein muss.«

»Ginge es jetzt gleich? Ich bitte dich, um der alten Zeiten willen.«

In einem seltenen Anflug von Menschlichkeit sagte ich zu. Manchmal glaube ich, Menschlichkeit ist wie das Rauchen ein Laster, das man sich nur schwer abgewöhnen kann. Im Grunde wollte ich die Freundschaft mit ihm schon lange fristlos kündigen, so wie eine Firma einen zu alten Mitarbeiter vor die Tür setzt.

Wir hatten uns schon während des Studiums kennen gelernt. Er hielt mich für seinen besten Freund, ich hielt ihn für einen Schwächling. Er vertraute mir, aber ich schlief gelegentlich mit seiner Frau Johanna, mir ging sein gefühlsduseliges Gerede über Freundschaft seit Jahren auf die Nerven. Thomas Gras war Journalist beim Fernsehen, und wenn wir uns ein-, zweimal pro Jahr trafen, sprach er nur über andere Journalisten. Ich glaube, ich habe mit dem Tankwart bei der Tiefgarage intimere Gespräche geführt. Tankwarte kämen nie auf die Idee, über andere Tankwarte zu sprechen. »Wenn ich Cheftankwart wäre, gäbe es hier viel besseres Benzin.« Thomas litt unter einer Krankheit, die ich das Chefproblem nannte. Seit ich ihn kannte, seit zwanzig Jahren, träumte er davon, Chefredakteur mit einer eigenen Sendung zu werden. Er brauchte zehn Jahre, um stellvertretender Chefredakteur zu werden. Weitere zehn Jahre verbrachte er damit, sich für den eigentlichen, den besseren Chef zu halten. Das Problem war, er würde nie Chef werden. Egal, wie gut er seinen Job auch machte, egal wie schlecht oder unfähig sein Chef auch sein mochte, er würde der ewige Vize bleiben und niemals eine eigene Sendung bekommen. Denn Thomas war hässlich. Er war von jener Hässlichkeit, die im Mittelalter Maler zu Homunculibildern inspiriert hätte. »Quasimodo« war sein Spitzname im Sender, was noch eine freundliche Anspielung auf sein eigenartiges Gesicht und den kindskopfgroßen Buckel war. Sein Chef hingegen sah gut aus und war makellos, ein Gregory-Peck-Typ im perfekten Anzug. Wenn sie nebeneinander standen, erinnerte mich Thomas Gras wegen seiner basedowschen Augen an den Schauspieler Peter Lorre, einen Peter Lorre, den jemand mit Luft aufgepumpt hatte.

Ich war noch nicht in seiner neuen Wohnung am Viktualienmarkt gewesen, einem Hinterhofloft, das er nach seiner Heirat gemeinsam mit Johanna bezogen hatte. Thomas stand in der Tür mit einer Bierflasche in der Hand. Ich erkannte ihn kaum wieder, er hatte irgendetwas mit seinem Gesicht angestellt. Er sah direkt menschlich aus. Er torkelte, als ich ihm ins Wohnzimmer folgte. Thomas ließ sich auf eine Sofagruppe vor seinem Fernsehgerät fallen und verfolgte mit angewidertem Gesicht das Programm, den Ton hatte er leise gestellt. Offenbar eine Reportage über Bus fahrende Rentner aus der ehemaligen DDR, die unterwegs waren zu den Schlössern König Ludwigs.

»Na? Wie geht's«, sagte ich freundlich. »Du siehst gut aus.«

»Johanna hat mich verlassen. Weißt du, mit wem sie mich betrogen hat?«

Er machte eine dramatische Pause, in der ich für einen Moment erschrak und glaubte, er habe von meinem Verhältnis mit ihr erfahren.

»Mit Stefan. Stell dir vor, sie hat mit meinem Chef gevögelt.«

Ich warf erleichtert einen Blick auf den Bildschirm. Der Bus mit den Rentnern näherte sich Neuschwanstein. Der Reiseleiter erklärte auf Sächsisch, König Ludwig sei ein kapitalistischer Ausbeuter gewesen und habe mit diesem Schloss das bayerische Volk finanziell ruiniert. Thomas nahm einen Schluck Bier und fuhr fort.

»Ich weiß nicht, warum sie das getan hat.«

Ich schwieg. Ich wusste es auch nicht, ich wusste nur, dass Thomas jetzt nicht nur ein Chefproblem hatte, sondern auch ein Eheproblem.

»Vor einem Jahr habe ich eine Entscheidung getroffen. Entweder werde ich Chef, oder ich kündige. Verstehst du, die zwölf Monate sind um, und ich war kurz davor, Stefan zu besiegen.«

»Zu besiegen?«

»So hat es mein Psychologe genannt. Er riet mir, ein Drehbuch für die nächsten zwölf Monate meines Lebens zu schreiben. Es sollte ein einfacher Plot sein. Weißt du, was der einfachste Plot ist?«

Ich schüttelte den Kopf, ich dachte an Adam und Eva, Schlange und Apfel, solche Sachen.

»Der einfachste Plot ist ein Wettrennen zwischen zwei Männern. Wer schneller rennen kann, der bringt den anderen um. Ich nannte meine Geschichte die Geschichte vom kleinen und vom großen Chef. Eines Tages beschloss der kleine Chef so schön zu werden wie der große Chef. Er nahm seinen Jahresurlaub und verschwand in einer Schönheitsklinik. Als er wieder ins Büro zurückkehrte, sah sein Gesicht aus wie neu. Mit jedem weiteren Tag verschönerte sich der kleine Chef und trug auf einmal die gleichen eleganten Anzüge wie der große Chef. Allen im Sender fiel die Veränderung auf, und der große Chef geriet allmählich unter Druck. Im gleichen Maße wie der kleine Chef schöner wurde, verlor der große Chef an Charme und Ansehen. Er sah von Tag zu Tag älter aus und wirkte ausgebrannt. Seine Haut war fleckig, und er begann, während der Arbeit zu trinken. Der kleine Chef führte schon Gespräche mit dem Intendanten über den Chefredakteursposten.« Thomas machte eine Pause.

»Ich war fast am Ziel, bis Johanna ins Spiel kam. Eines Tages kam der Chef vollkommen verwandelt in die Redaktion. Er sah jünger und frischer aus als je zuvor. Sein Verjüngungsmittel war Johanna. Um mich zu demütigen, rächte er sich mit demonstrativem Sex und schlief vor aller Ohren mit meiner Frau, in seinem Büro, während der Mittagspause.«

Thomas machte sich ein neues Bier auf. Ich hatte gerade meinen Körper verlassen und schwebte weit weg, an einem anderen Ort, knapp unterhalb der Decke. Ich verfilmte in Gedanken sein Drehbuch und guckte als Kamera von oben in das Büro des Chefredakteurs, der mit runtergelassenen Hosen hinter Johanna stand, die sich bäuchlings auf den Schreibtisch gelegt hatte. In einer langsamen Kamerafahrt tauchte ich zu ihrem Gesicht herab. Ein Gesicht in Ekstase, es schaute mich mit weit aufgerissenen Augen an. Mit Peter-Lorre-Augen. »Fick mich«, sagte es. »Oh ja«, sagte der Chefredakteur. Aber es war nicht Johannas Gesicht, es war das Gesicht von Thomas Gras, das mit irrsinniger Geilheit seinen Chef anbettelte. »Fick mich«, schrie es. »Oh ja«, antwortete der Chefredakteur.

»Was soll ich jetzt tun?«, fragte Thomas und leerte seine Flasche in einem Zug. Dann schwieg er und stierte auf den Bildschirm, wo immer noch die Reportage gesendet wurde. Die Rentner waren mittlerweile im Park des Schlosses Linderhof und betraten die Venusgrotte. Kopfschüttelnd standen sie im Halbdunkel vor dem kleinen See mit dem versilberten Muschelkahn, in dem der König so gern gesessen hatte. Zur Musik von *Parsifal* geißelte der Reiseleiter die Dekadenz Ludwigs, der, bloß weil es damals noch keinen Walkman gegeben hätte, die gesamte Staatsoper hierher herbefohlen habe, nur um Musik in der Grotte zu hören. Das Wort Grotte bekam in seinem sächsischen Dialekt etwas Bedrohliches, es klang in seinem Mund nach Karotte, einer überdimensional bösen Karotte.

Thomas lallte. »Wassollichjetzttun«, wiederholte er mehrmals. Er war auf seinem Sofa zusammengesunken und nickte immer wieder kurz ein. Sein Benehmen war mir direkt peinlich. Ich fühlte nichts. In meinem Inneren war nichts. Nichts als eine überdimensional böse Karotte.

Ich machte ein mitleidvolles Gesicht. Es war klar, dass Thomas mit seinem Plot am Ende war. Ich weiß nicht, was sein Therapeut an meiner Stelle gesagt hätte. In einem französischen Film würde der Held jetzt weinen, und in einem asiatischen Film würde er sich entleiben.

»Hast du schon mal an Selbstmord gedacht?«, sagte ich. Thomas grunzte, er war mit der Bierflasche in der

Hand eingeschlafen. Sein Körper rutschte langsam vom Sofa auf den Boden. Plötzlich hatte ich einen Einfall, ich hatte mal gelesen, dass sich ein Drehbuchautor bei jeder Figur immer fragen sollte, was die am schlimmsten vorstellbare Wendung sein könnte.

»Du kannst ihn immer noch besiegen«, sagte ich. »Deinem Drehbuch fehlt nur ein ordentlicher Showdown. Du hast zu viel Drama in deiner Story, was du jetzt brauchst, ist Action.«

»Ein Duell?«, Thomas schreckte aus seinem Halbschlaf auf und nickte gleich wieder ein.

Ich dachte eher an einen Amoklauf.

Gegen drei Uhr ließ ich ein Taxi kommen und fuhr zu Miko ins Hotel. Ich brauchte ein wenig Ablenkung von so viel Menschlichkeit.

Ich sah Thomas Gras nie wieder, er erstickte noch an diesem Abend an Erbrochenem. Das Leben kotzt eben manchmal auf die besten Drehbücher.

Ungefähr zu der Zeit, als Thomas die Luft ausging, testete ich Mikos Vagina. Sie hatte eine stark hervortretende Vulva mit großen, festen Schamlippen. Eine Muschi, die im alten Japan als »Manju-Bobo« verehrt wurde. Nach einer alten Nomenklatur unterschied man einst bei den Geishas zehn Arten der Vagina. Die »Takosubo« oder »Polypenvulva«, die mit krakenhaften Muskeln den Penis fest umschlingt, die beutelförmige »Kinchaku-Bobo«, deren Spezialität das unwillkürliche

Zucken ist, die stark behaarte »Kenaga«, die rasierte »Kawarake«, die »Maedare-Bobo« mit den verlängerten Schamlippen, die sehr enge »Kannuki«, die geschwollene »Atago-Yama«, die sich wie der Berg Atago erhebt, die »Uwatsuki«, deren Eingang höher als gewöhnlich liegt und die tiefer gelegene »Shitatsuki«.

Umgekehrt beurteilten die Geishas in Kyoto, der »Stadt der purpurnen Berge und kristallenen Ströme«, den Penis der Männer weniger nach seiner Gurken- oder Sichelform, sondern nach seiner Farbe und nach dem Geschmack.

Weiße Männer haben gewöhnlich beige- oder pinkfarbene Penisse. Manchmal hat der Beige-Typ eine gelbliche Färbung wie Bratensoße. »Ich liebe den Pink-Typ«, sagte Miko. »Die Hoden haben diesen besonderen Geschmack, der mich verrückt macht.«

Ich verstand jetzt, was ein von den »Manju-Bobos« besessener japanischer Dichter im 17. Jahrhundert gemeint hatte. Er beschrieb ein Lebensgefühl, das er *ukiyo* nannte, »fließend vergängliche Welt«. Ein Sich-treibenlassen »wie eine Pflanze, die von einem Fluss mitgerissen wird«.

An Miko bewunderte ich die Fähigkeit, in Sekunden fließend zu werden. Als hätte sie einen Schalter für das Leben eingebaut, den sie nach Belieben auf »On« stellen konnte. Als ich ihre glatte Haut spürte, fühlte ich nichts. Auch ihr Mund, mit dem sie mich berührte, konnte nichts daran ändern.

Im Bett fragte ich mich, ob sie wirklich stöhnte oder ob sie sich gerade perfekt synchronisierte. Oder ob dieser Schrei nach Leben, den ich in ihr weckte, das wahre Leben sei.

Ich habe nie verstanden, warum der Geschlechtsverkehr als Moment größter Intimität gilt. Es gab keinen Ort, an dem ich mich so einsam fühlte wie in einer Frau. Die Vagina ist eine Höhle der Sehnsucht, in der Mann ganz bei sich ist. Als ich in ihre kräftige Manju-Bobo glitt, weinte ich. Ich wollte für immer in ihr stecken bleiben.

SIEBEN

Vielleicht steht die Welt auf dem Kopf, und wir sprechen alle rückwärts. Vielleicht ist rot in Wirklichkeit blau, und grün ist gelb. Vielleicht haben wir drei Hände und ein Zyklopenauge. Aber wir merken es nicht. Nur unser innerer Lehrmeister sieht, wie wir wirklich sind. Sein Job scheint zu sein, uns vor uns selbst zu beschützen. Er redet uns ein, dass wir vorwärts sprechen, und blau ist natürlich blau, oder? Wenn wir vor einem Spiegel stehen, sorgt er dafür, dass wir die dritte Hand nicht sehen. Es muss eine furchtbare Hand sein.

Selbst wenn wir uns eine Brille aufsetzen, die die Welt auf den Kopf stellt, schafft er es in wenigen Tagen, dass wir die Welt wieder so sehen, wie vorher. Ich habe es wochenlang ausprobiert. Ich wollte den inneren Lehrmeister herausfordern, wollte sehen, wie lange er das Spiel durchhielt. Ich setzte mir diese Brille auf und beobachtete die Welt, oben war unten und unten war oben, aber es dauerte nicht lange, und schon sah alles wieder normal aus. Dann nahm ich die Brille ab, und sofort stand die Welt wieder auf dem Kopf, und wieder dauerte es nicht lange, bis die Welt wieder so war, wie er es wollte. Irgendwann gab ich auf.

Mit der Zeit gewöhnt sich ein Mensch an viele Dinge. Ich gewöhnte mich an meine Vorstellungen. Ich brachte Menschen um, aber alle lebten noch. Nur zwei meiner Kunden sind wenige Tage nach Erscheinen des Buches gestorben. Im ersten Moment, als die Polizei mich verhörte, dachte ich, ich hätte den Manager oder die Schauspielerin wirklich umgebracht. Aber die Beamten wollten nur von mir wissen, ob die Toten irgendwelche Feinde gehabt hätten. Die Todesursache war jedes Mal eine andere als die in meiner Vorstellung. Die alte Schauspielerin hatte ich erstickt, tatsächlich aber hatte sie vergifteten Bachblütentee getrunken. Den Manager hatte ich mit einem Kopfschuss erledigt, in Wirklichkeit aber hatte ihn jemand in einer Tiefgarage überfahren und war dann mehrmals mit dem Wagen über den Kopf gerollt.

Normalerweise hören meine Mordphantasien nach der Manuskriptabgabe auf. Aber jetzt sind sie immer da. Der Verlag will mich auf eine Lesereise mit Andreas Hopf schicken. Ich habe Nein gesagt, aber mein innerer Lehrmeister hat Ja gesagt.

Ich erinnere mich nicht gern an die letzte Lesereise, an der ich teilgenommen habe. Mit einem alten Jesuitenpater trat ich in Gemeindesälen, Buchhandlungen und Einkaufszentren auf. Ich sprach im Namen des Verlags ein paar einleitende Worte, bevor der Pater aus seiner Autobiografie zu lesen begann. Aber statt sich an mein Manuskript zu halten, schweifte er langatmig ab. Ich saß neben ihm und ließ mir nichts anmerken. Ja, mit engelsgleichem Gesicht lächelte ich dem Mann Gottes zu, der Pointe um Pointe vermasselte, ohne zu merken, wie das Publikum unruhig wurde. Um mich abzulenken, stellte ich mir die Foltermethoden der Inquisition vor. Übte schon mit der Zange, mit der ich ihm die Zunge bei lebendigem Leib herausreißen würde. Endlich las er wieder meine Sätze, und sogleich spürte ich, wie das Publikum wieder aufatmete. Der erste Lacher, ich war erlöst.

Ich hatte solche Veranstaltungen immer vermieden, es verwirrte mich, die Kunden oder Kundinnen wiederzusehen. Für mich waren sie zu Tonbandkassetten geworden. In meinem kleinen Büro hatten alle Interviewten Schachtel neben Schachtel einen Ehrenplatz in einer Glasvitrine. Über die Etiketten der alten lateinischen Käfernamen hatte ich neue geklebt. Bei einigen schimmerte noch die ursprüngliche Beschriftung durch wie *periplaneta americana*. Ich mochte diesen Namen, er klang viel kosmopolitischer als nur »amerikanische Schabe«. Jetzt stand dort »Hopf, Andreas« und darunter das Datum des ersten und des letzten Interviews, das ich mit ihm geführt hatte. Es sah ein bisschen aus wie eine Grabinschrift. Ich holte die Schachtel aus der Glasvitrine, wo sie zwischen der eines Fußballers und der eines Großmeisters stand, stellte sie vorsichtig auf meinen Schreibtisch und öffnete den Deckel. In der Schachtel lag Hopf, der Gründer von SETHSeht-TV, in dreißig Teilen, sein Leben steckte in dreißig weißen Mikrokassetten. Ich habe die Kassetten weder nummeriert noch je angehört. Ich bin abergläubisch. Beim Anhören könnte das Leben dieser Person entweichen. Beim Anhören könnte sich auch mein Leben verflüchtigen. Ich nahm ein paar der Kassetten heraus und betrachtete sie. Scheinbar waren auf jeder Kassette nur 120 Minuten Sprechzeit gespeichert. 60 Minuten auf der A-Seite, 60 Minuten auf der B-Seite. Aber nicht die Worte waren wichtig, auch nicht der Klang der Stimme oder das Atmen, das Seufzen, das Lachen, nein, es waren die Pausen, es war das Rauschen und die Stille auf den Bändern, in denen das Leben gespeichert war. Das schreckliche Leben. Das Leben, das keine Story hatte, das kein Happyend kannte.

Da war etwas, das nicht zu hören war und doch da war. Etwas, das wartete. Wenn ich die Kassetten in der Hand hielt, konnte ich es spüren. Es war mein Tod, der auf mich wartete.

Eine Freundin hat mir mal ein Buch geschenkt. Der Titel lautete *Meine Seele ist hungrig* oder so ähnlich. Die feministische Autorin beschrieb darin am Beispiel der chinesischen Eunuchen die Psyche des Mannes. Ihre These war einfach. Auch der kastrierte Mann denke sein Leben lang nur an eines: ficken. Selbst wenn man ihm, wie es im chinesischen Kaiserreich üblich war, bereits als Knabe mit einem Hieb das Glied und die Hoden entfernt hatte. Auch der kleine Silbernagel, der beim Eunuchen die Harnröhre verschloss, konnte die Sehnsucht nicht abtöten. Wie der Phantomschmerz beim Beinamputierten, der seine Zehen zu spüren glaubt, fühlt auch der Eunuch noch Leben zwischen den Beinen. Die Eunuchen hatten dafür ein Sprichwort, sie sagten »meine Seele ist hungrig«. Das war endlich einmal eine klare Definition dessen, was die Seele ist. Penis und Hoden, genannt »die edlen Drei«, waren für die Eunuchen die Seele. Gemäß einer alten Tradition wurden die Genitalien konserviert. Die Angehörigen des Kastrierten bewahrten sie in einem Glas auf. Die Seele im Glas. Denn der Eunuch sollte nach seinem Tod mit seinen »edlen Drei« begraben werden, damit er als vollwertiger Mann wiedergeboren werden kann. Sun Yaoting, der letzte Eunuch des letzten chinesischen Kaisers, hatte Pech. Seine Familie warf das Glas mit den Genitalien in den Müll, aus Angst vor den marodierenden Roten Garden. Während der Kulturrevolution wurden ein konservierter Penis und konservierte Hoden zum Symbol von Chinas feudaler Vergangenheit. Der letzte Eunuch scherzte über sein nächstes Leben: »Wenn ich sterbe, komme ich als Katze oder Hund wieder.«

Die Kassetten in den Schachteln waren für mich wie die verlorenen Seelen der Eunuchen. Ich war ihr Hüter. Sie vertrauen mir.

ACHT

Am Wochenende schlief ich mit Jasmin. Seit unserer Trennung ist sie eine gute Fickfreundin geworden. Geschiedene Ehefrauen und ehemalige Geliebte sind die besten Fickfreundinnen eines Mannes. Im Gegensatz zu einer Affäre oder dem Besuch bei einer Prostituierten gibt es keine Verlogenheit. Es ist, wie es ist, und die Sachlichkeit der Beziehung befreit den Sexualakt von der romantischen Klebrigkeit.

Ich machte diesmal nur den Fehler und ging danach mit Jasmin in ein Café.

Jasmin redete und redete, und ich hörte so zu, wie man durch Radioprogramme zappt. Auf dem einen Kanal gab es Nachrichten über gemeinsame Bekannte, auf dem anderen ein Feature über Menstruationsbeschwerden und dazwischen viel weißes Rauschen. Ich dachte an ihre Kinderfüße und an die vier Worte, die mich immer retteten: Ich stellte mir vor.

Ich stellte mir Jasmins Mund wie die Mündung eines Wasserhahns vor. Es läuft ohne Unterbrechung rostiges Wasser heraus, ich stellte mir weiter vor, ihr Kopf sei verschwunden und an dessen Stelle säße nun ein Wasserhahn, der sich nicht zudrehen lässt. Sie sagte: »Du bist einer, der den Zug nimmt, und wenn er kommt, steigst du ein. Wenn er nicht kommt, macht es dir auch nichts aus.«

Ich wollte gehen, aber er wollte nicht. »Bleib sitzen«, sagte er. Mein innerer Lehrmeister befahl mir, weiter zuzuhören, er war der Hunger. Er war der Schmerz in mir, der gefüttert werden wollte. Ich aber war es, der nicht satt wurde.

Ich stellte mir vor, dass mein ganzes Leben nur ein einziges Ich-stellte-mir-vor gewesen war. Immer hatte ich mir etwas vorgestellt, wie etwas war, wie jemand war, wie ich war, wie etwas am besten wäre, wie jemand am besten wäre, wie ich wäre. Als Kind war das noch einfach gewesen. Es war leicht, meine Vorstellung von dem, was in einem Käfer wäre, mit dem zu vergleichen, was tatsächlich in ihm war. Ich setzte meinen Daumen auf den Rücken des Käfers und drückte zu. Strenger Geruch stieg mir in die Nase, und ich sah den gelben Saft. Genau wie in meiner Vorstellung. Nie wieder habe ich eine ähnliche Klarheit gespürt. Mit den Vorstellungen, die ich später hatte, als ich älter wurde, war das schwieriger. Ich stellte mir den Tod anderer Menschen vor. Ich ließ sie verhungern, verunglücken, und ich hatte Freude daran, sie zu töten. Ich ließ mir meine Lust nicht anmerken und sprach mit niemandem darüber. Vor dem Spiegel übte ich einen harmlosen Gesichtsausdruck ein. Ich war ein freundlicher Mensch mit einem freundlichen Gesicht.

»Du bist ein guter Zuhörer«, sagte Jasmin, »das habe ich immer an dir gemocht.«

Das freundliche Gesicht sah Jasmin an und stellte sich die gleiche Szene in einem Café in Baden-Baden vor. Anstelle von Jasmin saß mir eine alte Dame gegenüber. Eine alte Dame, die in den vierziger und fünfziger Jahren eine berühmte Opernsängerin gewesen war. Ich interviewte sie seit Monaten für ein Buch über ihr Leben. Es war heiß an dem Tag, an dem wir uns das erste Mal begegneten. Als ich ihre Hand küsste, sog ich den brandigen Mundgeruch ein, der zu mir herüberwehte, da ihre verschrumpelten Lippen unablässig Höflichkeiten absonderten. Die bläulichen Fleischwülste kauten auf verschimmelten Phrasen. »Junger Mann« und »Ach« und »Nein, wie aufmerksam«. Dabei spuckte sie mir einen feinen, angenehm ätzenden Speichel ins Gesicht, den ich verstohlen abwischte und probierte. Wir saßen in einem der alten Cafés der Stadt, die die Jahrhundertwende überdauert hatten. Der Mokka wurde noch in silbernen Kännchen serviert, von einem Ober, der weiße Handschuhe trug. Sie schwitzte, und langsam begann ihr Korsett zu schmelzen, und durch ihr Seidenkleid kroch jener unnachahmliche Duft, der alte Frauen so begehrenswert macht. »Gnädige Frau, darf ich Ihnen noch etwas bestellen?«, stotterte ich in der Scheißsprache, die hier in diesem Reservat der siechen Kurgäste noch lebendig war. Ich bestellte ihr eine Ananassahnetorte und bewunderte die Verwandtschaft ihrer Gestalt mit einem zerquetschten Insekt. Über ihrem bleichen Mumiengesicht lagen ein Pfund kunstvoll gespachtelter Kosmetik. Von weitem und mit beschlagener Brille ging sie immer noch als ihre eigene Enkeltochter durch. Ihre Stimme hatte den plappernden Rhythmus einer pubertierenden Schülerin, und selbst die Schminke konnte nicht verbergen, wenn sie errötete. Sie fistelte, sie gluckste, und ich mochte ihren Tonfall, der sich leicht asthmatisch durch die alten Stimmbänder wand.

Sie zahlte, und ich half ihr in den Nerzmantel. Meine Knie zitterten, als ich versehentlich ihre Haut berührte: Sie fühlte sich wie feuchtes Schmirgelpapier an. Für den Bruchteil einer Sekunde sah ich sie dastehen, nackt unter dem fleischfarbenen Korsett wie die Statue einer ausgestorbenen Echse.

»Junger Mann«, sagte sie herrisch, »gehen wir.«

Die Villa der Alten roch nach Gummi und Verwesung. Außer dem Gärtner hatte kein männliches Wesen die Wohnung in den letzten zwanzig Jahren betreten.

»Möchten Sie ein Glas Likör, bevor wir anfangen?«

»Sehr gern, aber zeigen Sie mir erst Ihre Toilette.« Ich schloss mich wie üblich ein und wartete meine fünfzehn Minuten. Fast hätte ich gebetet, so schön waren die gelben Kacheln. So sah wirkliches Glück aus. Wäre das hier eine Kirche, dann würde Weihrauch nach altem Ziegenbock und Meister Proper riechen.

Die Dame klopfte schon seit einiger Zeit. »Mein Gott, mein Gott. So antworten Sie doch.«

»Wir kommen«, flötete ich. Der Mann mit dem freundlichen Gesicht und sein Kumpel, der innere Lehrmeister, würden gleich jeder seinen Job erledigen. In meiner Vorstellung schob ich die alte Diva ins Wohnzimmer und drückte ihr mit dem Daumen das linke Auge heraus. Es war aus Glas und machte »plopp«, dann kullerte es über das Parkett. Das Auge erinnerte mich an die Murmeln, mit denen ich als Kind gespielt hatte. Das alles passierte, während der andere mit einem ähnlich freundlichen Gesicht die Dame interviewte. Sie tranken Likör, und es machte »klick«, als er das Tonband einschaltete. Sie verbrachten den Nachmittag mit ihren Erinnerungen.

»Plopp«, sagte ich, als die Dame ohnmächtig wurde und zu Boden sank. Ich hatte noch nicht mal Zeit, sie nach ihrem Mädchennamen zu fragen. »Du hast schönes Haar, alter Saurier«, sagte ich, um ein bisschen Konversation zu machen, »aber du solltest weniger Make-up nehmen, das schadet dem Teint.« Sie gab keinen Ton von sich, und die leere Augenhöhle schaute mich blöde an. Als die Alte wieder zu sich kam, drückte ich ihr mit einem Schuh ganz sacht die Kehle zu. Sie strampelte, und es war mir so, als wollte sie mir etwas Wichtiges mitteilen.

Der Augenblick vor dem Sterben ist bei allen Lebewesen gleich. Früher, als ich Regenwürmer zerschnitt, beobachtete ich nach dem ersten heftigen Zucken an den amputierten Gliedern einen Moment der totalen Ruhe und dann das letzte Zittern. Der alte Saurier war jetzt so weit und strampelte nicht mehr. Das Gesicht der alten Dame grinste. Es war ein ganz gewöhnliches Grinsen.

Zum Abschied trat ich mit aller Kraft auf ihren Schädel. Auch Tote können sprechen. Ihr letzter Kommentar war ein lautes Knacken.

»Du bist so schweigsam«, sagte Jasmin, »erzähl doch mal was von dir. Was machst du so?«

»Ich meditiere«, sagte ich, um sie nicht zu erschrecken. Tatsächlich übte ich mich seit einer Stunde in Gleichmut. Buddha nannte sie die vierte Stufe der Vertiefung. Ich nahm einfach nur wahr, was ist. Ich hatte weder Gedanken noch Erwartungen, ich spürte weder Leid noch Freude. Gleichmut ist eine wunderbare Sache, sie ist der erste Schritt auf dem Weg zur Todlosigkeit. »Ein Mönch wird auch dann nicht ärgerlich, wenn ihm jemand mit einer Säge Glied um Glied abtrennt«, soll Buddha gesagt haben. Ich bin bald so weit.

Fast wäre ich übermütig geworden. Ich gab Jasmin zum Abschied einen Kuss.

NEUN

Beim Landeanflug auf Berlin lese ich in einer französischen Zeitung einen interessanten Artikel über Parasiten, die das Verhalten ihres Wirts ändern können. Nur wenige Millimeter große Schlupfwespen können Schmetterlinge zu willenlosen Sklaven machen. Sie reiten nach Belieben auf ihrem Rücken und flüstern den Schmetterlingen ein, statt an Nektar von Blumen nur noch an Aas zu lecken.

Ich muss den Artikel mehrmals lesen, weil die junge Pressedame des Kain & Abel-Verlags mir bereits zum dritten Mal erzählt, wie aufregend sie es findet, in einem Privatjet zu fliegen. Ich finde nur ihre Beine aufregend, ansonsten geht sie mir auf die Nerven. Sie begleitet Hopf, Miko und mich zur Buchpremiere, die, zum Auftakt einer Lesereise durch Deutschland, in einer Berliner Buchhandlung stattfindet. Offenbar leidet die Pressedame an Flugangst, denn sie klammert sich an meinem Knie fest. Es kostet mich einige Mühe, die Lektüre fortzusetzen. Auch weil Miko bei Hopf sitzt. Die beiden rauchen Zigarren, und ihr Lachen irritiert mich.

»Manche Parasiten«, so wird der führende Experte auf dem Gebiet in der Zeitung zitiert, »reifen dann zu einer Persönlichkeit heran, wenn sie von Wirt zu Wirt wandern.« Ein einzelliger Parasit, der abwechselnd in Katzen und in deren Beute lebt, bringe Mäuse oder Ratten dazu, die Angst vor dem Geruch ihres natürlichen Feindes zu verlieren. Plötzlich sehnen sich die Mäuse und die Ratten nach der Katze. Sie riechen nur noch Sex. »Der Duft des Todes ist für sie das Parfüm der Liebe«, steht als Zitat unter einem Bild des Experten Dr. M. Er hat ein eigenartig hügeliges Gesicht und ein irres Grinsen. Ich lerne aus der Bildunterschrift, dass die Hügel in seinem Gesicht »Orientbeulen« sind. Dr. M. hat sich in einem Selbstversuch mit dem Parasit infiziert und freut sich schon darauf, wenn die Maden aus seiner Backe schlüpfen. Er schwärmt von den »Hautflüglern, die unter die Haut gehen«. Der Artikel endete mit einem, wie ich finde, philosophischen Ausblick auf einen trägen, halb blinden Fisch, der viele Millionen Jahre lang zufrieden tief unten am Meeresgrund geschwommen war. Bis ein Parasit in sein Dunkel trat: ein Bandwurm. Der Bandwurm redete dem Fisch ein, er könne fliegen. »Du bist ein Vogel, kein Fisch«, sagte der Bandwurm und färbte wie zum Beweis die schlammfarbenen Schuppen seines Wirts ganz weiß, weiß wie die Wolken am Himmel. Der Fisch schwamm an die Wasseroberfläche und hüpfte. Für eine Sekunde erhob sich der Fisch über dem Meer, ein bleicher Fisch, der dachte, er sei ein Vogel. Neben ihm flogen andere Fische, die auch dachten, sie seien Vögel, und so dachten sie alle zusammen das Gleiche. Sie wussten nicht, dass sie nur das fliegende

Taxi für die Bandwürmer waren, die sich schon auf den nächsten Wirt freuten. Auch der hungrige Möwenschwarm, der sich auf die bleichen Fische stürzte, ahnte noch nichts von den blinden Passagieren, die in den Därmen ihrer vermeintlich leichten Beute steckten.

Die Idee des freien Willens war womöglich ein riesengroßer Schwindel eines riesengroßen Bandwurms. War das nicht eine einleuchtende Erklärung für die rätselhaften Handlungen, zu denen Menschen fähig sind? Vom Rätsel des Geschlechtstriebs bis zum Rätsel der so genannten Gefühle: Alles könnte von Parasiten gesteuert sein. Vielleicht war auch mein innerer Lehrmeister nichts weiter als ein Parasit von vielen. Oder war ich der Parasit meiner selbst? Der blinde Passagier, der in der Hülle eines bleichen Fisches auf seinen Einsatz wartete?

Ich weiß nicht, was bei Buchpremieren und Lesungen in Buchhandlungen monotoner ist, die unbequemen Plastikklappstühle, die schlechte Luft, die drückende Atmosphäre zwischen den Regalen mit den Koch- und Bastelbüchern oder die immer gleichen »rührigen« Buchhändlerinnen oder Buchhändler, die vom Untergang der Buchkultur faseln und sich dafür entschuldigen, dass sie leider – »mit Schmerzen, mit großen Schmerzen« – auch Müll verkaufen müssen, den die Leute kaufen wollen. Nur zwei Dinge variieren von Stadt zu Stadt: die Höhe des Podestes für die Vortragenden und die Anzahl der Spaghettikleidträgerinnen in der ersten Reihe. Nach meiner persönlichen Statistik sind die Podeste in kleineren Städten höher und die Mädchen in den ersten Reihen zahlreicher und aufdringlicher als in größeren Städten. Vermutlich wurde das Kleid mit den runterrutschenden Spaghettiträgern eigens für Lesungen erfunden.

Meine Rolle auf der Veranstaltung sollte sich eigentlich darauf beschränken, eine kurze Einführung zu halten und dann im Publikum Platz zu nehmen. Hopf würde lesen, und Miko sollte als japanische Lolita die auf der Vertretertagung erprobte Bikininummer vorführen.

Aber jetzt saß ich auf dem Podest neben Hopf. Ich saß da, als wäre ich Hopfs Zwillingsbruder, ich trug wie er einen hellblauen Anzug, und sogar meine Frisur glich der seinen. Mein blinder Passagier regte sich. Es war der Bandwurm. Andreas Hopf sprach, aber der Parasit wollte mir einreden, dass ich spräche, dass ich Hopf wäre. »Es ist dein Buch«, sagte er. Ich blickte unauffällig zu Hopf, er bewegte seine Lippen, vor ihm stand ein Mikrofon. Ich hatte kein Mikrofon, trotzdem hörte ich mich sprechen. Die Premierengäste lachten über den Gag mit den gelben Bikinis, den ich noch verfeinert hatte. Um den Buchtitel noch zu unterstreichen, nahm jetzt ein als Priester verkleideter Mann die hauchdünnen, übereinander steckenden Bikinis von den Brüsten der Japanerin ab und schleuderte sie ins Publikum. Als er Miko von dem vorletzten Bikini befreite, leuchteten ihre weiße Brüste.

Hopf hatte meinen Blick bemerkt und grinste mir zu. Er klopfte mir auf die Schultern und legte seinen Arm um mich, als wollte er sagen: »Hey Buddy, sie ist eine verdammt gute Nutte, genau wie du.«

Ghostwriter sind wie die Sparringspartner eines Preisboxers, sie werden dafür bezahlt, dass sie vom Champion eins in die Fresse bekommen. Ich hatte für einen Moment die Deckung zu weit unten gehabt, und er erwischte mein Glaskinn mit einem Uppercut.

Hopf stand auf und stellte sich hinter Miko. Langsam öffnete er den letzten Bikini. Er wickelte ihn um seinen Zeigefinger und schleuderte ihn in mein Gesicht. Es gab Applaus. »Zugabe«, rief jemand. Ich beobachtete, wie Hopf unauffällig von hinten seine linke Hand zwischen die Beine der Japanerin schob.

»Was Sie heute hier erleben, ist das, was ich einen Chemistry Klick nenne«, sagte er. »Wenn der Funke überspringt, wenn die Chemie stimmt zwischen Menschen. Das ist die beste Basis für Geschäfte und auch fürs Private.«

Während er Miko bearbeitete, sah sie mich an und öffnete ihren Mund. Sie machte dabei das professionelle Gesicht einer Kuh, der eine Melkmaschine auf den Euter gesteckt wird.

»Du kannst fliegen«, sagte der Parasit. Da taumelte ich schon, und mit letzter Kraft hielt ich mich an dem Gedanken fest, irgendwann einmal eine kleine Philosophie der Spaghettiträgerinnen zu schreiben. Die Brünette in der ersten Reihe ließ gekonnt einen Träger über die Schulter gleiten. Sie schlug ihre Beine übereinander und begann mit Hopf zu flirten. Immerhin, ihr Slip war originell, er hatte ein Fenster aus einer weichen, hochglänzenden Klarsichtfolie. Als ich näher hinsah, wusste ich warum. Ihre Klitoris war gepierct. Nach japanischen Maßstäben hatte sie eine sehr interessante Polypenvulva.

»Du kannst fliegen«, wiederholte der Parasit. Der Priester verteilte aus einem Korb die gelben Bikinis mit dem Firmenlogo. Hopf hatte sich wieder neben mich gesetzt und blätterte in seinem Buch. Er schlug das Kapitel über die Chancen des globalen Unternehmertums auf.

»Wir müssen weit über unsere Grenzen hinaus denken«, sagte ich an seiner Stelle.

Dann waren die Mordphantasien wieder da.

Ich stellte mir das gerne vor, Köpfe abzuschlagen von Fremden oder von Menschen, die mir nahe standen, nur um sie dann wie bei einem grotesken Steckspiel neu auf verschiedene Körper zu setzen. Sollte ich auch meinen Kopf abschlagen und ihn auf Hopfs Rumpf stecken. Würde jemand den Unterschied bemerken?

Ich holte ein Samuraischwert unter dem Tisch hervor und schlug Hopf in einem gewaltigen Streich den Kopf ab. Der Kopf rollte vor die Füße der Brünetten, Hopfs Lippen bewegten sich weiter. »Tatsächlich gibt es in allem, was wir tun, eine Story«, sagte ich. »Und die Story lautet: Wir müssen verkaufen. Wir müssen alle verkaufen.«

Das Ende der Veranstaltung bekam ich nicht mehr mit. Ich wachte mit Herzrasen in einem fahrenden Krankenwagen auf. »Sie haben Herzrhythmusstörungen, zweihundertzwanzig Schläge pro Minute«, sagte der Sanitäter, der sich über mich beugte. Ich blickte an ihm vorbei auf die weiß gerippte Deckenverkleidung. Sie war sehr schön. Ich hob den Kopf und schaute durch das kleine Fenster der Hecktüren in die Dunkelheit. Es regnete, und das Blaulicht spiegelte sich im nassen Asphalt, ich sah die Scheinwerfer der Autos, die Lichter der Stadt, ich sah Hopfs Echsengesicht und Mikos kräftige Vulva, aber das alles flog in rasender Geschwindigkeit von mir weg, als ob der Krankenwagen wie von einem Katapult durch die Nacht geschleudert würde.

»Ich kann mein Herz stillstehen lassen, wenn Sie wollen«, sagte ich, »ein alter Yogi-Trick.« Ich atmete tief ein und presste mit aller Kraft meinen Brustkorb zusammen. Für einen langen Augenblick setzte mein Herzschlag aus und stolperte dann weiter. Der Sanitäter gab mir eine Spritze. »Schlangengift«, sagte er scherzhaft, »das wird Ihnen gut tun.«

Ich spürte nichts mehr. Nur Leichtigkeit und Wärme. Ich fühlte mich meinem Ideal eines Automaten sehr nahe. Bevor ich einschlief, genoss ich den warmen, dumpfen Zustand absoluter Leere.

ZEHN

Es ist Sonntag, der 3. Dezember in dem albernen Jahr mit den drei Nullen. Meinen 41. Geburtstag verbringe ich, überwiegend auf dem Sofa liegend, in meinem kleinen Wohnbüro. Ich starre an die Decke, aber es gelingt meinem Weiße-Wand-Ich nicht mehr, an nichts zu denken. Erst als ich mir vorstelle, ich wäre in Isolationshaft, geht es mir besser.

Um zwölf Uhr bestelle ich mir eine Pizza. Eine halbe Stunde später wird mir das Essen geliefert, von einem Mädchen in roter Uniform. Ich halte sie schon für eine Wärterin. Auch Stunden später habe ich ihren Duft noch in der Nase, den süßen, langen Geruch eines jungen Mädchens, ein Geruch, der mich immer an Käse erinnert. Ich blättere in einem Magazin für schönes Wohnen und überfliege einen Artikel über humanere Gefängnisarchitektur. Eine damenbärtige Gefängnispsychologin erläutert in einem Interview die Persönlichkeitsveränderungen von Menschen durch lange Einzelhaft. Da ich die meiste Zeit meines Lebens in freiwilliger Einzelhaft verbracht habe, kenne ich die Symptome. Auch bei nervenstarken Gefangenen spielen schon nach wenigen Wochen die Sinne verrückt. Bei mir ist es vor allem der Geruchssinn. Es gibt Tage, an denen ich nur noch rieche. Selbst auf offener Straße kann ich nicht hinter einem anderen Menschen hergehen, weil ich den Gestank nicht ertrage. Ich meine nicht Schweiß, Urin, Tabak oder Deodorant. Das alles kann den großen Geruch nicht verbergen. Spätestens mit dreißig riecht jeder Körper nach Verwesung.

Am späten Nachmittag ertappe ich mich dabei, mit der Tür in meiner Bürozelle zu reden. Ich höre mich in den Sätzen des Damenbarts psychologisieren. »Irgendwann ist für den Gefangenen die Tür das wichtigste Objekt«, sage ich. Oder: »Ein Mensch in Isolationshaft verliert durch die Einsamkeit das Gefühl, dass die Worte, die er spricht, auch bei jemand anderem ankommen.« So wie Jesus, der eingepfercht in einer Bretterbude auf dem Münchner Oktoberfest ausgerechnet Rilke begegnete. »Ich bin's«, stöhnte der gelbe wächserne Gekreuzigte, der zur Jahrmarktsattraktion verkommen war. Aber niemand hörte dem festgehefteten Zombie zu, wie der Dichter später in seinen Christus-Visionen notierte. »So leb ich, ewig sterbend«, soll Jesus in die glotzende Menge gerufen haben.

Gegen Abend beschäftige ich mich wieder mit der Architektur und ihrem Einfluss auf den Menschen. Vor einiger Zeit habe ich begonnen, Städte nach der Absprunghöhe einzuteilen und nach der Fallzeit, die ein Mensch beim Sprung vom jeweils höchsten Gebäude erreicht. Berlin ist theoretisch eine Zehnsekundenstadt, aber nach meinen Kriterien nur eine Achtsekundenstadt. Der Fernsehturm ist 365 Meter hoch, aber das frei zugängliche Aussichtsgeschoss befindet sich auf einer Höhe von nur 203 Metern. Der Sturz von dort auf den Alexanderplatz dauert exakt acht Sekunden. Frankfurt könnte eine Neunsekundenstadt sein, denn der Commerzbankturm ist inklusive Antennenmast 299 Meter hoch. Allerdings sind gute Sprünge nur aus einer Höhe von 144 Metern möglich, was Frankfurt in meinen Augen zu einer Sechssekundenstadt macht. Immerhin, es gibt einen Dachgarten im 49. Stockwerk.

Das höchste Gebäude, auf dem ich jemals stand, war der 443 Meter hohe Sears Tower in der Zwölfsekundenstadt Chicago. Chicago wäre beinahe einmal eine 30-Sekundenstadt geworden. So lange hätte der freie Fall von einem geplanten Turm namens Illinois gedauert, der 1609 Meter in den Himmel ragen sollte.

München ist nur eine Siebensekundenstadt. Mehr gibt der Sprung vom höchsten Gebäude der Stadt nicht her. Die Aussichtsplattform des Olympiaturms befindet sich auf einer Höhe von 192 Metern. Ich wiege 90 Kilogramm, mein Luftwiderstand beträgt 0,34. Bei einer angenommenen Erdbeschleunigung von 9,81 Metern pro Sekunde würde ich nach meinen Berechnungen im Moment des Aufpralls eine Fallgeschwindigkeit von rund 175 Stundenkilometern erreicht haben. Leider ist es nicht möglich, auf die Antennenspitze des 291 Meter hohen Turms zu klettern, dann wäre München eine Neunsekundenstadt, und ich könnte eine Aufprallgeschwindigkeit von 185 Stundenkilometern erreichen.

Aber mit den sieben Sekunden in dieser Stadt kann ich gut leben. Ich finde außerdem, im Moment des Sterbens soll man sich kurz fassen.

Ich arbeite schon seit langem an einem Wolkenkratzerzyklus. Vorübergehend hatte ich dieses Projekt vernachlässigt, jetzt nimmt es mich wieder sehr in Anspruch. Ich schreibe Gedichte, die genauso lang dauern wie der Sprung in die Tiefe. Kein Pathos, nur Geschwindigkeit. Die Verneinung des Waagrechten, die Bejahung des Senkrechten. Der einzige Tiefsinn, den ich mir gestatte, ist die Fallhöhe.

Eines meiner frühen Gedichte heißt »Der Brei«:

»Der Wolkenkratzer lachte
und spuckte vor die Zäune
der Mietshäuser den Held
des Gedichts. Nur der verweste
Vogel im Sandkasten sah in
dem Brei einen Menschen.«

Ich habe das Gedicht für das 114 Meter hohe Hypo-Hochhaus geschrieben. Es ist ein freundliches Hochhaus. In der Abendsonne schimmern die Fenster golden, und der Ausblick auf den Englischen Garten ist fantastisch. Zügig gelesen dauert »Der Brei« mit fünf bis sechs

Sekunden so lange wie der Sturzflug eines Menschen vom Dach.

Das kürzeste Gedicht trägt den Titel »Blumenstraße« und ist dem ältesten Hochhaus Münchens gewidmet, einem zwölfstöckigen, nur 45 Meter hohen Backsteinbau aus dem Jahr 1929.

»Luftwiderstand
Luft.«

Mit ordentlicher Betonung gelesen, dauert das Gedicht, wie ein Sprung vom obersten Stockwerk, gute drei Sekunden.

Als ich vor Jahren mit den Gedichten anfing, hatte ich noch Sandsäcke von Hochhausdächern geworfen und die Zeit von Hand gestoppt. Mit einem Journalistenausweis mogelte ich mich als Fotograf an Pförtnern und Hausmeistern vorbei. Manche waren sogar so freundlich und trugen die schweren Fototaschen, in denen ich den Sand versteckt hatte, vom Feuerwehraufzug bis zum Dachausstieg. Später brauchte ich keine Sandsäcke mehr, ich lernte die Mathematik des freien Falls bei den Fallschirmspringern: die Formeln für den Fall mit Luftwiderstand, die Tabellen und Diagramme, die beschreiben, wie schnell der Mensch zu Boden rast, auf die Zehntelsekunde genau.

Der schönste Moment beim Springen aus 4000 Meter Höhe kommt nach zehn Sekunden oder 300 Metern. Bis dahin verdoppelt sich die Fallgeschwindigkeit von Sekunde zu Sekunde, beschleunigt den Körper von 0 auf 200 Stundenkilometer.

Aber dann auf einmal geht es nicht mehr schneller.

Da ist die Luft, die dicker ist als kalter Brei.

Da ist das große Etwas, das die Welt für eine Weile anhält. Das Etwas, das uns glauben macht, wir stürzten nicht mit 54 Metern pro Sekunde, sondern ruhten uns aus in der Luft.

Es ist der wunderbarste Augenblick des freien Falls, wenn sich der Luftwiderstand des Körpers und die Erdanziehungskraft im Gleichgewicht befinden. Seltsamerweise ähnelt dieser Effekt dem Rätsel der magischen Grenze, an die auch die 100-Meter-Läufer stoßen, an die auch der große Armin Hary schon gestoßen war. So als könnte selbst der schnellste Mensch der Welt weder in der Vertikalen, noch in der Horizontalen durch diese unsichtbare Wand durchbrechen.

Vielleicht würde heute auch der Buddha mit seinen Mönchen von Wolkenkratzern springen. Als Übung in Demut. Um den freien Fall durch das Leben zu trainieren. Um das Mysterium des Luftwiderstands zu verstehen, welches sich nur dem erschließt, der tief genug fällt.

Als es langsam dunkel wird, setze ich mich ins Auto. Aus einer Laune heraus fahre ich nach Norden, aus der Stadt. Im Industriegebiet tauche ich in die ersten Nebelbänke ein. Kurz vor Unterföhring verschwindet viel Hässliches in einem dichten Grau. Das ist sehr angenehm. Ich sehe nichts, nur für die beleuchteten Schilder mit den Straßennamen ist der Nebel leider nicht dicht genug. Warum müssen Vorstädte immer originelle Straßennamen haben? Alphastraße, Betastraße, Gammastraße. Warum nicht gleich HaudenLukasstrasse oder Schießmichtotdublöder Affestrasse?

Hopfs Konzernzentrale liegt in der Omegastrasse. Ich gleite langsam auf die gläserne Pyramide zu, deren Umrisse schemenhaft aus dem Nebel ragen. Aus dem Inneren leuchtet schwach der Fahrstuhlschacht. Ich habe noch den Firmenausweis und überlege, ob ich hinauffahren soll. Immerhin ist das 146,6 Meter hohe Gebäude ein Sechssekundenhochhaus, wenn nicht sogar ein Sieben- oder Achtsekundenhaus, je nachdem wie oft ein fallender Körper gegen die nach unten immer breiter werdenden Stockwerke knallt. Außerdem habe ich noch kein Gedicht über eine Pyramide geschrieben. Ich parke auf dem leeren Firmenparkplatz und lasse den Schlüssel stecken. Die Luft ist für einen Winterabend erstaunlich lau. Der Pförtner grüßt mich freundlich. Ich fahre mit dem Fahrstuhl nach oben. Der Rest ist schnell erzählt.

Im
Fallen
löste ich
den Countdown
meiner Digitaluhr aus. Der
Aufprall milderte das elektronische Piepsen.

Es ist Sonntagabend, acht Uhr dreißig und sechs Sekunden. Ich spüre das große Etwas. Einen Widerstand. Es ist Luft. Weiter nichts.